Sommaire

D0169547

Avec ce guide
voici les
Cartes Michelin
ce qu'il vous faut :

Principales curiosités

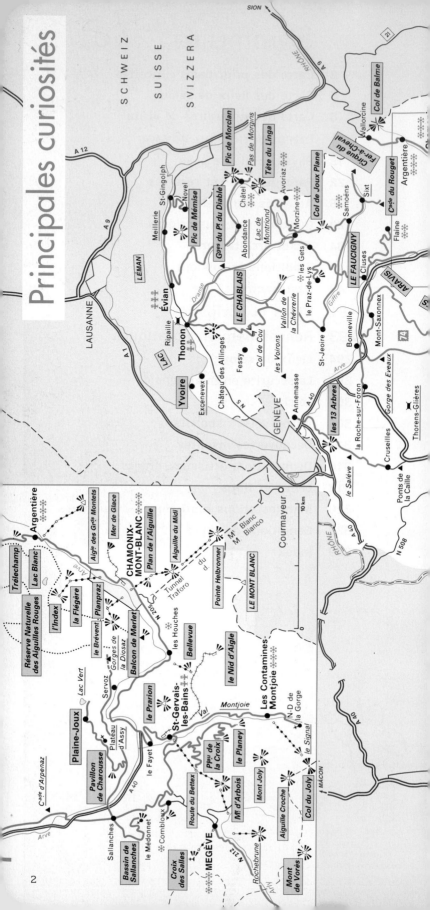

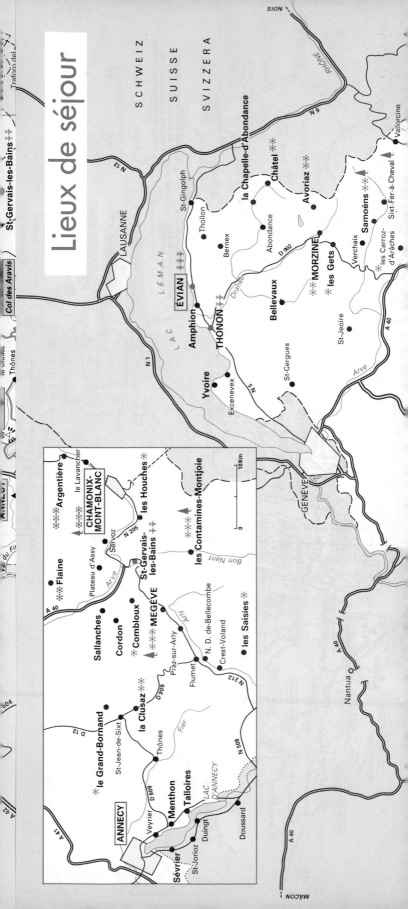

Lieux de séjour

Alp. N. 2

Itinéraires de visite

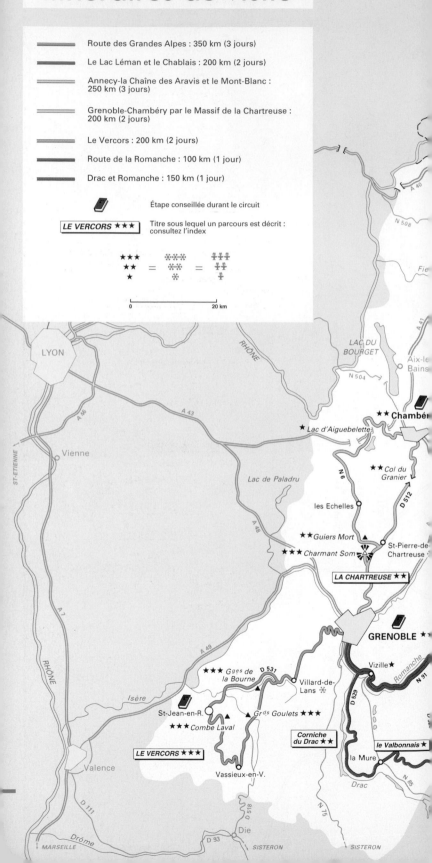

Route des Grandes Alpes : 350 km (3 jours)

Le Lac Léman et le Chablais : 200 km (2 jours)

Annecy-la Chaîne des Aravis et le Mont-Blanc : 250 km (3 jours)

Grenoble-Chambéry par le Massif de la Chartreuse : 200 km (2 jours)

Le Vercors : 200 km (2 jours)

Route de la Romanche : 100 km (1 jour)

Drac et Romanche : 150 km (1 jour)

Étape conseillée durant le circuit

LE VERCORS ★★★   Titre sous lequel un parcours est décrit : consultez l'index

★★★   ✳✳✳   ‡‡‡
★★ = ✳✳ = ‡‡
★   ✳   ‡

0   20 km

LYON

RHONE

ST-ETIENNE

Vienne

Lac de Paladru

LAC DU BOURGET

Aix-les Bains

★★ Chambé

★ Lac d'Aiguebelette

★★ Col du Granier

les Echelles

★★ Guiers Mort
★★★ Charmant Som   St-Pierre-de-Chartreuse

LA CHARTREUSE ★★

GRENOBLE ★

Vizille ★

Romanche

★★★ Gges de la Bourne

Villard-de-Lans ✳

St-Jean-en-R.

Grds Goulets ★★★

★★★ Combe Laval

Corniche du Drac ★★

le Valbonnais

la Mure

Drac

LE VERCORS ★★★

Vassieux-en-V.

Isère

RHONE

Valence

Drôme

MARSEILLE

Die

SISTERON   SISTERON

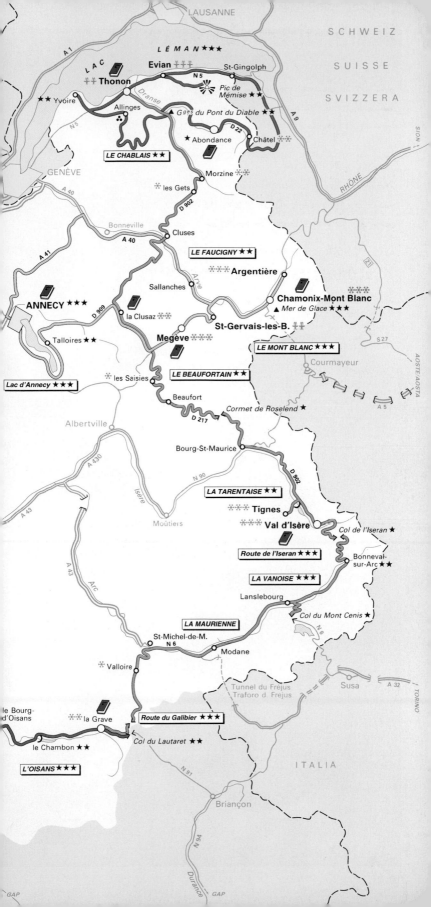

Combloux

Introduction
au voyage

G.Simeone/DIAF

Physionomie du pays

La chaîne des Alpes dessine un arc de cercle qui s'étend de Nice à Vienne en Autriche sur une longueur de 1 200 km. Comme les Pyrénées, le Caucase ou l'Himalaya, elle se forma à l'ère tertiaire et fait partie des « montagnes jeunes ».

Les Alpes françaises s'allongent du lac Léman à la Méditerranée sur 370 km. Leur plus grande largeur, entre les plaines du Rhône et le Piémont, atteint 200 km. Leur point culminant, le Mont Blanc, s'élève à 4 807 m d'altitude. Les vallées, profondes et larges, permettant d'y pénétrer et d'y circuler aisément.

Cette région offre de magnifiques panoramas, des émerveillements sans cesse renouvelés au fil des lacets des routes escarpées. Pays de contrastes : quelques kilomètres seulement séparent les bords riants du lac Léman des aiguilles et glaciers du Mont-Blanc, les parois calcaires du Vercors et la plaine intérieure du Grésivaudan.

Les géologues divisent les Alpes françaises, d'Ouest en Est, en quatre grands ensembles :
- Les **Préalpes**, presque exclusivement composées de roches calcaires de formation secondaire (sauf en Chablais).
- Le **sillon alpin**, dépression modelée dans les marnes, au pied des massifs cristallins du Nord.
- Les **massifs centraux externes** constitués de roches cristallines très anciennes. C'est la vieille plate-forme primaire qui a été soulevée par le plissement tertiaire (voir ci-dessous). Du Nord au Sud se succèdent les massifs du Mont-Blanc, de Belledonne, des Grandes-Rousses et des Écrins. Leurs roches très dures ont donné des reliefs en aiguilles et de hautes croupes qui atteignent les altitudes les plus élevées des Alpes.
- La **zone intra-alpine** qui forme l'axe des Alpes. Elle est composée de roches sédimentaires métamorphisées et broyées par les violents mouvements du sol qui s'y sont déroulés. Elle comprend le massif de la Vanoise ainsi que les hautes vallées de la Tarentaise, de la Maurienne et de l'Oisans.

LA FORMATION DES ALPES

Ère primaire – Début, il y a 570 millions d'années. Le plissement hercynien donne naissance, à l'emplacement des massifs centraux actuels, à un axe cristallin de la même nature que les Vosges ou le Massif central. Ce plissement est suivi d'une érosion très active et dès la fin de l'ère primaire les Alpes se présentaient comme la Bretagne actuelle. La végétation luxuriante, favorisée par un climat chaud et humide, donne des débris végétaux abondants qui sont à l'origine du bassin houiller de la Mure.

Ère secondaire – Début, il y a environ 260 millions d'années. À la suite d'un affaissement général, une vaste fosse marine se constitue à l'emplacement des Grandes Alpes et de la zone intra-alpine. Des dépôts de calcaires et de sables – qui agglomérés donnent des grès –, d'argiles – que des compressions formidables feuillettent en schistes – s'empilent sur le vieux socle cristallin. Pendant cette ère, les climats ne sont pas différenciés. Les forêts sont formées de pins, de chênes, de noyers, d'eucalyptus, de palmiers. C'est l'époque des reptiles colossaux comme les dinosaures et de l'apparition des premiers oiseaux.

Ère tertiaire – Début, il y a 65 millions d'années. Durant cette période se façonnent les hautes montagnes. Le soulèvement a commencé à l'Est dans les Alpes italiennes. D'immenses nappes ont alors glissé vers l'Ouest, formant la zone du Briançonnais et de la Vanoise. Dans la seconde moitié du tertiaire, la vieille plate-forme se dresse à son tour, formant les massifs du Mont-Blanc, des Écrins et du Mercantour.

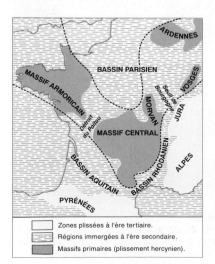

Zones plissées à l'ère tertiaire.

Régions immergées à l'ère secondaire.

Massifs primaires (plissement hercynien).

Diverses théories tentent d'expliquer ce phénomène. Celle « des plaques » assimile la croûte terrestre à un assemblage de plaques pouvant jouer les unes par rapport aux autres, d'où la dérive des continents. Comprimées à la jonction des plaques de l'Afrique et de l'Europe, les Alpes se seraient soulevées comme de la pâte à modeler que l'on presserait entre les pouces. À la suite de ce soulèvement, la couverture sédimentaire de l'ère secondaire a glissé sur cette pente inclinée et est allée buter sur l'avant-pays dauphinois. Les couches sédimentaires souples se sont plissées, donnant les Préalpes. Une dépression s'est alors formée entre les massifs cristallins et les Préalpes dans laquelle l'érosion a dégagé le sillon alpin.

Ère quaternaire – Début, il y a environ 2 millions d'années. Cette période, à la suite d'un refroidissement

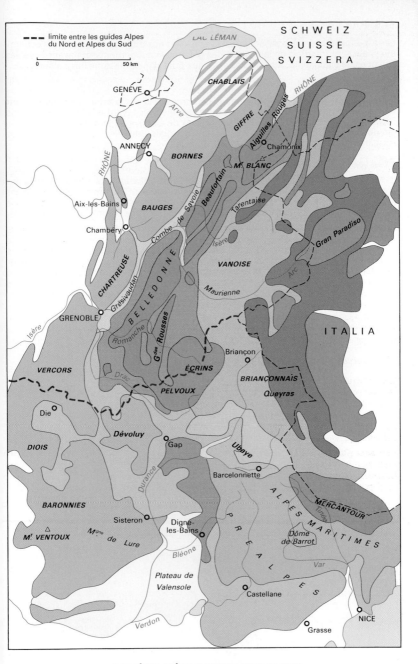

SCHÉMA GÉOLOGIQUE DES ALPES

Préalpes calcaires (crétacé)

Préalpes du Sud et Moyenne Durance (calcaire jurassique)

Couverture sédimentaire des Massifs centraux

Zone intra-alpine (roches cristallines et métamorphiques)

Massifs centraux cristallins

Poudingues tertiaires du Plateau de Valensole

Flyschs de l'Ubaye et de l'Embrunais

Schistes lustrés piémontais

Nappe du Chablais

Sillon alpin

général de l'atmosphère du globe, connaît quatre glaciations successives qui recouvrent les Alpes d'une énorme chape de glace. L'érosion travaille alors sans relâche au démantèlement de la chaîne qu'elle va complètement refaçonner *(voir p. 16)*.

13

LES PAYSAGES

Les Alpes présentent des paysages très variés, liés aux différentes structures géologiques, aussi reprendra-t-on la division des géologues qui distinguent l'avant-pays, les Préalpes, le sillon alpin, les massifs centraux cristallins et la zone intra-alpine.

Avant-pays

L'Albanais, le Genevois, le plateau des Bornes sur la bordure des Alpes sont constitués de molasses dessinant de douces collines verdoyantes. Quelques chaînons calcaires les dominent, dont le **Salève** au Sud de Genève et le **mont du Chat** près du lac du Bourget. Des lacs profonds se sont installés dans les cuvettes laissées par les glaciers : lacs d'Aiguebelette et du Bourget.

Préalpes

Premiers contreforts de la chaîne à l'avant-garde des plissements alpins, les Préalpes dressent leur barrière dont l'altitude ne dépasse que rarement 2 000 m. Elles sont formées de cinq massifs bien distincts : le Chablais-Giffre, les Bornes, les Bauges, la Chartreuse et le Vercors, que séparent les cluses de l'Arve, d'Annecy, de Chambéry et de Grenoble.

Chablais-Giffre – Formé par une nappe de charriage qui a été transportée par-dessus le Mont Blanc, les Aiguilles Rouges et le Giffre, le Chablais présente un paysage différent des autres Préalpes, toutes calcaires. Entre les trois Dranses, les paysages évoquent déjà la haute montagne. Le Giffre, relief autochtone calcaire, frappe par son aspect de massif compact présentant de puissantes murailles (les Fiz, Cirque du Fer à Cheval). La vallée du Giffre est animée par la petite ville de Samoëns devenue station de sports d'hiver, tandis que sur les rebords de l'Arve se sont installées les stations d'Arâches-les-Carroz et de Flaine.

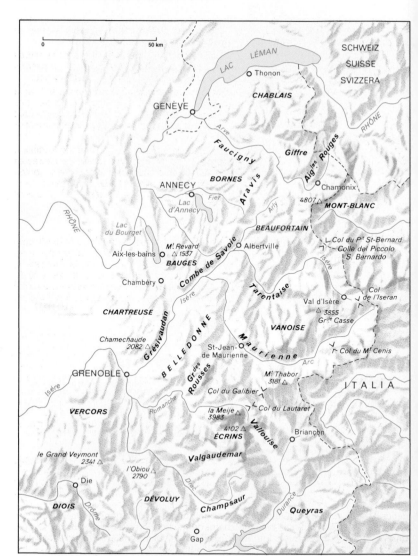

Massif de la Vanoise – Pointe de l'Échelle et lac Blanc

Bornes – Ce massif est bordé par la **chaîne des Aravis** (qui atteint 2 752 m à Pointe Percée) à l'Est et drainé par les vallées du Fier, du Borne et du Nom. On y trouve la station de la Clusaz étageant ses chalets traditionnels en bois au pied des pistes de ski.

Bauges – Entre les cluses d'Annecy et de Chambéry, ce massif limité par des crêtes bien dessinées présente à l'intérieur un paysage de caractère alpestre et parfois champêtre. De petites stations de ski comme Aillon-le-Jeune s'y développent.

Chartreuse – Véritable forteresse taillée dans le calcaire urgonien, le massif de la Chartreuse allie des paysages remarquables de falaises, de gorges profondes (les Guiers Vif et Mort) à ceux de petits bassins à pâturages. Ce massif frappe surtout par la densité de ses très belles et vastes forêts aux essences multiples qui couvrent les versants abondamment arrosés.

Vercors – Le plus vaste des massifs préalpins se présente comme une citadelle à l'intérieur de laquelle, bien protégés, prospèrent de superbes forêts de hêtres et de résineux et de beaux pâturages. Les rivières ont creusé dans le calcaire urgonien épais de plusieurs centaines de mètres des gorges grandioses (la Bourne, les Goulets, Combe-Laval). Pays traditionnel d'élevage, le Vercors s'oriente de plus en plus vers le tourisme avec des stations comme Villard-de-Lans et Autrans.

Sillon alpin

Le **bassin de Sallanches** et le **Val d'Arly**, la dépression de la **Combe de Savoie** et du **Grésivaudan** forment, à l'intérieur des Alpes, une véritable plaine sur laquelle débouchent les vallées de la Haute-Isère (Tarentaise), de l'Arc (Maurienne) et de la Romanche (Oisans). Les facilités de communication offertes par ce boulevard, la fertilité du sol favorable aux cultures riches (maïs, tabac, vigne), les disponibilités en énergie hydro-électrique font du sillon alpin l'une des régions les plus prospères de la chaîne.

Massifs centraux cristallins

Cet ensemble comprend les massifs du **Mont-Blanc** et des **Aiguilles-Rouges**, du **Beaufortain**, de **Belledonne**, des **Grandes Rousses**, des **Écrins-Pelvoux** et, au Sud, du **Mercantour**. Ce sont les Alpes des hautes altitudes. Elles sont formées par les roches cristallines du socle primaire qui se sont soulevées à l'ère tertiaire, se débarrassant de leur couverture sédimentaire et apparaissant à nu. Sévères et grandioses, leurs paysages sont le domaine favori des alpinistes qui parcourent les longs glaciers se nichant entre les arêtes rocheuses, ou escaladent aiguilles et sommets parmi les neiges éternelles. Seul le Beaufortain a conservé sa couverture de schistes et se présente comme un pays de moyenne montagne aux agréables paysages pastoraux parsemés de chalets en bois.

Zone intra-alpine

Entre les massifs centraux et la frontière italienne, de puissants massifs à l'altitude moyenne élevée sont composés de schistes, de roches cristallines métamorphisées... il s'agit du Briançonnais au Sud et de **la Vanoise** bordée par la Tarentaise et la Maurienne. Cette région, aux profondes vallées, aux grands versants, aux immenses alpages, a vu se développer une belle civilisation montagnarde. Récemment, grâce à son climat ensoleillé et clément et à ses pentes enneigées, le massif de la Vanoise, dont le cœur est occupé par le Parc national *(voir p. 22)*, est devenu la plus importante concentration de stations de sports d'hiver dans les Alpes françaises avec Val-d'Isère, Tignes, Courchevel, La Plagne, Méribel-les-Allues, les Arcs...

LE RELIEF ALPIN

À l'intention des touristes peu familiarisés avec les formes particulières de relief en montagne, dues à l'action des torrents ou à celle des glaciers, nous donnons ci-après quelques indications sommaires permettant d'en reconnaître les traits caractéristiques ainsi que les termes géographiques qui les désignent.

L'érosion

Le lent mais irrésistible mouvement des glaciers, les eaux courantes, l'alternance des pluies, du gel ont opéré un remodelage important des Alpes et, au cours des millénaires, les ont façonnées telles qu'on les voit aujourd'hui.

L'œuvre des glaciers – Il y a une centaine de siècles, les glaciers alpins recouvraient la chaîne entière et débordaient sur le plat pays jusqu'au site actuel de Lyon. À l'intérieur du massif, ces « fleuves solides » atteignaient des dimensions gigantesques : celui qui occupait la vallée du Grésivaudan avait au moins 1 100 m d'épaisseur. Ils ont creusé des **cirques** aux parois abruptes. Ils ont évidé les vallées en y laissant leur empreinte : une forme en auge ou en U dont le profil longitudinal n'est qu'une suite de **verrous** (rétrécissements), d'épanouissements et de ruptures de pente. Des vallées affluentes sont souvent « suspendues » au-dessus des principales.

Les glaciers actuels – Depuis le début du 20e s., on assiste à un recul considérable des glaciers alpins qui ne sont plus assez approvisionnés. Aujourd'hui ils recouvrent à peine une superficie de 400 km² qui se répartissent pour les 4/5 en Savoie (massifs du Mont-Blanc et de la Vanoise) et pour le reste à l'intérieur du massif des Écrins. La **Mer de Glace** est un bel exemple de « glacier de vallée » : d'amont en aval on relève la succession d'un **névé**, bassin où la neige s'accumule et se transforme en glace, et d'une **langue glaciaire**, fissurée de crevasses. Les ruptures de pente sont marquées par les amoncellements chaotiques des **séracs**. Les accumulations de débris entraînés puis abandonnés par le glacier forment sur les bords les **moraines latérales**, sous le glacier la **moraine de fond**, à l'extrémité la **moraine frontale** ; la vitesse des glaciers alpins est de l'ordre de 70 m par an.

L'action des eaux – Après la fonte des grandes glaces, les eaux torrentielles réapparues ont travaillé à atténuer les contrastes. Des « gorges de raccordement » ont alors échancré les verrous et relié le fond d'une vallée suspendue à celui de la vallée principale. Les gorges de la Diosaz et du Doron de Champagny offrent de bons exemples de ces défilés dans lesquels la route ne se hasarde qu'en dernier recours. On rencontre aussi, dans les Préalpes principalement, des gorges qui recoupent l'axe des plis du terrain ; ce sont les **cluses**. Elles offrent la plupart du temps les seules possibilités de liaison entre la montagne et le bas pays, depuis que des routes hardies y ont été taillées en plein roc : tel est le cas du défilé de Pierre-Châtel, des gorges de Guiers, de la Bourne et de la Vernaison.
L'abandon des débris charriés par le torrent à son arrivée dans le fond de la vallée principale et leur accumulation au pied des versants engendrent la formation de « cônes de déjection ».

Les champs de lapiaz – Ils se présentent comme de vastes étendues perforées d'alvéoles et de petits canaux plus ou moins profonds : les eaux de ruissellement dissolvent irrégulièrement la surface calcaire ; ainsi se constituent des trous qui finissent par se rejoindre pour former des rainures et des ciselures discontinues. On peut en voir en particulier sur les hauts-plateaux du Vercors et sur le désert de Platé.

LE CLIMAT ALPIN

La position des Alpes à un carrefour d'influences atmosphériques détermine deux régions climatiques distinctes : les Alpes du Nord, qui subissent les influences océaniques, et les Alpes du Sud, qui font partie du domaine méditerranéen. La ligne qui les sépare est jalonnée par le col de Rousset, le col de la Croix-Haute, le col Bayard, le col du Lautaret et le col du Galibier.
Les Alpes du Nord connaissent des précipitations abondantes sur l'ensemble de l'année et une température basse. Les Préalpes et les massifs centraux, sur lesquels butent les nuages, sont particulièrement arrosés. La zone intra-alpine, protégée par ces obstacles, est plus sèche et ensoleillée. La neige y tient plus longtemps.
En montagne, de nombreux facteurs, dus au relief, entrent en jeu pour modifier les conditions climatiques. Les différences d'altitude, l'exposition, la disposition et l'orientation des chaînes, des vallées provoquent une variété infinie de climats locaux.

L'altitude – Elle engendre une baisse de la pression atmosphérique au point que la raréfaction de l'air à de hautes altitudes peut gêner la respiration et surtout provoquer une diminution régulière et rapide de la température (en moyenne de 0,5° tous les 100 m). Cette baisse de température de la vallée vers les sommets peut être perturbée par le phénomène de l'inversion des températures : pendant les périodes d'air calme, en hiver, l'air froid et lourd glisse le long des pentes et s'accumule au fond des vallées, alors que sur les versants l'air renouvelé enregistre une température plus élevée.

RELIEF TORRENTIEL

RELIEF GLACIAIRE

Haute vallée : creusement

Cirque torrentiel :

① Bassin de réception en demi-entonnoir et fortement raviné. ② Chenal d'écoulement.

Cirque glaciaire abandonné :

① Fond aplani.
② Parois escarpées.

Moyenne vallée : transport

Vallée torrentielle :

① Vallée en V.
② Vallée très encaissée.

Vallée glaciaire abandonnée :

① Auge en U, fond large souvent remblayé.
② Épaulement.

Basse vallée : accumulation

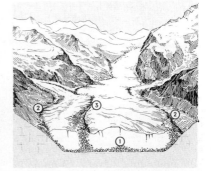

Cône de déjections :

Quand la pente devient trop faible pour permettre au torrent de charrier des matériaux, ceux-ci s'entassent en un « cône de déjections ».

Moraines :

① Moraine de fond.
② Moraine latérale.
③ Moraine médiane.

L'exposition – L'orientation des versants nuance ces phénomènes. Le versant endroit ou « **adret** » exposé au midi reçoit une énergie solaire bien supérieure à celle du versant envers ou « **ubac** ». Sur ce dernier, la neige demeure plus longtemps.

Le relief – Par la disposition de ses arêtes le relief influe sur les précipitations et sur l'orientation des vents. Les chutes de pluie ou de neige sont plus abondantes sur les premiers contreforts qu'elles rencontrent et sur les « versants au vent ».

Les vents suivent en général les couloirs que sont les grandes vallées, surtout pendant la saison chaude, quand se produit le phénomène des brises : à la fin de la matinée, l'air chaud et dilaté des vallées remonte vers les hauteurs et entraîne la formation de nuages autour des sommets. Cette augmentation de la nébulosité, au cours de l'après-midi, est un gage de beau temps stable. Vers 17 h, cette « brise de vallée » cesse de souffler et la fraîcheur tombe subitement : c'est alors au tour de la « brise de montagne », froide et plus brutale, de balayer en sens inverse la vallée.

Enfin, les hauts reliefs sont des zones de turbulences, de perturbations. Les orages y sont fréquents et très violents. Le bruit du tonnerre amplifié par le phénomène des échos les rend très impressionnants.

LA VÉGÉTATION

Si la végétation est toujours étroitement tributaire du climat et des sols, elle l'est aussi, en montagne, de l'exposition des versants et de l'altitude qui détermine l'étagement des espèces. Cet étagement connaît des correctifs dus à l'action de l'homme, qui a souvent modifié les paysages originels, et à l'exposition. L'adret, le plus propice aux cultures et à l'habitat, a été très défriché, alors que l'ubac, le plus souvent vide d'hommes, bénéficie d'une humidité favorisant le développement de vigoureux peuplements forestiers. Cette opposition est particulièrement marquée lorsque la vallée est orientée Ouest-Est. Au-dessus des cultures qui s'élèvent jusqu'à 1 500 m environ, on trouve l'étage montagnard, domaine des forêts de conifères. À partir de 2 200 m, les arbres laissent la place aux alpages, c'est l'étage alpin où poussent les herbes vivaces et la flore alpine. Après 3 000 m, on entre dans le domaine minéral : seuls quelques mousses et lichens s'accrochent aux rochers.

Les arbres

Dans leur ensemble, les Alpes françaises sont caractérisées par l'extension des forêts de conifères (les hêtres ne dominant, dans les Préalpes, que jusqu'à 800 m d'altitude).

Le sapin – Cime large à pointe aplatie « en nid de cigogne » chez les vieux individus. Écorce restant dans les tons gris. Les cônes, dressés comme des chandelles, se désagrègent sur place, à maturité, en perdant leurs écailles. Les aiguilles, molles, disposées sur le même plan comme les dents d'un peigne (d'où le nom de « sapin pectiné »), présentent sur leur face interne une double ligne blanche (d'où le nom de « sapin argenté »).

L'épicéa – Essence spécifiquement montagnarde, caractéristique des expositions froides (versants « envers »). Cime pointue en forme de fuseau. Aspect général hirsute, avec branches infléchies « en queue d'épagneul ». L'écorce, tirant sur le rouge, devient très crevassée avec l'âge. Aiguilles piquantes. Les cônes, pendants, tombent à maturité, tout d'une pièce, sur le sol.

Le mélèze – C'est le seul conifère des Alpes françaises qui perde ses aiguilles en hiver. Arbre caractéristique des versants ensoleillés de haute montagne, surtout dans les « Alpes sèches ». Cônes tout petits. L'ombre légère du feuillage, vert clair et ténu, n'interdit pas la pousse du gazon, aussi le charme des sous-bois de mélèzes est-il bien connu des touristes.

Épicéa   Sapin   Mélèze

Fleurs des Alpes

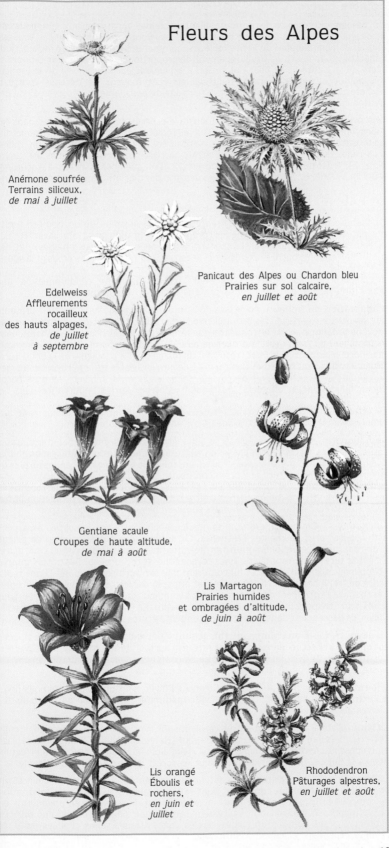

Anémone soufrée
Terrains siliceux,
de mai à juillet

Panicaut des Alpes ou Chardon bleu
Prairies sur sol calcaire,
en juillet et août

Edelweiss
Affleurements
rocailleux
des hauts alpages,
*de juillet
à septembre*

Gentiane acaule
Croupes de haute altitude,
de mai à août

Lis Martagon
Prairies humides
et ombragées d'altitude,
de juin à août

Lis orangé
Éboulis et
rochers,
*en juin et
juillet*

Rhododendron
Pâturages alpestres,
en juillet et août

La flore alpine

On réserve d'ordinaire le nom de plantes alpines aux végétaux qui poussent au-dessus de la limite supérieure des forêts. La floraison précoce de ces espèces, vivaces et généralement de petite taille, est commandée par la brièveté de la période végétative (juin-août). Le développement disproportionné de la fleur par rapport au reste de la plante et sa belle coloration s'expliquent par la richesse de la lumière des hautes altitudes en rayons ultraviolets. Les moyens de défense contre la sécheresse sont souvent importants : feutrage de poils laineux, réserves d'eau des petites plantes grasses, etc.

Des origines lointaines – Sur les milliers d'espèces florales recensées dans les Alpes, une majorité sont originaires d'autres régions : plaine ou moyenne montagne pour certaines plantes (dent-de-lion, centaurée...) aptes à supporter un milieu plus rude, zones méditerranéenne (œillet, narcisse...), arctique (renoncule, pavot blanc...), asiatique (edelweiss, primevère...). Les quelques espèces autochtones (ancolie, valériane...) sont les rescapées des grandes glaciations de l'ère quaternaire.

LA FAUNE

La faune proprement alpine, en France, ne comprend plus qu'un nombre limité d'espèces : des poissons, comme les corégones des grands lacs (féra, lavaret) ; des oiseaux tels que l'aigle royal, le chocard, le lagopède (perdrix des neiges) ; et des mammifères dont, outre ceux décrits ci-dessous, la musaraigne des Alpes et la souris des neiges.

La plupart de ces espèces paraissent malheureusement condamnées à une disparition rapide, hors des zones protégées des « parcs naturels ».

L'adaptation au milieu – Au-dessus de la forêt, en haute altitude, la faune présente des adaptations particulières à ce milieu difficile, où la vie n'est possible qu'avec des moyens de défense contre le froid, la neige et le manque de nourriture. Certains animaux se protègent du froid grâce à un pelage ou à un plumage fourni, d'autres comme la marmotte hibernent sous terre, résolvant du même coup le problème de la nourriture. Proies favorites du renard et des rapaces, le lièvre variable et la perdrix des neiges se camouflent en changeant de couleur selon les saisons. L'hiver, les gros herbivores, bouquetins et chamois, descendent chercher abri et nourriture dans les forêts.

La plupart de ces animaux habitent des endroits souvent inaccessibles sauf aux alpinistes et, extrêmement sauvages, ils s'enfuient au moindre bruit.

Le bouquetin – Reconnaissable à sa silhouette trapue dominée par d'immenses cornes annelées qui peuvent dépasser un mètre de longueur, le bouquetin est un animal tranquille qui aime faire sa sieste au soleil. Les mâles se groupent en bandes de plus de cinquante individus parfois. Aux premières neiges, ils rejoignent leurs compagnes plus petites et plus craintives. Ils luttent alors pour les conquérir et la montagne retentit du bruit de leurs affrontements cornes contre cornes. Les actions de protection entreprises par le Parc national de la Vanoise augurent bien de l'avenir de l'espèce.

Le chamois – On peut apercevoir sa gracieuse silhouette sur les cimes escarpées et rocheuses près des neiges éternelles. L'« antilope des Alpes » a un rude pelage brun-roux, plus épais et plus sombre en hiver, marqué le long du dos par une raie noire. Sa petite tête est surmontée de fines cornes foncées recourbées. Ses pattes minces et robustes, ses pieds adaptés lui confèrent une extraordinaire agilité. D'une résistance de fer, il bondit de rocher en rocher et passe par les couloirs les plus abrupts. Les chamois se groupent en hardes de trois à vingt individus menées par un bouc. Leur poids peut atteindre 50 kg (la moitié du bouquetin). En été ils se nourrissent d'herbe, l'hiver ils descendent dans les forêts et rongent l'écorce des arbres.

Le lièvre variable ou changeant (blanchon) – Cet habitant des plus hauts alpages est difficile à observer en raison de sa rareté et surtout de son mimétisme. En effet, des mues successives lui permettent de se confondre avec son environnement : il passe du blanc le plus pur l'hiver à un gris-brun l'été.

L'hermine – Fauve l'été, elle devient blanche l'hiver, sauf un pinceau de poils noirs à l'extrémité de la queue. C'est un petit mammifère carnassier qui vit dans les pierres et près des chalets.

Le lynx – Cet habile chasseur est un carnivore qui se nourrit aussi bien de chevreuils et de chamois que de marmottes ou d'oiseaux. Habituellement solitaire, il se déplace au crépuscule. Après avoir disparu du paysage alpin au début du 20e s., il effectue, depuis la Suisse, un retour naturel dans les forêts isolées de la Haute-Savoie.

L'aigle royal – Ce majestueux prédateur peuple l'ensemble du massif alpin et vit en couple sur un domaine équivalent à une vallée de taille moyenne. Son alimentation se compose principalement de marmottes en été et de cadavres de bouquetins en hiver. Il apparaît souvent à l'observateur comme une silhouette lointaine difficile à observer ; ses voltiges en larges cercles concentriques, ailes repliées en V, le rendent cependant aisément identifiable.

Faune alpine

Aigle royal ①

Bouquetin

Gypaète barbu ②

Hermine ③

Lynx boréal ④

Chamois

Tétras-Lyre ⑤

Dessins de F. Desbordes ①②⑤ ; J. Chevalier ③④ : extrait de l'inventaire de la Faune de France, Nathan, MNHN 1992

Parcs naturels et réserves

On trouve dans les Alpes du Nord deux des six parcs nationaux français : la Vanoise et les Écrins, les parcs naturels régionaux du Vercors, de Chartreuse et du massif des Bauges, et de nombreuses réserves naturelles.

PARCS NATIONAUX

Les parcs nationaux ont été créés en vue de protéger des espaces naturels particulièrement riches, originaux, grandioses, tout en y développant le tourisme et l'initiation à la nature. Pour atteindre ces objectifs *a priori* contradictoires, chaque parc national est composé de deux zones. Le parc proprement dit, ou **zone centrale**, recouvre une partie inhabitée où la sauvegarde de la nature est assurée par une réglementation stricte : interdiction de pêcher, de chasser, de cueillir des plantes, d'amener des chiens, de camper, de construire...
La **zone périphérique** ou « pré-parc » fait l'objet de programmes d'animation, de formation, d'information, ainsi que de mise en valeur de l'agriculture et des richesses naturelles et culturelles locales. L'infrastructure hôtelière, ainsi que les aménagements sociaux, économiques et culturels y sont installés.

Parc national de la Vanoise *schéma p. 271*

Premier parc national créé en France, en 1963 – presque un siècle après le premier parc national américain –, il intègre dans ses 53 000 ha le massif entier de la Vanoise, entre les hautes vallées de l'Isère et de l'Arc, et dans le prolongement du Parc italien du Grand Paradis, qui lui est contigu sur 14 km.
S'étageant de 1 200 à 3 855 m (altitude de la Grande Casse) et comprenant des formations géologiques très variées (calcaires, schistes, etc.), ce parc est particulièrement riche par sa faune et sa flore.
L'un des objectifs de sa création était la protection des derniers bouquetins des Alpes à l'instar du Parc national italien du Grand Paradis.
De 1963 à 1986 (dernier recensement), ces animaux sont passés de 40 à 1 200 et les chamois de 400 à 5 200 individus. Le bouquetin avait été choisi comme premier emblème du parc.
La flore est exceptionnelle, comptant plus de 1 000 espèces. On y retrouve, entre autres, des espèces arctiques comme la renoncule des glaciers et le silène acaule.
Lieu de randonnée particulièrement bien équipé avec plus de 500 km d'itinéraires pédestres (GR 5 – GR 55 et sentiers du parc) et 35 refuges, dont 19 appartiennent au parc, la Vanoise est aujourd'hui l'un des endroits les plus fréquentés par les randonneurs. Cinq des refuges ont une vocation supplémentaire d'information et d'animation : ce sont les Portes du Parc.
En zone périphérique (145 000 ha) sont proposés au public des équipements sportifs et résidentiels considérables réalisés en Tarentaise et en Maurienne.
L'ensemble, en superficie, occupe près du tiers du département de la Savoie.

Un devoir de protection :
le promeneur qui aime la nature ne se contentera pas de respecter les seuls espaces protégés comme les parcs, ou les espèces comme le lys martagon. Il s'abstiendra, naturellement, de moissonner systématiquement les plantes rares ; et, s'il cueille d'autres fleurs, il évitera d'en arracher les racines et les bulbes.

PARC NATIONAL DES ÉCRINS

- 🛈 Centre d'information
- ● Maison du Parc
- **M** Musée ou exposition
- ⚠ Principaux refuges gardés

(Carte : le Bourg-d'Oisans, GR 50, GR 54, N 91, les Deux-Alpes, Venosc, Vénéon, Maisanne, Cascade de Confolens, 3465 Roche de la Muzelle, Valsenestre, Entraigues, Bonne, le Désert, D 117, D 117A, NC, Corps, St-Firmin, Séveraisse, D 985A, N 85, GR 50)

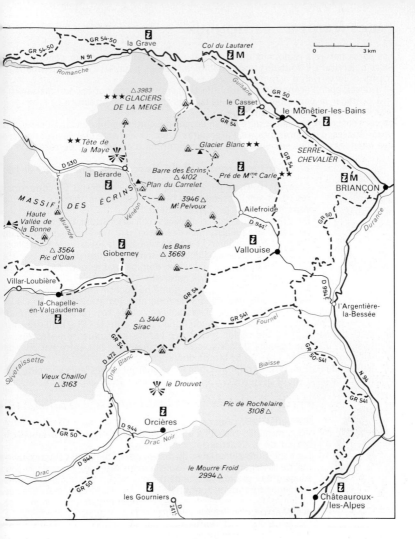

Parc national des Écrins

Créé en 1973, c'est le plus vaste parc national français avec une superficie de 92 000 ha dont 1/3 en Isère et 2/3 dans les Hautes-Alpes.

Parc de haute montagne, il compte de nombreux sommets de plus de 3 000 m dont la Meije, le Pelvoux, les Bans, l'Olan, les Agneaux, et culmine à 4 102 m à la Barre des Écrins. Il renferme 12 000 ha de glaciers dont le glacier Blanc sur la face Nord des Écrins et des lacs renommés comme le lac Lauvitel, le lac de Vallon et celui de l'Eychauda. Il a succédé à l'ancien parc domanial du Pelvoux.

Au cœur du parc, le massif du Pelvoux offre un ensemble remarquable de courses de haute montagne tandis que les vallées divergentes du Vénéon, du Valgaudemar, de la Vallouise sont les points de départ pour les randonnées. Plus de 1 000 km de sentiers ont été aménagés dans le parc dont le GR 54 « Tour de l'Oisans » et, à sa périphérie, le GR 50 « Tour du Haut Dauphiné » et le tour du Vieux Chaillol, GR du Pays qui traverse le Champsaur.

Le massif des Écrins, soumis, d'une part, aux influences océaniques au Nord et à l'Ouest et, d'autre part, aux influences méditerranéennes au Sud, présente une flore riche et variée avec 1 800 espèces différentes de plantes à fleurs.

La faune comprend 7 000 chamois et des aigles royaux.

Plus de 50 000 moutons y séjournent en estive. Leur descente des alpages en octobre est l'occasion de foires pittoresques à La Chapelle-en-Valgaudemar et à St-Bonnet. La zone périphérique, d'une superficie de 178 000 ha, inclut les hautes vallées du Drac, de la Romanche, de la Malsanne, de la Guisane et de la Durance.

Des centres d'information et des lieux d'exposition ont été aménagés aux « portes » du parc ainsi qu'une Maison du parc à la Vallouise (voir le guide Vert Michelin Alpes du Sud). En été des visites guidées sont organisées par la compagnie des guides de l'Oisans et du Parc des Écrins.

PARCS NATURELS RÉGIONAUX

Les parcs naturels régionaux diffèrent des parcs nationaux par leur conception et leurs objectifs. Ce sont des zones habitées choisies pour être l'objet d'aménagements et le terrain d'activités propres :
– à développer l'économie (création de coopératives, promotion de l'artisanat) ;
– à protéger le patrimoine naturel et culturel (musées, architecture...) ;
– à initier les visiteurs à la nature.
Le parc naturel régional est géré par un organisme comprenant des élus locaux, des propriétaires, des représentants d'associations, etc. Une charte établie avec l'accord des habitants définit ses limites et son programme d'activités et de réalisations.

Parc naturel régional du Vercors *schéma p. 280 et 281*

Créé en 1970, ce parc de 175 000 ha comprend 62 communes réparties sur l'ensemble du massif calcaire du Vercors ainsi que dans le Royans, le Trièves et le Diois.
Dans le domaine culturel quelques réalisations sont à mentionner : le centre du site préhistorique de Vassieux, le musée de la mémoire du Royans à Rochechinart et le site national de la Résistance à Vussieux.
Au point de vue écologique, cinq sentiers d'interprétation ont été aménagés et les hauts plateaux, dominés par le mont Aiguille, sont protégés comme réserve naturelle.

Mais c'est surtout dans le domaine sportif que le parc régional du Vercors se signale. Paradis des skieurs de fond avec les stations d'Autrans et de Villard-de-Lans, il est parsemé de pistes balisées et de foyers de ski de fond. Parcourue par plusieurs sentiers de Grande Randonnée, dont le GR 91 qui traverse les hauts plateaux, c'est une région recherchée par les randonneurs pédestres.
C'est, enfin, un grand centre de spéléologie en France avec le Centre national de la spéléologie implanté près de St-Martin-du-Vercors.
Les maisons du Parc ou centres d'information renseigneront les visiteurs sur toutes les possibilités de loisirs et de découverte offertes par le parc naturel régional du Vercors.

Parc naturel régional de Chartreuse *schéma p. 130 et 131*

Créé en 1995, ce parc de 63 000 ha inscrit dans son périmètre 46 communes réparties en Savoie et en Isère sur l'ensemble du massif de la Chartreuse *(voir p. 129)*.
Les conditions climatiques du massif de la Chartreuse (forte pluviométrie alternant avec un ensoleillement intense) assurent la présence d'une grande variété de milieux naturels : falaises, grands domaines forestiers, zones humides, pelouses subalpines. Chaque milieu renferme des espèces spécifiques et endémiques : vulnéraire des Chartreux, potentille luisante, et la pédiculaire ascendante. La faune du Parc est représentée par la plupart des mammifères alpins ; le lynx réalise une expansion naturelle depuis la Suisse. L'avifaune forestière est remarquable : le hibou grand-duc est devenu le symbole du Parc. On recense également le tétras-lyre, la chouette de Tengmalm et la chevêchette, alors que les aigles royaux et les faucons pèlerins fréquentent les nombreuses falaises.
Le patrimoine culturel du Parc est fortement marqué par 9 siècles de présence des pères chartreux, dont on compte encore 7 monastères, qui ont développé des activités économiques originales (liqueur, métallurgie).
Parmi les objectifs de ce jeune parc : préserver de l'urbanisation les zones à forte valeur biologique, assurer la protection des eaux et des sols par la gestion de projets de rivière tel « Guiers propre », et la conservation du patrimoine naturel des hauts plateaux de Chartreuse en vue de leur classement en Réserve naturelle.
Au niveau tourisme, le balisage en cours de 5 itinéraires de randonnées culturelles, la constitution d'une « chaîne du patrimoine cartusien » et le développement d'un « tourisme doux » axé sur la randonnée, le vol libre et l'escalade. *(Voir également les Randonnées pédestres dans la partie Renseignements pratiques en fin de volume.)*

Parc naturel régional du massif des Bauges

Créé à la fin de 1995, c'est le plus jeune des parcs régionaux de la région Rhône-Alpes. Sur une superficie de 80 000 ha, il regroupe 57 communes, réparties sur l'ensemble du massif préalpin des Bauges ; il est délimité au Nord par les rives du lac d'Annecy, à l'Est par la vallée de l'Isère, au Sud par la cluse de Chambéry, et par les collines de l'Albanais à l'Ouest. Entité géographique homogène, le massif des Bauges est composé de petits pays fortement marqués par l'empreinte économique et culturelle laissée par les ordres monastiques. Le parc régional assure la préservation de ce savoir-faire et celle du patrimoine architectural spécifique des maisons baujus *(voir p. 40)* ainsi que la protection et la mise en valeur des sites naturels les plus remarquables.

La **Réserve cynégétique des Bauges** occupe la partie Nord du massif dans la haute vallée du Chéran. On y dénombre plus d'un millier de chamois mais aussi de nombreux mouflons, chevreuils et tétras-lyres. La richesse de la flore permet à la plupart des espèces protégées de Savoie d'y être représentées.

Dans cet ouvrage, outre la description du massif des Bauges, d'autres rubriques traitent de secteurs inclus dans le périmètre du parc régional : l'Albanais, le lac d'Annecy, le Mont Revard, le Semnoz et la Route de Tamié.

RÉSERVES NATURELLES

Les réserves naturelles recouvrent des territoires intéressants à divers titres : biotopes d'espèces animales ou végétales rares ou remarquables ; zones exceptionnelles par leur formation géologique, spéléologique ; terre de halte pour les migrateurs. Certaines sont très vastes, couvrant une région naturelle, d'autres ne comptent que quelques hectares (ces réserves ponctuelles présentent un intérêt scientifique particulier). Les réserves de Savoie sont surtout liées au Parc national de la Vanoise dont elles sont mitoyennes : Plan de Tuéda (1 112 ha), Hauts de Villeroper (1 114 ha), Tignes-Champagny (999 ha), Val-d'Isère, la Grande Sassière (2 230 ha), et celles de l'Isère au Parc national des Écrins : Haute Vallée du Vénéon (90 ha), Haute Vallée du Béranger (85 ha), ou au Parc régional du Vercors : les Hauts Plateaux (16 000 ha).

La Haute-Savoie, dépourvue de parcs naturels, a vu la création de réserves naturelles importantes comprenant des centres d'information, des sentiers écologiques. Citons les Aiguilles-Rouges (3 279 ha), Sixt-Passy (9 200 ha), les Contamines-Montjoie (5 500 ha) et de plus modestes comme le marais de Bout-du-Lac d'Annecy (84,5 ha), le delta de la Dranse sur le lac Léman (45 ha) et le Roc de Chère (68 ha) sur la rive Nord du lac d'Annecy.

Règles de bonne conduite dans les réserves naturelles :
– pas de cueillette de fruits, de fleurs, d'arrachage de plantes et de récolte de fossiles ;
– tous les déchets et récipients vides doivent être acheminés hors de la zone protégée ;
– ne pas emmener d'animal domestique, particulièrement de chien qui pourrait affoler par ses aboiements les jeunes animaux.
– ne pas sortir des sentiers tracés, surtout ne pas couper les lacets des chemins : ces raccourcis dégradent le tapis végétal et accélèrent le ravinement.

Activités régionales

Après des siècles d'une vie fondée sur l'agriculture et l'artisanat, les Alpes ont connu deux révolutions économiques. La première, l'industrialisation provoquée par la découverte et l'exploitation de la houille blanche, a urbanisé les vallées ; la seconde, l'« explosion » touristique, a bouleversé la haute montagne. Ces deux phénomènes ont préservé la région de l'avenir incertain dont un exode rural la menaçait. Aujourd'hui les Alpes du Nord sont une région très dynamique grâce à leur développement industriel et touristique et à la présence de villes importantes comme Grenoble et Annecy.

AGRICULTURE

La vie agricole des Alpes s'appuie surtout sur l'élevage et l'exploitation forestière. Toutefois, dans les larges vallées alpines (Combe de Savoie, Grésivaudan), les conditions climatiques permettent des cultures similaires à celles des plaines environnantes : légumes, arbres fruitiers (noyers notamment), maïs et tabac.

L'élevage

Les **bovins** tiennent une place prépondérante dans l'économie des Alpes du Nord, où une grande partie des anciennes terres de culture ont laissé la place aux prairies. Les mouvements entre l'étable et la « montagne » ont tendance à disparaître ; on garde de plus en plus les vaches autour des villages par manque de bergers et pour une commercialisation plus facile des produits laitiers. Ceux-ci sont écoulés dans les grandes villes ou les stations touristiques par d'importantes coopératives.

Dans les massifs du Nord, le lait est surtout utilisé pour la confection de fromages dans les « fruitières » (coopératives fromagères) : le reblochon des Bormes, le vacherin des Bauges, le beaufort du Beaufortain, la tomme de Savoie. En Dauphiné, il sert à confectionner le bleu de Sassenage et le saint-marcellin.

Les races bovines alpines – Elles sont connues pour leur robustesse et leur excellente aptitude à la marche qui leur permettent de s'adapter à un milieu naturel difficile et à un climat rude.

La tarine – Une des races bovines les mieux adaptées à la montagne, caractérisée par une belle robe unie de couleur fauve, la tarine se révèle une très bonne laitière, d'une grande robustesse bien que de petite taille. Sa rusticité de montagnarde en fait un produit recherché à l'exportation vers les pays aux conditions d'élevage difficiles.

La race d'Abondance – Tirant son nom du Val d'Abondance, d'où elle semble provenir, elle a conquis l'ensemble des Alpes et s'est implantée dans les Pyrénées et le Massif Central. Elle se situe au 4e rang des races laitières. Reconnaissable à sa robe brune constellée de grosses taches blanches, à ses pattes courtes, elle est appréciée pour ses capacités laitières et sa remarquable longévité.

La villarde – Unique survivante des races blondes du Sud-Est (à la robe « froment »), la villarde, localisée au Vercors, est caractérisée par une triple aptitude à la production de travail, de lait et de viande. Elle eut son heure de gloire à la fin du 19e s. lors de la création de la station d'élevage de Villard-de-Lans. La Seconde Guerre mondiale et la mécanisation agricole l'ont cantonnée longtemps en l'état de conservation de race. Une active politique de réhabilitation menée avec le parc régional du Vercors laisse augurer un développement du cheptel.

La montbéliarde – Originaire de Franche-Comté et caractérisée par une robe d'un rouge franc et vif sur fond blanc, la montbéliarde est spécialisée dans la production laitière à hauts rendements.

M. Claye/JACANA

Races Montbéliarde, Tarine et d'Abondance

Élevage porcin – Il connaît un certain essor surtout dans les régions spécialisées dans la confection des fromages. Les sous-produits de ceux-ci, en particulier du reblochon, servent à alimenter les porcs, ce qui explique que la plupart des fruitières possèdent un nombre assez important de ces animaux.

La forêt

Depuis peu, la sous-exploitation des alpages et l'abandon de la fauchaison des hautes prairies permettent un reboisement, intensif dans certaines régions. Aujourd'hui la forêt occupe plus du tiers de la surface utilisable, la moitié dans les Préalpes et dans les Alpes du Nord. Composées de conifères (sapins, épicéas), et de feuillus aux basses altitudes, ces forêts sont pour plus de la moitié la propriété de communes et de particuliers. Le reste, appartenant à l'État, est géré par l'Office national des forêts.

Si les Préalpes du Nord comportent de beaux peuplements de hêtres, ces rois des pays humides, les résineux dominent cependant comme dans toutes les Alpes françaises. Le Salève, le Faucigny, les Aravis, les Bauges sont le domaine de l'**épicéa** ; les Bauges encore, la Chartreuse, le Vercors, le Beaufortain, la Maurienne, le Grésivaudan, celui du **sapin**. De nombreuses communes alpines doivent leur richesse à ce capital forestier. Dans certaines zones subsiste l'« affouage » – tradition qui attribue à chaque foyer un lot de bois qu'il utilise à son gré. Les tronçonneuses, l'aménagement de routes forestières, l'utilisation de câbles pour les lots difficiles d'accès facilitent la rentabilité des exploitations. Le bois est surtout utilisé comme bois d'œuvre ou vendu à des scieries et à des papeteries. Les ventes sont exprimées en stères (1 m³). Un stère d'épicéa peut donner 800 m² de papier journal, soit 24 000 pages d'un journal ordinaire.

PRODUCTION HYDRO-ÉLECTRIQUE ET INDUSTRIE

L'industrie dans les Alpes françaises s'est bornée à l'origine à satisfaire les besoins locaux, puis elle a entrepris de travailler aussi pour le reste de la France et l'exportation. Ainsi sont nées les manufactures d'horlogerie de Cluses, les soieries, succursales du textile lyonnais, les papeteries dauphinoises tributaires des forêts de la Chartreuse et du Vercors, les cimenteries dans les Préalpes, la ganterie grenobloise, les aciéries d'Ugine.

La houille blanche

Baptisée par Bergès à la fin du 19ᵉ s., la « houille blanche », énergie produite par les chutes d'eau, a été le moteur de l'industrie alpine.

Le berceau de la houille blanche – Vers la fin du Second Empire, un industriel du Grésivaudan, Amable Matussière, voulant accroître la force motrice de ses papeteries, fait appel à deux ingénieurs, Fredet et **Aristide Bergès**. À ce dernier revient l'honneur d'avoir équipé en 1869, à Lancey, la première haute chute de 200 m. Les premières installations ne visaient qu'à utiliser mécaniquement la puissance des turbines, mais dès 1870 l'invention de la dynamo par Gramme, puis la réalisation des premiers transports de force (Desprez établit en 1883 une ligne entre Jarrie-Vizille et Grenoble) orientent ces aménagements vers la production d'électricité.

L'évolution des techniques – La topographie alpine favorise l'installation d'équipements hydro-électriques : la proximité des hautes chaînes et des vallées profondes multiplie les chutes d'eau. Les constructeurs utilisèrent d'abord les hautes chutes de faible débit au-dessus des vallées principales. Puis ils équipèrent les rivières à fort débit des vallées elles-mêmes, donnant naissance à de véritables couloirs industriels (vallées de l'Isère ou Tarentaise, de l'Arc ou Maurienne, de la Romanche). Aujourd'hui la plupart des moteurs hydrauliques (les turbines) sont accouplés à des alternateurs, eux-mêmes raccordés au réseau électrique général d'EDF.

Les nouveaux châteaux d'eau – Dans les années 1950, les ingénieurs en viennent aux « aménagements complexes » intéressant tout un massif et permettant le stockage des eaux. Par des dizaines de kilomètres de galeries, les eaux, parfois détournées de leur bassin naturel, sont collectées dans d'immenses réservoirs comme ceux créés par les barrages de Tignes et de Roselend ou « basculées » dans une vallée voisine plus profondément encaissée (dérivation Isère-Arc). L'aménagement de la cuvette du Mont-Cenis a été achevé en 1970. Celui de la cuvette d'Emosson a été réalisé, en coopération avec la Suisse, en 1975.

Un nouveau type d'aménagement a été développé avec les « stations de transfert d'énergie par pompage ». Celles-ci peuvent restituer par turbinage l'énergie accumulée par pompage pendant les heures de faible consommation d'électricité. Les plus importants aménagements de ce type sont ceux de Super-Bissorte et de Grand-Maison.

La production d'électricité d'origine hydraulique dans les Alpes du Nord a atteint 13,6 milliards de kWh en 1991, soit 25 % de la production hydro-électrique française.

Les types de barrages – Les barrages des Alpes se rattachent à quatre types principaux :
– Les **barrages-gravité** résistent par leur seul poids à la poussée des eaux. Ils présentent, en général, une section transversale triangulaire, un parement amont presque vertical, un parement aval incliné voisin de 50° (Chambon, Bissorte).
– Les **barrages-voûte**, formule élégante et économique, se présentent comme une voûte verticale, convexe vers l'amont, transmettant la poussée des eaux vers les parois latérales de la gorge (Tignes, le Sautet, St-Pierre et Monteynard).
– Les **barrages à contreforts** (Girotte, Plan d'Amont, Roselend - *voir aussi p. 96*), sur de larges verrous glaciaires ne permettant pas l'usage d'une voûte, combinent les principes des barrages-gravité et des barrages-voûte.
– Les **grandes digues** en enrochement, comme la Sassière, Mont-Cenis, Grand-Maison.

Les industries issues de la houille blanche – L'énergie hydro-électrique fut d'abord expérimentée dans les papeteries du Grésivaudan. Aujourd'hui, celle de Lancey possède l'une des plus grandes machines à papier de France ; d'autres papeteries fonctionnent à Vizille, Pont-de-Claix, Voiron, Domène et Brignoud.
Les véritables filles de la houille blanche sont l'**électrométallurgie** et l'**électrochimie** nées en 1889 à la suite des inventions du four électrique et de la cuve à électrolyse. Très grosses consommatrices d'électricité, les industries se sont installées près des centrales construites par les industriels eux-mêmes avant la création d'EDF en 1946. Jusqu'en 1965, la production d'électricité d'origine hydraulique représentait plus de 50 % de la production nationale d'énergie électrique. Dans les vallées de Maurienne, de Tarentaise, du Grésivaudan et de la Romanche, cette combinaison a créé les paysages industriels si caractéristiques des vallées alpines. Toutefois, la région des Alpes se trouve défavorisée en raison du coût des transports (il faut 7,5 tonnes de matières premières pour réaliser 1 kg d'aluminium) ; pour être rentables, des usines doivent réaliser des produits de plus en plus élaborés, rares et chers. La fabrication des aciers spéciaux est ainsi devenue une spécialité alpine. Les usines électrochimiques deviennent de gigantesques complexes. Les produits de base obtenus (chlorate, chlore, soude) y sont transformés en détergents, herbicides, solvants...

La seconde étape de l'industrialisation – De nos jours, l'avenir appartient aux industries de transformation, légères et très spécialisées, qui rendent secondaires les problèmes du transport. Celles-ci s'installent dans les cluses autour des grandes villes (Grenoble, Annecy, Chambéry). Cette localisation à la périphérie des Alpes leur permet des contacts faciles avec le reste du pays, surtout la vallée du Rhône.
Parmi les atouts de la région il faut noter sa situation entre la France, l'Italie et la Suisse, une main-d'œuvre abondante attirée par les possibilités de loisirs à proximité des villes, et une proportion importante d'ingénieurs et de chercheurs formés à Grenoble.
Les **industries mécaniques** sont très bien représentées : matériel de travaux publics (Caterpillar à Grenoble), turbines, fabrication d'appareillages variés. La Haute-Savoie est traditionnellement spécialisée dans les industries mécaniques de précision. L'industrie horlogère est encore présente à Annemasse, premier centre français de finition de montres. Dans la vallée de l'Arve, elle a été remplacée par le décolletage.
La **construction électrique** née des besoins de l'électrochimie s'est spécialisée dans la fabrication de gros matériel : disjoncteurs, postes de transformateurs.

Le centre Hydrelec, près d'Allemont (voir p. 144), présente une rétrospective complète de l'évolution des techniques hydroélectriques.

Quelques faits historiques

De l'époque féodale au 19ᵉ s., la Savoie et le Dauphiné, les deux grandes régions historiques des Alpes, n'ont jamais été réunis sous un même pouvoir politique. Ce sont donc deux histoires parallèles que nous rappelons, celle de la Savoie liée au royaume sarde et celle du Dauphiné beaucoup plus précocement entré dans l'unité française.

Celtes et Romains

Avant J.-C.

6ᵉ s.	La puissante tribu celte des Allobroges envahit le pays compris entre le Rhône et l'Isère, refoulant dans les hautes vallées la population primitive d'origine ligure.
218	Les Allobroges, après s'être d'abord opposés au passage d'Hannibal, participent à son expédition contre Rome. Le franchissement des Alpes coûte au général carthaginois la moitié de son armée.
121	Les Romains parviennent à soumettre l'Allobrogie qu'ils rattachent à leur « Province Narbonnaise ».
1ᵉʳ s.	Sous le règne d'Auguste, la pacification de la région alpestre est achevée.

Chrétiens et Barbares

Après J.-C.

Fin du 2ᵉ s.	Les premières communautés chrétiennes s'organisent et se développent malgré les persécutions.
4ᵉ s.	L'organisation ecclésiastique du territoire est effective avec la constitution des diocèses.
443	Des peuplades burgondes, venues du Rhin, s'installent en Allobrogie avec la permission des Romains. On appelle aussi cette région « Sabaudia » ou pays des sapins qui aurait donné le nom de Savoie.
933	Les royaumes de Provence et de Bourgogne transjurane qui se partagent les Alpes passent sous la tutelle des « Rodolphiens » (rois de Bourgogne). C'est le second « royaume burgonde », dont l'histoire est très confuse.
1032	Une nouvelle ère s'ouvre lorsque l'empereur d'Occident Conrad II le Salique succède au dernier Rodolphe.

Savoie et Dauphiné

Début du 11ᵉ s.	**Savoie** : le comte de Maurienne Humbert aux Blanches Mains, qui a soutenu les droits de l'empereur Conrad à la succession de Rodolphe III, reçoit le titre de comte de Savoie. Sa lignée se constitue gardienne des passages des Alpes. **Dauphiné** : le fief du comte d'Albon, Guigues Iᵉʳ, s'accroît de l'actuel Bas-Dauphiné, du Grésivaudan, du Champsaur concédés par l'archevêque de Vienne, puis du Briançonnais : c'est l'embryon de l'État féodal qui deux siècles plus tard s'appellera le Dauphiné.
11ᵉ et 12ᵉ s.	Éclosion de grandes abbayes et de monastères. Saint Bruno fonde le monastère et l'ordre des Chartreux.
1192	**Dauphiné** : Guigues VI prend le titre de « dauphin ». Sous son règne et celui de Guigues VII, le Dauphiné acquiert l'Embrunais, le Gapençais et passagèrement le Faucigny à la suite du mariage de Guigues III avec la fille du comte de Savoie Pierre II en 1268.
1232	Chambéry devient la capitale du comté de Savoie.
1248	Le gigantesque éboulement du Granier, dans le massif de la Chartreuse, ensevelit cinq villages. Les traces de la catastrophe sont encore visibles dans le paysage.
14ᵉ s.	**Savoie** : la puissance savoyarde prend véritablement son essor avec les trois Amédée VI, VII et VIII. Le Faucigny est recouvré en 1343.
1349	**Dauphiné** : le dauphin Humbert II, en mauvaise posture politique et financière, négocie la vente de ses domaines au roi de France : c'est le **Transport du Dauphiné à la France**. Jusqu'en 1628, le Dauphiné constituera l'apanage du prince héritier de France, à qui s'appliquera désormais le titre de « Dauphin ».

1416	**Savoie** : Amédée VIII est fait duc de Savoie par l'empereur Sigismond.
1419	Réunion de la Savoie et du Piémont.
1447	Le Dauphin Louis II (futur roi Louis XI) s'installe dans la province du Dauphiné où il se conduit en souverain indépendant et crée le parlement de Grenoble. Trente ans plus tard, alors que sa sœur Yolande de France est régente de Savoie, Louis XI exerce un véritable protectorat sur la Savoie et met fin à l'anarchie féodale.
1494-1559	Les guerres d'Italie, où s'illustre Bayard, mettent au premier plan le rôle stratégique des cols du Haut-Dauphiné.
1536	François Ier, allié aux cantons suisses, envahit la Savoie. Les Bernois dévastent le Chablais. La Savoie demeurera 23 ans sous la tutelle française.
1559	**Traité du Cateau-Cambrésis** : la France abandonne l'Italie. Le duc de Savoie Emmanuel-Philibert recouvre alors ses domaines et transfère sa capitale de Chambéry à Turin.
17e s.	Occupée par les soldats de Henri IV (qui se fait octroyer la Bresse, le Bugey et le pays de Gex), la Savoie l'est encore à trois reprises par les troupes de Louis XIII et de Louis XIV.
1606	Fondation de l'Académie florimontane à Annecy.
1622	Mort de saint François de Sales.
1628	De « Pays d'État » le Dauphiné devient « Pays d'Élection ». Ce nouveau statut le place sous l'administration directe d'un intendant royal.
1692	Une héroïne dauphinoise, Philis de la Charce, s'illustre dans la résistance opposée aux mercenaires du duc de Savoie Victor-Amédée II.

18e et 19e s.

1713	**Traité d'Utrecht** : Victor-Amédée recouvre la Savoie et devient en outre roi de Sicile, titre qu'il échange cinq ans plus tard contre celui de roi de Sardaigne. Naissance des « États et de la monarchie sardes ».
1736	Jean-Jacques Rousseau élit domicile aux Charmettes *(voir Chambéry)*.
1742	Occupation de la Savoie par les Espagnols, alliés de la France.
1748	**Traité d'Aix-la-Chapelle** : met fin à la guerre de Succession d'Autriche ; Charles-Emmanuel III recouvre la Savoie occupée par les Espagnols.
1786	Première ascension du Mont Blanc par Balmat et Paccard.
1788	Prodromes de la Révolution : « journée des Tuiles » à Grenoble, « assemblée de Vizille ».
1788	À Grenoble est servi pour la première fois un plat nouveau : le gratin dauphinois.
1791	Le Dauphiné est divisé en trois départements : Isère, Drôme et Hautes-Alpes.
1792	Les forces françaises révolutionnaires occupent la Savoie, qui devient le « département du Mont-Blanc ».
1809	Marie Paradis, une servante d'auberge, est la première femme à gravir le Mont-Blanc.
1811	Napoléon fait construire la route du Mont-Cenis.
1815	**Savoie** : le **traité de Paris** restitue au roi Victor-Emmanuel Ier ses domaines sardes. Le pays entre dans l'ère du « Buon Governo » ; ordre moral dont les mesquineries indisposent la population. Napoléon, de retour de l'île d'Elbe, traverse le Haut Dauphiné. Épisode de Laffrey.
1821	Fondation de la Compagnie des Guides de Chamonix.
1846	Apparition de la Vierge à deux enfants de la Salette.
1858	Entrevue de Plombières : Napoléon III et Cavour conviennent que la France aidera à chasser les Autrichiens d'Italie et recevra en échange la Savoie et Nice.
Avril 1860	**Plébiscite savoyard** : une majorité écrasante de « oui » donne la Savoie à la France. La province est partagée en deux départements : Savoie et Haute-Savoie.
1869	Aristide Bergès équipe la première haute chute à Lancey et devient ainsi le « père » de la houille blanche.
1872	Inauguration du tunnel ferroviaire du Fréjus.
1885	La Roche-sur-Foron est la première ville européenne éclairée à l'électricité.
Vers 1885	Apparition du terme : « varappe » dans le vocabulaire de l'escalade, du nom de la Varappe, une des gorges du Salève.

1924	Premiers Jeux olympiques d'hiver, organisés à Chamonix.
1938	Création, à l'instigation de Lord Lindsay, de la station de sports d'hiver de Méribel.
	Un ours est aperçu pour la dernière fois dans les Alpes françaises.
juin 1940	L'avance allemande est stoppée sur l'Isère et à Voreppe. Les attaques italiennes sont brisées par les garnisons des ouvrages frontières.
1944	Combats du Vercors. La Résistance fait du Dauphiné l'un de ses principaux bastions.
	La Résistance savoyarde inscrit parmi ses faits d'armes les combats des Glières *(voir p. 256)*.
1955	Achèvement du téléphérique de l'Aiguille du Midi qui rend la haute montagne française accessible au grand public.
1962	Signature des Accords d'Évian *(voir Évian)*.
1963	Création du Parc national de la Vanoise.
1965	Inauguration du tunnel routier du Mont-Blanc.
1968	10ᵉˢ Jeux olympiques d'hiver à Grenoble.
1970	Création du Parc naturel régional du Vercors.
1973	Création du Parc national des Écrins.
1980	Inauguration du tunnel routier du Fréjus.
1992	16ᵉˢ Jeux olympiques d'hiver à Albertville.
1995	Création du Parc naturel régional du massif de Chartreuse.
1996	Création du Parc naturel régional du massif des Bauges.

C. de Torquat/PIX

Sceau d'Amédée VI

LA MAISON DE SAVOIE

Du seigneur féodal Humbert aux Blanches Mains devenu comte de Savoie en 1034 au dernier roi d'Italie Humbert II, fils de Victor-Emmanuel III, qui abdiqua en 1946, que de chemin parcouru, en neuf siècles, par cette famille que l'on a appelée « la Maison de Savoie », la plus ancienne Maison souveraine d'Europe. Elle posséda longtemps la Savoie à titre de comté, puis de duché, gouverna le Piémont à partir de 1429, la Sardaigne à partir de 1720 et enfin régna sur l'Italie de 1861 à 1946.

Des comtes aux ducs – Le rôle de « portiers des Alpes » conféra aux comtes puis aux ducs de Savoie une puissance exceptionnelle. Cette position clé fit de la Savoie une région très convoitée, dont l'histoire mouvementée n'est qu'une succession d'occupations et de traités la rendant à ses souverains.
Au Moyen Âge, **Amédée VI, VII** et **VIII** portèrent à son apogée la puissance savoyarde. Leur cour à Chambéry rivalisait alors par son faste avec celle des plus grands souverains européens. Le plus illustre, Amédée VIII, le premier à porter le titre de duc de Savoie, fut aussi le dernier des « anti-papes », ayant été élu pape à la fin de sa vie sous le nom de Félix V contre les papes romains Eugène IV puis Nicolas V.

Au 16e s., le traité du Cateau-Cambrésis libéra la Savoie d'une domination française qui avait duré 23 ans. Le duc **Emmanuel-Philibert** réorganisa ses États et déplaça la capitale de Chambéry à Turin (moins accessible aux rois de France), manifestant ainsi son désir de s'étendre du côté italien. Cette extension se réalisa sous le duc **Victor-Amédée II** qui obtint au traité d'Utrecht le royaume de Sicile. Il l'échangea contre la Sardaigne cinq ans plus tard et devint alors le premier souverain des États sardes.

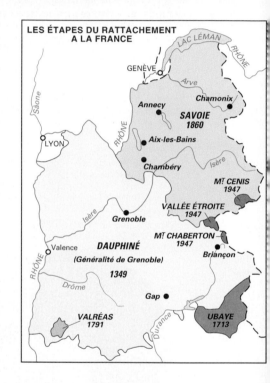

LES ÉTAPES DU RATTACHEMENT À LA FRANCE

Le rattachement à la France – Les Savoyards, lassés par le gouvernement piémontais – appelé par dérision « il Buon Governo » – puis inquiets de la politique anticléricale de Cavour, s'étaient tournés vers la France. Or en 1858, lors de l'entrevue de Plombières, Napoléon III et Cavour décidaient que, en échange de l'aide de la France pour lutter contre l'occupation autrichienne, l'Italie lui céderait la Savoie et Nice si les populations intéressées y consentaient. Cela mena au plébiscite d'avril 1860 : par 130 533 « oui » contre 235 « non », les Savoyards manifestèrent leur volonté de devenir français.

Le « Transport du Dauphiné à la France »

Humbert II avait été porté très jeune à la succession delphinale. Ambitieux, prodigue, inconséquent, le nouveau dauphin multiplia les fondations pieuses, distribua des offrandes, fonda l'université de Grenoble, fut le mécène d'artistes et d'écrivains et entretint une véritable cour. Son départ pour la croisade acheva de vider les caisses delphinales. À son retour, ayant perdu sa femme et son fils, il décida d'abdiquer et de vendre le Dauphiné. Le roi de France Philippe VI de Valois saisit l'occasion. Des négociations s'engagèrent qui se conclurent par trois traités successifs. Le Dauphiné reviendrait par ailleurs au fils aîné du roi de France qui porterait le titre de Dauphin. L'acte de vente que l'on appela « Transport du Dauphiné à la France » fut signé le 16 juillet 1349 à Lyon. Humbert II prit le froc blanc des dominicains.

Le Dauphiné et la Révolution

Le Dauphiné a été l'un des berceaux de la Révolution française. Dès 1763, le parlement du Dauphiné était entré en conflit avec l'autorité en refusant d'enregistrer les édits royaux jugés trop rigoureux en matière d'impôts. En 1788, la promulgation des édits destinés à briser l'autorité du parlement provoqua un mouvement de protestation *(voir Grenoble, la journée des Tuiles)*. Quelques jours plus tard se réunit la fameuse assemblée de Vizille.

LES HOMMES ILLUSTRES

En Savoie

Très attachés à leurs croyances et à leurs traditions, les Savoyards ont plus d'une fois montré au cours de l'Histoire une fidélité exemplaire à leurs idéaux. Ce caractère a donné des penseurs et des savants illustres.

La Savoie et les lettres – Fait paradoxal, la Savoie, dont le rattachement à la France date seulement d'un peu plus d'un siècle, fut en quelque sorte l'un des berceaux de la langue française. C'est un Savoyard, l'humaniste **Guillaume Fichet** (1433-1478), qui établit à Paris le premier atelier d'imprimerie. C'est à Annecy que fut créée la première Académie, en 1606, l'Académie florimontane, qui devait servir de modèle à Richelieu pour l'Académie française. Ses instigateurs étaient **Honoré d'Urfé**, **Antoine Favre** et son fils, le grammairien **Vaugelas** (1585-1650), le premier à codifier la syntaxe française, enfin **saint François de Sales** (1567-1622), le grand homme de la Savoie, qui domina toute la vie religieuse du pays. Mystique et homme d'action, théologien et apôtre des humbles, fondateur d'ordres, il a aussi laissé une œuvre d'écrivain dont l'*Introduction à la vie dévote (voir p. 67)*.
Sous le Consulat et l'Empire, le flambeau de la pensée philosophique fut repris par les frères **de Maistre** : **Joseph** (1753-1821) et **Xavier** (1763-1852), adversaires convaincus de la Révolution française et théoriciens de la Monarchie absolue. Au 19e s., quelques écrivains « populaires » ont décrit en patois la vie quotidienne des Savoyards. **Colombat l'Aveugle** chantait ses poèmes sur son violon, tandis qu'**Amélie Gex** écrivait des contes.

La Savoie et les sciences – L'esprit positif, logique du Savoyard s'est particulièrement exprimé dans le domaine scientifique. Tandis que le mathématicien **Monge** (1746-1818), originaire du Faucigny, créait à 19 ans la géométrie descriptive, son contemporain **Berthollet** (1748-1822) révolutionnait le domaine de la chimie.

En Dauphiné

Le Dauphinois est d'abord homme d'action. Dans les périodes agitées par des conflits d'idées, les Dauphinois se sont toujours illustrés comme défenseurs des tendances nouvelles. Fief protestant durant les guerres de Religion, le Dauphiné fut plus tard un foyer où s'enflamma l'esprit de la Révolution ; pendant la Seconde Guerre mondiale, il devint l'un des bastions de la Résistance.

Les hommes de guerre et les hommes politiques – Né dans le Grésivaudan, à Pontcharra, **Bayard** (1476-1524), « le chevalier sans peur et sans reproche », fut le modèle des soldats de son temps par ses qualités morales et sa bravoure. C'est lui qui arma François Ier chevalier après la bataille de Marignan. **François de Bonne de Lesdiguières** (1543-1626) domina l'histoire du Dauphiné pendant un demi-siècle. Homme de guerre, il prit la tête des Protestants du Dauphiné pendant les guerres de Religion puis fut nommé lieutenant-général des armées du Dauphiné par Henri IV et combattit contre le duc de Savoie. Il fut nommé connétable de France, le dernier avant que Richelieu ne supprimât ce titre.
En 1788, deux Grenoblois menèrent la révolution dauphinoise : le juge **Mounier** et l'avocat **Barnave**. Ils furent les instigateurs et les orateurs les plus écoutés de l'assemblée de Vizille. Sous la monarchie de Juillet, un autre Grenoblois, le banquier **Casimir Perier**, devint le chef du gouvernement de 1831 à 1832. Son petit-fils fut président de la République en 1894-95.

Un pays d'inventeurs – **Vaucanson** (1709-1782), constructeur de remarquables automates, fit aussi des découvertes dans le domaine de la mécanisation de la soie, ce qui le rendit impopulaire auprès des ouvriers. L'invention de la « machine à gant » fit au contraire la gloire et la fortune de **Xavier Jouvin** (1800-1844). Il eut l'idée de classer les mains en types d'après les recherches faites à l'hôpital de Grenoble. Il créa alors les pointures et une machine à couper les gants.

Les lettres – Leur plus illustre représentant demeure le Grenoblois Henri Beyle, plus connu sous son pseudonyme **Stendhal** (1783-1842). Célèbre pour ses romans, il écrivit aussi *La Vie d'Henry Brulard* où il évoque son enfance et son adolescence à Grenoble.

Stendhal

V. d'Amboise/PIX

Art et architecture

ÉLÉMENTS D'ARCHITECTURE

Architecture religieuse

HAUTECOMBE – Plan de l'église abbatiale Notre-Dame (19ᵉ s.)

L'abbaye cistercienne de Hautecombe, sépulture des princes de Savoie, fut fondée au 12ᵉ s. Restaurée et largement reconstruite au 19ᵉ s., dans un style gothique très orné, elle conserve cependant son plan d'origine en croix latine.

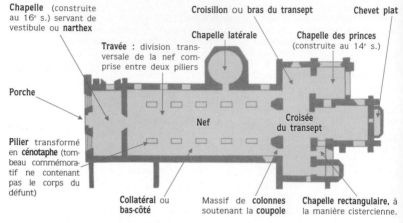

Chapelle (construite au 16ᵉ s.) servant de vestibule ou **narthex**

Croisillon ou bras du transept

Chevet plat

Chapelle latérale

Chapelle des princes (construite au 14ᵉ s.)

Travée : division transversale de la nef comprise entre deux piliers

Porche

Nef

Croisée du transept

Pilier transformé en **cénotaphe** (tombeau commémoratif ne contenant pas le corps du défunt)

Collatéral ou **bas-côté**

Massif de **colonnes** soutenant la **coupole**

Chapelle rectangulaire, à la manière cistercienne.

ABONDANCE – Chœur de l'église abbatiale (13ᵉ s.)

L'église de l'ancienne abbaye augustinienne d'Abondance a été ornée au 19ᵉ s. de peintures en trompe-l'œil, comme d'autres intérieurs gothiques de la région. L'architecture élaborée du chœur contraste avec la simplicité de la nef.

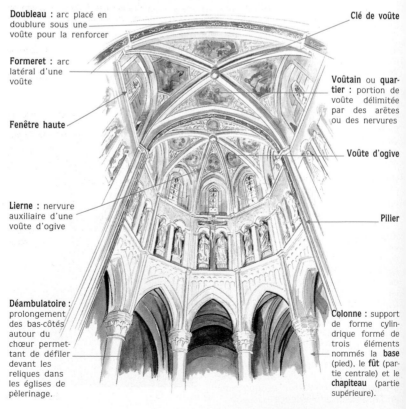

Doubleau : arc placé en doublure sous une voûte pour la renforcer

Clé de voûte

Formeret : arc latéral d'une voûte

Voûtain ou **quartier** : portion de voûte délimitée par des arêtes ou des nervures

Fenêtre haute

Voûte d'ogive

Lierne : nervure auxiliaire d'une voûte d'ogive

Pilier

Déambulatoire : prolongement des bas-côtés autour du chœur permettant de défiler devant les reliques dans les églises de pèlerinage.

Colonne : support de forme cylindrique formé de trois éléments nommés la **base** (pied), le **fût** (partie centrale) et le **chapiteau** (partie supérieure).

AIME – Basilique Saint-Martin (11ᵉ s.)

Basilique bénédictine, Saint-Martin est construite sur les fondations de deux édifices antérieurs. Restaurée au début du 20ᵉ s., c'est l'ensemble le plus représentatif et le moins transformé du premier art roman en Savoie.

Toit en pavillon : pyramidal

Toit en croupe ronde : en cône surbaissé

Baies géminées : groupées par deux

Chevet : extrémité extérieure du chœur d'une église ; le terme d'**abside** désigne l'extrémité intérieure.

Clocher carré

Arcades en plein cintre

Lauzes

Chapelle orientée

Arcature aveugle

Crypte : église ou chapelle souterraine destinée à recevoir une relique, une sépulture...

LES CONTAMINES-MONTJOIE – Chapelle N.-D.-de la Gorge (18ᵉ s.)

La façade et le toit sont peints de scènes destinées à l'édification des fidèles. Il existe en Savoie d'autres « églises-halles » ainsi enluminées, abritant sous un même toit la nef et les bas-côtés : Hauteluce, Conflans...

Triplet : ensemble de trois baies dont les deux latérales sont semblables et différentes de la baie centrale

Demi-croupe débordante

Campanile

Oculus : baie ronde

Abat-son

Contrefort : Renfort extérieur d'un mur, faisant saillie et engagé dans la maçonnerie.

Égout : partie du toit qui dépasse le mur de façade

Niche à coquille

Candélabre : couronnement en forme de torchère

Statue nichée

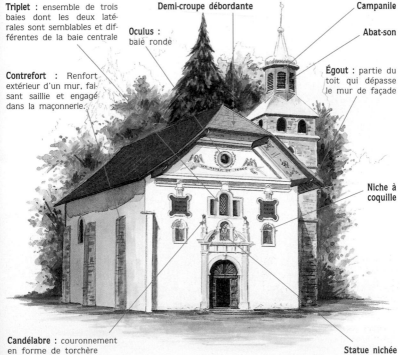

R. Corbel

35

CHAMBÉRY – Façade baroque de la Sainte-Chapelle (17e s.)

La façade est caractéristique du baroque par la profusion des ornements et notamment des frontons brisés. Elle dissimule cependant un intérieur gothique, style qui fut l'apanage de la maison royale de Savoie.

Cartouche portant un **blason** aux armes de Savoie

Denticules : frise formée de petites découpures rectangulaires en ressaut

Entablement : couronnement en saillie d'une façade, constitué par l'**architrave**, la **frise** et la **corniche**.

Obélisque, souvent employé à la Renaissance pour décorer le couronnement d'un toit ou d'un pignon.

Guirlande

Fronton triangulaire brisé

Vase d'amortissement : l'amortissement est le couronnement d'un édifice ou d'une partie d'édifice.

Fronton curviligne brisé

Aileron

Colonnes jumelées

Niche

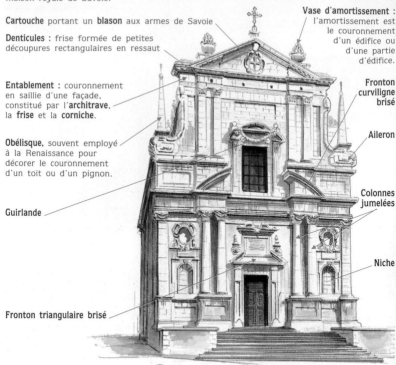

GRENOBLE – Retable baroque (début du 17e s.) du couvent de la Visitation

L'art baroque issu de la Contre-Réforme se développe en Savoie essentiellement dans la décoration intérieure des églises. Accumulation de motifs en bois doré, tourné et sculpté, les retables en sont la meilleure illustration.

Couronnement

Sculpture en **haut-relief : en forte saillie**

Tympan

Ange

Modillon : petite console soutenant une corniche

Chérubin : ange représenté par une tête d'enfant ailée

Colonne torse

Piédestal : socle formant le soubassement d'une colonne ou d'une statue

Autel

Rinceaux : ornement de sculpture ou de peinture composé d'une tige végétale formant une frise

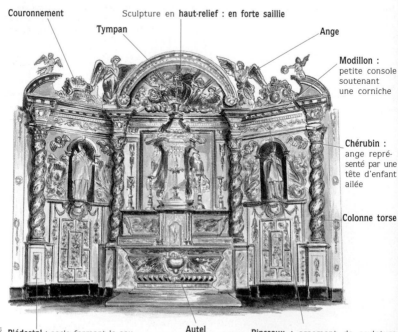

R. Corbel

Architecture civile

GRENOBLE – Façade du palais de justice (16ᵉ s.)

La porte d'entrée et la chapelle de ce bâtiment, ancien palais du Parlement dauphinois, remontent à la fin du gothique. La plus grande partie de l'édifice est marquée par l'esthétique Renaissance, à l'exception de l'extrémité gauche, plus sobre et beaucoup plus récente.

Fronton triangulaire

Pilastre corinthien

Souche : ouvrage en maçonnerie renfermant les conduits de cheminée

Table : surface plane verticale

Fenêtre à meneaux ; le **meneau** est l'élément vertical d'un remplage

Fronton curviligne

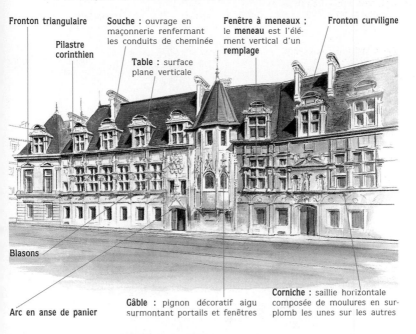

Blasons

Arc en anse de panier

Gâble : pignon décoratif aigu surmontant portails et fenêtres

Corniche : saillie horizontale composée de moulures en surplomb les unes sur les autres

ST-GEOIRE-EN-VALDAINE – Château de Longpra (18ᵉ s.)

Ancienne demeure fortifiée transformée en château de plaisance au 18ᵉ s., le château de Longpra combine le style de l'architecture classique aux toits à forte pente rendus nécessaires par les rigueurs du climat dauphinois.

Lucarne

Mitron : extrémité supérieure du conduit de cheminée

Avant-corps : partie d'un bâtiment faisant saillie sur toute la hauteur et sur l'alignement de la façade, toit compris.

Tuiles en écaille

Balcon en ferronnerie

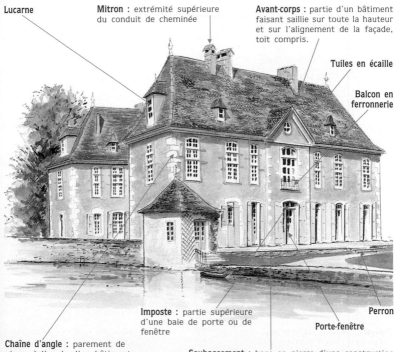

Imposte : partie supérieure d'une baie de porte ou de fenêtre

Perron

Porte-fenêtre

Chaîne d'angle : parement de pierre à l'angle d'un bâtiment

Soubassement : base en pierre d'une construction

R. Corbel

37

Architecture des stations

AIX-LES-BAINS — Château de La Roche-du-Roi (1900)

L'architecture éclectique de cette villa, rapidement transformée en hôtel, est due à Jules Pin Aîné (1850-1934), principal concepteur de l'urbanisme d'Aix à la fin du 19ᵉ s. Le château témoigne ainsi de la plus brillante époque de cette station thermale.

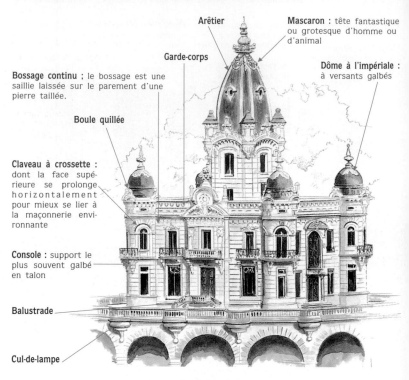

Arêtier

Garde-corps

Mascaron : tête fantastique ou grotesque d'homme ou d'animal

Bossage continu ; le bossage est une saillie laissée sur le parement d'une pierre taillée.

Dôme à l'impériale : à versants galbés

Boule quillée

Claveau à crossette : dont la face supérieure se prolonge horizontalement pour mieux se lier à la maçonnerie environnante

Console : support le plus souvent galbé en talon

Balustrade

Cul-de-lampe

AVORIAZ — Hôtel des Dromonts (1965)

Œuvre des architectes J. Labro et A. Wujek, l'hôtel des Dromonts est l'un des premiers édifices construits lors de la création de la station, manifeste d'une architecture moderne et originale dans les années 60.

Cheminée

Fenêtre à deux battants

Velux

Jouée : côté d'une lucarne

Balcon

Étage en encorbellement : en surplomb par rapport au rez-de-chaussée

Rambarde

Revêtement en bardeaux de cèdre

Toit-façade

R. Corbel

Architecture militaire

LOVAGNY — Château de Montrottier (13e-16e s.)

Perché à 465 m d'altitude, le château rassemble des bâtiments datant du Moyen Âge à la Renaissance, sans compter quelques remaniements au 19e s. Bien qu'entouré de terrasses et de jardins, il conserve aussi, de son passé militaire, le plus beau donjon de Savoie.

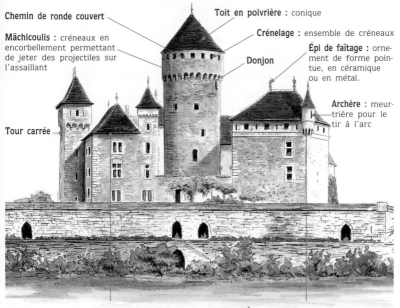

Chemin de ronde couvert

Mâchicoulis : créneaux en encorbellement permettant de jeter des projectiles sur l'assaillant

Tour carrée

Toit en poivrière : conique

Crénelage : ensemble de créneaux

Épi de faîtage : ornement de forme pointue, en céramique ou en métal.

Donjon

Archère : meurtrière pour le tir à l'arc

Toit à croupes : à quatre versants

Échauguette : petite construction en surplomb servant pour le guet

Génie civil

Barrage de ROSELEND (1960)

Type de barrage à contreforts, il unit les principes du barrage-gravité à ceux du barrage-voûte. Long de 800 m pour une hauteur de 123 m, il barre sur une faible hauteur la vallée évasée du Doron. La retenue créée alimente la centrale souterraine de La Bâthie.

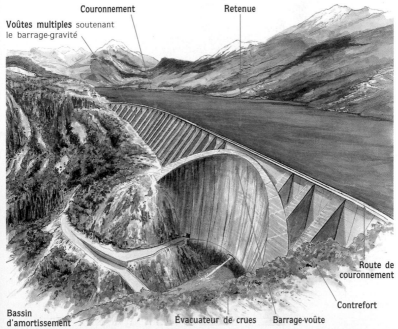

Voûtes multiples soutenant le barrage-gravité

Couronnement

Retenue

Route de couronnement

Bassin d'amortissement

Évacuateur de crues

Barrage-voûte

Contrefort

R. Corbel

ARCHITECTURE RÉGIONALE

Architecture traditionnelle

Nulle part plus que dans les Alpes les maisons rurales traditionnelles ne présentent un tel accord avec le milieu naturel. Dans ces montagnes où les pires contraintes pour l'homme sont le froid et l'isolement durant l'hiver, les maisons sont massives, en un seul bloc, avec le minimum d'ouvertures. Une large place est consacrée aux réserves : énormes granges à fourrage (souvent situées au-dessus de l'habitation afin de l'isoler du froid) ; greniers à grain ; pièces où sont entreposés les fromages, les viandes séchées et fumées, la charcuterie ; emplacement pour le bois.

Toutes les maisons possèdent des balcons. Ils jouent un rôle important dans ces régions humides où l'été est court : ils permettent de profiter du moindre rayon de soleil, d'où leur nom de « **solerets** ». Abrités sous les auvents des toits, on y entrepose les produits à faire sécher ou mûrir : linge, grain, fourrage, bois... voire bouse de vache !

Dans les pays de neige, les toits ont une importance primordiale. Ils sont toujours de dimensions considérables, débordant de tous les côtés afin de bien protéger la maison elle-même et ses abords. Tantôt, ils sont très aigus et lisses, de façon à laisser s'écouler la neige. Tantôt, ils sont presque plats de manière à conserver un lourd manteau de neige qui isole la maison du froid. Cependant l'inesthétique tôle ondulée se substitue trop souvent, comme matériau de couverture, au bois ou au schiste si typiques mais plus coûteux.

Dans les pays de forêts, le bois entre dans la composition de toutes les constructions, souvent pour l'essentiel. Autrefois, le choix des arbres répondait à un véritable rite ; ils étaient coupés un jour de novembre, sans gel, sur le flanc Nord de la montagne, car là ils poussent lentement, leurs veines sont fines et ils donnent un bois plus résistant. Dans les zones d'éboulis ou sans couverture forestière, les maisons sont construites en pierre et le bois n'est utilisé que pour les charpentes et les balcons. En Savoie, les villages et les hameaux sont souvent installés à flanc de montagne, sur le versant adret. Les maisons sont alors disposées en espalier, face au soleil. Sur les plateaux et les replats, au contraire, elles se serrent autour du clocher. Dans les pays d'élevage, il existe un habitat temporaire d'été important, petits hameaux de chalets rustiques s'élevant quelquefois à plus de 2 600 m, que l'on peut voir abandonnés au milieu des neiges pendant l'hiver.

Dans les Préalpes de Savoie – Le Chablais, le massif des Aravis et les Bauges, pays de forêts, sont le domaine du chalet en bois. Sur un soubassement de pierres brutes, des troncs de mélèzes ou d'épicéas équarris sont disposés horizontalement pour former les murs. Le toit, couvert de planchettes de bois appelées « ancelles » ou « **tavaillons** », est surmonté d'une cheminée à pans également en bois ; il déborde largement sur les côtés. Dans les **Bauges**, les maisons baujus, carrées, sont coiffées d'une toiture à pans, autrefois couverte de chaume, aujourd'hui d'ardoises et de tôles. L'avancée du toit débordant sur les façades se relève de manière à former avec le comble un angle de quelques degrés. Le dessous de cette avancée est planchéié et s'appelle le « **réveillon** ». Il donne une allure très particulière à ces maisons. À l'intérieur, deux pièces sont consacrées à l'habitation : « le poêle », où l'on se tient, et « l'outo », la chambre d'hôte meublée de lits mi-clos. Le reste du rez-de-chaussée abrite les animaux et les réserves de nourriture et de bois. À l'étage se trouvent la grange, entourée sur les trois faces de balcons à claire-voie, les « solerets », utilisés comme séchoirs. Le grenier est séparé de la maison et construit sur pilotis pour mettre le grain à l'abri des rongeurs.

Dans les Préalpes du Dauphiné – Les maisons de Chartreuse et du Vercors sont toutes deux construites en pierre.

La maison de Chartreuse – Elle présente l'originalité par rapport aux autres demeures alpines d'être composée de bâtiments multiples : habitation, écurie, grange. La maison d'habitation est une grande bâtisse carrée recouverte d'un toit à quatre pans en forme d'éteignoir protégé par des planchettes de bois appelées « essendoles ».

La maison du Vercors – Elle est au contraire formée d'un seul bâtiment abritant les hommes et les bêtes. C'est une épaisse demeure à plusieurs étages, couverte d'un toit à deux pans en tuiles plates ou en ardoises entre des murs-pignons très caractéristiques. Ceux-ci se terminent sur les côtés par des escaliers dont chaque ressaut porte une dalle de schiste destinée à protéger la maçonnerie contre l'eau de pluie et la neige.

Au rez-de-chaussée on trouve les principales pièces d'habitation, au-dessus les chambres puis le grenier. L'étable est installée à l'arrière de la maison.

En Oisans – Souvent en haute altitude, groupées en villages ou en hameaux étroitement serrés sur un versant de façon à empiéter le moins possible sur les terres arables, les maisons rurales des montagnards de l'Oisans n'abritent pour la plupart qu'une seule famille. Elles frappent par leur rusticité, leur exiguïté et la rudesse de leur construction. Leurs robustes murs sombres de grosses pierres portent de lourds toits de lauzes *(voir ci-après)*, peu inclinés, parfois d'ardoises, plus légers et plus aigus, et le plus souvent de tôle ondulée. Des balcons rudimentaires garnissent souvent la largeur de la façade et sont abrités par la saillie du toit. On

Maisons
des Alpes

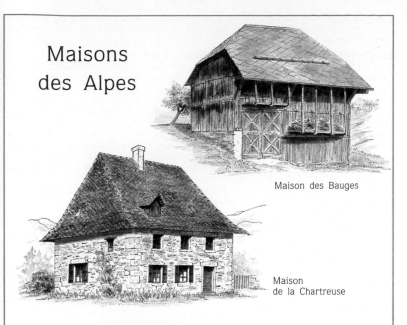

Maison des Bauges

Maison
de la Chartreuse

Chalet de la Maurienne

Maison du Vercors

Chalet
des Aravis

Illustrations Rodolphe Corbel – Maison des Bauges : d'après photo A.Daburen/PNR Massif des Bauges

41

y trouve la provision de bois. Une grange-grenier, aérée par un pignon que ferment quelques planches de bois, couvre, à l'étage, la chambre et l'étable. Les ouvertures sont petites et souvent voûtées.

En Beaufortain, Tarentaise et Maurienne – Dans les régions encore boisées du Beaufortain, la maison ne comporte qu'un seul angle de maçonnerie blanchie à la chaux, la dominante de la façade étant en bois. Le toit peu incliné est recouvert de tavaillons d'épicéa.

Dans les zones peu forestières où les éboulis sont nombreux, les maisons sont édifiées en pierre fruste et paraissent extrêmement rustiques. Seuls les balcons rudimentaires et quelques pignons sont construits en bois. Peu nombreuses et très petites, les ouvertures percent irrégulièrement la façade. Le toit très massif est composé de lourdes dalles de schiste, les « **lauzes** », simplement posées les unes sur les autres. Ce toit peu incliné retient une épaisse chape de neige l'hiver.

Souvent hommes et bêtes cohabitent dans l'unique pièce où autrefois la mangeoire des brebis servait aussi de banc.

Dans les petits hameaux de Haute-Maurienne, les maisons semblent disparaître à moitié dans le sol, comme écrasées par leur toit de lauzes.

Architecture contemporaine

L'essor économique des Alpes, le développement rapide des villes, la naissance de stations de sports d'hiver ont créé ces dernières années d'importants besoins en édifices civils et résidentiels. Aujourd'hui, le nombre et la qualité de ces réalisations d'architecture contemporaine font des Alpes l'une des premières régions françaises dans ce domaine.

Les églises – La première réalisation d'art moderne dans les Alpes fut l'église de **N.-D.-de-Toute-Grâce** sur le Plateau d'Assy. Achevée en 1950, elle fit date. Son architecture – due à Novarina qui réalisa de nombreux autres édifices alpins – n'avait rien de révolutionnaire, mais, pour la première fois dans l'histoire de l'art religieux contemporain, on faisait appel à de grands artistes modernes pour la décorer.

De nombreuses autres églises et chapelles furent édifiées à la suite de celle-là : à Annecy, Aix-les-Bains, Grenoble, l'Alpe-d'Huez...

Les édifices civils – Entre 1964 et 1970, Grenoble était devenue un vaste chantier d'où sortit, en prévision des Jeux olympiques, une nouvelle infrastructure urbaine dont tous les édifices ont fait l'objet de recherches dans le domaine de l'architecture moderne, d'un point de vue technique aussi bien qu'esthétique.

Dans les autres villes alpines, le phénomène d'urbanisation n'a pas été aussi prononcé mais l'on peut aussi y voir des réalisations modernes : le complexe sportif de Chamonix et ses coupoles tripodes, la Maison des arts et loisirs de Thonon, le palais de justice d'Annecy, la maison de la culture à Chambéry, le Dôme à Albertville et le musée de Grenoble. Certaines de ces créations architecturales, il est vrai, n'obtiennent pas d'emblée la faveur du public ; d'autres, par leur dégradation trop rapide, peuvent inspirer quelque désappointement.

Les stations de sports d'hiver – Les stations modernes créées dans des sites vierges, avec des moyens considérables, sont un terrain de choix pour une certaine forme d'architecture cherchant à associer les tendances de l'urbanisme contemporain et l'adaptation du site à un certain art de vivre fondé sur le confort et l'organisation des loisirs.

Certaines de ces réalisations ont un caractère original : Avoriaz et ses curieux immeubles-rochers, Aime La Plagne et sa structure tripyramidale, les Arcs et leurs façades en auvent, la Daille (Val-d'Isère) dont les toits des bâtiments suivent l'inclinaison de la barre rocheuse située en arrière.

L'ART DANS LES ALPES DU NORD

La région des Alpes ne brille que modestement par ses réalisations artistiques, comme si la magnifique architecture naturelle de ses paysages rendait quelque peu superflues les manifestations du génie humain...

Les châteaux féodaux, ou ce qu'il en reste, ne se signalent guère à l'attention, pour la plupart, que par la beauté de leur site (Beaufort) ; certains constituent cependant d'intéressants spécimens d'architecture militaire (Montrottier, Miolans...). Aux 14e et 15e s., la Savoie en pleine expansion voit s'élever de nombreux bâtiments, surtout sous le règne du duc Amédée VIII, promoteur des arts (château de Chambéry et sa Sainte-Chapelle dont l'intérieur est de style gothique flamboyant, château de Ripaille). Les châteaux de la Renaissance (Clermont, etc.) ou de l'époque classique (Chambéry, Vizille...), s'ils sont peu nombreux, soutiennent de même la comparaison avec maints monuments de régions plus favorisées.

Des vastes abbayes élevées au Moyen Âge par les cisterciens, les bénédictins, les clunisiens et les chartreux, il ne reste que quelques vestiges ou des bâtiments reconstruits aux 18e et 19e s. comme le couvent de la Grande-Chartreuse et l'abbaye de Hautecombe.

C'est toutefois dans le domaine de l'art religieux que l'on trouve le plus grand nombre d'œuvres représentatives de l'individualité delphino-savoyarde ou transposant avec bonheur des modèles ultramontains (influences lombarde, baroque).

Art religieux

Croix et oratoires – Humbles, discrets, s'égrenant le long des sentiers et des précipices, croix et oratoires représentent une forme d'art dans laquelle s'exprime toute la piété des montagnards et des voyageurs confrontés à un milieu naturel hostile. À l'origine simples amas de pierres appelés « Montjoie », les oratoires s'agrandirent peu à peu, furent surmontés d'une croix, creusés d'une niche où l'on disposait une statuette. L'oratoire le plus connu par les touristes est sans doute celui du Chazelet, élevé, en Oisans, face à la splendide et redoutable montagne de la Meije.

Dans les endroits les plus périlleux, des croix étaient érigées pour réconforter les passants au milieu des dangers. Les plus extraordinaires portent les attributs de la Passion (en Tarentaise), ce sont les croix de la Passion.

Chapelles et églises – Elles s'étagent le long des pentes depuis les villages nichés au fond des vallées jusqu'aux sommets où, petites et robustes, elles font face aux intempéries en portant fièrement des noms aux résonances évocatrices : Notre-Dame-de-Tout-Secours, Notre-Dame-des-Neiges... Leurs bâtisseurs, paysans économes, ont refusé les enjolivures coûteuses, préférant un plan simple, une construction capable de défier les siècles : murs épais édifiés avec la pierre locale, petites fenêtres, larges toitures protégeant de leur auvent les façades exposées. Au-dessus s'élancent les clochers surmontés d'un

Fresque de la chapelle St-Sébastien à Lanslevillard

bulbe en Savoie, d'une flèche de pierre coiffée d'une pyramide dans le Dauphiné. Dans les vallées qui prolongent les cols (Haute Maurienne pour le Mont-Cenis, Tarentaise pour le St-Bernard), les pèlerins et les voyageurs ont décoré les églises de fresques naïves aux couleurs éclatantes. Peintes aux 14e et 15e s., elles illustrent le martyre de saint Sébastien à Lanslevillard, les scènes de la vie de Jésus à Bessans, les épisodes de l'Ancien et du Nouveau Testament à Abondance.

L'art baroque – En Savoie, de nombreuses églises ont été construites ou décorées au moment de la Contre-Réforme (mouvement qui, aux 16e-17e s., pour combattre les hérésies, opposa à l'austérité protestante les séductions de l'art mises au service de la foi), dans le style savant et populaire qui caractérise cette époque. C'est surtout sous forme de retables et de chaires que l'on trouve les produits de cet art. Réalisés par des artistes venus de Chambéry et surtout d'Italie, ils présentent la richesse de décoration propre au baroque : colonnes torses, moulures, niches abritant des statues aux gestes théâtraux. Tout cela est recouvert de peintures aux couleurs vives et de dorures. Les plus remarquables sont aux Contamines-Montjoie, N.-D.-de-la-Gorge et l'église de Champagny-en-Vanoise. En Maurienne et Tarentaise les « Chemins du Baroque » permettent une découverte en détail de ce patrimoine *(voir le chapitre des Renseignements pratiques)*.

Art rustique

Le travail du bois – Pays de forêts, fournissant un matériau abondant à l'artisanat populaire qui occupait alors les longues veillées hivernales, les Alpes ont longtemps maintenu une tradition de la sculpture sur bois, particulièrement florissante du 17e au 19e s., surtout en Maurienne : dans ces régions, on voit encore de nos jours quelques-uns des meubles et autres objets – en bois de mélèze ou de noyer, le plus souvent – que fabriquaient les paysans.

La Maurienne était surtout spécialisée dans la sculpture religieuse : chaires, autels, statues. À Bessans, centre d'art populaire connu dès le 17e s. pour l'habileté de ses artisans, Étienne Vincendet fut, au 19e s., le premier à sculpter les fameux « diables », dont la tradition s'est perpétuée.

Traditions et folklore

Malgré la vie rude qu'elles imposaient, les Alpes ont toujours été très peuplées. Une civilisation rurale très élaborée, rythmée par les saisons, se retrouvait à travers toute la chaîne. Chaque vallée avait cependant son originalité, petit monde à part vivant en autarcie et ayant son propre patois, son costume, ses usages.

Aujourd'hui cette civilisation a tendance à disparaître avec la pénétration des voies de communication au plus profond des massifs, le tourisme et l'apport d'un style de vie moderne.

LA VIE TRADITIONNELLE

L'été – Après les semailles du printemps, il fallait effectuer pendant la courte période du plein été tous les autres travaux des champs (récoltes, fenaison), sans négliger pour autant la surveillance des bêtes et la préparation du fromage. Les céréales occupaient les meilleures terres. Le froment, l'orge et le seigle représentaient le pain quotidien, ce pain noir fabriqué une fois l'an par l'ensemble de la communauté villageoise et dont les miches devaient durer toute l'année. Au 18e s., à ces cultures s'est ajoutée la pomme de terre qui éloignait les craintes perpétuelles de disette.

La principale richesse était l'élevage. Les brèves saisons intermédiaires étaient consacrées aux déplacements de troupeaux entre l'étable et les alpages. La garde des bêtes sur ces alpages était organisée selon un système d'exploitation appelé « montagne ». Dans certaines régions il était privé et familial, un membre de chaque famille « montait » son troupeau et s'en occupait tout l'été, c'était la « petite montagne » ; dans d'autres régions, le régime collectif dominait, tous les troupeaux du village étaient confiés à un ou plusieurs bergers ; c'était la « grande montagne ».

Avant de « monter », les paysans allaient acheter des bêtes dans les foires à bestiaux des gros bourgs (le Grand-Bornand, Bourg-St-Maurice) qui avaient lieu en mai ou juin. Ils revenaient trois mois plus tard revendre les bêtes, engraissées, aux gens des plaines.

L'hiver – Dès les premières chutes de neige, les hameaux et les fermes devenaient des terriers isolés où hommes et bêtes vivaient sur leurs provisions emmagasinées pendant l'été : bois de chauffage, pain, pois, fèves, viandes séchées et fumées, charcuterie, fromages pour la nourriture, foin pour les animaux. Les uns restaient, occupés à filer, à réparer les outils, à confectionner quelques objets d'artisanat : vaisselle de bois des Bauges, réparation de montres dans le Faucigny. D'autres allaient offrir leurs bras dans les plaines. Il existait de véritables spécialisations régionales dans les migrations saisonnières : ramoneurs de Savoie, maçons de Samoëns, pelletiers de Tarentaise... Parmi les plus pittoresques, citons les « porte-balles » de l'Oisans qui allaient vendre les lunettes de Huez, la bimbeloterie de Villard, les paquets d'herbes vulnéraires groupées sous le nom de « thé des Alpes », et les marchands de plantes à fleurs de Venosc qui transportaient dans leurs cartables des gravures coloriées représentant les échantillons de la flore alpine. Aux migrations saisonnières se sont substituées les migrations définitives vers les villes. Aujourd'hui, ceux qui sont restés au pays trouvent pour la plupart à s'employer l'hiver dans les stations touristiques.

LES COSTUMES

On pourra voir les jours de fête des jeunes filles revêtir les atours de leurs aïeules.

En général les costumes des femmes comprennent une robe sombre agrémentée d'un châle, d'une ceinture brodée, d'un corset, d'un tablier. À St-Colomban-des-Villars, en Savoie, village célèbre pour ses costumes féminins, la jupe de drap noir plissée est barrée de raies bleues. Autrefois chaque bande correspondait à la propriété d'une certaine somme d'argent... on pouvait ainsi reconnaître les mieux dotées !

Les coiffes sont extrêmement variées : bonnet de dentelle noire retenu sous le cou par d'énormes rubans de faille soyeuse rouge à Bessans, bandes de toile de chanvre écru plissées pour la « Béguine » de St-Colomban-des-Villars, et surtout la célèbre « **frontière** », coiffure des fem-

La frontière

G. Riollay/DIAF

mes de Tarentaise qui tire son nom du front qu'elle orne. Cette bande de carton formant trois pointes sur l'avant est recouverte de tissu, et richement parée de galons d'or et d'argent. Elle donne l'impression d'un véritable casque d'or.

La ferrure – Au-dessus de leurs costumes, les Savoyardes portent, attaché au cou par un ruban de velours, un bijou d'or représentant une croix et un cœur. C'est la « ferrure » que le fiancé offrait à sa promise. Autrefois tout jeune homme, même le plus pauvre, devait pouvoir « ferrer » sa bien-aimée.

CONTES ET LÉGENDES

Quel cadre se prête mieux à la floraison des contes et légendes que ces montagnes mystérieuses où les soirées d'hiver sont longues ?

Le diable de Bessans – Le diable avait plus d'un tour dans son sac, mais à Bessans il trouva plus malin que lui. Un jeune homme lui avait vendu son âme en échange de pouvoirs surnaturels. Il en profita toute sa vie durant puis, sentant sa fin prochaine, se rendit précipitamment auprès du pape pour implorer son pardon. Celui-ci le lui accorda à une condition : il lui faudrait assister à trois messes dans trois villes très éloignées l'une de l'autre. Utilisant alors ses derniers pouvoirs, le Bessanais obligea le diable à le transporter simultanément dans ces trois villes. Depuis, les hommes de Bessans sculptent des diables.

X. Desnier/DIAF

Le diable de Bessans

Les doigts de saint Jean – Au 6e s., **sainte Thècle**, de Valloire, part à la recherche des trois doigts qu'elle a vus en songe bénir le Christ lors du baptême de celui-ci par le Précurseur... Un périple de six ans l'amène au tombeau du saint, à Alexandrie. Elle y prie et jeûne jusqu'à ce qu'apparaissent, sur la dalle mortuaire, les trois doigts sacrés qu'elle emporte pour en faire don à l'évêché de Maurienne, ville appelée depuis St-Jean-de-Maurienne en l'honneur du Baptiste, et où se trouve toujours cette relique.

Les sept merveilles du Dauphiné – Les Dauphinois sont fiers de leurs « sept merveilles », sites ou monuments entourés de mystère et d'un halo de légendes. La première est le « **mont Aiguille** », surnommé l'Olympe dauphinois, curieux sommet tabulaire qui domine le Vercors. Les montagnards croyaient y voir danser des anges et des animaux fantastiques jusqu'au jour où le « mont inaccessible » fut escaladé par un capitaine de Charles VIII. Près de Grenoble, les **grottes de Sassenage**, domaine de la fée Mélusine, sont surtout connues pour leurs deux cuves. Celles-ci servaient de « baromètre » : si elles étaient remplies d'eau l'année serait fertile, sinon gare à la sécheresse.
Sous le col de l'Arzelier, un bassin d'où s'échappaient des flammes (en fait du gaz hydrocarbure) avait été baptisé « **la fontaine ardente** » et élu demeure du diable.
Entre Grenoble et St-Nizier, un donjon dresse encore quelques pans de murs, c'est la fameuse « **Tour sans venin** » qu'aucun serpent ne peut approcher depuis qu'une terre magique a été apportée de croisade par un seigneur du château.
Les autres merveilles varient selon les conteurs. Certains citent le **Pont de Claix** construit par Lesdiguières, œuvre remarquable pour l'époque, les **grottes de la Balme**, repaire de Mandrin. D'autres, la **manne de Briançon**, sécrétion blanche que l'on trouve sur les feuilles de mélèze ou la **Pierre Percée**, rocher à la forme étrange.

LES PATOIS

Tous les patois des Alpes sont issus de la famille du franco-provençal. Ils tendent aujourd'hui à s'abâtardir et ne sont plus guère parlés. Un grand nombre de toponymes viennent de ces patois locaux.

Le savoyard – Le parler savoyard bénéficie depuis quelques décennies d'un renouveau de considération ; il est compris des rives du lac Léman, au Nord, jusqu'à La Mure en Isère, au Sud, et reste vivace dans les vallées du Val d'Aoste. Bien différencié de l'italien, le savoyard demeure, jusqu'au début du 20e s., la langue orale naturelle de la population, alors que les gouvernants sardes imposeront très tôt le français comme langue administrative. À partir du 19e s., une littérature régionale en savoyard voit le jour ; actuellement des associations culturelles (« Académie Florimontane » à Annecy, « Académie savoyarde » à Chambéry) concourrent à ce regain d'intérêt.

Toponymie – Beaucoup de noms de localités et de patronymes se terminent par « oz » ou « az ». Il s'agit d'une transcription phonétique. Cette finale signale que l'« a » et l'« o » sont atones comme si le mot se terminait par un e muet – par exemple « clusaz » se dit « cluse ». La finale « x » (qui ne se prononce pas) indique l'accentuation de la dernière syllabe – par exemple « Chamonix » où l'accent se porte sur le « i » final. Enfin la terminaison « ez », comme Sciez, implique la prononciation « é » – ici, « Scié ».

Quelques termes alpins :

Aigue : eau.

Alpe, aulp : pâturage.

Ancelles : tuiles en bois.

Balme : grotte.

Besse, biolle, biolley : lieu planté de bouleaux.

Casse : éboulis.

Chal, char, chaup, chaume, etc. : prairie.

Cluse : gorge par laquelle une rivière traverse perpendiculairement une chaîne de montagnes.

Clapier, clapey : chaos de blocs éboulés.

Coche, cochette : entaille, col.

Frasse, Freney, Fresse : lieu planté de frênes.

Frête, frette : crête.

Joux : forêt.

Lavanche, lavancher : lieu exposé aux avalanches.

Mollard : mamelon.

Mouille : terrain marécageux.

Orsière : lieu fréquenté par les ours.

Oulle ou **marmite de géant** : cuvette creusée par l'érosion tourbillonnaire d'un torrent.

Palud : marais.

Plan, plagne : petit plateau.

Poèle : pièce à côté de la cuisine.

Praz : pré.

Ravoire : lieu planté de chênes rouvres.

Rieu : ruisseau.

Rosière : lieu planté de roseaux.

Sache, sachette, saix : rocher.

Sausse, saussaz, sauce : lieu planté de saules.

Serre, serraz : crête allongée et dénudée.

Tavaillon : petit bardeau servant à recouvrir les toits.

Tine : marmite d'érosion torrentielle.

Tremblay : lieu planté de trembles.

Truc : lourd sommet arrondi.

Verne, verney, vernette : lieu planté de vernes, nom donné aux aulnes.

Villard, villaret : hameau.

Les saisons dans les Alpes au travers des proverbes

Nuages rouges le matin, font tourner la roue des moulins.

Quand le matin le soleil fait « barne » *(il joue à cache-cache avec les nuages),*
il met de l'eau au moulin.

À Noël les moucherons, à Pâques les glaçons.

Quand les Avents sont mous *(quand le temps reste clément)*
les épis de blé sont fous *(vides).*

À la St-Vincent, tout gèle et fend, sinon l'hiver se casse une dent.

La neige de février vaut du fumier.

Au mois de février, il vaut mieux voir sept loups qu'une femme au soleil !

Si tu vois sur les Voirons, une tache de neige grosse comme une vache,
garde ton blé *(ne le sème pas).*

Les jours d'orages : Il fait un temps de Sarrasins
ou bien : Les Sarrasins viennent marier les filles.

Pour devenir belle, une jeune fille doit se laver avec la rosée de la St-Jean.

Les moutons qui broutent les fleurs de génépi en fin de journée,
annoncent une nuit fraîche.

Autant de nuages en août, autant de neige en avril.

Gastronomie

Le prestige de la cuisine savoyarde et dauphinoise doit plus à la qualité et à la fraîcheur des produits qu'elle utilise qu'à des tours de main compliqués. Fromages des alpages, poissons des lacs savoyards, champignons des forêts, écrevisses des torrents, pommes de terre, fruits sont la base de la plupart des plats alpins, arrosés des vins de Savoie.

Les poissons – Le poisson du lac ou de torrent constitue en Savoie l'entrée presque obligée de tout repas soigné. La féra, le lavaret, l'omble-chevalier, le brochet, les truites sont préparés selon diverses recettes : meunière, pochés, au beurre blanc, braisés.

Les gratins – Le gratin dauphinois, ce délicieux mélange de pommes de terre, d'œufs et de lait – dont le gratin savoyard se différencie par l'emploi du bouillon à la place du lait –, est universellement connu. On ignore toutefois souvent que le Dauphiné s'enorgueillit de nombreux autres gratins : au potiron, au millet et, le plus raffiné, aux queues d'écrevisses, merveille de la gastronomie dauphinoise et spécialité de Sassenage.

Les fromages – Fabriqués à partir des laits de vache ou de brebis, ils varient selon leur procédé d'élaboration. Les alpages du Beaufortain et de la Tarentaise produisent l'une des variétés les plus savoureuses de gruyère : le **beaufort**, présenté en meules à talon concave. Le **reblochon**, fromage fermier, est la spécialité des Aravis. Dans le riche échantillonnage des « tommes » – ce nom, en patois savoyard, a la signification générale de « fromage » – que présentent les Alpes du Nord, signalons spécialement la populaire **tomme de Savoie** et sa cousine la **tome des Bauges**. Le petit **saint-marcellin** est le fromage le plus répandu en Bas-Dauphiné. « Pur chèvre » à l'origine, il est maintenant fabriqué aux laits de vache et de chèvre mélangés. Dans la confection du **bleu de Sassenage** s'ajoute au surplus le lait de brebis.

Plusieurs plats régionaux sont préparés à partir de ces fromages, tels les feuilletés et la célèbre fondue savoyarde, heureux mariage du gruyère avec le vin blanc sec du pays.

Affinage du beaufort

Les desserts – En Savoie les fraises, les framboises, les myrtilles se dégustent sous forme de tartelettes délicieusement parfumées. Le biscuit ou gâteau de Savoie est léger, à l'inverse du savoureux gâteau aux noix, spécialité grenobloise.

QUELQUES SPÉCIALITÉS SAVOYARDES

La tarte au beaufort – Elle se compose d'une crème fraîche à laquelle est mélangé le Beaufort. La tarte est servie chaude.

Le gratin savoyard – À base de tomme de Savoie et de pommes de terre en tranches, disposées en couches successives. Recouvert de tomme, le gratin sera doré au four.

Les toasts savoyards – De la pâte de reblochon coulant, mélangée à des noix pelées, constitue cette préparation que l'on étendra sur des tranches de pain de seigle grillé.

Deux recettes à base de reblochon

La tartiflette – Prendre un reblochon entier, gratter la croûte et le couper en fines lamelles. Alterner en plusieurs fois une couche de pomme de terre en tranches et une couche de reblochon en y ajoutant de l'ail haché, fines herbes, sel et poivre. Cuire au four 30 mn. Verser de la crème fraîche, 5 mn avant la fin de la cuisson. Servir ce plat avec de la charcuterie fumée et l'accompagner d'un vin blanc de Savoie.

La pela – Faire sauter dans du beurre un kilo de pommes de terre préalablement coupées en gros dés. Relever la préparation avec de l'oignon avant d'y incorporer quatre tranches de poitrine fumée coupées en lardons.
Poser un reblochon coupé en deux, la croûte sur les pommes de terre puis couvrir. Laisser fondre à feu doux pendant 15 mn.
Servir la pela chaude avec une salade verte, et l'arroser d'un vin blanc sec de Savoie.

LES VINS DE SAVOIE

Prospérer au royaume de la neige et de la glace n'est pas banal pour un vignoble. Figurer dans ces conditions parmi les plus anciennement implantés en France (les « vins d'Allobrogie », future Savoie, étaient connus à Rome au Ier s.) et les plus dynamiques à l'heure actuelle relève tout simplement de l'exploit.
Inégalement répartie entre les départements de Savoie (1 200 ha), Haute-Savoie (moins de 200 ha) et Isère (environ 100 ha), la vigne doit se cantonner ici aux microclimats les plus cléments (adrets jusqu'à 500 m d'altitude, rives de lacs) et aux sols les mieux égouttés : éboulis calcaires, moraines pierreuses. La représentation des cépages locaux est particulièrement élevée, gage d'originalité, avec notamment les blancs Jacquère (le plus répandu), Altesse (ou Roussette), Gringet, et le rouge **Mondeuse** (parfois identifié à la vigne des Allobroges) qui, avec ses arômes de fraise, de cassis, de myrtille et ses capacités de vieillissement passe pour le meilleur vin rouge de Savoie, favorisant l'émergence de nouveaux crus tel le St-Jean-de-la-Porte ou le Jongieux. Dans cette région, « c'est septembre qui fait le vin » car le mois est doux, ensoleillé en principe et peu pluvieux. On obtient surtout des blancs secs (70 %), légers, souvent perlants, à boire jeunes.
Les vins blancs de **Seyssel** (AOC depuis 1942) et **Crépy** (rive du lac Léman, AOC attribuée en 1948), fruités, pouvant vieillir deux à quatre ans, accompagnent bien les poissons.
L'appellation « **Vins de Savoie** » recouvre une grande variété de produits dominés par quelques crus : blancs secs élevés sur les basses pentes du massif des Bauges (Abymes, St-Baldoph, Chignin, Apremont, Cruet au parfum de framboise), pétillant brut (Ayze, sur les bords de l'Arve) et rouges (Chautagne dominant le lac du Bourget, et Arbin – cépage Mondeuse – installé au pied des Bauges).
L'appellation « **Roussette de Savoie** », enfin, concernent des blancs secs légèrement acidulés, fruités, où se distinguent le Frangy et le Marestel.

Les digestifs – La liqueur de gentiane, le marc de Savoie, la liqueur de genépi complètent agréablement un bon repas savoyard.
La plus célèbre liqueur est incontestablement la Chartreuse, cet « élixir de longue vie » dont la formule remonte au 16e s. 130 plantes distillées entrent dans sa composition, auxquelles sont ajoutés de l'alcool de vin et du miel.

A. Le Toquin/EXPLORER

Distillerie de la Chartreuse à Voiron

Quelques idées de visites insolites
pour voyager autrement

Voyager à « la verticale »
avec le **funiculaire de St-Hilaire-du-Touvet**,
le plus raide d'Europe *(p. 178)*

Découvrir la peinture religieuse orthodoxe
au **monastère St-Antoine** *(p. 238)*

Approcher la méditation orientale
au monastère Karma-Ling, **chartreuse de St-Hugon** *(p. 64)*

Marcher sur le toit d'un glacier
avec la **Croisière Blanche** aux **Deux-Alpes** *(p. 147)*

Descendre les **gorges de la Bourne**
en croisière sur un bateau à aubes *(p. 238)*

Survoler le lac Léman et le Genevois
avec le **téléphérique du Salève** *(p. 241)*

Longer les gorges du Drac
en empruntant le **chemin de fer de La Mure** *(p. 186)*

Traverser la vallée Blanche du massif du Mont-Blanc
avec le **téléphérique du Helbronner** *(p. 206)*

Déguster les fritures du lac
dans les **guinguettes de la rive française du Léman** *(p. 291)*

Savourer la vue nocturne de Grenoble
depuis les **forts de la Bastille** *(p. 169)*

Encourager les coureurs du Tour de France
dans les **boucles du Galibier** ou de l'**Iseran** *(p. 159)*

S'émerveiller du spectacle des milliers de fistuleuses ornant les voûtes
de la **grotte de Coufin** à **Choranche** *(p. 136)*

Admirer l'adresse des ouvriers
de la **fonderie de cloches Paccard** à **Sévrier** *(p. 75)*

Écouter le tintement des clarines
dans les **hautes vallées du Chablais** *(p. 111)*

Annecy – Palais de l'Isle

Villes
et curiosités

M. Berenguer/FOC

ABONDANCE*

1 251 habitants (les Abondanciers)
Cartes Michelin n⁰ˢ 89 pli 2 ou 244 pli 9 – Schéma p. 112

Les bâtiments massifs de l'abbaye d'Abondance témoignent encore de la vitalité
passée d'un des foyers monastiques les plus importants des Alpes.

Le bourg qui s'est développé au pied de l'abbaye, au carrefour des vallées de la Dranse
et du Malève, est une agréable villégiature estivale, un centre de sports d'hiver ainsi
qu'une station climatique pour les personnes atteintes d'asthme.

Situé dans le val d'Abondance *(p. 114)*, célèbre pour ses vaches à la belle robe acajou,
aux excellentes qualités laitières, Abondance produit un fromage qui rappelle la tomme.

Abondance – Fresques du cloître

★ ABBAYE *visite : 1 h*

Le prieuré original du 11ᵉ s. accéda au rang d'abbaye au 12ᵉ s. sous la règle de
saint Augustin. Après cinq siècles d'occupation dont les deux derniers sous le
régime de la commende, les Augustins sont remplacés en 1607 par les Feuillants,
branche de la grande famille cistercienne, qui y restent jusqu'en 1761.

Propriétaire de la vallée entière, l'abbaye d'Abondance exerça un rayonnement
intense sur toutes les Alpes du Nord au Moyen Âge.

Cloître ⊘ – Élevé au 14ᵉ s., il n'a conservé intactes que deux galeries. La porte
de la Vierge, qui le faisait communiquer avec l'église, est richement ornée mais
mutilée : au tympan la Vierge trône avec l'Enfant, entourée d'anges, tandis que
sur les piédroits les gracieuses statues-colonnes représentent la Synagogue, les
yeux bandés, et l'Église. Les clefs de voûte des travées subsistantes s'ornent
des signes du zodiaque.

★★ Les fresques – Les fresques du cloître racontent la vie de la Vierge ; parmi les scènes
qui ont subsisté, on reconnaît la Visitation, la Nativité, la Circoncision, la Fuite
en Égypte, Jésus au milieu des Docteurs et les Noces de Cana. Elles sont
attribuées à l'atelier du peintre piémontais Giacomo Jacquerio et auraient été
exécutées de 1410 à 1420. D'une grande fraîcheur, parfois naïves, elles
montrent une composition savante où une foule de détails témoignent de la vie
quotidienne en Savoie au 15ᵉ s., tout particulièrement dans la scène des Noces
de Cana.

Église ⊘ – *Voir illustration au chapitre de l'art – Éléments d'architecture.* De
l'église du 13ᵉ s. il ne subsiste que le transept, le chœur, le déambulatoire et
les chapelles absidales.

La nef, qui comprenait cinq travées et des collatéraux, a été détruite par des
incendies. Deux travées et la façade ont été reconstruites en 1900.

Les peintures en faux relief du chœur ont été exécutées par le peintre italien
Vicario en 1846. La plus belle pièce de mobilier est le siège abbatial du 15ᵉ s.

Musée d'Art religieux ⊘ – Installé dans une partie des bâtiments conventuels,
il rassemble une importante collection d'ornements liturgiques (chasubles,
dalmatiques, chapes), ainsi que des tableaux, des statues, de l'orfèvrerie et des
livres saints dont des antiphonaires manuscrits du 15ᵉ s. La salle du chapitre
a été reconstituée.

LES PLAGNES

5,5 km au Sud-Est. Passer le pont de la Dranse et prendre à gauche, avant une scierie, la direction de Charmy-l'Adroit et des Plagnes.
Cette petite route, à flanc de coteau, fait découvrir d'abord un fond de vallon alpestre parsemé d'immenses chalets, dominé par le pic de la Corne et le Roc de Tavaneuse. Après le hameau de Sur-la-Ravine, elle s'enfonce dans le haut vallon du Malève, plus sauvage et couvert de sapins, et atteint les Plagnes de Charmy, en vue des escarpements de la pointe de Chavache, devant un lac cerné de pentes boisées *(attention aux « descentes » de troncs coupés)*.

LA CHAPELLE-D'ABONDANCE

Ce village haut-savoyard, situé au pied du mont de Grange et des Cornettes de Bises, est une séduisante station familiale qui a conservé tout son charme, avec ses chalets aux façades en bois d'épicéa et aux balcons à balustrades sculptées ou ajourées évoquant les chalets valaisans de la Suisse toute proche. L'église du 18e s., à décoration baroque, est ornée d'un élégant clocher à bulbes superposés.

Le domaine skiable – Les remontées mécaniques permettent de gagner la station suisse de Torgon et d'accéder ainsi à tout le domaine skiable des **Portes du Soleil**. Point de départ d'une course de ski de fond se déroulant sur 35 km chaque année en janvier, La Chapelle-d'Abondance offre de belles pistes de ski de fond vers Châtel et Abondance, des possibilités de sorties en raquettes et de champêtres promenades le long de la Dranse.

Randonnées pédestres

Les deux sommets dominant le village peuvent être l'occasion d'excursions faciles.

Les Cornettes de Bises – *Durée environ 3 h. Pièce d'identité conseillée, car l'itinéraire longe la Suisse.* Du centre du village, s'engager vers le Nord en direction des chalets de Chevenne puis, en remontant le torrent, rejoindre le col de la Vernaz, point frontière avec la Suisse. Suivre la ligne de crête et après avoir dépassé les chalets de la Callaz, aborder la dernière montée à vue jusqu'au sommet (alt. 2 432 m). La crête frontalière relie celui-ci aux rives du Léman, à St-Gingolph. Un magnifique **panorama**★★★ s'étend sur l'ensemble du lac Léman et la chaîne des Alpes, du Mont Blanc à l'Oberland bernois. À l'Ouest, la dépression est occupée par la réserve naturelle de Vacheresse.

Mont de Grange – *Durée 3 h 1/2 environ.* Franchir la Dranse et s'engager en direction du Sud dans le sentier conduisant aux chalets du Follière. L'itinéraire permet d'apprécier une belle diversité de la flore alpine, et des chamois peuvent être aperçus sur les rochers dominant la combe. À l'extrémité du vaste cirque qui forme le fond de la combe de Chemine, on entame l'ascension du mont de Grange. Le sommet (alt. 2 433 m) offre un **panorama**★★ saisissant sur le val d'Abondance et les rives du lac Léman.

Pour trouver la description d'une curiosité,
l'évocation d'un souvenir historique,
le plan d'un monument,
consultez l'index à la fin du volume.

Lac d'AIGUEBELETTE★

Cartes Michelin nos 89 pli 16 ou 244 pli 28 – Schéma p. 149

Enfoncé en coin dans la montagne de l'Épine, le lac d'Aiguebelette donne beaucoup d'agrément à cette région accidentée du Bugey savoyard où le chaînon du mont du Chat arrive au contact du massif de la Chartreuse.
Ce lac est devenu très facilement accessible aux Lyonnais depuis la création de l'autoroute Lyon-Chambéry.
Sa jolie nappe de forme triangulaire, ornée au Sud de deux îlots dont le plus grand supporte une chapelle, couvre une superficie de 550 ha ; ses eaux, préservées de toute pollution industrielle ou urbaine, atteignent une profondeur de 71 m. La rive Est, escarpée et boisée, s'oppose pittoresquement aux rivages Ouest et Sud, plus accessibles, où se concentrent les activités de loisirs.
La pêche (brochet, lavaret, perche, carpe, goujon...), la baignade, les promenades en barque ou en pédalo attirent sur ses rives basses de nombreux touristes.
Les villages d'Aiguebelette-le-Lac, Nances, Novalaise, St-Alban-de-Montbel et Lépin-le-Lac sont les centres de tourisme locaux. De l'église d'Aiguebelette, des sentiers pédestres balisés conduisent au col du Crucifix et au mont Grêle.

★ TOUR DU LAC *circuit de 17 km*

Sur la rive Sud, en quittant Lépin-le-Lac, la route offre de jolies vues sur le chaînon calcaire de l'Épine. Elle mène au port et à la plage d'Aiguebelette installés sur la rive Est, au Nord de la localité, et se poursuit en corniche au flanc de la montagne de l'Épine. Au fond d'une petite baie dont la courbe s'inscrit dans un vallon très ombragé, la combe occupe un **site**★ au charme bucolique. La rive Ouest, où sont aménagées plusieurs baignades (St-Alban-Plage, Novalaise-Plage, base de loisirs du Sougey à St-Alban-de-Montbel, plages de Lépin), est bordée par la D 921 *(tronçon de l'itinéraire décrit p. 150).*

AIME

2 963 habitants (les Aimerains)
Cartes Michelin n⁰ˢ 89 pli 6 ou 244 pli 31 – Schéma p. 270

Cette petite ville de la Tarentaise *(voir p. 250)*, placée sur l'un des grands axes de communication avec l'Italie, occupe un site archéologique où l'occupation humaine se maintient depuis la préhistoire.
Elle possède une coopérative d'affinage du fromage de Beaufort *(p. 47)*.
Comme sa voisine Bourg-St-Maurice, Aime a sa station-satellite de sports d'hiver : La Plagne *(voir p. 220)*.

CURIOSITÉS *visite : 3/4 h*

★ **Ancienne basilique St-Martin** ⊘ – *Voir illustration au chapitre de l'art – Éléments d'architecture.* Ce noble édifice du 11ᵉ s. est le meilleur témoin subsistant en Savoie de l'architecture romane à ses débuts.
L'**extérieur**, avec ses murs rugueux où l'on reconnaît l'antique appareil « en arête de poisson », son clocher trapu, son chevet décoré simplement d'arcatures, a gardé toute sa distinction.
L'**intérieur** permet d'apprécier l'antiquité du monument. Le chœur et l'abside sont décorés de fresques de la fin du 12ᵉ s. et du 14ᵉ s. – détériorées et en partie repeintes au 19ᵉ s. – représentant des scènes de l'Ancien et du Nouveau Testament (Adam et Ève, Massacre des Innocents). Les fouilles exécutées dans la nef de la basilique ont révélé l'existence de deux édifices antérieurs superposés : le plus ancien – peut-être temple romain à l'origine – a servi d'église aux premiers chrétiens ; le second date des temps mérovingiens. On a réuni ici des vestiges lapidaires gallo-romains trouvés dans la région.
La **crypte** du 11ᵉ s., aux frustes chapiteaux cubiques, sert de soubassement au chœur dont elle reproduit le plan.

Musée Pierre-Borrione ⊘ – Logé dans une ancienne chapelle du 14ᵉ s. très restaurée, située sur le bord du talus dominant la ville basse et la vallée, ce petit musée présente différents vestiges gaulois, romains ou mérovingiens trouvés aux alentours (monnaies, squelettes, sarcophages), spécialement l'émouvante tombe, faite de tuiles, de *L'Enfant à l'oiseau*, du 5ᵉ s.

Une collection géologique présente des minéraux et des fossiles provenant de la région – entre autres de l'ancienne mine de plomb argentifère de Macot-La Plagne – et d'autres sites de France.

AIX-LES-BAINS‡‡

24 683 habitants
Cartes Michelin n⁰ˢ 89 pli 15 ou 244 pli 18 – Schéma p. 108

Sur la rive Est du lac du Bourget, l'agglomération d'Aix-les-Bains s'étale entre la colline de Tresserve et les premières pentes du Revard. Cette station thermale est connue comme centre de traitement des rhumatismes et des voies respiratoires (dans l'établissement de Marlioz) et constitue l'un des centres de tourisme les plus complets des Alpes.
Le touriste appréciera l'animation des rues du quartier thermal, l'architecture fastueuse des anciens grands palaces et de l'établissement thermal de Marlioz. Il trouvera un grand charme à la promenade du bord du lac, surtout en fin d'après-midi.

Les plaisirs de la cure – Les vestiges qui subsistent des thermes romains ne peuvent donner qu'une idée imparfaite de la somptuosité des bâtiments d'alors : vingt-quatre espèces de marbres, de toutes couleurs, entraient dans les revêtements.
Le peuple romain était passé maître en science thermale : bains à températures variées, sudation, raclages, massages, cures solaires. Les thermes formaient à la fois un lieu de promenade, un cercle, un casino et un établissement de culture physique. Le nom d'Aix (« Aquae Gratianae » : les eaux de l'empereur Gratien) perpétue le souvenir de cette époque.
Après les invasions barbares, et durant tout le Moyen Âge, il ne reste plus d'utilisable qu'un bassin carré de 12 m de côté sur la place publique.

Au 16e s., les eaux thermales reviennent à la mode, mais le premier établissement thermal (1779-1783) digne de ce nom date du règne de Victor-Amédée III, roi de Sardaigne. L'équipement est encore bien modeste : six cabines de douches ; ni baignoire, ni piscine. La douche est une trombe, très chaude, qui fatigue terriblement ; le baigneur en sort écarlate, les yeux hors de la tête, le pouls battant la chamade ; il tombe souvent en syncope. Les bains sont pris à domicile ; des porteurs d'eau viennent remplir les baignoires.

Sous la Restauration, la cure s'enrichit de la douche écossaise, du bain de vapeur. On s'est aperçu que l'eau d'Aix est très favorable à l'emploi des douches-massages, traitement que les médecins de Bonaparte ont rapporté d'Égypte. C'est encore aujourd'hui, avec le « bouillon » (bain à 42°), la grande spécialité thérapeutique de la station.

Lamartine et Elvire – Alphonse de Lamartine a 26 ans quand, le 1er octobre 1816, il arrive à Aix. Le poète a bien une légère atteinte au foie, mais il est surtout las d'une existence vide et désœuvrée. Il prend pension chez le docteur Perrier et rencontre là Mme Charles, Julie, qui occupe la chambre voisine de la sienne. Il la rendra immortelle sous le nom d'Elvire. D'origine créole, elle est mariée depuis dix ans au célèbre physicien Charles. Cet excellent homme, septuagénaire et presque impotent, a envoyé sa jeune femme soigner à Aix une grave affection pulmonaire. Le 8 octobre, au cours d'une promenade sur le lac, Julie se trouve en grand danger, la tempête s'étant levée subitement. Elle est sauvée par Lamartine. Le poète veille la malade : deux âmes romantiques se reconnaissent et échangent leurs rêves. Jusqu'à la fin d'octobre, les deux jeunes gens vivent dans une exaltation indicible. Puis vient la séparation. Alphonse gagne Mâcon, Julie retourne à Paris. Ils se retrouvent quelque temps durant l'hiver. Mais Mme Charles va plus mal. L'été venu, elle ne peut rejoindre Lamartine qui l'attend à Aix. Le poète écrit alors les vers sublimes du *Lac* que les Romantiques vont réciter en versant des « torrents de larmes » :

> Un soir, t'en souvient-il ? nous voguions en silence ;
> On n'entendait au loin, sur l'onde et sous les cieux,
> Que le bruit des rameurs qui frappaient en cadence
> Tes flots harmonieux. [...]
> Ô temps, suspends ton vol ! et vous, heures propices,
> Suspendez votre cours !
> Laissez-nous savourer les rapides délices
> Des plus beaux de nos jours. [...]
> Que le vent qui gémit, le roseau qui soupire ;
> Que les parfums légers de ton air embaumé,
> Que tout ce qu'on entend, l'on voit ou l'on respire,
> Tout dise : « Ils ont aimé ! »

Julie meurt en décembre 1817.

Les splendeurs de la Belle Époque à Aix-les-Bains

La station thermale savoyarde a pris son essor en 1860 pour atteindre son apogée au début du 20e s. Jusqu'au rattachement de la Savoie à la France, l'hébergement des curistes était essentiellement assuré par les pensions. À cette date, deux établissements vont marquer le paysage hôtelier aixois et rivaliser de luxe pour attirer les têtes couronnées d'Europe.

Jean-Marie Bernascon, modeste employé des bateaux du Rhône devenu maître d'hôtel, pressent les besoins de cette nouvelle clientèle et développe à partir de 1868 un important ensemble d'établissements capables de satisfaire aux exigences de l'aristocratie ; le « Victoria », notamment, accueille par trois fois l'impératrice Victoria, consacrant ainsi le succès du promoteur.

À la même époque, **Antoine Rossignoli**, lui dispute les faveurs du gotha en multipliant les créations hôtelières toujours plus luxueuses et somptueusement décorées. Au Splendide Hôtel et à l'Excelsior séjournent régulièrement le maharadjah des Indes, l'empereur du Brésil et l'impératrice Sissi d'Autriche.

La plupart de ces établissements portent l'empreinte de l'architecte lyonnais **Jules Pin Aîné** (1850-1934), qui fut le créateur principal de l'architecture thermale d'Aix. Son œuvre maîtresse reste l'époustouflant château de la Roche du Roi, résidence de l'administrateur du casino des Fleurs *(voir illustration au chapitre de l'art – Éléments d'architecture)*.

Après la Seconde Guerre mondiale, la plupart de ces hôtels de rêve ne purent s'adapter à un nouveau genre de clientèle ; les difficultés de gestion dues à la nécessité d'un personnel d'entretien pléthorique amenèrent leur fermeture et pour certains leur morcellement en appartements. Certaines parties, classées, ont pu être préservées, telle la salle à manger du Royal.

Au cours d'une promenade à pied dans Aix et ses environs, on aura l'occasion d'admirer les façades de quelques uns des prestigieux symboles d'une époque révolue : le **Splendide**, le **Royal** et l'**Excelsior**, rue Georges-Ier (**CZ**), le **Bernascon** (**AX**) et vers l'établissement Marlioz, le **château de la Roche du Roi**.

LA STATION

L'animation de la station se concentre autour des imposantes constructions des thermes nationaux, du parc municipal avec son grand théâtre de verdure, du palais de Savoie et du nouveau casino.

Pendant la période estivale, les bords du lac, où sont aménagés deux ports et une plage, constituent l'autre pôle d'attraction de la ville.

La rue de Genève *(en partie réservée aux piétons)*, la rue du Casino et les voies adjacentes peuvent être considérées comme le centre de l'activité commerciale aixoise.

La cure – Les installations thermales d'Aix sont ouvertes toute l'année. Deux sources chaudes, désignées sous le nom de source de soufre et de source d'alun, alimentent les thermes. La douche-massage reste le traitement aixois par excellence. Quatre piscines de rééducation, destinées au traitement des rhumatismes et des suites de traumatismes, ont été installées dans l'établissement thermal. La source froide St-Simon assure la cure de boisson. L'**établissement thermal de Marlioz (AX)**, installé, au Sud de la station, dans un parc ombragé favorable à la détente, traite les affections chroniques des voies respiratoires. Parmi les célébrités ayant expérimenté les bienfaits de la cure aixoise, il faut citer, outre Lamartine (dont on peut voir la statue, œuvre du sculpteur Mario Benedetti), l'impératrice Marie-Louise, la reine Hortense, la princesse Pauline Borghèse, plusieurs rois de Sardaigne, la reine Victoria, le roi de Grèce Georges Ier, etc.

CURIOSITÉS

★ **Musée Faure** ⊙ **(CY)** – En 1942, le docteur Faure léguait à la ville une rare collection de peintures et de sculptures où l'impressionnisme est particulièrement bien représenté. Exposé dans une agréable villa de style gênois, cet ensemble regroupe des œuvres de précurseurs tels que Corot, Jongkind et Boudin, et des tableaux de Degas : *Danseuses mauves*, de Vuillard : *Liseuse au buste*, de Pissarro, de Sisley : *La Seine à Argenteuil*, de Cézanne : *Le Bac à Bonnières*, peint lors d'un séjour chez l'écrivain Émile Zola.

La collection de sculptures est riche en œuvres de Carpeaux et de Rodin, avec une série de bronzes, de marbres et de terres cuites qui se rattachent pour la plupart au projet de Rodin *La Porte de l'Enfer*, inspiré du livre de Dante *La Divine Comédie*. Au dernier étage ont été réunis les meubles et les objets qui constituaient le décor familier de Lamartine lors de ses séjours à la pension Perrier, aujourd'hui disparue.

Thermes nationaux ⊙ **(CZ)** – L'établissement, inauguré en 1864 et agrandi en 1881, a été complété par les Nouveaux Thermes bâtis en 1934, eux-mêmes agrandis et modernisés en 1972.

La première moitié de la visite est consacrée aux installations modernes : douches, piscines, cabines de soins, etc.

On se rend ensuite dans le sous-sol des Anciens Thermes, vaste salle où subsistent les **vestiges romains** d'un *caldarium* (bain chaud) en briques et d'une piscine circulaire.

Il faut sortir de l'établissement pour gagner les **grottes**, où l'on accède par une galerie longue de 98 m ; l'une des sources sulfureuses d'Aix, désormais captée, se voit à l'entrée de cette suite de cavités calcaires qu'elle emplissait autrefois.

Arc de Campanus (CZ B) – Haut de 9 m, il se dressait au cœur de la station romaine. Le monument, gravé de dédicaces honorant la mémoire des membres de la « gens » Pompeia, fut érigé par l'un des représentants de cette famille, Lucius Pompeius Campanus.

Hôtel de ville (CZ H) – Cet ancien château des marquis d'Aix (16e s. – restauré) donne au quartier thermal son cachet savoyard.

À l'intérieur, l'élégant **escalier**★ a été construit, à l'époque de la première Renaissance, avec les pierres de monuments romains voisins.

Temple de Diane (CZ D) – Ce monument romain rectangulaire est remarquable par l'appareil de ses murailles, en blocs de pierre de taille posés « à joints vifs », sans mortier, suivant la technique antique. Il abrite le musée d'Archéologie.

Musée d'Archéologie et de Préhistoire ⊙ **(CZ)** – *Accès par le Syndicat d'initiative*. Bonne présentation, dans la salle principale du temple, de fragments lapidaires, céramiques, verreries et monnaies datant de l'époque gallo-romaine. Remarquer un très beau torse d'homme, appartenant vraisemblablement à la statue d'un empereur.

★ **LES BORDS DU LAC (AX)** *visite : 1 h*

Du centre d'Aix, suivre l'avenue du Grand-Port et sortir par ⑤ *du plan.*

Grand Port – De son embarcadère partent les **excursions en bateau** ⊙ vers le Bourget-du-Lac, l'abbaye de Hautecombe et le Rhône.

Prendre à gauche le boulevard Robert-Barrier.

AIX-LES-BAINS

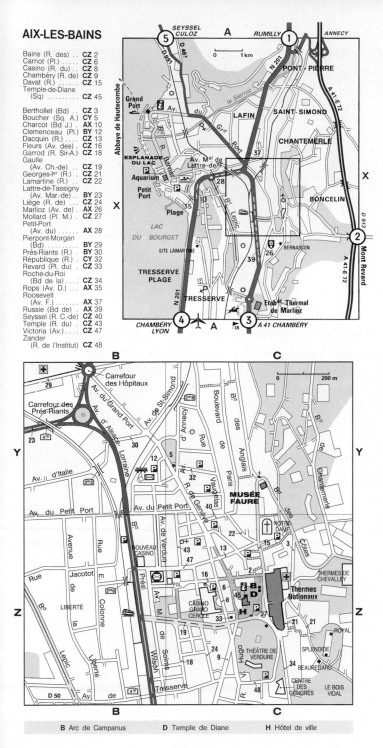

B Arc de Campanus   **D** Temple de Diane   **H** Hôtel de ville

★ Esplanade du bord du lac – Ce vaste espace vert de 10 ha est aménagé pour les jeux d'enfants, les pique-niques. Une allée bordée de platanes longe le lac du Bourget, invitant à la promenade en vue de l'abbaye de Hautecombe et des versants escarpés de la Dent du Chat.

Petit Port – Port de plaisance et de pêche. Un **aquarium** ⊘ est aménagé dans la station d'études hydrobiologiques. Une cinquantaine d'espèces de poissons d'eau douce sont présentées dans leur milieu naturel, parmi lesquelles celles qui vivent dans le lac du Bourget.
Au-delà du Petit Port se trouve la **plage** d'Aix-les-Bains, fort bien aménagée.

Aix-les-Bains – Lac du Bourget et montagne du Chat

EXCURSIONS

★★ **Lac du Bourget** – *Voir ce nom.*

★★ **Abbaye de Hautecombe** – *Voir ce nom pour la description.* Un service de bateau ⊘ relie le Grand Port à l'abbaye de Hautecombe. On peut aussi y accéder en voiture en faisant le tour du lac.

★★ **Circuit de la Chambotte** – *36 km – environ 2 h 1/2. Quitter Aix par ① du plan et la N 201. À la Biolle, au sommet d'une forte montée, tourner à gauche dans la D 991ᴮ. À St-Germain, prendre à gauche. Au village de la Chambotte, aussitôt après une petite chapelle, tourner à gauche.*

★★ **Vue du restaurant de la Chambotte** – Des terrasses, on a une excellente **vue** sur le lac du Bourget, ses montagnes bordières et, au loin, les massifs d'Allevard, de la Grande-Chartreuse et du Jura méridional (Grand Colombier).

Revenir au village de la Chambotte. Reprendre à gauche la D 991ᴮ (route de Ruffieux par Chaudieu).

Cette route réserve de bonnes vues plongeantes sur l'extrémité Nord du lac et les marais de Chautagne.

De Chaudieu, rentrer à Aix par la route du bord du lac décrite p. 107.

★★ **Le mont Revard** – *Voir ce nom.*

L'ALBANAIS★

Cartes Michelin nᵒˢ 89 pli 15 ou 244 pli 18

Cette riche région agricole, autrefois spécialisée dans la culture du tabac, est constituée d'une dépression encadrée par les lacs du Bourget et d'Annecy. Elle est délimitée au Nord par les reliefs du Gros Foug, à l'Est par le Semnoz et le Revard. Rumilly en est la capitale.

L'Albanais, principal axe de passage entre Aix-les-Bains et Annecy, est aussi une voie d'accès au Jura par Bellegarde et à la Suisse par Genève.

L'appellation Albanais proviendrait d'une colonie de celto-scythes connus sous le nom d'Albani à cause de leur haute stature, établie dans ce canton.

VALLÉE DU CHÉRAN *circuit de 40 km – une demi-journée*

Rumilly – *Voir ce nom.*
Sortir au Sud par la D 3.

★ **Alby-sur-Chéran** – Ce bourg pittoresque, jadis entouré de sept châteaux dont celui de Montpon qui domine la localité, a été longtemps la capitale savoyarde de la cordonnerie. Au milieu du 19ᵉ s., Alby comptait jusqu'à 200 cordonniers.

Dans le vieux quartier, harmonieusement restauré, la charmante **place du Trophée** ★, de forme triangulaire, restitue parfaitement l'ambiance médiévale avec ses maisons anciennes dont la plupart étaient des cordonneries, bâties sur arcades formant couverts. Belle **vue**, depuis le vieux pont, sur les berges du Chéran. Un **musée de la Cordonnerie** ⊙, installé dans la mairie, perpétue la mémoire de cette industrie. L'église N.-D.-de-Plainpalais (1954), œuvre moderne de Novarina, possède un remarquable mur-vitrail réalisé par Manessier.

Du pont sur le Chéran se révèle une agréable vue ascendante sur le **site** ★ encaissé d'Alby.

La **descente en canoë des gorges du Chéran** ⊙ jusqu'à Rumilly procure une expérience exceptionnelle par les vues originales qu'elle procure sur le relief et la végétation luxuriante traversés.

Sortir d'Alby au Sud par la D 3 en direction du Châtelard.

Alby-sur-Chéran – Place du Trophée

La route parcourt la crête de collines vallonnées offrant de belles échappées sur le cours du Chéran. Après Cusy, l'itinéraire bifurque à gauche en direction du massif des Bauges qui forme une barrière à l'horizon Sud.

Prendre à gauche la D 31 vers le **pont de l'Abîme** ★ qui enjambe le Chéran à la sortie des Bauges. Stationner sur le parking à droite à l'entrée du pont. L'impressionnant à-pic de 94 m au-dessus du lit du torrent forme un **site** ★ spectaculaire accentué au Nord Est par les majestueuses aiguilles rocheuses des **Tours St-Jacques**.

Possibilité de poursuivre la D 3 au Sud, vers le vallon de Bellevaux, par Le Châtelard *(excursion décrite aux Bauges)*.

Après avoir franchi le Chéran, remonter la D 5 vers Gruffy.

Gruffy, musée de la Nature ⊙ – *À l'entrée du village, ferme Guevin* ⊙. Dans le cadre d'une ancienne ferme, il permet de découvrir la vie traditionnelle savoyarde : reconstitution d'une ferme du 19e s. où prend place une collection d'animaux naturalisés, d'un chalet d'alpage et de la technique de fabrication du fromage, etc.

Poursuivre par Viuz-la-Chiésaz que domine la longue arête boisée du **crêt de Châtillon** (alt. 1 699 m), point culminant de la montagne du Semnoz. Possibilité d'accéder au sommet *(décrit en excursion au départ d'Annecy)* en empruntant la D 141 jusqu'à Quintal, puis la D 241 et la D 41.

Par la D 38 à la sortie Ouest de Viuz, atteindre Marcellaz-Albanais.

Marcellaz-Albanais – *Traverser le village en direction de Rumilly, puis tourner à droite.*

Musée l'Art de l'enfance ⊙ – Dans cette « caverne d'Ali Baba » pour enfants, un dédale de couloirs tapissés de jeux de l'oie, d'affiches anciennes... mène de pièce en pièce. Dans la première, on est « projeté » dans l'univers des lanternes magiques, ancêtres du cinématographe, des jeux optiques (anamorphoses, hologrammes...). Puis, de trains électriques en maisons de poupées, de soldats de plomb en guignols, on effectue un parcours dans le monde des jeux et jouets anciens.

ALBERTVILLE

17 411 habitants
Cartes Michelin n°s 89 pli 15 ou 244 plis 19 et 20 – Schéma p. 93

Au fond de la Combe de Savoie et commandant l'entrée du Val d'Arly, du Beaufortain et de la Tarentaise, Albertville constitue un important nœud de routes touristiques. La vieille cité de Conflans, située sur l'ancienne route de Tarentaise et dominant le confluent de l'Isère et de l'Arly, justifie à elle seule une visite. Défavorisée, à partir du 18e s., par la création d'une déviation au pied de son éperon rocheux, elle a perdu toute activité économique au profit de son ancien faubourg de l'Hôpital dont l'union avec Conflans fut décidée en 1835 par Charles-Albert, leur souverain.

Albertville olympique – C'est à sa situation géographique privilégiée, au carrefour des voies d'accès aux principales stations choisies pour les compétitions olympiques, qu'Albertville doit d'avoir été désignée pour accueillir les cérémonies d'ouverture et de clôture des 16es Jeux d'hiver en février 1992. Fait unique, les Alpes françaises ont été ainsi, pour la troisième fois depuis 1924, les hôtes des manifestations olympiques d'hiver.

LA CITÉ OLYMPIQUE

Le théâtre des cérémonies a laissé place à un parc sportif et de loisirs où un aménagement paysager symbolise l'emplacement des anciens gradins. La flamme olympique brûle encore lors des grands événements sportifs.

Halle olympique – Devenue le « Centre national d'entraînement de l'équipe de France de hockey sur glace », elle a accueilli la Coupe européenne de patinage. Elle constitue également une patinoire publique dotée d'un équipement de haut niveau.

Anneau de vitesse – Reconverti en stade omnisports, il reçoit les rencontres sportives régionales.

Maison des 16es Jeux olympiques ⊙ – Elle fait revivre l'ambiance des Jeux de 1992 dans un espace d'exposition où l'on découvre les costumes des cérémonies d'ouverture et de clôture ainsi que des projections vidéo des principaux exploits sportifs. Un renouvellement régulier des expositions permet d'aborder divers thèmes traitant de la montagne et du sport.

Le Dôme – Le nouveau centre culturel, œuvre de l'architecte Jean-Jacques Moisseau implantée sur la place de l'Europe, se compose de trois ensembles : le Dôme théâtre, de conception architecturale originale, le Dôme médiathèque, et le Dôme cinéma offrant 260 places face à son écran panoramique.

Les hauts lieux des 16es JO

Albertville – Le « parc olympique » rassemble la halle olympique, théâtre des grandes cérémonies d'ouverture et clôture des Jeux.

Les Arcs – Piste de ski de vitesse.

Brides-les-Bains et La Léchère – Ces sites accueillaient respectivement le village olympique et le centre de presse.

Courchevel – Patinoire, stade de saut à ski (deux tremplins olympiques de 120 m).

Les Menuires - Val-Thorens – Stade de slalom olympique.

Méribel – Patinoire olympique.

La Plagne – Piste de bobsleigh et de luge ; des descentes en taxi-bob sont organisées chaque hiver.

Les Saisies – Site de ski de fond où se sont déroulées les épreuves de biathlon.

Val-d'Isère – Piste olympique de la « face de Bellevarde ».

★ CONFLANS *visite : 3/4 h*

On atteint Conflans, au Nord, par le pont des Adoubes et la montée Adolphe-Hugues (laisser la voiture au parc de stationnement, à droite) ; suivre à pied l'itinéraire du plan ci-après.

Château Manuel de Locatel ⊙ – Du 16e s., restauré récemment, il est bâti sur le versant abrupt de la colline dominant la ville neuve d'Albertville. À l'intérieur on remarquera un beau plafond peint, œuvre d'un artiste italien au 17e s.

Porte de Savoie – Avant de franchir l'enceinte, admirer la jolie **perspective**★ sur le bâtiment en éperon, dominé par la svelte tour Ramus, et sur une charmante fontaine, contemporaine d'une brève « occupation » française (1702-1713).

Rue Gabriel-Pérouse – Ancienne « Grande-Rue ». On y remarque des échoppes médiévales ayant conservé leurs dispositions d'origine et occupées par des artisans.

Prendre à gauche la montée puis les escaliers conduisant à l'église.

Église – Remarquable par son style homogène du 18e s, elle se compose d'une nef-halle de quatre travées et d'un chœur droit. Les amateurs de boiseries prêteront attention à la **chaire**, d'un travail fouillé, réalisée en 1718, ainsi qu'aux fonts baptismaux et au retable du maître-autel.

Revenir à la rue Gabriel-Pérouse, qui mène à la Grande Place.

★ **Grande Place** – Très fleurie et ornée d'une gracieuse fontaine du 18e s., sa découverte constitue une charmante surprise.

Maison Rouge ⊙ – Cet édifice en briques, du 14e s., rappelle par son style le Piémont voisin. Ancien couvent puis caserne, il abrite le **musée** municipal : reconstitutions d'intérieurs savoyards, statuaire religieuse locale, meubles régionaux, outils et ustensiles anciens, armes, documents, vestiges préhistoriques et gallo-romains.

La Grande Roche – Cette terrasse, plantée de tilleuls séculaires, domine d'une centaine de mètres le confluent de l'Isère et de l'Arly. Jolie vue sur la Combe de Savoie, que paraissent fermer, à l'horizon, les longues barres rocheuses de l'Alpette et du Granier (massif de la Chartreuse).

Avant de revenir à la voiture, gagner la **porte Tarine** (14e s.) qui défendait la route de Tarentaise.

★★ **ROUTE DU FORT DU MONT** *29 km – environ 1 h 1/2*

Emprunter la D 105, en montée ininterrompue (risques d'enneigement de décembre à avril). Partir de la porte de Savoie à Conflans.

Après une série de lacets rapprochés, le regard plonge sur les vallées confluentes de l'Arly et du Doron de Beaufort. Par la trouée de l'Arly apparaît le bassin d'Ugine dominé par la pyramide du mont Charvin.

Plus haut, un large virage à gauche, immédiatement en contrebas du fort du Mont, constitue un bon **belvédère** sur la Basse-Tarentaise, étranglée par les « verrous » de Feissons et d'Aigueblanche.

Conflans

Dépassant le fort du Mont, pousser jusqu'au deuxième lacet *(lacet à gauche à hauteur de deux chalets – alt. : 1 120 m)*, dominant le joli replat de pâturages du Mont. La **vue**★★ s'étend à toute la Combe de Savoie parcourue par l'Isère. Au Sud-Ouest, l'horizon est barré par le rempart de la Chartreuse s'alignant de la Dent de Crolles, à gauche, au Granier, à droite. À droite de la Dent de Cons, isolée entre le bassin d'Ugine et la dépression du col de Tamié, se découvrent les crêtes de la Tournette.

Revenir par la route forestière, que l'on prend à gauche vers Molliessoulaz.

Cette route offre, depuis un plateau d'alpage, au lieu-dit Les Croix, une **vue** magnifique sur l'ensemble du massif du Mont-Blanc.

Un chemin descend de Molliessoulaz dans la vallée du Doron de Beaufort où l'on rejoint la D 925 qui ramène à Albertville.

ALLEVARD⊹

2 558 habitants (les Allevardins)
Cartes Michelin n°s 89 pli 17 ou 244 pli 29 – Schémas p. 63 et 179

Allevard, situé au fond du berceau verdoyant du Bréda, à 475 m d'altitude, est le point de départ de nombreuses excursions. La note alpestre est donnée ici par les hautes crêtes rocheuses régulièrement dentelées et longuement enneigées du massif d'Allevard (point culminant : le Puy Gris – alt. 2 908 m), prolongement Nord de la chaîne de Belledonne.

Les vastes forêts de conifères, qui garnissent les pentes inférieures à partir de 1 500 m, font le charme des villégiatures d'altitude du Haut-Bréda telles que le Curtillard.

La chaîne de Belledonne – Élément de l'axe central des massifs cristallins alpins, elle présente la forme d'une longue échine qui domine la vallée de l'Isère, d'Allevard jusqu'à la Croix de Chamrousse au-dessus de Grenoble. Elle culmine au rocher Blanc (2 928 m) et ne possède que deux petits glaciers. La partie méridionale, au Sud du col de Sept-Laux, forme le massif de Belledonne qui offre un majestueux fond de tableau au panorama de Grenoble. Au Nord du col s'étend le massif des Sept-Laux (nom provenant des sept lacs qui s'y trouvent groupés et alimentent le Bréda) dont la vallée du Bréda est la partie la plus fréquentée.

LA STATION

Centre de randonnée, Allevard est aussi fréquenté comme station de cure thermale. Les eaux, très riches en hydrogène sulfuré et en acide carbonique à l'état libre, sont employées avec succès en inhalations, notamment pour le traitement des affections des voies respiratoires.

Les usines métallurgiques, qui remontaient au 13e s. et qui avaient fait la prospérité d'Allevard, ont été transférées à St-Pierre et au Cheylas.

EXCURSIONS

★★ **1 Route du Collet** *10 km – environ une demi-heure – schéma p. 63*
Quitter Allevard à l'Est par la D 525A, route du Fond-de-France. Après 1 400 m, prendre à gauche la D 109 jusqu'au Collet.

De lacet en lacet, cette route ménage des échappées de plus en plus étendues, d'abord sur le site d'Allevard, puis sur les vallons du Veyton et du Gleyzin, séparés par une crête détachée du pic de Gleyzin.

Le couloir du Haut-Bréda se découvre, à son tour, jusqu'aux cimes du massif des Sept-Laux qui le ferment.

La route, sortant de la forêt de sapins, arrive au centre de sports d'hiver du **Collet d'Allevard** (alt. 1 450 m). Le panorama embrasse alors, du Sud-Ouest au Nord-Est, les crêtes du Vercors (Moucherotte), le rempart Est de la Chartreuse, aligné de la Dent de Crolles au Granier, au-dessus du plateau des Petites Roches et du Grésivaudan, la cluse de Chambéry, le massif des Bauges, la Combe de Savoie et la vallée des Huiles. Pour jouir d'un tour d'horizon mieux dégagé, on peut gagner *(3 km plus loin)* le **Grand Collet** (alt. 1 920 m) par télésiège.

★ **2 Route de Brame Farine** *12 km – environ 3/4 h – schéma p. 63*
Quitter Allevard à l'Ouest par l'avenue Louaraz. La chaussée devient mauvaise au-delà du Crozet (section de route privée – circulation touristique tolérée).

Au-dessus de Glapigneux, le chemin, en lacet, offre de jolies vues sur le bassin d'Allevard et, de gauche à droite, sur les plus proches sommets des Bauges, la vallée des Huiles, le massif d'Allevard avec le petit cirque glaciaire du Gleyzin, enfin les Trois Pics de Belledonne, apparaissant par le col du Barioz.

Après avoir traversé une futaie, faire demi-tour près de la ligne de faîte, au chalet de Brame-Farine (alt. 1 200 m environ).

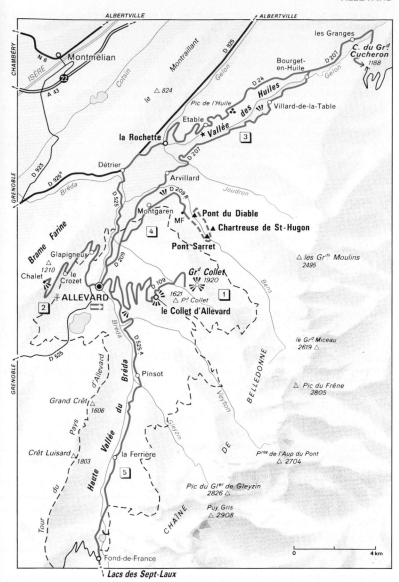

★ ③ **Vallée des Huiles**

Circuit de 50 km – environ 2 h 1/2 – schéma p. 63

Quitter Allevard au Nord par la D 525 puis la D 925 vers Albertville.

La Rochette – Les cartonneries « Cascades la Rochette » de ce bourg à la fois industriel et touristique comptent parmi les plus importantes d'Europe.

Quitter la Rochette à l'Est par la route d'Étable. À 1 km, tourner à droite.

La route s'élève dans la haute vallée du Gelon – dite « vallée des Huiles » – sur un versant dont les cultures contrastent avec la sombre parure forestière du flanc opposé.

En amont d'Étable se dresse l'éperon isolé auquel la haute vallée du Gelon doit son nom (« Huile » est en effet une déformation d'« ullie » ou « œille » : aiguille).

Aux Granges, prendre à droite la route du col du Grand-Cucheron, qui dessert ce fond de vallée solitaire. Faire demi-tour au col et revenir à Bourget-en-Huile, où l'on tournera à gauche dans la D 207.

La route traverse le Gelon et sinue au pied des pentes boisées du versant gauche. 500 m après Villard, un virage à gauche ouvre une jolie perspective sur le bassin de la Rochette et la trouée du Bas-Bréda débouchant dans le Grésivaudan, au pied des murailles du Granier.

Des sous-bois on passe aux prairies plantées de noyers ou de châtaigniers, parfois superbes. Les maisons d'Arvillard apparaissent, joliment groupées.

D'Arvillard, la D 209 ramène à Allevard.

④ Chartreuse de St-Hugon *8,5 km, puis 1 h à pied AR*

Quitter Allevard au Nord par la D 525 et prendre aussitôt à droite la D 209. Immédiatement après le pont du Buisson, prendre une route à droite.

Cette route contournant les dernières croupes du Grand Collet offre, après le hameau de Montgaren, des vues étendues sur la Combe de Savoie et le massif des Bauges, avant de pénétrer dans le vallon du Bens.

À 6,5 km, on laisse à droite la D 109. Arrêter la voiture à la maison forestière de St-Hugon et continuer à pied sur la route forestière qui prolonge la D 209B. 1 500 m plus loin, à hauteur d'une baraque de tôle ondulée visible en contrebas, prendre à gauche le sentier (pouvant être coupé par un ruisseau en saison pluvieuse ou de fonte des neiges : prévoir des bottes) qui descend vers le pont Sarret.

Pont Sarret – Il franchit le Bens dans un agréable site forestier. Le torrent écume entre des roches moussues, au-dessus desquelles se perchent des hêtres.

Traverser le pont et prendre le chemin en descente, au-dessus de la rive droite du Bens.

Chartreuse de St-Hugon ⊙ – De l'ancienne chartreuse, fondée au 12e s., subsiste un bâtiment du 17e s. : belle porte monumentale à fronton brisé surmontée d'une imposte en fer forgé. Le centre bouddhiste Karma-Ling y est installé et a reçu plusieurs fois la visite du Dalaï-Lama. Cette communauté, installée en Savoie depuis 1982, est le plus important centre bouddhique d'Europe. Le *chörten* qui se dresse au centre du parc n'est pas un temple mais une représentation de l'Esprit. On peut en faire le tour en signe de respect.

Continuer de suivre le chemin jusqu'à une fourche et tourner à gauche.

Pont du Diable – Ce pont, vieux de deux siècles, formait autrefois la frontière entre la France et le Piémont : une borne gravée rappelle ce souvenir. Le site, formé par le pont dominant le Bens d'une trentaine de mètres au-dessus d'une gorge encaissée, est joli.

De là, après avoir traversé le pont, on rejoint la route et, à droite, la maison forestière.

⑤ Haute Vallée du Bréda *17 km – environ une demi-heure*

Suivre la D 525A jusqu'à Fond-de-France.

Cette voie de pénétration du massif des Sept-Laux possède des sites très reposants, traditionnellement appréciés par les curistes d'Allevard.
À l'extrémité de la route, **Fond-de-France** (alt. 1 089 m) est un excellent point de départ de promenades en montagne.

★★ **Randonnée aux lacs des Sept-Laux** – *Laisser la voiture à Fond-de-France devant le chalet-hôtel des Sept-Laux, dans un lacet tournant sur la droite. Randonnée pour marcheurs endurants : 3 h 45 de montée. Dénivelée : 1 150 m. Chaussures de montagne recommandées.* La plupart de l'itinéraire se fait en forêt (suivre le balisage jaune, puis jaune et rouge). À mi-parcours, prendre à gauche le sentier des deux ruisseaux, l'itinéraire passant par le chalet de Gleyzin étant beaucoup plus délicat. En 2 h 30 de marche, on parvient au lac Noir, à partir duquel la randonnée devient agréable et facile. Les superbes et longues nappes d'eau des **lacs glaciaires Carré**, de la **Motte**, de **Cottepens** et du **Cos**★★ se succèdent.
Longer le barrage du lac de Cottepens, par la gauche en direction du col des Sept-Laux. Après quelques minutes de marche, remarquer à gauche dans un lacet le balisage jaune, blanc et rouge peint sur un rocher. Des traces mal marquées d'un sentier qui quittent les bords du lac et montent sensiblement permettent de se rendre au lac Blanc. Au bout d'un quart d'heure de marche à travers la prairie et les rochers, on débouche sur un gros cairn dominant un petit lac.
Panorama★★★ exceptionnel sur les Sept-Laux, à l'Ouest sur le pic des Cabottes, au Nord sur la Chartreuse et les Bauges, à l'Est sur les crêtes du Mouchillon et enfin, derrière le lac, les rochers Badon, Blanc et la Pyramide. Au Sud, au-delà du col des Sept-Laux, vue sur une partie de la vallée de l'Eau d'Olle.

Les marcheurs les plus endurants peuvent poursuivre pendant 10 mn les traces de sentiers à la limite de l'alpage avant de traverser un chaos de rochers.

Pour organiser vous-même votre voyage
vous trouverez, au début de ce guide,
la carte des principales curiosités et un choix d'itinéraires de visite.

Château des ALLINGES

Cartes Michelin n°s 89 pli 2 ou 244 pli 9 (6 km au Sud de Thonon-les-Bains)
Schéma p. 112

Fortifiée depuis le 10e s., la colline des Allinges était couronnée de deux repaires féodaux : le « Château Neuf », disparu, sur le terre-plein Est, appartenait aux comtes de Savoie et narguait le « Château Vieux », aux ruines toujours imposantes, que tenaient, 150 pas plus au Nord, les sires de Faucigny, alliés aux dauphins de Viennois. Après des luttes épiques, les châteaux furent réunis, en 1355, sous la bannière à croix blanche.

Le 14 septembre 1594, François de Sales se présentait aux portes de la forteresse qui devait lui servir d'abri au cours de son premier hiver de mission pastorale en Chablais protestant, et autour de laquelle il allait entreprendre des tournées de prédication épuisantes jusqu'à ce que l'hostilité de la population thononaise en vienne à désarmer. Son zèle apostolique se trouva récompensé par les conversions de 1597 et 1598.

Accès – *De la D 12 venant de Thonon, tourner à droite dans la D 36 et à l'entrée de Mâcheron, prendre la première route à droite. Laisser la voiture au sommet de la montée.*

Le chemin de droite donne accès au château par deux portes fortifiées. Gagner, à droite, le terre-plein Est d'où la **vue** se dégage sur le Bas-Chablais et la Dent-d'Oche.

Chapelle ⊙ – *(L'éclairage de la fresque romane s'effectue par un interrupteur à gauche en entrant.)* Encastré dans les bâtiments affectés à une congrégation, ce sanctuaire de pèlerinage salésien *(date : mi-septembre)*, restauré en 1836 et 1947, a gardé son abside en cul-de-four décorée d'une fresque romane (fin du 10e s.) représentant le Christ en Majesté entouré des Évangélistes, de la Vierge, à gauche, et de saint Jean, à droite. Au registre inférieur, des femmes en buste, paumes levées, représentent les vertus. La richesse de la polychromie et le hiératisme des figures dénotent l'inspiration byzantine. Les pierres rondes scellées dans le mur Est du château sont des boulets catapultés à l'époque carolingienne.

Avant de reprendre le chemin de la descente, gagner le terre-plein Ouest d'où la **vue**★ est étendue sur le lac Léman, Thonon et le Jura.

L'ALPE-D'HUEZ ★★

Cartes Michelin n°s 77 pli 6 ou 244 pli 40 – Schéma p 105

Dominant de plus de 1 000 m le bassin du Bourg-d'Oisans, l'Alpe-d'Huez (alt. 1 860 m) est l'une des plus brillantes stations de sports d'hiver des Alpes françaises.

En été, l'Alpe-d'Huez constitue un **centre de promenades** et de courses en montagne de grand intérêt dans le massif des Grandes Rousses.

LA STATION

La route d'accès, particulièrement sinueuse et dont les 21 lacets sont numérotés, est devenue une des classiques du Tour de France. Submergeant les granges de l'ancienne « alpe », l'agglomération dispose ses multiples et vastes hôtels-chalets, d'une architecture diverse mais bien conçue, au voisinage de la piscine et des alpages.

Le domaine skiable – La plus importante station du Dauphiné, même si elle ne peut rivaliser en étendue avec les grandes stations de la Tarentaise, connaît depuis de nombreuses années un développement considérable (plus de 100 pistes de ski alpin dont une dizaine de noires). Certains tracés spectaculaires tel le tunnel au Pic Blanc attirent les skieurs sportifs. Son principal intérêt réside dans les multiples liaisons établies avec les stations voisines : Villard-Reculas, Auris-en-Oisans, Oz-en-Oisans et Vaujany. En juillet, le ski se pratique sur le **glacier de Sarennes** (piste noire) sous réserve d'enneigement suffisant.

Centre N.-D. des Neiges – Ce bâtiment moderne (1970) en rotonde et à toiture hélicoïdale abrite à la fois une salle de réunion et une crypte qui fait office de chapelle paroissiale ; remarquer la facture originale de l'orgue. Des concerts y sont organisés ⊙.

Musée d'Huez et de l'Oisans ⊙ – *Route de la Poste*. Ce musée municipal présente les fouilles effectuées depuis 1977 sur le site archéologique de **Brandes** (près de l'altiport). On y a découvert les vestiges d'un ancien complexe minier des 13e et 14e s. destiné à l'exploitation d'un filon d'argent. À cette exposition s'ajoutent des présentations sur la vie traditionnelle dans l'Oisans, la faune et la flore.

★ **Route de Villard-Reculas** – *4 km d'Huez par la D 211B – schéma p. 97*. Cette route escarpée offre des vues plongeantes sur le bassin du Bourg-d'Oisans.

RANDONNÉES

★★★ **Pic du lac Blanc** ⊙ – *Accès par une télécabine en 2 tronçons, puis par un téléphérique.*

Lac Blanc – Au deuxième tronçon, le lac Blanc apparaît, étalé dans un vallon rocailleux.

★★ **Dôme des Petites Rousses** – Du lac Blanc, on peut continuer à monter, à gauche, jusqu'à ce sommet *(1 h AR)*. **Panorama** décrit sur Vaujany.

★★★ **Pic du lac Blanc** – Alt. 3 323 m. En sortant du téléphérique (table d'orientation), **vue**, de gauche à droite, sur les Deux-Alpes, le lac Lauvitel, le mont Ventoux (dans le lointain), l'Alpe-d'Huez (en contrebas), le Taillefer, Belledonne et la Chartreuse (Dent de Crolles). Gagner la terrasse principale et monter sur une butte (table d'orientation). Le **panorama**, cette fois beaucoup plus large, embrasse, au premier plan, le pic Bayle, au Nord-Est la Grande Casse de Pralognan, la Grande Motte de Tignes, le Grand Paradis en Italie, les glaciers de la Vanoise, la dent Parrachée, les hauts sommets de la Maurienne (Albaron, aiguille de Scolette, aiguilles d'Arves), enfin au Sud-Est la Meije, le Rateau, la barre des Écrins et le glacier du Mont-de-Lans.

★ **La Grande Sure (ou le Signal)** ⊙ – Alt. 2 114 m. Accès par le télésiège de la Grande Sure en hiver, à pied *(1 h 50 AR)* l'été. **Panorama** étendu sur la chaîne des Grandes Rousses, l'Oisans, le Taillefer et Belledonne.

★ **Lac Besson** – *6,5 km par la route du col de Poutran, au Nord.* La route serpente à travers les pâturages pour atteindre, au col de Poutran, au Nord, la cuvette de l'Alpe-d'Huez, puis parvient à un haut plateau parsemé de lacs d'origine glaciaire. Du lac Besson, la plus belle de ces nappes d'eau, on peut s'élever, à pied, sur une crête rocheuse pour découvrir, en contrebas, le **lac Noir**, dans un cadre plus sauvage encore. Un sentier *(1/2 h AR)* fait le tour de ce dernier. De son exutoire, vue sur le Grand Pic de Belledonne et la grande Lance d'Allemont.

Le nom de plantes alpines est ordinairement réservé aux végétaux qui poussent au-dessus de la limite supérieure des forêts (lire le chapitre consacré à la végétation).

Leur floraison précoce est liée à la brièveté de la période végétative (juin-août), leur coloration intense à la richesse de la lumière des sommets en rayons ultra-violets.

Sur les milliers d'espèces florales recensées dans les Grandes Alpes, relativement peu sont indigènes. La plupart sont originaires d'autres régions : plaine ou moyenne montagne (dans le cas de plantes très résistantes), zones méditerranéennes et orientales, arctiques, asiatiques.

ANNECY★★★

Agglomération 122 622 habitants (les Annéciens)
Cartes Michelin nᵒˢ 89 pli 14 ou 244 plis 18 et 19 – Schémas p. 78 et 82

Annecy est admirablement situé au bord de son lac, en vue d'une des perspectives d'eaux et de montagnes les mieux composées des Alpes françaises. La ville est en constant développement et son importance économique augmente avec son industrialisation (fabrication de roulements à billes, d'équipements pour le ski).

La fonderie de cloches Paccard fondée à Annecy-le-Vieux, où fut coulée la fameuse « Savoyarde » du Sacré-Cœur de Montmartre (19 t), exporte depuis Sévrier encore dans toutes les parties du monde *(voir Sévrier, p. 75)*. Annecy-le-Vieux abrite aussi, depuis 1976, un centre de recherche de physique des particules du CNRS.

Cet essor industriel et scientifique – contrôlé de manière à ne pas nuire au site – s'est accompagné d'opérations d'urbanisme visant les unes à assainir la vieille ville sans en altérer la physionomie (quartier Ste-Claire), les autres à compléter l'équipement de la ville moderne (palais de justice, centre Bonlieu, nouvelle gare, centre de congrès de l'Impérial et centre d'affaires ATRIA), et parfaire la mise en valeur du bord de lac ou des monuments (dégagement du chevet de l'église St-Maurice).

L'animation touristique se partage entre les rives du lac et le vieil Annecy, dont on aura une belle vue d'ensemble en montant au château.

UN PEU D'HISTOIRE

Les origines – Habité dès la préhistoire (une cité lacustre s'élevait près du port actuel), le lieu tire son nom d'une ancienne propriété romaine : Villa Aniciaca. La ville d'Annecy proprement dite, née au 12ᵉ s. de son château fort, est appelée à l'époque Annecy-le-Neuf pour la distinguer de la commune voisine Annecy-le-Vieux, d'origine gallo-romaine. Elle ne prit vraiment de l'importance qu'à partir du 16ᵉ s. en succédant à Genève comme capitale régionale.

Le sourire d'Annecy – La grande figure d'Annecy, c'est **François de Sales**. D'une illustre famille, il naît en 1567 au château de Sales, à Thorens *(voir ce nom)*. Le jeune homme, après de brillantes études universitaires à Paris et à Padoue, est reçu avocat au Sénat de Savoie, mais sa vocation religieuse s'affirme et, à 26 ans, il reçoit la prêtrise à Annecy.

Nommé prévôt de la cathédrale, le nouveau prêtre engage d'abord la lutte contre le calvinisme qui a gagné tout le Chablais. Pendant six ans, continuellement sur la brèche, il dirige des missions où sa parole « douce comme du miel » fait merveille. Son renom s'étend alors en France : devenu évêque de Genève, il prêche à la cour de Henri IV qui, sous le charme, lui propose le premier archevêché vacant. François, par loyauté à l'égard de son souverain et par attachement à ses « aspres montagnes », ne croit toutefois pas devoir « changer une pauvre femme pour une riche ». En 1602, il devient, en titre, « Monsieur de Genève », mais comme il lui est impossible d'exercer sa charge dans la citadelle de la Réforme, il doit, comme son prédécesseur, se fixer à Annecy.

Humaniste et père spirituel – En 1607, trente ans avant la naissance de l'Académie française, François de Sales, Honoré d'Urfé, célèbre auteur de romans-fleuves, et le président **Antoine Favre**, grand magistrat lettré, père de Vaugelas, fondent l'**Académie** « **florimontane** », « parce que les Muses fleuryssoient parmi les montagnes de Savoye ». Elle doit « travailler à la gloire de Dieu, au service du prince et du bien public, grouper toutes les personnes de la bonne société qui s'occupent de littérature, agir sur l'opinion, répandre le culte du beau, créer des cours publics ». On l'installe dans l'hôtel du président Favre, 18, rue Ste-Claire. L'institution vit et siège toujours à l'ancien évêché.

En 1608, ému de voir « tant d'âmes capables de Dieu, s'amuser à chose moindre », François de Sales publie l'*Introduction à la vie dévote*. Ce traité de spiritualité destiné aux personnes « du siècle » fait sensation ; quarante éditions sont enlevées du vivant de l'auteur ; on le traduit dans toutes les langues, y compris le basque et le breton. L'évêque pressent l'utilité d'une congrégation féminine vouée au service des pauvres et des malades. En 1604, le hasard d'un prêche à Dijon lui avait fait connaître Jeanne Françoise Frémyot, veuve du baron de Rabutin-Chantal (elle sera l'aïeule de Mme de Sévigné). Mme de Chantal quitte Dijon en 1610 et vient fonder à Annecy, avec deux de ses amies, le premier couvent de la Visitation de la Vierge. **Jeanne de Chantal** est canonisée en 1767. François de Sales, mort en 1622, l'avait été dès 1665. Leurs reliques sont aujourd'hui exposées à la vénération des pèlerins, dans la basilique de la Visitation.

Jean-Jacques, prosélyte (1728) – À 16 ans, **Rousseau**, apprenti graveur maltraité par son patron, s'enfuit de Genève, sa ville natale. Un curé savoyard, afin de ramener ce calviniste à la religion catholique, l'adresse à **Mme de Warens**. Celle-ci, récemment convertie, est pensionnée par les autorités, à charge d'arracher d'autres âmes à l'hérésie.

Jean-Jacques arrive à Annecy le jour des Rameaux. C'est l'éblouissement : « Elle se retourne à ma voix. Que devins-je à cette vue ? Je m'étais figuré une vieille dévote bien rechignée. Je vois un visage pétri de grâces, de beaux yeux bleus pleins de

ANNECY

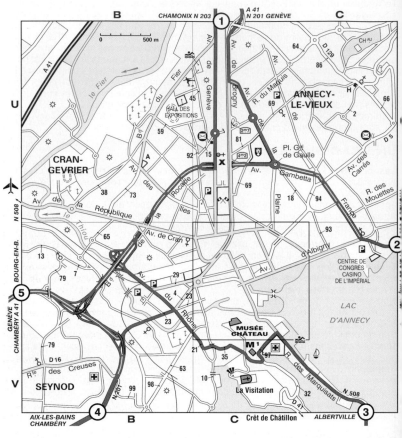

M¹ Conservatoire d'Art et d'Histoire de la Haute-Savoie   **X** Basilique St-Joseph-des-Fins

douceur. Rien n'échappe au rapide coup d'œil du jeune prosélyte, car je devins à l'instant le sien, sûr qu'une religion prêchée par de tels missionnaires ne pouvait manquer de mener au paradis. »

Les lecteurs des *Confessions* verront, dans la cour de l'ancien palais épiscopal, le lieu de cette rencontre (« Que ne puis-je entourer d'un balustre d'or cette heureuse place »).

★★ LES BORDS DU LAC *visite : 1 h*

Laisser la voiture au parking du centre Bonlieu ou à celui de la place de l'Hôtel-de-Ville.

Par le quai Eustache-Chappuis longeant le canal du Vassé, et la place de la Libération, gagner l'avenue d'Albigny où se trouve le centre Bonlieu.

Centre Bonlieu – Élevé en 1981 d'après les plans de l'architecte Novarina à l'emplacement du couvent des Cisterciennes de Bonlieu, ce centre abrite la Maison du tourisme, la bibliothèque, le théâtre, le centre d'action culturelle et des commerces.

Avenue d'Albigny (**EFXY**) – Bordée de platanes centenaires, cette voie royale est tracée à travers l'ancien « pasquier », espace vert où les Annéciens de jadis venaient se promener. On aperçoit, à gauche et en retrait, le moderne palais de justice (1978), élégante construction de béton à pans de verre élevée par Novarina.

ANNECY PRATIQUE

J.D. Sudres/DIAF

Annecy – Calèche sur les bords du Thiou

Où prendre un verre et se détendre ? – L'animation se concentre le soir autour des rues Ste-Claire et Royale. Les connaisseurs apprécieront le Griffith's (rue de la Poste) et le Milton Club (rue Ste-Claire) pour leur cave à bières ; le décor rétro du Café Cuit ou celui, cossu, du Pub Cheltenham attireront les amateurs de dépaysement. Des animations à thème sont organisées au Captain Pub (rue du Pont-Morens) qui propose d'étonnants cocktails de bière flambée.

La Compagnie des bateaux d'Annecy organise des dîners-croisières-spectacles à bord de la *Libellule*, ☎ 04 50 51 08 40.

À Sévrier, le restaurant-spectacle « Dinecittà » organise, dans un décor de cinéma, des animations sur des thèmes renouvelés chaque année.

Pour prolonger la soirée en musique – Le Pop Plage, 30, avenue d'Albigny, reste la discothèque des Annéciens de tout âge (ouverte en saison seulement). D'autres établissements proposent des soirées à thème : se renseigner à l'Office de tourisme et consulter la presse locale.

On pourra terminer la soirée en tentant sa chance au **Casino**, 32, avenue d'Albigny.

Les spécialités – Des confiseries aux noms évocateurs sont fabriquées et vendues par de nombreux établissements, particulièrement rue Ste-Claire et rue Royale : le « Roseau du lac » (confiserie au chocolat noir fourrée au café), « la Cloche d'Annecy » et la « Savoyarde », en souvenir du bourdon la Savoyarde (chocolat fourré au praliné-noisette). Ces deux dernières confiseries sont des modèles déposés par des confiseurs annéciens. Les amateurs de chocolat apprécieront les multiples présentations du chocolatier Ravey (3, rue de la République).

Pour savourer la vaste gamme des spécialités de la cuisine savoyarde dans un cadre typique, on n'aura que l'embarras du choix en arpentant les ruelles de la vieille ville, notamment la rue Ste-Claire (spécialités de fromages au « Freti », nº 12). Tous les mardis, les amateurs de fromages iront faire leur choix parmi les productions des fromagers au marché, haut en couleurs, de Ste-Claire.

Les ouvrages régionaux et de tourisme se trouveront à la Fnac, rue Sommeiller, à la librairie Grandchamp et à « L'Imaginaire ».

Activités sportives – Pour l'initiation au canyoning et à l'escalade, s'adresser au **Bureau des guides**, Centre Bonlieu, ☎ 04 50 45 00 33. Les activités nautiques se pratiquent au club nautique de Doussard (☎ 04 50 44 81 45) et au ski club nautique de Sévrier. Le col de la Forclaz est un rendez-vous prisé des parapentistes : baptême de l'air au Chalet du Mini-golf à Montmin.

Location de matériels de sport – Locasport, 37, avenue de Loverchy à Annecy ; pour bénéficier de conseils judicieux, chez Ogier Sports à La Clusaz.

Se baigner dans le lac – De nombreuses plages (payantes ou gratuites) bordent les rives du lac ; à Annecy : « Plage d'Albigny » (payante), plages des Marquisats et du Petit Port (gratuites).

ANNECY

B Église St-Maurice	**M²** Palais de l'Isle (Musée de l'histoire d'Annecy)
D Maison Lambert	**N** Pont sur le Thiou

Par les allées du Champs de Mars, gagner la table d'orientation élevée au bord du lac.

De là s'offre une **vue**★ étendue sur le Grand lac avec le mont Veyrier, les dents de Lanfon, la Tournette, le crêt du Maure (dernier bombement boisé du Semnoz).

Revenir vers la ville, le long du lac.

Pont des Amours (FY) – Il enjambe le canal du Vassé : jolie perspective sur le bras d'eau ombragé, où se pressent les embarcations, et, à l'opposé, sur le ravissant bouquet d'arbres constituant l'île des Cygnes.

★ **Les jardins de l'Europe (FY)** – Autrefois entouré d'eau de tous côtés, ce jardin public fut rattaché à la ville par comblement d'un canal dont la place de l'Hôtel-de-Ville marque aujourd'hui l'emplacement. Aménagé en arboretum lors du rattachement de la Savoie à la France, il présente une belle variété d'essences d'Europe, d'Amérique et d'Asie. On peut admirer plusieurs **séquoias géants** centenaires et un ginkgo biloba, « l'arbre aux quarante écus ». En longeant le port aménagé sur les bords du Thiou *(embarcadère)*, on découvre les massives constructions du château.

Regagner la place de l'Hôtel-de-Ville pour visiter, toujours à pied, le vieil Annecy.

★★ LE VIEIL ANNECY *visite : 1 h 1/2 – plan p. 68*

Les « vieux quartiers » d'Annecy, en grande partie piétons, ont été mis en valeur durant les dernières décennies. On y remarquera les maisons sur arcades et les puits ronds à l'italienne isolés sur la chaussée. Les mardi, vendredi et dimanche matin, un marché coloré (vaste choix de fromages régionaux) anime les rues de la République et Ste-Claire.

Partir de la place de l'Hôtel-de-Ville et traverser le quai Chappuis.

Église St-Maurice (EY B) – Construite au 15e s. pour les dominicains, elle présente extérieurement, avec son vaste toit retombant, un cachet régional assez marqué. À l'intérieur, la nef gothique, très large, est typique des édifices bâtis pour les ordres voués à la prédication. Les chapelles latérales étaient financées par des familles nobles, dont on voit les armes, ou des corporations. Dans la deuxième chapelle de droite, remarquer les ciseaux, emblème des tailleurs.

Sur le pilier précédant la chaire (1715, à atlante), à droite, fresque de l'Assomption (début 16ᵉ s.). Dans le chœur, à gauche, belle **Descente de Croix**★ due à P. Pourbus l'Ancien et remarquable **peinture murale** datée de 1458, en grisaille, représentant la mort du seigneur Philibert de Monthouz entouré de dominicains en pleureurs.

Revenir aux quais du Thiou en longeant la façade de l'église St-François.

Église St-François (EY) – C'est l'ancienne église (17ᵉ s.) du premier monastère de la Visitation. La façade baroque était autrefois ornée de statues. À l'intérieur, dans les bas-côtés, des grilles indiquent les anciens emplacements des tombeaux de saint François de Sales et sainte Jeanne de Chantal.
C'est aujourd'hui l'église de la communauté italienne.

Franchir le pont sur le Thiou, déversoir naturel du lac.

Pont sur le Thiou (EY N) – Le curieux bâtiment du **palais de l'Isle**★, amarré au milieu du Thiou, se présente ici par la proue. C'est le **tableau**★★ le plus classique du vieil Annecy *(voir illustration p. 51)*.

Suivre, dans l'axe du pont, la rue Perrière.

Rue Perrière (EY 75) – Ses maisons sont arc-boutées sur les piliers de leurs arcades.

Tourner deux fois à droite, pour retraverser le Thiou.

Du pont sur le bras Sud du Thiou, joli coup d'œil sur les maisons du quai de l'Isle. À droite s'ouvre l'entrée du palais de l'Isle.

★ **Palais de l'Isle** ⊘ **(EY M²)** – C'est le monument emblématique d'Annecy. Construit au 12ᵉ s. sur une île naturelle, lorsque la capitale de la Haute-Savoie n'était qu'une bourgade de pêcheurs, ce bâtiment servit de résidence au comte de Genève. Il abrita successivement l'atelier monétaire du Genevois, les prisons et le palais de justice. La cour était alors entourée par les boutiques des hommes de loi établis dans la partie Sud de l'île. De la Révolution jusqu'à la fin du Second Empire, le palais conserva la réputation de redoutable prison qu'il retrouva pendant l'Occupation lorsque de nombreux résistants y furent enfermés.
Aujourd'hui le **musée de l'histoire d'Annecy** y est installé, évoquant le passé prestigieux de la ville à travers une maquette représentant Annecy au 18ᵉ s. et de nombreux documents faisant référence à l'histoire de la Savoie. La visite des cellules, de la cuisine et de la prison complète cette évocation.

Tourner à gauche sur le quai de l'Isle et passer le pont Morens (vue sur la « poupe » de l'Isle). Tourner ensuite à droite dans la rue Ste-Claire.

Annecy et le lac

* **Rue Ste-Claire** (**DY 91**) – C'est la principale artère du Vieil Annecy, bordée de maisons à arcades. Au n° **18**, l'ancien hôtel (16e s.) du président Favre fut le premier siège de l'Académie florimontane *(voir p. 67)*, puis l'évêché de saint François de Sales à partir de 1610.

À l'angle de la rue de la République apparaît « **la Manufacture** », ainsi nommée à cause d'une filature aménagée en 1805 dans un couvent de clarisses. Cet ancien îlot insalubre du quartier Ste-Claire a été rénové en harmonie avec le cadre ancien environnant et réservé aux piétons (pôle d'animation : placette Ste-Claire et place Volland) ; il est bordé au Nord par l'agréable quai des Clarisses.

Faire demi-tour à la porte Ste-Claire et, par la rue de la République, gagner la rue J.-J.-Rousseau.

Ancien palais épiscopal (**DY**) – Sa construction, en 1784, entraîna la disparition de la maison de Mme de Warens. Les admirateurs de Rousseau ont fait placer dans la cour un buste de l'écrivain et le fameux « balustre d'or » souhaité par lui.

Au n° 15 de la rue J.-J.-Rousseau se situe l'élégante **maison Lambert** (16e s.) (**EY D**) où saint François de Sales passa les huit premières années de son épiscopat ; il y écrivit son traité l'*Introduction à la vie dévote (voir p. 67)*.

Cathédrale St-Pierre (**EY**) – Construite au 16e s., elle présente une façade Renaissance plaquée sur un intérieur gothique.

Ancienne église franciscaine transformée en cathédrale au 17e s., ce fut la cathédrale de François de Sales. Jean-Jacques Rousseau, qui suivait les leçons de la maîtrise (au n° 13 de l'actuelle rue J.-J.-Rousseau), vint y chanter et jouer de la flûte.

Tourner à gauche dans la rue Filaterie, aux spacieuses arcades.

L'itinéraire passe ensuite devant l'église N.-D.-de-Liesse (à la tour légèrement penchée) pour gagner la rue du Pâquier, bordée d'arcades : au n° 12, l'hôtel de Sales (17e s.) est orné de figures sculptées représentant les Saisons.

Prendre à droite le quai E.-Chappuis pour regagner la place de l'Hôtel-de-Ville.

★ MUSÉE-CHÂTEAU D'ANNECY (EY)

Accès soit en voiture par le chemin de la Tour la Reine, soit à pied par la rampe du château ou les abruptes « côtes » qui s'amorcent rue Ste-Claire.

L'ancienne résidence des comtes de Genève et des ducs de Genevois-Nemours, branche cadette de la maison de Savoie, comprend des bâtiments allant du 12e à la fin du 16e s. Ceux-ci, ravagés plusieurs fois par le feu, puis laissés à l'abandon au 17e s., servirent ensuite de caserne jusqu'en 1947. Acquis par la municipalité, ils ont, depuis, fait l'objet d'une heureuse restauration.

À droite de la porte, restaurée au siècle dernier, la massive « Tour la Reine » remonte au 12e s. ; l'épaisseur de ses murs dépasse 4 m. C'est la partie la plus ancienne du château.

En se plaçant au centre de la cour on découvre : en face, le Logis Vieux (14e-15e s.), sévère demeure des comtes de Genève, marqué par sa tourelle d'escalier et son arcade abritant un puits profond de 40 m ; à gauche, l'élégante façade début Renaissance du Logis Nemours (16e s.), aux larges baies ; à droite, le Logis Neuf (fin du 16e s.), qui abritait la garnison du château.

Au fond de la cour, le Logis Perrière et la **Tour Perrière**, du 15e s., ont été édifiés par le duc Louis Ier de Savoie, un mécène qui fut l'ami de Charles d'Orléans, le prince-poète : les services administratifs du duché y étaient installés. Ce bâtiment, récemment restauré, accueille l'**Observatoire régional des lacs alpins**. Des bornes interactives, des projections vidéo, des maquettes et des panneaux explicatifs illustrent les divers aspects de l'étude des lacs de montagne. Le sous-sol abrite des aquariums qui présentent les stades d'altération du milieu lacustre et les perturbations engendrées pour la faune par la pollution (naturelle et industrielle). Les salles des étages exposent les produits des fouilles archéologiques subaquatiques et des objets traditionnels ayant trait à la pêche. Au niveau supérieur, la **salle des fresques**, aménagée en lieu d'exposition de peintures, conserve d'importants fragments de décors muraux peints au 15e s., dont une rare représentation du château médiéval d'Annecy.

De la terrasse au-delà se dégage une vue générale sur le Vieil Annecy aux quatre clochers (cathédrale, N.-D.-de-Liesse, St-Maurice, St-François), ses toits étroitement massés et, au loin, sur la ville nouvelle.

Un intéressant **musée régional** est installé dans le Logis Vieux et le Logis Nemours, desservis sur 3 étages par un escalier à vis. Dans le Logis Vieux on admirera une immense cuisine à cheminées se faisant face, une superbe salle des Gardes, à deux files de colonnes, et la Grande Salle utilisée pour les réceptions. Les collections concernent les Beaux-Arts (art contemporain, sculpture sur verre), et surtout, au 1er étage, l'art populaire et l'anthropologie alpine : poteries, faïences, meubles savoyards et collections de sculptures religieuses.

AUTRES CURIOSITÉS

Conservatoire d'Art et d'Histoire de la Haute-Savoie (**CV M¹**) – Il est installé dans l'ancien Grand Séminaire, belle bâtisse du 17ᵉ s. représentative de l'architecture sarde. Le fonds des collections est constitué par la donation Paul Payot, qui réunit de nombreux tableaux et gravures illustrant les paysages de montagne de la Haute-Savoie, et par la collection Chastel composée de tableaux des 18ᵉ et 19ᵉ s.

Basilique de la Visitation ⊘ (**CV**) – L'église de l'actuel couvent de la Visitation est située sur les dernières pentes du Crêt du Maure, face à un large panorama sur Annecy – dont on voit bien les extensions modernes dans la plaine des Fins – et sur les derniers bombements des Préalpes de l'Ouest (au Nord, le Salève ; à l'Est, le mont Veyrier et le Parmelan).
Le sanctuaire, édifié en 1930 et dont l'intérieur, aux lourds piliers de marbre gris, est richement décoré, attire de nombreux pèlerins, surtout le 24 janvier – fête de saint François – et durant la grande neuvaine du mois d'août. Les reliques de saint François de Sales et de sainte Jeanne de Chantal sont exposées en haut des bas-côtés. Les vitraux rappellent les principales étapes de la vie des saints protecteurs d'Annecy, également évoquées dans le petit **musée** attenant à la basilique, à droite. Carillon de 38 cloches.

Basilique St-Joseph-des-Fins (**CU X**) – Ce sanctuaire, terminé à la veille de la Seconde Guerre mondiale, est l'une des dernières œuvres de l'architecte bénédictin Dom Bellot, l'un des rénovateurs de l'art sacré contemporain. Le petit clocher à bulbe et le grand toit à forte pente, discrètes réminiscences régionales, ne nuisent pas à la simplicité générale des lignes extérieures.
Intérieurement, le vaisseau, où la ligne brisée est maîtresse, a reçu une décoration qui en fait une véritable bible par l'image, suivant les thèmes du mal (pavement, confessionaux), du salut (chœur, maître-autel), du message du Christ (grands vitraux), de l'Église (baptistère et petits vitraux), de la béatitude finale (arc triomphal). Dans la chapelle N.-D.-de-Pitié, belle Vierge du 15ᵉ s. Au baptistère, Christ du 15ᵉ s.

Parc de l'Impérial – *Accès par ② du plan*. À l'extrémité Est de l'avenue d'Albigny, ce parc de 2 ha, agrémenté de beaux arbres et d'une volière, abrite le principal complexe sportif du lac. Un ancien grand hôtel, actuellement centre de congrès, lui a donné son nom.

★★ **Le tour du lac** ⊘ – La compagnie des bateaux d'Annecy organise différents types d'excursions sur le lac à bord des vedettes le *Savoie*, la *Belle Étoile*, le *Bel Indifférent* ou le *Thiou*, avec des escales dans les ports de Veyrier, Menthon, Duingt, St-Jorioz et Sévrier ; sur la *Libellule*, grand bateau panoramique pouvant accueillir 600 personnes, sont en outre proposés des déjeuners animations. Départ d'Annecy : embarcadère sur le Thiou (**FY**).

★★ LES GORGES DU FIER ET LE CHÂTEAU DE MONTROTTIER

*20 km. Environ 2 h 1/2. Quitter Annecy par la N 508 en **BU** du plan, et, après 3 km et le passage sous l'autoroute, prendre à gauche la D 14. Après l'église de Lovagny, emprunter à gauche la D 64 en forte descente.*

★★ **Gorges du Fier** ⊘ – Ces gorges très réputées sont parcourues le long de galeries accrochées de façon impressionnante aux parois polies, étrangement excavées, de la coupure du Fier. Les frondaisons, qui couvrent de leur voûte ce couloir,

---

Le renouveau de l'écosystème du lac d'Annecy

Alimenté par de nombreux torrents alpins, le lac, de faible profondeur (45 m), a vu progressivement disparaître la limpidité de ses eaux, jusqu'à la fin des années soixante. Le rejet des eaux usées par la plupart des hôtels riverains et la pollution des embarcations à moteur avaient compromis son fragile équilibre naturel. Regroupées en Syndicat intercommunal, l'ensemble des communes riveraines ont aménagé un gigantesque réseau subaquatique de canalisations d'eaux usées, ceinturant désormais les deux rives du lac avant de rejoindre une station d'épuration ultra-moderne près d'Annecy. Cette action, conjuguée à une prise de conscience de l'ensemble des habitants, a permis au lac d'Annecy de retrouver sa pureté d'origine. Meilleurs signes de ce renouveau, la présence à nouveau appréciée de l'omble, de la truite lacustre et de la féra, et les nidifications croissantes des cygnes dans les roselières.
Une vaste roselière située à l'extrémité Ouest accueille la **réserve naturelle du Bout du Lac**, destinée à abriter les espèces animales riveraines : reptiles, canards, cygnes, ou castors récemment réintroduits.
Au château d'Annecy, l'Observatoire régional des lacs alpins présente d'une façon claire les étapes de la régénération de ces biotopes lacustres.

tamisent les rayons du soleil et donnent lieu à de jolis effets de lumière. Après être passé sous deux ponts, le visiteur sort des gorges et parvient à une futaie de hêtres. Gagner le belvédère aménagé sur le promontoire rocheux le plus saillant pour découvrir la « Mer de Rochers » : la présence d'une couche de terrains tendres sous la table de craie a provoqué la formation d'encorbellements, puis l'effondrement de blocs énormes, amoncelés en chaos.

Gorges du Fier

Reprendre la voiture et revenir à la bifurcation de la D 116 que l'on prend à gauche, puis tourner à droite dans le chemin d'accès au château de Montrottier.

★ **Château de Montrottier** ⊙ - *Voir illustration au chapitre de l'art – Éléments d'architecture.* Situé sur une butte isolée entre le cours du Fier et un ancien lit abandonné par le torrent – la « Grande Fosse » –, ce château, beau spécimen d'architecture militaire savoyarde, a été construit du 13e au 16e s. Un fort donjon cylindrique, haut de 36 m, le domine. Il abrite d'importantes **collections**★ léguées avec le château par Léon Marès, en 1916, à l'Académie florimontane : armes, armures, faïences, porcelaines, céramiques et ivoires d'Extrême-Orient, mobilier ancien, statuettes, etc., plus quatre bas-reliefs en bronze, du 16e s., dus à des artistes de Nuremberg, Peter et Hans Vischer.

Si le temps est dégagé, on pourra monter (86 marches) au chemin de ronde du donjon. De créneau en créneau, on découvre le Parmelan, le mont Veyrier (derrière lequel se détache, par temps clair, le Mont Blanc), les dents de Lanfon, la Tournette.

Revenir à la D 116 et la suivre à droite vers Corbier.

La route, dominant la falaise un court instant, descend rapidement vers le Fier qu'elle franchit. Une forte montée dans le petit bois du Poëte conduit, au sommet, à un magnifique point de vue sur le château et la vallée.

À Corbier (commune de Chavanod), prendre la D 16 à gauche vers Annecy.

Pour organiser vous-même vos itinéraires,
consultez tout d'abord les cartes au début de ce guide ;
elles indiquent les parcours décrits, les régions touristiques,
les principales villes et curiosités.
Reportez-vous ensuite aux descriptions, dans la partie « Villes et curiosités ».
Au départ des principaux centres, des buts de promenades sont proposés.
En outre, les cartes Michelin nos 243, 244 signalent les routes pittoresques,
les sites et les monuments intéressants,
les points de vue, les rivières, les forêts...

Lac d'ANNECY***

Cartes Michelin nᵒˢ 89 pli 14 ou 244 plis 18 et 19

Le lac d'Annecy, joyau des Alpes de Savoie, forme, avec les sommets qui encadrent ses eaux d'un bleu profond, un ensemble très séduisant. La Tournette (alt. 2 351 m), dont les corniches tourmentées sont longtemps soulignées de neige, les pinacles des dents de Lanfon, les souples ondulations des montagnes d'Entrevernes viennent se fondre en un décor original qui, fait curieux, n'a été découvert par les artistes et les écrivains que depuis un siècle à peine. Le tour du lac, en bateau ou en voiture, permet d'apprécier ces majestueuses perspectives.

Le lac – Le pourtour sinueux du lac est pour beaucoup responsable du pittoresque de ses horizons. En fait, le lac est constitué de deux cuvettes différentes, séparées à l'époque préhistorique par une barre – lieu d'élection pour les cités lacustres – entre la pointe de Duingt et le Roc de Chère. Cette barre de nos jours immergée, le détroit de Duingt réunit maintenant en un seul bassin le Grand lac au Nord et le Petit lac au Sud. Le lac d'Annecy est moins vaste (2 800 ha) et moins profond (45 m en moyenne) que le lac du Bourget. Il est alimenté par des cours d'eau dont le principal est l'Eau Morte et, phénomène plus curieux, par une puissante source sous-lacustre, le **Boubioz**, qui jaillit à 82 m de profondeur et à 250 m au large de la Puya (station de pompage), à l'extrémité Nord du crêt du Maure. L'émissaire du lac est le Thiou, qui traverse la vieille ville d'Annecy avant de se jeter dans le Fier. Les rivages du Grand lac offrent, avec leurs villages et hameaux noyés dans des bouquets d'arbres ou entourés de vignes, un très riant paysage. Le Petit lac, encadré de versants abrupts et boisés plongeant sans palier dans les eaux, compose un ensemble plus austère. La féra trouve ici naturellement sa place dans les menus régionaux. Plus savoureux, l'omble chevalier a la faveur des gourmets et des pêcheurs amateurs. Ceux-ci pourront également appâter truites, perches, carpes, gardons, chevesnes, etc.

D'importants travaux d'assainissement et l'installation d'un collecteur ceinturant tout le lac ont permis de préserver la pureté et la limpidité de ses eaux.

★★ LA RIVE OUEST

① D'Annecy à Faverges *38 km - environ 1 h 1/2 – schéma p. 78*

L'itinéraire, le plus souvent en ligne droite, offre de jolis passages au bord même du lac et de belles perspectives sur les escarpements de la Tournette et les découpures des dents de Lanfon. Il longe le massif des Bauges et pénètre de Sévrier à Faverges dans le Parc naturel régional des Bauges.

Une piste cyclable, en contre-haut, épouse ce parcours, de Letraz à Chaparon.

★★ Annecy – *Voir ce nom.*

Quitter Annecy par ③ du plan, la N 508.

Cette route contourne le promontoire de la Puya, extrémité Nord de la croupe du Semnoz. Ce passage au bord de l'eau fait découvrir le mont Veyrier, au-delà duquel apparaissent les barres rocheuses du Parmelan, les dents de Lanfon, enfin la Tournette.

Sévrier – Cette station, bien abritée par les pentes boisées du Semnoz, disperse ses hameaux tout près du lac. Son église est remarquablement située au sommet d'une légère ride de terrain parallèle au rivage.

Écomusée du costume savoyard ⊙ – *En face de l'église.* Établi dans l'ancienne école des filles, il présente des reconstitutions de scènes de la vie traditionnelle en Savoie, qui révèlent l'étonnante variété de costumes féminins et d'enfants du 18ᵉ s. au début du 20ᵉ s. Une place particulière est réservée aux techniques de broderie et aux travaux d'aiguilles.

★ Musée de la Cloche ⊙ – *RN 508, à la sortie Sud de Sévrier.*

Il a été créé par la **fonderie Paccard** spécialisée dans la fonte de cloches depuis près de deux siècles. Sa visite, fort intéressante, permet de comprendre la complexité de la fabrication des cloches (audiovisuel et vitrines consacrés à ce sujet), la variété de l'art campanaire (cloches anciennes du 14ᵉ au 19ᵉ s., cloches provenant de différents pays).

Les diapasons exposés rappellent l'importance de l'accordage, surtout pour les carillons. Une place particulière est réservée à l'histoire des deux plus grosses cloches fondues à Annecy : *La Savoyarde* du Sacré-Cœur de Montmartre (1891) et *La Jeanne d'Arc* de la cathédrale de Rouen.

Entre Sévrier et Duingt, la route passe à l'intérieur des terres. En avant, la pointe boisée du château de Duingt s'avance vers la proue du Roc de Chère, ceinturée de falaises.

★ Duingt – Au pied de l'éperon du Taillefer qui, plongeant sous les eaux face aux falaises du Roc de Chère et à la baie de Talloires, sépare nettement le « Grand lac » et le « Petit lac », Duingt est une agréable résidence estivale, réputée pour sa situation. Le noyau ancien du village, avec ses petites maisons à escaliers extérieurs, décorées de treilles, a gardé intacte sa rusticité savoyarde.

Un château surveille depuis le 11e s. cet étranglement du lac. Restauré aux 17e et 19e s., le **château de Duingt** *(on ne visite pas)* – appelé aussi Châteauvieux –, dont la silhouette a été largement diffusée par l'imagerie touristique, émerge des frondaisons de son îlot, rattaché à la terre par une levée. Comme le château d'Héré (15e s.) situé plus à l'écart, au Sud de la localité, il fut la propriété de la famille de Sales.

De Duingt à Bout-du-Lac, on suit de près, jusqu'à Brédannaz, les rives plus abruptes du Petit lac, assez sévèrement encadré par les pentes rocailleuses du Taillefer et le raide versant boisé de la pointe Chenivier. En avant commencent à se découvrir les sommets des Bauges.

À Doussard, au 2e carrefour d'accès sur la N 508, prendre la route forestière de la Combe d'Ire sur 6 km.

Lac d'Annecy – Duingt

★ **Combe d'Ire** – On pénètre dans la combe d'Ire proprement dite, profond sillon boisé parcouru par un torrent rapide, que coupent d'innombrables cascatelles, et dominé à droite par la montagne du Charbon et le Trélod, à gauche par l'Arcalod. Ce fut là, jusqu'au début du 20e s., l'un des vallons les plus sauvages et les plus mystérieux des Alpes : le dernier ours hantant ses futaies ne fut tué qu'en 1893. La combe d'Ire fait partie de la **Réserve cynégétique des Bauges** dont la faune est riche en chamois, chevreuils, tétras-lyres, bartavelles, marmottes et mouflons de Corse.

Revenir à la N 508 qui rejoint Faverges.

Entre Doussard et Faverges, la N 508 file dans la plaine marécageuse de l'Eau Morte. Les sommets des Bauges se précisent : à gauche du rempart du Charbon se succèdent le couloir de la combe d'Ire, l'**Arcalod**, point culminant du massif (alt. 2 217 m) reconnaissable à ses arêtes tranchantes, la Sambuy, pyramide plus modeste, et enfin, fermant l'horizon, la Belle Étoile et la dent de Cons, au versant entièrement raviné.

Faverges – *Voir ci-après.*

★★★ ROUTE DE LA FORCLAZ

② **De Faverges à Annecy** *40 km – environ 1 h 1/2 – schéma p. 78*

La route du col de la Forclaz donne accès au beau vallon alpestre de Montmin, au pied même des escarpements de la Tournette et en vue des sommets des Bauges. Le col, avec sa vue plongeante sur le lac, est naturellement le « sommet » de l'excursion. La descente sur Menthon et le retour à Annecy charment par l'aspect riant des paysages agricoles traversés et par la découverte du décor montagneux de la baie de Talloires.

Faverges – Entre la chaîne des Aravis et le massif des Bauges, au pied des arêtes terminales étrangement découpées de la Tournette (massif des Bornes), ce gros bourg d'origine gallo-romaine et de tradition industrielle ancienne est dominé par le donjon rond (13e s.) de son château. Animé par le travail du bois (chalets préfabriqués) et de nombreuses autres industries (mécanique de précision, électroménager, stylos et briquets de luxe Dupont), il connaît, du fait de sa situation de carrefour, un intense trafic routier.

Grotte et cascade de Seythenex ⊙ – *2 km au Sud de Faverges, à droite, le chemin signalé « Grotte de Seythenex ».*

Ce site étonnant est niché dans le frais vallon du St-Ruph. Des passerelles permettent d'accéder au sommet de la cascade qui chute de 30 m par une étroite fissure boisée. La visite accompagnée fait pénétrer dans l'ancien lit souterrain du torrent sur un parcours de 300 m et admirer le puissant travail d'érosion. Une exposition de maquettes animées illustre le fonctionnement des ateliers artisanaux utilisant la force de l'eau (scie battante, huilerie à noix, martinet...).

Revenir à Faverges et prendre au Nord la D 12.

J.-L. Gallo/MICHELIN

Viuz – Ce hameau présente l'intérêt d'être en vue du Mont Blanc dont la cime neigeuse apparaît derrière les crêtes du Charvin.

À côté de l'église au chœur roman (12e s.), un petit **musée archéologique** ⊘ présente des collections d'objets gallo-romains trouvés au cours de fouilles sur place et dans la région. Remarquable chaudron du 3e s., collier d'ambre de 200 perles et collection de pièces romaines.

Gagner Vesonne par la D 282.

Au cours de la montée de Vesonne à Montmin, les vues se dégagent, vers le Sud, sur les sommets de la lisière Nord-Est des Bauges, dominant la plaine de Faverges. À gauche du seuil de Tamié – par lequel apparaissent les crêtes du Grand Arc –, on reconnaît la Belle Étoile et la dent de Cons, au versant tout raviné. À droite de cette trouée s'élèvent la Sambuy, pointement pyramidal, puis l'Arcalod, reconnaissable à ses arêtes tranchantes, enfin, à l'extrémité Sud de la montagne-forteresse du Charbon, le Trélod.

En avant, la Tournette impose à l'attention son système compliqué de barres rocheuses.

Montmin – Agréable villégiature dans un cadre pastoral, Montmin est un bon centre de courses en montagne. C'est de là que se fait le plus commodément l'ascension de la Tournette par le versant Ouest.

Du Villard au col de la Forclaz, la route s'élève dans le calme berceau d'alpages de Montmin, entre de vieux hameaux aux pittoresques chalets.

★★ Col de la Forclaz – Alt. 1 150 m. Du belvédère de la buvette édifiée à gauche du col, on découvre une **vue** plongeante sur le lac d'Annecy qui présente ici un tracé étrangement tortueux, au pied du Taillefer que « défigure » une gigantesque carrière. Au large de la pointe de Duingt, le banc du Roselet, haut-fond sur lequel s'étaient fixées des cités lacustres, fait une tache jaunâtre dans les eaux bleues du lac. À l'horizon s'estompent les crêtes de la montagne de Vuache et du Jura méridional.

Prendre, sur la droite, un sentier qui monte vers la buvette « la Pricaz » et au bout de 100 m tourner à gauche pour atteindre un belvédère (1/4 h à pied AR).

Le **panorama** est alors dégagé sur les sommets des Bauges – dont le point culminant est l'Arcalod –, les dents de Lanfon et la Tournette.

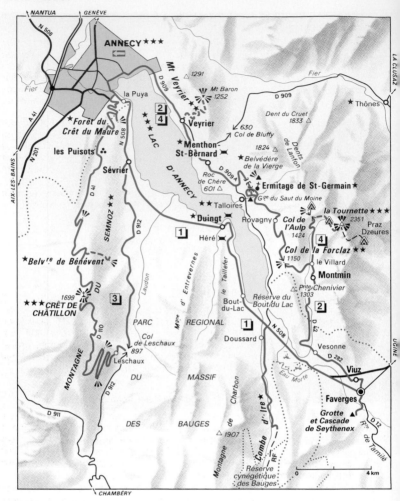

Du col de la Forclaz à Rovagny *(route en forte descente)*, les vues se dégagent de gauche à droite, sur l'Arcalod, le Charbon, la montagne d'Entrevernes, le Semnoz et la courbe du Grand lac autour de laquelle se groupe Annecy.

Entre Rovagny et Menthon, l'ermitage de St-Germain apparaît, juché sur son petit gradin escarpé, au-dessus de la gorge boisée du Saut du Moine.

★ **Ermitage de St-Germain** – *De la D 42, 1/4 h à pied AR par un chemin en forte montée se détachant à gauche de l'entrée du premier tunnel (dans le sens de la descente).*

Ce lieu de pèlerinage local *(surtout le lundi de Pentecôte)* apparaît au touriste, en dehors des journées d'affluence, comme une charmante retraite. Saint Germain, premier prieur du prieuré devenu depuis l'abbaye de Talloires, était venu se retirer, selon la tradition, dans la grotte du petit escarpement au pied duquel passe la route.

Le **site** de la chapelle, précédée d'un vieux tilleul, devant le décor incomparable que composent la baie de Talloires, le détroit de Duingt et les montagnes des Bauges, inspira également à saint François de Sales *(voir p. 67)*, un an avant sa mort, le dessein d'y finir ses jours.

Pour un **panorama** plus étendu sur le Grand lac et les dents de Lanfon, monter *(1/4 h à pied AR par un chemin escarpé longeant le cimetière)* au **belvédère de la Vierge**★.

Revenant à l'entrée du tunnel et prenant l'autre chemin de gauche sur 20 m environ, on découvre un magnifique point de vue sur la baie de Talloires.

Après le tunnel se révèlent à nouveau le Grand lac et Annecy, puis immédiatement en contrebas le site célèbre de la baie de Talloires *(voir ce nom)* et du détroit de Duingt. Après avoir rejoint la route directe d'Annecy, la D 909A, on aperçoit en contre-haut, à droite, la fière silhouette du château de Menthon.

★ **Menthon-St-Bernard** – *Voir p. 194.*

Veyrier – En face de l'église, gagner le jardin derrière la mairie pour jouir d'une vue agréable sur tout le Grand lac.

★★ **Mont Veyrier** – *1 km en auto puis 5 h à pied AR. De Veyrier prendre la route du mont Veyrier, puis tourner à gauche dans la route de la Combe que l'on suit jusqu'au bout. Laisser la voiture et prendre le sentier du col des Contrebandiers qui mène au sommet du mont Baron.* De la table d'orientation, la **vue** plonge sur Annecy et le Grand lac, encadré, de gauche à droite, par les sommets des Bauges (Sambuy, Arcalod, Trélod), la montagne d'Entrevernes et le bourrelet du Semnoz.

Par temps clair, les glaciers de la Vanoise brillent en direction du Sud-Est. En direction Nord-Est, par la trouée du défilé de Dingy apparaissent les bosses du Salève et des Voirons, entre lesquelles se devine le lac Léman. Plus à droite se succèdent les falaises du Parmelan, les crêtes des Aravis entre Pointe Percée et l'Étale (par le col des Aravis surgit le Mont Blanc), enfin les dents de Lanfon et la Tournette.

Entre Chavoire et Annecy, la route devient large et offre un bon aperçu de l'agglomération annécienne, dominée par la basilique de la Visitation et le château.

★★★ **Annecy** – *Voir ce nom.*

★★ LE SEMNOZ

③ Circuit au départ d'Annecy
52 km - environ 2 h - schéma p. 78

Le Semnoz, longue croupe boisée banale pour qui la considère du lac d'Annecy ou de l'Albanais, est cependant du plus haut intérêt touristique : la forêt du crêt du Maure est fort bien aménagée pour les promenades et le crêt de Châtillon, son point culminant, permet de découvrir un tour d'horizon de tout premier ordre. *La route du crêt de Châtillon peut être obstruée par la neige de novembre à mai (son déneigement est généralement assuré pour la Pentecôte).*

★★★ **Annecy** – *Voir ce nom.*
Quitter Annecy par la D 41 (vers crêt de Châtillon) qui s'élève rapidement.

★ **Forêt du crêt du Maure** – Recouvrant le dernier promontoire du Semnoz, cette forêt qui, dans son ensemble, doit son existence à des reboisements (résineux surtout) menés à bien au siècle dernier a été pourvue d'un réseau de sentiers touristiques desservant de multiples belvédères sur le lac d'Annecy ou sur l'Albanais. On y a aussi installé, le long de la D 41, quelques enclos pour marmottes, daims, chevreuils, rennes.
De la route du Semnoz, prendre sur 500 m un chemin coupé de raidillons s'amorçant au deuxième lacet suivant l'entrée en forêt, à hauteur d'un réservoir d'eau.
L'une des plus jolies **perspectives**★★ sur le lac s'offre du chalet Super-Panorama.

Les Puisots – Cet ancien hameau incendié lors des combats de 1944 (colonne commémorative) a été remplacé par les chalets d'un « centre aéré » pour enfants et un parc public derrière lequel on voit surgir la Tournette.
La route pénètre en forêt et offre quelques rares échappées sur la dépression de l'Albanais fermée par la ride régulière de la montagne de Cessens que prolonge la montagne du Gros-Foug, avec, à l'horizon, les croupes plus imposantes du Jura méridional (Grand-Colombier).
Prendre à gauche la route forestière qui mène au belvédère de Bénévent. Laisser la voiture dans un lacet à gauche et prendre un sentier à droite.

★ **Belvédère de Bénévent** – De là, **vue** sur la Tournette et le détroit de Duingt. Entre la Tournette et la dent de Cons, les sommets du Beaufortain s'estompent à l'horizon.
Revenir à la D 41.

On débouche enfin sur des alpages pierreux, constellés de gentianes bleues au début de l'été. La montée s'accentue et, après un virage à droite, la route se retrouve sur le versant du lac d'Annecy. Un immense panorama de montagnes se dégage.

★★★ **Crêt de Châtillon** – *1/4 h à pied AR. Laisser la voiture au point culminant de la route et monter à travers prés jusqu'au sommet où une grande croix et une table d'orientation ont été érigées.*
Le **panorama** offre une sélection des sommets les plus fameux des Alpes occidentales : massifs du Haut-Faucigny, du Mont-Blanc, de la Vanoise, des Écrins, des aiguilles d'Arves, du Viso avec, au premier plan, les montagnes qui encadrent le lac d'Annecy (en grande partie masqué).

La descente dans la forêt de résineux n'offre que de rares échappées sur le massif des Bauges. À la limite du plateau cesse la forêt. La descente, qui se continue en lacet sur le versant abrupt du Semnoz, devient plus raide, offrant de beaux points de vue, au Nord-Est sur le massif de la Tournette et le Parmelan, au Sud-Est sur les Bauges, pour finalement atteindre le col de Leschaux.

Du col de Leschaux, rentrer à Annecy par la route décrite p. 92.

★★★ BELVÉDÈRE DE LA TOURNETTE

4️⃣ **Circuit au départ d'Annecy**
Randonnée pédestre depuis le chalet d'Aulp
35 km – environ 2 h – schéma p. 78
Quitter Annecy par ③ du plan, la D 909 jusqu'à Menthon-St-Bernard puis la D 42 en direction du col de la Forclaz.

Route du col de l'Aulp – Cette route forestière passe devant le hameau étagé du Villard, puis s'élève entre les versants garnis de sapins du Nant de Montmin. Après 1 km se découvrent, sur la droite, les superbes falaises calcaires du massif de la Tournette. 600 m plus loin, là où un chemin caillouteux, en montée abrupte, succède à la route revêtue, belle vue d'enfilade à gauche sur le vallon que l'on vient de quitter. À 3,5 km, on atteint le col de l'Aulp d'où une première vue se dégage sur le lac d'Annecy.
Le chemin se termine devant le **chalet-buvette de l'Aulp** (alt. 1 424 m), au pied de la Tournette, dans un cadre majestueux. Gravir le talus derrière le chalet pour apprécier la **vue** embrassant le « Grand lac », à laquelle se soustrait la pointe de Duingt masquée par un rideau de sapins.

Du chalet de l'Aulp au refuge de la Tournette - *2 h AR. 350 m de dénivelée.*
Se munir d'une bonne paire de jumelles pour apprécier les passages fréquents de bouquetins. Depuis le chalet, un sentier balisé s'élève à l'Est du col dans un paysage minéral pour longer ensuite par la droite les falaises calcaires dominant le cirque du Casset. De la table d'orientation du refuge de la Tournette (alt. 1 774 m), splendide **panorama**★★ sur la rive Ouest du lac d'Annecy dominée par le Semnoz.
L'accès au sommet de la Tournette exige une bonne maîtrise de la randonnée en milieu rocheux. Aucun équipement particulier n'est toutefois nécessaire, câbles et échelles équipent de nombreux passages. De la crête faîtière (alt. 2 351 m) reconnaissable au rocher vertical qui la coiffe, un des plus beaux **panoramas**★★★ des Alpes du Nord récompensera les plus hardis.
Les randonneurs aguerris et disposant de provisions suffisantes pourront s'aventurer au-delà du versant Est de la Tournette et poursuivre leur découverte vers le refuge des Praz Dzeures *(se munir d'un topoguide).*

Massif des ARAVIS★★

Cartes Michelin nᵒˢ 89 plis 4, 5, 14 et 15 ou 244 plis 8, 9, 19 et 20

Le massif préalpin des Aravis, délimité par le bassin du lac d'Annecy, la cluse de Faverges-Ugine, le Val d'Arly, la vallée de l'Arve et la dépression des Bornes ouverte entre le Salève et le Parmelan est, parfois, désigné sous le nom de **Genevois**.

Une forte charpente – Le massif est sillonné par deux gros torrents, le Fier et le Borne, qui n'atteignent le bas pays qu'au prix de longs passages en gorge comme le **défilé de Dingy** pour le Fier, le **défilé des Étroits** et la **gorge des Éveaux** pour le Borne. Entre Fier et Borne, le **Parmelan** (alt. 1 832 m), dont les longues falaises sont un des traits les plus marquants du paysage annécien, est le but d'une petite course en montagne très pratiquée. D'impressionnantes défenses naturelles ont favorisé la concentration du « maquis des Glières » *(détails p. 256).*
Entre le Borne et le Foron du Reposoir, les **massifs du Jallouvre** et **du Bargy** (point culminant : 2 408 m) soulèvent leurs énormes carapaces rocheuses.
La **chaîne des Aravis** proprement dite élève, entre le Val d'Arly et la vallée de Thônes, son implacable barrière striée par l'érosion et accidentée d'affleurements ayant les orientations les plus bizarres. Les deux grands môles sont : au Sud, la lourde pyramide du Charvin ; au Nord, Pointe Percée, point culminant (alt. 2 752 m), dont la flèche domine la plaine de Sallanches. Les derniers bastions des Aravis, qui surplombent la grande cluse de l'Arve, sont groupés sous le nom de **chaîne du Reposoir**, comme est appelé aussi vallée du Reposoir l'évidement supérieur du Foron, colonisé au Moyen Âge par les chartreux.

Le pays du reblochon – Le cœur du pays des Aravis est la « vallée de Thônes » dont les bourgs-marchés, Thônes et le Grand-Bornand, sont animés par le commerce du reblochon : ce fromage à pâte demi-dure, onctueux et sans fadeur, doit être traité artisanalement, entre 1 000 et 1 500 m pour atteindre sa pleine et savoureuse maturité.

** ROUTE DE LA CLUSAZ

① D'Annecy à la Clusaz *41 km – environ 1 h – schéma p. 83*

Ce parcours est agrémenté par les vues sur le lac que révèle la montée au col de Bluffy. Par la suite, tout en remontant les vallées très boisées du Fier et du Nom, le regard s'arrête sur les falaises rocheuses du massif du Parmelan.

**** Annecy** – *Voir ce nom.*

Quitter Annecy par ② du plan, route de la Clusaz, (D 909).

Jusqu'à Chavoire, la D 909 est une large avenue tracée au bord du lac, en vue de l'agglomération annécienne dominée par la basilique de la Visitation et le château, qui pointent des dernières pentes du crêt du Maure. On découvre la longue croupe monotone du Semnoz, puis, par la dépression du col de Leschaux qui lui fait suite, le sommet de la dent de Rossanaz qui domine le Châtelard, au cœur des Bauges, enfin la montagne d'Entrevernes.

Veyrier – *Voir p. 79.*

Entre Veyrier et le col de Bluffy la vue se dégage sur le Grand lac, le Petit lac restant masqué par la bosse boisée du roc de Chère. À l'horizon, à droite des crêtes de la Tournette, apparaissent maintenant la dent de Cons, la Sambuy et le Charbon, véritable forteresse naturelle. *On peut faire halte, à l'endroit où la route a été rectifiée, au bord de l'ancien tracé en virage.* Plus haut, on voit apparaître le château de Menthon, au pied des dents de Lanfon.

* Château de Menthon – *2 km à partir du col de Bluffy. Voir ce nom.*

Du col de Bluffy au pont d'Alex, la route s'abaisse vers la vallée du Fier qui s'encaisse, en aval, dans le défilé de Dingy et que dominent les grandes falaises du Parmelan. En amont se distingue le filet de la **cascade de Morette**, striant un escarpement du versant opposé.

Cimetière des Glières – Il réunit, à droite de la route, les 105 tombes des combattants du plateau des Glières *(voir Thorens)*. Une inscription commémorative résume les différentes phases de l'opération. Un **musée de la Résistance** ⊙ en Haute-Savoie a été aménagé, à droite du cimetière, dans un chalet savoyard de 1794 reconstitué. De grands panneaux explicatifs y retracent, de façon détaillée, les étapes successives des combats du plateau des Glières. Une crypte rassemble différents souvenirs de cette époque et de la Libération. Un mémorial est consacré à la Déportation.

* Thônes – *Voir ce nom.*

Prendre la D 12 vers le Sud puis la première route à gauche (D 16).

La route suit la **vallée de Manigod****. Parcourue par le Fier et fermée par les arêtes de l'Étale, c'est une charmante vallée, avec ses vieux chalets échelonnés sur des pentes coupées de rideaux de sapins ou plantées de vergers.

Les Clefs – En arrivant de Thônes, on apprécie le tableau formé par l'église, sise sur une mince croupe boisée dominant le confluent du Fier et du ruisseau de Champfroid, en avant des abrupts de la Tournette.

La route s'élève en vue des bosses jumelles de la montagne de Sulens, de la pyramide du Charvin et de l'aiguille de Manigod.

Col de la Croix-Fry – Des remontées mécaniques équipent ce col. Au-delà, dans un site pastoral encadré par la forêt, la **vue*** porte sur l'ensemble des crêtes des Aravis, aux dents inclinées dans la même direction jusqu'au sursaut final de la pointe Percée, où culmine le massif (alt. 2 752 m). La descente permet au regard de prendre d'enfilade les « cluses » de la Clusaz (vallée du Nom) et des Étroits (vallée du Borne).

La D 909 atteint la Clusaz.

** La Clusaz – *Voir ce nom.*

* ROUTE DE LA COLOMBIÈRE

② De la Clusaz à Cluses *40 km – environ 1 h 1/2*

Cette route, qui fait communiquer, entre St-Jean-de-Sixt et Cluses, la vallée de Thônes et la vallée de l'Arve, vaut surtout par la variété de ses paysages montagnards.

Il y a un contraste frappant entre l'austérité pastorale du haut vallon du Chinaillon et le charme de la vallée du Reposoir.

Le col de la Colombière est obstrué par la neige de fin novembre à fin mai.

** La Clusaz – *Voir ce nom.*

Au Nord de la Clusaz, la route se glisse dans la cluse très boisée creusée par le Nom.

St-Jean-de-Sixt – Sur le seuil faiblement marqué qui sépare les vallées du Borne et du Nom, cette plaisante et calme villégiature représente le centre géographique du massif des Aravis.

De St-Jean-de-Sixt au Grand-Bornand, la D 4 vient franchir le seuil peu marqué qui sépare les hautes vallées du Nom et du Borne, laissant au Nord le défilé des Étroits.

❋ **Le Grand-Bornand** – Cette agréable localité, dans un des sites les plus ouverts et les plus ensoleillés des Aravis, commande la voie d'accès normale à la pointe Percée, par le beau vallon alpestre du Bouchet. Avec son annexe en altitude du Chinaillon, à 6 km, c'est aussi une station de sports d'hiver. Le Grand-Bornand fait un important commerce de reblochons, dont il est le pays d'origine *(marché le mercredi).*

Entre le Grand-Bornand et le pont de Venay, les premiers lacets offrent une bonne **vue** d'ensemble tantôt sur le massif de la Tournette, tantôt sur les crêtes Nord des Aravis, jusqu'à la cime de Pointe Percée. La sévère muraille apparaît, dans le détail, régulièrement burinée de petites combes rocheuses. En amont de Bois-Bercher l'horizon se limite au vallon du Chinaillon, tout en pâturages et parsemé de grands chalets.

Le Chinaillon – Sur les deux versants du vallon, cette annexe hivernale du Grand-Bornand se déploie autour du charmant vieux village du Chinaillon, à portée des champs de neige du mont Lachat de Châtillon.

Du pont de Venay au col, le paysage devient tout à fait sauvage ; les grands escarpements rocheux inclinés du Jallouvre empiètent de plus en plus sur les alpages du versant Nord.

Col de la Colombière – Alt. 1 613 m. Vers le Nord-Est, au-delà du seuil sur lequel se massent les toits rouges de Romme, la vue découvre le massif des Dents-Blanches et des Avoudrues (Haut-Faucigny calcaire).

Entre le col et le Reposoir, la chaîne du Reposoir commence à découvrir, au Sud de Romme, ses « têtes » gazonnées puis, au-delà, ses aiguilles rocheuses de la pointe d'Areu à la pointe Percée. Les toits de la chartreuse du Reposoir apparaissent en contrebas du village.

Du Reposoir, prendre à droite une petite route vers la chartreuse.

Chartreuse du Reposoir – Le couvent, fondé en 1151 et restauré au 17e s., présente, vu des pentes qui le dominent, la régularité d'ordonnance architecturale si typique des chartreuses. Abandonné en 1901 par les moines de Saint-Bruno, il est devenu, depuis 1932, monastère de carmélites.

Du Reposoir à Cluses, on domine la gorge boisée du Foron. En fin de descente, les échappées à travers châtaigniers et vergers se multiplient sur la plaine de l'Arve et Cluses.

Cluses – *Voir p. 138.*

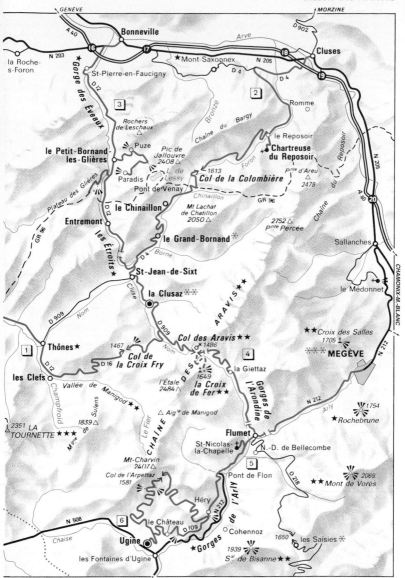

★ VALLÉE DU BORNE

③ De la Clusaz à Bonneville *40 km - environ 1 h 1/4*

Cet itinéraire offre un agréable parcours le long de la vallée du Borne qui présente deux étranglements aux extrémités et un épanouissement central.

St-Jean-de-Sixt - *Voir ci-contre.*

À la sortie du seuil de St-Jean-de-Sixt, on s'engage dans le sombre défilé des Étroits.

★ **Défilé des Étroits** - Le Borne a creusé transversalement, dans les chaînons calcaires, une cluse que la route suit sur la rive droite au pied de sévères falaises.

La vallée s'élargit ensuite et Entremont apparaît au cœur de prairies verdoyantes.

Entremont - Agréablement situé, ce petit village possède, dans une église plusieurs fois remaniée, un **trésor** ⊙ intéressant, notamment une châsse-reliquaire en bois doré du 12ᵉ s.

Le cheminement se poursuit jusqu'au Petit-Bornand, dans un calme vallon parsemé de chalets et barré, vers l'Est, par les puissants escarpements du massif de Jallouvre (point culminant : 2 408 m).

Le Petit-Bornand-lès-Glières – Petite station estivale dans un cadre reposant, ce village peut être le point de départ d'agréables promenades au plateau des Glières *(à 2 km au Sud, au lieu-dit l'Essert, s'amorce une route forestière conduisant aux abords du plateau).*

Du Petit-Bornand, prendre la route indiquée à gauche de la mairie.

★ **Route de Paradis** – Elle escalade de façon vertigineuse les flancs du Jallouvre. Aux chalets de Puze, vue plongeante, à gauche, sur la partie aval de la vallée du Borne. 2,5 km plus loin, au croisement du chemin de Cenise *(qu'on laisse à gauche)*, belle vue, à droite, sur la partie amont de la vallée.

La route se termine aux chalets du petit centre de ski de Paradis, d'où se découvre une **vue**★ impressionnante, au Nord, sur les rochers de Leschaux et le gouffre en entonnoir qui les précède en contrebas.

Revenir au Petit-Bornand.

Avant d'atteindre St-Pierre-en-Faucigny, et de se jeter dans l'Arve, le Borne a creusé une nouvelle cluse, la gorge des Éveaux.

★ **Gorge des Éveaux** – Assez large avec des versants boisés au départ, la gorge se resserre de plus en plus jusqu'à présenter l'aspect d'une étroite coupure, le torrent coulant alors nettement en contrebas.

La route franchit le Borne à St-Pierre-en-Faucigny et rejoint l'Arve à Bonneville.

Bonneville – *Voir ce nom.*

★★ ROUTE DES ARAVIS

④ **De la Clusaz à Flumet** *19 km – environ 1 h – schéma p. 83*

C'est un des parcours les plus réputés des Alpes de Savoie : la découverte du Mont Blanc, au col des Aravis, en constitue, surtout en fin d'après-midi, la plus grande attraction.

Le col des Aravis peut être obstrué par la neige de décembre à avril.

✵✵ **La Clusaz** – *Voir ce nom.*

De la Clusaz au col, la route développe ses lacets dans le vallon des Étages, au pied des escarpements de l'Étale qui découpent sur le ciel leurs silhouettes étranges. Vers la fin de la montée, le massif du Mont-Blanc apparaît.

★★ **Col des Aravis** – Alt. 1 486 m. La dépression d'alpages, où s'élève une petite chapelle dédiée à sainte Anne, est encadrée par les corniches de l'étonnante face Nord-Est de l'Étale et, sur le versant opposé, par l'échancrure rectangulaire de la Porte des Aravis.

La **vue**, de mieux en mieux dégagée à mesure que l'on progresse vers l'extrémité Est du seuil, s'étend finalement de l'Aiguille Verte, à gauche, au mont Tondu, à droite, en passant par les aiguilles de Chamonix, le Mont Blanc et l'aiguille des Glaciers. La Tête du Torraz, au premier plan, cache les dômes de Miage.

Col des Aravis

Sur les pentes voisines fleurissent, fin mai, les violettes de montagne et les gentianes ; au début de l'été, ce sont les rhododendrons.

★★ La Croix de Fer – *2 h à pied AR. Au col des Aravis, à proximité du restaurant des Rhododendrons, s'amorce le chemin (très grossièrement empierré) du chalet du Curé qui, après avoir contourné un éperon, passe au pied de la Croix de Fer.* Le **panorama**, beaucoup mieux dégagé que du col des Aravis même, s'étend sur la chaîne du Mont-Blanc, de l'aiguille du Chardonnet au mont Tondu. Au Sud-Est, au-delà du massif du Beaufortain, brillent les glaciers de la Vanoise.
Entre le col et la Giettaz, on peut apercevoir, dans l'axe des gorges de l'Arondine, le village de N.-D.-de-Bellecombe, sur sa terrasse dominant la vallée de l'Arly.

Gorges de l'Arondine – Profondément entaillées dans les schistes, elles étaient, au début du siècle, le théâtre d'une active exploitation ardoisière.

Flumet – Ce bourg, étroitement tassé près du confluent de l'Arly et de l'Arondine, commande le croisement des routes du val d'Arly, du col des Saisies et du col des Aravis. Cette situation provoque, pendant la saison, une intense circulation.
Flumet est une villégiature estivale, toute proche de futaies de sapins dont les séjournants vont apprécier l'agrément en se promenant le long de la route de N.-D.-de-Bellecombe. En outre, associé au petit village voisin de **St-Nicolas-la-Chapelle**, Flumet prend part à l'équipement sportif hivernal de la région.
Le **pont**, jeté à 60 m au-dessus du cours encaissé de l'Arly, livre passage à la route de N.-D.-de-Bellecombe, en vue d'un curieux ensemble de bâtisses accrochées au bord de la coupure du torrent.

★ GORGES DE L'ARLY

⑤ De Megève aux Fontaines-d'Ugine

28 km - environ 1 h 1/2 - schéma p. 83

La N 212, qui canalise une grande partie du trafic touristique en provenance ou à destination du massif du Mont-Blanc, emprunte d'un bout à l'autre le couloir de l'Arly.

Les usagers automobilistes ont avantage à se munir de chaînes de la mi-décembre à la fin février.

★★ Megève – *Voir ce nom.*

Quitter Megève par ② du plan, route d'Annecy.

Jusqu'à Flumet, la vallée de l'Arly se présente encore comme un spacieux berceau alpestre encadré de forêts. En amont, le Mont Blanc reste longtemps visible tandis que, vers l'aval, apparaissent la dent de Cons, puis la pyramide du Charvin, mieux détachée. Peu en amont de Flumet, un premier petit parcours en gorge oblige la route à se glisser sous des encorbellements rocheux.

Flumet – *Voir ci-dessus.*

Entre Flumet et le pont de Flon, la traversée du bassin où confluent l'Arly et l'Arondine est agrémentée par l'apparition du gracieux clocher à bulbe et des chalets du village de St-Nicolas-la-Chapelle.

Au pont de Flon, prendre à droite la D 109.

Entre le pont de Flon et le Château, cette route s'élève rapidement jusqu'à la terrasse inclinée qui porte Héry et ses hameaux.
C'est en aval d'Héry que le parcours offre les meilleures vues plongeantes sur les gorges boisées de l'Arly. Sur le versant opposé, balafré par endroits d'arrachements de terrain, s'accroche le minuscule village de Cohennoz.
Peu avant que la route se rabatte dans le haut vallon de Bange, un petit bec rocheux, du côté de l'escarpement *(stationnement possible)*, forme **belvédère★** sur le bassin d'Ugine, enfumé par ses usines et dominé par la dent de Cons. Dans le lointain, par la trouée de la Combe de Savoie, les sommets du massif d'Allevard montrent encore leurs neiges tard dans la saison.
Du Château aux Fontaines-d'Ugine, les nombreux lacets de la route permettent de bien découvrir le bassin d'Ugine, tandis que se manifeste la proximité du centre industriel des Fontaines-d'Ugine.

Ugine – Le vieux bourg, groupé autour de son église, domine l'agglomération industrielle des **Fontaines-d'Ugine**. L'usine mère de la société Ugine Aciers demeure l'une de ses unités les plus importantes pour la production des aciers spéciaux au four électrique (aciers inoxydables en particulier).
Le **musée d'Arts et Traditions populaires du val d'Arly** ⊙ présente ses collections de costumes et meubles régionaux, d'ateliers et outils d'artisans, etc., dans une maison forte du 13ᵉ s. : le château de Crest-Cherel.

★ ROUTE DES MONTAGNES D'UGINE

⑥ D'Ugine au col de l'Arpettaz
Circuit de 27 km – environ 1 h 1/2

Ugine – *Voir ci-dessus.*

Prendre à l'Est de l'église la D 109 (qu'on suit au Nord sur 500 m), puis à gauche la route des montagnes d'Ugine (signalisation « Col de l'Arpettaz »).

Cette route, toute en lacet, s'élève au-dessus de la ville, puis en vue du mont Charvin, avant de pénétrer dans de beaux sous-bois d'épicéas auxquels succède une zone rocheuse quasi désolée.

Au **col de l'Arpettaz** (alt. 1 581 m), d'où l'on aperçoit le sommet du Mont Blanc, la route emprunte une ligne de crêtes bordée de pâturages et dominant de belles « combes ».

À la Lierre *(téléski)*, prendre à droite une route étroite et mauvaise mais qui, en descente vertigineuse à partir d'Hauteville, procure des **vues★** superbes sur la vallée de l'Arly et, en face, le Signal de Bisanne précédé par le hameau « suspendu » de Cohennoz, avant de rejoindre la D 109, au Sud d'Héry, et Ugine.

On peut également, au départ des Fontaines-d'Ugine, se rendre à Villard-sur-Doron ou au Signal de Bisanne, dans le Beaufortain, par l'itinéraire décrit en sens inverse, p. 95.

Les ARCS✳✳✳

Cartes Michelin nᵒˢ 89, pli 4 ou 244 pli 21 – Schéma p. 270

Cette station, qui constitue l'un des plus grands complexes de ski des Alpes, comprend les centres d'Arc 1600, Arc 1800 et Arc 2000. Arc 1800 est par ailleurs relié à Vallandry et **Peisey-Nancroix** *(p. 218)*, agréable secteur boisé en bordure du Parc de la Vanoise, par les pistes de ski l'hiver et par une route de 3 km l'été.

La raideur exceptionnelle des pentes a favorisé le développement des compétitions du **Kilomètre lancé** (épreuve de vitesse nécessitant le port d'une combinaison et de skis plus longs que la normale). La piste tracée au-dessus d'Arc 2000, inclinée jusqu'à 77 %, a été le théâtre des Jeux olympiques d'Albertville en 1992, au cours desquels la vitesse de 229,299 km/h a été atteinte.

LES STATIONS

Les trois stations se distinguent de par leur confort moderne et leur fonctionnalité. L'utilisation massive du bois dans la construction a permis une intégration correcte au paysage.

Arc 1600 (ou **Arc Pierre Blanche**) – Accès par le funiculaire **Arc-en-ciel** ; départ derrière la gare de Bourg. Arc 1600 est apprécié pour son ambiance familiale et traditionnelle. De ses abords se découvre une belle **vue★** sur Bourg-St-Maurice et le Beaufortain, en face, et sur le Mont Blanc, au Nord.

Arc 1800 – Au Sud d'Arc 1600, cette station occupe une exceptionnelle situation en balcon au-dessus de la vallée de l'Isère. De ses terrasses, vaste **panorama★** sur les massifs du Beaufortain, du Mont-Blanc, de Bellecôte et sur la vallée de la Haute-Tarentaise.

Arc 2000 – Cette station plus récente et à l'écart se situe dans un cadre de haute montagne au pied de l'Aiguille Rouge. Des premiers immeubles, **vue★** remarquable sur la Rosière et le Mont Blanc. Peu animée, Arc 2000 attire essentiellement les amateurs de ski intensif.

Le domaine skiable – L'ensemble offre un domaine moins étendu que les Trois-Vallées et l'Espace Killy, mais tout aussi varié. Les pistes d'Arc 1600 et Arc 1800 offrent globalement peu de difficultés, excepté le secteur des 2 Têtes. Le domaine d'Arc 2000, en revanche, comblera les très bons skieurs : le télésiège du Dou de l'Homme, le téléski de Grand Col et le téléphérique de l'Aiguille Rouge desservent une dizaine de pistes noires de haut niveau technique. La piste de l'Aiguille Rouge, notamment, constitue un magnifique itinéraire entre 3 226 et 1 250 m.

RANDONNÉES PÉDESTRES

Les randonneurs ne devront pas être découragés l'été par l'aspect peu esthétique du domaine skiable. La beauté des panoramas en altitude mérite largement le séjour.

★★★ **Aiguille Rouge** – Alt. 3 227 m. *De la place centrale d'Arc 2000, emprunter le large chemin qui monte en 15 mn environ jusqu'au bas du télésiège du Dou de l'Homme. Prendre le télésiège, puis le téléphérique de l'Aiguille Rouge. De la plate-forme terminale, gagner la table d'orientation. Les chaussures de montagne et les lunettes de soleil sont conseillées car le sommet est toujours enneigé.*

Vue impressionnante au Sud sur le mont Pourri, tout proche, et le glacier du col. À sa droite, on découvre successivement le sommet de Bellecôte, les domaines de La Plagne et des Trois-Vallées. À l'Ouest, à l'horizon, remarquer l'Étendard (confondu sur la table d'orientation avec le Péclet-Polset), les chaînes de Belledonne et de la Lauzière. On découvre ensuite, plus à droite, les sommets de Pierra Menta, Roignais et les Aravis en arrière-plan. Au Nord, belle vue d'ensemble sur le massif du Mont-Blanc, de l'aiguille des Glaciers aux Grandes Jorasses et au mont Dolent. Au premier plan, remarquer le domaine de la Rosière, du col du Petit-Saint-Bernard au mont Valaisan. Enfin, plus à l'Est, les sommets des frontières italienne et suisse sont particulièrement visibles, notamment le mont Rose et le Grand Paradis.

Redescendre en téléphérique. Plutôt que de reprendre ensuite le télésiège, les randonneurs bien chaussés pourront continuer à pied en direction du joli **lac Marlou** *(se renseigner au préalable auprès des pisteurs sur les risques d'avalanche).*

★★ **Télécabine le Transarc** ⊘ – *Accès depuis Arc 1800.*
La télécabine passe au-dessus du col du Grand Renard, d'où l'on jouit d'une belle vue sur les domaines des Arcs et de La Plagne. Elle parvient enfin au pied de l'aiguille Grive, à 2 600 m d'altitude. Vue sur l'aiguille Rouge, le mont Pourri, l'aiguille du Saint-Esprit, la Grande Motte de Tignes et la majestueuse barre rocheuse de Bellecôte. Au Nord, vue sur les massifs du Mont-Blanc et du Beaufortain.
De nombreuses randonnées de tous niveaux peuvent être entreprises. Des propositions d'itinéraires sont indiquées ci-dessous.

★★★ **Aiguille Grive** – Alt. 2 732 m. *Les bons marcheurs, n'étant pas sujet au vertige, peuvent accéder en 30 mn environ, par des pentes très raides, au sommet. Ascension à n'effectuer que par temps sec.*
De la table d'orientation, **panorama**★★★ exceptionnel sur la Vanoise.

★★ **Refuge du Mont Pourri** – *Effectuer la boucle dans le sens suivant : col de la Chal, refuge du Mont Pourri, lac des Moutons : 3 h.* Ce circuit facile se situe dans un cadre de haute montagne en bordure du Parc de la Vanoise.
Notons enfin qu'il est possible, à partir du sommet du Transarc, de se rendre à l'Aiguille Rouge : descente au télésiège du Dou de l'Homme en moins d'une heure, montée en remontée mécanique à l'Aiguille Rouge, descente en téléphérique puis à pied au lac Marmou, montée rapide à la plate-forme d'arrivée du Transarc.

★ **Télésiège de la Cachette** ⊘ – Alt. 2 160 m. *Accès depuis Arc 1600.*
Belle vue sur la vallée de l'Isère, Bourg-Saint-Maurice et le Mont Blanc.

★★ **Promenade à l'Arpette** – Du sommet du télésiège, prendre à droite et rejoindre en 10 mn un chemin qui monte le long du télésiège de l'Arpette et conduit, en déviant toujours à droite, au col des Frettes. À l'arrivée, emprunter à gauche un chemin en légère montée, qui mène à l'Arpette (alt. 2 413 m), base d'envol des deltaplanes et parapentes. **Panorama**★★ remarquable sur les domaines de La Plagne et des Arcs, et les principaux sommets de la Haute-Tarentaise.

ARGENTIÈRE★★★

Cartes Michelin nᵒˢ 89, pli 4 ou 244 pli 21
Schéma p. 203 – 8 km au Nord de Chamonix

Argentière, la plus élevée (1 252 m) des stations de la vallée de Chamonix, constitue, avec ses annexes de Montroc-le-Planet et du Tour, une villégiature et un excellent centre d'alpinisme offrant une gamme de courses très étendue dans le massif du Mont-Blanc et dans celui des Aiguilles-Rouges. L'adoucissement des pentes, dans ce berceau supérieur de l'Arve frangé de bois de mélèzes, rend certaines promenades à pied très agréables et favorise les sports d'hiver.
Le glacier d'Argentière est à peine visible de la localité : remarquer toutefois le remblai morainique formant bourrelet autour de la surface rocheuse moutonnée que venait autrefois recouvrir la langue terminale et, plus en amont, l'« auge » aux parois verticales, où le fleuve de glace, aujourd'hui très amaigri, coulait à pleins bords.

LA STATION

Le domaine skiable – Les champs de ski des **Grands-Montets**, comptant parmi les plus beaux d'Europe, ont acquis une notoriété internationale. Argentière constitue un paradis pour les bons skieurs : les pistes, pour la plupart non damées, s'imposent de par leur longueur, leur dénivelée, la qualité de la neige et leur cadre somptueux. Partant de l'aiguille des Grands-Montets, la piste noire du Point de Vue, longue de 5,2 km, est une descente exceptionnelle offrant des

Glacier d'Argentière

vues inoubliables sur le glacier d'Argentière, l'Aiguille Verte et l'aiguille du Chardonnet. Il faut faire également une mention spéciale pour la piste des Chamois sur la combe de la Pendant. Ces descentes ne peuvent être entreprises que par des skieurs chevronnés. Les personnes moins sportives trouveront des pentes à leur portée le long des télésièges du Bochard et des Marmottons. Quant aux piétons, un itinéraire reliant le plateau de Plan Joran à celui de la Pendant leur est réservé

RANDONNÉES PÉDESTRES

★★ Aiguille des Grands-Montets Alt. 3 295 m

Accès par le téléphérique d'Argentière-Lognan, puis le téléphérique Lognan-les-Grands-Montets ⊙. Compter 2 h 1/2 minimum AR. De la plate-forme terminale, monter à la table d'orientation (120 marches d'escalier assez raide).
Le **panorama**★★★, à l'arrivée, est grandiose. Vue saisissante sur le glacier d'Argentière dominé par les aiguilles du Tour, du Chardonnet, d'Argentière et le mont Dolent. Le regard est attiré au Sud par l'impressionnante masse de l'Aiguille Verte et les Drus. Plus à l'Ouest, on admire l'aiguille Blanche du Peuteret, le Mont Blanc et le dôme du Goûter, devant lesquels se dressent les aiguilles déchiquetées de Chamonix, le mont Maudit et l'Aiguille du Midi. Apprécier également la belle vue en enfilade sur la vallée, de Chamonix jusqu'aux Houches. En arrière-plan, remarquer la chaîne des Aravis (Pointe Percée, Grand Vans), le Jura et – au Nord – l'Oberland bernois.

★ Randonnées au col de Balme

Le Tour – *3 km au Nord-Est d'Argentière*. Cet agréable hameau est situé au pied du glacier du Tour dont on peut observer en été de nombreux éboulements de « séracs » *(généralités sur les glaciers p. 16)*. En été, il est le point de départ de faciles promenades en direction du col de Balme. L'hiver, son domaine skiable est très apprécié des skieurs débutants et moyens, du fait de la faible inclinaison des pentes, de la qualité de l'enneigement et de l'ensoleillement.

★★ Col de Balme ⊙ – Alt. 2 204 m. *Accès toute l'année par la télécabine Le Tour-Charamillon, puis par celle de Charamillon-Balme. Compter ensuite 10 mn de marche pour accéder au col, par un chemin plat situé à gauche de l'arrivée du télésiège.*

Du col, **panorama**★★ au Nord-Est sur les Alpes suisses et au Sud-Ouest sur la vallée de Chamonix, encadrée par l'Aiguille Verte, le Mont Blanc et le massif des Aiguilles-Rouges. Plusieurs points de restauration pourront réconforter après l'effort de la marche. Début juillet, lors de la montée des vaches à l'alpage de Balme (en direction du col des Posettes), on peut assister à d'impressionnants combats de vaches dans une ambiance de fête.

★ **Aiguillette des Posettes** – Alt. 2 201 m. *Les amateurs de promenades peuvent compléter agréablement l'excursion au col de Balme, en descendant par la variante du Tour du Mont Blanc au col des Posettes, puis en remontant le long du téléski de l'Aiguillette. Du sommet du téléski, il reste 10 mn d'ascension pour parvenir au sommet proprement dit.*

Très beau **panorama** sur le col de Balme, l'aiguille et le glacier du Tour, Argentière et le domaine des Grands-Montets, l'Aiguille Verte, les Aiguilles-Rouges et le barrage d'Émosson.

★★ RÉSERVE NATURELLE DES AIGUILLES-ROUGES

3 km au Nord d'Argentière par la N 506

Entre Argentière et Vallorcine, la réserve des Aiguilles-Rouges couvre 3 300 ha qui s'étagent entre 1 200 m et 2 995 m d'altitude, dans des paysages de haute montagne face au grandiose massif du Mont-Blanc.

Au col des Montets (alt. 1 471 m) le **chalet d'accueil** ⊘ présente des expositions, des diaporamas, des audiovisuels sur la faune, la flore et la géologie de ces massifs cristallins. Au sous-sol, un équipement de laboratoire permet d'examiner des spécimens végétaux et des insectes. Des vitrines avec des animaux naturalisés évoquent les divers biotopes et leurs chaînes alimentaires.

Un **sentier écologique de découverte**, qui reprend le tracé de l'ancienne route des diligences Chamonix-Martigny, propose de découvrir sur 2 km la remarquable variété de la flore et de la faune d'altitude *(un guide du sentier est en vente au chalet)*. La réserve est fréquentée par le bouquetin, le chamois, le lièvre variable et plus rarement par la discrète salamandre noire. Plus de 500 espèces différentes de plantes y ont été recensées.

Le parcours est jalonné d'une quinzaine de stations numérotées correspondant chacune à un ensemble naturel observé : tourbières, aunaies, couloirs d'avalanches, éboulis vivants... Tout au long de la visite on appréciera les belles vues qui s'offrent sur les glaciers du Tour et d'Argentière.

Le guide des guides – Armand Charlet (1900-1975), né à Argentière, fut un véritable seigneur de la montagne jusqu'au début des années soixante. Il établit un record, jamais égalé, en gravissant plus de 100 fois l'Aiguille Verte (4 121 m).

AUSSOIS✳

501 habitants (les Aussoyens)
Cartes Michelin nᵒˢ 77 pli 8 ou 244 pli 32 – Schéma p. 191

Au centre d'un plateau à faible pente, Aussois jouit, à 1 500 m d'altitude, d'un **site**★ et d'un ensoleillement remarquables. Au pied du Rateau d'Aussois et de la Dent Parrachée, ce vieux et charmant village domine la vallée de l'Arc et fait face à Longe-Côte et à la pointe de la Norma.

LA STATION

Son église du 17ᵉ s. renferme une poutre de gloire d'époque et a pour bénitier une cuve baptismale gothique.

Porte d'entrée du Parc national de la Vanoise *(voir ce nom)*, Aussois offre l'été d'importantes possibilités de randonnées pédestres ainsi qu'un réseau de circuits VTT de plus de 130 km.

Le domaine skiable – Un bon équipement allié à une orientation plein Sud en fait un secteur, s'élevant jusqu'à 2 750 m, privilégié des skieurs moyens et des familles. Les conditions d'enneigement restent généralement correctes jusqu'en avril pour le tronçon au-dessus de 2 000 m.

Les fondeurs apprécieront les 35 km de pistes jusqu'à Sardières.

DÉCOUVERTES PÉDESTRES

★ **Télésiège Le Grand Jeu** – Alt. 2 150 m. Vue sur la grande masse pyramidale de Longe-Côte, l'aiguille de Scolette (à sa droite, légèrement en arrière-plan), la pointe de la Norma et, en fond de vallée, le massif du Thabor. Monter le long du télésiège de l'Eterlou pour découvrir en son sommet une vue sur le Rateau d'Aussois et les lacs du Plan d'Amont et du Plan d'Aval. Possibilité, en été, de rejoindre le refuge du Plan Sec. En hiver, les skieurs accèdent par le téléski de Bellecôte au pied de la dent Parrachée : **vue**★★ sur l'ensemble des versants Nord de la Haute-Maurienne, et au Sud-Ouest sur la Grande Ruine et la Meije.

★★ **Promenade au Fond d'Aussois** – *6 km de montée en voiture à partir de la Maison d'Aussois.*

L'itinéraire conduit d'abord au barrage du Plan d'Aval (faire une halte au premier parking, pour admirer le lac). La route, non goudronnée mais carrossable, mène après un petit pont et un dernier lacet au pied du barrage de Plan d'Amont. Laisser la voiture à l'extrémité gauche du barrage et continuer à pied (3 h 30 AR ; dénivellation : 250 m environ).

Le sentier longe la rive gauche du lac puis gagne le refuge du Fond d'Aussois. Vue d'ensemble sur les deux lacs artificiels, constituant une retenue de 12 millions de m³. Fond de cirque d'origine glaciaire dominé par la dent Parrachée.

★★★ **Randonnée au col d'Aussois** – *Accès depuis le refuge du Fond d'Aussois – 4 h AR. Dénivellation : 700 m environ. Randonnée à effectuer uniquement par temps sec et lorsque la neige a suffisamment fondu (à partir de fin juillet). Chaussures de montagne indispensables.*

Du col, les bons marcheurs monteront à gauche à la **pointe de l'Observatoire** (3 015 m). Extraordinaire tour d'horizon sur la vallée de Pralognan, le Mont Blanc, le massif de Péclet-Polset...

AVORIAZ★★

Cartes Michelin nᵒˢ 89 pli 3 ou 244 pli 10
Schéma p. 156 – 14 km à l'Est de Morzine
Accès également par téléphérique (station inférieure à 4,5 km de Morzine)

Cette station moderne, située à 1 800 m d'altitude, se caractérise par une architecture originale et homogène qui s'intègre bien au cadre naturel. Ses immeubles, évoquant de gros rochers aux angles vifs, sont habillés de tuiles de séquoia. *Voir illustration au chapitre de l'art – Éléments d'architecture.*

Les véhicules à moteur privés sont interdits au cœur de la station, desservie essentiellement par traîneaux.

Avoriaz

LA STATION

Le domaine skiable – Avoriaz bénéficie d'un excellent enneigement et d'une position idéale au cœur du domaine skiable des **Portes du Soleil★★**. Ce dernier associe 12 stations françaises et suisses, situées entre le lac Léman et le Mont Blanc, et offre globalement 650 km de pistes. Néanmoins, pour en bénéficier réellement, il faut que la neige soit présente à basse altitude (excepté Avoriaz, les stations se situent à peine au-dessus de 1 000 m).

Les champs de neige propres à Avoriaz, de dénivelée et de difficulté moyennes, sont encadrés par le massif des Hautforts (2 466 m) au Sud et le col du Bassachaux au Nord. Les pistes conduisant aux Lindarets constituent d'agréables itinéraires en forêts. Les bons skieurs se concentrent sur le télésiège de la Combe, point de départ de quatre pistes noires dont la Combe-du-Machon. Ils pourront accéder également skis aux pieds aux secteurs de Châtel, Morzine et aux stations suisses de Champéry et Les Crosets.

Chaque année en janvier, le **Festival du film de demain**, faisant suite au Festival du fantastique créé en 1973, fait d'Avoriaz un pôle d'attraction mondial pour les amateurs du genre.

★ **Télésiège du Choucas** ⊙ – *Du sommet, gagner à gauche le pas de Chavanette (arrivée de 2 téléskis).* Vue sur les Alpes suisses (dents du Midi) et Avoriaz.

ENVIRONS

En période estivale, il est intéressant de prendre la D 338 en direction de Morzine. Après avoir parcouru 1 km, on remarque, sur la droite, la **chapelle d'Avoriaz**, réalisation de l'architecte Novarina ; belle vue sur le lac d'Avoriaz. La route domine ensuite le vallon des Ardoisières, face au sommet des Hautforts, point culminant du Haut-Chablais (2 466 m) toujours taché de neige, et à la pointe de Ressachaux.

Après avoir longuement suivi un replat d'alpages, coloré de pensées et de gentianes en début d'été, la route atteint la station de Super-Morzine, de laquelle le Mont Blanc est visible (à droite de la Pointe de Ressachaux), puis dévale vers Morzine.

AVRIEUX

310 habitants (les Avriolins)
Cartes Michelin n⁰ˢ 77 pli 8 ou 244 pli 32 – Schéma p. 191

En l'an 877, l'empereur Charles le Chauve, de retour d'Italie où il était allé prêter main-forte au pape Jean VIII, mourait empoisonné dans ce village.
Trois siècles plus tard, les familles anglaises Angley et Davrieux, affiliées à Thomas Becket, seraient venues s'installer ici et auraient fondé l'église.
Enfin après la Seconde Guerre mondiale, ce site fut choisi pour installer les souffleries de l'Office national d'Études et de Recherches Aérospatiales (ONERA). Une riche histoire pour un petit village de Maurienne.

CURIOSITÉS

Église ⊙ – Élevée au 17ᵉ s., elle est dédiée à saint Thomas Becket. Elle présente au mur de façade, côté route, un ensemble de fresques du 17ᵉ s., malheureusement détériorées, figurant les sept vertus et, au-dessous, les sept péchés capitaux. Chaque péché est représenté triomphant sur la terre, et châtié en enfer. La porte d'entrée est bien ouvragée et polychromée (Christ entre saint Pierre et saint Paul).
L'intérieur est remarquable par sa **décoration**★ baroque : retables, lanternes de procession ; au revers de la façade, un diptyque de l'ancien retable du maître-autel (1626) retrace la vie de saint Thomas Becket de Cantorbéry. On voit en outre un bénitier de pierre (16ᵉ s.) dont les sculptures représentent les sept sacrements, et des statues de saint Ours, sainte Anne et sainte Catherine, en bois polychrome et doré.

Souffleries de Modane-Avrieux – De curieuses sphères et d'impressionnantes veines métalliques indiquent la présence de quatre des souffleries de l'ONERA, les plus importantes d'Europe, qui servent à mettre au point et à expérimenter les avions, hélicoptères, missiles, lanceurs et navettes spatiales avant les essais en vol.
L'histoire de leur installation est originale. En 1945, les Alliés découvraient en Autriche une soufflerie de grandes dimensions en cours de construction. Les éléments déjà réalisés furent transportés en France, à Modane-Avrieux, où la chute d'Aussois, de 88 000 kW, procurait l'énergie nécessaire à l'accélération de l'air dans la soufflerie. Celle-ci, dénommée S 1, est actuellement la plus grande soufflerie sonique du monde.

Les BAUGES★

Cartes Michelin n⁰ˢ 89 plis 15 et 16 ou 244 pli 18

La puissante citadelle des Bauges, massif calcaire des Préalpes, dresse ses escarpements sans défaut entre les cluses d'Annecy et de Chambéry.
En dépit de ses défenses extérieures : la dent de Nivolet, au-dessus de Chambéry, le mont Revard, au-dessus d'Aix-les-Bains, la montagne du Charbon au-dessus du lac d'Annecy, le centre du massif, parcouru par le Chéran, présente un paysage de caractère alpestre aux versants boisés de hêtres et de sapins.
Dès 1950 fut créée la **Réserve nationale des Bauges**, qui s'étend sur 5 500 ha. Plus de 600 chamois et 300 mouflons y vivent. Depuis 1995, le **Parc naturel régional du massif des Bauges** assure la préservation du patrimoine bauju *(voir p. 40)*.

La métallurgie sur charbon de bois, principale activité du massif, s'est maintenue jusqu'à la fin du 19e s. Les villages résonnaient alors du bruit des marteaux forgeant les clous sur l'enclume. Autre activité traditionnelle, la vaisselle en bois tourné, qui était colportée dans toutes les Alpes, était appelée par dérision l'« argenterie des Bauges ». Elle périclita ainsi au début du siècle. Une forte émigration suivit.

Aujourd'hui les Bauges retrouvent une certaine vitalité avec le tourisme. Aux équipements anciens du Revard et de la Féclaz se sont ajoutés la station moderne d'**Aillon-le-Jeune** et le stade de neige de Margeriaz, ainsi que l'aménagement du plateau de la Féclaz pour le ski de fond.

CIRCUIT DES DEUX LACS

☐ **De Chambéry à Annecy** *68 km - environ 2 h - schéma ci-dessous*

★★ **Chambéry** - *Voir ce nom.*

Quitter Chambéry par la N 6, route d'Albertville ; prendre la D 11 au carrefour de la Trousse (N 512 et N 6) et suivre la direction « Curienne ».

Entre Leysse et le château de la Bâthie, la vue commence à se dégager sur la cluse de Chambéry dominée par la muraille du Granier, et sur le carrefour cluse de Chambéry-Combe de Savoie-Grésivaudan, avec, en fond de décor, les dents de scie régulières du massif d'Allevard. Plus haut, la route passe sous un véritable tunnel de verdure.

Au Boyat, un chemin mène à Montmerlet. Poursuivre à pied (3/4 h AR).

★ **Mont-St-Michel** - *Description p. 115.*

Du Boyat aux Chavonnettes, la vue s'oriente vers le col de Plainpalais dominé par les escarpements du Margeriaz et, plus à gauche, sur les falaises du mont Peney et du Nivolet. Entre les Chavonnettes et le col des Prés le panorama s'étend – surtout dans l'avant-dernier lacet précédant le col – au bassin de Chambéry dominé par le Granier.

Col des Prés - Alt. 1 135 m. Les pâturages de cette « combe » se couvrent, à la fin du printemps, d'un tapis de trolles et de narcisses.

Aillon-le-Jeune - Située à 1 000 m d'altitude, cette station de ski étale ses chalets au creux de la vallée.

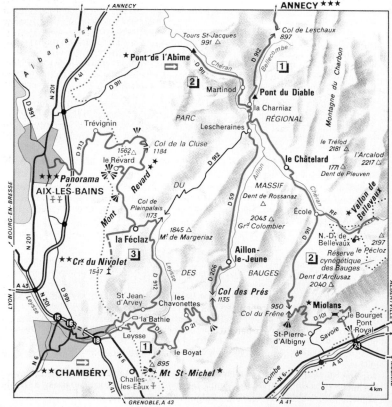

Entre Aillon-le-Jeune et **Lescheraines,** la route suit la longue vallée d'Aillon face aux versants régulièrement inclinés du Grand Colombier d'Aillon (alt. 2 043 m), pyramide herbeuse, et de la dent de Rossanaz (alt. 1 891 m), plus rocailleuse. En aval de Cimeteret, tandis que le bourg du Châtelard *(voir ci-après)* aligne longuement ses maisons sur le versant opposé, le spacieux bassin de Lescheraines se découvre peu à peu avec, en arrière-plan, le rempart du Charbon et, plus à l'Est, l'énorme cône gazonné de Pécloz (alt. 2 197 m).

★ **Pont du Diable** – *Prendre la route du col de Leschaux sur 600 m environ. À la hauteur de deux chalets se faisant face laisser la voiture sur un des emplacements dégagé. Prendre à droite le sentier balisé qui, après avoir contourné une demeure privée, atteint le sous-bois et le pont (1/4 h à pied AR).*
Petit pont jeté sur la fissure où bouillonne le torrent de Bellecombe. Belles vues sur les anfractuosités en aval du pont. Principal point de départ des randonnées incluses dans le « Circuit des Bauges ».

Du **col de Leschaux** à Sévrier, la descente offre d'excellentes **échappées**★ sur le « Grand lac » d'Annecy encadré par le mont Veyrier, les dents de Lanfon et la Tournette. Par le col de Bluffy, en avant duquel se distingue nettement le château de Menthon, on peut voir se déployer les falaises du Parmelan et du mont Lachat. En fin de parcours, le regard découvre le roc de Chère qui s'avance à la rencontre de la pointe boisée du château de Duingt.

Sévrier – *Page 75.*

2 km avant Annecy, la N 508 décrit, en contournant le promontoire de la Puya, extrémité Nord de la croupe du Semnoz, un beau parcours au bord du lac.

★★★ **Annecy** – *Voir ce nom.*

ROUTE DES PONTS

2 **Du pont de l'Abîme au pont Royal** *60 km – environ 3 h*

★ **Pont de l'Abîme** – Le pont de l'Abîme, hardiment suspendu à 94 m au-dessus de la gorge où coule le Chéran à sa sortie des Bauges, forme un **site**★ spectaculaire. Les aiguilles rocheuses des **Tours St-Jacques,** qui surgissent en amont des dernières pentes du Semnoz, accroissent l'intérêt du coup d'œil.

Du pont de l'Abîme à la bifurcation de la Charniaz, la D 911 remonte le défilé par lequel le Chéran quitte les Bauges pour déboucher en Albanais. Peu à peu se découvrent les crêtes de la montagne du Charbon, puis, en amont de Martinod, un peu avant la Charniaz, au cours d'un bref passage en corniche au-dessus du torrent, les sommets fermant la haute vallée du Chéran (mont Armenaz, dent d'Arclusaz). Plus proches se dessinent les escarpements de la dent de Rossanaz. La route parcourt ensuite la dépression de Lescheraines, nœud routier des Bauges.

Le Châtelard – Le bourg s'étage de part et d'autre d'un verrou boisé, couronné autrefois d'un château, qui sépare nettement l'agreste bassin de Lescheraines, très ouvert, de la haute vallée du Chéran, plus sombre et montagnarde. Il accueille le siège du Parc naturel régional du massif des Bauges.

Entre le Châtelard et le col du Frêne, le paysage prend un caractère plus alpestre, dû en grande partie à l'imposante silhouette de la **dent de Pleuven** (alt. 1 771 m), dernier ressaut du Trélod. À droite de celle-ci apparaît, à l'arrière-plan, un km avant École, l'Arcalod culminant à 2 217 m.

À École, à hauteur de l'église, tourner dans la route de Jarsy, puis suivre la route forestière du vallon de Bellevaux.

★ **Vallon de Bellevaux** – Aussitôt après un pont sur le Chéran, tourner à droite pour continuer à suivre le torrent dont on va remonter la sauvage vallée boisée, l'une des plus encaissées des Alpes. Après être passée au pied des pentes du Pécloz, ravinées par d'impressionnants couloirs d'avalanches, la route se termine, environ 1,5 km après un rond-point, au pied des alpages d'Orgeval.
Faire demi-tour.

Chapelle Notre-Dame de Bellevaux – Sur le chemin du retour, laisser la voiture sur le parking de l'ONF et prendre, à gauche, l'étroit chemin en forte montée aboutissant, après 600 m, à la pépinière. Elle a été aménagée à l'entrée du sévère vallon où se dressait le monastère de Bellevaux, qui colonisa la vallée. Un petit oratoire recouvert de bardeaux en marque l'emplacement. Un peu en contre-haut s'élève, au milieu d'une fraîche clairière, la **chapelle Notre-Dame de Bellevaux**, dite de la Sainte Fontaine, qui est par excellence le sanctuaire de pèlerinage des Bauges *(lundi de Pentecôte).*
À proximité, une source importante rafraîchira le promeneur les jours de forte chaleur.

Aux abords immédiats du **col du Frêne** et dans la descente vers St-Pierre-d'Albigny, les **vues**★ sont remarquablement dégagées sur la Combe de Savoie, au fond de laquelle l'Isère endiguée trace de longues lignes droites.

Au Nord-Est se dresse, tout proche, la dent d'Arclusaz. À l'horizon se succèdent, de gauche à droite, le Grand Mont (massif du Beaufortain), les crêtes du Grand Arc, la chaîne de la Lauzière, la vallée de l'Arc (Maurienne), la chaîne de Belledonne que l'on voit se dérouler depuis les croupes boisées des Hurtières, au premier plan, jusqu'aux Trois Pics de Belledonne, en passant par le massif d'Allevard. Vers le Sud-Ouest, les escarpements du Granier signalent l'entrée du Grésivaudan, que le regard prend d'enfilade parfois jusqu'au Vercors, et le massif de la Chartreuse.

★ **Château de Miolans** – *Voir ce nom.*

En suivant les chemins, étroits et sinueux, qui relient le château de Miolans au pont Royal, par le Bourget, on a de beaux coups d'œil rapprochés sur la forteresse.

★★ ③ MONT REVARD

48 km – environ 2 h – itinéraire décrit à ce nom – schéma p. 92

Le BEAUFORTAIN★★

Cartes Michelin n°s 89 plis 5 et 6 ou 244 plis 19, 20 et 21

Le Beaufortain, compris entre le val d'Arly, le val Montjoie et la Tarentaise, fait partie des « massifs centraux » alpins, comme le massif du Mont-Blanc, mais n'atteint pas les 3 000 m (aiguille du Grand Fond : alt. 2 889 m) et ne présente ni glaciers, ni pointes au profil aigu, à l'exception de l'obélisque de Pierra Menta. Il offre en contrepartie une parure forestière (basse vallée du Doron) d'une exceptionnelle continuité et des paysages pastoraux qui plairont aux amateurs de moyenne montagne. C'est le domaine des alpages où paissent les vaches tarines dont le lait sert à confectionner le beaufort. Les éleveurs possèdent souvent plusieurs habitations et la multiplication des vastes chalets en bois, s'étageant sur le versant Sud, donne l'impression d'une montagne fortement humanisée.

De plus, le modelé régulier des versants favorise en hiver les longues courses à ski, et plusieurs stations de sports d'hiver ont été aménagées comme Arêches, les Saisies, Val-Joly et Queige-Molliessoulaz.

À la recherche d'énergie – Le Beaufortain constitue un château d'eau minutieusement exploité. Le **lac de la Girotte** *(2 h 1/2 à pied AR depuis la centrale de Belleville, environ 5 km avant le col du Joly, terminus de la route de la vallée de Hauteluce)* a été le premier réservoir utilisé.

Depuis 1923, année de sa « mise en perce », ce lac de montagne régularisait une série de sept centrales échelonnées sur le Dorinet et le Doron, entre Belleville et Venthon. Entre 1946 et 1948, on doubla la capacité de la retenue en surélevant le plan d'eau naturel par un barrage. Un apport d'eaux de fonte glaciaire étant nécessaire pour suppléer à l'indigence de l'alimentation saisonnière du lac, on choisit dans la vallée du Bon Nant le torrent issu du glacier de Tré-la-Tête.

Restait cependant à vaincre un obstacle de taille : l'altitude du lac (1 775 m) était supérieure à celle de la base du glacier, donc l'écoulement par gravité, impossible. Le percement d'un tunnel sous le glacier, qui n'avait encore jamais été tentée dans le monde, permit de triompher de la difficulté : la prise d'eau put être implantée à 1 920 m d'altitude, sous près de 100 m de glace. Par suite du retrait du glacier cette prise d'eau se trouve actuellement à l'air libre.

La construction du barrage de Roselend témoigne d'une technique encore plus hardie. Son réservoir de 187 millions de m³ est alimenté par le bassin du Doron et par des affluents supérieurs de l'Isère dont le cours est drainé par 40 km de galeries. De là les eaux sont précipitées d'une hauteur de 1 200 m sur la centrale de la Bathie, en Basse Tarentaise. La production d'énergie est de 982 millions de kWh.

Un réservoir annexe de 13 millions de m³ a été installé en amont de St-Guérin sur le Pontcellamont et un autre, de même capacité, en aval de la Gittaz.

★★ ROUTE DU CORMET DE ROSELEND

☐ D'Albertville à Bourg-St-Maurice *94 km - environ 3 h*

Albertville - *Voir ce nom.*

Quitter Albertville à l'Est par la D 925, route de Beaufort et de Bourg-St-Maurice. La D 925, s'élevant au-dessus du confluent du Doron et de l'Arly, permet de découvrir le bassin d'Ugine, dominé par la lourde pyramide du Charvin.

De Venthon à Villard, la vallée inférieure du Doron présente un paysage forestier étonnamment dense et paraît presque inhabitée. Les sommets rocheux du Mirantin (alt. 2 461 m) et de la Roche Pourrie sont visibles peu en amont de la centrale du Queige.

À Villard-sur-Doron, prendre la route du signal de Bisanne sur 13 km.

★★ **Signal de Bisanne** - La route d'accès, très pittoresque et en corniche dans les premiers kilomètres, domine la vallée du Doron de Beaufort. Du signal (alt. 1 939 m), **panorama circulaire** sur la Combe de Savoie, les Aravis, le Beaufortain et le massif du Mont-Blanc (Mont Blanc et Aiguille du Midi), et à droite la dent caractéristique de la Pierra Menta. Lieu de prédilection des adeptes du parapente et deltaplane. *Possibilité d'accès également depuis les Saisies (voir ce nom).*

Revenir à Villard.

Entre Villard et Beaufort s'épanouit le bassin de Beaufort, au pied du massif d'Outray. En avant, surgit des sapins la tour ruinée du **château de Beaufort** tandis que se découpe derrière le bourg le profil en V, net et caractéristique, du défilé d'Entreroches.

Beaufort – Cette localité, qui a donné son nom à la région ainsi qu'à un savoureux fromage *(p. 47)*, commande le carrefour des vallées du Roselend et d'Arèches. Le vieux quartier se masse sur la rive gauche du torrent.
L'**église** est un bon type de sanctuaire savoyard, avec sa poutre de gloire, ses autels de bois sculpté et doré. La chaire (1722) est un extraordinaire travail de boiserie.

1 km après Beaufort, laisser la voiture au premier pont franchissant le Doron.

Défilé d'Entreroches – Le cours bouillonnant du torrent a creusé de belles « marmites » d'érosion.

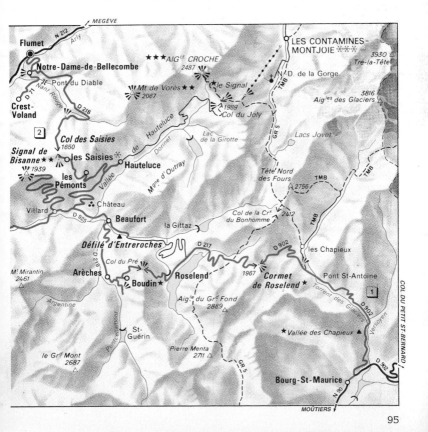

Le BEAUFORTAIN

B. Brillon/MICHELIN

Boudin

Faire demi-tour, revenir à Beaufort et prendre la D 218 vers Arêches.

Arêches – Au confluent des torrents d'Argentine et du Pontcellamont, le village d'Arêches, à son aise dans un cadre de versants mollement inclinés, très favorables en hiver à la pratique du ski, est une des stations d'altitude les plus typiques du Beaufortain.

La route du col du Pré laisse sur la droite le hameau de Boudin.

★ **Boudin** – Ce beau hameau de montagne, dont les vastes chalets patinés par le temps s'étagent suivant la ligne de plus grande pente, est l'un des plus typiques des Alpes. De la route qui mène au barrage de St-Guérin s'offre une vue d'ensemble sur ce bel exemple d'habitat traditionnel alpin.

Barrage de Roselend – *Voir illustration au chapitre de l'art – Éléments d'architecture.* Ce barrage à contreforts prend appui sur une voûte obstruant la gorge du Doron. La route descendant du col du Pré fait découvrir l'ensemble du lac-réservoir★ dans son austère solitude. Après un belvédère aménagé, côté rive gauche du barrage, elle emprunte la crête de l'ouvrage et longe la retenue qui a noyé le village de Roselend (la chapelle que l'on rencontre est une copie de l'ancienne église).

Durant la montée finale, le panorama s'étend, à l'Ouest, jusqu'au Mirantin et au Grand Mont (alt. 2 687 m), deux des sommets les plus connus du Beaufortain. Une encoche, où la route vient s'accrocher à la paroi rocheuse, livre enfin l'accès du Cormet.

★ **Cormet de Roselend** – Cette dépression, longue de plusieurs kilomètres, fait communiquer, à plus de 1 900 m d'altitude, les vallées de Roselend et des Chapieux. Elle frappe surtout par son caractère d'immense solitude pastorale sans arbres, semée de rocs et de quelques abris de bergers et que parcourent seuls les troupeaux de vaches. Au Sud s'élèvent les arêtes de l'aiguille du **Grand Fond** (alt. 2 889 m), point culminant du bassin du Doron de Beaufort. Pour bénéficier d'une **vue**★ mieux dégagée sur les sommets qui dominent la vallée des Chapieux, monter sur le mamelon de droite, surmonté d'une croix.

Après le Cormet s'amorce la descente vers le pont St-Antoine ; 1 km avant le croisement de la route des Chapieux *(qu'on laissera à gauche)* se découvrent, au Nord-Est, le glacier et l'aiguille des Glaciers (alt. 3 816 m), sommet le plus méridional du massif du Mont-Blanc. La D 902 domine le hameau des Chapieux, partiellement détruit en août 1944, avant de s'engager dans la vallée de ce nom, peu avant le pont St-Antoine.

On appelle **vallée des Chapieux**★ la partie des deux vallées confluentes du torrent des Glaciers et du Versoyen qu'emprunte la D 902 jusqu'à Bourg-St-Maurice.

La route, en paliers, traverse en remblai un « plan » marécageux dans un vallon désolé, avant de descendre en une série de lacets. À l'horizon brillent les glaciers du mont Pourri.

Après Bonneval, on descend la vallée encaissée et boisée du Versoyen, jusqu'au pied de la butte rocheuse couronnée par la tour ruinée du Châtelard. La route offre une belle vue sur la Haute-Tarentaise et domine le bassin de Séez avant d'obliquer à droite vers Bourg-St-Maurice.

Bourg-St-Maurice – *Voir ce nom.*

★ ROUTE DES SAISIES

② De Flumet à Beaufort *41 km – environ 1 h 1/2 – schéma p. 94*

Flumet – *Voir ce nom.*

Entre Flumet et N.-D.-de-Bellecombe, la route s'élève en lacet sous de belles futaies de sapins. En amorçant le dernier lacet, 1 500 m en aval de N.-D.-de-Bellecombe, on voit pointer la pyramide de l'Aiguille Verte, à droite de laquelle surgit le Mont Blanc.

N.-D.-de-Bellecombe – C'est la plus développée des stations-balcons du Val d'Arly et la plus fréquentée pour le ski. Au-delà de la coupure de l'Arly, la barrière des Aravis méridionales (Charvin, Étale) sera l'horizon familier du séjournant.

À N.-D.-de-Bellecombe, prendre à droite la D 71 (qui peut être enneigée de fin novembre à début avril).

Cette petite route, au voisinage du pont du Diable, traverse au plus profond le sombre ravin boisé de Nant-Rouge.

Crest-Voland – Ce village, alignant ses hameaux au-dessus du sillon boisé de l'Arly, fait face aux arêtes du Charvin et de l'Étale. C'est une charmante localité, propice à la détente estivale et hivernale, qui a su respecter le caractère d'un village savoyard.
Associée à la station voisine des Saisies, à laquelle elle est reliée par ses re-

C. Pedrotti/FOC

Clocher de l'église de N.-D. de Bellecombe

montées mécaniques pour former l'**Espace Cristal**, elle offre aux skieurs de larges possibilités, notamment en ce qui concerne le ski de fond, grâce à l'accès direct, par télésiège, au domaine nordique olympique des Saisies. Bien qu'étant accessible aux débutants et aux moyens skieurs, la station n'en est pas moins célèbre pour sa vertigineuse piste noire dite des « kamikazes ». Un choix de belles promenades à pied, en particulier vers le Cernix et Cohennoz ou bien encore vers les Saisies, ainsi que des sorties en raquettes à travers les champs de neige contribuent encore à l'agrément de la station.

Revenir à N.-D.-de-Bellecombe.

L'itinéraire de N.-D.-de-Bellecombe au col des Saisies offre de larges échappées sur la chaîne des Aravis. À la sortie de N.-D.-de-Bellecombe, à hauteur d'une croix, se découvre un très vaste **panorama** par la trouée des gorges de l'Arly.

Au cours de la montée finale, la vue s'étend vers le Nord, jusqu'à Pointe Percée, point culminant (2 752 m) du massif des Aravis.

❋ Les Saisies – *Voir ce nom.*

Au-delà de la station, on voit apparaître la fraîche **vallée de Hauteluce**, au terme de laquelle l'ensellement du col du Joly encadre les neiges du Mont Blanc.

Hauteluce – Étagée sur le versant « endroit » de la vallée du même nom, Hauteluce est, avant tout, pour l'automobiliste, un gracieux clocher à bulbe, formant premier plan devant le Mont Blanc, visible par le col du Joly.
La localité constitue une très aimable villégiature estivale et hivernale. Son ensoleillement attire de nombreux skieurs qui bénéficient également de l'enneigement prolongé des pistes de ski dans les stations des Saisies et de Val Joly.

Un **écomusée** ⓥ, installé au centre du village, organise des expositions sur la vie traditionnelle et sur les projets d'aménagement dans le Beaufortain.

Entre Hauteluce et la D 925 (route d'Albertville à Beaufort), l'attention est attirée par la tour du château de Beaufort dressée sur un monticule entièrement boisé.

Beaufort – *Page 95.*

Les étapes de la fabrication du beaufort

Élaboré à partir du lait de vaches de race tarine et d'Abondance, le beaufort suit une dizaine d'étapes avant d'être propre à la consommation. Environ 10 l de lait sont nécessaires pour faire 1 kg de beaufort. Des cuves en cuivre contenant 4 000 l de lait peuvent donner 8 meules de beaufort.

La première étape s'appelle l'**emprésurage** où le lait chauffé est additionné de présure, ensuite le décaillage permet le durcissage du caillé. Le fromage ainsi obtenu est alors constamment chauffé et brassé. La quatrième étape consiste à le verser dans des **cloches de soutirage** d'où sortiront des fromages serrés dans des cercles de bois et recouverts de toiles. Le **pressage** et le **retournement** permettront d'affermir le grain du fromage. Le **saumurage** assure ensuite la formation de la croûte. Le long affinage reste la partie noble de la fabrication. Pendant 6 mois, les meules de 40 kg sont salées, frottées à la toile et retournées 2 fois par semaine dans des caves humides à la température de 10 ºC.

La vallée des BELLEVILLE✳✳✳

Cartes Michelin nᵒˢ 244 pli 31 ou 77 plis 7 et 8 – Schéma p. 271

Ce très vaste territoire de 23 000 hectares (*Bella Villa* signifie grand domaine) se situe entre Tarentaise et Maurienne, sur la bordure Ouest du massif de la Vanoise. La commune de St-Martin-de-Belleville est devenue un haut lieu touristique depuis la création des Ménuires (1964) et de Val-Thorens (1972). Elle a développé un immense et magnifique **domaine skiable**, constituant la principale composante des **Trois-Vallées**✳✳✳ *(voir p. 273)*. Outre ses 120 pistes balisées, la vallée a gardé de nombreux terrains à l'état naturel, ce qui en fait l'un des plus beaux sites de ski hors piste d'Europe.

En été, elle est un admirable **centre de promenades et randonnées pédestres** (180 km de sentiers très diversifiés), présentant l'avantage d'être encore peu fréquenté. Par ailleurs, la présence d'une multitude de hameaux traditionnels et de 36 églises et chapelles, pour la plupart baroques, attireront les amateurs de visites culturelles. Des **circuits sur les chemins du baroque** *(voir les Renseignements pratiques en fin de guide)* sont organisés, permettant de découvrir le patrimoine historique de la vallée.

LA ZONE AVAL DES VILLAGES

La vallée, assez encaissée, est piquetée de boqueteaux de feuillus. À partir de Fontaine-le-Puits, la route longe les sommets de Crève-Tête et du Grand Niélard.

St-Jean-de-Belleville – Reconstruit en 1928 à la suite d'un incendie, ce village a conservé une **église** richement décorée (retable baroque du Rosaire par Todescoz et imposant retable du maître-autel, où se manifeste l'influence du style Empire naissant). De St-Jean, on peut faire un détour dans la belle **vallée du Nant-Brun** jusqu'au hameau de la Sauce, point de départ de divers sentiers.

St-Martin-de-Belleville – Alt. 1 400 m. Ce vieux et charmant village a aménagé une coquette station dont le domaine skiable, relié par télésiège à celui de Méribel et des Ménuires, offre des pistes ensoleillées peu pentues, dans un très beau cadre.

En été, la position centrale de St-Martin dans la vallée est idéale pour effectuer les plus belles randonnées. De plus, les églises accueillent plusieurs concerts de qualité, organisés au sein du festival de musique et d'art baroque en Tarentaise.

Église St-Martin – Basse et trapue, avec un clocher de style lombard, elle a le type des églises-halles des 17ᵉ et 18ᵉ s. Elle abrite un remarquable **retable**★ du maître-autel attribué à Todescoz et représentant saint Martin, entouré de saint Sébastien et saint Joseph. La décoration débordante est dominée par les couleurs or (symbole de prière) et rouge (symbole du sang du Christ versé lors de sa Passion).

Chapelle N.-D.-de-Vie – *1 km au Sud, au bord de la route des Ménuires.* Cet important sanctuaire de pèlerinage montagnard (15 août et 1ᵉʳ dimanche de septembre), édifice du 17ᵉ s. bâti sous coupole, flanqué d'un mince clocher élancé, tire beaucoup de charme de son site pastoral et de son originale silhouette. À l'intérieur, admirer le **retable★** du maître-autel, consacré à la Vierge et réalisé en bois d'arolle par J.-M. Molino. La somptueuse décoration comprend une centaine d'angelots sculptés. Les peintures de la coupole, de l'école de Nicolas Oudéard, représentent la Trinité et la Vierge Marie.

★ **Descente sur Salins-les-Thermes par St-Laurent-de-la-Côte** – *Route étroite ne devant être empruntée que l'été par temps sec.* Ce pittoresque itinéraire peut être utilisé en guise de conclusion à la visite des Belleville, lors du retour sur Moutiers. Vues insolites sur les villages.

LA ZONE AMONT DES STATIONS

Au-delà de la chapelle N.-D.-de-Vie, le relief devient plus monotone et présente d'immenses versants en pente modérée, sans accidents importants. Au loin se dressent les immeubles des Ménuires, dominés par la pointe de la Masse et la cime de Caron (la plate-forme d'arrivée du téléphérique est bien visible).

✸✸ Les Ménuires

Cette station est constituée d'une nébuleuse de sept quartiers, étirés sur 2 km entre 1 780 et 1 950 m d'altitude. Son architecture moderne et l'absence de forêt lui donnent une apparence assez froide au premier abord. En fait, les deux sites principaux (la Croisette et les Bruyères) s'avèrent fonctionnels et agréables à vivre. Les résidences sont à proximité immédiate des pistes de ski. De plus, la station dispose d'une grande galerie marchande.

Le domaine skiable – Jouissant d'un bon ensoleillement, Les Ménuires comblent les skieurs confirmés qui pourront s'essayer aux pistes techniques (les Pylônes, la Dame Blanche et le Rocher Noir). Les amateurs de hors piste apprécieront la facilité d'accès à ce domaine. La station, reliée au domaine des Trois-Vallées, dispose d'une étendue skiable de premier ordre.
Les fondeurs disposent d'une trentaine de km de pistes balisées dont celle remarquable du Doron qui relie les villages du Bettaix et du Châtelard.

Les amateurs de ski de randonnée ne manqueront pas d'essayer les journées ski découverte, proposées par les moniteurs guides. Le stade de slalom a accueilli en février 1992 l'épreuve hommes des Jeux olympiques d'Albertville.
L'été, la station est particulièrement animée et une multitude d'activités sont proposées.

★★ **Mont de la Chambre** – Alt. 2 850 m. Prendre la télécabine à la Croisette puis monter à pied en quelques instants au sommet. Beau panorama sur le Mont Blanc, la vallée de Méribel, les glaciers de la Vanoise, les glaciers de Val-Thorens, les aiguilles d'Arves, les Grandes Rousses et Belledonne. Il est possible de redescendre à pied sur Les Ménuires en 2 h.

✸✸ Val-Thorens

Les automobiles sont proscrites à l'intérieur de la station en hiver. Des parkings payants ont été aménagés à l'entrée, desservis par un système de navettes. Au terme d'une longue montée de 37 km, Val-Thorens, la plus haute station d'Europe (2 300 m), est implantée dans un cirque grandiose. Elle est dominée par l'aiguille de Péclet (3 561 m) et encerclée par trois glaciers délimitant les frontières du Parc de la Vanoise. Son décor minéral, dépourvu de végétation, ne se prête guère à la randonnée mais attire les alpinistes, qui trouvent quelques belles courses de rochers (Péclet-Polset, Pointe du Bouchet...).

Le domaine skiable – Val-Thorens constitue surtout, entre 1 800 et 3 300 m, un royaume du ski, son enneigement étant de novembre à mai l'un des meilleurs d'Europe. Elle procure aux skieurs de tous niveaux des sensations uniques : champs de poudreuse à l'infini, ambiance de haute montagne, vues panoramiques exceptionnelles sur le Mont Blanc, la Vanoise et les Écrins. Quelques pistes font figure de référence : le col de Laudzin, Rosaël, Christine et, pour les bons skieurs, la combe de Caron... On peut accéder en outre en 20 mn aux splendides secteurs du mont de la Chambre et du mont Vallon de Méribel. Depuis 1996, la télécabine d'Orelle dessert en 20 mn, à partir de la vallée de la Maurienne, le domaine skiable de Val-Thorens. En juillet, le ski se pratique sur le glacier de Péclet, qui offre encore une neige satisfaisante et des pistes moyennes à très difficiles sur 500 m de dénivelée.

Les activités d'après ski ne sont pas négligées dans un complexe sportif s'étendant sur 9 000 m². Il faut aussi noter l'existence du Village d'enfants-Académie des neiges, créé et animé par la championne Marielle Goitschel *(voir Val d'Isère)* qui fait partager aux plus jeunes sa passion de la montagne.

★★★ **Cime de Caron** – Alt. 3 198 m. *Accès par les télécabines de Caïrn et de Caron* ⊙, puis par le téléphérique de Caron ⊙ *(2 h minimum AR).*
De la plate-forme terminale, gagner le sommet en 5 mn. De la table d'orientation, un **panorama**★★★ extraordinaire (particulièrement en hiver) offre la possibilité rare d'admirer presque toutes les Alpes françaises. Vue resplendissante sur le **Mont Blanc**, la **Vanoise** (mont Pourri des Arcs, Grande Casse de Pralognan, Grande Motte de Tignes, Péclet-Polset...), le **Queyras** (pic de Rochebrune, mont Viso), le **Thabor** et les **Écrins** (Pelvoux, pic Sans-Nom, Ailefroide, Barre des Écrins, la Meije...). Remarquer également la Maurienne (de Valmeinier à la Toussuire), les aiguilles d'Arves, le glacier du Mont-de-Lans des Deux-Alpes, la chaîne des Grandes-Rousses, les massifs de Belledonne et des Sept-Laux, la chaîne de la Lauzière, le Jura, la chaîne des Aravis et le Beaufortain.

★ **Glacier de Péclet** – *Accès par le Funitel* ⊙ (téléphérique à double câble). **Vue** sur le glacier de Péclet et la Cime de Caron, entre lesquels on devine de justesse la Meije et les aiguilles d'Arves. Au-dessus de Val-Thorens se dressent les massifs des Grandes Rousses et de Belledonne. Les très bons skieurs peuvent prendre en été et en automne le télésiège des 3 300 *(prudence nécessaire au sommet)*, d'où ils découvrent un **panorama**★★★ somptueux et impressionnant sur le Mont Blanc et la Vanoise (glacier de Gébroulaz, col de Soufre, lac Blanc...).

RANDONNÉES PÉDESTRES

Afin de trouver son chemin, il convient de se procurer la carte des sentiers vendue par l'Office de tourisme. Il est conseillé de se rendre en début de séjour à la cime de Caron et à la pointe de la Masse, pour repérer grâce aux tables d'orientation les divers sommets environnants.
Les marcheurs peu entraînés pourront faire d'agréables promenades au **lac du Lou** *(2 h 1/2 AR des Bruyères)* et au **hameau de la Gitte**★ *(1 h 3/4 AR de Villaranger).* Nous indiquons ci-dessous, pour les personnes endurantes, les buts d'excursion les plus remarquables.

★★★ **La Croix Jean-Claude** – *4 h 1/2 de marche. Dénivelée : 600 m environ.*

Juste avant Béranger, prendre à droite un chemin en pente régulière. Au hameau des Dogettes, monter à droite en direction de deux montagnettes (« les Fleurettes ») et poursuivre jusqu'à la source captée. Gagner enfin les crêtes séparant les vallées des Belleville et des Allues au niveau du col de Jean. Prendre à gauche : le chemin de crêtes conduit à la Croix Jean-Claude et au Dos de Crêt Voland (2 092 m).
Panorama★★ magnifique sur les Belleville, Méribel, la Vanoise (Grande Casse), le domaine de La Plagne (de Bellecôte au mont Jovet) et le Mont Blanc. Le sentier parvient enfin au roc de la Lune (un panneau indique improprement « col de la Lune »). La descente sur Béranger offre de très belles vues sur les villages.

★★★ **Crève-Tête** – Alt 2 342 m. *Dans le lacet précédant Fontaine-le-Puits, prendre une petite route conduisant au col et au barrage de la Coche (alt. 1 400 m). Juste avant le col, vue sur le Grand Bec et les sommets de Méribel. 200 m encore avant, une petite route à gauche permettra, aux personnes disposant d'une voiture haute de plancher ou qui ne craignent pas les itinéraires non goudronnés, de se*

Le Châtelard et la vallée des Encombres

Y. Bontoux

rendre directement au pas de Pierre Larron. Les autres longeront le barrage et laisseront leur véhicule à son extrémité près d'un panneau EDF. Prendre dans ce cas le chemin du Darbellaz et gagner en 1 h 1/2 de marche facile le pas de Pierre Larron.
Du **pas de Pierre Larron**, **vue**★ sur la vallée de l'Isère et le Mont Blanc. Quitter le chemin principal et gagner à gauche le refuge. Un sentier plus raide et exigeant de l'endurance conduit en 2 h au sommet. Itinéraire offrant des **vues**★★★ splendides *(voir p. 268).*

★★ **Pointe de la Masse et circuit des lacs** – *Prendre la télécabine de la Masse. Du 1er tronçon, compter 5 h de marche pour l'itinéraire global. Les personnes peu entraînées éviteront l'ascension de la Masse (3 h 1/2 de marche dans ce cas). Le circuit se fait dans le sens suivant : lac Longet, Pointe de la Masse, lac Noir, lac Crintallia, le Teurre.*
De la Masse (alt. 2 804 m) – table d'orientation –, magnifique **panorama**★★ sur les Écrins, les Grandes Rousses, Belledonne, la vallée des Encombres, la Maurienne. À l'opposé, font face le Mont Blanc et la Vanoise.

Vallée des Encombres – Le village du **Châtelard**, à proximité de St-Martin, est la porte d'entrée de cette vallée sauvage, longue de 14 km. Afin de préserver la richesse exceptionnelle de la faune (250 bouquetins et 400 chamois), les infrastructures touristiques ont été réduites au minimum. Les sentiers sont rares et le balisage inexistant. De fait, on recommande aux bons marcheurs de s'adresser à la Compagnie des guides aux Ménuires afin de réaliser l'ascension du **Petit Col des Encombres**★★ (alt. 2 342 m) et du **Grand Perron des Encombres**★★★ (alt. 2 825 m) d'où la vue est grandiose sur la Maurienne et les Écrins.

BESSANS⁕

273 habitants
Carte Michelin nᵒˢ 77 Nord du pli 9 ou 244 pli 33 – Schéma p. 191

Dans sa petite plaine emmurée par des sommets qui dépassent tous 3 000 m, Bessans est le cœur de la vieille Maurienne montagnarde. Le bourg, incendié en 1944, a été reconstruit. Sur les 15 000 ha que couvre son territoire communal, 1 200 se situent dans le Parc national de la Vanoise *(voir ce nom).*
Bessans est resté un pays de traditions : le costume local, caractérisé, pour les femmes, par une sévère robe noire (qu'ornent un châle et un tablier de couleur) et un bonnet au tuyautage relevé en auréole autour de la tête, y est encore porté les jours de fête.
D'autre part, ce « chef-lieu » de la haute vallée de l'Arc, si fermée en apparence, fut depuis la Renaissance un des foyers d'art populaire les plus actifs des Alpes, spécialement dans le domaine de la sculpture religieuse, remplacée maintenant par la fabrication des grimaçants **diables de Bessans** *(voir illustration p. 45).* La vallée d'Avérole *(voir ci-dessous),* jalonnée de chapelles, était un des lieux de passage des artistes italiens de la Renaissance.

Le domaine skiable – La station a développé un important domaine de ski de fond constitué de plus de 80 km de pistes balisées. Son intéressant enneigement, à une altitude moyenne de 1 700 m, autorise de superbes randonnées pendant une grande partie de la saison.

CURIOSITÉS

Église ⊙ – Elle abrite de nombreuses statues du 17e s. et un retable signé Clappier, nom d'une dynastie de sculpteurs qui contribua à faire de Bessans un centre d'activité artistique. Remarquer aussi un groupe de la Crucifixion, d'une grande intensité d'expression et surtout un *Ecce Homo* magnifique.

Chapelle St-Antoine ⊙ – *Accès par le cimetière, face à la porte latérale de l'église.* Bien que servant encore au culte, elle fait office de musée.
Construite, pense-t-on, au 14e s. et restaurée au siècle dernier, elle présente extérieurement des peintures murales malheureusement très dégradées qui mettent en scène les Vertus et les Vices. On reconnaît toutefois saint Antoine, à droite de la porte.
À l'intérieur, les **peintures**★, mieux conservées, ont trait à la vie du Christ. Les modes vestimentaires permettent de les dater du 15e s., comme les fresques de Lanslevillard dont elles différent par une facture plus naïve. Des statues de sculpteurs bessanais du 17e au 19e s. ont, en outre, été réunies dans la chapelle. On remarque : un Christ aux Outrages, avec les instruments de la Passion, plusieurs groupes du Trône mystique, un saint Antoine avec sa clochette (attribut des anciens ermites qui s'en servaient pour éloigner les démons), de nombreux christs et des diables cornus, ainsi que quelques figurines de bois de belle facture. Le plafond, en partie remplacé, de style Renaissance, cloisonné et décoré d'étoiles, date de 1526.

★★ VALLÉE D'AVÉROLE

Villages pastoraux typiques de Haute-Maurienne (Le Goula, Vincendières, Avérole) encore intacts. Les visiteurs doivent laisser leur véhicule au parking aménagé 500 m avant Vincendières. Poursuivre à pied jusqu'à Avérole *(3/4 h AR)* : vues sur la pointe de Charbonnel et l'Albaron.

★★ **Refuge d'Avérole** – Alt. 2 210 m. *Randonnée facile à partir d'Avérole (2 h 1/4 AR). Seule la partie terminale est raide. Dénivellation : 200 m.*
Le refuge se situe dans un très beau cadre de haute montagne, dont la pièce maîtresse est la Bessanese (alt. 3 592 m). Des nombreux glaciers environnants déferlent de bruyantes cascades.

BONNEVAL-SUR-ARC★★

216 habitants (les Bonnevalains)
Cartes Michelin n°s 74 pli 19 ou 244 pli 33 – Schémas p. 183 et 191

Située au pied du col de l'Iseran, dans le cirque grandiose où l'Arc prend sa source, Bonneval, la commune la plus haute de Maurienne (1 835 m), a su conserver le cachet de son vieux village.
En été, c'est un centre d'excursions avec de nombreuses promenades dans le Parc national de la Vanoise, c'est aussi un centre d'alpinisme avec des courses exceptionnelles dans les massifs frontières de la Levanna, de la Ciamarella et de l'Albaron.

★ VIEUX VILLAGE

Bonneval s'est attaché à sauvegarder l'aspect ancien de ses rues et de ses maisons. Fils électriques, lignes téléphoniques, ont été enfouis, les antennes de télévision individuelles proscrites, les voitures sont garées à l'extérieur du village. Grâce à ces mesures, le promeneur peut parcourir en toute tranquillité les ruelles étroites bordées de maisons de pierre couvertes de lauzes couleur de rouille, à la mode locale, aux balcons de bois où est encore parfois entreposée la bouse séchée qui sert de combustible.
Au centre du village, la **Grande Maison**, vaste chalet ancien, a été aménagée pour abriter une boucherie et une boulangerie.
À la sortie du village, après l'église du 17ᵉ s., on peut visiter la **fromagerie** ⊙ où sont confectionnés les différents fromages régionaux (beaufort, emmental, tomme, mont-séti...).

Le domaine skiable – La plupart des infrastructures touristiques ont été implantées au hameau de Tralenta, à 500 m du village. Les 10 remontées mécaniques desservent un domaine de taille modeste mais de qualité. Les sports d'hiver se pratiquent de décembre à mai entre 1 800 et 3 000 m d'altitude, sur l'une des meilleures neiges des Alpes françaises. Les skieurs peu expérimentés apprécient le téléski du Moulinet, aux abords du glacier du Vallonet. Les bons skieurs accèdent par le téléski des 3 000 au pied de la **Pointe d'Andagne**, d'où ils découvrent une magnifique **vue**★★ sur la Haute-Maurienne (Bessans en contrebas, la Pointe de Ronce à gauche et les barres rocheuses de la Vanoise à droite) avec, en arrière-plan la Meije et les Aiguilles d'Arves. L'été, le ski se pratique sur le **glacier du Grand Pissaillas**, à partir du col de l'Iseran *(voir Val-d'Isère)*.

L'Écot – Ce hameau, situé dans un cadre imposant et rude à plus de 2 000 m d'altitude, présente ses vieilles maisons de pierre et sa chapelle Ste-Marguerite du 12ᵉ s. Autrefois à l'écart du monde, il constitue aujourd'hui un but classique d'excursion.

RANDONNÉES PÉDESTRES

La commune de Bonneval est une remarquable **base de promenades** dans le Parc national de la Vanoise et le site classé des **Évettes** disposant de 120 km de sentiers balisés. C'est aussi un centre d'alpinisme avec des courses de grand intérêt dans les massifs frontières de la Levanna, de la Ciamarella et de l'Albaron.

★ **Refuge du Criou** – Alt. 2 050 m. *Accès l'hiver par le télésiège du Vallonet et l'été en 30 mn de marche.* Vue sur les séracs du glacier du Vallonet, le glacier des Sources de l'Arc et la route du col de l'Iseran.

★★ **Refuge du Carro** – Alt. 2 760 m. *De l'Écot, montée raide 3 h 1/4, descente 2 h. Il est possible aussi de prendre le sentier balcon au pont de l'Oulietta (alt. 2 480 m), sur la route du col de l'Iseran : cet itinéraire est long (4 h), peu technique mais splendide.*
Vues★★ sur le glacier des Sources de l'Arc, le glacier des Évettes, l'Albaron, les glaciers du Vallonet. Au refuge, on admirera les lacs Noir et Blanc.

J. Guillard/SCOPE

Bonneval-sur-Arc

★★ **Refuge des Évettes** – Alt. 2 615 m. *De l'Écot, montée 1 h 3/4, descente 1 h.*
Montée raide offrant des vues sur l'Écot et Bonneval. À l'arrivée, le **panorama**★★
est splendide : le glacier des Évettes et à sa droite l'Albaron se mirent dans les
eaux des lacs des Pareis. Au-delà du refuge, on aperçoit le glacier du Grand Méan
et le glacier du Mulinet.
La randonnée pourra être complétée par un détour à la **cascade de la Reculaz**★ *(1 h
AR du refuge)*. Quand l'on parvient à la cascade, franchir un petit pont et prendre
à gauche en contournant la chute d'eau. Vue impressionnante *(à déconseiller aux
personnes sujettes au vertige)*.

★ **Promenade aux chalets de la Duis** – *De l'Écot : 2 h AR. Promenade très facile.*
Promenade familiale sur large chemin dans un cadre enchanteur. Verts pâturages
dominés par un bel ensemble de glaciers.

*Au cours d'une promenade en montagne, entre deux descentes à ski, faites
une halte et goûtez les « diots » (chair à saucisse mêlée d'épices, finement
hachée et mise dans un boyau naturel).*
*Il en existe plusieurs sortes, mais les plus communément répandus sont les
diots au vin blanc. Dans la vallée de Bonneval, les « pormoniers » (au chou)
ou bien encore les diots d'anivier sont souvent de fabrication artisanale.*

103

Le BOURG-D'OISANS

2 911 habitants (les Bourcats)
Cartes Michelin nos 77 pli 6 ou 244 pli 40 – Schémas p. 105 et p. 214

Le « Bourg » est la petite capitale des montagnards de l'Oisans, et l'un des centres de tourisme les mieux placés du Dauphiné. L'animation qu'y entretiennent les foires, les marchés et les nombreux commerces ne se dément pas toute l'année durant. Au Moyen Âge, il semble que les Sarrasins aient occupé le pays et y aient fait souche : certains patronymes locaux en témoignent.

CURIOSITÉS

★ **Musée des Minéraux et de la Faune des Alpes** ⊙ – Installé dans une travée latérale de l'église, ce musée présente une collection permanente particulièrement riche en variétés de quartz ainsi que des expositions temporaires de haut niveau. Un espace est consacré à la faune des Alpes : les animaux (aigle, chocard, lièvre variable...) sont disposés dans leur environnement naturel. La section de paléontologie permet de découvrir les fossiles témoins des bouleversements alpins.

Belvédère – *3/4 h à pied AR par la promenade en lacet ombragée prolongeant le chemin d'accès à l'église.* De la terrasse aménagée au point culminant de la promenade, vue assez dégagée sur le bassin du Bourg-d'Oisans, les sommets des Grandes-Rousses et les premières cimes du massif au Sud du Vénéon.

★ **Cascade de la Sarennes** – *1 km au Nord-Est puis 1/4 h à pied AR. Quitter le Bourg par la route de Briançon. À 800 m, prendre à gauche la D 211 vers l'Alpe-d'Huez et, aussitôt avant le pont sur la Sarennes, laisser la voiture pour prendre le chemin se détachant à droite.* La triple chute formée par cet affluent de la Romanche est très puissante au printemps.

Bassin du BOURG-D'OISANS★

Cartes Michelin nos 77 pli 6 ou 244 pli 40 – Schémas p. 105 et p. 214

De sombres escarpements aux roches capricieusement feuilletées cernent le bassin, carrefour de vallées, qui se présente comme une véritable plaine intérieure, bien cultivée.
La route de l'Alpe-d'Huez fournit une excellente introduction aux paysages de montagne et les petites routes, hardiment tracées en corniche sur les parois rocheuses du bassin, offrent une des plus belles collections de parcours impressionnants qui puissent se rencontrer dans les Alpes.

LES CORNICHES DU BASSIN D'OISANS

① Du Bourg-d'Oisans à l'Alpe-d'Huez *14 km – environ 1/2 h*

Quitter le Bourg-d'Oisans par la route de Briançon, puis celle de l'Alpe-d'Huez.

Après avoir laissé à droite, avant un petit pont, le chemin de la cascade de la Sarennes, la route attaque la paroi Nord-Est du bassin. En s'élevant de lacet en lacet, elle offre de belles vues plongeantes sur les vallées de la Romanche et du Vénéon et, au-delà, sur le massif du Rochail et le glacier de Villard-Notre-Dame. En arrivant à Huez, la vue prend en enfilade le sauvage vallon supérieur de la Sarennes.

Huez – Ce village ancien de montagne jouit d'une exposition très agréable, à flanc de pente.

Ce n'est qu'à l'abord de l'Alpe-d'Huez que le massif de la Meije se dévoile, à gauche de l'immense calotte neigeuse du glacier du Mont-de-Lans.

✶✶ **L'Alpe-d'Huez** – *Voir ce nom.*

② Du Bourg-d'Oisans au Valbonnais *29 km – environ 1 h*

Cet intéressant itinéraire de liaison entre le bassin du Bourg-d'Oisans et le Valbonnais *(voir ce nom)* emprunte, de part et d'autre du col d'Ornon, les vallées divergentes de la Lignarre et de la Malsanne.

Quitter le Bourg-d'Oisans par la N 91 vers Grenoble. À la Paute, prendre à gauche la route de la Mure qui remonte la vallée de la Lignarre.

★ **Gorges de la Lignarre** – Elles se creusent profondément dans les schistes dont certains bancs ardoisiers étaient autrefois exploités.
À l'approche du Rivier, belle vue en arrière sur les contreforts de Belledonne et les Grandes Rousses.

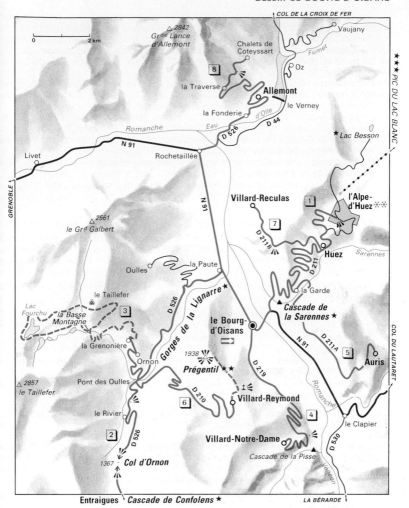

Col d'Ornon – Alt. 1 367 m. Il s'ouvre entre de vastes champs de pierres.
La route suit bientôt la vallée de la Malsanne, torrent désordonné qui, comme la Lignarre, s'est taillé un chemin étroit dans des schistes sombres.

Au Périer, prendre à gauche la route de la cascade de Confolens. Après 600 m, laisser la voiture au parking situé à l'entrée du Parc national des Écrins et poursuivre à pied (2 h AR).

★ **Cascade de Confolens** – À gauche, en arrière, se détache le sentier qui mène à la cascade haute de 70 m, formée par le Tourot, dans un joli site.
L'arrivée à Entraigues révèle des **vues**★ lointaines intéressantes sur le mont Aiguille au Sud-Ouest.

Entraigues – *Voir Le Valbonnais.*

★ ③ **Du Bourg-d'Oisans au refuge de Taillefer et au lac Fourchu**
(alt. 2 060 m)

14 km de Bourg-d'Oisans puis 3 h de marche – Dénivellation : 800 m

Quitter Bourg-d'Oisans par la route de Grenoble ; à la Paute prendre à gauche la route du col d'Ornon (D 526) qui suit les gorges de la Lignarre *(itinéraire décrit ci-dessus)*.
Au Pont-des-Oulles, prendre à droite la route d'Ornon et poursuivre jusqu'à l'entrée du hameau de la Grenonière.
Après le panneau d'information du Parc des Écrins (placé dans un virage) la route cesse d'être revêtue (parking). De ce point, poursuivre 200 m environ sur la route non revêtue avant d'emprunter à droite un sentier qui mène en 20 mn à la Basse-Montagne.

À partir de la Basse-Montagne, environ 2 h de marche sans grande difficulté pour un marcheur entraîné. Laisser sur la gauche le torrent descendant du plateau du Taillefer et prendre le sentier signalé en rouge dans le sous-bois en face de la route. Au bout d'une heure environ on atteint le refuge du Taillefer par un chemin, serpentant dans l'alpage, qui laisse sur la droite à mi-parcours un chalet communal.

Du replat du refuge (2 000 m), on découvre devant soi le massif du Taillefer et la vallée de la Lignarre, et derrière le bâtiment les constructions de l'Alpe-d'Huez et les cimes du massif des Rousses.

En poursuivant vers l'Ouest, un parcours plus facile de 45 mn permet, par le Pas de l'Envious, d'atteindre le lac Fourchu dominé par la masse abrupte du Taillefer (2 857 m). Les rives calmes du lac s'égaient en saison de bouquets de rhododendrons, joubarbes et ancolies des Alpes.

En contrebas, une succession de petits lacs accentue le caractère de haute montagne de ce paysage.

Le retour peut s'effectuer directement par le lac de la Vache vers la Basse-Montagne.

★★ PETITES ROUTES DES « VILLAGES-TERRASSES »

Ces itinéraires, qui offrent des vues plongeantes splendides, sont classés ci-dessous par ordre décroissant de difficulté. Ils empruntent des routes étroites, souvent en corniche et coupées de tunnels. Le croisement y est impossible en dehors des garages. À l'exception de la route de la Traverse-d'Allemond, nous en déconseillons le parcours aux automobilistes non entraînés à la conduite en montagne.

★★ ④ **Route de Villard-Notre-Dame** – *Du Bourg-d'Oisans, 9 km – environ 1 h – schéma p. 105. Route comportant une pente continuelle de 10 %. À éviter pendant ou après une période de pluies. Mauvais cassis au départ.*

Taillée d'abord dans une paroi rocheuse verticale, cette route permet d'admirer, en fin de parcours, d'âpres sites de haute montagne. Le village « perdu » qui en marque le terminus n'est pas moins pittoresque.

Le plus beau coup d'œil est celui qui permet de découvrir à 8 km du Bourg-d'Oisans, dans un lacet à droite, l'enfilade de la basse vallée du Vénéon, fermée par l'aiguille du Plat-de-la-Selle. Au premier plan, le sauvage vallon est parcouru par le torrent qui, descendu du glacier de Villard-Notre-Dame, forme plusieurs cascades.

★★ ⑤ **Route d'Auris** – *De la Garde (sur la route de l'Alpe-d'Huez), 8 km – environ 3/4 h – schéma p. 105. À la Garde, prendre à droite la D 211ᴬ (vers le Freney).* Les vues plongeantes sur le bassin du Bourg-d'Oisans, dominé presque verticalement d'environ 500 m, font la réputation de ce parcours.

★ ⑥ **Route de Villard-Reymond** – *Du Bourg-d'Oisans prendre la N 91 vers Grenoble, puis tourner à gauche dans la D 526 que l'on suit jusqu'au Pont-des-Oulles. Du Pont-des-Oulles 8 km à l'Est par la D 210.* La route remonte le vallon d'un affluent de la Lignarre, en vue du sommet de Prégentil puis du versant opposé au vallon.

Villard-Reymond – Ce hameau inscrit dans un joli site, naguère menacé d'abandon, a été converti en « station de repos ». Gagner la croix du col de Saulude *(1/4 h à pied AR)* pour admirer la **vue**★ qui s'offre au Nord sur la route et le village d'Auris, l'Alpe-d'Huez et la chaîne de Belledonne.

★★ **Prégentil** – *1 h 1/2 à pied AR au départ de Villard-Reymond au Nord-Ouest.* De ce sommet belvédère (alt. 1 938 m), on découvre tous les grands massifs montagneux environnant le bassin du Bourg-d'Oisans.

★ ⑦ **Route de Villard-Reculas** – *D'Huez, 4 km – voir l'Alpe-d'Huez.*

★ ⑧ **Route de la Traverse d'Allemont** – *Schéma p. 105. Du Bourg-d'Oisans, prendre la N 91 vers Grenoble puis tourner à droite dans la D 526. De la Fonderie d'Allemont, 6,5 km – environ 1/2 h. Prendre la D 43 vers Allemont et, à hauteur du village à gauche, la route de la Traverse : peu avant ce dernier hameau, emprunter, à droite, une route forestière en montée. À 6 km, au sortir d'un virage à droite, laisser la voiture (parking) et descendre, sur 100 m, le sentier partant du virage.*

De cet emplacement s'offre une excellente **vue**★ sur la partie aval du bassin du Bourg-d'Oisans, quadrillée de cultures, et sur les montagnes qui l'encadrent.

Revenir à la voiture et faire 200 m.

À droite, **panorama**★★ sur le village du Bessey et le dôme des Petites Rousses, en face ; on distingue le col de la Croix-de-Fer et le cirque du Lac Noir ; les massifs de Belledonne, au Nord, et du Taillefer, au Sud, ferment l'horizon.

Avancer encore de 300 m.

La vue se dégage sur les Grandes Rousses et la combe d'Olle.

Lac du BOURGET★★

Cartes Michelin n°s 89 pli 15 ou 244 plis 17 et 18

Le lac du Bourget, enchâssé entre les chaînons parallèles du mont du Chat et de la Chambotte, constitue le plan d'eau le plus renommé des Alpes françaises, depuis que les Romantiques, Lamartine en tête, lui ont apporté la consécration littéraire. Ses tons changeants, allant du bleu profond à l'azur éclatant, les longues perspectives offertes par ses rives abruptes et sauvages n'ont pas cessé d'inciter ses admirateurs à la rêverie.

En termes prosaïques – Le lac du Bourget est le plus vaste (4 500 ha) – si l'on excepte cinq grands étangs landais et méditerranéens – et le plus profond (145 m) des lacs naturels français. Contrairement à celui d'Annecy, il n'a jamais gelé de mémoire d'homme. Il subit parfois des coups de vent terribles. Comme le Léman, il est très poissonneux et fait l'objet d'importants travaux d'assainissement.

La nappe s'étendait autrefois beaucoup plus au Nord, jusqu'au contact de la montagne du Grand Colombier, et était alimentée directement par le Rhône. Elle est aujourd'hui séparée du fleuve par la plaine marécageuse de Chautagne, mais reste toujours en communication avec celui-ci, par le **canal de Savières**, long de 3 km. Ce déversoir présente la particularité de fonctionner périodiquement à contre-courant : lors de la fonte des neiges au printemps, et quand tombent les pluies d'automne, les eaux du Rhône en crue refluent dans le lac qui joue ainsi un rôle régulateur.

La vue la plus impressionnante sur le site du lac se révèle de la Chambotte.

★★TOUR DU LAC

① Circuit au départ d'Aix-les-Bains *87 km – environ 3 h 1/2*

La route dominant la rive Ouest s'accroche aux pentes raides du mont du Chat et du mont de la Charvaz, offrant, de loin en loin, de superbes échappées.

La route de la rive Est, véritable quai au pied des abrupts du mont de Corsuet, permet d'admirer les jeux de couleur et de lumière qui donnent au lac sa physionomie changeante, mais toujours mélancolique.

‡‡ **Aix-les-Bains** – *Voir ce nom.*

Quitter Aix par ④ du plan, N 201 (vers Chambéry).

Longeant tout d'abord le pied de la colline de Tresserve, haut lieu résidentiel d'Aix, la route suit, face à la dent du Chat, les rives basses du lac, très animées jusqu'à Terre-Nue.

Le Bourget-du-Lac – *Voir ce nom.*

Après le Bourget-du-Lac, on poursuit par la N 504. Face au second embranchement vers Bourdeau, prendre à gauche la D 914 signalée « Abbaye de Hautecombe ».

La route s'élève maintenant au-dessus du lac, dominé par le Revard, vers le col du Chat. Le deuxième lacet de la D 914 forme **belvédère**★ sur la cluse de Chambéry, ouverte entre les remparts des Bauges (Revard, Croix du Nivolet) et de la Chartreuse (Granier, Joigny). À l'horizon, le massif d'Allevard aligne ses dents de scie longtemps soulignées de neige. Le Grand Som – qui domine le monastère de la Grande Chartreuse – se dégage dans l'enfilade de la vallée de l'Hières.

Chapelle N.-D. de l'Étoile – *1/4 h à pied AR. Le chemin d'accès, signalé, se détache dans un large virage de la D 914.* Du terre-plein du sanctuaire se découvre une **vue**★★ sur le lac – remarquer la courbe harmonieuse de la baie de Grésine – et son cadre montagneux. Le Grand Colombier, au Nord, le massif d'Allevard, au Sud, ferment l'horizon. En arrière de la dépression verdoyante de l'Albanais s'allonge la croupe du Semnoz.

La route parcourt ensuite un replat cultivé qui, après Petit Villard, se creuse en gouttière (beaux châtaigniers), hors de vue du lac.

Bifurcation d'Ontex – Vue sur l'abbaye de Hautecombe.

Au cours de la descente, les crêtes du Jura méridional se rapprochent. Le restaurant de la Chambotte domine les abrupts de la rive opposée. Après un détour dans le vallon de St-Pierre-de-Curtille, l'extrémité Nord du lac réapparaît toute proche, avec le château de Châtillon – site lamartinien – dressé sur son promontoire boisé.

Prendre la D 18 à droite vers l'abbaye de Hautecombe.

★ **Abbaye de Hautecombe** – *Voir ce nom.*

Revenir à la D 914 et poursuivre jusqu'au hameau de Quinfieux. À gauche, prendre la D 210 vers Chanaz.

Chanaz – En bordure du canal de Savières, cette ancienne ville-frontière, étape très fréquentée lors de la navigation commerciale, a renoué avec la tradition des auberges de mariniers depuis l'ouverture du canal aux plaisanciers. Intéressant moulin à huile de noix, encore en activité.

Quitter Chanaz par la D 18 vers Aix-les-Bains.

Franchissant à Portout le **canal de Savières**, qui relie le lac au Rhône, la route se glisse à travers les roseaux et les peupliers des marais de Chautagne, pour atteindre Chaudieu.

À Chaudieu, prendre la D 991, puis, au premier hameau de Chindrieux, la route du col de Sapenay.

La route s'élève en lacet au-dessus de la plaine de Chautagne. La vue se dégage sur le lac du Bourget, l'abbaye de Hautecombe et la dent du Chat, ainsi que sur le couloir du Rhône, en direction de Bellegarde. Imposant, le Grand Colombier fait face.

★ **Col du Sapenay** – Alt. 897 m. Avec sa futaie de sapins et ses prés-bois, il compose un paysage de caractère plus montagnard.

Quittant une terrasse, au flanc de la montagne de Cessens, la route plonge en lacet.

Chapelle Notre-Dame de la Salette – La **vue**★ est étendue sur la dépression agricole de l'Albanais.

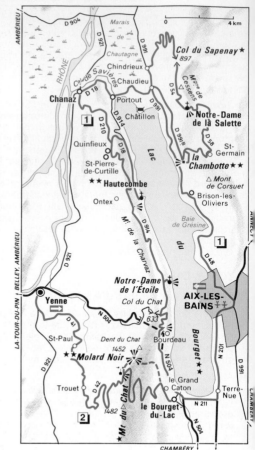

Après St-Germain, prendre la D 991 B. Au village de la Chambotte, tourner à gauche aussitôt après la petite chapelle.

★★ **Vue du restaurant de la Chambotte** – *Voir page 58.*

Après la Chambotte, la D 991 B, taillée dans le flanc de la montagne de Cessens, descend vers Chaudieu en procurant de belles vues sur le lac du Bourget.

À Chaudieu, prendre à gauche la D 991.

Là commence un parcours presque ininterrompu au bord même du lac. Le regard s'arrête au profil de la dent du Chat, à la tache claire que forment, sur la rive opposée, les bâtiments de l'abbaye de Hautecombe. Le dernier passage, le plus resserré, fait passer de **Brison-les-Oliviers**, village de pêcheurs et de vignerons dont le surnom évoque l'exposition ensoleillée, aux rives de la jolie baie de Grésine, d'où l'on rejoint Aix.

‡‡ **Aix-les-Bains** – *Voir ce nom.*

ROUTE DU MONT DU CHAT

② **De Yenne au Bourget-du-Lac**

34 km - environ 1 h 1/2 - schéma ci-dessus

Yenne – La petite capitale du Bugey savoyard commande l'entrée du défilé de **Pierre-Châtel** par lequel le Rhône s'échappe définitivement des Alpes. Yenne est la patrie du comédien **Charles Dullin** (1885-1949).

L'**église**, des 12e-15e s., s'ouvre, en façade, par un portail présentant d'antiques chapiteaux romans (l'Annonciation, la Visitation). Les stalles constituent la pièce capitale du mobilier : provenant de la chartreuse de Pierre-Châtel, ce bel ouvrage de boiserie, de la fin du 15e s., est finement sculpté de motifs flamboyants. Remarquer les armoiries jumelées d'Amédée IX de Savoie et de Yolande de France. Dans la sacristie, belle pierre funéraire chrétienne du 6e s.

On flânera agréablement dans le centre de Yenne qui conserve un certain nombre de maisons anciennes.

Quitter Yenne par la D 41 (qui s'embranche, au Sud, à gauche de la route de Novalaise). À St-Paul reprendre à gauche la D 41, au Sud. À la sortie de Trouet prendre à gauche la D 42 (vers le Bourget-du-Lac), qui monte en lacet.

★ **Mont du Chat** – Le pylône-relais de radio-télévision (alt. 1 504 m) s'élève à une cinquantaine de mètres du col, au Sud. De la terrasse (alt. 1 470 m) aménagée en contrebas, on a une **vue** agréable sur Aix-les-Bains et son lac.

★★ **Molard Noir** – *1 h à pied AR, au départ du mont du Chat.* En suivant vers le Nord le sentier de crête, sous bois, du Molard Noir, on découvre bientôt, du haut des à-pic du versant Ouest, la vallée du Rhône étranglée à la cluse de Pierre-Châtel, les monts du Bugey (Grand Colombier) et le Valromey. Du sommet du Molard Noir (alt. 1 452 m – *tables d'orientation*), le **panorama** est dégagé ,au-delà du Revard et de la Croix du Nivolet, sur les Alpes depuis les Aiguilles de Chamonix jusqu'au mont Granier en passant par le Mont Blanc, la Vanoise, la Meije, Belledonne.

Sur le versant Est du mont du Chat, la route serpente en forêt.

Par le petit hameau du Grand Caton, on atteint le Bourget-du-Lac.

Le Bourget-du-Lac – *Voir ci-dessous.*

Le BOURGET-DU-LAC

2 886 habitants (les Bourgetains)
Cartes Michelin nos 89 pli 15 ou 244 plis 17 et 18
Schéma p. 108 – 9 km au Sud-Ouest d'Aix-les-Bains

Le Bourget fut le grand port de la Savoie ; un service de bateaux à vapeur le relia à Lyon par le canal de Savières et le Rhône, jusqu'en 1859. C'est aujourd'hui une villégiature en expansion ; un port et une plage sont aménagés au bord du lac qui lui doit son nom.

CURIOSITÉS

Église ⊙ – Construite pour un prieuré sur une crypte carolingienne, elle-même bâtie sur les ruines d'un temple de Mercure, elle a été remaniée au 15e s. et refaite en partie au 19e s.

À l'intérieur, la **frise** de l'ancien jubé, encastrée dans les murs de l'abside, autour du maître-autel, est considérée comme le chef-d'œuvre de la sculpture du 13e s. en Savoie. Les scènes évangéliques représentées sont remarquables d'expression et de vie. On remarquera encore la dalle funéraire d'Oddon de Luyrieux (famille qui donna au Bourget ses prieurs-bâtisseurs les plus notoires), suspendue au mur du bas-côté droit, et une cuve baptismale du 15e s.

Château-Prieuré ⊙ – *Entrée par une porte en arc brisé après le monument aux morts (route de Chambéry).*

Contigu à l'église, l'édifice a été entrepris au 11e s. par saint Odilon, abbé de Cluny, sur un terrain concédé par le comte de Savoie Humbert aux Blanches Mains. Des modifications furent apportées au 13e s. et surtout au 15e s. par les prieurs de la famille de Luyrieux.

On visite le réfectoire, la cuisine qui a gardé sa cheminée monumentale, la chapelle St-Claude d'où part l'escalier qui conduit à un oratoire ouvrant sur le chœur de l'église, enfin la bibliothèque au beau plafond de cuir de Cordoue. Le cloître, refait au 15e s., comporte deux galeries superposées : l'étage inférieur présente des voûtes gothiques au savant dessin.

Le jardin est planté d'essences variées et animé par des jeux d'eau ; ses ifs taillés évoquent les pièces d'un jeu d'échecs.

BOURG-ST-MAURICE

6 056 habitants (les Borains)
Cartes Michelin nos 89 pli 5 ou 244 pli 21 – Schémas p. 94 et 271

Située au cœur de la Haute-Tarentaise et commandant la haute vallée de l'Isère, la vallée des Chapieux et le passage du Petit-St-Bernard, Bourg-St-Maurice occupe une position stratégique importante et reste toujours animé par une garnison de chasseurs alpins.

Du point de vue touristique « le Bourg », comme disent plus simplement les Savoyards, vaut surtout par sa situation de carrefour, favorable à l'organisation de circuits en voiture.

En juillet s'y déroule la **fête des Edelweiss** *(voir le chapitre des Manifestations touristiques en fin de volume)*, rassemblement folklorique international où voisinent les pittoresques costumes de la Tarentaise et de la vallée d'Aoste.

BOURG-ST-MAURICE

L'hiver, les amateurs de ski ont désormais à leur disposition les équipements qu'offre la belle station des Arcs.
En été c'est un haut lieu du canoë-kayak où se déroulent, sur l'Isère tumultueuse, de nombreuses compétitions, et une grande base de sports d'eaux vives.

CURIOSITÉS

Musée des minéraux et faune de l'Alpe ⊙ – *Avenue du Général-Leclerc.* On peut y admirer quelques très beaux cristaux ainsi que la reconstitution des filons dans lesquels ils se dissimulent.

ENVIRONS

Vulmix – *4 km au Sud de Bourg-St-Maurice.*

Chapelle St-Gras ⊙ – Cette modeste chapelle restaurée au 17ᵉ s., à l'aspect extérieur sobre, renferme de remarquables **fresques**★ du 15ᵉ s., étonnantes par leur fraîcheur, historiant la vie de Saint Gras, protecteur des cultures. La légende du saint est détaillée sur dix-huit panneaux dont la lecture débute sur le mur Sud.

Hauteville-Gondon – *4 km. Quitter Bourg par la N 90 en direction d'Aime, puis prendre la D 220.*

Musée du Costume ⊙ – Installé dans l'ancien presbytère, ce musée permet d'apprécier la diversité et de comprendre l'évolution et la signification des différents costumes portés au 19ᵉ s. et au début du 20ᵉ s. dans les vallées de la Maurienne et de la Tarentaise. On peut y voir notamment la « frontière » *(illustration p. 44)*, coiffe devenue symbole de la Savoie. Une présentation des bijoux savoyards ainsi qu'une machine à carder les draps complètent cette exposition.

Église St-Martin – Construite à la fin du 17ᵉ s., elle possède à l'intérieur une riche décoration baroque dont plusieurs retables, œuvres d'un artiste valsésian du 18ᵉ s. Admirer celui, polychrome, du maître-autel, encadrant la représentation de la légende de St-Martin.

✳✳✳ **Les Arcs** – *Quitter Bourg-St-Maurice par la N 90 au Nord-Est ; à la sortie de la localité, prendre la D 119 à droite. Arc 1600 : 12 km (ou funiculaire en saison) ; Arc 1800 : 15 km ; Arc 2000 : 26 km. Voir ce nom.*

BRIDES-LES-BAINS✛

611 habitants
Cartes Michelin nᵒˢ 89 pli 6 ou 244 pli 31 – 6 km au Sud de Moûtiers

Les stations de Brides et de Salins, enfoncées dans la basse vallée du Doron de Bozel, sur la route de la Vanoise, présentent la particularité de pouvoir être jumelées sur le plan thermal, pour la plus grande commodité des curistes : la cure de boisson de Brides peut se compléter de façon bienfaisante par une cure de balnéation à Salins.

Dotée de l'équipement hôtelier et sportif coutumier aux villes d'eaux, Brides, centre de tourisme animé, est spécialisée dans le traitement de l'amaigrissement et des troubles circulatoires.

✛ SALINS-LES-BAINS *4 km au Nord-Ouest*

Les eaux salées stimulantes de Salins – d'où furent extraites annuellement, au 18ᵉ s., jusqu'à 1 000 t de sel destiné à la consommation savoyarde – sont indiquées pour le traitement des affections gynécologiques, des états anémiques, lymphatiques ou ganglionnaires, du rachitisme chez l'enfant, et des séquelles de fractures.

La vaste piscine de plein air, qui peut se targuer d'offrir aux curistes « les bains de mer à la montagne », est très fréquentée.

Les pages consacrées à l'art dans les Alpes
offrent une vision générale
des créations artistiques de la région,
et permettent de replacer dans son contexte
un monument ou une oeuvre au moment de sa découverte.
Ce chapitre peut en outre donner des idées d'itinéraires
de visite.
Un conseil : parcourez-le avant de partir !

Ponts de la CAILLE

Cartes Michelin n°s 89 pli 14 ou 244 pli 18
4 km au Sud de Cruseilles

Ces deux ponts, lancés côte à côte à 150 m au-dessus de la gorge du torrent des Usses, forment, par leur hardiesse commune et leur savoureuse différence de style, un **tableau**★ très populaire en Savoie.

Le **pont Charles-Albert**, construit en 1838 sur l'ordre de Charles-Albert de Sardaigne, pont suspendu aux tourelles crénelées, désaffecté, a été conservé pour laisser à l'ensemble tout son caractère.

Le **pont moderne**, ouvert à la circulation en 1928, enjambe le ravin sur une arche unique de 138 m de portée. C'est l'une des plus grandes voûtes construites en béton non armé dans le sens longitudinal.

Route des Bains de la Caille – *Parcours de 6 km. À 600 m au Nord des Ponts de la Caille (vers Cruseilles), quitter la nationale pour la D 227 à gauche. À Féchy, prendre, encore à gauche, la petite route, charmante, qui descend en lacet parmi les pâturages et les arbres fruitiers, offrant des vues dégagées sur les croupes boisées environnantes. Après le hameau des Goths, on atteint le fond des gorges où coule le torrent des Usses, visible à droite entre les arbres. La route se termine devant les « Bains de la Caille »* (propriété privée) : *en levant les yeux, on aperçoit, 150 m plus haut, les ponts de la Caille qui semblent être superposés.*

Le CHABLAIS★★

Cartes Michelin n°s 89 plis 2, 3 et 13 ou 244 plis 8, 9 et 10

Entre le Léman et la vallée du Giffre, le Chablais, massif le plus étendu des Préalpes, présente une structure géologique complexe et un relief assez confus, d'où se dégagent cependant quelques sommets de grande allure, telles la dent d'Oche et sa petite pointe jumelle du Château d'Oche qui donnent beaucoup de style aux horizons du « Grand lac ».

Trois pays étagés – Trois régions, de physionomie distincte, composent le massif. Le **Bas-Chablais**, dont les aimables coteaux bordent la rive Sud du Léman, illustre la grâce épanouie du paysage savoyard de basse altitude. Parmi les bois de châtaigniers et les vignobles aux noms parfois célèbres, comme celui de Crépy près de Douvaine, saillent les toits patinés de quelque gentilhommière, tandis que, plus haut sur les versants, pointent, à travers les taillis, les vestiges d'une tour de défense. L'animation saisonnière de cette « Riviera » de la Savoie a pour pôle Évian-les-Bains.

Le **Pays Gavot**, arrière-pays d'Évian, est un plateau bien délimité par le lac et la vallée de la Dranse d'Abondance, au Sud. Il présente un aspect plus boisé et plus herbager. Ses vastes horizons, bien dégagés de tous côtés, le font spécialement apprécier des promeneurs. Les falaises du pic de Mémise qui le dominent, à l'Est, constituent le plus bel observatoire de la rive chablaisienne du Léman.

Le **Haut-Chablais** (point culminant : les Hautforts, alt. 2 464 m), dont le centre touristique se situe à Morzine, est un pays pastoral et forestier entaillé de trois grandes vallées parcourues par les branches supérieures de la Dranse de Savoie : Dranse d'Abondance, Dranse de Morzine et Brevon. Ces longs couloirs, parfois monotones mais jamais sauvages, aboutissent à des seuils fortement déprimés, permettant des communications faciles avec le Valais (Pays de Morgins) et le Faucigny (col des Gets).

C'est ici le domaine de la race d'Abondance, branche montagnarde de la race bovine Pie-rouge de l'Est, aux excellentes qualités laitières.

GORGES DE LA DRANSE

☐ De Thonon à Morzine *33 km – environ 1 h 3/4 – schéma ci-après*

La route s'enfonce dans la vallée de la Dranse de Savoie, formée par la réunion du Brevon, de la Dranse d'Abondance et de la Dranse de Morzine.
Ce parcours fait traverser une longue suite d'étranglements et de bassins peu épanouis.

⊹⊹ **Thonon-les-Bains** – *Voir ce nom.*

Quitter Thonon par ② *du plan, la D 902, route de Cluses.*

De Thonon à Bioge, où se rassemblent les branches supérieures de la dranse, la route suit les gorges uniformément boisées du torrent, qui présentent dans leur section amont des passages imposants. Des falaises de conglomérats de couleur ocre-rouge dominent alors les flots qui bouillonnent entre d'énormes blocs.

★★ **Gorges du Pont du Diable** ⊙ – *200 marches.* Le poli des roches tapissées de dépôts ocre, gris, verts ou bleutés, érodées et creusées de marmites, la vigueur extraordinaire de la végétation, les éclairages curieux donnent à la visite de cette sombre fissure, taillée par la Dranse de Morzine dans le marbre argovien, un caractère spectaculaire. Les parois atteignent par endroits une soixantaine de mètres de hauteur. D'énormes éboulements ont obstrué une partie du site et lui donnent l'aspect d'un gouffre, l'un d'eux ayant formé à 40 m au-dessus du torrent un pont naturel fantastique, utilisé jadis comme passage : le « pont du Diable ».

Dans le bassin du Biot, remarquer le lac du barrage du Jotty et l'église perchée de la Baume.

On traverse le petit défilé des Tines (tunnel) ; dans le bassin de St-Jean-d'Aulps sont encore visibles les ruines de N.-D. d'Aulps.

Abbaye N.-D. d'Aulps – Il ne reste de cette abbaye cistercienne – qui eut pour abbé saint Guérin, très populaire en Savoie et dans le Valais – que les ruines de son église des 12e-13e s. à la façade ajourée d'une jolie rosace. La châsse de saint Guérin est maintenant vénérée par les pèlerins, parmi lesquels de nombreux Suisses du Valais, le dernier dimanche d'août, dans l'église néo-gothique de St-Jean-d'Aulps (Plan d'Avoz).

Le vaste épanouissement de Morzine, tout couvert d'habitations, apparaît enfin, avec ses deux sommets-signaux : la pointe de Ressachaux et la pointe de Nyon.

✵✵ **Morzine** – *Voir p. 208.*

ROUTE DES TROIS COLS

② **De St-Jeoire à Thonon** *55 km – environ 2 h*

Ce parcours très varié, le long de vallons aux formes adoucies que font communiquer de larges seuils ou de courts défilés, offre des échappées lointaines sur le Léman.
De St-Jeoire, prendre la D 26 vers le Nord.

Entre St-Jeoire et Onnion la vue prend d'enfilade la basse vallée du Giffre et découvre, au-delà de la dépression transversale de l'Arve, la vallée du Reposoir, encadrée par la pointe d'Areu et les carapaces rocheuses du Bargy.

Gorges du Risse – Pour apprécier l'encaissement de ces petites gorges très boisées, on pourra faire halte à hauteur d'un oratoire, érigé du côté de l'à-pic. Campagnarde dans le bassin d'Onnion, la vallée du Risse devient pastorale dans le bassin de Mégevette que dominent les lourds mamelons gazonnés du mont d'Hirmentaz, enfin forestière dans le haut vallon qui aboutit au col de Jambaz.

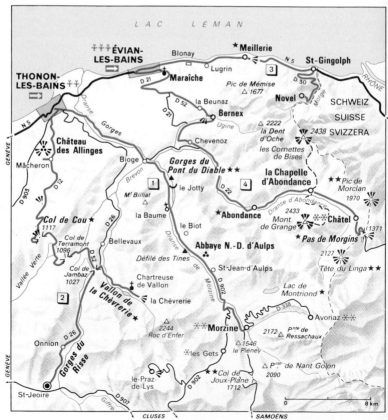

Au col de Jambaz, prendre à droite la route de Bellevaux d'où se détache, après le hameau de Jambaz, le chemin de la Chèvrerie.

★ **Vallon de la Chèvrerie** – Ce haut vallon, origine de la vallée du Brévon, présente les dispositions typiques d'un site de chartreuse, la porte naturelle étant ici le défilé de la Clusaz, fort bien nommé.
Après cet étranglement, le chemin vient traverser la coulée de terrain qui, en 1943, a barré le cours du torrent et provoqué la formation du petit lac de Vallon. De part et d'autre de ce lac, on remarque deux chapelles, témoins des établissements successifs de la **chartreuse de Vallon** : celle de la rive opposée, dédiée à saint Bruno, fut fondée au 12ᵉ s., dévastée par les Bernois en 1536 et abandonnée définitivement en 1619, quand les chartreux s'installèrent à Ripaille. Le chemin se termine à la Chèvrerie en vue d'un cirque de montagnes dominé par la silhouette du roc d'Enfer (alt. 2 244 m).

Faire demi-tour et revenir au col de Jambaz. Là, tourner à gauche et presque aussitôt à droite dans la D 32.

Du col de Jambaz au col de Terramont, la route domine le vallon du Risse puis traverse le seuil des Mouilles qui fait communiquer la vallée du Risse et la vallée de Lullin pour venir dominer, à mi-hauteur, le vallon de Terramont aux versants doucement ondulés. Au Nord se dégage un moment le sommet du mont Billiat. Entre le col de Terramont et le col de Cou se révèle le calme paysage de la « vallée Verte » cernée de croupes boisées, parmi lesquelles on reconnaîtra les Voirons, le Hirmentaz et le mont Forchat, ce dernier signalé par une blanche statue de saint François de Sales.

★ **Col de Cou** – Alt. 1 117 m. Le lac Léman, la chaîne du Jura, apparaissant au-delà d'un premier plan forestier très fourni, constituent pour le touriste débouchant de la vallée Verte le **tableau**★ qu'il découvre de ce passage.
À partir du col de Cou, descente de 16 km, en grande partie sous bois. À la faveur d'échappées se révèlent la nappe du Léman, le promontoire d'Yvoire, les Voirons, le Jura. Plus bas, le regard s'attache surtout aux riantes campagnes du Bas-Chablais que surveillent, sur leur croupe, les ruines du château des Allinges. À 7 km du col, la **vue**★ se dégage : le lac s'encadre entre le mont de Boisy et la colline des Allinges.

À Mâcheron, tourner à gauche vers le château des Allinges.

Château des Allinges – *Voir p. 65.*

La D 12 atteint Thonon.

♯♯ **Thonon-les-Bains** – *Voir ce nom.*

★★ ROUTE DES FALAISES DE MEILLERIE

③ **D'Évian à Novel** *23 km – environ 1 h – schéma p. 112*
Le parcours comporte l'entrée en zone franche.

♯♯ **Évian-les-Bains** – *Voir ce nom.*

Quitter Évian par ① du plan, rive du lac.

Jusqu'à Lugrin, la route est bordée de nombreuses propriétés ; on passe sous une galerie reliant à la rive le château de Blonay (16ᵉ s. – transformé au 19ᵉ s.), dont le nom évoque l'une des plus illustres lignées chablaisiennes.
Au-delà de Lugrin, la route longe le pied des falaises de Meillerie, en vue de l'agglomération de Montreux, sur la rive suisse. À gauche pointent les rochers de Naye, belvédère bien connu des habitués de la côte vaudoise.

★ **Meillerie** – Au pied de sa robuste église (clocher du 13ᵉ s.), dans un **site**★ ravissant, ce village de pêcheurs où Rousseau plaça certaines scènes de la *Nouvelle Héloïse* s'adosse aux falaises les plus imposantes du Léman.
Pour descendre en voiture sur le quai, où sèchent les filets de pêcheurs, prendre la rampe qui se détache de la Nationale à la sortie Est de la localité.

Après Meillerie la vue s'élargit encore sur le Haut Lac et son cadre de montagnes jusqu'aux sommets dominant Leysin (Tour d'Aï).

St-Gingolph – Amusant bourg international possédant tous ses monuments publics en double, sauf l'église et le cimetière situés en France. Le torrent de la Morge forme frontière.
À la cour de Louis XV, St-Gingolph était réputé comme une des plus importantes villes suisses, car de nombreux jeunes Savoyards, désireux de servir dans les régiments suisses de la garde royale où l'on touchait la plus haute solde, se faisaient passer pour originaires de la partie valaisanne du village.

Prendre la D 30 vers Novel.

Novel – Vues très agréables sur le Léman. Très bien situé au pied de la dent d'Oche, ce village possède une église au clocher typiquement alpestre.

Les cloches du troupeau

★ ROUTE D'ABONDANCE

[4] **D'Évian au pas de Morgins** *47 km – environ 2 h – schéma p. 112*

Pour pousser jusqu'au pas de Morgins, il faut passer la douane française à Vonnes (signaler que l'on n'a pas l'intention de pénétrer en Suisse).

‡‡‡ **Évian-les-Bains** - *Voir ce nom.*

Quitter Évian par ② du plan, D 21 (route de Thollon).

Chapelle de Maraîche - Dans un joli site, face au lac, ce petit édifice se signale par son gracieux clocher à campanile en charpente (16e s.).

Entre Évian et St-Paul, la D 21, se dégageant peu à peu des villas, offre de bonnes échappées sur le lac et la rive suisse où Lausanne forme une tache claire. Elle traverse des vignes dont les rameaux s'entrelacent curieusement à des troncs d'arbres morts, les « **crosses** », aux formes tourmentées. Les vues s'élargissent encore, en amont du grand carrefour de l'« X », jusqu'à la côte vaudoise du Haut Lac (Vevey - Montreux).

Entre la Beunaz et Chevenoz, l'itinéraire décrit un crochet dans la vallée de l'Ugine, dominée au Nord par les sommets déchiquetés du mont César et fermée par les escarpements de la dent d'Oche.

Dans la descente sur Bernex se dégage, vers l'aval, le groupe de montagnes (mont d'Hermone, mont Billiat, pointe de Tréchauffex) qui domine le confluent des trois dranses.

Bernex - Villégiature et petit centre d'alpinisme, Bernex est le point de départ de l'ascension de la dent d'Oche (alt. 2 222 m).

Au-delà de Vacheresse, la D 22 suit le profond sillon boisé de la Dranse d'Abondance, qui s'épanouit en amont d'Abondance. Les scieries se multiplient. Remarquer les chalets typiques de la vallée d'Abondance avec leur immense toit couvert de schiste clair, leur pignon signé de la croix, leurs grands balcons à balustrade en bois découpé.

★ **Abondance** - *Voir ce nom.*

La Chapelle-d'Abondance - *Voir p. 53.*

Après le coude de La Chapelle-d'Abondance, où la vallée se drape de sombres forêts, apparaît l'ample bassin de Châtel dont le décor de cimes, de pâturages et de forêts est l'un des mieux composés du Haut-Chablais. En amont de la station, la route va finalement se glisser dans le couloir boisé du Pas de Morgins.

✳✳ **Châtel** - *Voir p. 135.*

★ **Pas de Morgins** - Alt. 1 371 m. Un petit lac, dans lequel se mirent les sapins, pare cette encoche forestière. Les cimes déchiquetées des dents du Midi (Alpes suisses) surgissent à l'horizon.

CHALLES-LES-EAUX ✚

2 801 habitants (les Challesiens)
Cartes Michelin nᵒˢ 89 pli 16 ou 244 pli 29 – 6 km au Sud-Est de Chambéry

Challes-les-Eaux s'est développée à l'endroit où la cluse de Chambéry, largement ouverte entre les Bauges et le massif de la Chartreuse, débouche dans le vestibule du « sillon alpin » (Grésivaudan et Combe de Savoie).

LA STATION

Cette station hydrominérale est spécialisée en gynécologie et traitement des voies respiratoires. Ses eaux, froides (10,5 °C), sont les plus riches en soufre des eaux sulfurées sodiques connues. Elles sont utilisées principalement en inhalations, pulvérisations et gargarismes.

Le casino et l'établissement thermal, de style Napoléon III, sont agréablement situés dans un parc ombragé, à l'Est de la N 6.

L'ancien château, du 17ᵉ s., a été aménagé en hôtel.

★ MONT ST-MICHEL

9,5 km à l'Est – par un chemin étroit en fin de parcours –, puis 1 h à pied AR.
Quitter Challes au Sud par la N 6 vers Albertville. À 1 km, prendre à gauche, et 800 m plus loin, laissant en avant l'église de St-Jeoire-Prieuré, tourner à gauche à angle aigu. Au carrefour du Boyat, à gauche et 700 m plus loin, à hauteur d'une maison, une nouvelle fois à gauche dans le chemin de Montmerlet.

Laisser la voiture aux premières maisons du hameau de Montmerlet (parc de stationnement) et prendre le chemin en montée, à droite. Plusieurs sentiers balisés offrent des variantes, de divers niveaux de difficulté, pour accéder au sommet et rejoindre Curienne, St-Jeoire et Challes *(de 1 h 30 à 3 h 30)*. Suivre toujours le meilleur chemin et, en entrant sous bois, prendre à droite pour déboucher sur le terre-plein de la chapelle du mont St-Michel.

Au cours de la montée, on notera la diversité des essences forestières : les versants rocailleux ont adopté le chêne pubescent et le buis tandis que les combes, plus humides, sont colonisées par les sapins. Parfois, on relèvera la présence insolite d'un groupe d'érables de Montpellier, reconnaissables à leurs feuilles trilobées. Cette espèce méditerranéenne appréciant les sites chauds et secs, confirme la douceur du climat local.

De ce point, la **vue** plonge sur la cluse de Chambéry, l'agglomération chambérienne et Challes. Les cimes du massif de Belledonne, longtemps enneigées, et les Trois Pics de Belledonne s'alignent en arrière du Grésivaudan. En face, à droite de la muraille du Granier, s'infléchit le col du Granier. Au Nord-Ouest, la dent du Chat accidente la longue croupe du mont du Chat qui domine le lac du Bourget, visible en partie.

CHAMBÉRY ★★

54 120 habitants (les Chambériens)
Cartes Michelin nᵒˢ 89 pli 16 ou 244 pli 29 – Schémas p. 92, 130 et 149

Chambéry, capitale jusqu'au 16ᵉ s. d'un État souverain, a toujours été le cœur de la Savoie authentique (limitée à l'origine au carrefour de Chambéry - Combe de Savoie - Grésivaudan).

La ville s'est développée dans la partie la plus rétrécie de sa « cluse », entre l'éperon de Lémenc, site de la cité romaine, et la terrasse qui porte le château. Elle est située entre les massifs des Bauges et de la Grande-Chartreuse, aux portes de trois des principaux parcs alpins : Parc national de la Vanoise et ceux, régionaux, de Chartreuse et des Bauges.

À défaut de monuments de tout premier plan, la capitale des comtes et des ducs de Savoie, la ville des frères de Maistre, de Rousseau, la cellule aristocratique dont certains représentants pouvaient évoquer encore, au début du 20ᵉ s., le souvenir de leurs « princes », a gardé un cachet fait de dignité, qui se manifeste dans la perspective de ses « Portiques ».

Préfecture de la Savoie, Chambéry est avant tout une ville administrative et commerçante, une capitale régionale et un nœud de communications important. Sa vieille ville, bien rénovée, a retrouvé sa beauté passée. Le modernisme se manifeste aussi dans les amusantes peintures en trompe-l'œil qui ornent certains murs, ceux des halles entre autres, et dans la nouvelle maison des arts et de la culture (l'Espace André-Malraux).

Chambéry, capitale – Chambéry devient la capitale des comtes de Savoie en 1232. Ce n'est encore qu'un gros bourg, défendu par un château fort. La fortune de la ville, liée à l'essor de la Maison de Savoie, sera surtout l'œuvre des trois Amédée.

CHAMBÉRY PRATIQUE

Se déplacer – Un minibus électrique circule en boucle dans les secteurs piétonniers. L'itinéraire est matérialisé par des ronds jaunes au sol.

Les marchés – Place de Genève, les mardi et samedi matin ; place des Combes, le jeudi.

Où prendre un verre dans un cadre agréable ? – Les amateurs de bières apprécieront le large choix des cartes présentées Au Transat (29, place Monge), au Café de l'Horloge (place St-Léger) et au café du Théâtre (place du Théâtre). La rhumerie Le Corsaire (avenue des Ducs de Savoie) propose une ambiance jeune dans un décor exotique.

Cyber-cafés – Les « surfeurs » d'Internet pourront assouvir leur passion tout en se restaurant au Café Curial (carré Curial), ou se désaltérer au Colisée (place d'Italie).

Pour prolonger la soirée dans les environs – À Aix-les-Bains, de nombreuses discothèques distillent des ambiances éclectiques, souvent dans des cadres très originaux : La Péniche, Le Bassamba (décor de château).

Chambéry – Fontaine des Éléphants

Les spécialités – Pour savourer la cuisine du terroir, on pourra choisir entre les préparations savoyardes roboratives, notamment au restaurant Savoyard (25, place Monge), et les multiples accomodements des produits issus des lacs voisins ; Les Belles Rives à Aiguebelette-le-Lac et l'Auberge du Pont-Rouge (avenue du Grand Pont) et l'auberge Le Cochelet (route du Bord du Lac) à Aix-les-Bains,.

Confiseries – Les truffes en chocolat sont réputées ; celles de Chambéry se singularisent par leur fabrication à base de crème fraîche (au lieu du beurre, plus courant). Les bonbons « mazet » (caramel rond) sont également très prisés. Plusieurs chocolatiers pourront combler les amateurs les plus exigeants, notamment Mazet, 2, place Porte-Reine, Berland, 28, place St-Léger, et la chocolaterie La Royale, 2, rue Albert-1er.

Boissons – La « Chambéryzette », vermouth sec, est ici aromatisé aux fraises des Alpes. Le « vermouth de Chambéry », création de la maison Dolin en 1821, est le produit d'une macération de multiples herbes dans un vin blanc sec. Le « Bonal », élaboré au siècle dernier par un moine, et composé de jus de raisin et de racines de gentiane, est un apéritif réconfortant.

Artisanat – L'Opinel, une référence mondiale en matière de coutellerie, est produit dans les environs de Chambéry par une dynastie de taillandiers savoyards *(voir encadré p. 317)*. Le savoir-faire des artisans savoyards se retrouve également dans un bijou typique, la croix-grille : cette croix latine, ornée sur chaque face d'une représentation de la Vierge et du Christ, est fleuronnée de larmes.

Se détendre dans les parcs de loisirs – Le parc du Buisson Rond, où l'on peut pratiquer de nombreuses disciplines sportives ; le clos Savoiroux, sur la colline du Lémenc, et le parcours sportif de la colline des Monts.

Amédée VI (comte de Savoie de 1343 à 1383), le comte Vert – Son surnom lui vient de la couleur de son équipement dans les tournois. C'est à la fois un chevalier fameux et un homme d'État consommé : il étend ses domaines vers la Suisse, le Jura, l'Italie, fait croisade contre les Turcs auxquels il prend Gallipoli et meurt de la peste au cours d'une campagne dans le royaume de Naples.

Amédée VII (comte de 1383 à 1391), le comte Rouge – Son armure, toujours couverte de sang dans le combat, serait à l'origine de son surnom. C'est le compagnon d'armes de Charles VI. À la tête de ses Savoyards, il lutte contre les Anglais. Ses faits d'armes le rendent légendaire dans les deux camps. Après avoir enrichi la Savoie du comté de Nice, il meurt prématurément à Ripaille d'une blessure reçue à la chasse.

Amédée VIII (duc de Savoie de 1391 à 1434), le duc-pape – Ce prince fait franchir à sa Maison une étape importante quand il est nommé duc par l'Empereur. Ses domaines s'arrondissent du Genevois et, en 1429, du Piémont. En 1434, au faîte de la puissance, il abdique brusquement, se retire au château-monastère de Ripaille, en sort pape et y retourne, ayant déposé la tiare *(détails à Ripaille)*.

Après les trois Amédée et pendant un siècle, c'est la décadence. La Savoie est plusieurs fois occupée par les Français. Emmanuel-Philibert, le meilleur capitaine de Charles Quint, reconstitue et relève ses États savoyards. En 1562, il remplace comme capitale Chambéry, trop près de la France, par Turin, que protègent les Alpes. En compensation, Chambéry reçoit un Sénat faisant fonction de cour supérieure de justice et d'organe de contrôle pour l'administration savoyarde.

Boigne le munificent (1751-1830) – La vie de Benoît de Boigne fut véritablement picaresque. Fils d'un riche marchand de Chambéry, le goût de l'aventure le fait servir dans les Gardes Françaises, puis successivement dans un régiment grec, dans l'armée égyptienne et finalement aux Indes. Il met ses talents militaires au service d'un maharaja qui le nomme gouverneur d'un vaste territoire. À la mort du prince, il revient en Europe colossalement riche avec le titre de général, prend épouse à Londres et vient s'installer à Chambéry. Nommé président du département du Mont-Blanc par Napoléon 1er, il sera fait aide de camp par Louis XVIII, puis comte de Boigne par le roi de Sardaigne. Il emploie sa fortune à améliorer l'urbanisme de sa ville et à créer des institutions de charité.

★★ VIEILLE VILLE

Visite à pied : 4 h – y compris la visite détaillée du château.

Un **petit train touristique** ⊙ permet de visiter le centre historique piétonnier pendant la saison estivale.

Partir de la fontaine des Éléphants et suivre l'itinéraire indiqué sur le plan.

Fontaine des Éléphants (B F) – Ce monument, le plus populaire de la ville, a été élevé en 1838 à la mémoire du **général comte de Boigne**. Les éléphants, privés de leur arrière-train, au grand bénéfice de la verve chambérienne, rappellent les campagnes aux Indes du général.

Prendre le boulevard du Théâtre.

Théâtre Charles-Dullin (B T) – Reconstruit après un incendie au 19e s., il porte le nom du célèbre acteur et metteur en scène savoyard *(voir p. 108)* et compte parmi les grands théâtres à l'italienne du monde. Il conserve son rideau d'avant-scène d'origine, peint par Louis de Vacca en 1824 et représentant *La descente d'Orphée aux enfers*.

Continuer sur le boulevard du Théâtre jusqu'au musée Savoisien.

★ Musée savoisien ⊙ **(B M¹)** – Il est installé dans un ancien couvent de franciscains devenu ensuite archevêché, dont les bâtiments des 13e-15e-17e s., s'ordonnant autour d'un vaste cloître, abritent au rez-de-chaussée une importante collection préhistorique (stations du lac du Bourget) et gallo-romaine. À l'étage on visite des galeries consacrées à l'art religieux, surtout médiéval et aux monnaies de Savoie du Moyen Âge à 1860. La belle collection de peintures des Primitifs savoyards est en cours de restauration. On découvre également un ensemble de peintures murales à caractère profane, datable de la fin du 13e s. Le département d'ethnographie régionale présente une remarquable collection d'objets illustrant les métiers, l'agriculture, la vie domestique et l'art populaire. Enfin un espace rend compte de la place prise par la Savoie au cours de la Seconde Guerre mondiale.

Suivre, dans le prolongement du boulevard du Théâtre, la rue Ducis. Dans la rue de la Croix-d'Or, à droite, le passage Métropole mène à la cathédrale métropolitaine.

★ Cathédrale métropolitaine St-François-de-Sales (B) – Connue sous le nom de « Métropole », c'est l'ancienne église du couvent fondé au 13e s. par les franciscains. L'édifice actuel, de grandes dimensions, date des 15e et 16e s., époque à laquelle l'ordre des Franciscains était à son apogée. De plus, le sol marécageux ne permettant pas de creuser en profondeur, il fallut étendre l'église en surface.

Après avoir abrité, à partir de 1792, « l'Assemblée nationale des Allobroges », et des fêtes révolutionnaires, elle devint cathédrale métropolitaine (archi-épiscopale) en 1817.

Au gré de ses promenades à pied, le visiteur de Chambéry sera surpris par d'imposantes peintures en trompe-l'œil créant sur des murs aveugles de troublantes illusions : les halles du marché, l'angle du théâtre Charles-Dullin, l'îlot de l'Horloge. Ces créations sont l'œuvre d'artistes chambériens, le groupe Miami.

Chambéry – Le château

La façade, de la fin du 15ᵉ s., séduit par la fantaisie de son décor flamboyant et ses portes en bois du début du 17ᵉ s. L'intérieur surprend par son ampleur et l'habileté du système de voûte : une seule voûte couvre à la fois la chapelle latérale et le bas-côté. Cette disposition originale devait servir à pallier l'instabilité du sous-sol. Depuis 1835, une fresque en trompe-l'œil, peinte dans le style « gothique-troubadour » par Vicario, décore l'église. Dans le déambulatoire, deux fresques funéraires du 15ᵉ s. rappellent les nombreuses sépultures accueillies par le couvent franciscain. La deuxième chapelle de droite abrite le tombeau du jurisconsulte Antoine Favre, père de Vaugelas *(voir p. 67)*.

La salle basse du clocher, seul vestige de l'église du 13ᵉ s., recèle le **trésor** ⊘ : remarquer surtout un **diptyque**★ en ivoire, travail byzantin du 10ᵉ s., une pyxide en émail champlevé du 13ᵉ s., une Nativité en bois sculpté et une peinture flamande du 15ᵉ s.

En sortant de la cathédrale, gagner la rue de la Croix-d'Or.

Rue de la Croix-d'Or (**B**) – Bordée de vieux hôtels, c'était l'artère la plus aristocratique de Chambéry. Au nᵒ 18, l'hôtel de Châteauneuf fut construit par un maître de forges au 17ᵉ s. En entrant dans la cour on pourra voir de remarquables **grilles**★ de fer forgé.

En face, au nᵒ 13, l'**hôtel des Marches et de Bellegarde** présente une façade au gracieux décor datant de 1788. Napoléon, en 1805, et Pie VII (involontairement, en 1812) y logèrent. Pénétrer dans l'allée pour admirer l'escalier.

★ **Place St-Léger** (**B**) – Cette vaste place oblongue a été réaménagée à la fin des années soixante-dix. Devenue piétonne, elle a été pavée de porphyre rose ; ses façades ont été restaurées et colorées dans des tons chauds. Agrémentée de fontaines et de réverbères, elle invite aujourd'hui le passant à faire halte à l'une de ses nombreuses terrasses de café.

Rue Basse-du-Château (**A 4**) – Pittoresque avec sa petite galerie-passerelle et les ogives de ses anciennes échoppes, elle mène à la place du château.

Place du Château (**A 10**) – Dominée par le château, elle est entourée par le bel **hôtel de Montfalcon** (18ᵉ s.), vrai palais à l'italienne, et l'**hôtel Favre de Marnix** (17ᵉ s.). Au centre une statue représente les frères de Maistre *(voir p. 33)*.

★ **Château** ⊙ (**A**) – Ancienne demeure des seigneurs de Chambéry, puis des comtes et ducs de Savoie, le château fut conservé comme résidence de passage par les rois de Sardaigne. L'édifice, construit aux 14ᵉ et 15ᵉ s., fut en partie brûlé par deux fois, au 18ᵉ s. ; on éleva alors, à usage de palais royal, le vaste corps de bâtiment qui est aujourd'hui la préfecture.

Suivre la rampe qui passe sous la voûte de l'ancienne Porterie et aboutit à la cour intérieure, bordée par la Sainte-Chapelle et par les bâtiments de la préfecture.

De la place du Château, on a une vue d'ensemble sur la partie la plus ancienne. À gauche, la tour du Carrefour, au-dessus d'une terrasse plantée d'arbres ; au centre, la façade de l'ancien bâtiment de la Chambre des Comptes, surélevé de deux étages au 18ᵉ s. ; à droite, l'élégant chevet de la Sainte-Chapelle ; encore plus à droite, la tour Trésorerie et, au fond, la massive **tour Demi-Ronde** (**K**).

Tour Trésorerie (14ᵉ s.) – Une salle de documentation y évoque l'évolution de Chambéry et du château depuis le 13ᵉ s. On y voit entre autres l'arbre généalogique de la Maison de Savoie.

Salles basses (14ᵉ s.) – Ces salles voûtées en berceau, dont les murs ont jusqu'à 3 m d'épaisseur et auxquelles on accède par un escalier monumental, ont probablement servi de chapelle et de crypte jusqu'à la construction de la Sainte-Chapelle, puis ont abrité un arsenal.

★ **Sainte-Chapelle** (**A B**) – *Voir illustration au chapitre de l'art – Éléments d'architecture.* Construite, à partir de 1408 dans le style gothique flamboyant, elle s'entoure, au chevet, d'un chemin de ronde. Sa façade, de style baroque, est du 17ᵉ s. Elle reçut l'appellation de Sainte-Chapelle en 1502 lorsque y fut déposé le Saint Suaire, transféré à Turin en 1578 (une réplique de la célèbre relique est exposée).

Dans cet édifice, témoin de nombreux mariages historiques, comme celui de Louis XI et de Charlotte de Savoie ou celui de Lamartine avec miss Birch, on admire l'élégante ordonnance des voûtes et les trois grandes verrières du 16ᵉ s. Les surprenantes fresques en trompe-l'œil, qui ont en grande partie disparu lors de la dernière restauration, avaient été exécutées en 1836 par le Piémontais Vicario. La grande tapisserie portant les blasons des villes de Savoie a été exécutée en quinze jours pour célébrer le rattachement de la Savoie à la France. Un **carillon de 70 cloches**, réalisé par la fonderie Paccard de Sévrier *(voir p. 75)*, a été installé dans la tour Yolande de la Sainte-Chapelle en 1993. Il est considéré, en Europe, comme le plus achevé dans sa composition.

À hauteur de la tour Demi-Ronde, descendre les degrés reliant le château à la place Maché.

On passe sous la belle arcade à décoration flamboyante du **portail St-Dominique** (15ᵉ s.) (**A E**), remontée ici en 1892 après la disparition de l'ancien couvent des dominicains.

De la place Maché, reprendre la direction de la place du Château mais tourner à gauche dans la rue Juiverie, piétonne.

Rue Juiverie (**A**) – Dans cette rue logeaient autrefois banquiers et changeurs. Pénétrer à gauche au nᵒ 60, dans la cour de l'hôtel Chabot de St-Maurice.

Suivre tout droit l'étroite rue de Lans, qui débouche sur la place de l'Hôtel-de-Ville.

Prendre alors à droite le passage couvert (allées nᵒˢ 5 et 6 de la place de l'Hôtel-de-Ville) – l'une des innombrables « **allées** » chambériennes de la vieille ville – qui débouche dans la rue de Boigne.

Rue de Boigne (**B**) – Bordée de « portiques » à la mode transalpine, cette artère, conçue par le général de Boigne, est l'une des plus caractéristiques de Chambéry par son ordonnance et par son animation. Elle ramène à la fontaine des Éléphants.

QUARTIER CURIAL (**B**)

Cet important quartier militaire, dont la plupart des bâtiments datent de l'époque napoléonienne, a fait l'objet d'une réhabilitation réussie depuis le départ de l'armée dans les années soixante-dix.

Carré Curial – *Accès libre à la cour.* Cette ancienne caserne, bâtie en 1802 sur le modèle des Invalides, a conservé l'ordonnancement d'origine autour de sa vaste cour carrée. Elle a été réaménagée par l'Atelier municipal d'architecture pour accueillir commerces et bureaux.

CHAMBÉRY

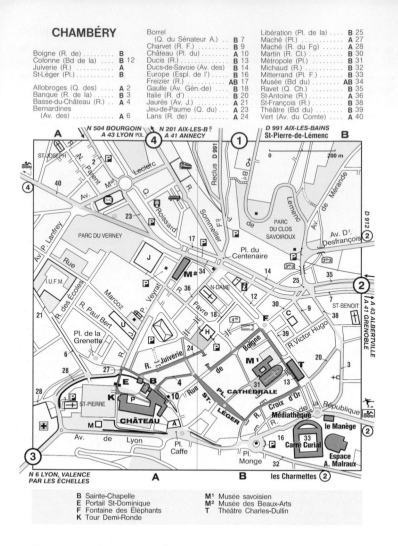

Espace André-Malraux – À côté du Carré Curial, la maison de la culture ou Espace André-Malraux, dessinée par l'architecte suisse Mario Botta, comprend une salle de spectacle de 900 places, des studios audiovisuels et des lieux d'exposition.

Centre de congrès « le Manège » – L'ancien manège de cavalerie des carabiniers sardes combine harmonieusement architecture militaire traditionnelle et techniques modernes d'aménagement. Un péristyle transparent lui a été adjoint.

Médiathèque Jean-Jacques-Rousseau – Surnommée « le Bateau-Livre », cette œuvre de l'architecte Aurelio Galfetti (1970) présente une vaste courbe coiffée d'une verrière panoramique.

AUTRES CURIOSITÉS

Musée des Beaux-Arts ⊘ (**A M²**) – Au rez-de-chaussée, la salle voûtée, où eut lieu le vote des Chambériens lors du rattachement de la Savoie à la France, accueille, tout comme le premier étage, des expositions temporaires.
Le second étage est principalement consacré à la peinture italienne. On remarquera les Primitifs siennois (grand retable de Bartolo di Fredi), des œuvres de la Renaissance (célèbre portrait d'homme attribué à Paolo Uccello) et une importante série d'œuvres des 17e et 18e s. dans laquelle ressortent particulièrement les écoles florentine (Coccapani, Martinelli) et napolitaine (Giordano, Mattia, Pretti, Codazzi). La salle du 19e s. oppose deux grands courants picturaux, le néoclassicisme (Xavier de Maistre, Laurent Pêcheux) et le réalisme (Dagnan-Bouveret). Des cabinets sont consacrés aux natures mortes, aux écoles du Nord et à la peinture régionale.

Église St-Pierre-de-Lémenc ⊘ **(B)** – La colline de Lémenc, marquant l'emplacement de l'ancienne « station » romaine, conserve ce sanctuaire, le plus vénérable de Chambéry. Cet ancien prieuré fut, durant le haut Moyen Âge, l'un des foyers de christianisation les plus actifs de Savoie.

★ **Crypte** – La petite rotonde du **baptistère**★ carolingien, avec ses colonnes aux frustes chapiteaux, est un émouvant témoin des premiers âges de l'Église. Le chœur de la crypte a été construit au 15e s. pour supporter l'église supérieure, de style gothique. Il abrite une *Mise au tombeau* de la même époque, mutilée à la Révolution.

LES CHARMETTES *2 km au Sud-Est*

Quitter Chambéry par la rue Michaud **(B)**. *Dès la sortie de l'agglomération, à une grande patte d'oie, prendre tout droit la D 4, puis, aussitôt, s'engager, toujours tout droit, dans l'étroit chemin goudronné des Charmettes. S'arrêter à hauteur de l'ancienne chapelle, située en contrebas de la maison.*
La demeure campagnarde de Mme de Warens *(voir p. 67)*, que Rousseau habita entre 1736 et 1742 et qu'il célébra dans ses *Confessions*, est aujourd'hui la propriété de la ville de Chambéry. Ses dispositions ont été respectées fidèlement au cours de la complète restauration qui l'a sauvegardée en 1978.
Le souvenir du philosophe habite les pièces que l'on visite et dont l'aménagement intérieur date de la fin du 18e s. : au rez-de-chaussée, la salle à manger avec décor en trompe-l'œil, et le salon de musique qui évoque la carrière musicale de Rousseau ; au premier étage, l'oratoire aménagé par Mme de Warens, qui précède sa chambre ainsi que celle occupée par Rousseau.
L'ensemble s'ouvre sur un jardin en terrasse, dans un vallon boisé dominant la vallée de Chambéry et fermé à l'horizon par la dent du Nivolet. Une collection de plantes utilisées au 18e s. y est rassemblée. C'est là que le visiteur appréciera le mieux le charme de ce « séjour du bonheur et de l'innocence ».

Dans ses Confessions (livres V et VI), J.-J. Rousseau conserve de ses dix années passées à Chambéry le meilleur souvenir : « S'il est une petite ville au monde où l'on goûte la douceur de la vie dans un commerce agréable et sûr, c'est Chambéry. »

CHAMONIX-MONT-BLANC✳✳✳

9 701 habitants (les Chamoniards)
Cartes Michelin nos 89 pli 4 ou 244 pli 21 – Schéma p. 203

Capitale française de l'alpinisme grâce à sa Compagnie des guides, elle attire aussi en grand nombre les randonneurs, qui disposent de 310 km de sentiers de toutes difficultés. Elle doit plus largement son succès populaire aux nombreux belvédères aménagés, qui comptent parmi les plus beaux et les plus spectaculaires paysages des Alpes.
Organisatrice en 1924 des premiers Jeux olympiques d'hiver, Chamonix s'est affirmée aussi comme une grande station de ski, fortement équipée.
Son essor n'a pu qu'être favorisé, depuis 1965, par l'appoint du tunnel du Mont-Blanc *(voir ce nom)* qui met Chamonix en liaison directe avec le val d'Aoste, et à 20 km à peine de la grande station italienne de Courmayeur.

La Compagnie des guides

Fondée en 1821 dans le but de contrôler l'accès au massif du Mont-Blanc des premiers alpinistes étrangers, elle était composée à l'origine de 34 guides originaires de Chamonix, dont le responsable était nommé par le gouvernement sarde. En 1998, 142 guides de haute-montagne en activité sont inscrits à la Compagnie, qui accueille en moyenne chaque année plus de 10 000 clients. Parmi les activités vedettes proposées en été : le TMB (Tour du Mont Blanc en refuges) et l'ascension en petits groupes du Mont Blanc (au terme de 10 h de marche endurante et avec bivouac en refuge). En hiver, la descente de la vallée Blanche, accompagné d'un guide, reste un souvenir inoubliable pour tout skieur confirmé.
Les tarifs des prestations sont disponibles aux bureaux de la Compagnie à Chamonix (☎ 04 50 53 00 88), à Argentière, aux Houches et à Servoz.
Chaque été, la « fête des guides » réunit le 15 août les amoureux de la montagne autour d'une action caritative.

La Mer de Glace vue du Montenvers

Aujourd'hui, la vallée de Chamonix s'apparente à une agglomération à l'architecture plus ou moins heureuse et à la circulation incessante en haute saison. Elle émerveillera toujours les amateurs de paysages grandioses et satisfera les personnes attirées par une station animée proposant une multitude d'activités sportives et de manifestations culturelles (Semaines musicales du Mont Blanc), mais les adeptes de calme et de nature préservée éviteront les vacances scolaires.

L'équipement – En été Chamonix offre toutes les distractions sportives classiques (piscines, tennis, golf). Les téléphériques et le chemin de fer du Montenvers font alors leur plein d'excursionnistes venus pour la journée et d'alpinistes soucieux de gagner rapidement leurs camps de base.

Avec les domaines skiables de la Flégère et du Brévent, bien ensoleillés, le téléphérique de l'Aiguille du Midi – qui rend possible la pratique du ski en plein été, dans la combe glaciaire de la vallée Blanche – et enfin le téléphérique des Grands-Montets, au-dessus d'Argentière, la vallée de Chamonix est très bien équipée. Actuellement, l'effort porte sur la modernisation et le dédoublement des grandes remontées mécaniques de la vallée (7 téléphériques, 6 télécabines, 16 télésièges), sur le développement des équipements sportifs et de loisirs, et sur les réalisations d'urbanisme.

Grâce à ses deux patinoires artificielles, dont une couverte et praticable l'été, et à l'anneau de vitesse, Chamonix exerce pour les sports de la glace une prééminence incontestée.

La paroi rocheuse des Gaillands, face au petit lac du même nom, sert d'école d'escalade.

Une via ferrata de haute-montagne, le balcon du Mont Blanc, a été aménagée au-dessus de la Mer de Glace.

J.-L. Gallo/MICHELIN

LA STATION

La grande artère de Chamonix est la rue du Dr-Paccard que prolonge la rue Joseph-Vallot. Perpendiculairement à cet axe, la courte avenue de l'Église mène au terre-plein de l'église, cœur de la vieille ville, et à la **Maison de la Montagne** (**AX**), où se trouve le célèbre bureau des guides de Chamonix.

Dans la direction opposée, l'avenue Michel-Croz, où l'on peut voir une **statue** représentant le docteur **Michel Gabriel Paccard** (**AX B**), dessert les quartiers récents de la rive gauche de l'Arve et la gare.

Sur cette rive se sont édifiées les modernes constructions en béton des centres sportifs du Bouchet et de la place du Mont-Blanc, que d'aucuns accusent d'altérer le caractère sinon le site de la station...

Sur le pont de Cour, élargi, s'érige le **groupe en bronze** (**AY D**), dû à Salmson, représentant le naturaliste Horace Benedict de Saussure et le guide Balmat contemplant le Mont Blanc *(détails au Massif du Mont-Blanc)*.

Musée Alpin ⊙ (**AX M**) – Installé dans l'ancien hôtel Chamonix-Palace et géré par l'association des Amis du Vieux Chamonix, il relate l'histoire de la vallée de Chamonix, la vie quotidienne au 19e s., les étapes de la conquête des sommets alpins, les scientifiques au Mont Blanc (reconstitution du « salon chinois » de l'observatoire Vallot) et les débuts du ski dans la vallée.

Outre les documents et photos d'ascensions célèbres, on y voit notamment d'anciens équipements d'alpinistes, des costumes et outils régionaux, des documents relatifs à la Compagnie des guides et une riche iconographie de la vallée (gravures des 18e et 19e s., affiches anciennes). Des diaporamas animent la visite. Une collection minéralogique présente de beaux cristaux.

Une dernière salle rassemble une trentaine de toiles à sujets montagnards, œuvres du peintre Gabriel Loppé (1825-1913).

Le domaine skiable – Celui de la vallée de Chamonix est incontestablement le plus remarquable de la Haute-Savoie. Il offre quelques-unes des plus belles descentes qui soient,
de par leur longueur, leur dénivelée et leur cadre grandiose de haute montagne. Pour
profiter pleinement de cet espace inégalable, sans trop attendre aux remontées
mécaniques, il est préférable d'éviter les vacances scolaires et les week-ends.
Le domaine est réparti sur plusieurs massifs, reliés entre eux par navette : le Brévent
et l'Aiguille du Midi à Chamonix, la Flégère au Praz, les Grands-Montets à Argentière
et la Balme au Tour.

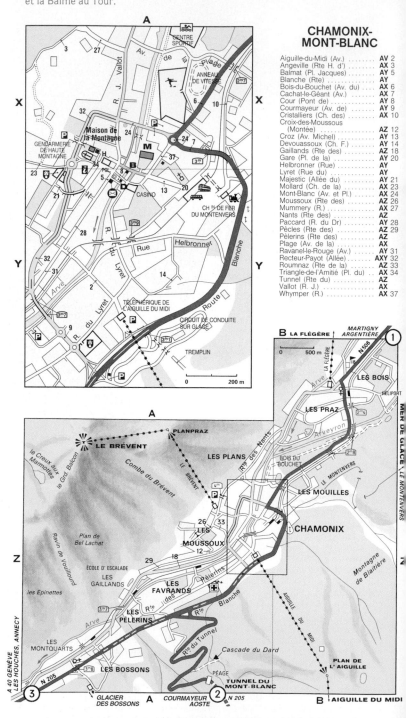

CHAMONIX-MONT-BLANC

Aiguille-du-Midi (Av.)	**AV** 2
Angeville (Rte H. d')	**AX** 3
Balmat (Pl. Jacques)	**AY** 5
Blanche (Rte)	**AY**
Bois-du-Bouchet (Av. du)	**AX** 6
Cachat-le-Géant (Av.)	**AX** 7
Cour (Pont de)	**AY** 8
Courmayeur (Av. de)	**AY** 9
Cristalliers (Ch. des)	**AX** 10
Croix-des-Moussous (Montée)	**AZ** 12
Croz (Av. Michel)	**AY** 13
Devouassoux (Ch. F.)	**AY** 14
Gaillands (Rte des)	**AZ** 18
Gare (Pl. de la)	**AY** 20
Helbronner (Rue)	**AY**
Lyret (Rue du)	**AY**
Majestic (Allée du)	**AY** 21
Mollard (Ch. de la)	**AX** 23
Mont-Blanc (Av. et Pl.)	**AX** 24
Moussoux (Rte des)	**AZ** 26
Mummery (R.)	**AX** 27
Nants (Rte des)	**AZ**
Paccard (R. du Dr)	**AY** 28
Pècles (Rte des)	**AY** 29
Pèlerins (Rte des)	**AZ**
Plage (Av. de la)	**AX**
Ravanel-le-Rouge (Av.)	**AY** 31
Recteur-Payot (Allée)	**AXY** 32
Roumnaz (Rte de la)	**AZ** 33
Triangle-de-l'Amitié (Pl. du)	**AX** 34
Tunnel (Rte du)	**AZ**
Vallot (R. J.)	**AX**
Whymper (R.)	**AX** 37

B Statue de Michel Gabriel Paccard
D Groupe en bronze (H.B. de Saussure et Balmat)

M Musée Alpin

L'enneigement est en général excellent au-dessus de 1900 m (sur les deuxièmes tronçons de chaque massif) mais est souvent insuffisant pour redescendre en bas de vallée ski au pied (retour assuré en téléphérique).

Pour les bons skieurs, les grands classiques sont la piste **Charles Bozon** la combe de la Charlanon et le col Cornu (secteur Brévent), les Pylônes et le Pic Janvier (secteur Flégère), et surtout le deuxième tronçon des **Grands Montets**★★★ *(voir Argentière)*. Les itinéraires hors pistes, à effectuer avec un guide, sont exceptionnels, notamment la célèbre **vallée Blanche**★★★ (20 km de descente sur 2 800 m de dénivelée à partir de l'Aiguille du Midi).

Les skieurs peu expérimentés apprécieront particulièrement le secteur de la Balme, aux pentes modérées et bien enneigées. Ils trouveront également quelques pistes à leur niveau à Planpraz et à la Flégère. Notons que le forfait **Skipass Mont-Blanc** permet d'évoluer sur les 13 stations du Pays du Mont-Blanc (comprenant Megève, les Contamines, St-Gervais), et le forfait **Chamski** sur l'ensemble des remontées mécaniques de Chamonix-Mont-Blanc.

En été, le téléphérique de l'Aiguille du Midi rend possible la pratique du ski dans la combe glacière de la Vallée Blanche.

Le ski de fond se pratique, quant à lui, de Chamonix à Argentière, en fond de vallée.

AVANT DE PARTIR

J.-C. Ligeon/FCC

L'Aiguille du Midi

- Pensez à vous munir de vêtements chauds, le temps est très variable en altitude ;
- même pour des randonnées faciles, s'équiper de chaussures de montagne et porter des lunettes de soleil ;
- plusieurs excursions en téléphérique impliquent un changement brutal d'altitude, éviter toute précipitation lors de la visite des sommets : on doit pouvoir y poursuivre une conversation tout en marchant ;
- pour les moins téméraires, certaines stations intermédiaires du parcours en téléphérique offrent déjà un belvédère intéressant ;
- des points de restauration et de ravitaillement sont disponibles aux stations de Planpraz et du Brévent, des restaurants d'altitude fonctionnent aux terminus de l'Aiguille du Midi, du Brévent et de la Flégère ;
- habituellement les chiens ne sont pas admis, particulièrement lorsque l'excursion traverse une réserve.

Pour les excursions à l'**Aiguille du Midi** et à la **vallée Blanche** :

- en période d'affluence, les départs sont réglementés par la délivrance de cartes numérotées d'embarquement : il est nécessaire de respecter l'heure et le numéro attribués sur le billet ;
- à l'arrivée au piton Nord, il est conseillé d'abord de traverser la passerelle pour accéder à droite au piton central et à la terrasse du Mont-Blanc, que l'on doit voir en priorité. Le piton Nord peut se visiter avant le retour à Chamonix. L'accès à la télécabine du Helbronner se fait par la galerie de la vallée Blanche, à gauche après la passerelle. Le tunnel de glace est réservé aux alpinistes équipés en conséquence.

EXCURSIONS

Belvédères accessibles par téléphérique

★★★ **Aiguille du Midi** ⊘ – *2 h AR au minimum par le téléphérique* (**AY**).
Le téléphérique de l'Aiguille du Midi constitue, avec sa nacelle suspendue par moments à plus de 500 m au-dessus du sol, et la télécabine, non moins hardie, qui le prolonge en direction du col du Géant, l'attraction la plus impressionnante des Alpes françaises.

★★ **Plan de l'Aiguille** (**BZ**) – Alt. 2 310 m. Ce point d'arrêt intermédiaire, base de faciles promenades, est situé au pied même des arêtes déchiquetées des aiguilles de Chamonix. La vue est déjà dégagée sur les régions supérieures du Mont Blanc.

★★★ **Aiguille du Midi – Piton Nord** – Alt. 3 800 m. La gare supérieure est séparée du point culminant – le piton central – par un abîme sur lequel est jetée une passerelle. De la terrasse panoramique, la **vue** plonge sur la vallée de Chamonix que l'on surplombe de 2 800 m. Les dentelures des aiguilles de Chamonix se profilent maintenant légèrement en contrebas. L'Aiguille Verte, les Grandes Jorasses, l'aiguille du Géant dominant le seuil neigeux du col du Géant sont les cimes les plus remarquables.

Piton central *(accessible par ascenseur* ⊘*)* – Alt. 3 842 m. Le **panorama**, entièrement dégagé, associe les neiges du groupe du Mont Blanc aux parois des « aiguilles ». À l'horizon, la vue porte jusqu'au mont Rose et au Cervin.
Avant de regagner la gare du téléphérique, parcourir les galeries forées à la base du Piton Nord : l'une aboutit à une terrasse aménagée face au Mont Blanc ; l'autre – servant aux skieurs partant pour la descente de la vallée Blanche – à la gare de la télécabine de la vallée Blanche reliant l'Aiguille du Midi à la pointe Helbronner *(section de la « traversée de la chaîne » décrite p. 205).*

★★★ **Le Brévent** ⊘ (**AZ**) – Alt. 2 526 m. *1 h 1/2 AR par télécabine (jusqu'à Planpraz) puis téléphérique.*

★★ **Planpraz** – Alt. 2 062 m. Cette station-relais constitue déjà un belvédère parfait sur les aiguilles de Chamonix.

★★★ **Le Brévent** – Du sommet *(table d'orientation)*, on profite cette fois d'un recul suffisant pour que le **panorama** embrasse tout le versant français du massif du Mont-Blanc, y compris l'Aiguille du Midi, ainsi que la vallée de Chamonix s'étendant, en contrebas, du village des Praz (à gauche) à celui des Bossons (à droite). À l'opposé, se succèdent les grands sommets du Haut-Faucigny calcaire (Buet, Avoudrues, pointe de Salles), des Fiz (aiguille de Varan) et des Aravis (pointe Percée, Charvin).

★ **La Flégère** ⊘ – Alt. 1 894 m. *Accessible par le téléphérique (départ des Praz* **BZ***).*
Vue (table d'orientation) particulièrement imposante sur l'Aiguille Verte et sur la barre de sommets (Grandes Jorasses) qui ferment le bassin de la Mer de Glace. De la Flégère, une télécabine monte à l'**Index** ⊘ (alt. 2 385 m), d'où la **vue** embrasse tout le massif du Mont-Blanc, depuis l'aiguille du Tour jusqu'à l'aiguille du Goûter.

★★★ **Aiguille des Grands-Montets** – Alt. 3 297 m. *Voir Argentière.*

★★ **Bellevue** – *Décrit aux Houches.*

★★★ La Mer de Glace par le chemin de fer du Montenvers

Alt. minimum du glacier : 1 700 m. *1 h 1/2 AR dont 3/4 h de chemin de fer à crémaillère.*
Vue de la station supérieure, sur le sommet du Montenvers (alt. 1 913 m), **site**★★★ fameux composé par la Mer de Glace et les formidables obélisques du **Dru** et de la **Verte**, et en toile de fond les **Grandes Jorasses**. *Table d'orientation devant l'hôtel du Montenvers.*
Une annexe du **musée alpin** ⊘, installée dans l'ancien hôtel du Montenvers (1840), présente des documents sur la Mer de Glace et le chemin de fer du Montenvers.

Les amateurs de curiosités pourront aller visiter une **grotte de glace** ⊘ creusée (et retaillée chaque année) dans la Mer de Glace. Une télécabine, à partir de la gare supérieure de Montenvers, y conduit. Accès également possible en période estivale par un sentier partant à droite de la gare, qui permet en outre la visite de la **galerie des cristaux** ⊘ en contrebas à droite.

Le creusement d'une grotte de glace – L'emplacement annuel de la grotte est déterminé par les « grottus ». À cause du mouvement du glacier, plus rapide au milieu (90 m par an) que sur les côtés (45 m par an), la salle principale de la grotte avance plus vite que le tunnel d'entrée. Lorsque le glacier progresse sur un verrou (voir p. 16), il s'ouvre en surface (seracs) et des crevasses vont se creuser en profondeur ; quand il glisse dans une cuvette, les crevasses se referment. Pour cela, la grotte est toujours creusée à l'emplacement d'une cuvette.

Pour les randonneurs entraînés à évoluer en haute-montagne, possibilité de remonter la Mer de Glace en empruntant la via ferrata du **balcon de la Mer de Glace** *(se renseigner au préalable auprès du bureau des guides de Chamonix).*

★★★ Traversée de la chaîne
1 journée AR – pour les détails, se reporter au massif du Mont-Blanc.

Promenades et excursions à pied

De multiples promenades, pour lesquelles ont été balisés environ 200 km de sentiers, s'offrent au séjournant.

Nous renvoyons au guide Vallot *Chamonix-Mont-Blanc – St-Gervais (série Tourisme en montagne – Arthaud, éditeur).*

La *Carte des promenades d'été en montagne* éditée par l'Office du tourisme de Chamonix propose un large éventail de découvertes pédestres de tout niveau. *Les ascensions réservées aux alpinistes, nécessitant un équipement approprié et généralement l'accompagnement de guides brevetés, n'entrent pas dans le cadre du présent ouvrage.*

★★★ **Petit tour du Mont Blanc** – Circuit de 4 jours *(voir à Mont Blanc).*

★★ **Le lac Blanc** – Alt. 2 352 m. *Aller aux Praz et prendre le téléphérique de la Flégère puis la télécabine de l'Index. Accès au lac en 1 h 15. Descente directe sur la Flégère en 1 h. Chaussures de montagne indispensables (traversée de névés et sentier très rocailleux).*

Vue magnifique, de gauche à droite, sur le glacier du Tour, l'aiguille du Chardonnet, l'aiguille et le glacier d'Argentière, les Grands-Montets, l'Aiguille Verte, les Drus, la Mer de Glace, les Grandes Jorasses, l'aiguille du Géant, l'Aiguille du Midi, le Mont Blanc...

Beaux reflets des eaux du lac (la meilleure période est fin juillet).

★★ **Promenade de la Flégère à Planpraz** – *Aller aux Praz en bus et prendre le téléphérique de la Flégère. Compter environ 2 h de marche. Descente sur Chamonix par la télécabine de Planpraz.*

Cet itinéraire, facile et agréable, constitue la partie centrale du Grand Balcon Sud reliant le col des Montets aux Houches. Le sentier, bordé de rhododendrons, permet de jouir constamment de belles vues sur la chaîne du Mont-Blanc.

★ **Randonnée du plan de l'Aiguille au Montenvers** – *Environ 2 h 15 de marche.* Vues sur l'ensemble de la vallée, des Houches à Argentière, et en particulier sur le massif des Aiguilles-Rouges. Sur la fin, prendre le sentier de gauche pour rejoindre la Mer de Glace.

Le chemin de fer du Montenvers

Ce pittoresque train qui rend accessible aux non-alpinistes la haute montagne et les glaciers, tire son nom du belvédère d'arrivée. En savoyard, le Montenvers « regarde vers le Nord », à l'envers (par rapport à la Savoie) selon la coutume. Cette voie métrique longue de 5 km affiche entre ses têtes de ligne une dénivellation de 870 m.

Il fonctionna en été, à partir de 1908, avec une locomotive à vapeur suisse franchissant à l'aide d'une crémaillère des pentes jusqu'à 20 % ; l'ascension durait environ 1 h, à la vitesse moyenne de 6 km/h. Depuis l'hiver 1993, un nouvel aménagement de la ligne (galerie de protection contre les avalanches) et un matériel plus puissant assurent un service toute l'année, à une vitesse pouvant atteindre 20 km/h.

CHAMPAGNY-EN-VANOISE★★

Cartes Michelin nᵒˢ 74 pli 18 ou 244 plis 31 et 32

Ce modeste village, situé à 1 250 m d'altitude au pied du **Granc Bec** (alt. 3 398 m) et face à Courchevel, a conservé son caractère traditionnel malgré un développement touristique récent.

LA STATION

Le domaine skiable – La station exploite un agréable domaine, très ensoleillé, relié à celui de La Plagne par une télécabine puis un télésiège. Les téléskis des Borselliers et de Rossa desservent des pistes idéales pour les skieurs débutants et moyens. Quand les conditions d'enneigement le permettent, la descente, sur une dénivelée de 1 250 m, de la piste rouge du mont de la Guerre, procure des vues splendides sur les domaines de Courchevel et Pralognan. Le ski de fond se pratique plus en amont, à Champagny-le-Haut, dans un très beau cadre, quoique peu ensoleillé en début d'hiver.

En été, Champagny constitue une exceptionnelle **base de randonnées pédestres** *(se procurer les fiches de sentiers éditées par l'Office de tourisme)*. Côté domaine de La Plagne, les principales excursions mènent au mont Jovet, à la Grande Rochette et au col de la Chiaupe (accès ensuite au glacier de Bellecôte en télécabine). Mais l'on trouvera les plus beaux itinéraires au sein du Parc de la Vanoise, au-dessus de Champagny-le-Haut.

Église ⊙ – Érigée au sommet d'une butte en 1250, et rebâtie en 1648, elle abrite un remarquable **retable**★ consacré à la Vierge, fourmillant d'angelots, œuvre due au sculpteur Clérant de Chambéry (1710). Le devant d'autel, représentant l'Enfant Jésus entouré d'anges, est de la même veine.

★ **Télécabine de Champagny** ⊙ – Alt. 1 968 m. Au fur et à mesure du trajet se déploie le domaine de Courchevel, dominé par la Saulire et l'aiguille du Fruit. Plus à gauche, on découvre Péclet-Polset, les glaciers de la Vanoise et le Grand Bec. De l'arrivée, les skieurs l'hiver et les randonneurs l'été peuvent rejoindre la terrasse du restaurant au sommet du téléski Borselliers, sur laquelle a été installée une table d'orientation (alt. 2 109 m) : **vue**★ sur la Grande Casse, l'aiguille de l'Épena, la Grande Glière, la pointe de Méribel et les Trois-Vallées.

★★ **Champagny-le-Haut** – La route étroite, parfois taillée dans le roc, vient s'accrocher au-dessus des gorges de Champagny, puis, au-delà d'un chaos de blocs éboulés, débouche dans le sévère bassin de Champagny-le-Haut, aux versants totalement dénudés.

Avant la Chiserette, remarquer, à gauche, la **cascade** du même nom, dévalant de la Pointe de la Velière et surgie d'un boqueteau de sapins. À la sortie de la Chiserette se découvre le glacier de la Grande Motte, à droite duquel se profile de justesse, à l'entrée du hameau du Bois, la face Nord de la Grande Casse. Le refuge de la Porte du parc du bois abrite un centre d'informations sur le massif de la Vanoise. Il constitue le point de départ d'un **sentier-découverte** comportant, sur un tracé plat d'environ 1 h 30, des tables de lecture détaillant les caractéristiques du paysage de la vallée.

La route se prolonge jusqu'à Laisonnay d'en bas (1 559 m), d'où partent les sentiers de randonnées en direction du **col du Palet**★★ *(7 h 30 AR)*, du **col de la Grassaz** *(7 h AR)* et du **col du plan Séry** *(5 h 30 AR)*.

Ces excursions, très longues, nécessitent une parfaite condition physique mais laissent un souvenir inoubliable de par la beauté des vues sur le Grand Bec, la Grande Motte et la Grande Casse.

Massif de CHAMROUSSE★★

Cartes Michelin n⁰ˢ 77 pli 5 ou 244 plis 39 et 40

Les croupes de Chamrousse, qui marquent les derniers ressauts importants de la chaîne de Belledonne, au Sud-Ouest, voient affluer en hiver les skieurs grenoblois. De très importants travaux d'équipement : construction de routes d'accès, d'un téléphérique à grand débit facilitant l'accès du belvédère de la Croix de Chamrousse, lotissement d'une station de sports d'hiver ont fait de ce belvédère un centre d'attraction pour le tourisme estival comme pour les fervents de la neige.

Au pied du massif, Uriage, ville d'eaux bien située, et le village tout proche de St-Martin, constituent d'agréables lieux de séjour.

CIRCUIT AU DÉPART D'URIAGE *39 km – environ 2 h*

⚕ **Uriage-les-Bains** – Cette station thermale occupe, au pied de la chaîne de Belledonne, un site agréable dans un large vallon bien abrité, riant et très verdoyant. Son établissement thermal, son casino, ses hôtels, ses villas sont disséminés dans un parc de 200 ha. Les eaux d'Uriage, chlorurées, sodiques, sulfureuses et isotoniques, sont utilisées dans le traitement des maladies de la peau, des rhumatismes chroniques, des affections oto-rhino-laryngologiques.

L'École d'Uriage

En décembre 1940, l'École nationale des cadres, installée à Gannat, déménagea dans le château d'Uriage. Dirigée par un ancien saint-cyrien, Pierre Dunoyer de Segonzac, qui proclamait la continuité de l'État et visait à former les élites de l'après-guerre, cette institution officieuse vit défiler près de trois mille stagiaires pendant sa période d'activité. De ce « vivier de réflexion » ont émergé des noms célèbres tels Beuve-Méry (patron de presse et fondateur du quotidien *Le Monde*), Jean Lacroix ou Joffre Dumazedier. Ne correspondant plus à la doctrine officielle du gouvernement de Vichy, l'école fut fermée sur ordre de Pierre Laval en décembre 1942. Certains rejoignirent alors les mouvements de la Résistance.

La route (D 111), en montée, pénètre dans la **forêt de Prémol★** (feuillus, puis sapins et épicéas). Malgré la végétation, on bénéficie de beaux coups d'œil sur le Vercors et la Chartreuse. Dans ce massif, on reconnaît l'éperon de Chamechaude et, plus à droite, le promontoire massif de la dent de Crolles.

Ancienne chartreuse de Prémol – Le seul bâtiment d'époque de cet ancien couvent a été transformé en maison forestière. La vaste clairière invite à la halte. Après le replat du col Luitel, la route, qui se replie, toujours sous bois, par de larges lacets, atteint son point culminant au chalet des Ponts et Chaussées où sont garés les chasse-neige et qui commande les différents accès de Roche-Béranger.

★ **Réserve naturelle du Luitel** – *Voir p. 176.*

❊ **Chamrousse** – Le grand complexe hivernal de Chamrousse, dominant la plaine de Grenoble, se compose des stations du Recoin de Chamrousse (alt. 1 650 m) et de Roche-Béranger (alt. 1 750 m).

★★ **Croix de Chamrousse** ⊙ – Alt. 2 257 m. *3/4 h AR dont 10 mn de téléphérique.* De la station supérieure du téléphérique, proche d'un relais de télévision, quelques pas mènent au socle de la croix d'où l'on découvre un immense **panorama** (panneaux d'orientation).
Vers l'Ouest, la vue plonge sur la dépression du Drac barrée par le Vercors, la plaine de Grenoble et le sillon du Grésivaudan en arrière duquel se dressent, de gauche à droite, les bastions de la Chartreuse et des Bauges. À l'horizon, par temps clair, s'estompe la ligne brune des Cévennes. Au Sud, on voit monter les fumées industrielles de Séchilienne.
S'éloignant de Chamrousse par l'Ouest, puis vers le Nord, la D 111, en descente, sinue en corniche dans la forêt de Saint-Martin en ménageant de nombreuses **échappées★** sur Uriage, le massif du Vercors et le site de Grenoble.
Dans la forte descente qui suit la traversée du village des Seiglières, au sortir de la forêt, belle **vue★** sur la combe d'Uriage, vaste et très habitée.

St-Martin-d'Uriage – Au pied de ce vieux village, resté centre communal, s'est créée de toutes pièces la ville d'eaux d'**Uriage-les-Bains**.
La route passe ensuite en contrebas de l'ancien château (13e-14e s.) de la famille de Bayard, peu avant de rejoindre Uriage.

Massif de la CHARTREUSE★★

Cartes Michelin nos 74 pli 15 ou 77 plis 4, 5 ou 244 plis 28 et 29

La Grande Chartreuse est un illustre monastère ; c'est aussi le bastion montagneux parfaitement délimité – plus connu sous le simple nom de « Chartreuse » – au cœur duquel les moines de **saint Bruno** ont élu retraite.
Ce massif homogène est classé depuis 1995 dans le **Parc naturel régional de Chartreuse** *(voir également p. 24)*, et une dizaine de sites bénéficient en outre d'une protection accrue. Le projet, en cours de réalisation, d'une réserve naturelle de 4 300 ha permettra la préservation d'un riche capital naturel. Parmi les particularités géologiques, le massif de la Chartreuse possède trois des plus grands réseaux souterrains des Alpes : l'Alpe (près de 30 accès différents à un développement reconnu de 50 km), la dent de Crolles (60 km de galeries bien connues des spéléologues) et le Granier. Dans une cavité de ce dernier site, la découverte récente de plusieurs milliers d'ossements d'ours préhistoriques confère une nouvelle valeur scientifique à cet ensemble.
Ces montagnes sont les seules des Préalpes à associer d'une façon aussi originale la hardiesse et l'étrangeté des sommets taillés dans d'énormes bancs de calcaire urgonien, la somptuosité des forêts d'essences diverses, le modelé harmonieux des versants couverts de pâturages, l'encaissement impressionnant des gorges des deux Guiers (prononcer : gué).

Le chef-d'œuvre de l'urgonien – La formation géologique typique des montagnes de Chartreuse est le calcaire urgonien. Cette roche crétacée (ère secondaire), épaisse de 200 à 300 m, est profondément affectée, ici, de plis et de failles. Les grands abrupts taillés dans sa carapace apparaissent feuilletés longitudinalement de minces lits marneux dont les affleurements forment les « **sangles** », banquettes gazonnées horizontales, vertigineusement suspendues au-dessus du vide.

★★★ROUTE DU COL DE PORTE ET DU DÉSERT

① De Grenoble à St-Laurent-du-Pont

50 km - environ 4 h - schéma p. 130

Après le passage de la dépression du col de Porte, c'est le parcours de la « route du Désert » *(attention aux transports de bois).*

★★ **Grenoble** – *Voir ce nom.*

Quitter Grenoble par ① du plan.

De la Tronche au col de Vence, les lacets tracés au flanc du mont St-Eynard (alt. 1 379 m) dégagent vers le Sud des vues plongeantes sur le sillon du Grésivaudan et sur le site de Grenoble ainsi que des **vues**★★ lointaines admirables – d'Est en Ouest – sur la chaîne de Belledonne, le Taillefer, le Thabor, l'Obiou et le rempart Est du Vercors. Par temps clair, on aperçoit le Mont Blanc.

Le Sappey-en-Chartreuse – Station d'altitude dans un riant bassin aux flancs boisés, dominé par l'éperon majestueux de Chamechaude.

Entre le Sappey et le col de Porte, la route suit le bassin du Sappey puis le vallon de Sarcenas dans l'enfilade duquel se détache, au Sud, le Casque de Néron, au cimier dentelé.

Col de Porte – Cet important passage est dominé par la table calcaire de Chamechaude, qui, par son inclinaison surprenante, fait penser à un gigantesque pupitre.

Du col de Porte, prendre à gauche la D 57ᴰ vers Charmant Som.

★★★ **Charmant Som** – La route, en forte montée *(maximum 14 %)*, s'élève à travers une forêt coupée de barres rocheuses et de plus en plus clairsemée, pour déboucher dans la zone des pâturages. Faire halte au moment où la route atteint le rebord du plateau du Charmant Som, à 1 654 m d'altitude, pour examiner une première fois le **panorama** *(en partie reproduit p. 132).*

Laisser la voiture aux Bergeries et terminer à pied *(1 h AR)*. Du sommet (alt. 1 867 m), intéressant **panorama**, très varié. S'avancer vers l'escarpement pour découvrir, dans son ensemble, le **site**★ du couvent de la Grande Chartreuse.

Revenir au col de Porte.

La route, sinuant sous bois ou traversant des clairières, offre des vues de plus en plus rapprochées sur l'entablement terminal de Chamechaude, redressé sous un angle étonnant.

✤ **St-Pierre-de-Chartreuse** – *Voir ce nom.*

Faire demi-tour et s'engager dans la « route du Désert » (D 520ᴮ vers St-Laurent-du-Pont).

★★ **Belvédère des Sangles** – *4 km à pied du pont de Valombré. Description p. 240.*

Porte de l'Enclos – La vallée, resserrée entre de hautes parois, semble, à cet endroit, n'avoir pas d'issue. C'était l'entrée amont du « Désert ».

On s'engage, ici, jusqu'à Fourvoirie, dans les **gorges du Guiers Mort**★★, magnifiquement boisées et dominées par de grandes barres calcaires où les sapins s'accrochent dans les positions les plus excentriques. C'est la fameuse **« route du Désert »** qui délimitait, au 16ᵉ s., le domaine du monastère des chartreux. Chateaubriand, Lamartine et Alexandre Dumas père l'empruntèrent et traduisirent dans leurs œuvres les fortes impressions que ce paysage leur procura.

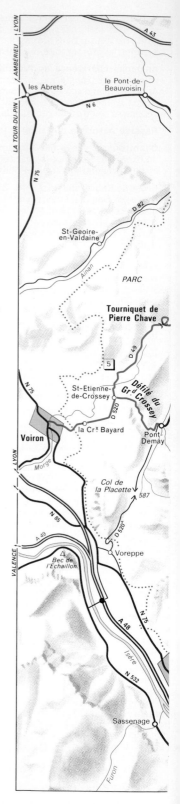

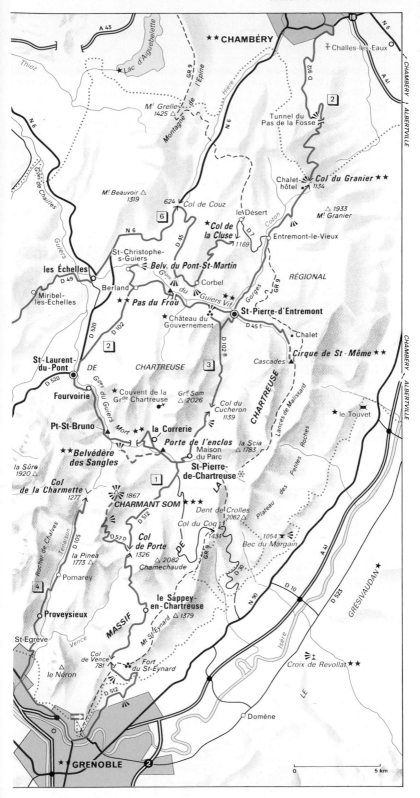

La légende en début de volume donne la signification des signes conventionnels employés dans ce guide.

Au pont St-Pierre, prendre à droite la route vers la Correrie (sens unique).

La Correrie – *Voir le couvent de la Grande Chartreuse.*

Revenir à la route du Désert.

La descente s'accentue. Aussitôt passé le dernier des trois tunnels successifs, remarquer au bord de la route, à gauche, la curieuse aiguille calcaire dite « **pic de l'Œillette** », haute de 40 m et dotée par les chartreux d'une porte fortifiée.

Pont St-Bruno – Avec son arche lancée à 42 m au-dessus du Guiers Mort, c'est le plus important des ouvrages d'art qui livrent passage à la route du Désert.

Laisser la voiture côté rive gauche et descendre (1/4 h à pied AR) au vieux pont livrant jadis passage au chemin des Chartreux.

En contrebas de l'ouvrage, le torrent s'enfonce dans de belles « marmites » et passe sous un bloc coincé formant pont naturel *(belvédère sommairement aménagé, surveiller les enfants).*

Fourvoirie – Le nom de ce lieu-dit *(forata via)* rappelle qu'au début du 16e s. les chartreux, « forant » ici le roc, tracèrent l'ébauche de la route actuelle. L'« étroit », dit « entrée du Désert », marquait avec la Porte de l'Enclos, en amont, la limite du domaine privilégié du monastère. En vertu du règlement édicté par saint Bruno, seuls les hommes pouvaient franchir – désarmés – la porte fortifiée (aujourd'hui disparue). Les bâtiments de la distillerie où les pères chartreux fabriquaient leur fameuse liqueur ont été détruits en 1935 par un glissement de terrain. La fabrication et le vieillissement de la « Chartreuse » s'effectuent maintenant à Voiron *(voir ce nom).*

St-Laurent-du-Pont – Autrefois dénommé St-Laurent-du-Désert, c'est aujourd'hui un centre de tourisme très animé.

★★ROUTE DES GORGES DU GUIERS VIF ET DU COL DU GRANIER

② De St-Laurent-du-Pont à Chambéry

54 km – environ 2 h – schéma p. 130

St-Laurent-du-Pont – *Voir p. 132.*

Quitter St-Laurent par la D 102 prise au Révol.

La route s'élève d'abord jusqu'au replat où s'est établi le village de Berland.

De Berland, prendre une petite route au Nord.

Belvédère du pont St-Martin – *5 mn à pied AR.* Au-delà de St-Christophe-sur-Guiers, à l'entrée du pont sur la D 46, se détache, à droite, un sentier qui remonte la rive gauche du Guiers Vif et aboutit, après 150 m, à un belvédère surplombant le torrent d'une trentaine de mètres et offrant une jolie vue sur les gorges. *On peut revenir par le sentier passant sur le vieux pont situé à droite du pont routier.*

Entre Berland et St-Pierre-d'Entremont, les impressionnantes **gorges du Guiers Vif★★** présentent deux passages particulièrement aériens – le « Frou » est le plus célèbre – séparés par les sous-bois plus paisibles du vallon inférieur de la Ruchère, auquel fait face, de l'autre côté du Guiers, le vallon de Corbel enchâssé dans sa couronne d'escarpements.

★★ **Pas du Frou** – Ce passage en encorbellement dans une paroi verticale, haute de 150 m, est le plus sensationnel de la Chartreuse. « Frou » veut dire en patois : affreux, effrayant. Un belvédère y est aménagé.

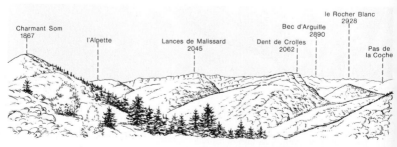

Panorama de la route d'accès

Massif de la Chartreuse - Mont Granier

St-Pierre-d'Entremont – Cette agglomération est divisée administrativement en deux localités (459 habitants en Isère et 295 habitants en Savoie), séparées par le torrent qui, autrefois frontière d'État (France-Savoie), est resté limite départementale (Isère-Savoie).

C'est un agréable centre de promenades, comme celle que l'on peut faire au **château du Gouvernement**★ *(à 3 km).*

Prendre, au Sud de la localité, la route du col de Cucheron puis, tout de suite avant un pont, dans un virage, à droite, la D 102^B (route de Villard). 1 500 m plus loin, tourner à droite à angle aigu vers le hameau du Château.

Seuls subsistent, sur une croupe herbeuse, quelques pans de murailles. De là, on a une très jolie **vue**★ sur le bassin de St-Pierre-d'Entremont, fermé à l'Est par le rempart que dressent les escarpements du Granier et de l'Alpette.

Poursuivre la D 45^E jusqu'à l'ancien chalet du Cirque de St-Même.

★★ **Cirque de St-Même** – Vue sur les bancs rocheux calcaires, hauts de 400 m, à mi-hauteur desquels sort d'une grotte le Guiers Vif, qui forme deux magnifiques cascades.

Revenir à St-Pierre-d'Entremont et prendre la D 912.

Entre St-Pierre-d'Entremont et Entremont-le-Vieux, la route se faufile dans les petites gorges d'Entremont, disputant parfois la place au torrent du Cozon. D'Entremont-le-Vieux au col du Granier, la vue est de plus en plus captivée par les murailles du Granier. À la faveur de deux lacets on découvrira, vers l'aval, le Grand Som et Chamechaude.

★★ **Col du Granier** – Alt. 1 134 m. Ce passage, qui permet l'accès au massif de la Chartreuse depuis Chambéry, tire sa physionomie propre de la formidable paroi du Granier (alt. 1 933 m) qui le domine.

En 1248, des pluies diluviennes provoquèrent un effondrement de la montagne : de nombreux villages furent ensevelis, 5 000 personnes écrasées. La masse des matériaux éboulés forma, au pied du mont, un chaos, les **« Abymes de Myans »**, aujourd'hui camouflé par la végétation (vignes), mais reconnaissable aux boursouflures du terrain parsemées de petits lacs.

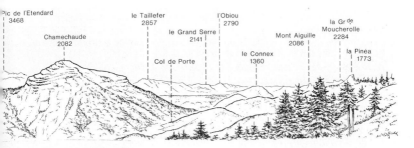

au Charmant Som (cote 1654)

Des terrasses du chalet-hôtel les **vues**★★ sont assez dégagées sur la Combe de Savoie, les Bauges, la chaîne de Belledonne et, à l'horizon, le Mont Blanc.

Le parcours du col du Granier à Chambéry permet des vues rapprochées sur le massif d'Allevard et les Bauges, plus lointaines sur le massif du Mont-Blanc, par-delà la profonde dépression du Grésivaudan et de la Combe de Savoie.

À partir de la sortie Ouest du tunnel du pas de la Fosse se révèlent, d'un seul **coup d'œil**★★, la cluse de Chambéry et le lac du Bourget dominés à gauche par le chaînon de la montagne de l'Épine et de la dent du Chat.

Plus bas apparaît Chambéry, au pied de l'éperon de la dent du Nivolet (grande croix). Le Grand Colombier (Jura méridional) forme le fond du décor.

★★ **Chambéry** - *Voir ce nom.*

★ ROUTE DU CUCHERON

③ De St-Pierre-d'Entremont à St-Pierre-de-Chartreuse
12 km - environ 3/4 h - schéma p. 130

Agréable raccourci, sur la route de montagne Chambéry-Grenoble, qui évite le parcours des gorges des Guiers : les paysages traversés, d'une grâce majestueuse, sont typiquement préalpins. La montée au col du Cucheron se déroule en vue de la crête des Lances de Malissard. Au-delà du col se dégage, vers le Sud, l'ensemble montagneux de grand style formé par Chamechaude et le col de Porte.

★ ROUTE DU COL DE LA CHARMETTE

④ De Grenoble au col de la Charmette
20 km - environ 45 mn - schéma p. 131

★★ **Grenoble** - *Voir ce nom.*

Prendre l'autoroute A 48 qui longe le centre nucléaire installé entre Isère et Drac, jusqu'à St-Egrève. Puis au Nord-Est de la localité, la D 105 en direction de Proveysieux.

La route domine la vallée profondément encaissée du Ténaison par la trouée de laquelle apparaît, sur la droite, la cime de Chamechaude.

Proveysieux - Le village et son église isolée, accrochée à flanc de pente, composent un charmant tableau : toute une colonie de peintres grenoblois ont planté ici leur chevalet.

La crête dentelée du Néron, plus connu, à cause de sa forme de cimier, sous le nom de « **Casque de Néron** » semble dominer la localité.

De Pomarey au col, la montée raide s'effectue en vue du Charmant Som, à droite, et de la Sûre, sur l'autre versant, qui paraissent encadrer le col.

Col de la Charmette - Fortement encaissé, ce passage (alt. 1 277 m) doit son intérêt aux sous-bois voisins. L'ancien chalet-hôtel du T.C.F. est une base de départ pour les courses dans les massifs du Charmant Som et de la Grande Sûre. L'ascension du Charmant Som s'effectue néanmoins principalement depuis le col de Porte.

Au-delà, l'accès routier par la piste forestière n'est plus autorisé.

Retour à Grenoble par le même itinéraire.

★ ROUTE DE MIRIBEL

⑤ De Voiron aux Échelles *27 km - environ 1 h 1/4*

Cet itinéraire ne pénètre pas en Chartreuse mais offre des vues étendues sur le front Ouest du massif.

Voiron - *Voir ce nom.*

Quitter Voiron à l'Est par ② la D 520 (route de St-Laurent-du-Pont).

La route, en s'élevant à flanc de coteau vers le seuil de la Croix-Bayard, fait découvrir les derniers remparts du Vercors, en particulier le promontoire du Bec de l'Échaillon, qui signale l'entrée de la cluse de Grenoble.

À St-Étienne-de-Crossey, prendre la D 520 sur 4 km.

Défilé du Grand Crossey - Avec ses hautes falaises calcaires dont les escarpements se succèdent sans monotonie, cette cluse boisée constitue une bonne introduction à la Chartreuse. Son débouché Est, au pied des abrupts de la Sûre, qui dominent la route de près de 1 500 m, est très imposant, particulièrement au coucher du soleil.

À Pont-Demay, faire demi-tour et revenir à St-Étienne-de-Crossey. Là, devant l'église, tourner à droite dans la D 49, route de Miribel.

Tourniquet de Pierre Chave – Curiosité routière : pour sortir d'un vallon en cul-de-sac, la route décrit une boucle en passant successivement sous et sur le même pont.

La D 49 débouche sur un replat où se disséminent les différents écarts de Miribel-les-Échelles. Le coup d'œil sur les sommets de la Chartreuse occidentale est alors très attachant. Dominant le bassin des Échelles, on reconnaîtra, du Nord au Sud, le Beauvoir, la dépression du col de Couz, qui s'achève par la falaise que la route de Chambéry traverse en tunnel, l'entrée des gorges du Guiers Vif, le massif du Grand-Som, l'entrée des gorges du Guiers Mort, enfin la Sûre.

Sans monter à l'église de Miribel, continuer à suivre tout droit la D 49, désormais en descente, jusqu'aux Échelles.

Les Échelles – *Voir ce nom.*

★ ROUTE DU COL DE LA CLUSE

⑥ Des Échelles au col de la Cluse

21 km – environ 2 h – schéma p. 130 – excursion décrite p. 149

Attention, il y a étoile et étoile !
Sachez donc ne pas confondre les étoiles :
- *des régions touristiques les plus riches et celles de contrées moins favorisées ;*
- *des villes d'art et celles des bourgs pittoresques ou bien situés ;*
- *des grandes villes et celles des stations élégantes ;*
- *des grands monuments (architecture) et celles des musées (collections) ;*
- *des ensembles et celles qui valorisent un détail...*

CHÂTEL ✳✳

1 024 habitants (les Châtelans)
Cartes Michelin n°s 89 pli 2 ou 244 pli 10
Schéma p. 112 – 11 km à l'Est d'Abondance

Dernier village de la vallée d'Abondance et villégiature la plus élevée (alt. 1 235 m) du Chablais, Châtel, station de sports d'hiver depuis la création de Super-Châtel, à 1 647 m d'altitude, dispose ses chalets dans l'ample concavité d'un coude de la Dranse, au flanc d'un versant de prairies dont l'aspect riant contraste vivement avec les sombres pentes, toutes boisées, de la pointe de Grange, qui lui font face.

LA STATION

Ce site★ est l'un des plus ouverts et des plus attrayants du Haut-Chablais. Vers l'aval, l'horizon est barré par les murailles des Cornettes de Bise (alt. 2 432 m) tandis que, en amont, s'enfonce le haut couloir de la Dranse, tapissé, à gauche, par les magnifiques futaies de sapins de l'Aity et rayé, sur le versant opposé, par la cascade de l'Essert.

Le domaine skiable – Il s'étend sur deux massifs, Morclan et Linga, dont la liaison est assurée par navette. Il bénéficie de son appartenance aux immenses **Portes du Soleil**✳✳, domaine skiable franco-suisse comptant 650 km de pistes. De Morclan, on peut skier sur Torgon et Morgin. Le secteur de Linga satisfait les bons skieurs (piste noire des Renards) et offre une liaison rapide avec les pistes d'Avoriaz, par le col du Bassachaux.

EXCURSIONS

En été, Châtel offre de remarquables **possibilités d'excursions** aussi bien en voiture qu'à pied. 300 km de sentiers relient les 12 stations des Portes du Soleil. Les bons marcheurs pourront découvrir des points de vue au col de Chésery et au mont Grange.

★★ **Pic de Morclan** ⊙ – *Accès par la télécabine de Super-Châtel jusqu'à 1 650 m. Montée à pied au sommet du Morclan, environ 1 h 1/2 AR.*
Le **panorama** depuis ce sommet arrondi (alt. 1 970 m) embrasse, à l'Ouest, les montagnes cernant la vallée d'Abondance (Cornettes de Bise, mont de Grange) et, à l'Est, celles du Bas-Valais (Diablerets). L'apparition la plus saisissante est celle des arêtes des Dents du Midi, au Sud-Est. On peut prolonger la promenade

en suivant la crête, au Nord, jusqu'à la pointe des Ombrieux (alt. 1 982 m). De la station intermédiaire de la Conche, on peut aller voir en territoire suisse le petit **lac du Goleit**.

★★ **Tête du Linga** – Alt. 2 127 m. *Accès aux skieurs par la télécabine de Linga 1 et le télésiège de Linga 2. À l'arrivée, se rendre au sommet du télésiège des Combes et monter en quelques instants sur les crêtes.*
Panorama admirable sur Morgins en contrebas, dominé par les Dents du Midi. Dans le lointain, remarquer le Cervin. Au Sud, le regard porte sur les Hauts Forts, derrière lesquels se détache de justesse le sommet arrondi du Mont Blanc.

Grottes de CHORANCHE★★

Cartes Michelin nᵒˢ 77 plis 3 et 4 ou 244 Nord du pli 38 – Schéma p. 280

Au cœur des gorges de la Bourne, le petit village de **Choranche** est dominé par le majestueux amphithéâtre naturel du cirque de Choranche. Au pied de ces puissantes falaises s'ouvre un ensemble de sept grottes d'une remarquable diversité, dont deux sont accessibles au public : la grotte de Coufin, la plus spectaculaire du Vercors, et celle du Gournier.

Grottes de Choranche

★★ GROTTE DE COUFIN ⊙

De la D 531 qui suit les gorges de la Bourne (p. 278), prendre une route goudronnée de 2,5 km qui mène à un parking. Poursuivre à pied jusqu'à la grotte de Coufin.

Elle fut découverte en 1875 par Oscar Decombaz. Depuis, 28 km de galeries ont été explorées mais la visite ne parcourt que la partie située à proximité de l'entrée *(environ 600 m)*. On pénètre directement dans une vaste salle, haute de 16 m et large de 70 m, où s'offre un spectacle féerique : des milliers de **stalactites fistuleuses**, longues de 1 à 3 m *(voir illustration p. 328)*, d'une blancheur éclatante, se reflètent dans les eaux d'un lac marquant le confluent de deux ruisseaux souterrains. Dans ces stalactites creuses, la goutte d'eau s'écoule et laisse un dépôt de calcite à la fin de son parcours.
La visite se poursuit le long de la galerie serpentine où des jeux de lumière créent des visions du domaine du merveilleux. En fin de visite, un spectacle audiovisuel est présenté dans une salle. Un aquarium permet de découvrir le protée, plus grand animal cavernicole au monde. Il s'agit d'un batracien devenu aveugle et doté de branchies externes.
À l'extérieur, sous le surplomb rocheux que forme l'entrée de la grotte, une exposition évoque la vie des hommes qui occupèrent ces lieux à l'époque préhistorique.

ENVIRONS

De la grotte de Coufin un **sentier de découverte** *(compter 1 h)* offre une promenade fort agréable dans ce site grandiose. Il donne une meilleure connaissance de la faune, la flore (buis, genévrier, chêne pubescent...) et la géologie locales, et donne accès aux autres curiosités naturelles.

Grotte du Gournier – Sous son vaste porche d'entrée, elle abrite un beau lac, long de 50 m et profond de 8 m, qui correspond à l'exurgence permanente d'une rivière. *(La reconnaissance sur le lac et au-delà nécessite un équipement approprié et surtout un encadrement qualifié.)* Ce réseau bien connu des spéléologues, et reconnu sur 18 km, est constitué d'une succession de cascades présentant une dénivelée de plusieurs centaines de mètres. *(Le chapitre des Renseignements pratiques en fin de volume fournit des indications pour une initiation à la spéléologie.)*

Plus loin, la **grotte de Balme Rousse** *(accessible sur 100 m)* abrite un chantier de fouilles qui a révélé une longue occupation humaine depuis le mésolithique.

La CLUSAZ✷✷

1 845 habitants (les Cluses)
Cartes Michelin nᵒˢ 89 pli 14 ou 244 pli 19 – Schéma p. 82

La Clusaz, la plus importante station du massif des Aravis, doit son nom à la gorge profonde, ou cluse, qui, en aval de la localité, livre passage au torrent du Nom.
Le village se présente étroitement massé autour de sa grande église au clocher à bulbe, dans un cadre séduisant de forêts de sapins et d'alpages doucement vallonnés. À l'horizon, la rude barrière des Aravis dresse vigoureusement ses écailles imbriquées (Balme, Grandcrêt, Paccaly) ou aligne, en direction de Pointe Percée, ses longues crêtes régulièrement ébréchées.

Le domaine skiable – La Clusaz, où les premières activités sportives datent des années vingt, rassemble, grâce à une importante dénivelée répartie sur quatre massifs, les adeptes de toutes les formes de glisse. Les massifs de Manigod et de l'Étale proposent des pistes pour skieurs moyens et offrent une gamme complète d'équipements. Le massif de l'Aiguille met à la disposition des skieurs chevronnés la noire de la Vraille et plusieurs rouges. Le kilomètre lancé et le saut acrobatique sont également à l'honneur.
Les fondeurs disposent de 70 km de pistes en 12 boucles.
Le domaine est relié à celui du Grand-Bornand, avec un forfait commun « Aravis ».

P. Somelet/DIAF

La Clusaz

ENVIRONS

★★ **Vallée de Manigod** – *Voir description p. 81.*

★ **Vallon des Confins** – *5,5 km.* Dans le grand lacet marquant la sortie de La Clusaz en direction du col des Aravis, prendre à gauche le chemin du Fernuy, qui suit d'abord le fond du vallon, puis grimpe rapidement jusqu'à la dépression du col des Confins, largement déblayée dans d'anciennes moraines glaciaires, au pied des escarpements des Aravis.

En continuant à suivre le chemin, au-delà de la chapelle du col, on a une vue plus dégagée sur le vallon du Bouchet.

CLUSES

16 358 habitants (les Clusiens)
Cartes Michelin nᵒˢ 89 pli 3 ou 244 pli 9 – Schémas p. 82 et 156

Cluses, cité industrielle du Faucigny, a tiré son nom de la trouée de l'Arve – la « cluse » la plus imposante des Alpes – dont elle commande l'entrée. C'est la capitale française du décolletage (usinage des petites pièces métalliques destinées à toutes les branches de l'industrie), activité artisanale et de moyennes ou petites entreprises qui fleurit dans la basse vallée de l'Arve.

La dissémination des activités industrielles a longtemps fait l'originalité des villages voisins où les appentis vitrés des maisons paysannes abritent les trépidations de petites machines-outils.

Cluses, haut lieu de l'horlogerie – Mais Cluses est avant tout un important centre pour la mécanique de précision. La tradition horlogère date de l'émigration d'habitants du Faucigny vers l'Allemagne au 18ᵉ s. ; à leur retour, ils importent leur nouveau savoir-faire et le mettent au service des fabriques genevoises d'horlogerie. Cluses a accueilli jusqu'en 1989 l'École nationale d'horlogerie (actuel lycée Charles-Poncet), issue de la prestigieuse École royale d'horlogerie fondée par le gouvernement sarde en 1848 pour contrebalancer l'influence des horlogers genevois. La fondation de cette école amènera à un haut niveau de technicité l'industrie horlogère clusienne.

Au lendemain de la Grande Guerre s'y sont ajoutées les activités de décolletage, qui peu à peu sont devenues prédominantes.

Reconstruite sur un plan en damier après l'incendie de 1844 qui détruisit son centre historique à l'exception de l'église, Cluses offre de larges avenues à arcades au style turinois marqué, délimitées aux extrémités par deux vastes places.

CURIOSITÉS

Musée de l'Horlogerie et du Décolletage (Espace Carpano et Pons) – Cette intéressante présentation de l'évolution des techniques de mesure du temps se répartit sur quatre salles. Parmi les pièces remarquables : des montres à aiguille unique ayant appartenu à Louis XIV, une horloge de table propriété de Voltaire, une collection d'échappements agrandis (véritable cœur de la montre), ainsi que des outils, chronomètres de marine, horloges, régulateurs et montres à complications.

Vieux pont – Construit en 1674, il enjambe d'une seule arche l'Arve. Bonne vue depuis l'Office de tourisme.

Église – Ancienne chapelle (15ᵉ et 17ᵉ s.) d'un couvent de cordeliers. On y admire un **bénitier★** monumental (16ᵉ s.), aux armes de la famille donatrice et surmonté d'une croix en pierre au pied de laquelle pleure une Madeleine agenouillée. Calvaire du 18ᵉ s. au fond du chœur et, dans la nef, quelques amusantes statues peintes, de la même époque.

Dans la chapelle du St-Sacrement, à droite, remarquer le tabernacle représentant la multiplication des pains et des poissons.

★ **ROUTE DE ROMME** *11 km au départ de Cluses*

Au rond-point, face à l'Office de tourisme, prendre la direction de Scionzier et franchir le pont de l'Europe.

La route de Romme (D 119) s'amorce après un deuxième rond-point. Au-delà, vue sur la grande cluse percée par l'Arve entre Cluses et Magland.

Après le premier lacet, on voit apparaître, en avant, la pointe aiguë de Marcelly puis, après le deuxième lacet, à gauche de la trouée du Bas-Giffre, la pyramide régulière du Môle ; à gauche encore, dans l'enfilade de la plaine de l'Arve, se profile, par temps clair, le Salève.

Plus haut se découvrent les sommets qui surplombent, à gauche, la coupure de l'Arve entre Sallanches et Cluses, depuis la pointe boisée de Chevran, toute proche, jusqu'aux étonnantes architectures rocheuses de l'aiguille de Varan.

Aussitôt avant l'église de Nancy-sur-Cluses, prendre à droite.

Romme – *Pousser jusqu'à l'esplanade.* Le village, bien groupé sur son seuil, forme balcon sur la fraîche vallée du Reposoir. En avant se dessinent les énormes carapaces rocheuses du Bargy et du Jallouvre, que l'échancrure du col de la Colombière sépare de la pointe d'Almet, toute gazonnée, et de la molle dépression d'alpages du col des Annes.

De Romme une route, descendant à la Chartreuse du Reposoir, permet de rentrer à Cluses par la gorge du Foron.

COMBE DE SAVOIE

Cartes Michelin nos 89 plis 8, 18 et 19 ou 244 plis 18 et 19

Section Nord du « sillon alpin » *(p. 15)*, la Combe de Savoie est le nom donné à la vallée de l'Isère entre Albertville et le carrefour de la cluse de Chambéry. À la différence du Grésivaudan qui la prolonge, en aval, c'est une région à vocation exclusivement agricole.

Noyés dans les vergers, entourés de champs de maïs, de tabac ou de vignobles aux noms souvent fameux – c'est ici la première région viticole de Savoie –, les bourgs alignés de Montmélian à St-Pierre-d'Albigny et à Mercury, bien situés sur leur « endroit » ensoleillé, au pied des remparts des Bauges, offrent des tableaux très agrestes.

POINTS DE VUE

La meilleure vue d'ensemble de la Combe s'offre du rocher de Montmélian. Les routes du fort du Mont, des cols du Frêne et de Tamié permettent de leur côté des vues plus aériennes sur la dépression. La curiosité monumentale de la région est le nid d'aigle de Miolans.

Montmélian – Cette petite cité ancienne, en plein développement, enserre la butte du rocher de Montmélian qui fut le site d'une des places fortes les plus redoutées d'Europe. Le sommet du rocher *(accessible par une rampe signalée « le fort »)*, dépouillé de toute fortification depuis le démantèlement de la place en 1706 sur l'ordre de Louis XIV, est occupé par une plate-forme fleurie d'où l'on découvre un **panorama**★ sur la vallée de l'Isère et les Alpes jusqu'au Mont Blanc. Au Nord-Ouest, remarquer le rocher appelé « la Savoyarde » à cause de sa silhouette évoquant le profil renversé d'une tête de femme coiffée de la « frontière » *(voir p. 44)*.

COMBLOUX❋

1 716 habitants (les Comblorans)
Cartes Michelin nos 74 pli 8 ou 244 pli 20

Combloux est une villégiature, tant estivale qu'hivernale, de flatteuse renommée climatique. Cette station-village a su garder son charme d'origine avec ses fermes anciennes.

LA STATION

L'**église**, dont l'élégant clocher à bulbe a contribué à la renommée de Combloux, est typique des églises alpines édifiées au 18e s. ; à l'intérieur, on remarquera le retable du maître-autel, œuvre originale, du début du 18e s., présentant deux étages très ouvragés.

Le domaine skiable – À Combloux sont privilégiés les activités familiales et le ski sans risque. Le domaine est relié à celui du Jaillet (Megève) par de nombreuses remontées. Les fondeurs disposent d'une quinzaine de kilomètres en trois boucles. Les défaillances de l'enneigement peuvent être compensées par cinq canons à neige.

★LE SITE

La beauté de son célèbre **panorama**★★★ sur le massif du Mont-Blanc est due à un excellent recul et à l'étrangeté des plans rocheux des Fiz (aiguilles de Varan) et des Aravis (Pointe Percée). Pour en avoir une vision détaillée, prendre, au centre de la localité et à droite, la route du Haut-Combloux, jusqu'à la Cry *(3 km parking)* où a été installée une table d'orientation.

Les **CONTAMINES-MONTJOIE**✳✳✳

994 habitants (les Contaminards)
Cartes Michelin n°s 74 pli 8 ou 244 pli 21 – Schéma p. 203

À 1 164 m d'altitude, au pied du mont Joly et des calottes neigeuses des dômes de Miage, cette station, principale villégiature du Haut-Val Montjoie, est l'un des lieux de séjour les plus agréables et les plus reposants du massif du Mont-Blanc.

LA STATION

Le domaine skiable – Cette station créée dans les années trente dispose, avec le plateau de Montjoie et de l'Épaule de Roselette, d'un espace assez bien enneigé et équipé. Elle vise une clientèle familiale, recherchant des pistes de moyenne difficulté, sans oublier la beauté de l'environnement des Contamines au pied du Mont Blanc. Le domaine est relié à celui du mont d'Arbois.

Les fondeurs apprécieront la trentaine de kilomètres de pistes qui leur sont destinées.

En été, la station constitue un exceptionnel **centre de promenades et de courses en montagne**. Les grandes ascensions se font de préférence au départ de l'hôtellerie de Tré-la-Tête *(4 h 1/2 AR depuis Cugnon)*, bâtie au-dessous du glacier dont les eaux de fonte ont été captées au profit du lac de la Girotte. Les simples promeneurs trouveront quelques-uns des plus beaux sentiers de randonnée des Alpes.

Vue sur les Contamines-Montjoie au pied des dômes de Miage

De plus, le village offre de nombreuses activités sportives et culturelles, auxquelles viennent s'ajouter celles de la **base de loisirs du Pontet** aménagée autour d'un petit plan d'eau. L'église du 18ᵉ s. compose un ensemble harmonieux avec sa façade peinte sous le large auvent du toit.

RANDONNÉES PÉDESTRES

★★ **Le Val Montjoie et sa corniche** – *Se reporter au massif du Mont-Blanc.*

★ **Le Signal** ⊘ – Alt. 1 850 m. Accès par les télécabines de la Gorge et du Signal. Vue remarquable sur les dômes de Miage et le massif de Tré-la-Tête. Plus à gauche, dans le fond de la vallée, on reconnaît la Chaîne des Fiz.

★★ **Promenade au col du Joly** – Alt. 1 989 m. *Une demi-heure de montée facile à partir du Signal.*
Panorama splendide sur le massif du Mont-Blanc, la vallée de Hauteluce et le lac de la Girotte, puis au-delà les Aravis. Dans le lointain se dresse le mont Granier-en-Chartreuse.

★★ **Randonnées à l'Aiguille Croche** – Alt. 2 487 m. *1 h 1/2 à pied du col du Joly. Le sentier étant très raide, les chaussures de montagne sont conseillées.*
Le panorama★★★, l'un des plus beaux et des plus étendus des Alpes, récompense largement l'effort consenti. Admirer, dans le sens des aiguilles d'une montre, le massif du Mont-Blanc : aiguilles de Chamonix, aiguilles Verte, du Midi et de Bionassay, Mont Blanc, mont Pourri, glacier de la Grande Motte et celui de la Grande Casse, la Pierra Menta, les Écrins, la Meije, le glacier du Mont-de-Lans et l'Étendard, l'immense chaîne des Aravis, l'altiport et la station de Megève...

★★ **Chemin de crêtes de l'Aiguille Croche au mont Joly** – *Les marcheurs endurants munis d'une carte, et partis tôt le matin, se rendront après l'ascension de l'aiguille Croche au mont Joly (2 h environ).*
Le sentier, étroit mais sans trop d'à-pic, offre en permanence des vues splendides. Du mont Joly – table d'orientation *(panorama décrit à Megève)* –, compter encore 2 h pour rejoindre les Contamines. Faire demi-tour jusqu'à la Tête de la Combaz et prendre, à gauche, le sentier qui descend rapidement sur le fond de la vallée. À Colombaz, bifurquer à droite sur la route revêtue, puis 200 m plus loin, à gauche. Le sentier conduit à l'Étape, d'où l'on redescend à la Gorge en télécabine. Possibilité également de rentrer à pied.

★★ **Petit tour du Mont Blanc** – Circuit de 4 jours *(se reporter au massif du Mont-Blanc).*

★ **Lacs Jovet** – Alt. 2 174 m. *Dénivellation 1 000 m environ. 5 h à pied AR de Notre-Dame de la Gorge.*
Cet itinéraire bien balisé se fait en grande partie sur le tour du Mont Blanc, au sein de la Réserve naturelle des Contamines. Très beaux reflets de lumière dans les lacs, encadrés par les monts Jovet, le mont Tondu, le col du Bonhomme et les aiguilles de la Pennaz.

COURCHEVEL✳✳✳

Cartes Michelin nᵒˢ 89 pli 9 ou 244 pli 31 – Schéma p. 271

Courchevel est incontestablement l'une des plus prestigieuses et des plus importantes stations de sports d'hiver qui soient au monde. Créée en 1946 à l'initiative du conseil général de la Savoie, elle a joué un rôle pilote dans le développement des **Trois-Vallées**✳✳✳ *(voir p. 273)*. **Émile Allais**, champion du monde de descente en 1932, y introduisit pour la première fois en France la notion d'entretien et de damage des pistes de ski.
Si le ski à Courchevel est exceptionnel, l'après-ski l'est tout autant : expositions de peinture, concerts de musique classique ou de jazz, ensemble impressionnant de boutiques de luxe, centres sportifs et de remise en forme, célèbres night-clubs... Mais Courchevel doit aussi son prestige à la qualité de ses hôtels et de ses restaurants gastronomiques, qui n'ont guère d'équivalent en montagne.
En été, Courchevel change de visage et constitue un paisible lieu de séjour, aux multiples activités.

LES STATIONS

Le domaine skiable – Aujourd'hui, l'entretien et l'aménagement du domaine skiable de Courchevel constituent toujours une référence. L'enneigement est garanti de début décembre à mai, grâce à l'exposition Nord des pentes et à une impressionnante batterie de plus de 500 canons à neige. Autre point fort de la station : son école de ski, qui avec 480 moniteurs est la première d'Europe. Les skieurs débutants trouvent de magnifiques terrains d'exercice sur les premiers tronçons des remontées de Courchevel 1850 (Verdons, Jardin Alpin). Les skieurs confirmés ne manqueront pas d'essayer le grand couloir de la Saulire et le secteur de Courchevel 1350. Les amateurs de ski nordique apprécieront également le réseau dense de boucles de fond, relié à celui de Méribel.

Quatre stations s'étagent entre 1 300 et 1 850 m sur le versant du Doron de Bozel dit « vallée de St-Bon », dont les replats d'alpages et les versants boisés se déploient face à un horizon de montagnes largement dégagé.

Le Praz – Alt. 1 300 m. C'est aux abords de ce vieux village qu'ont eu lieu les épreuves de saut et de combiné nordique des Jeux olympiques d'Albertville, marquées par la victoire de Fabrice Guy. Les deux tremplins de 90 et 120 m sont particulièrement impressionnants. Une pittoresque route forestière de 7 km permet de gagner la jeune station de **La Tania**, puis Méribel.

Courchevel 1550 – Située sur un promontoire que signale une charmante chapelle à clocheton, cette station familiale bénéficie de la proximité des sous-bois.

Moriond ou Courchevel 1650 – Station très ensoleillée. L'architecture du centre, de style urbain, contraste avec les chalets traditionnels du Belvédère.

Courchevel 1850 – Au centre de son étoile de remontées mécaniques, c'est de loin la station principale du groupe, la plus animée et la plus prisée. L'agglomération se dispose dans un léger creux d'alpages, face à un large **panorama**★ sur le mont Jovet, le sommet de Bellecôte, le Grand Bec, encadrant les vallées du Doron de Bozel et du Doron de Champagny. C'est vers elle que reflue l'essentiel de l'animation touristique hivernale à partir du mois d'avril.

Hôtels de luxe et chalets cossus se répartissent entre 1 700 et 1 900 m sur les rues de Bellecôte, du Jardin Alpin et de l'Altiport. Des vols touristiques sont proposés, permettant de découvrir les sites olympiques et le Mont Blanc.

BELVÉDÈRES ACCESSIBLES EN TÉLÉCABINE

★★★ **La Saulire** ⊙ – *Accès de Courchevel 1850 par la télécabine des Verdons et le téléphérique de la Saulire.* C'est l'un des sommets les mieux équipés des Trois-Vallées et un lieu de passage essentiel entre les vallées de Courchevel et de Méribel. Desservi par un téléphérique, trois télécabines et trois télésièges, il est le point de départ d'une douzaine de pistes parmi les plus célèbres des Alpes. Les piétons peuvent, été comme hiver, redescendre sur Méribel ou Mottaret en télécabine et sur Courchevel en téléphérique.

De la plate-forme terminale (alt. 2 690 m), on admire tout d'abord la torche rocheuse de l'Aiguille du Fruit (alt. 3 050 m), au premier plan, puis le massif de la Vanoise avec la Grande Casse, aux deux cornes neigeuses, et les immenses glaciers de la Vanoise proprement dits, enfin, franchement au Sud, le massif de Péclet-Polset. Au Nord, le massif du Mont-Blanc semble ourler de ses neiges les crêtes gazonnées du mont Jovet. Plus à droite, on reconnaît le Grand Combin, le sommet de Bellecôte et le mont Pourri.

Pour compléter ce tour d'horizon, se rendre à l'arrivée de la télécabine venant de Méribel et monter à la terrasse supérieure du restaurant des Pierres Plates (table d'orientation), d'où l'on surplombe la vallée des Allues. Le regard se porte au Sud-Ouest jusqu'au grand plateau blanc du glacier du Mont-de-Lans (les Deux-Alpes), à gauche duquel se détache la Meije. À droite, plus proches, se découpent les dentelures sombres des aiguilles d'Arves. Encore plus à droite, on découvre enfin les massifs des Grandes-Rousses (pic de l'Étendard) et de Belledonne (rocher Blanc, Grand Pic…).

Sommet de la Saulire (relais de télévision) – Alt. 2 738 m. *1 h à pied AR.* Excursion conseillée seulement en été aux touristes habitués à la montagne et non sujets au vertige. Accès, à partir du téléphérique sur la droite, par un large chemin de 300 m au bout duquel se détache, sur la droite, un très étroit sentier de 200 m en forte montée. Vue panoramique splendide sur la Meije, les Écrins et la Vanoise.

★★ **Télécabine des Chenus** ⊙ – Accès de Courchevel 1850. À l'arrivée de la télécabine, vue sur le Rocher de la Loze au premier plan, puis sur la Croix des Verdons, la Saulire, l'aiguille du Fruit, la Vanoise et le Mont Blanc. Les skieurs se rendront au **col de la Loze**★★ (alt. 2 305 m) : belle vue sur la vallée des Allues *(altiport)*.

★ **Mont Bel Air** ⊙ – Alt. 2 050 m. Accès de Courchevel 1650 par la télécabine d'Ariondaz. Belle vue d'ensemble sur la vallée de Saint-Bon (des Dents de la Porteta à gauche, au col de la Loze à droite, en passant par Courchevel 1850 et son altiport). Admirer en particulier au sommet de Bellecôte, la Grande Casse et le Mont Blanc. Un itinéraire piéton permet de redescendre sur Courchevel 1650, été comme hiver.

RANDONNÉES PÉDESTRES

Courchevel constitue une excellente **base de randonnées pédestres**, souvent méconnue. Un plan des sentiers balisés est publié par l'Office de tourisme.

★★ **Petit Mont Blanc** – Alt. 2 677 m. *Montée : 3 h 1/2. Descente : 2 h 1/4. Départ du Belvédère (Courchevel 1650) ou du sommet du mont Bel-Air.*
Traversée de la vallée des Avals, secteur vierge de toute remontée mécanique. Monter ensuite au sommet par le col de Saulces. Très beau **panorama** sur la vallée de Pralognan, dominée par la Grande-Casse, les glaciers de la Vanoise et la Pointe de l'Échelle.

★★ **Les lacs Merlet** – Alt. 2 449 m. *Montée : 2 h. Départ du mont Bel-Air.* Le sentier longe deux téléskis successifs puis pénètre dans le Parc de la Vanoise.
Les lacs Merlet se situent dans un **cadre**★★ splendide au pied de l'aiguille du Fruit. Monter au lac Supérieur, le plus profond des lacs de la Vanoise (30 m), et le longer par la rive droite jusqu'à son extrémité. Les glaciers de la Vanoise et l'aiguille du Rateau se mirent dans ses eaux souvent recouvertes partiellement de glace.

Promenade à la Rosière – *Accès à la Rosière en voiture par une route forestière non goudronnée entre Courchevel 1650 et le Belvédère.*
Joli petit lac dominé par la Dent du Villard. Sentier botanique présentant quelques espèces rares (ancolie, sabot de Vénus). Poursuivre la promenade par le sentier des cascades.

★ **Via ferrata de la croix des Verdons**
Accès par la télécabine des Verdons, puis le téléphérique de la Saulire.
Située à 2 739 m d'altitude, elle constitue un remarquable belvédère équipé de câbles et d'échelons ; l'amateur de sensations peut y évoluer sur un parcours où se succèdent ressauts et dévers. *(Pour l'équipement et les précautions préalables, se reporter au chapitre des Renseignements pratiques en fin de volume.)*

Lac de Merlet

Route de la CROIX-DE-FER★★★

Cartes Michelin n°ˢ 77 plis 6 et 7 ou 244 plis 29 et 30

Cette route (D 526-D 926) et celle du col du Glandon, qui s'en détache à mi-parcours, mettent en relation l'Oisans avec la Maurienne ou, plus précisément, la vallée de l'Eau-d'Olle avec les vallées de l'Arvan (Pays des Arves) et du Glandon (Pays des Villards). Elles se déroulent à travers des sites sauvages et desservent de petites communautés montagnardes isolées, qui n'ont pas encore perdu totalement leur cachet primitif.
Toutes deux donnent accès – la première de façon plus détournée, mais aussi beaucoup plus variée et spectaculaire – à la vallée de l'Arc et St-Jean-de-Maurienne. Dans son ensemble, l'itinéraire qu'empruntent les D 526 et D 926 présente, à ses extrémités, deux passages très encaissés : le défilé de Maupas et les sinistres gorges de l'Arvan, encadrant les paysages très ouverts de la combe d'Olle et du bassin de St-Sorlin-d'Arves. L'apparition des trois aiguilles d'Arves au col de la Croix-de-Fer sera un grand « moment ».

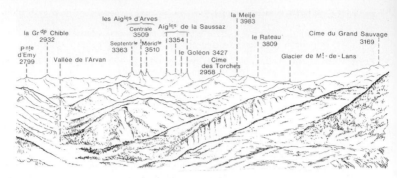

Panorama du col de la Croix-de-Fer, vers l'Est

En raccordant ce parcours avec un itinéraire empruntant les routes du Galibier et du Lautaret *(voir ces noms)*, on effectuera le plus beau circuit automobile des Alpes françaises **(circuit des Grands Cols★★★)** avec celui de la **route des Grandes Alpes★★★** *(se reporter à ce nom).*

DE ROCHETAILLÉE À ST-JEAN-DE-MAURIENNE

96 km – environ 4 h

La route est obstruée par la neige de novembre à mai entre le Rivier-d'Allemond et St-Sorlin-d'Arves.

Entre Rochetaillée et le Verney, la D 526 suit le fond plat de la basse vallée d'Olle que sa fraîche gamme de tons verts a pu faire nommer le « jardin de l'Oisans ».

Après avoir longé la rive gauche de la retenue du Verney, prendre la direction de la centrale de Grand'Maison et d'Hydrelec.

Dans la traversée du ravin du Flumet se révèle, en contre-haut, la cascade de la Fare sautant une barre rocheuse en arrière de laquelle pointent les crêtes des Grandes Rousses.

★ **Hydrelec** ⊙ – *La centrale de Grand'Maison et l'usine d'Oz ne se visitent pas. Laisser la voiture sur le parking des visiteurs à l'entrée de la centrale de Grand'Maison et descendre le chemin à droite vers Hydrelec.*
La visite débute par une projection vidéo qui présente les grands principes physiques régissant la production et le transport de l'énergie électrique, et plus particulièrement celle issue de la production hydraulique à travers l'exemple de la création du barrage de Grand'Maison.
L'ensemble du matériel et des reconstitutions exposés sur deux niveaux retrace l'histoire de la maîtrise de l'eau et de l'énergie fournie, depuis les antiques roues chinoises jusqu'aux stations de transfert d'énergie par pompage.
Au rez-de-chaussée, on remarque une maquette de la célèbre machine de Marly qui alimentait les eaux de Versailles ; on entre ensuite dans l'ère de l'électricité domestiquée avec l'invention de la dynamo, puis du transformateur. Cette époque inaugurée par **Aristide Bergès** *(voir p. 177)*, père de la « fée électricité » et promoteur de la houille blanche, a appelé une nouvelle gestion de la puissance hydraulique avec la création des turbines. On peut examiner des échantillons des principaux types de turbines : Pelton, Francis, Kaplan, puis les groupes-bulbes entièrement enterrés ; les divers types de barrages sont détaillés, ainsi que les usines réversibles qui renvoient l'eau utilisée vers le barrage d'amont : il s'agit des stations de transfert d'énergie par pompage, principe adopté dans le complexe hydroélectrique d'Eau-d'Olle.
Une spectaculaire maquette du barrage de Grand'Maison, hérissée de drains, permet de prendre connaissance de la complexité des phénomènes de résistance des sols et des matériaux.
Le sous-sol du bâtiment expose un vaste historique des instruments de mesure et de contrôle de la puissance électrique : tableau de bord de centrale, tableaux de mise en phase encore en état de marche, disjoncteurs de forte capacité, premières lampes électriques, turbines et de gros générateurs provenant d'entreprises d'usinage électrolytique. Une borne vidéo fournit les éléments d'information complémentaires.

Revenir à la D 526 et prendre à droite la D 43 A en direction de Vaujany.

★ **Vaujany** – Orienté au Sud, ce village-balcon est étiré sur les flancs du Rissiou, face aux Grandes Rousses, dans un **site★** ravissant.
De l'extrémité du village, splendide vue sur la **cascade de la Fare★** qui, du pied du pic de l'Étendard, effectue un bond de près de 1 000 m.
Vaujany est relié par téléphérique au dôme des Rousses (2 805 m), via la gare des Alpettes. De cette dernière station, possibilité de rejoindre l'Alpe-d'Huez (1 860 m).

À hauteur du cimetière de Vaujany, une route mène au Collet de Vaujany.

★★ **Collet de Vaujany** – Une **vue** étendue s'offre sur la face Ouest des Grandes Rousses où se distinguent les pics de l'Étendard et du lac Blanc.

Revenir au Verney sur la D 526.

Du pont Rattier au Rivier-d'Allemond, la route s'élève au-dessus du torrent et traverse de nombreux affluents descendus des contreforts de Belledonne par une suite ininterrompue de chutes. La vallée se rétrécit et devient presque entièrement boisée.

★ **Défilé de Maupas** – Dans ce passage étroitement encaissé, la route se fraie péniblement un chemin dans des chaos d'éboulis. Elle traverse les torrents dévalant du massif des Sept-Laux. L'un d'eux forme la jolie cascade des Sept-Laux, bien visible de la route.

★★ **Combe d'Olle** – Cette conque d'alpages, qui se creuse entre d'énormes croupes à peine modelées, a été choisie par EDF pour l'implantation du **barrage de Grand'Maison**, sur l'Eau-d'Olle : le barrage, sa retenue de 220 ha et ses usines sont reliés par une galerie de plus de 7 km au réservoir inférieur (75 ha) et à l'usine du barrage du Verney, pour permettre une production d'électricité de caractère mixte gravitaire-pompage *(voir p. 27)*.

À hauteur du barrage de Grand'Maison débouche le ravin affluent de la Cochette, par la coupure duquel apparaissent les cimes de la Cochette (massif des Grandes Rousses). Plus en amont, le ruisseau du Grand Lac anime de ses chutes le versant opposé.

Juste après la Combe d'Olle, prendre à droite la D 926. Si l'on veut poursuivre par la route du Glandon, voir ce nom.

Col de la Croix-de-Fer et aiguilles d'Argentière

★★ Col de la Croix-de-Fer – Alt. 2 068 m. *1/4 h à pied AR.* Grimper sur la bosse rocheuse signalée par une pyramide commémorative, au Sud du col. De là se découvre, vers l'Est, le **panorama**, dont les aiguilles d'Arves sont les vedettes.

Sur le versant opposé se succèdent les crêtes rocailleuses des massifs des Sept-Laux et d'Allevard. Les rochers de l'Argentière, dont les clochetons se dressent immédiatement en arrière du col du Glandon, et, plus à droite, la pyramide bien détachée du bec d'Arguille sont ici les sommets les plus marquants.

★★★ Randonnée au refuge de l'Étendard – *Du col, compter environ 3 h 1/4 de marche AR.*

Au terme d'une montée de 1 h 50, on découvre en contrebas le refuge, dominé par le pic de l'Étendard (3 464 m). À droite se dresse la chaîne de Belledonne, particulièrement spectaculaire au coucher du soleil. Au Nord-Ouest, on admire les aiguilles d'Argentière, tandis qu'au Nord-Est la **vue★★** est magnifique sur le Mont Blanc, les Grandes Jorasses, le Grand Combin, le Grand Bec et la Grande Casse. Descendre en 10 mn au refuge, situé au bord du lac Bramant.

Les marcheurs endurants peuvent poursuivre jusqu'au pied du glacier de **St-Sorlin**, en longeant les lacs Bramant, Blanc et Tournant. Prévoir dans ce cas une journée complète.

Du col de la Croix-de-Fer à St-Sorlin, la vue est attirée par les aiguilles d'Arves et par l'ample paysage de la haute vallée de l'Arvan, dont les immenses versants gazonnés plongent vers de nombreux hameaux entourés d'une marqueterie de cultures. Après le troisième lacet, on découvre, à droite de la cime du Grand-Sauvage, le pic de l'Étendard (massif des Grandes Rousses) présentant son versant glaciaire (glacier de St-Sorlin).

St-Sorlin-d'Arves – Les constructions neuves engendrées par la proximité des pistes de ski altèrent quelque peu le cachet ancien des hameaux composant ce village.

La route suit le cours limoneux de l'Arvan.

À Malcrozet, prendre à gauche la D 80 montant en corniche sur le replat de St-Jean-d'Arves.

St-Jean-d'Arves – Gagner, à l'écart du village, l'église, dont le cimetière en terrasse domine la haute vallée de l'Arvan. De ce **site★**, on voit, à l'horizon, s'aligner les crêtes neigeuses des Grandes Rousses ; à droite du pic Bayle, le pic de l'Étendard se reconnaît à sa cuirasse glaciaire sans défauts et, plus à droite encore, les cimes de la Cochette se signalent par l'écharpe de neige qui surmonte leurs escarpements. À la sortie de St-Jean, la route fait un coude pour éviter les ravinements du torrent du Villard. 2 km plus loin, à l'entrée d'un virage, on aperçoit à droite l'étroit défilé du val d'Entraigues. À l'issue du tunnel précédant le croisement de la D 926 se dévoile, assez haut sur le versant opposé, le **site★** composé par le hameau et l'église de Montrond formant premier plan devant les Aiguilles d'Arves. Des vues plongeantes, fragmentaires mais impressionnantes, s'offrent sur les abîmes des **gorges de l'Arvan★**, étranglées entre leurs abrupts schisteux.

La route rejoint la D 926 (route de St-Jean-de-Maurienne) que l'on prend à gauche, au débouché de la Combe Genin, juste avant un tunnel.

★ La combe Genin – Ce majestueux couloir d'éboulis est encadré de grands feuillets schisteux tranchants où de beaux jeux de lumière peuvent s'observer en fin d'après-midi.

De la combe Genin, faire demi-tour et reprendre la D 926 jusqu'au pont de Belleville. Là, prendre à gauche la D 80.

Cette route franchit l'Arvan, dont on entrevoit les gorges, et monte parmi les sapins ; une fois hors de ceux-ci, la vue se dégage sur la basse vallée de l'Arvan. À l'entrée du village du Mollard, on reconnaît, à gauche, la combe Genin.

★ Col du Mollard – Nombreux chalets. De ce point culminant (alt. 1 683 m) du parcours, les **vues★** sont particulièrement séduisantes : en arrière sur les aiguilles d'Arves, en avant sur les premiers sommets de la Vanoise.

À la sortie Ouest d'Albiez-le-Vieux commence la descente vertigineuse vers la vallée de l'Arvan, avec des passages en corniche ménageant des vues plongeantes sur celle-ci, qu'après Gévoudaz la route assagie suit en paliers jusqu'à St-Jean-de-Maurienne.

De la sortie du dernier tunnel à St-Jean-de-Maurienne, au cours de la forte descente, la vue s'attache désormais à la basse vallée de l'Arvan et au bassin de St-Jean-de-Maurienne, dominé par le Grand Coin et le Perron des Encombres. Deux grands lacets fournissent encore l'occasion d'apprécier, cette fois à mi-hauteur, l'encaissement des gorges de l'Arvan.

St-Jean-de-Maurienne – *Voir ce nom.*

Les DEUX-ALPES ✽✽

Cartes Michelin nᵒˢ 77 pli 6 ou 244 pli 41

Au cœur de l'Oisans, les stations jumelles de l'Alpe de Mont-de-Lans et de l'Alpe de Venosc, dites « les Deux-Alpes », disposent tout en longueur leurs multiples résidences, à l'architecture moderne, sur un vaste ensellement de pâturages faisant communiquer à 1 600 m d'altitude les vallées de la Romanche et du Vénéon.

LA STATION

Le domaine skiable – Appréciées pour leur ambiance jeune et sportive, les Deux-Alpes offrent un domaine réputé, qui se développe sur les versants de part et d'autre de la station. Les bons skieurs se retrouveront sur le premier tronçon, aux pentes assez raides, et sur le sommet de Tête Moute. Les skieurs peu expérimentés, pour leur part, sont comblés par les faibles pentes, l'excellente neige et les panoramas grandioses du glacier du Mont-de-Lans, le plus grand glacier skiable d'Europe. Ce dernier, équipé d'une douzaine de remontées mécaniques, est sillonné par de nombreuses pistes vertes et bleues entre 2 800 et 3 568 m, altitude record en France pour des pistes damées. Il permet ainsi à des skieurs de niveau modeste de parcourir une dénivelée exceptionnelle de 2 000 m pour rentrer sur la station. Assurant en son sommet, au dôme de la Lauze, une liaison par auto-chenillette (en période d'hiver) avec le glacier de la Girose du domaine de La Grave *(voir ce nom)*, il constitue l'un des plus grands domaines de **ski d'été**, de mi-juin à début septembre, et garantit une neige de qualité tout l'hiver.

Si le ski est prédominant en toute saison, les Deux-Alpes offre une importante palette d'activités : patinoire, piscine de plein air chauffée, parapente...
Les amateurs de promenade iront au vieux village de **Venosc** *(voir l'Oisans)*, au refuge de la Fée et au Sapey.

Chapelle St-Benoît ⊙ – Moderne, mais d'allure traditionnelle grâce à ses murs de moellons, elle renferme quelques sculptures originales dont le chemin de croix.

LES BELVÉDÈRES

✽✽ **Glacier du Mont-de-Lans** ⊙ – *Compter 2 h AR pour le dôme du Puy Salié et une demi-journée pour le dôme de la Lauze. Chaussures de montagne, lunettes de soleil et jumelles recommandées.* Accès du centre de la station (près de l'Office de tourisme) par le téléphérique du **Jandri Express**. À 2 600 m, on change de cabine pour accéder à 3 200 m. Belle **vue** sur le Vercors et l'Oisans.
Prendre ensuite l'ascenseur incliné et le funiculaire pour accéder au dôme de Puy Salié (3 421 m). En sortant, **vue**✽✽ magnifique sur la chaîne des Écrins. Rejoindre en quelques instants l'arrivée des téléskis pour admirer le Vercors et, plus à droite, Belledonne, le massif des Grandes Rousses (station de l'Alpe-d'Huez, pic du Lac Blanc), le massif du Mont-Blanc, les dentelures sombres des aiguilles d'Arves et la Vanoise. Par temps clair, le mont Ventoux est visible.
Les skieurs, pour bénéficier d'une vue encore plus dégagée, prendront le téléski de la Lauze et poursuivront à pied quelques instants jusqu'au sommet de la butte.
Panorama✽✽✽ splendide sur le Rateau, les Écrins, le massif du Soreiller, le mont Pourri, la Grande Casse, Péclet.

Grotte de glace ⊙ – À l'arrivée du funiculaire Dôme Express ont été creusées, sous plusieurs dizaines de mètres de glace, des cavités abritant des sculptures de glace. On découvre tour à tour l'ardoisier, le colporteur, la salle des cristaux, etc.

✽ **Croisière Blanche** – *Il est conseillé de réserver à l'Office de tourisme en saison. Départ à proximité de la station d'arrivée du téléphérique.* Les piétons peuvent se rendre sur le **dôme de la Lauze** en minibus à chenilles. Cette excursion, unique en France par son moyen de locomotion, offre au profane une expérience exceptionnelle de contact avec la haute montagne.

✽ **Belvédère des Cimes** – Alt. 2 100 m. *Accès par le télésiège des Cimes, situé à l'entrée de la station côté Mont-de-Lans.*
Placé sur le flanc Nord-Est du Pied Moutet, ce belvédère offre une belle vue sur la vallée de la Romanche et le bassin du Bourg-d'Oisans.

✽ **Belvédère de la Croix** – De la croix élevée sur une éminence herbeuse située derrière le chalet de l'UCPA, à l'extrémité de la station côté Alpe-de-Venosc, on domine, par un abrupt impressionnant, la profonde vallée du Vénéon, où tournoient des choucas. En face, la cime escarpée de l'aiguille de Venosc sépare le vallon du lac Lauvitel, à droite, du vallon du lac de la Muzelle, à gauche (ces deux lacs ne sont pas visibles). La **Roche de la Muzelle** (alt. 3 459 m), reconnaissable à son glacier suspendu, règne sur cet imposant paysage.

Gorges de la DIOSAZ★

Cartes Michelin n⁰ˢ 89 pli 4 ou 244 pli 10
Schéma p. 203 – 12 km au Nord-Est de St-Gervais

La Diosaz, affluent de l'Arve, descend du Buet (alt. 3 099 m) et rejoint le bassin
de Servoz par des gorges réputées, dont le principal intérêt est d'offrir une **série
de chutes**★★, alimentées surtout en juillet et en août quand le barrage installé en
amont ouvre ses vannes.

*Du village, où se dresse l'église de Servoz (p. 243), on accède en voiture (1 km)
jusqu'au kiosque d'entrée des gorges.*

Le sentier d'accès, ombragé, passe au pied du monument élevé à la mémoire
du naturaliste et poète Eschen, tombé en 1800 dans une crevasse du Buet. La
grandiloquente inscription commémorative est un superbe échantillon du style
officiel de l'époque.

Visite ⊘ – Le circuit débute par un sentier et des galeries suspendues en montée
assez sensible. Plus haut, on rencontre d'abord la cascade des Danses, où la
Diosaz se résout entièrement en écume, et, après le pont Achillon-Cazin, la
tumultueuse cascade de Barme-Rousse. Les parois de la gorge s'élèvent et se
resserrent. Du pont du Soufflet, on admire les trois rebonds de la cascade de
l'Aigle, la plus haute et la plus imposante de cet ensemble de chutes.
Au-delà, les galeries se poursuivent encore jusqu'au « Pont naturel » formé par
un bloc de rocher tombé au 16ᵉ s., et coincé dans une fissure de la montagne
d'où s'échappe la **cascade du Soufflet**. Au-delà du Pont naturel, on aperçoit encore
deux petites cascades.

Les ÉCHELLES-ENTRE-DEUX-GUIERS

2 890 habitants (les Échellois)
Cartes Michelin n⁰ˢ 74 pli 15 ou 244 pli 28 – Schéma p. 180

Ces agglomérations jumelles ne sont séparées que par le Guiers Vif qui, jadis
frontière d'État entre la Savoie et la France (Dauphiné), est demeuré limite
départementale entre la Savoie et l'Isère. Elles forment un carrefour touristique
animé par une circulation intense.
Au 13ᵉ s., Béatrix de Savoie, comtesse de Provence, habita le château des Échelles
après la mort de son mari et fonda dans la localité une commanderie de
St-Jean-de-Jérusalem, occupée de nos jours par la mairie.
Immédiatement en aval des deux bourgs (à l'Ouest), le torrent se réunit au Guiers
Mort, venu du « Désert » de la Grande-Chartreuse, et, sous le simple nom de Guiers,
va s'enfoncer dans l'imposante gorge boisée de Chailles, qui ouvre à la N 6, tracée
en corniche, l'accès du bas-pays.

GROTTES DES ÉCHELLES *4 km par la N 6 vers Chambéry*

Laisser la voiture à la sortie du tunnel des Échelles.
Les deux grottes des Échelles doivent une grande part de leur réputation aux
souvenirs historiques attachés à la voie millénaire qui les dessert – la « **Route royale
Sarde** » – et à la tradition qui fait de la grotte inférieure l'un des repaires du fameux
contrebandier Mandrin (1724-1755).
La gorge qui sépare les grottes est un ancien tunnel naturel dont la voûte s'est
effondrée. Pendant longtemps, elle a constitué le seul passage possible entre
la vallée de Couz et le bassin des Échelles. Une voie romaine l'empruntait
déjà. Au Moyen Âge, la rapidité de la pente fut atténuée par de larges
gradins formant des paliers successifs, d'où le nom d'« Échelles ». De 1667 à
1670, le duc de Savoie, Charles-Emmanuel II, fit niveler les degrés pour rendre
la route accessible aux charrois. Un monument, élevé à hauteur de la grotte
inférieure, commémore pompeusement ces travaux. Napoléon donna l'ordre de
creuser le tunnel que l'actuelle N 6 emprunte aujourd'hui. Celui-ci fut achevé en
1813.

Visite des grottes ⊘ – *Le point de départ le plus communément adopté est
l'auberge du Tunnel, sur la N 6, à la sortie Est (côté Chambéry) du tunnel des
Échelles.*
L'entrée de la **grotte supérieure** s'ouvre dans la paroi rocheuse. Un couloir
conduit à un carrefour d'où partent deux galeries. Celle de gauche dessert
plusieurs salles que séparent d'étroits couloirs curieusement travaillés par
l'érosion.
Une passerelle longue de 220 m, accrochée vertigineusement à la paroi, parcourt,
à mi-hauteur, cet impressionnant « canyon inachevé » qu'est la grotte inférieure
ou **Grand Goulet**★. De la sortie Sud de la grotte, très jolie **vue**★ sur la vallée
de la Chartreuse que dominent les sommets de la Chartreuse : Grand Som et
Sûre.

★ ROUTE DU COL DE LA CLUSE
21 km - environ 2 h - schéma p. 131

Prendre vers Chambéry, la N 6 qui passe près de l'entrée des grottes des Échelles (voir ci-dessus) ; au col de Couz tourner à droite pour traverser le village de St-Jean-de-Couz, et suivre la D 45.

La route, après le col des Égaux, domine le bassin des Échelles, puis les gorges du Guiers Vif, face au fameux passage du « Frou ».

Aussitôt avant Corbel, à hauteur d'un calvaire, la vue est dégagée sur la vallée du Guiers Vif, plus épanouie. Sur le versant opposé s'éparpillent, aux flancs de leur vallon, les hameaux de la Ruchère.

Corbel marque l'entrée latérale d'un autre vallon suspendu, très agreste, encadré par de beaux escarpements. Par une montée accentuée, la D 45 s'échappe de ce vallon.

Col de la Cluse - Alt. 1 169 m. Agréable lieu de halte. La fraîcheur du site contraste avec l'ensoleillement des pentes de la vallée d'Entremont, dominée par les barres rocheuses du Granier.

Au col de la Cluse, on peut revenir aux Échelles par les Déserts, Entremont-le-Vieux et St-Pierre-d'Entremont (route décrite en sens inverse p. 132).

Route de l'ÉPINE★

Cartes Michelin nᵒˢ 74 plis 14 et 15 ou 244 plis 17 et 18 – Ouest de Chambéry

Le chaînon calcaire de l'Épine, que cette route escalade, sépare la cluse de Chambéry et la cuvette du lac du Bourget des verdoyantes collines du Petit Bugey ou Bugey savoyard. Il forme, au point de vue géologique, l'extrême avancée du Jura méridional, au-delà du Rhône.

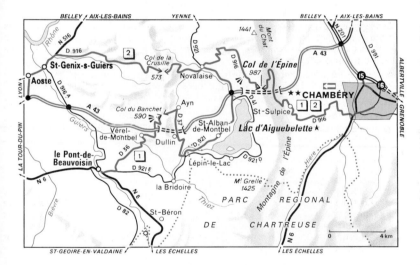

LAC D'AIGUEBELETTE PAR LE COL DE L'ÉPINE

① De Chambéry au Pont-de-Beauvoisin *47 km - environ 2 h*

Routes très fréquentées le dimanche, en saison, entre Chambéry et le lac d'Aiguebelette. Le col de l'Épine est obstrué par la neige de novembre à avril. Quitter Chambéry par ③ du plan, N 6, puis la D 916 prise à droite.

Sur le versant du lac du Bourget, c'est surtout entre St-Sulpice et le col que certaines échappées méritent attention : on repère facilement le mont Revard avec sa gare de téléphérique et la dent du Nivolet surmontée d'une croix monumentale ; à leur pied se déploient Aix, son lac et l'agglomération chambérienne. On peut prendre comme observatoire le lacet, bordé d'un parapet, précédant immédiatement le col.

Les touristes effectuant ce parcours en descente jouiront de belles vues sur la muraille du Granier et, à l'horizon, sur les dentelures sombres du massif d'Allevard en arrière desquelles brillent, tard dans la saison, les neiges du massif de la Lauzière.

Col de l'Épine - Alt. 987 m. Le passage était autrefois fréquenté par les pèlerins se rendant à la chapelle du château de Nances pour y vénérer une épine de la couronne du Christ, mais il est douteux qu'il faille voir là l'origine du nom du col.

À l'Ouest du col, le parcours, en corniche au-dessus du frais bassin de Novalaise, permet de découvrir, en grande partie, le lac d'Aiguebelette, dans lequel plongent les escarpements maigrement boisés du mont Grelle. À droite de ceux-ci se découvrent le cimier de la Sûre (massif de la Chartreuse) et, au dernier plan, les falaises du Vercors. Vers l'Ouest, au-delà des ondulations du Bugey méridional, se déroulent, à l'infini, les plateaux du Bas-Dauphiné. Les monts du Lyonnais et le mont Pilat sont visibles par temps clair.

De Novalaise à St-Alban-de-Montbel, la route longe un moment la rive Ouest du lac d'Aiguebelette.

★ **Lac d'Aiguebelette** – *Voir ce nom.*

Après avoir quitté la route directe du Pont-de-Beauvoisin, l'itinéraire, remontant à droite par la D 37, fait pénétrer dans un frais vallon ombreux, puis débouche sur le plateau cultivé de Dullin, en vue de la croupe de la montagne de l'Épine. Entre Ayn (prononcer A-yin) et Vérel-de-Montbel, la D 36, plongeant subitement, vient s'accrocher, en corniche, au flanc du dernier gradin escarpé dominant le Petit Bugey. De superbes échappées rapprochées se révèlent sur le planureux pays de Montbel dont on traverse par la suite les champs de maïs, de tabac et les bouquets de noyers. Au Sud, enfumée par l'usine de St-Béron, se précise la coupure de la gorge de Chailles, par laquelle le Guiers s'échappe définitivement de la Chartreuse. À gauche de la Sûre apparaissent la bosse arrondie du Charmant Som, puis les crêtes rocheuses du Grand Som.

La D 36 atteint Le Pont-de-Beauvoisin.

Le Pont-de-Beauvoisin – *Voir ce nom.*

★ LE BUGEY SAVOYARD

② De Chambéry à Aoste

50 km – environ 2 h (sans la visite du musée)

De Chambéry à Novalaise, l'itinéraire emprunte la D 916 *(décrit ci-dessus).*

À la sortie Ouest de Novalaise, poursuivre sur la D 916 qui serpente à flanc de massif jusqu'au col de la Crusille (alt. 573 m).

La route descend le cours du petit affluent du Rhône jusqu'à **St-Genix-sur-Guiers.** Cet ancien bourg frontière franco-savoyard, aujourd'hui centre actif de tourisme, conserve une position charnière aux limites départementales de l'Ain, de la Savoie et de l'Isère, à proximité du coude formé par le Rhône pour contourner le Bas-Bugey. La proximité de l'autoroute Lyon-Chambéry a contribué à son désenclavement.

Poursuivre vers l'Ouest, sur 3 km, la N 516.

Aoste – Ce gros bourg du Petit Bugey, centre agroalimentaire actif, était déjà situé à un important nœud de communications régionales aux premiers siècles de notre ère. L'antique Vicus Augustus (fondé, comme son homonyme du Piémont, en hommage à l'empereur Auguste) contrôlait le trafic des voies romaines reliant Vienne (Isère) à Augusta Praetoria-Aoste (Italie) par le col du Petit-St-Bernard. Le vicus désignait alors une petite agglomération dirigée par une organisation municipale et dotée de structures juridiques. La puissante cité de Vienne, chef-lieu du territoire des Allobroges, comptait à l'époque impériale six vici (Albens, Annecy, Aix-les-Bains, Genève, Grenoble et... Aoste). L'importance de cette dernière dans l'Empire romain était surtout due à la production de ses potiers et céramistes, dont on a retrouvé des exemplaires estampillés en Allemagne et dans les îles Britanniques. Cette intense activité périclitera après le 2e s.

Musée archéologique ⊙ – Récemment réaménagé au profit d'une muséographie vivante, il offre une intéressante évocation de la vie de cette importante bourgade gallo-romaine. Remarquer particulièrement, dans le hall d'entrée, un **autel de carrefour**, coiffé d'un toit et orné de quatre niches, qui contenait des divinités du voyage. Son emplacement devait matérialiser le carrefour des voies, tout comme les fontaines ornent nos ronds-points modernes. Les étapes de la vie sociale de la localité font l'objet d'une présentation claire et didactique : rites religieux et funéraires (remarquer la finesse des traits de la déesse de l'Abondance – l'original est exposé actuellement au musée gallo-romain de Lyon) et vie domestique (reconstitution d'une cuisine gallo-romaine). L'activité artisanale occupe une place prépondérante, notamment une maquette des ateliers de potiers qui restitue une zone d'implantation d'ateliers avec les différentes étapes de fabrication. La riche collection de **céramiques**★ permet de mesurer l'importance et la diversité de cette production quasi industrielle.

Retraverser à pied la N 516 au Sud et se diriger vers la résidence des personnes âgées. À une dizaine de mètres à gauche de l'entrée, sous un auvent de béton et protégé par une baie vitrée, on apercevra sur son site un **four de potier** à l'exceptionnel état de conservation. Remarquer au centre le foyer, ou alandier, en forme de tunnel. Lors de la mise en chauffe, les flammes s'élevaient à travers la sole percée d'orifices, sur laquelle étaient disposés les ouvrages à cuire.

Possibilité de retour à Chambéry par l'autoroute A 43.

ÉVIAN-LES-BAINS ‡‡‡

6 895 habitants
Cartes Michelin nᵒˢ 89 pli 2 ou 244 pli 9 – Schéma p. 112

Baptisée poétiquement « la perle du Léman », Évian, merveilleusement située entre le lac et les contreforts des Préalpes du Chablais, est une station réputée, à triple vocation : hydrominérale, balnéaire et climatique.
Régionalement, c'est, pendant la « saison », un centre de distractions mondaines dont le rayonnement s'exerce sur toutes les rives du lac.
Ses bâtiments publics cossus, ses palaces noyés dans la verdure caractérisent bien ce lieu de détente international où les obligations de la cure apparaissent relativement bénignes.
Le 18 mars 1962, la station fut le cadre de la cérémonie de la signature des **Accords d'Évian** qui stipulaient la reconnaissance de l'indépendance de l'Algérie.

LA STATION

Ignorées des Romains, les vertus des eaux d'Évian ne furent découvertes qu'en 1789 quand un gentilhomme auvergnat, le marquis de Lessert, réalisa que l'eau de la fontaine Ste-Catherine « faisait passer ses graviers ».
Jusqu'en 1865, Évian présentait l'aspect d'une petite cité fortifiée aux murailles baignées par le lac. L'église elle-même s'avançait en proue dans celui-ci. Après 1865 furent construits, en empiétant sur les eaux, les quais actuels, dont la plus longue section porte le nom du baron de Blonay, qui, en léguant à la ville son château (à l'emplacement du casino actuel) et les terrains riverains, permit l'opération qui devait être décisive pour l'avenir touristique de la station.
Ce « front de lac », bordé d'arbres d'essences rares et agrémenté de pelouses et de fleurs avec en arrière-plan les vastes bâtiments de l'**Établissement thermal (B F)**, de la **villa Lumière (B H)**, actuel hôtel de ville, et du **Casino (B)**, remarquables exemples de l'architecture thermale de la fin du 19ᵉ s. et du début du 20ᵉ s., constitue la plus jolie promenade d'Évian.
Les nouveaux établissements thermaux (**C K**) se trouvent dans le **parc thermal (C)**. La buvette, dessinée par l'architecte Novarina (qui réalisa aussi le palais des congrès), fut construite en 1956, et l'Espace thermal en 1983. Ce bâtiment est en partie enterré afin de préserver le parc.
Au-delà du port, où se concentrent les yachts et où accostent les bateaux du Léman, le **Jardin anglais (C)** est favorablement placé pour détailler la côte suisse *(se placer près du petit phare)*. Encore plus à l'Est, un nouveau port de plaisance a été créé. Le centre nautique offre, à l'entrée opposée de la ville, les aménagements les plus modernes.
L'artère la plus commerçante d'Évian est la longue et étroite rue Nationale *(piétonne)* qui traverse l'agglomération de part en part.
Plus en arrière, les grands hôtels s'étagent sur les premières pentes du Pays Gavot, à travers les châtaigneraies de Neuvecelle.
Tous les ans, au mois de mai, Évian organise les **Rencontres musicales**, pendant lesquelles se déroule un concours de quatuors qui a permis de révéler ces dernières années le quatuor Anton en 1989, et le quatuor Keller en 1990.

Évian et le lac Léman

Office de tourisme, Évian

EVIAN-LES-BAINS

Libération (Pl. de la) .... C 26
Nationale (Rue) .... B 33

Abondance (Av. d') .... C 2
Bennevy (Bd de) .... AB 5
Besson (Quai Ch.) .... B 6
Blonay (Q. Baron de) .... B
Clermont (R. de) .... B 10
Cordeliers (R. des) .... C 12
Cottet (Pl. Ch.) .... B 15
Dupas (Av. Gén.) .... A
Folliet (R. Gaspard) .... B 19
Gare (Av. de la) .... A
Grotte (Av. des) .... C 22
Jean-Jaurès (Bd) .... ABC
Larringes (Av. de) .... AB 25
Mateirons (Av. des) .... B 27
Monnaie (R. de la) .... B 29
Narvick (Av. de) .... B 31
Neuvecelle (Av. de) .... C 36
Port (Pl. du) .... C 37
Sources (Av. des) .... B 39
Vallées (Av. des) .... AB 40

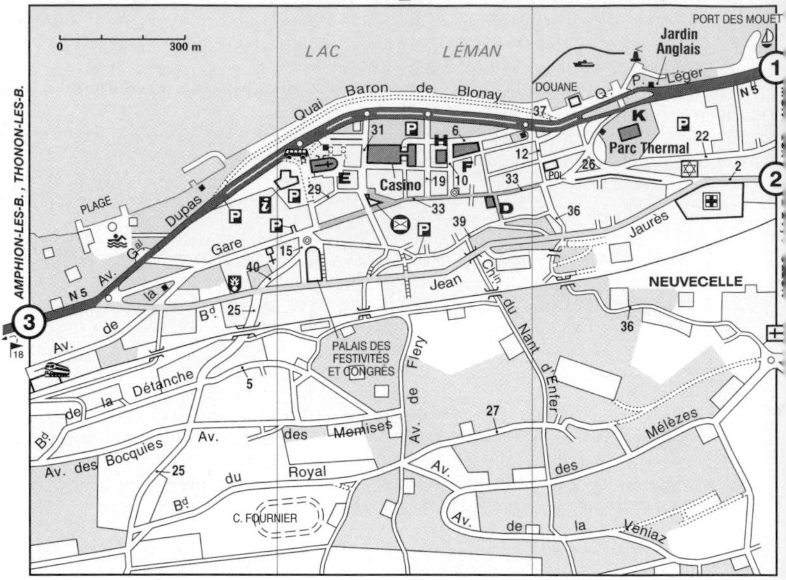

D Hall d'exposition sur l'eau et hall d'information
E Église
F Établissement thermal
H Villa Lumière (hôtel de ville)
K Nouveaux établissements thermaux

Aux environs d'Évian, **Amphion-les-Bains** fut le premier en date des centres de cure du Chablais, où les princes de la Maison de Savoie vinrent, dès le 17e s., prendre les eaux.

La cure - L'Espace thermal est ouvert du 1er février à fin novembre. Les eaux froides (11,6 °C), provenant du plateau de Vinzier et filtrées par les sables glaciaires du Pays Gavot, présentent une très faible minéralisation. Elles sont employées en boisson, bain ou douche, dans le traitement des affections rénales, digestives et métaboliques et dans d'autres traitements hydrothérapiques (comme la brumisation pour la réhydratation de la peau). Présentée en bouteilles, l'eau d'Évian est une des grandes eaux de table françaises.

CURIOSITÉS

Hall d'exposition sur l'eau et hall d'information ⓥ (**B D**) - Il est installé dans le bâtiment (1905) de l'ancienne buvette de la **source Cachat**, pavillon de bois et de verre de style Art Nouveau couvert d'une coupole qu'encadrent des vitraux semi-circulaires. La source Cachat, ancienne fontaine Ste-Catherine, tire son nom du propriétaire qui prit l'initiative de l'amélioration de son captage en 1824. Dans ce hall, on trouve des expositions et des informations sur l'eau d'Évian et la cure.

Église (**B E**) - Typique du premier art gothique en Savoie (fin du 13e s.), elle a été remaniée et restaurée au 13e s. puis en 1865. Quelques chapiteaux subsistent de la construction primitive. Dans la chapelle N.-D. de Grâce, à droite du chœur, la Vierge bourguignonne, bas-relief en bois peint, fut donnée aux clarisses d'Orbe en 1493 par Louise de Savoie, qu'une fresque représente sur le mur en face.

Monument de la comtesse de Noailles - *Quitter Évian par ③ du plan, N 5.* Cette petite rotonde s'élève au bas d'un étroit jardin, ancienne propriété de la poétesse.

Usine d'embouteillage ⓥ - Installée à Amphion-les-Bains, cette usine très moderne produit, en moyenne, 5 millions de litres d'eau par jour, ce qui la place au premier rang mondial des producteurs d'eau minérale.

Fontaines musicales - *Au nouveau port de plaisance des Mouettes.*
Un ensemble de jeux d'eaux rythmés sur musique classique ou moderne agrémente la rive du lac.

★★★ LE LAC LÉMAN

Avec ses 310 m de profondeur et ses 58 000 ha, ce lac est 13 fois plus étendu que le lac du Bourget, le plus vaste de la France intérieure. Sa forme est celle d'un croissant long de 72 km, large au maximum – entre Morges et Amphion – de 13 km. L'altitude moyenne de son plan d'eau est de 372 m au-dessus du niveau moyen des mers. On distingue généralement le Petit lac – entre Genève et Yvoire – du Grand lac, secteur le plus épanoui, dont une partie au large de Vevey, Montreux et St-Gingolph est encore appelée le Haut lac.

Depuis des siècles, le Léman constitue un sujet d'études exceptionnel, tout particulièrement pour cette pépinière de naturalistes que fut toujours Genève. Rappelons que sa nappe constitue, en fait, la base du nivellement général de la Suisse.

Un des phénomènes naturels les plus spectaculaires qui aient le lac pour théâtre est la « **bataillère** ». Ce combat, dont l'absorption des eaux troubles du Rhône valaisan est l'enjeu, peut s'observer des terrasses ou des sommets qui dominent Montreux et Meillerie. Le puissant panache boueux semble se résorber entièrement ; en réalité, le mélange ne s'effectue pas sur-le-champ et une tranche d'eaux fluviales troubles subsiste à une vingtaine de mètres de profondeur, jusqu'à l'automne, époque où le refroidissement ambiant rétablit l'homogénéité.

Les échanges de chaleur entre l'atmosphère et les eaux du lac se traduisent par un bilan climatique très favorable aux riverains, surtout en avant et en arrière-saison. L'automne chablaisien est magnifique, avec des brumes fréquentes.

★★★ **Promenades en bateau** ⊙ – Les bateaux de la Compagnie générale de navigation sur le lac Léman relient les rives françaises et suisses du lac. D'Évian, il est facile de faire le tour complet du lac ou celui du Haut lac, ou simplement d'effectuer la traversée d'Évian à Lausanne-Ouchy ainsi que des croisières nocturnes *(voir le chapitre des Renseignements pratiques en fin de volume)*.

PIC DE MÉMISE *15 km – 1 h 1/2 – schéma p. 112*
Quitter Évian par ② du plan.

La D 24 s'élève à travers les vergers. Deux grands lacets sous bois, procurant de larges échappées sur le lac, donnent accès à la terrasse de Thollon, allongée au pied des falaises du pic de Mémise.

Thollon – Cette station aux multiples hameaux – au départ desquels il suffit de faire quelques pas pour découvrir le lac Léman, 600 m plus bas – se développe comme annexe d'altitude d'Évian, tant en été, pour le charme de sa situation, qu'en plein hiver grâce aux pistes de ski de Mémise.

★★ **Pic de Mémise** – Alt. 1 677 m. *Une demi-heure à pied AR.* La télécabine dépose les touristes à l'altitude de 1 596 m, sur la crête des falaises de Mémise. De là, gagner la croix élevée au point culminant pour jouir alors du **panorama** sur le lac, avec la rive suisse de Nyon à Montreux et, à l'horizon, le Jura, les coteaux vaudois, les rochers de Naye.

Les vents du Léman

Plus particulièrement la partie occidentale du lac Léman est exposée aux vents venus du Jura et des Alpes. Les riverains les distinguent selon leur direction :
- la **bise** (de Nord-Est) vient de Suisse et souffle par périodes de trois jours en hiver ;
- le **séchard** (d'Est) est un vent côtier très apprécié des plaisanciers ;
- le **vaudaire** (d'Est-Nord-Est), en provenance du canton de Vaud, annonce un changement de temps ;
- le **joran** (du Nord-Ouest) du Jura suisse est annonciateur de brusques et spectaculaires tempêtes provoquant des vagues de plusieurs mètres sur le lac, il cesse aussi brusquement qu'il s'est amorcé ;
- le **vent** enfin, est un vent d'Ouest annonciateur de pluie.

Le FAUCIGNY★★

Cartes Michelin n°s 89 plis 2, 3 et 13 ou 244 plis 8, 9 et 10

Cette région fut, jusqu'au 14e s., une pomme de discorde entre les Dauphins – auxquels les seigneurs du pays étaient alliés – et les comtes de Savoie.

Elle perpétue le nom du château de Faucigny dont on voit encore les ruines, précédées d'une croix, dressées sur un éperon dominant la plaine de l'Arve, entre Bonneville et Contamine-sur-Arve. Le Faucigny historique correspondait exactement au bassin de l'Arve, pris dans son ensemble.

Nous arrêtons, ici, le Faucigny touristique à la porte aval du bassin de Sallanches, situé au Sud. L'originalité du pays ainsi délimité s'apprécie surtout en remontant la vallée du Giffre, le plus puissant des affluents de l'Arve, qui mène au cœur des Hautes-Alpes calcaires du Faucigny.

Les Hautes-Alpes calcaires du Faucigny – Dans les Alpes françaises, c'est la zone où les sommets taillés dans le calcaire franc atteignent leur plus grande altitude. Avec ses énormes barres rocheuses aux stratifications tourmentées, ses durs sommets tranchants, le massif constitue un magnifique terrain d'exercice pour les excursionnistes, les varappeurs et les grimpeurs.

La principale curiosité touristique est ici l'hémicycle grandiose du **Fer à Cheval**★★. Pour l'automobiliste, le belvédère du **Buet** (alt. 3 099 m), avec sa lourde calotte neigeuse, bien visible depuis les moyennes vallées de l'Arve et du Giffre, deviendra rapidement un repère familier.

Le **col d'Anterne** (alt. 2 264 m) offre aux bons marcheurs une splendide possibilité de liaison entre la vallée de Sixt et le bassin de Sallanches ou la vallée de Chamonix, à travers la chaîne des Fiz *(itinéraire suivi par le sentier de Grande Randonnée GR 5)*.

La vallée de l'Arve – L'Arve, qui naît sur les pentes du col de Balme à l'origine de la vallée de Chamonix, développe successivement son cours torrentueux au pied du massif du Mont-Blanc, dans le bassin de Sallanches, la grande cluse de Magland et la plaine du Faucigny, pour mêler, enfin, dans la banlieue genevoise, ses eaux troubles à celles du Rhône, purifiées par le lac Léman. Sa vallée, trait d'union naturel entre ces différentes régions touristiques, est devenue un grand axe international depuis le percement du tunnel sous le Mont Blanc.

★ROUTE DES GETS

① De Morzine à Cluses *43 km – environ 1 h*

La route des Grandes Alpes, D 902-N 202, passe de la vallée de la Dranse de Morzine dans celles du Giffre et de l'Arve.

✱✱ **Morzine** – *Voir ce nom.*

Quitter Morzine par la D 28 (route des Gets) à l'Ouest, puis prendre la D 902.

La route suit le fond du large seuil pastoral des Gets. Sur le versant de la Dranse, le roc d'Enfer (alt. 2 244 m), l'un des plus rudes sommets chablaisiens, reste un moment visible à l'Ouest.

✱ **Les Gets** – *Voir ce nom.*

La route sinue, sous bois, dans les étroites vallées de l'Arpettaz et du Foron. *Au Pont des Gets, prendre la D 328 à droite.*

La route s'élève au-dessus de la vallée profondément encaissée du Foron, fermée par les arêtes du roc d'Enfer, et débouche dans la vaste cuvette d'alpages du Praz-de-Lys. Du dernier lacet, le **panorama**★ s'étend, de gauche à droite, sur les dents du Midi, la Tour Sallière, les Avoudrues, le Buet, le Mont Blanc, la chaîne du Reposoir.

Le petit village d'altitude du **Praz-de-Lys**, isolé et tranquille, est dominé par la pointe de Marcelly (alt. 2 000 m – croix monumentale) dont les touristes exercés pourront faire avec profit l'ascension *(3 h à pied AR)*.

Revenir à la D 902 que l'on prend vers Taninges.

Dans la partie aval de la vallée se dégagent la cime de la pointe de Marcelly puis, aux approches d'Avonnex, le massif du Reposoir avec, de gauche à droite, le bastion de la pointe d'Areu, Pointe Percée – dont l'aiguille émerge de justesse –, la pointe d'Almet et les escarpements du Bargy.

Immédiatement en aval d'Avonnex, alors que la **vue**★ sur la vallée du **Giffre** et Taninges se dégage complètement, les neiges des hauts sommets apparaissent : de gauche à droite, la calotte du Buet, la pyramide rocheuse de l'Aiguille Verte flanquée du Dru, enfin le couronnement du Mont Blanc.

Taninges – Au carrefour de routes touristiques, entre le Giffre et le pied de la pointe de Marcelly, ce bourg est une base appréciée de promenades estivales. Ses hauts quartiers ont gardé leur cachet ancien.

Entre Châtillon-sur-Cluses et Cluses, on apprécie le site de la petite ville industrielle groupée à la sortie du défilé auquel elle doit son nom. Vers l'aval, les escarpements du Bargy, la pointe d'Andey aux flancs boisés, la pyramide gazonnée du Môle encadrent la plaine intérieure à travers laquelle file l'Arve, endiguée.

Cluses – *Voir ce nom.*

VALLÉE DU GIFFRE

② De St-Jeoire à Samoëns *24 km – environ 3/4 h*

St-Jeoire – Lieu de séjour agréable dans un vallon boisé.

La D 907 domine, en corniche, le confluent du Giffre et du Risse. Par la troué du Bas-Giffre apparaissent les sommets du Reposoir et, particulièrement, la carapace rocheuse du Bargy.

Un défilé boisé donne accès au bassin de Mieussy. Du virage qui marque la sortie amont de cette gorge, on commence à découvrir la calotte neigeuse du Buet.

Mieussy – L'une des plus jolies apparitions du parcours. Le clocher à bulbe de l'église pointe dans un charmant paysage offrant une étonnante palette de verts.

De Mieussy à Taninges, la pointe de Marcelly s'impose au premier plan.

L'Étroit Denté, court défilé taillé dans un « verrou » glaciaire *(voir p. 16)*, forme la porte de la moyenne vallée du Giffre, largement épanouie de Taninges à Samoëns.

Taninges – *Voir ci-dessus.*

Dès la sortie de Taninges, le regard s'attache au grand escarpement des rochers du Criou, qui surplombe immédiatement Samoëns. À gauche de celui-ci apparaîtront les neiges du massif des Avoudrues. À droite, le Buet se rapproche, puis disparaît.

La D 907 atteint Samoëns.

✦✦ **Samoëns** – *Voir ce nom.*

★ ③ ACCÈS AU FER-À-CHEVAL

13 km au départ de Samoëns – environ 3/4 h – schéma p. 156

✦✦ **Samoëns** – *Voir ce nom.*

Quitter Samoëns par la route de Sixt au Sud-Est.

Au départ, on distingue, sur le versant opposé de la vallée du Giffre, la cascade de Nant d'Ant. La vallée se rétrécit.

Gorge des Tines – Pour découvrir l'étroite fissure où bouillonne le Giffre, laisser la voiture sur le parking aménagé immédiatement avant la carrière de pierres des Tines et gagner, à droite, la passerelle jetée sur le torrent.

On pénètre ensuite dans le bassin de Sixt. À droite débouche la vallée de Salvagny, fermée par la vertigineuse muraille de la pointe de Sales.

★ **Sixt-Fer-à-Cheval et cascade de Rouget** – *Voir ce nom.*

En amont de Sixt, la route, jalonnée d'oratoires et de calvaires, permet d'apercevoir, à gauche de la Corne du Chamois, le sommet pyramidal du Tenneverge.
A partir de Nambride commence à se découvrir le cirque, avec ses cascades.

★★ **Cirque du Fer-à-Cheval** – *Voir Sixt-Fer-à-Cheval.*

★ ROUTE DE MONT-SAXONNEX

④ De La Roche-sur-Foron à Cluses

36 km – environ 1 h 1/2 – schéma ci-après

La Roche-sur-Foron – *Voir ce nom.*

Prendre la N 203 vers l'Est.

Bonneville – L'ancienne capitale du Faucigny est restée un centre administratif et un carrefour touristique, au confluent du Borne et de l'Arve. La curiosité de l'endroit est la colonne commémorative érigée à l'entrée du pont sur l'Arve, en l'honneur de Charles-Félix de Sardaigne qui, au début du 19e s., fit mener à bien l'endiguement du grand torrent.

Quitter Bonneville à l'Est par la N 205 ; après avoir enjambé l'autoroute, tourner à droite vers Mont-Saxonnex, puis prendre la route de Brizon. Laisser la voiture au terme d'un passage en corniche escarpé, près du virage prononcé à droite, qui marque l'entrée du haut vallon de Brizon.

★ **Point de vue de Brizon** – Du belvédère aménagé du côté de l'à-pic, la **vue** plonge sur les gorges du Bronze et découvre, à l'horizon, les sommets du Môle et de la pointe de Marcelly, derrière la plaine de l'Arve.

Revenir à la route de Mont-Saxonnex.

Gorges du Bronze – Si l'on veut y faire halte, laisser la voiture, dans une série de quatre lacets, 100 m après le premier d'entre eux, pour grimper sur un rocher dominant le profond ravin boisé.

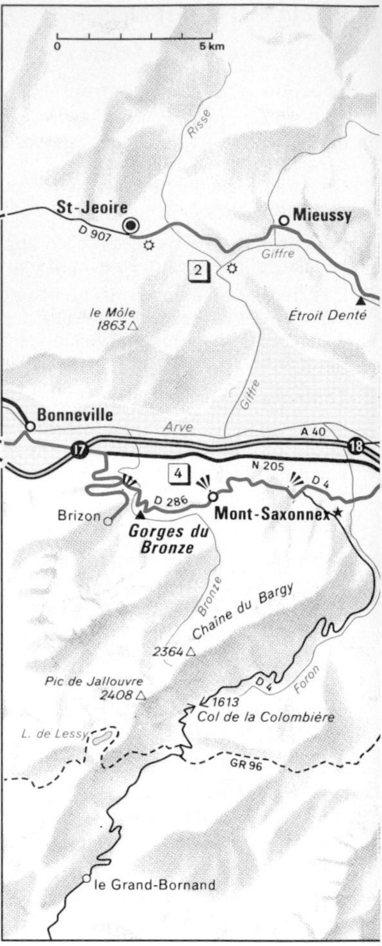

★ **Mont-Saxonnex** – *Voir ce nom.*

Entre Mont-Saxonnex et Cluses, le chemin, après avoir offert une vue plongeante sur la plaine de l'Arve, s'enfonce sous bois. Il n'en ressort que pour se joindre à la D 4 qui traverse les nombreuses agglomérations-satellites de Cluses, animées par les petits ateliers de décolletage à domicile.

Cluses – *Voir ce nom.*

LA CLUSE DE L'ARVE

⑤ **De Cluses à Sallanches**
16 km – environ 1/2 h – schéma ci-contre

Cluses – *Voir ce nom.*

Quitter Cluses par la N 205, route de Chamonix, au Sud.

La route suit ici la cluse que l'Arve s'est taillée entre le bassin de Sallanches et la plaine de Marignier. Les escarpements de la chaîne des Fiz (Croix-de-Fer, Tête du Colonney, aiguille de Varan) et de la chaîne du Reposoir (pointe d'Areu) l'enserrent. Entre Cluses et Balme-Arâches, le défilé de Cluses-Magland constitue la partie la plus rétrécie de la grande cluse. Autoroute (A 40), route (N 205), voie ferrée et torrent s'y côtoient de très près.

Au départ de Balme-Arâches (gare), prendre la D 6.

La route d'Arâches s'attaque aux escarpements que perfore la « balme » (grotte) qui a donné son nom au hameau. Au moment où la route s'infléchit pour pénétrer définitivement dans le ravin affluent descendu d'Arâches, un élargissement de la chaussée permet de s'arrêter *(attention : risque de chutes de pierres au pied de la falaise)* pour détailler à loisir la physionomie d'ensemble de la grande percée Cluses-Sallanches. L'horizon est limité, en amont, par le mont Joly.

Arâches – Petit centre de sports d'hiver, dans un agréable cadre forestier.

Les Carroz-d'Arâches – Station de sports d'hiver allongée au bord d'un plateau dominant la cluse de l'Arve.
2 km après les Carroz, la vue se dégage en avant sur les sommets de la Croix-de-Fer et des Grandes Platières, et à droite sur la cluse en contrebas. La route grimpe jusqu'à 1 843 m d'altitude, puis descend vers Flaine que l'on aperçoit bientôt, 3 km avant d'y parvenir, tapie au creux de sa cuvette.

❋❋ **Flaine** – *Voir ce nom.*

Faire demi-tour et revenir à la N 205.

De Balme-Arâches à Magland, on voit se détacher, dans l'enfilade de la troué, en amont, le sommet du mont Joly.
Entre Magland et le pont sur l'Arve, la flèche rocheuse de Pointe Percée, point culminant de la chaîne des Aravis, est visible un moment par la coupure du vallon affluent du Doran.

D'Oëx, prendre une petite route à gauche.

Nant de la Ripa – Le chemin mène à un pont d'où l'on a une vue surprenante, après les pluies d'orage, sur le cours inférieur du torrent de la Ripa entièrement corrigé par vingt-six petits barrages disposés en escalier.

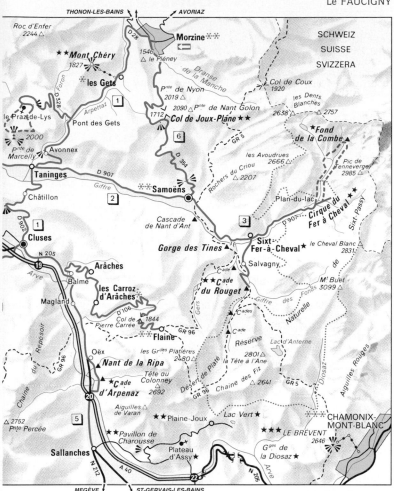

* **Cascade d'Arpenaz** – Haute de 200 m, elle jaillit d'une goulotte rocheuse curieusement statifiée « en fond de bateau ». Plus haut, les déchirures de l'aiguille de Varan se rapprochent.

Après Luzier, rejoindre la N 205.

Après le passage de la N 205 sous l'autoroute commence à apparaître, en avant, à gauche du mont Joly, le massif du Mont-Blanc, dans son écrasante majesté.

La N 205 atteint Sallanches.

Sallanches – *Voir ce nom.*

★★ROUTE DU COL DE JOUX-PLANE

⑥ **De Morzine à Samoëns** *20 km – environ 1 h – schéma ci-dessus*
Excursion décrite à Morzine.

De même que nous mettons en évidence le degré d'intérêt présenté par les différentes curiosités décrites dans nos guides, nous avons, par souci de clarté, classé dans leur catégorie et selon des critères qui leur sont propres les stations thermales et de sports d'hiver.

FLAINE✳✳

Cartes Michelin nᵒˢ 74 pli 8 ou 244 pli 20 – Schéma p. 156

Cette attrayante station moderne a été créée entre les rivières de l'Arve et du Giffre, dans l'évasement d'une combe jusqu'alors ignorée du tourisme, à 1 600 m d'altitude. Son isolement, qui a favorisé le développement d'un large réseau de remontées mécaniques, a autorisé une conception architecturale résolument moderniste et justifié de multiples initiatives originales en matière d'animation des loisirs.

LA STATION

Station sans voitures, Flaine vit, été comme hiver, autour de son Forum, véritable centre nerveux du village, à l'entrée duquel s'élève une sculpture géométrique polychrome de **Vasarely**. Non loin de là se dresse la sculpture peinte *Tête de femme*, restitution monumentale (12 m) polychrome d'une maquette de 80 cm de hauteur réalisée par Picasso en 1957. L'architecture en béton, souvent décriée par ailleurs, sert ici une conception d'ensemble dont l'auteur est l'architecte **Marcel Breuer**, ancien maître de l'école du Bauhaus, qui a notamment contribué à l'édification du Palais de l'Unesco à Paris et du Whitney Museum of American Art à New York.

Le domaine skiable – La station dispose d'un domaine étendu, « **Le Grand Massif** », relié aux stations des Carroz, Morillon, Samoëns et Sixt (forfait commun). En outre, une piste remarquable de 13 km relie Flaine à cette dernière. Certains aménagements de la station sont particulièrement réservés aux adeptes du snow-board (surf des neiges).

Désert de Platé – Le **téléphérique des Grandes Platières** ⊘ permet d'accéder au **désert de Platé** *(décrit au Bassin de Sallanches)*, que domine la chaîne du Mont-Blanc, de l'Aiguille Verte à l'aiguille de Bionnassay.

*Sur la couverture des **guides Verts**, un bandeau de couleur permet d'identifier rapidement leur langue d'édition :*
  – bleu pour le français ;
  – rose vif pour l'anglais ;
  – jaune pour l'allemand ;
  – orange pour l'espagnol ;
  – vert pour l'italien, etc.

Route du GALIBIER★★★

Cartes Michelin nᵒˢ 77 pli 7 ou 244 pli 42

Cette route, la plus célèbre des Alpes françaises avec celle du col de l'Iseran, relie la Maurienne au Briançonnais, en offrant à l'automobiliste la possibilité presque unique de rouler longuement dans un cadre de haute montagne dont rien ne vient tempérer la grandiose âpreté. Le panorama du col du Galibier est, surtout aux heures extrêmes de la journée, l'un des grands spectacles français.

Un aperçu du parcours – Une sévère montée, offrant des vues sur la Maurienne, conduit au fond de la vallée de l'Arc à la vallée affluente « suspendue » de la Valloirette. Celle-ci, d'abord boisée, prend progressivement un aspect ingrat, puis sinistre. Le col du Galibier passé, on assiste à l'apparition des sommets du massif des Écrins.

DE ST-MICHEL-DE-MAURIENNE AU COL DU LAUTARET

41 km – environ 3 h. Le col du Galibier est obstrué par la neige d'octobre à fin mai (parfois jusqu'en juillet).

De St-Michel au col du Télégraphe, les escarpements de la Croix des Têtes, surplombant l'étroit bassin de St-Michel-de-Maurienne, se mettent en valeur. Derrière ceux-ci se dresse le Perron des Encombres (alt. 2 830 m). Au Nord-Est apparaissent les glaciers du massif de Péclet-Polset. En fin de montée, la route s'accroche en corniche à un raide versant boisé.

★ **Col du Télégraphe** – Alt. 1 566 m. L'endroit est aménagé pour la halte. Grimper sur le piton rocailleux immédiatement au Nord pour bénéficier d'une meilleure **vue** plongeante sur la vallée de l'Arc. Entre le col du Télégraphe et Valloire, on domine, de haut, la vallée de la Valloirette qui dévale en gorges escarpées pour rejoindre l'Arc.

✴ **Valloire** – *Voir ce nom.*

De Valloire à Plan Lachat, on voit se préciser, fermant la vallée, la roche du Grand Galibier. De Plan Lachat au col, la montée offre des vues lointaines superbes sur la vallée de la Valloirette. On se rapproche de la crête du Galibier, abrupt talus de pierrailles sans végétation.

★★ **Col du Galibier** – La route ne passe plus en tunnel, mais par le col géographique même : c'est le passage le plus élevé (alt. 2 646 m) de la **Route des Grandes Alpes** après le col de l'Iseran (alt. 2 770 m). *Laisser la voiture et monter à pied (1/4 h AR) à la table d'orientation (alt. 2 704 m), établie en contre-haut du col géographique.* De la table, à 100 m de laquelle se dresse une borne-frontière de pierre aux armes de France et de Savoie, le regard embrasse un magnifique **panorama** circulaire ponctué notamment, côté Nord, par les aiguilles d'Arves et le mont Thabor ; côté Sud, par les monts du Briançonnais mais surtout par les glaciers et les cimes neigeuses (Barre des Écrins, Meije) du massif des Écrins. C'est à la sortie Sud de l'ancien tunnel que se trouve le monument à la mémoire de **Henri Desgranges**, le « Père » du Tour de France cycliste (créé en 1903), épreuve dont le Galibier constitue, en termes journalistiques, le « juge de paix ».

★★ **Randonnée au pic Blanc du Galibier** – Alt. 2 955 m. *Randonnée courte réservée néanmoins à de bons marcheurs. Dénivelée : 400 m. Durée : 3 h. Chaussures de montagne recommandées.*
Laisser la voiture au niveau du monument Henri-Desgranges et suivre le sentier tracé à travers la pelouse. Repérer sur les crêtes, à gauche, un gros sommet arrondi, dont il est préférable de réaliser l'ascension par la gauche (montée très raide). Le **panorama**★★ est déjà remarquable sur la Meije et le Thabor. Les personnes sujettes au vertige reviendront ensuite sur leurs pas.
La suite de la randonnée se fait par un étroit sentier de crêtes, assez aérien et dangereux par temps humide, exigeant une certaine prudence.
Parvenu au pied du pic Blanc du Galibier, on monte rapidement par des pentes raides au sommet, d'où l'on jouit d'un **panorama**★★★ exceptionnel : dans le prolongement des crêtes, le pic des Trois Évêchés et les trois majestueuses aiguilles d'Arves, au Sud sur l'Oisans, et derrière le col du Galibier le Thabor ; au Nord trônent les Grandes Jorasses, le Mont Blanc et la Vanoise.
Redescendre sur les crêtes et prendre un étroit sentier à gauche, qui traverse un terrain caillouteux jusqu'au promontoire sur lequel est installée la table d'orientation du col. Le sentier se perd ensuite dans la prairie ; on emprunte sur la droite un autre itinéraire qui ramène au parking.

Entre le col du Galibier et le col du Lautaret, remarquer, en aval, la cime de la Barre des Écrins, un instant visible de la route ; la vue prend ensuite d'enfilade la vallée de la Guisane. Briançon est visible par temps clair.
Au sortir du coude que décrit la route pour déboucher immédiatement au-dessus du col du Lautaret se révèle, en un **coup d'œil**★★★ merveilleux, le massif de la Meije avec, au premier plan, le cirque glaciaire de l'Homme.
La D 902 atteint le col du Lautaret.

★★ **Col du Lautaret** – *Voir ce nom.*

Les GETS ✳

1 287 habitants (les Gétois)
Cartes Michelin nᵒˢ 89 pli 3 ou 244 pli 9 – Schéma p. 156

Bien situé sur un seuil mettant en liaison, à 1 200 m d'altitude, les vallées de la Dranse, de Morzine et du Giffre, le village des Gets est fréquenté en été pour son cadre reposant.

CURIOSITÉS

Le domaine skiable – Cette station, réputée pour son équipement et ses aménagements destinés aux enfants, dispose de l'accès au domaine franco-suisse des **Portes du Soleil** regroupant 12 stations. Les fondeurs pourront s'exercer sur les six boucles des 20 km de pistes balisées.

Musée de la Musique mécanique ⊙ – Installé dans un bâtiment du 16ᵉ s. (ancienne « maison des Sœurs »), ce musée rassemble une intéressante collection d'instruments reproducteurs de sons : orgues de Barbarie, boîtes à musique, pianos mécaniques, phonographes, orchestrions, limonaires, etc. On remarquera également des automates et des tableaux animés. Cinq salles reconstituent des ambiances musicales différentes : salon de musique, fête foraine, bistrot 1900, atmosphère de rue et salles de concerts.

★★ Mont Chéry ⊙ – Alt. 1 827 m. *10 mn en télécabine puis en télésiège, ou en voiture, 2,5 km par la route du col de l'Encrenaz, puis 1 h 1/2 à pied AR.*
De la croix du sommet, vaste **panorama** circulaire sur les Hautes-Alpes calcaires du Faucigny. De gauche à droite on reconnaît la pointe de Nantaux, la vallée du lac de Montriond, les Hautforts, point culminant du Chablais (alt. 2 464 m), les dents du Midi, les rides rocheuses du Haut-Faucigny calcaire, le Ruan, la calotte neigeuse du Buet, la paroi verticale de la pointe de Sales formant premier plan devant les neiges du Mont Blanc, le désert de Platé *(décrit au bassin de Sallanches),* Pointe Percée et le pic de Marcelly.

Route du GLANDON ★

Cartes Michelin nᵒˢ 89 plis 17 et 20 ou 244 pli 30

C'est par cette route, détachée de celle du col de la Croix de Fer *(description à ce nom),* que se fait la communication la plus directe avec la vallée de l'Arc pour qui vient de Vizille ou du Bourg-d'Oisans.
Depuis qu'existe la route du col de la Madeleine *(voir ce nom),* entre la Chambre et N.-D.-de-Briançon, le Glandon constitue une étape sur la liaison Grenoble-Moûtiers.

DU COL DU GLANDON À LA CHAMBRE 22 km – environ 1 h

La D 927 parcourt de bout en bout la vallée du Glandon ou « vallée des Villards », longtemps en vue du Mont Blanc.
La route est obstruée par la neige, en amont de St-Colomban-des-Villards, entre novembre et début juin.

★ Col du Glandon – Alt. 1 924 m. *À 250 m du chalet-hôtel du Glandon.* Ce seuil, dominé immédiatement par les beaux escarpements colorés des rochers de l'Argentière, ouvre une excellente **perspective** lointaine sur le Mont Blanc, visible par le col de la Madeleine, dans l'alignement de la vallée du Glandon et de la vallée du Bugeon. Sur le versant de l'Eau-d'Olle apparaissent les crêtes neigeuses des Grandes Rousses.
Entre le col du Glandon et Léchet, le Mont Blanc reste encore visible. La haute vallée des Villards que l'on parcourt, présente un sévère paysage de prairies rases et de versants schisteux à vif où des tapis de rhododendrons viennent, au début de l'été, plaquer, çà et là, leurs touches rouges.
De Léchet à St-Colomban-des-Villards, les versants de la vallée se couvrent de forêts de sapins, offrant des sites plus bocagers que montagnards. Vers l'aval se découvrent les sommets qui dominent, à l'Est, le col de la Madeleine ; de gauche à droite : Cheval Noir, roc Noir, Molard des Bœufs.
Entre St-Colomban et la Chambre, la vallée perd son caractère proprement alpestre, mais, à l'horizon, les crêtes se disposent de part et d'autre du col de la Madeleine. À gauche de ce seuil se dressent les sommets longtemps enneigés du massif de la Lauzière (Gros Villan – alt. 2 688 m).

Couvent de la GRANDE CHARTREUSE*

Cartes Michelin nᵒˢ 77 pli 5 ou 244 pli 28 – Schéma p. 130

Se dissimulant au cœur du massif de la Chartreuse, au pied des escarpements calcaires et dans une couronne de forêts, le couvent de la Grande Chartreuse, havre de paix et de prière, suscite la curiosité dans notre monde agité. Le couvent ne se visite pas, mais le musée cartusien installé dans la Correrie initie le profane à l'histoire de l'ordre et à la vie des moines.

L'ordre des Chartreux – En 1084, Hugues, évêque de Grenoble, voit en songe sept étoiles l'avertissant de l'arrivée de sept voyageurs qui, sous la conduite de **Bruno**, ont décidé de vivre dans la retraite. Il les conduit dans le « désert » de Chartreuse qui donnera son nom au monastère et à l'ordre qui va naître. La maison mère sera la « Grande Chartreuse ». Saint Bruno meurt en Italie en 1101. Un de ses successeurs, Dom Guigues, rédige la règle cartusienne qui – fait unique dans les annales d'un ordre religieux – n'a jamais été réformée depuis.
Cet ordre essaime. On compte pendant la Renaissance plus de 200 fondations. Aujourd'hui il existe dix-sept chartreuses dans le monde, dont une aux États-Unis ; cinq sont réservées aux moniales.

La vie des chartreux – Le chartreux doit mener une vie essentiellement solitaire, soutenue par les exercices de piété, le travail intellectuel et le travail manuel. Chaque moine vit dans une cellule qui donne sur un cloître. Ses repas sont déposés dans le guichet. Trois fois par jour les moines se réunissent à l'église pour les offices. Le dimanche, le repas est pris en commun au réfectoire et une fois par semaine les moines effectuent une promenade dans les bois qui entourent le couvent.

La Grande Chartreuse – En 1132, une avalanche détruit le monastère. Dom Guigues le rebâtit alors, mais à huit reprises les bâtiments seront ravagés par les incendies. Les bâtiments actuels datent de 1676.
Ce monastère est particulièrement vaste, car, maison mère de l'ordre, il est conçu pour recevoir les responsables des différentes chartreuses. Outre l'église, les cellules, la bibliothèque, etc., il comprend la salle du chapitre général, où se réunissent les prieurs tous les deux ans, des pavillons pour les loger et une hôtellerie pour accueillir des invités extérieurs à l'ordre.
Le bâtiment de la distillerie, où était préparée la fameuse liqueur, a été déserté depuis que les caves ont été installées à Voiron *(voir ce nom)*.
Les chartreux durent s'exiler à diverses reprises : pendant la Révolution et de nouveau en 1903. Ils ne revinrent s'installer dans les bâtiments de la Grande Chartreuse qu'au début de la Seconde Guerre mondiale.

Couvent de la Grande Chartreuse

161

VISITE

La Correrie – Dans une clairière bien située en vue du Charmant Som, cette importante annexe du couvent gérée par le « Père Courrier » était le domaine des frères et des serviteurs affectés à diverses besognes auxiliaires. Bénéficiant d'une meilleure exposition que la « maison haute », elle abritait aussi au siècle dernier les pères malades.

★ **Le musée cartusien** ⊘ – Les reconstitutions du cloître et d'un « ermitage » – les deux pièces où le chartreux mène, solitaire, sa vie de prière, coupée par le travail manuel – comptent parmi les présentations les plus évocatrices de ce musée. Un spectacle audiovisuel retrace les grandes étapes de la naissance de l'ordre et son histoire à travers les siècles. Une maquette de la Grande Chartreuse, exécutée par un père, montre les différents bâtiments du vaste monastère. Enfin une exposition explique le long parcours du chartreux jusqu'à la prise de l'habit, la différence entre les pères et les frères, vrais chartreux sans le sacerdoce, leurs divers moyens de subsistance.

La GRAVE★★

459 habitants (les Graverots)
Cartes Michelin n°s 77 pli 7 ou 244 Nord du pli 41 – Schéma p. 214

La Grave, la grande station d'alpinisme du Dauphiné, occupe une **situation★★** splendide au pied de la Meije *(décrite à l'Oisans)*, l'une des cimes les plus fières du massif des Écrins et certainement la plus célèbre, tant auprès des grimpeurs qui lui vouent un culte jaloux, qu'auprès des touristes, ravis par les spectacles grandioses qu'offrent, vus de la vallée et de l'oratoire du Chazelet, ses pics et ses glaciers. Outre la Meije, les deux communes de La Grave et de Villar d'Arène ne comptent pas moins de 50 sommets entre 3 000 et 4 000 m.

Malgré tout leur intérêt touristique, La Grave et ses hameaux pittoresques n'ont jamais fait l'objet de grands projets immobiliers. Ils offrent l'image d'une petite station familiale et sportive, à l'habitat traditionnel.

LE VILLAGE

Église – Se dressant au milieu de son petit cimetière où reposent plusieurs victimes de la montagne dans des tombeaux aux entourages de tuf, cette ravissante église romane du 12e s. incorpore sa fruste silhouette de style lombard, à court clocher carré et abside en cul-de-four, au site merveilleux de la station. Elle renferme une cuve baptismale du 15e s.

À côté s'élève la **chapelle des Pénitents** ⊘ (17e s.) dont le plafond est couvert de fresques.

Le domaine skiable – S'il est doté d'un nombre restreint de remontées mécaniques et de pistes, le domaine impressionne de par sa dénivelée (2 150 m entre le Dôme de la Lauze et La Grave).

Le ski alpin se pratique sur les vallons de la Meije et, plus modestement, au Chazelet et au col du Lautaret. Les fondeurs se retrouvent quant à eux sur les 30 km de pistes balisées à Villar d'Arène, en bordure du Parc national des Écrins. Enfin, les possibilités de ski de randonnée sont considérables (se renseigner auprès de la Compagnie des guides de l'Oisans).

Le téléphérique dessert deux itinéraires en poudreuse (les vallons de la Meije et Chancel), offrant des vues et une neige extraordinaires de fin janvier à mi-mai. Cet espace de haute montagne, qui n'a d'égal que la vallée de Chamonix, nécessite un bon niveau de ski.

Au-dessus du téléphérique, sur le glacier de la Girose, les pistes sont accessibles été comme hiver à des skieurs moins sportifs.

LES RANDONNÉES PÉDESTRES

Les possibilités d'excursions en moyenne et haute montagne étant exception-nelles, il convient en été de consacrer au moins quatre jours à la visite des environs de La Grave. Les principales randonnées pédestres mènent au **plateau d'Emparis** (au départ du Chazelet), au **col d'Arsine** (au départ du Pied du Col) et au **lac du Goléon** (accessible de Valfroide).

Par ailleurs, La Grave constitue une base idéale pour découvrir l'ensemble de la vallée de la Romanche, les cols du Lautaret et du Galibier, les stations des Deux-Alpes et de Serre-Chevalier *(décrit dans le guide Vert Michelin Alpes du Sud)*.

★★★ **Téléphérique des glaciers de la Meije** ⊘ – *Prévoir la journée pour découvrir correctement le site (1 h 10 de télécabine AR).*
Le trajet fait d'abord atteindre le plateau du Peyrou d'Amont (alt. 2 400 m), puis aboutit au col des Ruillans (alt. 3 200 m) sur le flanc Nord-Ouest du Rateau, procurant des vues inoubliables sur les glaciers de la Meije, du Rateau et de la Girose.

De la plate-forme d'arrivée, on découvre face à soi les aiguilles d'Arves. Sur leur droite, remarquer en arrière-plan le Mont Blanc, puis les massifs de la Vanoise (Péclet-Polset, Grande-Casse, glaciers de la Vanoise, dent Parrachée...) et du Thabor. À gauche des aiguilles d'Arves se dressent les chaînes de Belledonne et des Grandes Rousses...

Au col des Ruillans, à 3 200 m, un accès facile conduit à la **grotte de glace**  décorée de nombreuses sculptures originales en glace.

Plusieurs restaurants d'altitude font face au panorama grandiose. À partir du Peyron d'Amont (2 400 m), des itinéraires de randonnée balisés sont praticables à la journée ou la demi-journée *(s'adresser à l'Office du tourisme de La Grave pour les schémas)*. On peut emprunter successivement les téléskis de **Trifides**  et de la **Lauze** , d'où l'on bénéficie d'un **panorama**★★★ exceptionnel, à 3 550 m d'altitude. Le regard porte, outre les sommets précités, sur les Grandes Jorasses et le Grand Combin suisse.

Au départ du Chazelet

★★ **Oratoire du Chazelet** – *6 km par la D 33^A qui se détache de la route du Lautaret à la sortie du premier tunnel.* On traverse le village des **Ter-**

La Meije, vue de l'oratoire du Chazelet

rasses, dont la charmante église forme, avec son porche, un premier plan idéal. De l'oratoire du Chazelet, isolé, à gauche, dans un virage, se révèle un splendide **point de vue** sur le massif de la Meije (table d'orientation en contre-haut, à 1 834 m).

Pousser jusqu'au village du **Chazelet** réputé pour ses maisons à balcon.

En redescendant vers la vallée, on peut aussi poursuivre jusqu'à la chapelle de **Ventelon**, autre point de vue sur la Meije.

★★ **Randonnée au lac Lérié et au lac Noir** – *AR 3 h. Dénivelée : 700 m. Laisser la voiture à l'entrée du village du Chazelet. Rejoindre à l'autre extrémité du village les remontées mécaniques. Traverser le petit pont et emprunter à gauche le GR 54.*

Après une heure de montée régulière, le sentier parvient au plateau d'Emparis. L'itinéraire devient facile et offre des vues bien dégagées sur le massif de la Meije. Une heure de marche supplémentaire et on atteint la cote 2300 où l'on tourne à gauche du panneau vers le lac Lérié. **Vue** splendide sur la route du Lautaret, le Rateau et les vastes glaciers de la Girose et du Mont-de-Lans (ski d'été depuis La Grave et les Deux-Alpes).

Longer le lac pour admirer les reflets des montagnes dans l'eau et découvrir, à son extrémité, une vue impressionnante vers l'aval et la vallée de la Romanche. Monter ensuite à droite au lac Noir.

Un splendide spectacle s'offre dans un site sauvage égayé de gentianes et d'edelweiss.

D. Hée/MICHELIN

GRENOBLE★★

Agglomération 400 141 habitants
Cartes Michelin n⁰ˢ 77 pli 5 ou 244 pli 28 – Schémas p. 130, 179 et 280

Au carrefour du Grésivaudan, de la dépression du Drac et de la cluse de l'Isère, Grenoble, capitale économique, intellectuelle et touristique des Alpes françaises, est une grande cité moderne en plein essor. C'est, avec Innsbruck, la seule agglomération urbaine d'importance localisée à l'intérieur même de la chaîne et s'entourant d'un cirque de montagnes.

Le **site**★★★ de cette ville est en effet exceptionnel : au Nord, ce sont les falaises abruptes du Néron et du St-Eynard, sentinelles avancées de la Chartreuse, à l'Ouest les puissants escarpements du Vercors dominés par la crête majestueuse du Moucherotte, cependant que, vers l'Est, se dessine l'admirable silhouette de la chaîne de Belledonne avec ses pics sombres longtemps couverts de neige.

Grenoble est réputée pour la qualité de ses noix, très utilisées en confiserie, qui se récoltent dans la basse vallée de l'Isère, entre Tullis et St-Marcellin *(voir p. 223)*.

UN PEU D'HISTOIRE

Les origines – À son confluent, le Drac fougueux a rejeté, contre la montagne du Rachais, l'Isère dont il a rétréci et fixé, par un énorme apport d'alluvions, le lit divaguant. À cet endroit s'installe une bourgade gauloise. Les Romains construisent un pont et entourent de remparts le bourg qui reçoit, en l'honneur de l'empereur Gratien, le nom de **Gratianopolis**, d'où est dérivé Grenoble.
L'histoire de la ville au Moyen Âge est celle de sa lutte avec le Drac aux crues terribles comme celle qui, en 1219, emporte l'unique pont et détruit la plupart des maisons.

Les Dauphins – À partir du 11ᵉ s., les comtes d'Albon, originaires du Viennois et qui résident au château de Beauvoir, sur la lisière Ouest du Vercors, mettent peu à peu la main sur la région qui formera le Dauphiné. Au 12ᵉ s., l'épouse, d'origine anglaise, du comte Guigues III donne à son fils le surnom de « Dolphin », qui, francisé en « Dauphin », deviendra le titre affecté à la dynastie dont les domaines s'appelleront, dès lors, Dauphiné. Le dernier des dauphins du Viennois, **Humbert II**, cède, en 1349 à Romans, ses domaines au roi de France. Désormais le Dauphiné sera l'apanage (jusqu'en 1628) des fils aînés du roi de France, qui porteront le titre de Dauphin, le dernier à le porter ayant été Louis Antoine de Bourbon, duc d'Angoulême, fils de Charles X.

Vaucanson – Natif de Grenoble, ce grand mécanicien (1709-1782) découvre sa vocation dès l'âge du catéchisme. Il offre à son abbé un prêtre-automate qui tourne les pages de l'évangile et deux anges qui battent des ailes. Ses merveilleux automates font de lui un des hommes les plus illustres du 18ᵉ s. Des personnages, de grandeur naturelle, jouent d'instruments divers ou font une partie d'échecs. Son célèbre *Canard* barbote dans l'eau, va chercher des graines, les avale et même les digère. L'aspic qui doit tuer Cléopâtre dans une médiocre tragédie siffle avec insistance pour la plus grande joie du public...

La journée des Tuiles – Grenoble est toujours à l'avant-garde dans la défense des libertés locales. Le 7 juin 1788, la ville apprend que Louis XVI vient de fermer toutes les cours souveraines du royaume et que les conseillers au Parlement sont exilés dans leurs terres. Les Grenoblois élèvent des barricades, montent sur les toits, détachent les tuiles et s'en servent comme projectiles contre les troupes envoyées pour les réduire. Les émeutiers triomphent et font un cortège enthousiaste à ces Messieurs du Parlement qui réintègrent leur palais et dont la glorieuse assemblée sera définitivement dissoute par la Révolution, en 1791, sans que réagissent les Grenoblois.

La « conduite de Grenoble » – En 1832, le préfet ayant interdit un bal masqué, où le gouvernement de Louis-Philippe devait être égratigné, les Grenoblois manifestent sous les fenêtres de la préfecture. Les soldats du 35ᵉ régiment d'infanterie chargent la foule à la baïonnette et font vingt-six victimes. L'exaspération de la population est telle que le gouvernement doit faire partir le régiment de Grenoble. Quand il quitte la ville, la foule lui fait une « conduite », en manifestant bruyamment son ressentiment.

L'ère industrielle – Au 19ᵉ s., Grenoble connaît, par l'industrie, un grand développement. La ganterie, spécialité de la ville, s'adapte au machinisme ; aux environs, on exploite des charbonnages, on fabrique des ciments *(voir encadré)*. Dans la seconde moitié du siècle, les papeteries, la houille blanche, la métallurgie rendent la progression plus rapide encore. Dès 1900, les industries électrométallurgiques et électrochimiques prennent un essor prodigieux. L'extension des sports d'hiver a aussi contribué au développement industriel grenoblois : fabrication de remontées mécaniques pour lesquelles Grenoble occupe le premier rang dans le monde.
Cette ville, qui comptait 20 000 habitants à la Révolution, réunit aujourd'hui dans une agglomération en expansion plus du quart de la population urbaine des Alpes.

GRENOBLE PRATIQUE

Tramway grenoblois

S'informer et se déplacer – Les hebdomadaires *Le Petit Bulletin* et les *Affiches de Grenoble* répertorient tous les spectacles de la région ; certaines fréquences locales fournissent d'utiles précisions : Radio Brume (90.8, infos culturelles) et Radio France Isère (102.8).

Pour se déplacer dans l'agglomération, les transports urbains TAG proposent un forfait valable 1, 2 ou 3 jours sans limite de parcours : le **Visitag** (☎ 04 76 20 66 66), disponible auprès des points accueil TAG : station de tramway de la gare SNCF, Maison du tourisme et galerie marchande de la Grand-Place.

Les ouvrages régionaux et topos-guides pourront être aisément dénichés à la **librairie Arthaud** (23, Grande Rue), institution centenaire qui offre sur quatre étages une vaste gamme d'ouvrages sur les Alpes et propose d'intéressantes expositions. À proximité, le Centre des 3 Dauphins abrite la Fnac.

Où prendre un verre ? – Le **Palais de la Bière** (4, place Victor-Hugo) offre le plus grand choix de bières ; le **Scénario** (5, rue Palanka) propose une originale carte de cocktails de bières à savourer après un film ; les passionnés de jeux de fléchettes apprécieront l'ambiance irlandaise du **Shannon Pub** (14, rue Fantin-Latour) ; enfin on pourra retrouver à **La Table ronde** (7, place St-André), le plus vieux café de Grenoble (1740), le cadre des rêveries de Stendhal. Sans oublier **La Bibliothèque**, pour ses cocktails originaux du happy hour.

En soirée (jusqu'à minuit en été), la **Brasserie du téléphérique**, à la Bastille, permet d'apprécier en détente un panorama exceptionnel.

Les amateurs d'échanges internationaux pourront « surfer » sur les écrans du **Cybernet Café**, 3, rue Bayard.

Où terminer la soirée en musique ? – Le **Café des Arts** (36, rue St-Laurent) présente un répertoire classique avec restauration ; le **Couleur Café** (8, rue Chenoise), un des cafés-concerts les plus branchés, est réputé pour ses animations karaoké, de même que le **Dorémi** (56, quai Perrière), dans un décor kitsch. Le **Cargo** propose des spectacles de théâtre de qualité ; quant aux amateurs de jazz, ils se retrouveront à la **Soupe aux Choux** (7, route de Lyon).

Où louer du matériel sportif ? – Location de VTT chez Mountain Bike Diffusion (6, quai de France) et de matériel de montagne chez Clavel Sports (54, cours Jean-Jaurès), grand spécialiste régional qui dispense d'utiles conseils. Avant de se lancer vers les cimes, on pourra s'échauffer au Parc sportif de l'île d'Amour (sortie Nord de Grenoble).

Bureau des guides de Grenoble – 14, rue de la République, B.P. 227, 38019 Grenoble cedex, ☎ 04 76 72 26 64.

Grenoble aujourd'hui – « Ce que j'aime de Grenoble, c'est qu'elle a la physionomie d'une ville et non d'un grand village. » (Stendhal). L'animation qui règne aux abords de la **place Grenette** (**EY**) et de la rue Félix-Poulat, les rues piétonnes de la vieille ville, les nombreux jardins et parcs fleuris, les larges avenues bordées d'arbres et ouvrant sur de majestueuses perspectives (boulevards Foch et Joffre, place Paul-Mistral) en témoignent. Le quartier jouxtant la gare ferroviaire a vu l'implantation d'un centre d'activités axé sur les échanges commerciaux internationaux : **Europole**. Son architecture moderne est centrée autour du bâtiment du World Trade Center.

L'**université** de Grenoble a été créée dès 1339 par le Dauphin Humbert II. Dotés de laboratoires modernes, ses écoles supérieures d'ingénieurs, ses instituts spécialisés – ceux de géographie alpine et de géologie sont perchés sur les flancs du Rabot –, son centre d'études nucléaires attirent de nombreux étudiants. À proximité de l'autoroute Lyon-Grenoble la silhouette insolite du **Synchrotron**, vaste tore de 850 m de circonférence, symbolise le dynamisme de la recherche scientifique alpine. Cet accélérateur de particules, constitué d'un chapelet d'électroaimants disposé en anneau, est un lieu d'étude privilégié des applications des rayons X à la création de matériaux aux propriétés bien contrôlées.

★★★ MUSÉE DE GRENOBLE ⊙ (**FY**)

Construit sur les rives de l'Isère au cœur de la vieille ville (la tour de l'Isle, vestige des remparts du Moyen Âge, s'insère dans le périmètre de visite), le nouveau musée inauguré en 1994 est le fruit d'une collaboration entre architectes grenoblois : Antoine et Olivier Félix-Faure et le cabinet « Groupe 6 ». Modèle de sobriété, l'espace intérieur concentre sur un seul niveau l'essentiel du parcours de visite. De part et d'autre d'une galerie de communication aux murs blancs et nus, les travées, dont la parois sont discrètement teintées, abritent les œuvres du 16e au 19e s. Le chevet courbe du bâtiment accueille quant à lui l'art moderne et l'art contemporain. L'éclairage naturel, indirect, est modulé en fonction des œuvres exposées.

De grandes ouvertures vitrées ménagent de bonnes perspectives sur la dizaine de sculptures monumentales animant le parvis et le parc Michalon qui jouxte le bâtiment au Nord, ainsi que sur la ville et la montagne.

Grenoble possède l'un des plus prestigieux musées de province, tant par sa richesse en chefs-d'œuvre des siècles passés que pour sa collection d'art moderne et contemporain qui a peu d'équivalents en Europe, grâce à la politique d'acquisition menée pendant 50 ans, contre vents et marées, par son directeur M. **Andry-Farcy**, véritable précurseur, épaulé par les plus grands artistes qui firent de généreuses donations.

Section de peinture ancienne – Elle comprend en premier lieu des œuvres italiennes des 16e et 17e s., notamment du Pérugin, de Vasari, du Tintoret, de Véronèse, de Fra Bartolomeo et de Carrache. La **Sainte-Famille**, thème renouvelé par Giorgio **Vasari** peignant Jésus sous les traits d'un solide bambin joufflu, est une composition de très haute qualité typique du maniérisme. Le 17e s. flamand compte un somptueux **Rubens**, *Saint Grégoire pape entouré de saints et de saintes*, plongée dans l'univers baroque manifesté par le gonflement des étoffes, la théâtralité des postures et le jeu savant des diagonales, courbes et contre-courbes.

Les écoles française et espagnole du 17e s. sont bien représentées par **Philippe de Champaigne**, Georges de La Tour, Claude Gellée dit le Lorrain et par le plus grand ensemble cohérent de toiles de **Zurbarán**, éléments du retable démantelé de la chartreuse de Jerez de la Frontera qui constitue un des principaux chefs-d'œuvre du peintre.

Le 19e s. – Il se déploie du **néo-classicisme** à l'**impressionnisme** et au **symbolisme**, avec des compositions de Ingres, Boudin, Monet, Sisley, Corot, Théodore Rousseau, Gauguin *(Portrait de Madeleine Bernard)*. Une place est réservée aux artistes grenoblois : exquise **nature morte** dite de **fiançailles** du plus célèbre d'entre eux, Henri Fantin-Latour, sensible portrait de *Bibiana* né des rencontres italiennes de Ernest Hébert, ensemble de paysages de montagne caractéristiques du style de l'école dauphinoise (Jean Achard, Laurent Guétal, Charles Bertier...).

L'art moderne au 20e s. – Il offre un panorama tout aussi riche ; grâce à de multiples dons et legs, la plupart des courants et les plus célèbres créateurs sont présents. On remarque les tableaux **fauves** de Signac, de Vlaminck, Van Dongen, **Matisse** (*Intérieur aux aubergines*, œuvre emblématique de la collection, le seul des quatre grands « intérieurs » peints durant l'année 1911 qui soit resté en France). Braque, Gromaire, Gleizes témoignent de l'importance du **mouvement cubiste**, tandis que l'influence du **dadaïsme** se manifeste chez Francis Picabia *(Idylle)*, Georges Grosz ou Max Ernst. L'école de Paris justifie sa renommée à travers le chatoyant *Marchand de bestiaux* de Chagall, l'expressive *Femme au col blanc* de **Modigliani** et les toiles de Jules Pascin. **Picasso** avec la célèbre *Femme lisant*, affirmation d'un certain retour au classicisme du maître après son séjour en Italie, **Léger** avec *La Danse*, toile exemplaire de la période des « objets dans l'espace », Marquet auteur d'une vue sur la Seine très réussie, de Chirico, dont

Intérieur aux aubergines
par Matisse (1911)

Succession Matisse

Idylle
par Picabia
(1927)

Sarcophage
de Psamétik
(env. 500 av. J.-C.)

© ADAGP 1998

Lac d'Eychauda par Laurent Guétal (1886)

Le repas d'Emmaüs
par Mathias Stomer (vers 1640)

© ADAGP 1998

Arbre par E. Chillida (1989)

Collection Musée de Grenoble

les très métaphysiques *Époux* ne laisseront personne indifférent, se signalent également par des œuvres fortes. Les étapes du cheminement vers l'**abstraction** sont jalonnées par des compositions de Magnelli, Klee, Miró, Kandinsky, du « néoplasticien » Domela *(Relief n° 12A)*, de Sophie Taeuber, figure du mouvement **Abstraction Création**...

De saisissantes oppositions de style sont judicieusement programmées au long de la visite ; ainsi les sculptures abstraites de Béöthy, curvilignes, féminines, aux assemblages non moins abstraits mais anguleux, rigides, du « constructiviste » Gorin.

L'art contemporain – Toutes les grandes tendances contemporaines, après 1945, sont par ailleurs évoquées, de l'**Abstraction lyrique** au **Nouveau Réalisme** et à **Support-Surface**, en passant par le **Pop'Art** et l'**Art minimal**, par une pléiade d'artistes de premier plan : Dubuffet, Vasarely, Hartung, Atlan, Brauner qui imprègne la *Femme à l'oiseau* des légendes de sa Roumanie natale, Sol LeWitt, Tom Wesselman, Christian Boltanski dont le *Monument* illuminé renvoie aux triptyques des Primitifs, Martial Raysse, Donald Judd, Antoni Tapiès, Gilbert et George, etc.

Les antiquités – *Revenir au hall d'entrée et emprunter à gauche la descente au sous-sol.* La section d'**égyptologie**, d'une remarquable richesse, comprend des stèles royales (stèle de Ramsès II dite de Kouban), plusieurs cercueils anthropoïdes à la décoration éclatante et des masques funéraires dont on admirera la finesse.

La **tour de l'Isle** accueille un fonds de plus de **3 000 dessins**, essentiellement hérité du legs de Léonce Mesnard, amateur éclairé, en 1890. On relève quelques raretés, tel ce *Saint Jérome* lombard empreint de la poésie propre aux artistes de l'Italie du Nord à la fin du 15e s., et plusieurs authentiques chefs-d'œuvre. Le musée est doté d'un service de documentation ouvert au public.

Vue de Grenoble depuis la Bastille

★★ PANORAMA DU FORT DE LA BASTILLE (EFY) *environ 1 h*

On y accède par téléphérique ⊘ ou en voiture. Parc auto à la station inférieure.

D'un éperon rocheux, à gauche en sortant de la station supérieure, la **vue★★** embrasse la ville, le confluent de l'Isère et du Drac, la cluse de l'Isère encadrée par le Casque de Néron, à droite, et les dernières crêtes du Vercors (Moucherotte), à gauche.

Monter ensuite à la terrasse aménagée au-dessus du restaurant.

Grâce à des panneaux d'orientation, on pourra détailler le **panorama★★** : Belledonne, Taillefer, Obiou, Vercors (Grand Veymont et Moucherotte). Par la trouée du Grésivaudan apparaît, par temps clair, le massif du Mont-Blanc.

Bonne vue aérienne sur Grenoble. Les trois tours d'habitation de l'**île Verte (FY)** dominent de leurs vingt-huit étages l'agglomération tout entière. Au premier plan, la vieille ville semble encore contenue dans le périmètre de l'ancienne enceinte et contraste avec les grandes trouées ouvertes au Sud et à l'Ouest au Second Empire.

Depuis les fortifications de Haxo, deux sentiers balisés permettent de rejoindre la ville : par le **parc Guy-Pape** et le jardin des Dauphins *(environ 1 h 1/2)* ou par le **circuit Léon-Moret** qui aboutit à la porte St-Laurent en traversant l'ensemble des ouvrages fortifiés *(environ 1 h)* et permet de rejoindre l'église St-Laurent.

Au départ de la station du téléphérique, une promenade vers les hauteurs du Mont-Jalla *(1 h)* permettra d'accentuer l'étendue du panorama de la Bastille. D'autres sentiers balisés, dont la GTA 2, traversent le secteur de la Bastille *(se reporter aux topoguides spécialisés).*

VIEILLE VILLE (EY) *visite 1 h*

Partir de la place Grenette.

Place Grenette – Animée et commerçante, cette place, que Stendhal célébra, est un des lieux de rencontre favoris des Grenoblois qui aiment à y flâner ou s'attarder aux terrasses des cafés.

Pénétrer dans la Grande Rue.

Les débuts de la fée électricité
Le 19 juin 1889 au soir, les Grenoblois assistent ébahis à un prodige technique : la place Grenette, centre de l'animation de la métropole alpine, brille comme en plein jour. Sous la vive clarté de six lampes installées dans les réverbères autour du jardin, la place restera éclairée jusqu'à 1 h du matin ! Ce soir-là, les Grenoblois furent convaincus de la prodigalité de la jeune fée électricité ; mais celle-ci eut à vaincre encore l'hostilité des sociétés gérant depuis cinq ans l'éclairage urbain au gaz.

Grande Rue (EY 37) – Voie romaine à l'origine, elle est bordée de demeures anciennes dans lesquelles naquirent ou vécurent nombre de célébrités.
Tout de suite à gauche, au n° 20, face à l'hôtel Renaissance qu'occupe la librairie Arthaud, on peut visiter la **maison Stendhal** ⊘ (**B**).
Installée dans l'ancien appartement du docteur Gagnon (grand-père du romancier), où Stendhal passa une partie de son enfance, elle comprend deux cours à loggias, respectivement du 15e et du 18e s. ; de la seconde cour part à gauche l'escalier conduisant à l'appartement (2e étage) où sont organisées des expositions.
Presque en face de la maison Stendhal commence la **rue J.-J.-Rousseau (EY 55)** : à gauche, au n° 14, maison natale de Stendhal *(on ne visite pas).*

Revenir à la Grande Rue.

Au n° 13 de la Grande Rue naquit le philosophe Condillac ; le n° 6 est la maison natale de Mounier, un des artisans de la Révolution *(p. 33)* ; le peintre Hébert habitait au n° 9 et l'homme politique Casimir Perier au n° 4. Au fond de la petite place Claveyson subsiste l'atelier des Hache, ébénistes réputés.

Place St-André (EY 56) – Au centre se dresse la statue de Bayard.

★ **Palais de justice** ⊘ (**J**) – *Voir illustration au chapitre de l'art – Éléments d'architecture.* Ancien palais du Parlement dauphinois, c'est le plus intéressant monument civil du vieux Grenoble. L'aile gauche, construite sous Charles VIII, est de style flamboyant ; l'aile droite, commencée sous François Ier, date du début de la Renaissance. Entre les deux ailes fait saillie l'absidiole de la chapelle, élevée à l'époque de Louis XII. À l'intérieur, plafonds et **boiseries★** intéressants.

Église St-André – Ancienne chapelle des Dauphins. L'édifice (du 13e s.), bâti en briques, est dominé par une tour que couronne une jolie flèche octogonale en tuf.
Dans le bras gauche du transept se trouve le mausolée élevé à Bayard au 17e s.
Dans la chapelle voisine, *Mise au tombeau* peinte par le Lyonnais Horace Le Blanc.

Passer derrière St-André, et de la place d'Agier, pénétrer dans le Jardin de ville.

Musée Stendhal ⊘ (**M³**) – Il occupe l'**hôtel de Lesdiguières** (fin du 16e s.-18e s.) qui fut l'hôtel de l'Intendance du Dauphiné au 18e s., puis hôtel de ville jusqu'en 1967.
Dans les salons du 18e s. (remarquer les boiseries et les parquets) est rassemblée toute l'iconographie relative à l'illustre écrivain, à son entourage et au cadre où il a vécu *(voir également p. 313)*.

Quartier Notre-Dame (**FY**) – Les fouilles sous le parvis de la cathédrale, déclenchées lors de la construction de la ligne de tramway, ont mis au jour les soubassements de l'enceinte gallo-romaine qui ceinturait Gratianopolis ainsi que les vestiges d'un important ensemble paléo-chrétien. Scellées dans le pavage

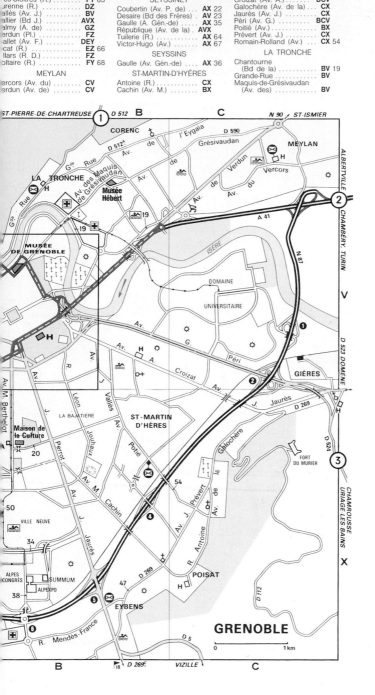

actuel du parvis, des bornes métalliques matérialisent le tracé de cette enceinte. En tournant le dos à la cathédrale, on aperçoit, émergeant des toits du quartier, une tour, unique vestige du vaste ensemble épiscopal qui occupait cet espace au Moyen Âge.

Le groupe épiscopal primitif comprenait trois églises : la cathédrale Notre-Dame, accolée à celle-ci l'église St-Hugues qui symbolisait le pouvoir épiscopal, et le baptistère (détruit au Moyen Âge). L'aspect actuel de ces édifices est le résultat d'une réhabilitation récente, après la destruction de la façade en ciment plaquée au 19e s. devant le porche de la cathédrale.

Cathédrale Notre-Dame – Cet édifice, dont les cinq nefs accolées et la base carolingienne du clocher-porche (probablement repris au 11e s.) perpétuent le caractère partiellement préroman, a été remanié jusqu'à nos jours : il abrite dans

171

GRENOBLE

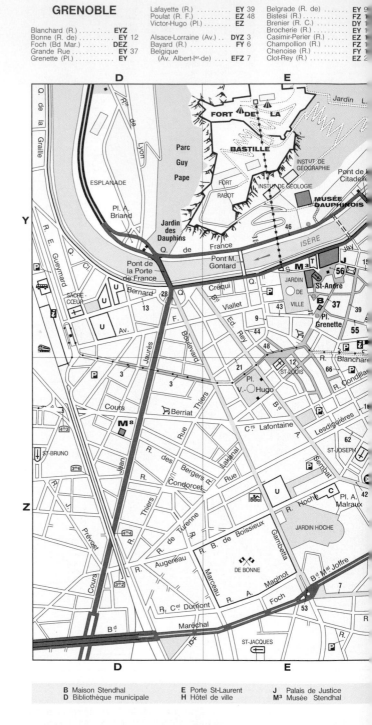

B Maison Stendhal	**E** Porte St-Laurent	**J** Palais de Justice
D Bibliothèque municipale	**H** Hôtel de ville	**M³** Musée Stendhal

le chœur un ciborium en pierre sculptée haut de 14 m, de style flamboyant (15ᵉ s.). La vaste chapelle St-Hugues était la nef d'une église du 13ᵉ s.

Musée de l'Ancien évêché - Patrimoines de l'Isère ⊘ (**M⁷**) – Situé au cœur du noyau historique de la ville, ce musée est installé dans l'ancien palais des évêques. Conçu comme un centre d'interprétation du patrimoine du département, il offre un panorama complet des traces de l'histoire au travers de prestigieuses collections. Des bornes interactives, disposées tout au long du circuit de visite, invitent le visiteur à compléter sur les sites cette approche du patrimoine. En sous-sol, un circuit original permet de découvrir sur le site même un des plus anciens baptistères paléo-chrétiens.

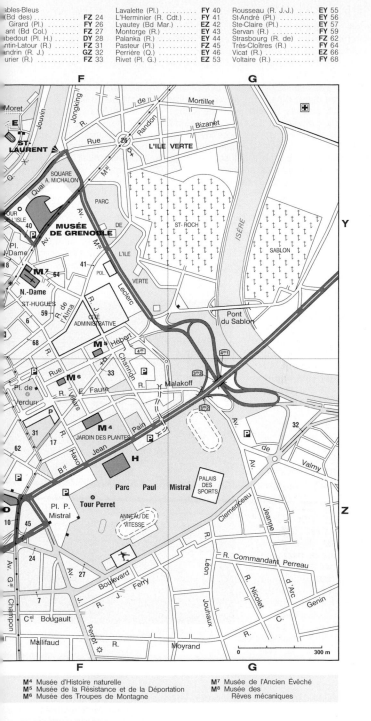

M⁴ Musée d'Histoire naturelle
M⁵ Musée de la Résistance et de la Déportation
M⁶ Musée des Troupes de Montagne
M⁷ Musée de l'Ancien Évêché
M⁸ Musée des
     Rêves mécaniques

QUARTIER ST-LAURENT (EFY)

Sur la rive droite de l'Isère et délimité à l'Ouest par la Porte de France et à l'Est par la Porte St-Laurent, cet ancien quartier en cours de réhabilitation abrite deux grands monuments dauphinois.

★ **Musée Dauphinois** ⊘ – *Accès à pied : traverser l'Isère par la passerelle de la Citadelle et emprunter les escaliers à gauche conduisant au musée. Accès en véhicule possible par le quai Perrière et la rue Maurice-Gignoux.*
Ce remarquable musée régional d'art et traditions est installé dans l'ancien couvent (17ᵉ s.) de la **Visitation de Ste-Marie-d'en-Haut**, accroché à flanc de colline dans un site ravissant.

173

À la fois musée de l'Homme et conservatoire du patrimoine dauphinois, le musée a également pour mission la collecte d'objets et documents ayant trait à la vie quotidienne dans l'ensemble des Alpes.

La visite permet d'admirer les principales parties du couvent : cloître, salle du chapitre et chapelle.

★★ **Chapelle** – *Voir illustration au chapitre de l'art – Éléments d'architecture.* Construit au début du 17e s., ce véritable joyau de l'art baroque ne sera décoré qu'en 1662 pour la béatification de saint François de Sales. Les peintures murales, en camaïeu gris et blanc rehaussé d'or, sont l'œuvre de Toussaint Largeot et retracent les épisodes de la vie du saint. Remarquer, sur l'arc précédant le chœur, une étonnante peinture en trompe-l'œil représentant une draperie rouge posée sur une balustrade en pierre. Le retable, de la même époque, et divisé en trois travées séparées par des colonnes torses, est un véritable condensé de l'art baroque. Ce décor luxuriant sert de cadre à des concerts de musique de chambre.

Les salles principales consacrées au patrimoine dauphinois exposent un riche ensemble de meubles domestiques et d'outils traditionnels, symboliques de la vie rurale dans les Alpes.

La richesse particulière de ses expositions thématiques de longue durée, remarquablement présentées, fait du musée un des principaux espaces traitant des multiples aspects de la vie en montagne et des grandes étapes de la vie dauphinoise.

★★ **Église-musée St-Laurent** ⊙ – La visite de cet édifice, d'un considérable intérêt archéologique, est le fruit de longues campagnes de fouilles qui ont permis de restituer les ajouts successifs et les réadaptations des édifices antérieurs.

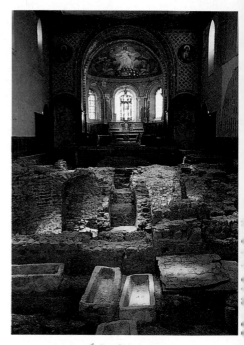

Église St-Laurent

C'est sur le site de St-Laurent que les plus anciens témoignages de la vie religieuse à Grenoble ont été relevés. La **crypte St-Oyand**★ est conservée jusqu'à la voûte sous le chevet de l'église actuelle ; elle fait partie d'un ensemble funéraire chrétien des 6e et 7e s. installé dans la nécropole païenne précédemment établie autour d'un mausolée antique *(fouilles en cours)* situé sur la rive droite, c'est-à-dire à l'extérieur de Gratianopolis, la ville romaine concentrée sur la rive opposée.

L'intérêt de ce sanctuaire, un des rares conservés en France du haut Moyen Âge avec la crypte de Jouarre en Seine-et-Marne *(voir guide Vert Michelin Ile-de-France)*, réside dans sa riche décoration, mêlant remplois romains et mérovingiens à des éléments sculptés d'époque carolingienne pour former un ensemble tout à fait cohérent. La visite, grâce à un circuit judicieusement aménagé, permet de suivre ces adaptations successives aux exigences religieuses d'un bâtiment qui a eu une occupation ininterrompue du 3e s. à nos jours. L'ensemble architectural revêt une ampleur exceptionnelle de par le volume occupé par rapport à l'habitat grenoblois de l'époque. L'accès à l'église par le clocher-porche roman, jusqu'à une tribune aménagée au-dessus de la nef, permet d'admirer le saisissant raccourci architectural offert par les diverses imbrications d'époques.

Les peintures et la décoration du chœur datent du début du 20e s.

Au-delà de l'église St-Laurent se dressent la **porte St-Laurent E** (17e s.) et des casemates et murs du système défensif Haxo.

AUTRES CURIOSITÉS

★ **Musée de la Résistance et de la Déportation** ⊙ (**FY M⁵**) – Installé depuis 1994 dans l'ancien atelier de l'école de sculpture, ce musée, qui bénéficie d'une présentation résolument moderne, accorde une place essentielle aux décors et aux ambiances sonores d'époque. Au-delà des émotions engendrées par les témoignages des événements de 1940 à 1945, le circuit de visite sollicite la réflexion du visiteur sur les causes des engagements de la Résistance et les sacrifices accomplis. Au premier niveau sont situés dans le contexte national et européen les événements de 1939-42 en Isère. En accédant au niveau supérieur, plusieurs reconstitutions et décors mettent en lumière la Résistance grenobloise, son intense activité (réunion chez des résistants célèbres, activité d'imprimerie clandestine), et les justifications de celle-ci (occupation italienne du Dauphiné, instauration des lois juives de Vichy, STO). Au niveau suivant, l'Occupation, avec la présence allemande, la collaboration active et la déportation, est évoquée de manière à traduire le climat lourd de cette époque. Remarquer les trois portes, authentiques vestiges des cachots de la Gestapo à Grenoble, recouvertes des graffiti de résistants. Le dernier niveau met en évidence l'importance de l'activité militaire de la Résistance et de la préparation de la Libération. Une salle illustre la réunion « Monaco » tenue à Méaudre en janvier 1944, étape essentielle dans l'unification des mouvements de résistance. La table centrale reproduisant la forme de l'Isère est supportée par des bustes à l'effigie des responsables ayant participé à cette réunion. Noter enfin le vaste plan-relief localisant les combats de la Résistance dans les Alpes.
Un centre de documentation historique fonctionne sur rendez-vous.

Musée des Troupes de montagne ⊙ (**FZ M⁶**) – Installé dans l'ancien hôtel du gouverneur militaire, il évoque, par des tableaux et des reconstitutions de scènes, l'engagement des troupes alpines sur différents théâtres d'opérations depuis leur création en 1988. Particulièrement actives pendant la Première Guerre mondiale, leur élite, les chasseurs alpins, passe à la postérité en devenant les « Diables bleus ». Outre la part importante prise aux divers combats de 1940 à 1945, ils sont à l'origine de plusieurs maquis de la Libération. La promotion du ski, réalisée par les troupes alpines à Montgenèvre dès 1902 *(voir guide Vert Michelin Alpes du Sud)*, l'aménagement des communications en montagne et la sécurité des populations alpines ont fortement contribué à l'image très positive des Diables bleus.

Hôtel de ville (**FZ H**) – Il a été édifié par l'architecte Novarina. Sa partie horizontale – que surmonte à une extrémité une tour de 12 étages – est découpée en son milieu par un vaste **patio**★ carré dont la fontaine au socle de granit,

---

L'« or gris », patrimoine grenoblois original

La région de Grenoble fut au 19ᵉ s. l'un des berceaux du ciment français, grâce aux recherches entreprises par un scientifique dauphinois, Louis Vicat (1786 - 1861). À la recherche du secret perdu du « ciment romain », il définit le principe des liants hydrauliques, à l'origine du ciment naturel prompt. La présence d'abondants gisements régionaux de calcaire, propres à fournir la matière première, détermina la création de nombreuses usines à proximité de ces sites (la première usine date de 1853), génératrice d'une véritable fièvre de l'« or gris ».
À l'apogée de son développement, le ciment dauphinois était exporté à New-York et en Amérique du Sud, et le département premier producteur français de ciment. À la fin du 19ᵉ s. s'amorça une crise provoquée par la concurrence (Lafarge en Ardèche, notamment), le coût des transports et le vieillissement du matériel. Au début de ce siècle, l'intérêt porté au ciment artificiel lent (dit « Portland »), mis au point par Louis Vicat, fournit un regain temporaire d'activité aux cimenteries de la société.
De cet âge d'or du ciment moulé, Grenoble a conservé des témoignages originaux de décors et d'éléments d'architecture en ciment :
- le joyau : la « **Casamaure** » (à St-Martin-le-Vinoux) : cette villa, pastiche néo-mauresque d'un palais d'Istanbul, offre une profusion de moulages d'arcs outrepassés et de moucharabiehs *(pour visiter, contacter le 04 76 47 13 50)* ;
- la chapelle N.-D. Réconciliatrice (rue Joseph-Chaurion) en style néo-mauresque ;
- l'ancien siège des Ciments de la Porte de France (cours Jean-Jaurès) dont le vestibule offre un catalogue des moulages de la société ;
- la tour Perret (1925) et les vespasiennes (1880) vantées par Boris Vian, pittoresques échauguettes jalonnant les cours et boulevards de la métropole alpine.

couronnée d'un bronze abstrait de Hadju, s'entoure d'une belle mosaïque de marbre de Gianferrari. Parmi les salles ouvrant sur le patio, on remarque le hall (marbre sculpté en ronde-brosse de Gilioli), le salon de réception (mur de cuivre repoussé de Sabatier, tapisserie d'Ubac), la salle des mariages (tapisserie de Manessier).

Parc Paul-Mistral (FZ) – Le nouvel hôtel de ville, le palais des sports et d'autres aménagements sportifs olympiques ont empiété sur cet espace vert. La **tour Perret,** du nom de l'architecte concepteur, est une originale aiguille en béton armé haute de 85 m *(l'état intérieur ne permet plus son ascension)*. Construite comme tour d'orientation lors de l'Exposition internationale de la houille blanche en 1925, elle en demeure l'unique vestige.

Jardin des Dauphins et parc Guy-Pape (DY) – *L'entrée inférieure s'ouvre sur la place, où se dresse l'ancienne porte de France.*
Ces jardins, établis en terrain accidenté et sillonnés d'allées au tracé capricieux, offrent des vues curieuses sur les murailles rocheuses surplombantes du Rabot. Dans la partie basse du jardin des Dauphins, une statue équestre célèbre les vertus guerrières de **Philis de la Charce** (1645-1703). D'après la légende, cette héroïne, appartenant à l'illustre famille des La Tour du Pin, anima, dans la région de Gap, la résistance qu'opposèrent les Dauphinois, en 1692, à une incursion de bandes allemandes et espagnoles à la solde du duc de Savoie Victor-Amédée II.

Musée des Rêves mécaniques ⊙ **(DZM⁸)** – Caché au fond d'une ruelle, il est le fruit d'une patiente recherche de son instigateur, qui a réuni là une riche variété d'automates dont certains éveilleront chez les visiteurs les plus âgés la nostalgie de l'enfance. Belle collection de boîtes à musique.

Bibliothèque municipale ⊙ **(FZ D)** – Elle possède 20 068 manuscrits, dont ceux de la Grande-Chartreuse et la quasi-totalité de ceux de Stendhal, 705 incunables, 80 000 estampes, etc.

Musée d'Histoire naturelle ⊙ **(FZ M⁴)** – Créé au 18ᵉ s., ce muséum est actuellement en cours de réaménagement. Au rez-de-chaussée a été aménagée une intéressante salle des Eaux Vives présentant des séries d'aquariums. Exceptionnelle collection de minéraux et de fossiles, l'une des plus importantes de France. Le jardin attenant contient quelques beaux arbres exotiques.

Musée Hébert ⊙ **(BV)** – *Voir plan d'agglomération. Entrée : chemin Hébert.* Son vaste parc à la française abrite la Fondation Hébert-d'Uckermann, laquelle comprend l'ancienne demeure et le musée du grand peintre dauphinois **Ernest Hébert** (1817-1908). Un hôtel des Sociétés savantes et une maison des artistes, de style Louis XVI, exposent des œuvres de peintres et sculpteurs locaux. Boiseries, meubles Second Empire, aquarelles, sculptures de David d'Angers, Carpeaux, Puech, etc. ornent la villa qu'une galerie de plain-pied relie au musée proprement dit, réservé aux aquarelles, dessins ou tableaux d'Hébert.

Maison de la Culture (BX) – *Voir plan d'agglomération.* Élevée en 1968 dans le nouveau quartier Malherbe, cette construction originale campe sur de minces piliers une superposition de volumes cylindres et cubiques où la couleur noire des superstructures s'oppose au ton clair uni du reste de l'édifice.

Centre national d'art contemporain ⊙ **(AV)** – *Voir plan d'agglomération – 155, cours Berriat.* Ce centre organise des expositions d'art contemporain dans un bâtiment industriel, sorti des ateliers Eiffel en 1900 et installé sur le site « Bouchayer Viallet ». Le bâtiment même est appelé **le Magasin.**

ENVIRONS

★ **Réserve naturelle du Luitel** ⊙ – *Sortir de Grenoble par ③ en direction d'Uriage-les-Bains, puis prendre la D 111 en direction de Chamrousse ; ensuite à droite, la route forestière signalée « col du Luitel ». La route contourne le lac avant d'atteindre l'entrée des sentiers-découverte. Parking des deux côtés de la route près du chalet d'accueil.*
Cet espace naturel préservé, la plus ancienne réserve naturelle française, est constitué, sur 18 ha, d'un lac-tourbière et d'une tourbière boisée habités d'une flore unique en France.
Sa visite revêt un intérêt tout particulier, car elle offre l'avantage de présenter sur un même site l'évolution complète d'une tourbière d'altitude et de son écosystème dans un site similaire à celui des régions circumpolaires (Laponie). L'espace des tourbières provient du remplissage, par les eaux de fonte des glaciers, des dépressions creusées par l'érosion glaciaire au début du quaternaire. Des sentiers balisés et des terrasses d'observation sur caillebotis permettent d'observer le monde végétal des tourbières. Les pelouses qui bordent le lac sont en réalité des tapis de mousses flottant sur l'eau (et qui ne résisteraient pas au poids des promeneurs), sur lesquels ont pris racine des pins à crochets. Lorsque ceux-ci atteignent une hauteur de 3 m, leur faible enracinement dans la couche de tourbe provoque leur déchaussement et leur basculement dans le lac.

La réserve du Luitel est une tourbière à sphaignes typique où l'on trouve tous les stades d'évolution depuis l'eau courant à l'air libre jusqu'à la zone boisée (tourbière « morte » du col du Luitel et une partie de la forêt de Séchilienne). Cette tourbière boisée du col du Luitel illustre le vieillissement d'une tourbière en voie de comblement.

La flore comprend des espèces rares et protégées telles des plantes carnivores (la drosera, l'utriculaire et la grassette) et des orchidées.

Musée de la Houille blanche ⊘ – *16 km. Sortir de Grenoble par la D 523 en direction de Domène. Dans le village de Lancey : aux feux de signalisation, prendre à droite la rue en montée en direction de la Combe-de-Lancey et des papeteries. Stationner à l'entrée de la propriété.*

Ce petit musée est installé sur le site de la première haute chute, aménagée de 1869 à 1875 par Aristide Bergès au-dessus des usines de pâtes à papier de Lancey, sur une hauteur de 500 m *(on ne visite pas le site industriel)*. Inventeur en 1889, lors de l'exposition universelle de Paris, du terme de « houille blanche » pour frapper l'imagination des visiteurs, en opposition avec la houille qui constituait alors la source d'énergie essentielle, il poursuivit l'aménagement du site en perçant le fond du lac du Crozet pour régulariser le débit d'eau de la chute en hiver *(voir également p. 27)*.

Les deux salles du musée exposent un ensemble intéressant d'objets relatifs à la carrière industrielle d'**Aristide Bergès** et à l'histoire de la houille blanche au 19e s. Une place particulière est réservée à l'aménagement de l'éclairage public dans les villes alpines. On remarquera également une maquette du site de Lancey qui servit en 1933 de cadre au tournage du film de Marcel L'Herbier *L'Aventurier*.

La **maison personnelle** de **Bergès** *(on ne visite pas)* se dresse à gauche en entrant dans la propriété. Par les vantaux ouverts du rez-de-chaussée, on aura un aperçu des goûts artistiques du maître des lieux : hall d'entrée en style Art nouveau et murs recouverts de mosaïques représentant des allégories.

Le GRÉSIVAUDAN★

Cartes Michelin nos 89 plis 17 et 18 ou 244 pli 29

Le couloir, largement et très profondément déblayé par les anciens glaciers, que parcourt aujourd'hui l'Isère entre Pontcharra et Grenoble constitue la section la plus majestueuse du « sillon alpin » des géographes *(p. 15)*.

Le fond de cette ample vallée, très abritée, est étouffant l'été, mais c'est la région agricole la plus prospère des Alpes. De plus, grâce à la vigueur de l'encaissement, le Grésivaudan (parfois orthographié Graisivaudan) est devenu au 19e s. une région pilote pour la mise en exploitation de la houille blanche. C'est à Lancey *(voir ci-dessus)*, en 1869-1872, qu'Aristide Bergès réalisa le premier aménagement de haute chute appelé à fonctionner en France *(voir : La houille blanche p. 27)*.

La jeunesse de Bayard – C'est aux environs de Pontcharra, au château de Bayard, qu'est né, en 1476, Pierre Terrail, seigneur de Bayard. Il descend d'une prestigieuse lignée de guerriers : d'une action d'éclat accomplie par un combattant, on dit alors, en Dauphiné, que c'est une « prouesse de Terrail ».

Le jeune Bayard est envoyé à Grenoble, auprès de son oncle, évêque du diocèse, pour recevoir l'éducation d'un futur gentilhomme. À 12 ans, il a épuisé son programme scolaire : il sait lire et peut signer son nom. Dans les armes et en équitation, l'élève, admirablement doué, égale déjà ses maîtres. Le duc de Savoie, qui l'a vu caracoler, le prend comme page.

Charles VIII, émerveillé à son tour par le petit centaure, l'emmène à la cour. À 16 ans, Bayard prend part à son premier tournoi. Estimant qu'un oncle est « octroyé par nature trésorier à neveu », il envoie à l'évêque la note de ses 400 écus

J.-L. Charmet/EXPLORER

Bayard arme François Ier chevalier

d'équipement. Le prélat règle de bon cœur, car le jeune homme a fait mordre la poussière à l'un des meilleurs jouteurs du royaume.

La carrière militaire de Bayard est alors jalonnée par une extraordinaire série de faits d'armes. Elle prend fin en 1524, en Italie : une pierre tirée par une arquebuse brise la colonne vertébrale du héros. Dès 1515, François Ier, qui admirait le « chevalier sans peur et sans reproche », l'avait nommé lieutenant-général du Dauphiné.

★★ AU PIED DE LA CHARTREUSE

① Route des Petites-Roches

68 km – environ 2 h 1/2 – schéma p. 179

Sur tout ce parcours le massif de Belledonne et celui des Sept-Laux (composant la chaîne de Belledonne) restent visibles. Les amateurs d'attractions peuvent sacrifier les routes de montagne de cet itinéraire en accédant, du fond de la vallée, au Bec du Margain par le funiculaire de Montfort à St-Hilaire *(voir ci-dessous)*.

★★ **Grenoble** – *Voir ce nom.*

Quitter Grenoble par la N 90 (route de Chambéry).

À partir des Eymes, la D 30 quitte le fond de la vallée pour grimper, au prix de plusieurs tunnels, sur le plateau des Petites-Roches, vaste replat de pâturages dominé par les escarpements de la Chartreuse, en particulier par l'énorme promontoire de la dent de Crolles.

L'exposition admirable et la situation très abritée dont bénéficie cette terrasse justifient l'installation d'un centre de cure à St-Hilaire *(ci-dessous)*. De cet endroit, on peut distinguer, au Nord-Est, le Mont Blanc.

De la D 30, 1 km avant St-Pancrasse, prendre à gauche la route du col du Coq.

Col du Coq – La route d'accès, sinuant en forte montée au flanc de la Dent de Crolles, procure, à son début, de jolies vues sur la vallée de l'Isère.
Du col même (alt. 1 434 m), le panorama s'étend de Chamechaude, à droite, au massif de Belledonne, à gauche. En arrière du col, quelques chalets et téléskis.

Revenir à la D 30.

St-Pancrasse – Le village occupe une situation en à-pic sur le rebord du plateau, au pied de la Dent de Crolles.

★★ **Bec du Margain** – *De la D 30, une demi-heure à pied AR. 150 m après le terrain de football (laisser la voiture au court de tennis), prendre à droite un chemin à travers une sapinière.*
Gagner le bord de l'escarpement, qu'on longera, à droite, pour aboutir à la table d'orientation érigée à plus de 800 m au-dessus de la vallée de l'Isère. **Vue** remarquable sur le Vercors, le massif de Belledonne, les Grandes Rousses (par la trouée du Pas de la Coche), le massif des Sept-Laux, les Bauges et le Mont Blanc.

St-Hilaire-du-Touvet – Cette petite station climatique et de sports d'hiver, disposant de près de 700 lits répartis dans les chalets des « Gîtes de France », est aussi un centre important de vol libre (parapente et deltaplane) et le théâtre d'une grande manifestation sportive, « la Coupe Icare ».
Un célèbre **funiculaire**★ ⊙ la relie à la N 90 (gare de Montfort). Cet impressionnant chemin de fer, le plus « raide » d'Europe, construit en 1924, réalise la prouesse de racheter 720 m de dénivellation dans un parcours de 1 500 m seulement, obligeant ainsi ses machines (d'une capacité de 40 passagers) à gravir et descendre une rampe de 65 %, avec même un passage à 83 % en tunnel.
Du belvédère placé devant la gare supérieure, la **vue**★ est orientée sur la chaîne et le Grand Pic de Belledonne, par-delà la vallée du Grésivaudan.
La route, qui longe ensuite les contreforts rocheux du massif de la Chartreuse, se maintient longtemps à une altitude moyenne de 900 m et descend sur St-Georges.
De St-Georges, la D 285, en descente sinueuse, atteint le Petit-St-Marcel où la vue se dégage sur la Combe de Savoie et les sommets des Bauges qui se précisent, puis la Palud d'où l'on peut rejoindre Chambéry par le col du Granier.

À la Palud, la D 285 tourne à droite vers Chapareillan.

Chapareillan – C'est le dernier bourg dauphinois du Haut-Grésivaudan, la limite départementale entre Isère et Savoie, autrefois frontière savoyarde, passant légèrement au Nord, au petit « pont Royal ».

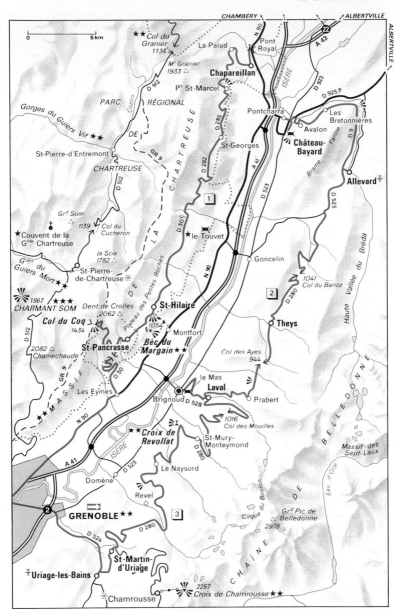

★ AU PIED DE BELLEDONNE

② **De Brignoud à Pontcharra** *47 km - environ 2 h*

Dans la montée de Brignoud à Laval, on contourne le château du Mas, fort bien situé.

Laval – Joli village dauphinois aux beaux toits débordants. Remarquer au passage une charmante gentilhommière, le château de la Martellière.
Dans l'**église** ⊙, peinture murale (15ᵉ s.) représentant une Vierge au manteau protecteur de l'assemblée des fidèles.

Entre Prabert et le col des Ayes, on bénéficie d'une bonne vue d'ensemble sur les escarpements du massif de la Chartreuse, depuis le St-Eynard jusqu'à la Dent de Crolles, en passant par l'éperon hardi de Chamechaude, à l'arrière-plan.

Theys – Ce bourg, qui a conservé nombre de demeures anciennes, se trouve dans une jolie situation, au creux d'un bassin verdoyant.

‡ **Allevard** – *Voir ce nom.*

Entre Allevard et Pontcharra, le coude que décrit la D 9 autour de la croupe de Brame-Farine *(dont la route d'accès est décrite au départ d'Allevard)* permet une longue et très agréable **échappée**★ sur le bassin de la Rochette et la région moutonnée du Val-Penouse (basse vallée du Gelon).

Plus bas, en aval des Bretonnières, se découvre le Grésivaudan – avec les escarpements de la Chartreuse, alignés de la Dent de Crolles au Granier. On domine ensuite le grand carrefour formé par la cluse de Chambéry, le Grésivaudan et la Combe de Savoie.

De Pontcharra, prendre une petite route à droite pour Château-Bayard.

Château-Bayard ⊙ – *Le chemin d'accès, en montée, part de la place plantée d'arbres que longe la route d'Allevard et passe devant les écoles de Pontcharra. Au sommet de la montée, tourner à droite puis, aussitôt après, à gauche. Laisser la voiture sur le parc de stationnement à gauche des constructions.*

Le portail entre les bâtiments de ferme et l'ancienne poterne aménagée en habitation au 19ᵉ s. *(propriété privée – la plus grande discrétion est recommandée)* permet d'accéder à la terrasse et au **musée** installé dans un corps de logis carré avec fenêtres à meneaux du 15ᵉ s., seul vestige authentique du château où naquit le « Chevalier sans peur et sans reproche ». Quelques documents et un audiovisuel évoquent sa vie et son épopée guerrière.

Le **panorama**★ sur le Grésivaudan, les massifs de la Chartreuse, de Belledonne et des Bauges, est très majestueux.

Toute proche, une tour isolée signale le village d'**Avalon**, patrie de **saint Hugues**, l'une des gloires de la Chartreuse, au 12ᵉ s. – qu'il ne faut pas confondre avec l'évêque qui présida à la fondation de l'ordre – connu, surtout en Angleterre, comme évêque de Lincoln.

③ **De Brignoud à Grenoble** *62 km – environ 2 h 1/2*

Laval - *Voir p. 179.*

Après le passage du col des Mouilles, la D 280, se repliant au fond du vallon de St-Mury, est dominée de très haut par le cirque du Boulon dont on voit le « verrou » inférieur sillonné de cascades. Les Trois Pics de Belledonne (alt. de 2 913 à 2 978 m) se profilent sur le ciel.

★★ **Croix de Revollat** – *À 50 m à droite de la D 280.* **Vue** sur le Grésivaudan. En face s'allonge le plateau des Petites-Roches, dominé par les escarpements de la Chartreuse. Dans l'axe du large sillon, le Vercors, à gauche, et les Bauges, à droite, sont visibles.

1 500 m plus loin, à hauteur d'une autre croix, continuer tout droit.

La route traverse alors le ravin du ruisseau de la Combe de Lancey. Après le Naysord, la route, en paliers, offre des vues dégagées sur la Chartreuse et pénètre en forêt. 2 km plus loin, on a des vues plongeantes sur Grenoble dans son cadre de montagnes, puis la D 280 domine la belle combe de Revel se terminant dans les forêts des contreforts de Belledonne. Au sortir de la forêt, la vue se dégage en contrebas sur la vallée de l'Isère au pied de la Chartreuse, puis sur le vallon, très habité, d'Uriage.

St-Martin-d'Uriage et Uriage-les-Bains – *Décrits au massif de Chamrousse.*

À Uriage, prendre à droite la D 524 qui rejoint Grenoble.

★★ **Grenoble** – *Voir ce nom.*

Abbaye royale de HAUTECOMBE★★

Cartes Michelin nᵒˢ 89 pli 15 ou 244 pli 17
Schéma p. 108 – sur la rive Ouest du lac du Bourget

L'abbaye de Hautecombe – ou d'Hautecombe, suivant l'usage savoyard –, dont le nom évoque son site primitif au Sud-Ouest de Rumilly, est établie sur un promontoire s'avançant dans le lac du Bourget. Elle abrite les tombeaux des princes de la **Maison de Savoie**.

C'est un but d'excursion classique – surtout en bateau – pour les curistes d'Aix.

Le St-Denis savoyard – Parmi les quarante-deux princes et princesses de Savoie qui ont été enterrés à Hautecombe, comme les rois de France à St-Denis, nous signalerons :

Humbert III, le bienheureux – C'est le premier comte inhumé dans l'abbaye. Sa vie est un long combat entre sa vocation religieuse et le devoir de maintenir sa lignée. Las d'espérer un fils après trois mariages, il se retire, quinquagénaire, à Hautecombe. Cédant à la pression de ses sujets, il convole toutefois une quatrième fois, obtient l'héritier désiré et, apaisé, rend son âme à Dieu.

Béatrix de Savoie, la mère comblée – Mariée à un comte de Provence, elle eut quatre filles d'une grande beauté. Toutes quatre devinrent reines : l'une, Marguerite de Provence, épousa Louis IX, roi de France ; les trois autres furent reine d'Angleterre, reine des Deux-Siciles, impératrice d'Allemagne.

Aymond et Yolande – Le comte Aymond fait construire, dans l'église, la chapelle des princes pour y rassembler les restes de ses aïeux, disséminés dans l'abbaye. La comtesse Yolande, sur le point d'être mère, veut accompagner son mari à la cérémonie de translation. On la porte avec mille précautions de Chambéry à Hautecombe. Elle meurt en couches et son enfant ne survit pas. Aymond trépasse de chagrin quelques mois après.

Le Comte Vert et le Comte Rouge – *Voir Chambéry.*

Charles-Félix et Marie-Christine – Ces souverains, très attachés à la Savoie, se rendent populaires en restaurant Hautecombe, de 1824 à 1843. Ils confient l'abbaye aux moines cisterciens et s'y font inhumer, alors que, depuis 1502, la dynastie savoyarde avait choisi Turin.

Umberto II – Le dernier roi d'Italie a été enterré à Hautecombe le 24 mars 1983. Depuis 1992 la communauté du Chemin Neuf anime un centre international de théologie.

Abbaye de Hautecombe

VISITE *environ une demi-heure*

Église ⊘ – *Voir illustration au chapitre de l'art – Éléments d'architecture.*
Entièrement restaurée au 19e s. dans le style gothique « troubadour » par des architectes, sculpteurs et peintres piémontais, elle se signale par l'exubérance de sa décoration. À gauche de la façade très surchargée, et en retour d'équerre, on voit l'ancienne porte de l'église (16e s.), beaucoup plus sobre.
À l'intérieur, marbres et stucs sont dispensés à profusion ; des peintures de Gonin et Vacca ornent les voûtes ; 300 statues en marbre, en pierre, en bois doré, des figures de pleureuses et des bas-reliefs ornent la trentaine de tombeaux ou de monuments élevés à la mémoire des princes de Savoie qui y sont inhumés. Seuls la chapelle des Princes, à gauche du chœur, et le tombeau de Louis de Savoie et de Jeanne de Montfort (dans le chœur à droite) présentent des éléments antérieurs au 19e s.
Trois statues, en marbre de Carrare, retiennent l'attention : une **Pietà**★ (par Benoît Cacciatori), le roi Charles-Félix (du même sculpteur), la reine Marie-Christine (par Albertoni). Remarquer également quelques tableaux (restaurés) du 14e au 16e s., notamment une Annonciation de Ferrari.

Grange batelière – Située près du débarcadère, cette « grange d'eau » a été édifiée par les cisterciens au 12e s. pour entreposer les produits de leurs terres qu'ils recevaient par bateau ; elle serait unique en France.
L'étage inférieur, voûté en berceau, comprend un bassin à flot et une cale sèche sur laquelle on tirait les bateaux ; l'étage supérieur servait de grange.

181

Les HOUCHES*

1 766 habitants (les Houchards)
Cartes Michelin nᵒˢ 89 pli 4 ou 244 pli 21 – Schéma p. 202

Au pied de l'aiguille du Goûter et sous la protection symbolique de la monumentale **statue du Christ-Roi**, érigée sur les pentes boisées de l'Aiguillette du Brévent, l'agglomération des Houches se dissémine au fond du bassin le plus ouvert et le plus ensoleillé de la vallée de Chamonix. Un encaissement moins impressionnant qu'à l'accoutumée, dans cette haute vallée de l'Arve, un cadre moins altier que celui des aiguilles de Chamonix font de la station une villégiature plutôt familiale.

LA STATION

Le domaine skiable – Station qui a conservé son caractère de village de montagne, Les Houches offre toute une gamme de difficultés pour le skieur : secteurs de Lachat, de Bellevue et du Prarion. La célèbre « piste verte » (en fait, noire), dévalée aux championnats du monde en 1937 par Émile Allais, requiert un haut niveau de virtuosité. Le domaine est relié aux principales stations voisines.
Une trentaine de kilomètres de pistes attendent par ailleurs le fondeur.

LES BELVÉDÈRES

★★ **Le Prarion** ⊙ – Alt. 1 967 m. *une demi-heure AR (pour la table d'orientation) dont environ 20 mn de télécabine.* De la table d'orientation (alt. 1 860 m) élevée à côté de l'hôtel du Prarion, le **panorama** sur le massif du Mont-Blanc est très étendu. Pour jouir d'un **tour d'horizon**★★★ complet, il reste à gravir *(environ1 h à pied AR)*, au Nord, la crête du Prarion jusqu'au sommet géographique *(signal)*.

★★ **Bellevue** ⊙ – Alt. 1 812 m. *1 h AR dont environ 1/4 h de téléphérique. Pour combiner l'excursion avec la montée au Nid d'Aigle (glacier de Bionnassay) et la descente à St-Gervais, consulter les horaires du tramway du Mont Blanc (se reporter à St-Gervais et aux Conditions de visite en fin de volume).*

★★ **Parc du Balcon de Merlet** ⊙ – *6 km, puis 10 mn à pied AR. De la gare des Houches, prendre la route de montagne en direction de Coupeau sur 3 km puis, dans un virage, s'engager à droite dans la route forestière (partiellement revêtue) en direction du parc de Merlet (3 km). Au terme de la route, laisser la voiture sur l'un des deux parkings. Terminer à pied le chemin en montée (environ 300 m).* Merveilleusement situé face au Mont-Blanc, le Balcon de Merlet est un éperon d'alpages détaché de l'Aiguillette du Brévent. Le parc abrite quelques dizaines d'animaux montagnards (daims, cerfs, mouflons, chamois, lamas, bouquetins, marmottes) évoluant librement sur 20 ha de terrain escarpé et boisé. De la terrasse (longue-vue) du restaurant, ou de la chapelle, à 1 534 m d'altitude, on jouit d'une admirable **vue**★★ rapprochée sur la chaîne du Mont-Blanc.

Route de l'ISERAN★★★

Cartes Michelin nᵒˢ 74 pli 19 ou 244 plis 32 et 33

La route du col de l'Iseran établit, depuis 1936, une admirable liaison touristique entre la Tarentaise et la Maurienne.
Avec ses 2 770 m d'altitude, ce passage est le plus élevé de la Route des Grandes Alpes. Il n'est dépassé, dans la chaîne, que par la route de la Bonette, dans les Alpes du Sud, qui culmine à 2 802 m.
Plus que des vues exaltantes, l'Iseran offre le visage austère de la haute montagne.

DU BARRAGE DE TIGNES À BONNEVAL-SUR-ARC

32 km - environ 1 h 1/2

Le col de l'Iseran est généralement obstrué par la neige de début novembre à début juillet. La route, au profil parfaitement étudié, est à recommander dans le sens Tarentaise-Maurienne (Val-d'Isère-Bonneval).

★★ **Barrage de Tignes** – *Voir ce nom.*

Du barrage de Tignes à Val-d'Isère, le nouveau tracé de la D 902, au-dessus du plan d'eau de la retenue, a nécessité la construction de huit tunnels – dont l'un de 459 m – et de trois ouvrages paravalanches. Les vues sont par conséquent hachées. On aperçoit néanmoins, par le vallon du ruisseau du lac de Tignes, quelques crêtes du massif de la Vanoise et, plus rapproché, vers l'aval, le massif du Mont-Pourri.
Les gorges de la Daille ouvrent l'accès du bassin de Val-d'Isère.

✳✳✳ **Val-d'Isère** – *Voir ce nom.*

De Val-d'Isère au pont St-Charles, la route suit encore le fond de la vallée de l'Isère, de plus en plus désolée, fermée, en amont, par la pointe de la Galise. À hauteur du Fornet se découvre, au Nord-Est, la cime de la Tsanteleina, avec son petit glacier suspendu. Plus loin, on voit apparaître, au cœur du massif de la Vanoise, le casque éblouissant de la Grande Motte.

Au pont St-Charles, la route atteint le Parc national de la Vanoise. *Un parking de 150 places est aménagé en avant du pont.*

La route grimpe sur le versant Sud de la vallée. La vue se dégage bientôt sur le bassin de Val-d'Isère, en arrière duquel se dresse le Dôme de la Sache, cravaté de neige, précédant la pyramide rocheuse du mont Pourri. On verra apparaître ensuite, par la coupure des gorges de la Daille, en aval de Val-d'Isère, la nappe de la retenue de Tignes.

★★ **Tête du Solaise** – Alt. 2 551 m. *1 h 1/2 à pied AR par un sentier offrant une belle occasion de promenade en montagne, encore plus facile, si, accédant en téléphérique à la Tête du Solaise depuis Val-d'Isère (voir ce nom), on peut se faire reprendre en voiture au Nord de la D 902.*
Le **panorama**, analogue à celui du belvédère de la Tarentaise *(voir ci-dessous)*, réserve cependant une vue mieux dégagée sur l'enfilade de la vallée de l'Isère, en aval de Val-d'Isère. Le barrage de Tignes est bien visible.

★★ **Belvédère de la Tarentaise** – Alt. 2 528 m. *1/4 h à pied AR. Garer la voiture à la sortie du lacet.* De la table d'orientation, **panorama** sur les massifs de la Vanoise (Grande Motte), du mont Pourri, et sur la chaîne frontière (Grande Sassière). Plus proches, Val-d'Isère, le lac de Tignes et, en arrière, la pointe des Lessières sont visibles.
Après ce long parcours en balcon, on pénètre dans le seuil du col proprement dit.

★ **Col de l'Iseran** – Alt. 2 764 m. En parcourant le vallonnement supérieur du col, côté Tarentaise, on remarquera la neige qui subsiste pendant tout l'été. Le site du col proprement dit est d'une sévérité impressionnante. À l'abri des vents du Nord qui balaient continuellement ce seuil, a été élevée, en 1939, la construction trapue de la chapelle de N.-D. de l'Iseran. Du col même, les **vues** se limitent à la Grande Sassière et à la Tsanteleina, sur le versant Tarentaise, à l'Albaron sur le versant Maurienne.

★★★ **Pointe des Lessières** – Alt. 3 041 m. *Du col de l'Iseran, 2 h 1/2 à pied AR par un sentier de montagne abrupt, dangereux en tout temps pour les promeneurs inexpérimentés (passages avec main courante, vertigineux en fin de montée). Des chaussures de montagne à semelles antidérapantes sont indispensables, le rocher étant de mauvaise tenue. Départ du sentier derrière le chalet-hôtel de l'Iseran.*
Cette petite course de montagne ne doit être entreprise que par temps très dégagé ; elle offre au touriste suivant la Route des Grandes Alpes l'occasion peut-être unique de dépasser l'altitude de 3 000 m. Le **panorama** offert par le sommet récompensera de l'effort accompli : massifs de la Vanoise, du Mont-Pourri, versant italien du Mont Blanc, chaîne frontière entre la Grande Sassière et l'Albaron.

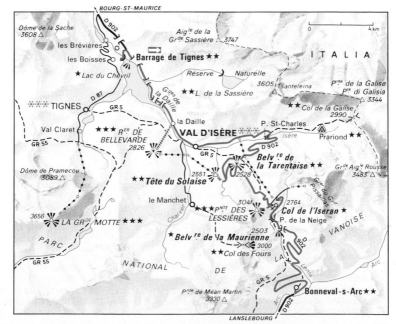

La route continue à traverser, sur une dizaine de kilomètres entre le col et Bonneval, le Parc national de la Vanoise.

Entre le col de l'Iseran et le pont de la Neige, on parcourt le sauvage cirque supérieur de la Lenta, en contrebas du glacier du Grand Pissaillas (remontées mécaniques permettant la pratique du ski d'été) dont les eaux de fonte ruissellent en cascade sur un gradin rocheux. La fissure par laquelle route et torrent vont s'échapper se précise.

★ **Belvédère de la Maurienne** – Alt. 2 503 m. **Vue** sur la Haute-Maurienne, et spécialement sur les sommets de la Ciamarella, de l'Albaron et de la pointe de Charbonnel.

Entre le pont de la Neige et Bonneval, la verdure des hauts alpages réapparaît dans le vallon « suspendu » de la Lenta. À l'horizon se profile le beau sommet neigeux de l'Albaron, à la forme caractéristique d'enclume. Le torrent quitte le vallon pour dévaler à nouveau vers l'Arc ; la route, se rabattant alors, offre continuellement des vues plongeantes sur la haute vallée de l'Arc dont les versants à vif, maigrement gazonnés par plaques, forment le décor sévère du village de Bonneval. À gauche de l'Albaron, les longues crêtes du Mulinet et de la Levanna émergent d'un vaste ensemble glaciaire, tandis que sur la droite se dégagent la pointe de Charbonnel, pyramide neigeuse bien détachée, et le dôme de la pointe de Ronce.

★ **Bonneval-sur-Arc** – *Voir ce nom.*

Lacs de LAFFREY★

Cartes Michelin nᵒˢ 77 plis 5 et 15 ou 244 pli 39

Les lacs de Laffrey comprennent, du Nord au Sud : le lac Mort, le Grand lac de Laffrey, le plus étendu (3 km), le lac de Petichet (de « pitchoun » : petit) et le lac de Pierre-Châtel. Ils jalonnent le parcours le plus célèbre de la Route Napoléon *(voir p. 232)* et donnent beaucoup de charme à la traversée du plateau de la Matheysine. Nous décrivons aussi deux itinéraires voisins de caractère plus sauvage, mais permettant de boucler d'intéressants circuits : la « Corniche du Drac » et la vallée de la Morte.

★ LE PLATEAU DE LA MATHEYSINE

① De La Mure aux lacs de Laffrey *15 km - 45 mn*

La Mure – Sur le rebord Sud du plateau de la Matheysine, brutalement tranché par le Drac et la Bonne, la grosse bourgade marchande de La Mure, carrefour très passant, a dû son importance aux affleurements houillers voisins qui fournirent jusqu'à 300 000 t d'anthracite par an. La Mure est une des têtes de ligne du chemin de fer de La Mure qui offre des vues incomparables sur la corniche du Drac *(voir ci-après)*.

Musée Matheysin ⊙ – Situé près de la halle, dans un bâtiment historique, ce musée retrace le passé du pays de La Mure. De nombreuses reconstitutions permettent de découvrir des pièces archéologiques, des objets artisanaux (ganterie) et des archives sonores qui ponctuent les grandes étapes de l'histoire économique et humaine du plateau de la Matheysine. L'activité minière a profondément marqué la région de 1901 à 1996, date à laquelle le dernier puits a été fermé.

Entre La Mure et Laffrey, la route se déroule sur le plateau de la Matheysine, d'abord sévère. On longe à distance les installations de l'ancien site d'extraction du Villaret, qui fut le plus actif du bassin houiller de La Mure.

Plus loin, tandis que se succèdent les lacs, parfois masqués par la végétation, l'éperon de Chamechaude et d'autres sommets du massif de la Chartreuse apparaissent au Nord, dans l'alignement de la dépression que l'on parcourt. Au Sud, l'Obiou, flanqué du Grand Ferrand, ferme l'horizon.

La sévérité du plateau matheysin s'explique en partie par son orientation Nord-Sud qui l'expose aux vents et à la rudesse hivernale (il est parfois surnommé la Sibérie du Dauphiné) malgré une altitude inférieure à 1 000 m. L'ensemble des lacs de Laffrey, retenus par des dépôts morainiques, est souvent pris par les glaces pendant l'hiver.

Le **45ᵉ parallèle Nord** passe exactement sur la rive Sud du lac de Pierre-Châtel : en s'y positionnant, on se situe à égale distance du Pôle Nord et de l'Équateur.

Point de vue du Beauregard – Au départ de **Laffrey**, une intéressante randonnée pédestre de 2 h environ, sans grande difficulté, peut être entreprise vers la **montagne de Beauregard**, par le village de N.-D.-de-Vaux. On peut s'arrêter en voiture à la hauteur du chalet de l'As ou poursuivre à pied jusqu'au sommet de la crête où s'offre une superbe **vue** sur le plateau matheysin, les lacs de Laffrey et la vallée du Drac.

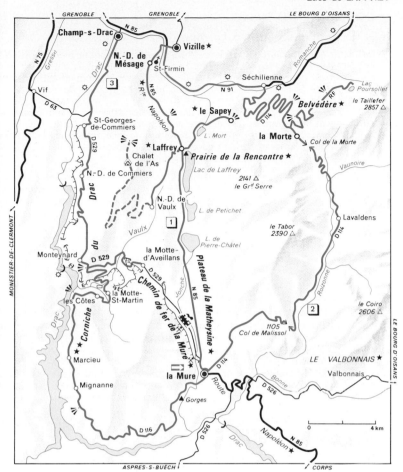

★ **Le Sapey** – L'étroite petite route contourne le lac Mort mis en perce en 1933 pour alimenter une centrale électrique au fond de la vallée de la Romanche. Du terminus de la route, monter *(1/4 h à pied AR)* à la chapelle du Sapey. Des abords du sanctuaire, la vue est bien dégagée sur les massifs de Chamrousse-Belledonne et du Taillefer.

★★ ROUTE DE LA MORTE

1 **De La Mure à Vizille** *45 km - environ 2 h*

La Mure – *Voir ci-contre.*

Au départ de La Mure et jusqu'au col de Malissol (alt. 1 105 m), le regard se porte, au-delà du plateau de la Matheysine, sur l'Obiou et les escarpements Est du Vercors, en avant desquels se détache le mont Aiguille.

Du col de Malissol au col de la Morte, la route parcourt l'étroite vallée de la Roizonne aux versants hérissés de chicots pierreux.

La Morte – Dans la dépression du col de la Morte, au pied des pentes du Grand Serre et du Taillefer, la Morte (alt. 1 348 m) offre en hiver de magnifiques pistes de ski. En été, c'est une base de départ pour l'ascension du Taillefer.

La route forestière du lac Poursollet *(6 km)*, praticable en été, offre de beaux points de vue sur la vallée de la Romanche.

★ **Belvédère sur la vallée de la Romanche** – *À côté du premier lacet décrit par la D 114, dans la descente rapide au Nord du col de la Morte.* La **vue** plonge de près de 1 000 m sur le couloir industriel de la Romanche encadré par les crêtes du Taillefer et de Belledonne.

La N 91 atteint Vizille.

★ **Vizille** – *Voir ce nom.*

Si l'on doit ensuite gagner Grenoble, prendre de préférence l'agréable route de promenade (D 5) passant par Eybens, dernier tronçon de la Route Napoléon (voir ce nom).

★★CORNICHE DU DRAC

③ De Champ-sur-Drac à La Mure *45 km – environ 2 h*

De Champ à Monteynard, l'itinéraire s'élève progressivement en offrant de belles perspectives sur la vallée encaissée du Drac. Celle-ci a fait l'objet d'un vaste plan d'équipement hydro-électrique. C'est ainsi qu'on peut distinguer les usines de Champ et de St-Georges-de-Commiers, la digue de N.-D.-de-Commiers et le barrage de Monteynard.

À la sortie de Monteynard se révèle une vue remarquable sur le lac de retenue du **barrage de Monteynard** encaissé entre les escarpements du Drac et le mont Aiguille : pour bien l'apprécier, laisser la voiture en face de la dernière maison du village ou à l'embranchement de la route de la Motte-St-Martin.

Suivre la D 529 pour atteindre la Motte d'Aveillans.

La Mine-Image ⊙ – Sur un des grands sites d'exploitation des mines de La Mure, le site de La Motte exploité du début du 19ᵉ s. jusqu'en 1956, l'aménagement d'une galerie horizontale permet de recréer le monde des mineurs et fait découvrir l'évolution des technologies d'extraction mise en œuvre pour rester compétitif. Une projection vidéo complète cette visite.

À la sortie de la localité en direction de La Mure se dresse une des sept merveilles du Dauphiné : la **Pierre Percée**. Pour y accéder, prendre la D 529, puis à gauche la route signalée « Pierre Percée » et aller jusqu'à un parking, départ du sentier. Laisser la voiture et monter *(3/4 h)* jusqu'à la crête. Cet arc de triomphe naturel, haut de 3 m, serait une représentation du diable pétrifié. Belle vue sur le plateau de la Matheysine.

Revenir à La Motte-d'Aveillans et prendre à gauche la D 116.

Entre les Côtes et Marcieu apparaissent, en avant et à droite, les immenses escarpements schisteux inclinés qui dévalent vers le Drac. Au point où la route est bordée, du côté du précipice, par un parapet, descendre de voiture et jeter un coup d'œil sur la centrale électrique d'Avignonet, le barrage de Monteynard et la retenue. Très jolie **vue★★★** sur le mont Aiguille et sur les crêtes Est du Vercors.

À partir de Marcieu se découvrent des vues lointaines sur les montagnes du Dévoluy dont le point culminant, l'Obiou (alt. 2 790 m), est visible après le hameau de Mignanne ; puis sur les crêtes du Petit-Chaillol (entrée du Valgaudemar), à gauche desquelles apparaissent bientôt les « 3000 », tachés de neige, du massif des Écrins. En arrivant à La Mure on domine les gorges de la Jonche, affluent du Drac.

★CHEMIN DE FER DE LA MURE ⊙

Le destin original d'un chemin de fer de montagne – Inauguré en juillet 1888, le chemin de fer de La Mure, à voie métrique, assure un parcours de 30 km avec une dénivelée de 560 m selon un tracé audacieux jalonné de 12 viaducs et 18 tunnels courbes. Destinée à l'origine à assurer l'écoulement, par tout temps, de la production d'anthracite de La Mure vers la gare de St-Georges-de-Commiers reliée au réseau national, cette ligne fut tour à tour une ligne pionnière en matière technique, une ligne assurant le transport des pèlerins, une ligne exclusivement industrielle (de 1950 à 1962) avant de devenir en 1988 une ligne touristique à succès du Bas-Dauphiné.

Chemin de fer de la Mure

Jusqu'en 1903, la traction était assurée par la vapeur. À cette date, afin de tracter la dizaine de wagons transportant 100 t de charbon, il fut décidé d'expérimenter la traction électrique. Progressivement, on procéda à l'électrification de la ligne sous 2 400 V selon la technique « à 2 ponts », novatrice à l'époque. Le chemin de fer de la Mure devint ainsi le 1er au monde à être électrifié en courant continu à haute tension. À l'origine, la vitesse maximale en descente était de 40 km/h et jusqu'en 1950, le trajet aller, en montée, prenait environ 2 h 40. Dans les années trente, cette ligne devait rejoindre Gap : en fait, elle fut prolongée jusqu'à Corps à la demande des religieux de N.-D.-de-la-Salette. Actuellement, le matériel roulant provient de différentes compagnies locales suisses.

Au départ de St-Georges, le chemin de fer s'élève graduellement jusqu'à son point culminant à 924 m, au tunnel de Festinière. On aperçoit pendant le voyage une des merveilles du Dauphiné : la **Pierre Percée**. Les sections les plus spectaculaires du trajet sont sans conteste le passage de la Rivoire, en encorbellement au-dessus des gorges du Drac, le franchissement du viaduc de Vaulx (170 m en 9 arches) et celui des viaducs superposés de la Lousse.

Col du LAUTARET★★

Carte Michelin n° 77 pli 7 ou 244 Nord du pli 42 – Schéma p. 215

En dépit de son altitude relativement élevée (2 057 m), le **col du Lautaret** ⊙ constitue le passage le plus animé des Alpes du Dauphiné. Son caractère utilitaire a justifié la mise en œuvre de moyens importants en vue d'assurer le déneigement de la route pendant la plus grande partie de l'hiver.

Le site, sévère, est égayé, de juin au début d'août, par d'immenses champs de fleurs : narcisses, anémones, lis, gentianes, rhododendrons et même parfois des edelweiss. Au point culminant du col, s'engager dans le chemin du jardin alpin.

Massif de la Meije au col du Lautaret

P. Tetrel/EXPLORER

CURIOSITÉS

★★ **Panorama** – *La table d'orientation est érigée sur une éminence, en amont du jardin alpin.*
Le panorama est saisissant sur le massif de la Meije et ses glaciers (glacier de l'Homme).

★ **Jardin alpin** ⊙ – Ce jardin, de 2 ha environ, très réputé, est dû à l'initiative commune du T.C.F. et de l'université de Grenoble. Il fut créé dès le début du siècle et connut de nombreuses vicissitudes à certaines périodes. Aujourd'hui l'Association des amis du jardin alpin (A.J.A.L.) s'occupe du maintien et du développement du jardin.

Il comporte des massifs de rocailles où sont cultivées plus de 2 000 espèces de plantes sauvages groupées d'après leur origine géographique, ainsi que des plantes médicinales. Le visiteur, au gré de ses pas, pourra effectuer un tour du monde botanique en découvrant la flore des Pyrénées, des Carpates, des Balkans, du Caucase, de l'Himalaya, du Japon et des Montagnes Rocheuses.

Le chalet-laboratoire, réservé à la recherche scientifique, reçoit chercheurs et étudiants.

Refuge Napoléon – Le Parc national des Écrins y a installé un centre d'information et y organise des expositions sur la faune, la flore, la géologie...

Un devoir de protection :
le promeneur qui aime la nature ne se contentera pas de respecter les seuls espaces protégés comme les parcs, ou les espèces comme le lys martagon. Il s'abstiendra, naturellement, de moissonner systématiquement les plantes rares ;
et, s'il cueille d'autres fleurs, il évitera d'en arracher les racines et les bulbes.

LÉONCEL

67 habitants
Cartes Michelin nᵒˢ 77 Nord du pli 13 ou 244 pli 37 – Schéma p. 280

Dans un frais vallon au Sud du Vercors, le village a conservé d'une abbaye cistercienne, fondée en 1137, une vaste église romane de la fin du 12ᵉ s. et un bâtiment monastique remanié au 17ᵉ s., qui abrite aujourd'hui un gîte d'étape.

⋆ ÉGLISE ABBATIALE

Elle apparaît, massive, sous un robuste clocher carré couronné d'une pyramide, typique de la région du Dauphiné. À l'intérieur, diverses influences architecturales se manifestent, dues à l'étalement dans le temps de la construction de cette église. Au cours d'une première campagne de travaux (1150 à 1188) furent élevés l'abside et les absidioles en cul-de-four, typiques de l'art roman provençal, et le transept dont la croisée est couverte d'une coupole octogonale sur trompes. Lors d'une seconde campagne (1190-1210) fut achevée la nef, qui comprend un vaisseau central voûté de croisée d'ogives dénotant déjà l'influence gothique et les collatéraux dont les murs sont évidés sous des arcades aveugles correspondant aux travées.

On remarquera dans le bas-côté droit, près de l'entrée, un sceau aux armes de l'abbaye ciselé dans le mur et, plus loin, un grand Christ en bois, œuvre d'un artiste de la région (1860) ; dans le bras Nord du transept, un lutrin du 16ᵉ s. et une belle icône moderne.

Route de la MADELEINE⋆

Cartes Michelin nᵒˢ 89 plis 6, 16, 17 ou 244 plis 30 et 31

Le col de la Madeleine assure depuis 1969 une intéressante liaison entre la Maurienne (N 6) et la Tarentaise (N 90), par la moyenne montagne.

CIRCUIT DE L'ARC À L'ISÈRE

De La Chambre à Moûtiers *53 km – environ 2 h*
Le col de la Madeleine reste obstrué par la neige de novembre à début juin.

De La Chambre *(11 km au Nord-Ouest de St-Jean-de-Maurienne)*, la D 213 s'élève en lacet, en vue du massif d'Allevard (chaîne de Belledonne) et du massif des Grandes Rousses, visible par la trouée du Glandon.

St-François-Longchamp – Centre de sports d'hiver échelonnant ses stations entre 1 450 m (St-François) et 1 610 m (Longchamp) d'altitude, au pied des dernières pentes du Cheval Noir et sur le versant Est de la vallée du Bugeon.

⋆ **Col de la Madeleine** – Alt. 2 000 m. Ce large seuil d'alpages s'ouvre entre le Gros Villan (massif de la Lauzière) et le Cheval Noir (alt. 2 832 m). Il offre une **vue** très remarquable sur le massif du Mont-Blanc auquel font pendant, au-delà de la vallée du Glandon, le massif des Grandes Rousses et celui des Écrins (tables d'orientation).

De Celliers au Pas de Briançon, la route suit en corniche le versant rive gauche de la vallée de Celliers sur lequel s'agrippent des villages. Vers l'aval, les montagnes du Beaufortain ferment l'horizon. Au début de la descente finale aboutissant au défilé du Pas de Briançon, on découvrira, au Sud-Est, les glaciers de la Vanoise et la Grande Casse.

Par N.-D.-de-Briançon et la D 97, gagner La Léchère.

✚ **La Léchère-les-Bains** - Au fond de la Basse-Tarentaise, La Léchère, la plus jeune station thermale des Alpes, se spécialise dans la cure des troubles de la circulation veineuse, des affections gynécologiques et des rhumatismes. Les sources, révélées fortuitement en 1869 par un effondrement de terrain, sont exploitées dans un établissement thermal entouré d'un agréable parc.

Prendre à droite la route, en montée sinueuse, de St-Oyen.

Doucy - Son église baroque (17e s.) renferme un beau mobilier de la même époque : retable en bois polychrome du **maître-autel** et retable du rosaire.

Poursuivre par la route du Villaret (D 95B).

Cette route parcourt, après Doucy, la ligne de crête séparant les versants du Morel et de l'Eau Rousse, offrant une vue remarquable sur la Vanoise, le mont Jovet, une partie de Courchevel et les pistes de Méribel-les-Allues.

Par le Meillet, gagner Valmorel.

✳ **Valmorel** - *Voir ce nom.*

Descendre la vallée du Morel (D 95) pour atteindre Aigueblanche.

Barrage des Échelles d'Annibal - Construit dans un défilé de la Basse-Tarentaise, cet ouvrage soutire une partie des eaux de l'Isère pour le compte de la centrale de Randens, en Basse-Maurienne. Un tunnel long de 11,5 km a permis l'aménagement de cette « dérivation Isère-Arc » inaugurée en 1956.

Moûtiers - *Voir ce nom.*

La MAURIENNE

Cartes Michelin nos 74 plis 16, 17 et 19 et 77 plis 7, 8 et 9
ou 244 plis 30, 31 et 32

La Maurienne, vallée de l'Arc, est l'une des plus longues vallées intra-alpines (118 km). Continuellement encaissée, on a pu dire d'elle qu'elle était, dans sa plus grande partie, « une route et une usine », mais le contraste entre la beauté de son cadre naturel et la puissance de ses installations industrielles ne manque pas d'originalité. Du reste, le tronçon de la Route des Grandes Alpes reliant le col de l'Iseran au col du Mont-Cenis à travers la Haute-Maurienne, encore peu touchée par l'industrialisation, a gardé son visage traditionnel.

Tourisme et industrie - La Maurienne, grande voie de communication intérieure de l'État savoyard, comme axe Chambéry-Turin, se trouve aujourd'hui sur le passage d'un des principaux itinéraires France-Italie (par le col du Mont-Cenis et surtout, depuis 1980, par le tunnel routier du Fréjus).
Pendant le haut Moyen Âge, ce passage constituait le fameux « guichet » par où s'écoulait le flot intarissable des voyageurs, commerçants ou pèlerins, soldats ou clercs. Une voie ferrée à grand débit et une route assurent aujourd'hui le transit international en toute saison.
D'Avrieux, peu en amont de Modane, à Aiguebelle, la « rainure sombre » de la Moyenne-Maurienne, les bassins plus ouverts et plus cultivés de la Basse-Maurienne sont ponctués d'une dizaine d'usines qui, empruntant leur énergie à une vingtaine de centrales, élaborent l'aluminium, les aciers spéciaux, les produits chimiques. Les aménagements hydro-électriques les plus importants ont été l'équipement de la chute d'Aussois (1951), qui a permis d'animer la soufflerie géante d'Avrieux, et la construction de la centrale souterraine de Randens (1954). Cette chute, alimentée par une dérivation de l'Isère qui s'amorce immédiatement en aval de Moûtiers, aux « Échelles d'Annibal » (*décrites à la route de la Madeleine*), emprunte pour rejoindre la vallée de l'Arc une galerie longue de 11,5 km, qui a constitué un travail comparable au creusement du tunnel routier sous le Mont Blanc.

Une rivière travailleuse - Le colossal réaménagement de l'Arc s'est achevé par l'édification d'un barrage permettant la création d'un réservoir de 320 millions de m³ au pied du Mont-Cenis ; la centrale de Villarodin-Bourget, établie en contrebas dans le bassin d'Avrieux, turbine ses eaux.
Trois centrales (Orelle, la Saussaz II, l'Échaillon) construites entre Modane et St-Jean-de-Maurienne régularisant ainsi son cours. Parmi les plus spectaculaires de ces ouvrages, une galerie de 19 km percée à travers le massif de Belledonne permet la déviation d'une partie des eaux de l'Arc chargées d'alimenter la chute Arc-Isère.

★ LA HAUTE-MAURIENNE

De Bonneval-sur-Arc à Modane

56 km – environ 2 h sans la visite des chapelles peintes, la route du Mont-Cenis et les promenades à pied. Possibilité d'emprunter un ski-bus  sur une partie du trajet.

De Bonneval-sur-Arc à Bessans la D 902 risque d'être enneigée de décembre à mars.

★ **Bonneval-sur-Arc** – *Voir ce nom.*

Sur le parcours de Bonneval à Lanslebourg il reste un bon nombre de monuments religieux : chemins de croix, oratoires et chapelles, élevés par les gens du pays ou par les pèlerins qui avaient franchi sans encombre les cols frontières.

Après la chapelle de N.-D.-des-Grâces, prendre à gauche vers le « Refuge d'Avérole ».

★★ **Vallée d'Avérole** – *Voir p. 102.* *Revenir à la D 902.*

❊ **Bessans** – *Voir ce nom.*

Entre Bessans et Lanslevillard, le « verrou » du col de **la Madeleine**, avec ses chaos de blocs parsemés de bouquets de mélèzes, marque une séparation très nette : en aval, la vallée se creuse plus mollement, les verdures deviennent plus sombres, les horizons plus lointains.

Dès lors apparaît la silhouette majestueuse de la **dent Parrachée** (alt. 3 684 m), dernière cime Sud de la Vanoise, derrière laquelle se hausse le Râteau d'Aussois, barre dentelée bien nommée. En avant et à gauche se creuse la dépression du mont Cenis.

Lanslevillard – *Voir ce nom.*

Lanslebourg-Mont-Cenis – *Voir ce nom.*

★ **Route du Mont-Cenis** – *16 km au départ de Lanslebourg – environ 3/4 h.*

Termignon – *Voir ce nom.*

De Sollières à Villarodin, le tronçon de la N 6 offre peu d'intérêt à l'exception de l'excursion à St-Pierre-d'Extravache. Après Sollières, suivre la N 6 sur 8 km jusqu'à Bramans. À l'extrémité du village, emprunter la D 100, ancienne voie d'accès au col du Petit-Mt-Cenis et à l'Italie avant les travaux d'aménagement du Ier Empire.

L'église de **St-Pierre-d'Extravache**, du 10e s., conserve un chœur et un clocher en remarquable état de préservation. Cet humble édifice serait la plus ancienne église de Savoie. Beau point de vue au Nord sur le massif de la Vanoise et la dent Parrachée.

Revenir à Sollières-Sardières et prendre à droite la D 83.

La route s'élève, parmi des prés-bois de pins, sur le replat où pointe le clocher aigu de Sardières. Au-delà, on voit apparaître les massifs d'Ambin et du Thabor.

Pénétrer dans le village de Sardières et prendre le chemin du monolithe.

★ **Monolithe de Sardières** – Cette aiguille rocheuse de cargneule, haute de 83 m, est complètement isolée dans un agréable sous-bois de sapins, à la limite Sud du Parc de la Vanoise.

Elle a été escaladée pour la première fois en 1957 par Paquier.

Aussois – *Voir ce nom.*

Dans Aussois, prendre à gauche devant l'église.

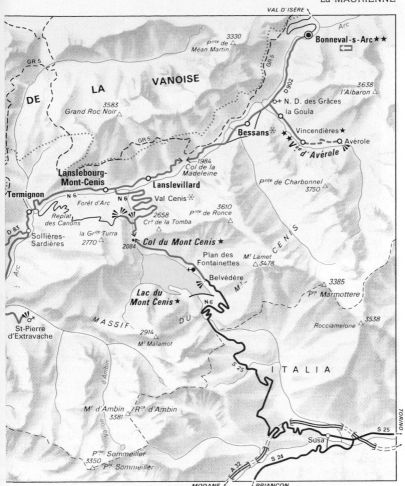

★ **Ensemble fortifié de l'Esseillon** – Entre Aussois et Avrieux, le verrou *(voir p. 16)* de l'Esseillon est surmonté d'un impressionnant complexe fortifié, élevé par la monarchie sarde de 1817 à 1834 pour défendre le passage du Mont-Cenis contre une éventuelle invasion française. La place forte de l'Esseillon compte cinq forts construits selon les principes de Montalembert : ligne défensive perpendiculaire à l'attaque et puissance de feu par « tour à canon », préfigurant le système Séré-de-Rivières. Ainsi les forts, étagés en altitude, se protégeaient mutuellement. En période d'effectif complet, le camp fortifié comptait jusqu'à 10 000 hommes équipés de plus de 170 pièces d'artillerie. Le fort **Marie-Christine**, point culminant des fortifications, domine le village d'Aussois. Restauré et classé monument historique, c'est aujourd'hui la cinquième porte du Parc national de la Vanoise. À l'opposé, sur la rive gauche de l'Arc, se dresse la redoute **Marie-Thérèse**, reliée à l'ensemble par l'impressionnant pont du Diable *(voir La Norma)*.
Base de départ pour de nombreux circuits pédestres, ce site est un lieu privilégié pour les randonnées.

La route, taillée dans le rocher, franchit le ruisseau de St-Benoît (belle cascade, face à une chapelle) et plonge vers le bassin d'Avrieux.

Prendre à gauche une petite route vers Avrieux.

Avrieux - *Voir ce nom.*

Aussitôt après Villarodin, prendre à gauche, sur la N 6, la D 214 en direction de La Norma.

⁂ **La Norma** - *Voir ce nom.*

Revenir sur la N 6, pour gagner Modane.

Modane - *Voir ce nom.*

Fortifications de l'Esseillon

MEGÈVE✳✳✳

4 750 habitants (les Mégévans)
Cartes Michelin n⁰ˢ 89 pli 7 ou 244 pli 20 – Schéma p. 83

Megève, brillamment lancée au lendemain de la Première Guerre mondiale, reste une des plus importantes stations de montagne françaises, pour la puissance de son appareil touristique, particulièrement dans le domaine hôtelier, et pour son standing mondain. La patrie d'**Émile Allais** – né à Megève en 1912, champion du monde de descente, du combiné et du slalom en 1937 et promoteur de la « méthode française » *(voir p. 141)* – se prévaut d'un noyau compact de fidèles, séduits par son « ambiance ». La station se dispose sur un seuil faisant communiquer, à 1 113 m d'altitude, le val d'Arly et le bassin de Sallanches. En été, la vivacité de l'air, la proximité de la forêt, les possibilités de courses en moyenne montagne et d'excursions en auto attirent ici nombre de séjournants, qui trouvent sur place une gamme étendue de distractions sportives.
Une des spécialisations de Megève est, en toute saison, l'accueil des enfants en cure climatique, vacances ou classes de neige.

Le domaine skiable – Ensoleillé et dépourvu d'affleurements rocheux dangereux, il satisfait davantage les amateurs de « ski détente » que les skieurs chevronnés. Les équipements en remontées mécaniques sont nombreux et de qualité mais la faiblesse de l'altitude rend l'enneigement assez incertain. S'étendant sur les pentes du mont d'Arbois, de Rochebrune et du contrefort des Aravis connu sous le nom de « **Jaillet** », le domaine est relié par télécabine ou navettes aux autres stations du Pays du Mont-Blanc. Notons enfin que Megève est dotée d'une des écoles de ski les plus importantes du monde.

À l'intérieur de l'agglomération, les ensembles sportifs du palais des sports et du club du mont d'Arbois mettent, en toute saison, à la disposition de leurs membres, comme à celle des touristes, plusieurs tennis, piscines, patinoires, etc.

CURIOSITÉS

Musée du Haut Val d'Arly ⊘ *(173, rue St-François)* – Il expose des collections d'objets usuels traditionnels, restaurés et placés en situation. Plusieurs thèmes sont traités : la vie domestique, l'outillage agricole, le traitement du lait, le textile et l'histoire des sports d'hiver.

Le Calvaire (BY) – C'est la curiosité locale aménagée dans un site boisé, avec son chemin de croix jalonné de 15 oratoires et chapelles abritant des peintures ou des groupes sculptés, malheureusement dégradés, œuvres d'artisans du pays réalisées entre 1844 et 1864. C'est la fidèle réplique du chemin de croix de Jérusalem.
Du terre-plein de la chapelle inférieure se découvre une vue agréable sur le berceau du haut val d'Arly, jusqu'à la pyramide caractéristique du Charvin.

Excursions aériennes ⊘ – Depuis l'altiport Côte 2000, des promenades aériennes sont organisées au-dessus des vallées du massif du Mont-Blanc.

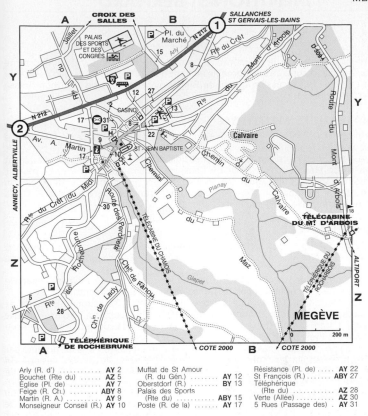

BELVÉDÈRES ACCESSIBLES PAR TÉLÉCABINE

★★ **Mont d'Arbois** ⊙ (**BZ**) – Alt. 1 833 m. *Accès par télécabine directe du Mont d'Arbois ou par la télécabine de la Princesse au carrefour de Petit-Bois.*
Magnifique **tour d'horizon** sur les Aravis, les Fiz et le Mont Blanc. On peut se rendre à la station supérieure (20 mn à pied) du téléphérique qui redescend sur St-Gervais.

★★ **Croix des Salles** ⊙ (**AY**) – Alt. 1 705 m. *1 h 1/2 AR environ, dont 12 mn par la télécabine du Jaillet et 3/4 h à pied.*
De la station supérieure, continuer à pied, pour atteindre la croix. **Vue** sur la chaîne des Fiz et le massif du Mont-Blanc.

★ **Rochebrune Super-Megève** ⊙ (**AZ**) – Alt. 1 754 m. *1 h AR environ, dont 8 mn de téléphérique.*
Vue sur le val d'Arly, les chaînes des Aravis et du Mont-Blanc.

RANDONNÉES PÉDESTRES

Pour profiter pleinement des vastes possibilités de randonnées offertes, il est conseillé d'acquérir la carte vendue par l'Office de tourisme.

★★ **Mont Joly** – Alt. 2 525 m. *4 h 1/2 à pied AR au départ du mont d'Arbois par un sentier bien tracé. Chaussures de montagne conseillées.*
Du sommet (table d'orientation), **panorama**★★★ exceptionnel sur le massif du Mont-Blanc, la Vanoise, le Beaufortain, les Écrins, les Grandes Rousses, la chaîne de Belledonne, la Chartreuse et les Aravis.

★★ **Mont de Vorès** – Alt. 2 067 m. *5 h 1/2 de marche. 800 m de dénivellation. Itinéraire peu technique mais exigeant de l'endurance. Prendre le téléphérique de préférence avant 10 h. Si celui-ci ne fonctionne pas, il est possible de faire une boucle presque analogue au départ du Leutaz.*
Le sentier monte régulièrement à l'Alpette, au col de Véry puis au mont de Vorès. Panorama splendide sur le massif du Mont-Blanc, le domaine d'Hauteluce (col du Joly et lac de la Girotte) et la chaîne des Aravis. Le chemin de crêtes conduit ensuite au Ban Rouge et au Crêt du Midi d'où la vue est remarquable sur Megève, à droite, et le Planay, à gauche. Descendre sur les Fontanettes. Pour terminer, il faut remonter *(1 h de marche éprouvante)* à Rochebrune par un sentier raide.

MENTHON-ST-BERNARD⋆

1 517 habitants
Cartes Michelin nᵒˢ 89 pli 14 ou 244 pli 19
Schémas p. 78 et 82 – 9 km au Sud-Est d'Annecy

Séparée de Talloires par le promontoire boisé du Roc de Chère, cette importante station familiale occupe un site agréable au bord du lac d'Annecy, au pied des Dents de Lanfon et de la dépression du col de Bluffy où le château de Menthon dresse sa silhouette élancée.

⋆CHÂTEAU DE MENTHON ⊙

2 km par la D 269 en montée, se détachant en face de l'église de Menthon, à gauche.
Élevé aux 13ᵉ et 15ᵉ s. sur l'emplacement du château où naquit, au 11ᵉ s., saint Bernard de Menthon, fondateur de l'hospice du Grand-St-Bernard, ce manoir hérissé de tourelles n'a jamais cessé d'appartenir à la famille de Menthon. On montre la « chambre du saint », aujourd'hui transformée en oratoire. De la terrasse, très belle **vue**⋆ sur le lac.

⋆ROC DE CHÈRE

2 h à pied AR. Quitter Menthon par la route de Talloires et, aux Choseaux, prendre à droite la route des Bains puis celle du Roc de Chère (croisements impossibles).
Dans le parc d'une propriété, à droite et en contrebas de la route, chapelle funéraire de l'historien Hippolyte Taine, mort en 1893 à Menthon.
Le Roc de Chère forme une butte calcaire entre Menthon-St-Bernard et Talloires, dominant le lac d'Annecy. Depuis 1977, 68 ha ont été inscrits en **réserve naturelle**. L'intérêt de cette réserve réside surtout dans la coexistence d'une flore de type méditerranéen et d'une flore de type boréal.
D'une bosse rocheuse, au-delà du golf, la **vue** s'étend sur le Petit lac dominé par la Tournette, et sur les montagnes des Bauges (Sambuy, Arcalod, Charbon). En face s'avance la pointe du château de Duingt, au large de laquelle une tache jaunâtre dans les eaux bleues du lac signale le haut-fond du Roselet, ancien site d'habitations lacustres.

Château de Menthon

La France au 1/1 000 000 en cinq versions chez Michelin :
 – *en atlas, mini-atlas de France (nᵒ 915)*
 – *recto verso, moitié Nord moitié Sud (nᵒ 916)*
 – *moitié Nord (nᵒ 918)*
 – *moitié Sud (nᵒ 919)*
 – *en une feuille (nᵒ 989)*

MÉRIBEL✳✳✳

Cartes Michelin nᵒˢ 89 pli 7 ou 244 Nord du pli 31 – Schéma p. 270

Au cœur de la vallée des Allues, Méribel, station particulièrement attachante, bénéficie d'une position centrale dans les **Trois-Vallées**✳✳✳ *(voir Vanoise)*, le plus grand domaine skiable du monde.
Les Britanniques furent les premiers à pressentir son potentiel touristique. En 1938, à la suite de l'annexion de l'Autriche par l'Allemagne, ils durent fuir les stations autrichiennes et rechercher en France des endroits propices à la pratique du ski. Le colonel **Lord Lindsay** découvrit alors la vallée des Allues et ses 13 vieux hameaux, et décida d'y fonder la station de Méribel, nom chantant d'un lieu-dit. Des règles d'architecture toujours appliquées de nos jours sont posées au lendemain de la guerre : toutes les résidences sont des chalets dotés de toits à double pente et de façades en bois ou en pierre.
Cette unité architecturale, le souci d'intégration dans le paysage et les qualités intrinsèques de la vallée font de Méribel l'une des plus belles stations de ski françaises. Sa clientèle, internationale, se compose essentiellement d'habitués appréciant le caractère discret et raffiné de ce lieu de séjour hors norme.

LES STATIONS

Le domaine skiable – Il est d'un excellent niveau pour les bons skieurs : un réseau dense de télécabines assure des liaisons rapides et confortables avec Courchevel, les Ménuires et Val Thorens. Les secteurs récemment aménagés du mont Vallon, du mont de la Chambre, du roc des Trois Marches et du roc de Fer comptent parmi les beaux champs de ski d'Europe. Les orientations Nord-Sud et Ouest permettent de skier au soleil toute la journée.
Pour ces raisons, Méribel a été choisie comme principal site olympique des Jeux d'Albertville en février 1992. Elle a organisé l'ensemble des épreuves féminines de ski alpin sur la difficile piste du roc de Fer ainsi que les matchs de hockey dans sa patinoire.
Le domaine de ski de fond est de taille modeste mais de qualité : l'altiport et le plan de Tueda offrent, à 1 700 m d'altitude, 33 km de boucles bien enneigées, dans un beau cadre boisé (épicéas et pins cembro).

Les non-skieurs pourront profiter pleinement des magnifiques paysages des Trois-Vallées. Divers sentiers ont été tracés à leur intention en forêt et en bordure de piste, et des **forfaits piétons** leur donnent accès par télécabines et télésièges à Méribel et Courchevel.
En été, Méribel constitue une **base de randonnées pédestres** très appréciée, près du quart des 8 500 ha de la vallée se situant dans le Parc national de la Vanoise.

Méribel – Les innombrables résidences-chalets sont disséminées dans la forêt entre 1 450 et 1 600 m. Le fait d'avoir opté pour une station-chalets a pour contrepartie un plan d'agglomération peu fonctionnel : excepté la Chaudanne, il n'y a pas vraiment de centre. La route continue jusqu'à l'altiport, où se pratique le golf d'été. En toute saison, des vols touristiques à thème sont proposés : survol des Trois-Vallées, des stations olympiques et du Mont Blanc.

Méribel-Mottaret – Cette station, située entre 1 700 et 1 800 m, au pied du Parc de la Vanoise, constitue un compromis entre le confort moderne et l'architecture traditionnelle. Elle représente le centre stratégique des Trois-Vallées.

LES PRINCIPAUX SOMMETS

✳✳✳ **La Saulire** ⊘ – Accès de Méribel par la télécabine de Burgin Saulire, ou de Mottaret par la télécabine du Pas du Lac. Magnifique **panorama** *(voir Courchevel)*.

✳✳ **Mont du Vallon** – Alt. 2 952 m. Du Mottaret, se rendre au plan des Mains (alt. 2 150 m. Compter 1 h 1/4 à pied l'été). L'hiver, accès réservé aux skieurs par la télécabine des Plattières (deuxième tronçon). Prendre enfin la télécabine du Mont Vallon. À l'arrivée, se diriger vers le panneau « Réserve de Tueda ». **Vue**★★★ magnifique au premier plan sur la partie préservée de la vallée des Allues : aiguille du Borgne, glacier de Gébroulaz. Face à soi se détache nettement la masse rocheuse de la pointe de l'Échelle. À sa gauche, on admire les glaciers de la Vanoise, la Grande Casse puis le mont Pourri, l'aiguille et le col du Fruit, le Mont Blanc... Revenir sur ses pas et prendre à gauche un chemin donnant accès à l'itinéraire des lacs du Borgne. Vue sur la vallée des Belleville et, dans le lointain les aiguilles d'Arves et le massif des Grandes Rousses.

★★ **Roc des Trois Marches** – Alt. 2 704 m. *Accès en hiver du Mottaret par la télécabine des Plattières, en trois tronçons.* Beau **tour d'horizon**, vue sur les glaciers de la Vanoise et la Meije.

★★ **Tougnète** ⊙ – Alt. 2 410 m. *Accès de Méribel par télécabine. S'asseoir dans le sens contraire de la marche.*

Lors de la montée, le regard porte sur Méribel et les villages de la vallée. En arrière-plan se profilent le Mont Blanc et le Beaufortain. De la plate-forme terminale, vue sur la vallée des Belleville.

Les skieurs pourront également découvrir les panoramas du **roc de Fer**★★, du **Pas de Cherferie**★★, du **mont de la Challe**★, du **mont de la Chambre**★★ et du **col de la Loze**★★.

RANDONNÉES PÉDESTRES

★ **Plan de Tueda** – *À l'entrée du Mottaret, suivre la direction du Chatelet et se garer au terminus de la route.*

La **réserve naturelle de Tueda**, créée en 1990, a permis de protéger l'une des dernières grandes forêts de pins cembro de Savoie. Le pin cembro ou arolle, qui peut atteindre l'âge de 600 ans, a vu ses peuplements naturels se réduire sensiblement car il est très recherché pour la fabrication de meubles et d'instruments de musique. La cembraie de Tueda s'est développée autour d'un joli lac, dominé par la barre rocheuse de l'aiguille du Fruit et par le mont Vallon. Un sentier de découverte, bordé de nombreuses espèces de fleurs (linée boréale), permet de découvrir ce milieu exceptionnel et fragile.

Réserve naturelle de Tueda, dominée par l'aiguille du Fruit

★★ **Col de Chanrouge** – Alt. 2 531 m. *Départ du plan de Tueda. Montée : 2 h pour le refuge du Saut, puis 1 h 1/4 pour le col. Descente : 2 h.*

Du col **vue** sur la vallée de Courchevel, le domaine de La Plagne (dominé par le sommet de Bellecôte) et le massif du Mont-Blanc.

Quelques règles de bonne conduite dans les réserves naturelles
- *pas de cueillette de fruits, de fleurs (elles fanent très vite), d'arrachage de plantes et de ramassage de fossiles ;*
- *tous les déchets et récipients vides doivent être redescendus hors de la zone protégée (prévoir des sacs à cet effet) ;*
- *pas de feu de camp, et dans certains secteurs il est recommandé de ne pas fumer ;*
- *ne pas amener d'animaux domestiques et particulièrement les chiens : ils peuvent affoler les jeunes animaux en aboyant et en les pourchassant, et même tenus en laisse leur odeur peut faire fuir certaines espèces sauvages ;*
- *ne pas sortir des sentiers tracés, et surtout ne pas couper les lacets des chemins : les raccourcis sont à l'origine des dégradations du tapis végétal et de l'accélération du ravinement.*

Château de MIOLANS★

Cartes Michelin n°ˢ 89 pli 16 ou 244 pli 19 – Schéma p. 92

Bâti sur une plate-forme rocheuse isolée de toutes parts et dominant de 200 m le fond de la Combe de Savoie, le château de Miolans vaut d'abord par sa **position**★★, qui lui permit de surveiller les routes des Bauges, de la Tarentaise et surtout de la Maurienne. C'est un des meilleurs exemples d'architecture militaire du Moyen Âge en Savoie *(voir illustration p. 333)*. Le site est fortifié dès le 4ᵉ s. Manoir féodal de la famille de Miolans de 923 à 1523, le château est ensuite laissé en héritage aux ducs de Savoie, qui le transforment en prison d'État (1559-1792), sorte de « Bastille savoyarde », de terrifiante réputation.

Accès – *Laisser la voiture au parc de stationnement de Miolans sur la D 101, à 100 m du village. Franchir les portes fortifiées et monter par le chemin de ronde.*

VISITE ⊘ 1 h

Terrasse – **Vue**★ très dégagée sur la Combe de Savoie (vallée de l'Isère) et sur le débouché de la Maurienne (vallée de l'Arc). De gauche à droite s'élèvent le Grand Arc, le mont Bellachat, la chaîne de la Lauzière longuement enneigée, le massif boisé des Hurtières, extrémité Nord de la chaîne de Belledonne, enfin les escarpements du massif de la Chartreuse avec le Granier. En arrière se dresse la dent d'Arclusaz.

Donjon – Flanquée de quatre tourelles, cette construction carrée, aux nombreux étages de cachots, offre la silhouette la plus caractéristique de Miolans. On montre l'ancienne entrée du château – côté vallée – avec l'emplacement du pont-levis.

Tour St-Pierre – D'origine très ancienne, elle servait aussi de prison. De la plate-forme supérieure, la vue★★ – pour le reste analogue à celle de la terrasse – peut porter jusqu'au Mont Blanc, au-delà du mont Mirantin et de la Roche Pourrie.

Oubliettes – Elles prennent jour par un étroit escalier dans le jardin actuel.

★ **Souterrain de défense** – Curieux chemin de ronde enterré, dont les meurtrières commandent, sur près de 200 m, la rampe d'accès au château.

MODANE

4 250 habitants
Cartes Michelin n°ˢ 89 pli 8 ou 244 pli 32 – Schéma p. 190

Ville de douaniers, de cheminots et de militaires, l'agglomération frontalière de Modane se terre dans la vallée de l'Arc, à l'origine des défilés de la Moyenne-Maurienne dominés par les derniers contreforts de la Vanoise. Sévèrement bombardée en 1943, la cité, divisée en trois secteurs bien distincts (le plus ancien entourant l'église), présente maintenant de nombreux immeubles modernes. Les deux tunnels du Fréjus, dont elle commande l'accès, concourent à son développement.
À proximité : stations de sports d'hiver de **Valfréjus**, d'**Arrondaz 2000** et de **la Norma**.

Tunnel ferroviaire du Fréjus – Ce tunnel (1857-1872), la première en date des grandes percées alpines (57 m² de section), est dû à l'initiative de la monarchie sarde. Le nom de **Germain Sommeiller** (1815-1871), l'ingénieur savoyard qui mit au point les perforatrices à air comprimé, reste attaché à cette galerie de 13 657 m.

TUNNEL ROUTIER DU FRÉJUS

Entrepris en octobre 1974 et mis en service le 12 juillet 1980, cet ouvrage d'art, moins long (12 870 m) que les tunnels routiers de l'Arlberg (autrichien, 14 km) et du St-Gothard (suisse, plus de 16 km) mais surclassant celui du Mont-Blanc, est, comme ce dernier *(voir ce nom)*, une réalisation franco-italienne, appelée à faciliter le trafic automobile entre la France et l'Italie – ici, entre Modane et Bardonnèche, surtout durant la période d'enneigement du col du Mont-Cenis.
Le tunnel s'élève en pente douce (moins de 1 % de déclivité), sous le massif du Fréjus, de 1 228 m (côté français) à 1 297 m (côté italien). Sa section de 85 m² a permis d'y établir une chaussée à double voie. Des garages et des refuges jalonnent le parcours ainsi que 5 aires permettant le demi-tour aux plus longs convois. Un dispositif composé de 54 caméras vidéo assure une surveillance tous les 200 m. Le système de ventilation, commandé par six usines (dont quatre

souterraines) et deux puits de 700 m assure un débit d'air frais de 1 530 m³ par seconde. À chaque extrémité de la galerie, quatre zones d'éclairage progressif ont été aménagées pour le confort visuel.

Les services de péage sont installés du côté français sur une vaste plate-forme constituée par les déblais du tunnel (700 000 m³).

Traversée en 20 mn environ. Vitesse recommandée : 70 km/h. Dépassements et stationnements volontaires strictement interdits. L'accès du tunnel n'est pas autorisé aux véhicules de cylindrée inférieure à 50 cm³ et aux piétons.

FOURNEAUX

Église ⊙ – *Accès par la rue en montée se détachant à l'entrée aval de la localité, puis traversant la voie ferrée.* Cette église intéressera l'amateur d'architecture religieuse moderne par sa silhouette originale, évoquant certains chalets de plaisance récents. À l'intérieur, la disposition ascendante du toit à pente unique donne un effet d'ampleur que ne laisse pas présager, de l'extérieur, la simplicité de la construction.

RANDONNÉES

★ **Sentier nature de l'Orgère** – *Départ depuis la N 6 au Freney ; prendre à droite la D 106 en forte montée sur 13 km jusqu'au parking du refuge de l'Orgère.* Ce sentier nature (2 km) permet d'effectuer le tour du vallon de l'Orgère en traversant des milieux très variés (prairies, sous-bois et alpages). Son point de départ se situe 100 m en aval de la « porte de l'Orgère ». La première partie du trajet est jalonnée de tables de lecture du paysage fournissant d'utiles compléments d'informations sur l'environnement. S'adresser au gardien à la maison du parc pour obtenir un dépliant indiquant les caractéristiques du sentier.

★★★ **Randonnées au col de Chavière** – *Du refuge de l'Orgère : montée 3 h (dont 2 h pour le lac de Partie). Descente 2 h. Dénivellation : 900 m environ. Chaussures de montagne utiles (neige jusqu'à fin juillet). Prendre des jumelles pour observer la faune.*

Le sentier monte face au Râteau d'Aussois et à l'aiguille Doran. Il conduit aux ruines des chalets de l'Estiva : **vue**★★ (de gauche à droite) sur Longe Côte, la station et la pointe de la Norma, Modane, Val Fréjus... Au bout d'une heure de marche, lorsque le sentier se met à redescendre, on découvre face à soi le col de Chavière. À sa gauche trône le haut massif enneigé de **Péclet-Polset** tandis qu'à sa droite se dressent d'immenses parois rocheuses. Ce secteur est souvent fréquenté par les chamois et les bouquetins. Le sentier évolue alors dans un cadre de plus en plus rocailleux jusqu'au lac de la Partie. La pente redevient ensuite plus raide jusqu'au col (2 801 m) : très belle vue sur la vallée de Pralognan et au-delà sur le Mont Blanc.

Massif du MONT-BLANC★★★

Cartes Michelin nᵒˢ 89 pli 4 ou 244 plis 10, 21 et 22

Avec 4 807 m d'altitude à son point culminant, le massif du Mont-Blanc surclasse toutes les autres montagnes d'Europe, mais sa réputation touristique se fonde avant tout sur la variété merveilleuse des spectacles qu'offrent ses dômes, ses aiguilles, ses glaciers.

L'automobiliste en aura une excellente impression d'ensemble en remontant la vallée de Chamonix, parcourue par l'Arve. Le val Montjoie, vallée du Bon Nant, le séduira par le charme de ses premiers plans pastoraux.

Le long circuit *(320 km)* du « **Tour du Mont Blanc** » (TMB), par le Grand et le Petit-St-Bernard, est particulièrement recommandé. Le tour du Mont Blanc à pied est une longue mais splendide randonnée pouvant être conseillée aux excellents marcheurs.

Il est possible enfin de survoler le massif en avion, au départ de Megève et Sallanches notamment.

À LA CONQUÊTE DU MONT BLANC

La première ascension du Mont Blanc en 1786 marqua le début de l'histoire de l'alpinisme.

Depuis la seconde moitié du 18ᵉ s., Chamonix était devenu une étape pour les jeunes gens riches qui effectuaient le grand tour de l'Europe. Les montagnards, transformés pour l'occasion en guides, les menaient à la Mer de Glace.

En 1760, un jeune scientifique genevois, **Horace Bénédict de Saussure**, alors âgé de 20 ans, débarque à Chamonix et s'enthousiasme aussitôt pour le Mont Blanc. Il offre alors une récompense à celui qui atteindra le premier le sommet.

Ascension du Mont Blanc par Saussure

D. Rigault/Conservatoire d'Art et d'Histoire, Annecy

Quelques hommes de la vallée s'aventurent, mais sans équipement, terrifiés par les légendes que l'on racontait sur les Monts Maudits peuplés de monstres, rebutés par ce parcours d'obstacles aux glaciers tailladés de crevasses auxquels succèdent des parois infranchissables, ils rebroussent vite chemin.

Le 13 juillet 1775, quatre guides décident de relever le défi de Saussure, mais leur expédition dans la vallée Blanche frôle la catastrophe.

L'une des principales causes de ces échecs venait de la conviction qu'il était impossible de passer la nuit en haute montagne, or il faut deux journées pour effectuer l'excursion totale.

En 1776, **Jacques Balmat**, un jeune cristallier de la vallée de Chamonix, part avec quelques compagnons qu'il quitte pour poursuivre l'ascension. Il est surpris par la nuit, en réchappe, et apporte la preuve que l'on peut survivre à une nuit à cette altitude.

Son expérience intéresse tout particulièrement un médecin de Chamonix, **Michel-Gabriel Paccard**, qui étudie le problème de la survie en haute-montagne. Depuis plusieurs années, il observait au télescope les différentes voies menant au sommet du Mont Blanc, rêvant d'y parvenir. Il décide de tenter l'ascension avec Jacques Balmat.

Le 7 août 1786, dans l'après-midi, les deux hommes partent, lourdement chargés, emportant couvertures et ravitaillement, des instruments de mesure encombrants et leurs longs bâtons ferrés. Ils passent la nuit au sommet de la montagne de la Côte. Leur progression est très pénible, ils franchissent les crevasses à l'aide de leurs bâtons ferrés posés côte à côte. À 18 h 30, le 8 août, ils parviennent enfin au sommet. Bien qu'épuisé, le docteur Paccard trouve encore la force d'effectuer quelques observations scientifiques.

L'année suivante Horace-Bénédict de Saussure, accompagné de 18 guides lourdement chargés de matériel scientifique, parvient à son tour au sommet.

À leur suite, les ascensions se multiplient et les femmes se lancent à leur tour à l'assaut du Mont Blanc : **Marie Paradis** en 1809 et **Henriette d'Angeville** en 1838.

UN PEU DE GÉOGRAPHIE

Le Mont Blanc... – Conformément à l'architecture d'ensemble des Alpes *(p. 14)*, le Mont Blanc proprement dit se présente sous deux aspects très différents.

Sur le versant français, il apparaît – surtout vu du bassin de Sallanches – comme un « géant débonnaire », mais infiniment majestueux avec son cortège de dômes neigeux, soulignés de rares escarpements rocheux (aiguilles du Goûter et de Bionnassay).

Le versant italien, tel qu'on peut le découvrir de Courmayeur ou, en France, des belvédères de la Haute-Tarentaise (Lancebranlette) est, au contraire, une farouche et sombre paroi hérissée d'aiguilles (aiguille Noire du Peutérey), dont l'ascension constitue un authentique exploit. La montée au départ de Chamonix ou de St-Gervais demande, elle, beaucoup plus d'endurance et de souffle que de virtuosité alpine.

... et son cortège – La vallée de Chamonix doit son premier titre de gloire à ses « **aiguilles** » taillées dans une sorte de granit clair à gros grain tirant sur le verdâtre, la protogine. Leurs superbes parois sans traîtrise permettent au grimpeur de retrouver, à des dizaines d'années d'intervalle, les mêmes « prises » familières. Les plus grands noms sont ici ceux du Grépon, de Blaitière, du Dru – obélisque formidable flanquant la cime maîtresse que constitue la pyramide de l'Aiguille Verte. Trois grands **glaciers** se partagent inégalement la faveur des estivants. La **Mer de Glace**, le plus long (14 km depuis l'origine du glacier du Géant) et le plus populaire, avec le fameux site-tableau de Montenvers ; le glacier des **Bossons** (7 km), le plus pittoresque, avec sa langue terminale faisant irruption dans la forêt, au voisinage des habitations ; le glacier d'**Argentière** (11 km), le plus impressionnant, au pied de la grandiose face Nord de l'Aiguille Verte. Leurs dimensions ont varié avec les grandes oscillations du climat, depuis la dernière glaciation. Du 16e s. au milieu du 19e s. notamment, ces glaciers, en progressant dans la vallée de Chamonix, allaient jusqu'à provoquer l'effondrement des maisons situées à leur extrémité.

Sur le versant opposé de la vallée de l'Arve, les Aiguilles-Rouges, où les amateurs d'escalade pure viennent s'entraîner, offrent des belvédères incomparables, le Brévent notamment. Au Sud du Mont Blanc, les bosses neigeuses des dômes de Miage forment le fond de décor caractéristique du val Montjoie et sont bien en accord avec le relief adouci de cette aimable vallée.

LE TUNNEL

Le **col du Géant** (alt. 3 365 m), qui constitue le passage transversal le plus déprimé de la chaîne, ne pouvait être appelé, quelles que soient les techniques adoptées, à jouer un rôle économique. La percée du Mont Blanc par un tunnel routier, assurant un passage permanent de part et d'autre de la chaîne, a donc été la solution choisie, la France et l'Italie prenant chacune à leur charge la moitié des travaux.

Construit de 1959 à 1965, le tunnel relie le hameau des Pèlerins (alt. 1 274 m), en France, à Entrèves (alt. 1 370 m), en Italie, ce qui met Chamonix à moins de 20 km de Courmayeur.

Avec ses 11,6 km, il a été le plus long tunnel routier du monde, surpassé maintenant par de nombreux autres. Sa « couverture » (hauteur de roche au-dessus de la voûte) atteint 2 480 m sous l'Aiguille du Midi, ce qui constituait un autre record.

La chaussée à deux voies, large de 7 m, est bordée de trottoirs de 0,80 m de largeur, de garages pour voitures tous les 300 m et de refuges pour piétons tous les 300 m, alternativement à droite et à gauche. Un système de ventilation, conçu pour un débit horaire de 1 000 véhicules, permet d'insuffler 900 m³ d'air frais à la seconde.

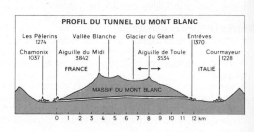

Traversée en 25 mn environ. Vitesse recommandée : 80 km/h. Dépassements et stationnements volontaires interdits. Bureaux de douane et de police côté italien. Postes de péage à chacune des entrées. L'accès du tunnel est interdit aux véhicules de cylindrée inférieure à 50 cm³ et aux piétons.

★★★ ROUTE DE CHAMONIX

① De St-Gervais-les-Bains à Vallorcine

41 km – environ 2 h – schéma pages suivantes.

Le Fayet – *Décrit à St-Gervais-les-Bains.*

Au départ du Fayet, et après la centrale de Passy, la plus puissante et la plus moderne de la vallée de l'Arve, la route s'élève au-dessus de la plaine de Chedde, dont le nom a servi à l'usine de produits chimiques qui s'y tapit pour baptiser un explosif bien connu (la cheddite), et où prend appui, à gauche, l'immense viaduc prolongeant l'Autoroute Blanche vers Chamonix. On peut détailler la superbe muraille des Fiz, de l'aiguille de Varan à l'immense talus de débris du Dérochoir et au col d'Anterne.

Le défilé du Châtelard (d'où l'Aiguille du Midi se révèle), terminé par un seuil dont la route et la voie ferrée s'affranchissent par un tunnel, donne accès à l'ancien bassin lacustre de Servoz. Les neiges du Dôme du Goûter, à gauche, et l'aiguille de Bionnassay, à droite, se dégagent alors.

À Servoz-Gare, rejoindre la D 13.

★ **Gorges de la Diosaz** – *Voir ce nom.*

Après les Montées-Pélissier, la route parcourt l'étroite cluse boisée que l'Arve a percée pour sortir de la vallée de Chamonix. À 2 km, remarquer à gauche, en contrebas, le siphon (72 m de portée) de la conduite forcée de la centrale de Passy, alimentée par la prise d'eau des Houches.

La voie ferrée, qui a grimpé plus hardiment, franchit la vallée sur le pont Ste-Marie (hauteur : 52 m), qui marque pour l'automobiliste le début du spectacle merveilleux dont il va profiter désormais.

Prendre la D 213 à droite.

✳ **Les Houches** – *Voir ce nom.*

Poursuivre sur la D 213 pour rejoindre la N 205.

À mi-pente, parmi les bois, sur la rive droite, se détache la statue du Christ-Roi. *Pour détailler désormais les sommets du massif, se reporter au panorama du Brévent décrit à Chamonix.*

En approchant de Chamonix, on passe à proximité de la carapace terminale du glacier des Bossons. Le regard s'attache maintenant aux merveilleuses aiguilles de Chamonix. En arrière, le sommet du Mont Blanc se dégage à gauche du Dôme du Goûter.

✳✳ **Chamonix et excursions** – *Voir ce nom.*

Dès la sortie de l'agglomération chamoniarde, on admire le groupe imposant formé par la flèche aérienne du Dru adossée à l'Aiguille Verte.

Au-delà du village des Tines, qui marque le terme du bassin de Chamonix, un défilé donne accès au bassin d'Argentière.

En avant se creuse la dépression d'alpages du col frontière de Balme (alt. 2 204 m).

Après les Tines, prendre à droite la route du Lavancher.

La petite route s'élève rapidement jusqu'au **Lavancher**, sur l'éperon séparant les bassins d'Argentière et de Chamonix. *Avant l'hôtel Beausoleil, prendre à droite.*

À la fin du parcours, des **vues**★★ bien contrastées se dégagent tant en aval sur la vallée de Chamonix et ses glaciers qu'en amont sur les sommets rocheux qui encadrent immédiatement Argentière.

En avant encore, le glacier d'Argentière apparaît au pied de l'aiguille du Chardonnet.

✳✳ **Argentière** – *Voir ce nom.*

Dans les lacets qui suivent Argentière, prendre à droite la direction du village du Tour, le paysage devient plus sauvage. Le glacier du Tour se révèle.

Dans une jolie conque d'alpages cernée de mélèzes, les hameaux de **Trélechamp** sont réputés pour la très belle **vue**★★ d'enfilade qu'ils commandent sur les grands sommets du Mont Blanc.

D'amont en aval se succèdent l'aiguille du Tour, derrière le glacier du Tour, le glacier d'Argentière, l'Aiguille Verte, flanquée du Dru, les aiguilles de Chamonix (Charmoz – Blaitière – Plan – Midi), enfin le Mont Blanc.

Après le carrefour de la route du Tour et dépassé Trélechamp, la N 506 *(enneigée de décembre à avril)* traverse les paysages de landes à rhododendrons et à genévriers du **col des Montets** (alt. 1 461 m) dominés par les Aiguilles-Rouges.

★★ **Réserve naturelle des Aiguilles-Rouges** – *Voir Argentière.*

La N 506 descend ensuite dans la vallée boisée de l'Eau Noire et fait découvrir les montagnes suisses.

Vallorcine – *Après être passé à hauteur de la gare qui se trouve sur la droite, prendre à gauche la route du Mollard arrivant en contrebas de l'église. Faire demi-tour à l'entrée du hameau le Mollard.*

On verra alors l'église de Vallorcine se détacher en avant des grands abrupts de l'aiguille de Mesure (extrémité Nord du massif des Aiguilles-Rouges et du massif du Mont-Blanc).

Si l'on désire prolonger l'itinéraire jusqu'à Martigny, par le Châtelard et le col de la Forclaz, se reporter au guide Vert Michelin Suisse.

La légende de l'Aiguille Verte (alt. 4 122 m)

Ce pic vertigineux, dominant la Mer de Glace, a été vaincu en juin 1865 par le Britannique Edward Whymper (qui allait ensuite s'attaquer au Cervin) accompagné de deux guides suisses. Les guides de la vallée de Chamonix Croz et Ducroz, ne voulant pas être en reste, accomplirent le même exploit un mois plus tard par une nouvelle voie, en dirigeant une cordée de Suisses et de Britanniques. Près de soixante ans plus tard, ces parois glacées deviendront le terrain de prédilection de l'alpiniste A. Charlet.

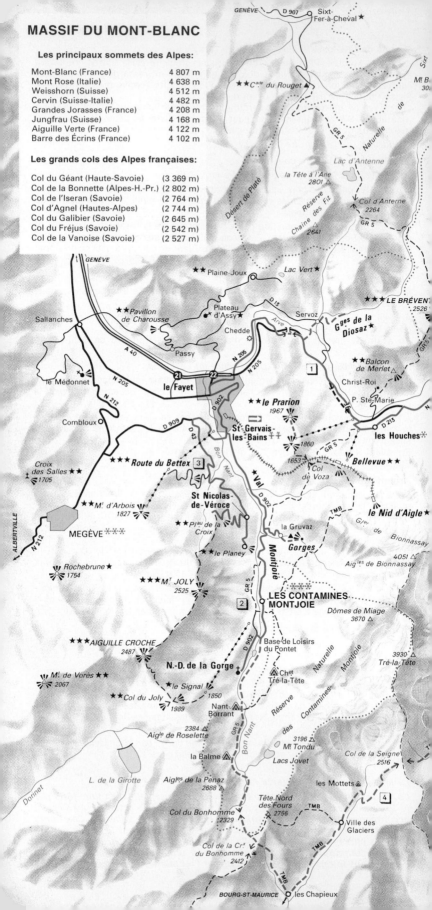

★ LE VAL MONTJOIE

② De St-Gervais à N.-D. de la Gorge

16 km – environ 3/4 h – schémas pages précédentes

⚄⚄ **St-Gervais-les-Bains** - *Voir ce nom.*

Quitter St-Gervais par ② du plan, D 902 (route des Contamines).

Après Bionnay, un « étroit » boisé ouvre l'accès du bassin des Contamines dont on commence à découvrir le décor montagneux : à droite de la dépression du col du Bonhomme pointent l'aiguille de la Penaz et, plus rapprochée, l'aiguille de Roselette.

Gorges de la Gruvaz ⊙ – *1,5 km à partir de la D 902, à gauche. Attention : passerelles à franchir dans la première moitié du parcours, sentier escarpé et glissant dans la seconde moitié. Laisser la voiture au-delà de la Gruvaz, devant le pavillon d'entrée des gorges.*
La première partie du trajet s'effectue en montée sous bois, sans qu'on perde de vue le torrent. Dégagé des arbres, le sentier gravit ensuite les pentes schisteuses du versant Sud, offrant sur la fin, en arrière, une vue d'enfilade sur les gorges et, dans l'axe, le village de St-Nicolas-de-Véroce.

On aboutit à un **belvédère**★ d'où se découvre la fissure amont, formant un V parfait, de la gorge entaillée dans les roches schisteuses où poudroient les chutes du torrent, descendu du glacier de Miage.

❊❊❊ **Les Contamines-Montjoie** - *Voir ce nom.*

Poursuivre la D 902 jusqu'à la fin de la route.

N.-D. de la Gorge - *Voir illustration au chapitre de l'art – Éléments d'architecture.* Ce sanctuaire de pèlerinage marial *(15 août et 8 septembre),* aux origines vénérables, est érigé dans un très beau fond de vallée boisé. La décoration intérieure de la chapelle est l'un des meilleurs témoignages de l'art baroque en Haute-Savoie. Le maître-autel (1707), avec son **retable** à colonnes torses, est la pièce capitale de cet ensemble très homogène.

Sans quitter la rive gauche du Bon Nant, faire, de là, une promenade sous bois. Cet endroit est le départ de nombreuses excursions et un point de passage du GR du Tour du Mont Blanc.

★★ CORNICHE DU VAL MONTJOIE

③ De St-Gervais-les-Bains au plateau de la Croix par St-Nicolas-de-Véroce

15 km – environ 3/4 h – schémas pages précédentes

Tracée en corniche au-dessus de la vallée du Bon Nant (val Montjoie), cette route offre des vues parfaitement dégagées sur le massif du Mont-Blanc.

⚄⚄ **St-Gervais-les-Bains** - *Voir ce nom.*

Quitter St-Gervais par ③ du plan, vers Megève, puis première route à gauche.

Au cours du trajet de Robinson à St-Nicolas par Orsin, la vue se dégage, de gauche à droite, sur la barre rocheuse de l'aiguille du Goûter, le dôme et le croc de l'aiguille de Bionnassay, ces derniers encadrant le glacier de Bionnassay. Au-delà s'alignent les coupoles immaculées des dômes de Miage et le ressaut escarpé de la Bérangère. Le **val Montjoie**, tout comme la Maurienne et la Tarentaise, recèle un bel ensemble d'églises et de chapelles à la décoration intérieure baroque contrastant avec la sobriété de leur façade.

St-Nicolas-de-Véroce – Le village jouit d'une admirable **situation**★★ de balcon face à la chaîne du Mont-Blanc.
L'église du 18e s. (« rafraîchie » en façade) a gardé de son mobilier d'origine un monumental **retable** ⊙ d'autel baroque situé au fond du chœur, dont les voûtes peintes illustrent divers épisodes de la légende de saint Nicolas.
Le **trésor** est présenté dans une salle du presbytère. Les pièces d'orfèvrerie (ostensoirs enrichis de pierreries, reliquaires, croix dont l'une présente le motif, fort rare, du serpent d'airain) et les ornements précieux y voisinent avec des œuvres plus frustes, témoins de la ferveur populaire (statue de N.-D.-des-Ermites).

De St-Nicolas, poursuivre vers le Planey.

Du lacet précédant le Planey se découvre le **panorama**★★ de tout le val Montjoie, avec les montagnes qui le ferment (mont Tondu, arête des Fours, aiguilles de la Penaz et de Roselette).

Revenir à St-Nicolas et prendre la route du plateau de la Croix.

Plateau de la Croix – *Laisser la voiture à proximité du chalet « l'Étape » et gagner à pied la croix.* Le **panorama**★★ embrasse, outre le Mont Blanc, les aiguilles du Bionnassay, le massif du Miage, la chaîne des Fiz (aiguille de Varan) et les aiguilles de Chamonix.

★★★ ④ PETIT TOUR DU MONT BLANC À PIED

Se munir des documents d'identité nécessaires au passage de la frontière. Pour tous renseignements sur la randonnée elle-même, consulter le topo-guide du sentier GR du Tour du Mont Blanc, publié par la Fédération française de la randonnée pédestre (voir le chapitre des Renseignements pratiques en fin de guide).
Sur place, suivre la D 902 (sur 2 km, au départ des Contamines), les sentiers GR 5 et TMB, puis la S 26D (sur 4,5 km, de Courmayeur à la Palud), la fin du parcours s'effectuant en téléphérique.
Ce circuit de quatre jours s'adresse aux touristes endurants et résolus, en parfaite condition physique et ayant le goût de la marche en montagne.

Équipement minimum : chaussures de montagne à tige forte et à semelles antidérapantes, vêtements chauds de réserve, vêtement imperméable, gants de protection, lunettes de soleil et crème de haute protection solaire.

Programme suggéré :

1er jour – Les Contamines – Col du Bonhomme – Les Chapieux.

2e jour – Les Chapieux – Ville des glaciers – Col de la Seigne – Refuge Elisabetta.

3e jour – Refuge Elisabetta – Sentier de corniche de Checrouit – Courmayeur.

4e jour – Courmayeur – La Palud – Traversée de la chaîne en téléphérique jusqu'à Chamonix.

Quelle que soit l'étape, partir de très bonne heure le matin.
Le tour complet du massif, à pied, demande 10 à 12 jours, compte tenu d'étapes à réserver au repos ou à des excursions annexes. Il est indiqué aux seuls randonneurs confirmés, parfaitement équipés et ayant déjà subi l'épreuve des longues marches en montagne.

La vallée Blanche et le Mont Blanc

★★★ ⑤ TRAVERSÉE DE LA CHAÎNE

En associant la traversée du tunnel du Mont Blanc au parcours de la chaîne de téléphériques survolant le massif entre la Palud et Chamonix, on passera en haute montagne une journée inoubliable.
Nous conseillons de faire cette excursion sans précipitation, les changements d'altitude rapides pouvant être source de fatigue, et après s'être informé des prévisions météorologiques sur le massif.

La vallée Blanche vue de l'Aiguille du Midi

Étapes du circuit, au départ de Chamonix :

Chamonix – Plan de l'Aiguille – Dénivellation : 1 300 m – 9 minutes de téléphérique.

Plan de l'Aiguille – Piton Nord de l'Aiguille du Midi – Dénivellation : 1 500 m – 8 mn de téléphérique. *Détails sur le plan de l'Aiguille à Chamonix.*

Montée au piton central de l'Aiguille du Midi – Dénivellation : 65 m – 35 s d'ascenseur. Terrasse panoramique.

Aiguille du Midi – Pointe Helbronner – Dénivellation : 1 300 m – 35 mn de télécabine. Survol du glacier du Géant et de la vallée Blanche (ski d'été), l'un des plus beaux spectacles des Alpes.

Pointe Helbronner – Refuge Torino – Dénivellation : 100 m – 3 mn de téléphérique. Terrasse panoramique à la pointe Helbronner.

Refuge Torino – La Palud – Dénivellation : 2 000 m – 15 mn de téléphérique (2 sections).

La Palud – Chamonix par le tunnel – Trajet à effectuer en car. *S'adresser aux gares routières de Chamonix et de Courmayeur.*

Pour tout ce qui fait l'objet d'un texte dans ce guide
(villes, sites, curiosités isolées, rubriques d'histoire ou de géographie, etc.),
reportez-vous à l'index.

Route du MONT-CENIS*

Cartes Michelin n⁰ˢ 89 pli 7 ou 244 pli 32

L'ample dépression du Mont-Cenis, dont la cuvette est désormais noyée par la retenue d'un grand barrage *(voir ci-après)*, livre passage à une des plus importantes routes internationales reliant la France à l'Italie. Celle-ci offre, dans sa majestueuse montée au-dessus de la Haute-Maurienne, des vues bien dégagées sur le haut massif de la Vanoise.

Un passage redouté – Avant le 19ᵉ s., la montée sur le versant français du col se faisait par un sentier muletier et la descente s'opérait « à la ramasse ». Tous les récits des voyageurs rapportent l'émotion que leur avait causée cette glissade vertigineuse sur de légers traîneaux que guidaient des **marrons** (frères de l'hospice du Mont-Cenis ainsi appelés à cause de leur vêtement de drap marron). Les registres de Postes signalent cependant que les Anglais renouvelèrent cet exploit.

Napoléon Iᵉʳ fit construire de 1803 à 1811 la route carrossable actuelle, au profil très étudié (rampe moyenne de 8 %).

DE LANSLEBOURG AU LAC DU MONT-CENIS

16 km – environ 3/4 h – schéma p. 191
Le col du Mont-Cenis est, en général, obstrué par la neige de décembre à avril.

Lanslebourg – *Voir Val-Cenis.*

Quitter Lanslebourg par la N 6, route de l'Italie au Sud.

Au cours de la montée, la route pénètre sous de belles futaies de résineux – remarquer en particulier les mélèzes – puis dépasse la limite supérieure de la forêt.

À 8 km, laisser la voiture dans un large virage à gauche (arrivée de téléski).

La **vue**★ est excellente sur les glaciers de la Vanoise butant contre la dent Parrachée, silhouette maîtresse du panorama. Aux pieds du voyageur, toute la Haute-Maurienne se déroule depuis Lanslebourg jusqu'à la plaine de Bessans, rigoureusement horizontale, en passant par le « verrou » de **la Madeleine** où l'Arc s'est scié un étroit passage. Immédiatement en contrebas plongent les pentes sur lesquelles les skieurs ont remplacé les « marrons ».

Juste avant le col, près d'un petit monument se détache à droite la **route du Replat des Canons**. *L'emprunter à pied.* Après 1 km, une **vue**★★ saisissante s'offre sur la dent Parrachée, englobant le village de Bessans.

★ **Col du Mont-Cenis** – Alt. 2 084 m. Entre les sommets de la Turra et de la Tomba, le col géographique marquait l'ancienne frontière. Un monument *(en mauvais état)*, primitivement dédié à Mussolini, a été consacré à la mémoire des troupes alpines françaises, qui s'illustrèrent particulièrement ici.

On découvre, encadrée par le mont Lamet, neigeux, et la pointe Clairy, l'immense cuvette gazonnée du Mont-Cenis, dont la flore est célèbre, puis le lac de barrage. Par la trouée du col du Petit-Mont-Cenis, passage utilisé au Moyen Âge de préférence au « Grand-Mont-Cenis », pointent l'aiguille de Scolette (alt. 3 508 m) et, à gauche, la pointe Sommeiller.

La route passe par le **plan des Fontainettes**, relais de routiers très fréquenté, puis en contrebas se dresse la construction pyramidale de la **chapelle** du prieuré élevé à l'aplomb de l'ancien hospice, noyé. Une **salle historique du Mont-Cenis** ⊙ a été aménagée sous le sanctuaire, présentant des photos sur le Mont-Cenis avant, pendant et après la construction du barrage... Un petit jardin alpin a été créé à proximité.

★ **Lac du Mont-Cenis** – Du belvédère d'EDF (parc de stationnement), **vue**★ dominante sur l'ensemble de la retenue et le barrage qui la contient au Sud. Un peu plus volumineux (1 485 000 m³) et beaucoup plus long à la crête (1 400 m), mais moins haut (120 m maximum) et moins épais à la base (460 m) que l'ouvrage de Serre-Ponçon dans les Alpes du Sud, le **barrage** est une digue en enrochement avec un noyau en terre assurant l'étanchéité. La capacité maximum de la retenue est de 320 millions de m³, dont 270 sont attribués à la France (usine de Villarodin) et 50 à l'Italie (usine de Venaus).

On note une dénivellation d'environ 100 m entre le niveau de la crête (alt. 1 979 m) du barrage, dont la longueur atteint 1,4 km, et le fond du lac à son point le plus bas.

Les grottes de glace
Creusées chaque année dans le cœur même des glaciers, elles fournissent l'occasion unique de pénétrer dans les serracs et d'apprécier le talent des sculpteurs de glace, « les grottus » : à Chamonix, la grotte de la Mer de Glace ; aux Deux-Alpes et à La Grave.

MONT-SAXONNEX★

880 habitants (les Du Mont)
Cartes Michelin nᵒˢ 89 pli 3 ou 244 pli 9 – Schéma p. 156

Cette villégiature estivale du Faucigny, très appréciée pour sa situation en terrasse, à plus de 500 m au-dessus de la plaine de l'Arve, comprend deux agglomérations principales : au pied de l'église, **Le Bourgeal** domine le coup de sabre de la gorge du Cé, tandis que **Pincru** se dispose à l'origine des gorges boisées du Bronze.

★★ PANORAMA

S'engager en voiture sur la route de l'église qui s'amorce au Bourgeal.
Laisser l'auto sur la place de l'Église.
En contournant le chevet de l'église, la vue plongera sur la plaine de l'Arve, face au débouché de la grande vallée affluente du Giffre. À l'horizon se déploient, de gauche à droite, le Salève, le Môle, le roc d'Enfer, la pointe de Marcelly, la dépression du col des Gets, des dents du Midi, les Avoudrues (derrière le sombre escarpement du Criou), le Tenneverge, la coupole du Buet, enfin la pyramide de l'Aiguille Verte (massif du Mont-Blanc).

MORZINE★★

2 967 habitants
Cartes Michelin nᵒˢ 89 pli 3 ou 244 pli 9 – Schéma p. 112

La conurbation Morzine-Montriond se dissémine, à 980 m d'altitude, au creux d'une vaste combe alpestre encadrée par la pointe de Ressachaux et la pointe de Nyon. Bénéficiant d'une situation privilégiée à la convergence de six vallées remarquablement boisées, desservies par de pittoresques petites routes sinuant vers les alpages, Morzine est depuis les années trente la capitale touristique du Haut-Chablais et un centre actif d'excursions en moyenne montagne de ce massif préalpin.

LA STATION

Le domaine skiable – Il comble les amateurs de « ski détente », du fait de l'inclinaison moyenne des pentes et de la beauté des paysages. Les itinéraires conduisant de Super-Morzine à Avoriaz sont particulièrement agréables. Les skieurs débutants pourront également essayer la piste verte « Choucas » (du sommet du Ranfolly). Les bons skieurs se retrouvent surtout sur les pistes des Creux et de l'Aigle, ou skient à **Avoriaz**★★, au cœur du domaine des **Portes du Soleil**★★. Les fondeurs, quant à eux, s'adonnent à leur passion sur 97 km de boucles assez faciles réparties sur cinq sites.

PRINCIPAUX BELVÉDÈRES

★ **Le Pléney** ⊙ – *1 h AR. Accès en télécabine ou téléphérique, puis à pied.* Du terminus de la télécabine, longer le télésiège du Belvédère jusqu'à une petite butte, où est installée une table d'orientation (alt. 1 554 m). **Panorama** sur Avoriaz et les dents Blanches, à l'Est, et sur le massif du Mont-Blanc, au Sud-Est. Au Sud, remarquer la chaîne des Aravis et à l'Ouest la Pointe de Marcelly, le mont Chéry et le Roc d'Enfer. Par temps dégagé, le lac Léman est visible par la trouée de la Dranse.

★ **La Pointe de Nyon** ⊙ – *Accès par le téléphérique de Nyon et le télésiège de la Pointe.* Vue impressionnante sur la barrière rocheuse des dents Blanches et le Mont Blanc, et à l'opposé, sur le Léman et la vallée de Morzine.

★★ **Télésiège de Chamossière** – Alt. 2 000 m. *Accès en hiver aux skieurs. En été, l'ascension se fait à pied.* Magnifique **panorama**★★ de la table d'orientation sur les dents du Midi, les dents Blanches, le Buet, l'Aiguille du Midi, le Mont Blanc et les Aravis.

EXCURSIONS EN AUTOMOBILE

★★ **Circuit par le lac de Montriond, Avoriaz et Super-Morzine** – *20 km – environ 2 h. Quitter Morzine par la route de Montriond (rive droite de la Dranse), au Nord-Ouest. Aussitôt après l'église de Montriond, tourner à droite vers le lac.*

★ **Lac de Montriond** – Alt. 1 049 m. Sa nappe s'encaisse entre des escarpements plongeant dans les sapins. Le site est très ombragé et des sentiers aménagés permettent de le parcourir.

Cascade d'Ardent – *S'arrêter au belvédère aménagé sur le côté droit de la D 228.* C'est cette cascade – superbe au moment de la fonte des neiges – que l'on voit s'abattre en contrebas, d'une hauteur de 30 m.
La route attaque ensuite un gradin que la Dranse raye d'une série de chutes presque ininterrompues. Au cours des lacets, le roc d'Enfer est bien visible, en aval.
Une fois traversée l'agglomération de chalets des Lindarets, la route quitte le fond du « plan » de la Lécherette pour s'élever sur le versant boisé de la Joux Verte, tandis que, au Nord, surgit le mont de Grange.

La crête est franchie au **col de la Joux Verte** d'où part, à gauche, la route qui conduit à la station d'Avoriaz.

✳✳ Avoriaz *(et fin de parcours jusqu'à Morzine)* – *Décrit à Avoriaz.*

★★ **De Morzine à Samoëns par le col de Joux-Plane** – *20 km – environ 1 h – schéma p. 156.*
Praticable en été, la route (D 354), étroite, s'élève de façon vite vertigineuse au-dessus de la vallée et de Morzine, laissant à droite le Pléney puis, à gauche, la pointe de Nyon, et serpente sur les alpages avec de jolis passages en sous-bois. Pour contourner, à droite, la masse du Ranfolly et passer le col de ce nom (alt. 1 650 m), limite des pistes de ski de la station des Gets, la route décrit une étonnante boucle de 4 km, à angles droits. Au revers de cette boucle, on atteint le plateau de Joux-Plane.

★★ **Col de Joux-Plane** – Alt. 1 712 m. La route passe entre une petite retenue d'eau, à gauche, et un restaurant à droite. Des abords du restaurant se révèle un admirable **panorama** au Sud-Est sur le Mont Blanc, au Sud jusqu'au massif de Platé (on aperçoit Flaine).
Laissant à gauche le chemin *(en cul-de-sac)* du col de Joux-Plane que domine la Pointe de Nant Golon, la route, désormais en descente rapide, procure, au sortir du virage d'où se détache la route de Plampraz, des **vues**★ plongeantes sur la combe Eméru à gauche et sur la vallée du Giffre à droite.

✳✳ Samoëns – *Voir ce nom.*

« Ces montagnes, qui paraissent si horribles, sont accessibles partout, et toutes percées de cols et traversées de petits chemins tournoyants, de un, deux à trois pieds de large, par où les gens de pied, les mulets et les chevaux menés par la bride, trouvent moyen de passer et dans la saison on trouve à vivre partout ; elles sont toutes habitées et les habitants si laborieux, que de tous les lieux capables de quelque culture ou arrosement, ils n'en négligent pour petits qu'ils puissent être... »

Vauban

MOÛTIERS

4 295 habitants (les Moutiérains)
Cartes Michelin nᵒˢ 89 pli 6 ou 244 pli 31 – Schéma p. 270

Au fond du bassin très encaissé où confluent l'Isère et les Dorons réunis, Moûtiers fut autrefois la capitale de la Tarentaise et une métropole ecclésiastique dont les prélats, puissants seigneurs féodaux, portaient le titre de princes du Saint-Empire.

CURIOSITÉS

Cathédrale St-Pierre – C'est le monument typique de Moûtiers, ancienne cité épiscopale. L'édifice se présente, dans l'ensemble, comme une œuvre du 15ᵉ s. (porche). À l'intérieur, remarquer le siège épiscopal, travail de boiserie de la même époque ; dans la nef à gauche, une Vierge romane à rapprocher de la statuaire bourguignonne du 13ᵉ s., et, dans le croisillon gauche, une grande *Mise au tombeau* (16ᵉ s.), très expressive.

Espace baroque Tarentaise ⊙ – Aménagé au rez-de-chaussée de l'ancien archevêché, il évoque l'art baroque de la vallée de la Tarentaise dans ses fondements historiques et religieux. Un montage audiovisuel accompagne l'exposition d'objets d'art provenant des chapelles de la vallée.

Musée de l'Académie de la Val d'Isère ⊙ – Installé dans le bâtiment de l'ancien archevêché, ce petit musée présente, dans une salle du 1ᵉʳ étage, des collections illustrant l'histoire de la Tarentaise depuis la préhistoire (bijoux de l'âge du bronze, poteries romaines, livres et documents médiévaux).
À proximité, le salon épiscopal, du 17ᵉ s. (peintures sur bois illustrant la parabole du bon samaritain), et la chapelle (18ᵉ s.).

Moûtiers – Cathédrale St-Pierre, détail de la *Mise au tombeau*

G. Biollay/DIAF

Gorges du NAN★

Cartes Michelin nᵒˢ 77 Ouest du pli 4 ou 244 Sud du pli 27 – à l'Est de St-Marcellin

La coupure qui livre passage au Nan, torrent descendu des contreforts Ouest du Vercors, est suivie de très haut par une petite route hardiment tracée qui offre à l'automobiliste roulant le long de la rive gauche de l'Isère (N 532) la possibilité de rendre son itinéraire plus spectaculaire.

DE COGNIN-LÈS-GORGES À MALLEVAL *9 km – environ 1/2 h*

La D 22 s'élève en lacet pour prendre bientôt en écharpe l'escarpement qui surplombe la sortie de la vallée du Nan. Faire halte entre le deuxième et le troisième tunnel, passage le plus saisissant du parcours à 200 m au-dessus du vide. Un second « étroit », moins vertigineux, donne accès au vallon supérieur, très frais et verdoyant. Grimpant à travers les prairies, la route offre, jusqu'à Malleval, de bonnes vues sur les murailles qu'elle vient de traverser. Le village incendié en 1944 (monument) a été reconstruit.

Depuis 1983, une route prolonge la D 22, permettant de gagner la forêt des Coulmes et le plateau du Vercors *(en été seulement).*

La NORMA✳

Cartes Michelin nᵒˢ 77 pli 8 ou 244 pli 32 – Schéma p. 190

Cette coquette petite station intégrée, fondée en 1971, est située à 1 350 m d'altitude, à 6 km de Modane sur un plateau surplombant la vallée de la Haute-Maurienne, au milieu des mélèzes et des bouleaux.

Les réserves naturelles dans les Alpes du Nord

Dispersées à la périphérie des parcs naturels ou isolées dans des régions en plein essor touristique, elles constituent un lieu privilégié d'observation *in situ* des biotopes alpins. Elles sont décrites dans l'Introduction de ce guide.

Parmi les plus remarquables :

- la Réserve naturelle des Aiguilles-Rouges, dans la vallée d'Argentière ;
- la Réserve naturelle de Sixt-Passy ;
- la Réserve naturelle du Luitel, dans la vallée de la Séchilienne ;
- la Réserve naturelle de la Grande Sassière ;
- la Réserve naturelle de Tuéda, en amont de Méribel ;
- la Réserve naturelle des hauts-plateaux du Vercors (la plus grande).

LA STATION

Le domaine skiable – La station a développé sur 700 ha un agréable espace dominé par la pointe de la Norma et faisant face aux superbes paysages de la Vanoise. L'orientation Nord-Nord-Ouest garantit une bonne qualité de neige et 17 remontées mécaniques desservent 60 km de pistes de tous niveaux entre 1 350 et 2 750 m. Les bons skieurs trouveront des pentes raides sur le haut du domaine, le long du téléski Norma 2 et du télésiège du Clot. Ces deux équipements permettent en outre de bénéficier de panoramas exceptionnels sur les massifs du Thabor et surtout de la Vanoise (domaine d'Aussois, Grande Casse, Grande Motte, Grande Sassière, Méan Martin…).

RANDONNÉES PÉDESTRES

★ **Promenade au Mélezet et à La Repose** – Alt. 1 990 m. *Accès par la télécabine du Mélezet* ⊙.

Belle vue, face à soi, sur le massif enneigé de Péclet-Polset et le col de Chavière (Val Thorens et les Trois-Vallées se situent juste derrière). Plus à droite se dressent l'aiguille de Doran, le Râteau d'Aussois et la dent Parrachée.

Redescendre sur la station en empruntant un agréable chemin passant par La Repose et la chapelle Ste-Anne. En hiver, les piétons pourront effectuer cette promenade, à condition de prendre garde au passage des skieurs.

★ **Via ferrata du Diable**

Dans le cadre majestueux du pont du Diable, encadré par les forts Victor-Emmanuel et Marie-Thérèse, ce parcours d'initiation à l'escalade se compose de trois tronçons indépendants de difficulté graduée. La durée des itinéraires varie de 3 h à 6 h et le sens de circulation doit être impérativement respecté. Les novices seront avisés de débuter cet itinéraire par le tronçon reliant le fort Marie-Thérèse au pont du Diable. La « Maison de la Norma » fournit toutes précisions complémentaires sur les accès. *(Pour l'équipement et les précautions préalables, se reporter à la partie Renseignements pratiques à la fin de ce guide.)*

L'OISANS★★★

Cartes Michelin nᵒˢ 77 plis 6, 7, 16 et 17 ou 244 plis 29, 40 et 41

Le haut massif des Écrins, délimité par les vallées de la Romanche, de la Durance et du Drac, compose la majeure partie de l'Oisans. Il était autrefois appelé massif du Pelvoux.

Cet ensemble montagneux, avec ses 10 km² de glaciers, ses sommets approchant ou dépassant les 4 000 m, vient immédiatement après le massif du Mont-Blanc comme théâtre d'opérations favori des alpinistes. On peut faire connaissance avec ses paysages les plus grandioses en suivant les vallées de la Romanche et du Vénéon, qui forment précisément la région naturelle de l'Oisans et font partie du **Parc national des Écrins**.

Le reste de l'Oisans présente trois sortes de paysages : les **hautes vallées de la Romanche et du Vénéon** *(voir ci-dessous)*, profondément creusées en « auge » par les anciens glaciers, convergent sur le **bassin du Bourg-d'Oisans**, plaine intérieure emmurée de tous côtés. Le **couloir industriel de la Romanche**, très encaissé lui aussi, est encore assombri par la fumée des usines.

L'économie rurale reste sensiblement marquée par l'isolement du pays, obligé longtemps de vivre sur ses propres ressources. Ainsi, contrairement à l'évolution générale vers l'élevage des activités montagnardes dans les Alpes, le paysan de l'Oisans est encore un producteur de blé, de seigle, de pommes de terre : la pomme de terre de montagne est traditionnellement appréciée dans le bas pays, pour la qualité de sa semence.

Le massif des Écrins – Ses sommets s'ordonnent en un immense fer à cheval, autour de la vallée du Vénéon.

La **Barre des Écrins** constitue le point culminant du massif (alt. 4 102 m). Sa solitude glacée est si bien défendue que c'est seulement à la faveur de rares et rapides échappées que l'automobiliste a la possibilité d'en apercevoir la cime. De même, de la cime, conquise en 1864 par le célèbre alpiniste anglais **Edward Whymper**, le regard ne peut atteindre presque aucun fond de vallée.

Le **Pelvoux** dut longtemps à sa situation imposante de bastion avancé au-dessus de la Vallouise d'être considéré comme le point culminant des Alpes françaises – le Mont Blanc n'ayant fait partie du territoire national qu'après l'annexion de la Savoie. En 1828, le capitaine Durand atteint le sommet, à 3 932 m d'altitude (signal du Pelvoux ou pointe Durand) et reconnaît alors la prééminence des Écrins. En 1849, à son tour, l'astronome Victor Puiseux atteint la pointe qui porte son nom (alt. 3 946 m).

La glorieuse **Meije** comporte trois sommets : la Meije Orientale (alt. 3 890 m), la Meije Centrale ou Doigt de Dieu (alt. 3 974 m), enfin la Meije Occidentale ou Grand Pic de la Meije (alt. 3 983 m), dont la dent aiguë, très frappante, vue de la Grave, domine la profonde brèche de la Meije (alt. 3 358 m), par laquelle les alpinistes peuvent joindre la Bérarde.

Après dix-sept tentatives infructueuses, le sommet du Grand Pic fut vaincu, le 16 août 1877, par M. Boileau de Castelnau, accompagné des guides **Gaspard** père et fils, au départ de St-Christophe-en-Oisans.

★★★ ① ROUTE DE LA BÉRARDE ET VALLÉE DU VÉNÉON
Au départ du Bourg-d'Oisans : 31 km (environ 1 h 1/2)

Pour reprendre l'expression du grand géographe Raoul Blanchard, la vallée du Vénéon, que suit la route de la Bérarde, est, avant tout, le « temple de la rudesse ». En raison toutefois de l'encaissement de la vallée, qui dépasse constamment 1 500 m, les hauts sommets ne sont visibles de la route qu'à la faveur de rapides échappées.

Aussi est-il recommandé d'effectuer une ou plusieurs des excursions pédestres proposées sur l'itinéraire. Certaines s'adressent toutefois à des marcheurs expérimentés.

Dans l'ensemble, la route de la Bérarde s'accroche à un raide versant d'« auge » glaciaire. Elle rachète par de rudes rampes les ruptures de pente qui marquent le passage des anciens « verrous » *(voir p. 16)*. Ainsi se succèdent les accidents suivants : auge aval (prolongement du bassin du Bourg-d'Oisans), verrou du clapier de St-Christophe, cuvette du plan du Lac, verrou de St-Christophe, verrou de Pré-Clot, verrou de Champhorent (tunnel), enfin auge amont de la Bérarde qui se prolonge jusqu'au plan du Carrelet.

La section terminale de la route (D 530), entre Champhorent et la Bérarde, est fermée de novembre à mai.

Le Bourg-d'Oisans – *Voir ce nom.*

Quitter le Bourg-d'Oisans par la N 91, route de Briançon, à l'Est.

La route de la Bérarde, la D 530, se détachant de la N 91, au Clapier, s'engage dans l'auge aval du Vénéon dont les amples proportions contrastent avec l'étroite gorge de l'Infernet d'où s'échappe la Romanche : à l'époque glaciaire, le glacier du Vénéon était beaucoup mieux « nourri » que celui de la Romanche. À droite s'élève la centrale de Pont-Escoffier qu'alimente le barrage du plan du Lac. En avant apparaît la Tête de la Muraillette (alt. 3 020 m), à droite de laquelle se creuse le vallon du lac de Lauvitel.

Lac de Lauvitel

** **Lac de Lauvitel** – *2,5 km à partir de la D 530, puis 3 h à pied AR. Au pont des Ougiers prendre la route de la Danchère et laisser la voiture dans les parkings aménagés au bord de la route.* Après avoir traversé le hameau de la Danchère, on parvient à une fourche. Prendre le chemin à gauche, par les Selles. Aménagé en sentier de découverte, il est jalonné de bornes explicatives sur la géologie, la faune et la flore, renseignements développés dans un ouvrage en vente dans les centres d'information du Parc national des Écrins.

Le sentier suit la colossale digue naturelle, formée par des éboulements, qui retient le lac de Lauvitel. Torrents et cascades y ruissellent.

Le lac apparaît enfin, inscrit dans un site sauvage. Il atteint à certains endroits 60 m de profondeur.

Pour redescendre vers la Danchère, emprunter le sentier de la Rousse.

Venosc – *De la D 530, prendre la route à gauche qui mène au parking aménagé, puis remonter à pied vers le village.* La rue pavée qui aboutit à l'église permet d'apprécier la reconversion, dans l'artisanat local, de ce village de montagne.

L'église, que domine un clocher à bulbe, abrite un beau retable de l'école italienne du 17e s.

Les ardoisiers de Venosc

Au début du 19e s., l'exploitation des gisements de schiste de la vallée du Vénéon constituait une des principales richesses de l'Oisans. La pénibilité des tâches réservait le débitage des dalles à un personnel local expérimenté. À compter de 1918, cette activité prit un caractère plus industriel avec le forage de galeries ; l'ardoise de Venosc était utilisée pour la reconstruction des habitations du Nord de la France détruites au cours de la Première Guerre mondiale. Cette production se poursuivra jusqu'à la Seconde Guerre mondiale. De nos jours, le site minier a été entièrement reboisé.

Le Bourg-d'Arud – Village niché dans un charmant bassin verdoyant.

La route attaque le premier verrou : c'est la montée la plus dure du parcours. Elle pénètre dans le chaos de blocs écroulés du « Clapier de St-Christophe ». À la sortie du Clapier se dévoile la Tête des Fétoules (alt. 3 459 m) avec son glacier. La route passe ensuite par la cuvette du plan du Lac, au fond de laquelle divague le Vénéon.

À droite tombe la cascade de **Lanchâtra**. Un pont jeté sur le torrent du Diable, qui s'écrase, à gauche, en cascade, marque l'arrivée à St-Christophe.

★ **St-Christophe-en-Oisans** – Pour un territoire de 24 000 ha, cette commune, l'une des plus vastes de France, formée par 15 hameaux, ne compte en hiver qu'une trentaine d'habitants (8 au chef-lieu) dont plusieurs sont guides de haute montagne, de père en fils, formant des lignées glorieuses comme celles des Gaspard – dont le nom reste attaché à la « première » de la Meije – et des Turc.

Son **église** entourée du cimetière se détache sur la Barre des Écrins. Dans le cimetière, très émouvant, les tombes de jeunes alpinistes morts dans le massif des Écrins au cours d'une escalade voisinent avec celles des guides du pays, les Turc et les Gaspard.

Près du Clot d'en Haut, le cirque glaciaire ferme le vallon de la Mariande.

★★ **De Champhorent au refuge de la Lavey** (Alt. 1 797 m) – *3 h 1/2 AR de marche facile – Dénivellation : 380 m.*

Laisser la voiture à l'entrée de Champhorent sur le parking aménagé en contrebas de la D 530, avant le panneau indicateur du Parc national des Écrins.

Le sentier se détache au bout du parking et descend rapidement vers le vallon du Vénéon. Près d'un bouquet d'arbres, une halte permet une première vue sur la **cascade de la Lavey** en face et, en contrebas, le pont de pierre en dos-d'âne au confluent du Vénéon et de la Lavey. Après avoir franchi celui-ci et laissé sur la droite la passerelle de bois menant à St-Christophe, le sentier monte en lacet jusqu'à deux chalets puis s'engage dans la vallée de la Lavey au profil glaciaire accentué.

Un petit oratoire s'élève au bord du chemin ; belle vue en arrière, sur le hameau de Champhorent et la route vers la Bérarde. Des bornes d'entrée du Parc national des Écrins, la vue se dégage vers le **glacier du Fond**, à gauche, et les **glaciers des Sellettes**, à droite. Après la traversée de cônes d'éboulis, la végétation, clairsemée, est représentée principalement par les ancolies des Alpes et les panicauts. Un pittoresque pont de pierre permet d'accéder à la rive gauche de la Muande *(refermer le portail derrière soi pour éviter la divagation des troupeaux en estive)* et d'apprécier les cascades dévalant le versant opposé.

La végétation n'est plus constituée que de rares pelouses, et une dernière hauteur permet de découvrir la cuvette glaciaire de la Lavey avec son chalet-refuge.

L'ubac, versant opposé au refuge, abrite souvent des colonies de marmottes, identifiables surtout à leur cri d'alerte. Au Sud-Ouest, le front des **glaciers d'Entre-Pierroux** et **du Lac** constitue un impressionnant à-pic au-dessus du plateau où se trouve le refuge. L'horizon est barré au Sud par l'ensemble des cimes de l'**Olan** qui culminent à 3 564 m.

Le guetteur des alpages

Identifiable au cri strident qui annonce tout intrus pénétrant sur son territoire (un seul cri signale aux congénères la présence d'un aigle royal ou d'un oiseau prédateur, une série de cris ininterrompus prévient de l'arrivée d'un prédateur terrestre, tels le renard ou le chien), la marmotte vit au-dessus de 1 000 m d'altitude. Sa vie familiale est régie selon des règles précises. L'unité sociale est la colonie, composée de plusieurs familles logeant dans des terriers communiquant entre eux. Les galeries, dont la longueur atteint 10 m, sont reconnues par les marmottes grâce à leurs longues moustaches, les vibrisses. Pendant les six mois d'hibernation, la température de l'animal s'abaisse à 4 °C et il perd environ la moitié de son poids. Cette vie au ralenti n'est interrompue que par de brefs réveils pour éliminer les déchets organiques. À l'issue de la saison des amours, de mi-avril à mi-mai, trois à quatre marmottons verront le jour dans chaque couple.

L'espèce est protégée dans toutes les réserves et parcs naturels des Alpes où son comportement avec le randonneur est parfois relativement familier (dans le parc de la Vanoise notamment). Malgré la densité du peuplement, de nombreux transferts ont dû être effectués depuis 1940, d'un massif alpin à un autre, afin de rééquilibrer les populations. Les parcs nationaux des Écrins et de la Vanoise abritent une importante population de marmottes.

Le retour à Champhorent se fait par le même itinéraire.

Après Champhorent, la vue prend d'enfilade le vallon de la Lavey – ce torrent rejoint le Vénéon par une jolie chute – au fond duquel apparaît le cirque glaciaire des Sellettes dominé, de gauche à droite, par la cime du Vallon, le Pic d'Olan (alt. 3 564 m) et l'aiguille d'Olan, la plus proche. Un petit tunnel donne accès à une gorge désolée. La végétation reprend dans la combe des Étages. En avant, au dernier plan, pointe le dôme de Neige des Écrins (alt. 4 012 m), masquant le point culminant des Écrins (alt. 4 102 m).

La Bérarde - Dépendant de la commune de St-Christophe, cet ancien hameau de « bérards » (bergers de moutons), bâti au confluent du Vénéon et du torrent des Étançons, est devenu le camp de base idéal pour les ascensions les plus recherchées du massif. Il y règne en été une grande animation.

★★ RANDONNÉES AU DÉPART DE LA BÉRARDE

Nous proposons ci-dessous deux excursions destinées à des marcheurs moyennement entraînés et équipés au moins de chaussures antidérapantes.

★★ La Tête de la Maye (alt. 2 517 m)

Direction Nord. 4 h AR (2 h 1/2 pour l'aller). Pour marcheur entraîné aux randonnées en terrain escarpé et non sujet au vertige. Dénivellation : 800 m.

Départ du sentier avant le pont des Étançons, à l'entrée de la Bérarde. Le chemin serpente parmi les champs clôturés de murets de pierre, puis longe des alignements de pins-crochets, plantés pour retenir les avalanches. À la bifurcation avec le sentier conduisant au refuge du Châtelleret, prendre le sentier qui s'élève à gauche.

Quelques passages difficiles ont été aménagés avec des marches métalliques et un câble de sécurité ; l'itinéraire nécessite cependant de la prudence.

Un premier replat permet, en s'approchant du bord, d'avoir une belle vue à l'aplomb de la Bérarde et sur la vallée du Vénéon.

De la table d'orientation érigée au sommet, **panorama**★★ sur le massif des Écrins et les cimes ceinturant la vallée du Vénéon : de gauche à droite se détachent notamment le **Grand Pic de la Meije** (alt. 3 983 m) et le glacier des **Étançons**, le **dôme des Écrins** (alt. 4 000 m) et le glacier de **Bonnepierre**.

Le retour peut se faire par la rive gauche du torrent des Étançons. À la bifurcation avec le sentier d'accès au refuge du Châtelleret, prendre à gauche jusqu'à un pont ; en appuyant à droite, on arrive à une passerelle. Le sentier descend vers la Bérarde ; belle vue à droite sur la Tête de la Maye.

★★ Refuge du plan du Carrelet (alt. 2 000 m – retour par le Chardon)

Direction Sud. 2 h AR de marche facile. Dénivellation : 300 m.

Après la maison du parc, prendre le sentier qui longe la rive droite du torrent du Vénéon.

Aux panneaux indicateurs du parc, on jouit, en se retournant, d'une belle vue sur la **Meije** et la **Tête de la Maye** qui domine la Bérarde. Le chemin longe le torrent ; éboulis et torrents se jettant dans le Vénéon alternent jusqu'au plan du Carrelet, où le profil en « auge » de la vallée s'élargit au vaste confluent du Vénéon et du Chardon. Du refuge du Carrelet, bel aperçu sur les glaciers du Chardon et de la Pilatte qui barrent l'horizon au Sud.

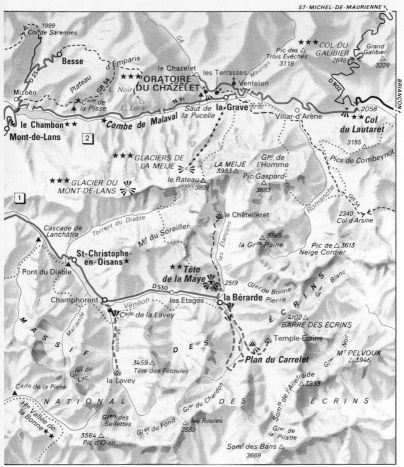

En quittant le refuge, revenir sur ses pas pour emprunter la première passerelle à gauche au-dessus du torrent. Le sentier s'enfonce dans la vallée vers le glacier du Chardon. On franchit ensuite successivement deux passerelles avant de revenir vers la Bérarde, par la rive gauche du Vénéon, le long du versant du Chardon. Le sentier offre alors sur la Meije et la **Tête de la Maye** une vue plus dégagée que de la rive opposée. Le parcours se termine après avoir franchi la passerelle située à l'extrémité du parking estival aménagé à la Bérarde, dans le lit du Vénéon.

★★★ ② VALLÉE DE LA ROMANCHE

Du Bourg-d'Oisans au col du Lautaret *57 km – environ 2 h*

On peut, en associant ce parcours à ceux de la route du col de la Croix de Fer (p. 143) et du Galibier (p. 158), boucler l'inoubliable « circuit des grands cols ».
Le col du Lautaret est maintenu praticable l'hiver, mais peut rester fermé quelques heures en cas de chutes de neige importantes ou de visibilité nulle ; surveiller les panneaux de télésignalisation du Bourg-d'Oisans, du Péage-de-Vizille et de Champagnier, ou téléphoner au répondeur automatique du Lautaret ○. La route de Briançon, quittant le bassin du Bourg-d'Oisans, s'engage dans des gorges sauvages pour rattraper le fond de l'ancienne vallée glaciaire de la Romanche. À partir de La Grave, cette vallée s'épanouit et la vue est captivée par les pics et les glaciers de la Meije.

Le Bourg-d'Oisans – *Voir ce nom.*

Quitter le Bourg-d'Oisans par la N 91.

Du Bourg-d'Oisans au Clapier, la N 91 file sur le fond plat du bassin du Bourg-d'Oisans ; elle laisse au Nord la route de l'Alpe-d'Huez et au Sud la vallée du Vénéon dont les dimensions imposantes attestent l'ancienne importance du glacier du Vénéon : le glacier de la Romanche n'était qu'un de ses affluents.

Rampe des Commères – Ce passage était particulièrement redouté dans le sens de la montée, au temps des diligences ; tout le monde mettait alors pied à terre, et les langues allaient leur train parmi les commères, justifiant le nom donné à la côte.

★ **Gorges de l'Infernet** – À hauteur d'un oratoire en ruine, dans un virage serré, un grand promontoire forme **belvédère**★ sur ces gorges sauvages.
La traversée du petit bassin du Freney est pleine d'agrément après ce passage.

Du barrage de Chambon, prendre la route des Deux-Alpes.

Mont-de-Lans – Ce vieux village de montagne, bien situé sur une croupe, possède encore des maisons anciennes : quelques portes ont gardé leurs antiques verrous.

Musée des Arts et Traditions populaires ⊘ – La découverte de la vie quotidienne au siècle dernier dans l'Oisans est agréablement accompagnée par le récit et les chants de vieilles dames qui se remémorent pour le visiteur les grands moments de leur vie et de celle de la vallée, comme la construction du barrage du Chambon. Une exposition permanente sur les colporteurs de l'Oisans illustre cette activité autrefois essentielle à la région.

Monter à l'église et suivre une crête étroite jusqu'au dernier ressaut précédant un pylône de transport de force.
De là, **vue**★ sur la retenue du Chambon, Mizoën, les gorges de l'Infernet.

Après avoir franchi le village du Freney puis deux tunnels, la route passe sur la crête du barrage du Chambon.

Reconnaître les rapaces en vol

- L'**aigle** présente des ailes sombres aux extrémités carrées ; il plane très haut, on le reconnaît toutefois à sa taille.
- L'**épervier** est petit, gris, les ailes arrondies et la queue plutôt longue. Son vol est réputé le plus rapide.
- La **buse** et le milan ont la même taille ; la première se reconnaît à son ventre gris et à son cri proche du miaulement ; le **milan**, entièrement noir, possède une queue échancrée.
- Le **gypaète barbu**, de grande envergure, se positionne à la verticale des pierriers et enrochements verticaux, à la recherche de cadavres d'ovins. Les Alpes en abritent quelques couples.
- Le **vautour fauve** est actuellement en cours de réintroduction par le Parc régional du Vercors.
- Dans le Sud des massifs alpins (Vercors, Trièves), le **circaète ou jean-le-blanc** se distingue à sa couleur blanchâtre et à son vol très lent. Cet oiseau migrateur protégé fait une grande consommation de vipères.

★★ **Barrage du Chambon** – Construit dans un étranglement de la vallée de la Romanche, il régularise le régime du torrent : les excédents emmagasinés pendant l'été et l'automne sont « turbinés » pendant la période des maigres d'hiver.
Du type « barrage-poids » *(voir p. 28)* et de section triangulaire, il a une longueur de 294 m à la crête, une épaisseur de 70 m à la base, une hauteur de 90 m environ (137 m avec les fondations).
Le lac formé par ce barrage a une superficie de 125 ha et constitue une réserve de 54 millions de m³. Il a englouti les hameaux de Chambon, du Dauphin et du Parizet.

Revenir au lac du Chambon et prendre la D 25 sur le versant opposé.

La route offre d'abord une vue générale sur le lac et le barrage du Chambon. Au-delà de Mizoën, elle remonte, en corniche élevée, le profond ravin du Ferrand et révèle des vues proches sur les Grandes Rousses.

Besse – C'est un haut **village de montagne** (alt. 1 550 m) très caractéristique. Ses ruelles étroites, tortueuses et accidentées sont bordées de maisons aux balcons de bois et aux lourdes toitures couvertes autrefois de « lauzes ».

Revenir au barrage du Chambon et poursuivre sur la N 91.

★ **Combe de Malaval** – Ce long défilé voit son âpreté atténuée, vers l'amont, par les mélèzes du bois des Fréaux. La Romanche bouillonne presque au niveau de la route. Du haut des vallons affluents de la rive droite dévalent les puissantes **cascades de la Pisse**★ et du **Saut de la Pucelle**.

Par les entailles des ravins de la rive gauche apparaissent, par échappées, les languettes inférieures des glaciers du Mont-de-Lans et de la Girose, le plus vaste ensemble glaciaire « de plateau » des Alpes occidentales.
Ensuite, la Meije et ses glaciers font leur apparition au-dessus de La Grave.

✷✷ **La Grave et excursion** - *Voir ce nom.*

En amont de Villar-d'Arène, la route quitte la vallée de la Romanche qui oblique vers le Sud-Est dans le val d'Arsine, au fond duquel apparaissent le pic des Agneaux (alt. 3 663 m) et le pic de Neige Cordier (alt. 3 613 m), dominant le cirque du glacier d'Arsine.

Du côté du massif de la Meije, l'attention est maintenant retenue par le cirque glaciaire de l'Homme. Un lacet permet de découvrir, en aval, le massif des Grandes Rousses, derrière les croupes herbeuses du plateau d'Emparis.

Aux approches du col du Lautaret, les crêtes déchiquetées du massif de Combeynot apparaissent au premier plan.

La N 91 atteint le col du Lautaret.

✦✦ **Col du Lautaret** - *Voir p. 187.*

Lac de PALADRU★

Cartes Michelin nᵒˢ 88 pli 22 ou 246 pli 3

Le lac de Paladru (390 ha) occupe une dépression d'origine glaciaire parmi les collines verdoyantes du Bas-Dauphiné. Principalement alimenté par les précipitations, il possède, à son extrémité Sud, un émissaire, la Fure, qui va se jeter dans l'Isère. Ses eaux couleur d'émeraude forment une jolie nappe étirée sur 6 km, qui, pendant la belle saison, attire de nombreux Lyonnais et Grenoblois, amateurs de sports nautiques et de randonnées. Les pêcheurs s'y exercent avec satisfaction : omble chevalier, lavaret et écrevisses.

Les fermes des coteaux dominant le lac et la vallée supérieure de la Bourbre intéresseront les curieux d'habitat traditionnel. Elles sont remarquables par leur vaste toiture débordante, encapuchonnant parfois la grange presque jusqu'au sol. Les murs sont en pisé parfois associé aux galets.

C'est dans le cadre agreste de la vallée voisine de la Bourbre, au château de Pupetières, que **Lamartine** composa, en 1819, son célèbre poème : *Le Vallon*, publié l'année suivante avec ses *Premières Méditations*.

LA CIVILISATION DU BOIS

Dans sa partie méridionale, le lac de Paladru recèle deux sites archéologiques immergés d'un grand intérêt. Loin de conforter l'existence de cités palafittes (bâties sur pilotis), la découverte de nombreux pieux et madriers émergeant par basses eaux a permis d'affirmer que ceux-ci constituaient l'ossature de maisons construites sur des hauts-fonds de craie lacustre, qui furent, à plusieurs reprises, affectés par des variations du niveau du lac. La variété et l'abondance des vestiges mis au jour, ainsi que l'analyse des pollens contenus dans les sédiments ont contribué à définir la nature du manteau forestier environnant et les activités quotidiennes des habitants, largement orientées vers l'exploitation du bois. Cette matière première, très abondante dans la région, a été utilisée à des fins multiples, dont l'habitat et le façonnage des objets domestiques.

La station des « Baigneurs » - Ce village néolithique d'agriculteurs a connu autour de l'an 2700 av. J.-C. deux phases d'occupation successives se rattachant à la civilisation Saône-Rhône. Grâce à la présence de manches de haches et de cuillères en bois, de silex taillés, de fusaïoles ainsi que de débris calcinés, on a pu mettre en évidence, outre la production artisanale, la pratique, après déforestation, de l'écobuage - fertilisation des sols par brûlage des arbres abattus - précédant la mise en culture (blé, pavot, lin).

Le site de Colletière - Actuellement noyé sous 6 m d'eau, il révèle un habitat fortifié établi à la fin du 10ᵉ s. à la suite d'une baisse sensible du niveau du lac correspondant à une embellie climatique. Les habitants ont vécu là jusqu'au début de l'an mil, lorsqu'une montée brusque des eaux les a obligés à quitter précipitamment les lieux en abandonnant leurs biens. L'intérêt archéologique exceptionnel de Colletière réside dans l'absence, depuis son immersion, de pillage ou de dégradation.

Les habitants étaient à la fois cultivateurs, éleveurs et pêcheurs. La bonne préservation des habitats a permis la reconstitution très élaborée du site, avec une maquette représentant les trois bâtiments identifiés. Au centre, la principale demeure comporte un toit à quatre pans en chaume et aux murs de clayonnage. Les deux autres demeures, plus petites, présentaient la même configuration. L'ensemble était protégé par une palissade de 4 à 5 m de haut. Les archéologues estiment probable une population d'une centaine d'individus. Le milieu lacustre a parfaitement protégé de nombreux objets usuels fragiles qui habituellement nous parviennent rarement : chaussures en cuir intactes, textiles, instruments rares de musique en bois (tambourin, hautbois, embout de cornemuse), des jeux (intégralité d'un jeu d'échecs) et même des jouets reproduisant des armes (arbalète). L'étude des restes alimentaires et des débris semble indiquer qu'il y avait une entière polyvalence dans les activités et peu de hiérarchie entre les groupes.

La découverte d'équipements d'équitation, de lances et d'armes lourdes atteste que des cavaliers, aux fonctions militaires régulières, assuraient la défense de la communauté. Les paysans-pêcheurs de Colletière étaient aussi des chevaliers. Cette société préféodale était régie par des règles égalitaires devant le travail et paraissait subvenir largement à ses besoins.

Vers 1040, à l'abandon des habitats littoraux, la colonisation du lac de Paladru se poursuit avec l'apparition sur les collines environnantes des premières « mottes castrales ». Remplacées pour bon nombre d'entre elles par des constructions en pierres au cours du 13e s., elles constituent les noyaux des futurs fiefs des grandes familles dauphinoises : tour de Clermont *(voir ci-dessous)*, les Trois Croix (à Paladru), château de Virieu *(voir le guide Vert Michelin Vallée du Rhône)*, La Louvatière et château de Montclar.

Musée du lac de Paladru ⊘ – Il présente le résultat des fouilles subaquatiques des villages engloutis du néolithique et du Haut Moyen Âge. La présentation des plus belles pièces mises au jour, de superbes maquettes et des audiovisuels font revivre au visiteur la vie quotidienne des habitants à deux époques charnières de l'histoire du lac.

EXCURSIONS

Au départ de Charavines, deux promenades faciles procurent d'agréables vues d'ensemble sur le lac et le relief méridional. Il existe des possibilités de tour pédestre du lac, se renseigner à l'Office du tourisme de Paladru. Des **visites-découvertes du patrimoine** ⊘ du lac sont organisées par la Maison du pays d'art et d'histoire de Paladru.

La tour de Clermont – *45 mn. Au départ de Charavines, suivre le chemin longeant la Fure jusqu'au pont de la D 50, puis prendre à gauche le chemin balisé en jaune qui monte à travers prés. Après la traversée du hameau de la Grangière, un chemin à gauche mène à la tour de Clermont.* Ce fier donjon du 13e s., de forme pentagonale à trois niveaux, est le seul vestige du puissant château de Clermont démantelé au début du 17e s. Le sommet a disparu et la porte a été percée ultérieurement (à l'origine une passerelle était jetée à hauteur du premier étage). C'était la demeure d'une des plus anciennes familles du Dauphiné dont la descendance unie à la Bourgogne allait donner la branche des Clermont-Tonnerre.

La croix des Cochettes – *Cet itinéraire plus pentu que le précédent offre l'avantage d'être bien balisé (45 mn). Depuis le parking de Colletière, prendre le sentier en montée, marqué en orange, en direction de Louisias. À un replat, poursuivre vers l'Est à flanc de coteau pour rejoindre un sentier balisé en bleu qui permet d'atteindre la croix des Cochettes.* Vue panoramique sur le lac.

★ **Tour du lac** – Deux jolies routes – D 50 et D 50D (prolongée par la D 90) – permettent de faire le tour du lac *(15 km)*. Elles relient la station animée de **Charavines**, à la pointe Sud du lac, au village plus paisible de Paladru, à l'autre extrémité. Elles permettent d'admirer en plusieurs points les évolutions des cygnes et des oiseaux habitant les nombreuses roselières.

En direction de Chambéry par l'autoroute A 48 *(itinéraire fléché)*, on admirera la pureté des lignes de la **grange dîmière de la Silve bénite** ⊘ (16e s.) qui abrite en saison des expositions.

PEISEY-NANCROIX✳

521 habitants (les Peiserots)
Cartes Michelin nos 89 pli 6 ou 244 pli 32 – Schéma p. 270

Les villages de Peisey et de Nancroix, qui ne forment, en fait, qu'une seule station, sont « suspendus » au-dessus de la Tarentaise, au débouché de la haute vallée affluente du Ponturin, l'un des plus bruyants torrents savoyards. Ce sont de bons centres de courses – qu'il s'agisse d'alpinisme ou de ski – pour les massifs de Bellecôte et du mont Pourri (alt. 3 779 m).

Peisey et **Nancroix** sont aussi des centres de traditions locales : la « frontière », coiffe portée par les femmes de la Tarentaise, y apparaît les dimanches et jours de fête (surtout le 15 août).

La route d'accès à partir de la N 90 remonte la **vallée du Ponturin**★ toute boisée. Dans la seconde série de lacets, la vue se porte sur le groupe du Roignais (alt. 3 000 m), dont les sommets forment tenaille autour d'un cirque très marqué, puis, à gauche, sur le monolithe de Pierre Menta et la barrière rocheuse régulière de la Grande Parei.

LA STATION

Le domaine skiable – La station, dénommée **Peisey-Vallandry**, est composée de trois villages aux activités sportives bien réparties : Nancroix, avec un domaine nordique réputé où sont tracées quatre boucles de 40 km ; Plan Peisey (alt. 1 600 m), la station alpine au pied de l'Aiguille Grive, et Vallandry, plus récente à l'architecture bien intégrée.

Elle est directement reliée aux Arcs et à La Plagne, ainsi qu'à l'**Espace Killy** et aux **Trois-Vallées** (forfait commun). Plusieurs canons à neige suppléent aux aléas météorologiques.

Peisey – C'est, par excellence, la villégiature-balcon de la vallée de l'Isère. Son église au svelte clocher ravit les photographes amateurs qui « prennent », en même temps, le massif de Bellecôte ou le Roignais.

Nancroix – L'arrivée sur ce village, dans la haute vallée du Ponturin, fait découvrir d'abord la pyramide aiguë de l'Aliet, pointant au-dessus des derniers contreforts de Bellecôte.

Dépassant Nancroix, le chemin s'abaisse vers un charmant fond de prairies coupé de mélèzes. 100 m après le pont se détache, à droite, l'allée conduisant au « Palais » des mines, siège de l'École des mines sous le Premier Empire (Peisey devait autrefois sa fortune à ses mines de plomb argentifère).

Après les Lanches, la route se termine au chalet-refuge de **Rosuel**, l'une des portes du Parc national de la Vanoise, à l'entrée du sauvage **cirque de la Gura★**, strié de cascades, se creusant au pied du mont Pourri dont le sommet neigeux apparaît de justesse, à gauche.

★★LAC DE PLAGNE

Départ de Rosuel. Montée : 2 h 1/2 (dénivellation de 650 m) par le sentier GR 5, que l'on quitte à mi-parcours, lorsqu'il traverse le Ponturin, pour rester sur la rive gauche du torrent. Descente au lac en 1 h 3/4 par la rive droite du Ponturin. On parvient dans un site de fond de vallée.

Du lac, on peut rejoindre directement le GR 5 pour monter au col du Palet (environ 4 h AR environ).

Route du PETIT-ST-BERNARD★★

Cartes Michelin n°s 89 pli 5 ou 244 pli 21

Le col du Petit-St-Bernard (alt. 2 188 m), autrefois grand passage international d'intérêt commercial autant que militaire – on a évalué à plus de 2 millions le nombre des soldats qui, au cours des siècles, l'ont franchi –, vaut surtout aujourd'hui par sa situation touristique entre la Tarentaise et le Val d'Aoste, sur le circuit du « Tour du Mont Blanc ». La route qui y mène du côté français, admirablement tracée au-dessus de la vallée de l'Isère, vaut d'être parcourue, même si l'on ne doit pas passer la frontière : à son point culminant se révélera le versant italien du Mont Blanc.

DE BOURG-ST-MAURICE AU COL

31 km - environ 1 h 1/4 - schéma p. 270.

La route, construite sous le Second Empire, offre une incomparable douceur de profil. La rampe, presque régulière, de 5 %, fait passer de l'altitude 904 (Séez) à 2 188 m.

Le col est généralement obstrué par la neige de fin octobre à fin mai.

Bourg-St-Maurice – *Voir ce nom.*

Quitter Bourg-St-Maurice par la N 90 (vers l'Italie et Val-d'Isère).

Séez – Ce bourg tire son nom de la sixième borne milliaire de la voie romaine reliant Milan à Lyon et depuis le début du 19e s., sa réputation des filatures du célèbre « drap de Bonneval » tissé selon les techniques rapportées du Piémont. Particulièrement résistant aux intempéries, ce drap de laine était fort prisé des guides de montagne. Après une période de récession, cette activité artisanale a récemment repris.

Église St-Pierre – Cet édifice baroque du 17e s. abrite un superbe retable, œuvre de Fodéré, artiste de Bessans. Remarquer le beau gisant en tenue de combat, du 15e s., à gauche de la porte d'entrée.

La route du Petit-St-Bernard, se détachant de la Route des Alpes à la sortie de Séez, s'élève en longs lacets réguliers au-dessus du couloir de la Haute-Tarentaise, dominé bientôt, à droite, par le mont Pourri, de plus en plus imposant.

Après un bois de sapins, la vue prend d'enfilade la Moyenne-Tarentaise avec, à l'horizon, le seuil du col de la Madeleine évidé au pied de la chaîne de la Lauzière, à droite.

Après l'hôtel Belvédère, la route vient dominer un moment le bassin de Ste-Foy ; tandis que, immédiatement en contrebas, le hameau du Châtelard se groupe au pied de la petite chapelle St-Michel, le regard, suivant la Haute-Isère, se porte jusqu'aux crêtes neigeuses qui forment barrière entre la Haute-Tarentaise et la Haute-Maurienne, en arrière de Val-d'Isère.

Plus haut – on revient au-dessus de Bourg-St-Maurice – apparaissent tout proches, en avant, la pointe du Clapey et le sommet du roc de Belleface.

✳ **La Rosière** – *Voir ce nom.*

★ **Col du Petit-St-Bernard** – De nombreux vestiges de positions de campagne ainsi que les dévastations causées aux bâtiments de l'hospice témoignent, ici encore, de la vivacité des combats qui, en 1940 et en 1944-45, eurent pour enjeu le passage. La statue de **saint Bernard de Menthon** (923-1008), le « héros des Alpes », archidiacre de la cathédrale d'Aoste et fondateur de l'hospice du Grand-St-Bernard, précède les bâtiments ruinés de l'ancien hospice, élevé aussi par le saint, suivant une tradition plus douteuse. Il hébergeait les voyageurs, menacés ici de terribles tourmentes de neige.

Plus loin, aussitôt avant le poste-frontière, se dresse la colonne de Joux. Ce monolithe, privé actuellement de sa base et de son chapiteau, portait, à l'époque romaine, une statue de Jupiter *(Jovis)*. Jetée bas par saint Bernard, elle fut remplacée, en 1886, par l'effigie du saint, taillée dans un mélèze, avec plus de foi que d'art, par le chanoine Chanoux (mort en 1909), l'une des grandes figures de l'hospice du Petit-St-Bernard, dont il fut le recteur pendant cinquante ans. Sur les pentes du col, à droite du chalet-hôtel de Lancebranlette, porte la **vue**★ de part et d'autre du mont Ouille ; se détachent, à gauche, au premier plan, l'aiguille des Glaciers et, à droite, l'abrupt versant italien du Mont Blanc que surmonte une grande esquille rocheuse sombre, l'aiguille Noire de Peutérey.

Jardin botanique La Chanousia ⊘ – Fondé à la fin du 19ᵉ s. par le chanoine Chanoux qui souhaitait préserver le milieu naturel alpin, il fut délaissé lors de la Seconde Guerre mondiale. Récemment reconstitué, il comporte un millier d'espèces végétales.

★★★ **Lancebranlette** – *4 h à pied AR par un sentier de montagne souvent dégradé en début de saison estivale. S'équiper de chaussures montantes. Pour de plus amples précisions sur l'itinéraire, on pourra s'adresser au chalet de Lancebranlette.*

Du chalet, monter en biais à gauche sur les pentes Nord-Ouest du col, en passant, au quart du parcours, par une construction isolée à mi-pente et en prenant pour point de visée les dents de scie caractéristiques d'une arête sur la gauche. Parvenu à un vaste cirque d'alpages et d'éboulis encadré à droite par une pointe qu'il faut éviter et à gauche par le vrai sommet de Lancebranlette, appuyer toujours à gauche pour trouver, après les éboulis, au sommet d'une croupe, le sentier qui zigzague jusqu'au sommet (alt. 2 928 m). Immense **tour d'horizon** offrant, en particulier, une vue remarquable sur le versant italien du Mont Blanc (table d'orientation).

La PLAGNE✳✳

Cartes Michelin nᵒˢ 74 pli 18 ou 244 pli 31 – Schéma p. 270

La **Grande Plagne**✳✳, s'étendant sur 10 000 ha, est l'un des plus grands domaines skiables français. Il se distingue par son relief vallonné, une relative douceur des pentes et surtout une grande qualité de paysages. Il offre constamment des vues panoramiques sur les massifs du Mont-Blanc, du Beaufortain et de la Vanoise.

LES STATIONS

Le domaine skiable – La Plagne, choisie en février 1992 comme site olympique pour les épreuves de bobsleigh, a renoué avec une tradition locale de compétitions d'engins en bois, ancêtres des bobsleighs actuels. La piste construite à cette occasion est un ouvrage unique en France, réfrigérée artificiellement (vue d'ensemble avant la bifurcation vers Plagne Bellecôte). Les amateurs de sensations fortes peuvent dévaler ses 1 500 m et ses 19 virages : la station propose aux vacanciers de pratiquer le taxi bob, le bob raft et le skeleton.

Bénéficiant d'une neige remarquable à partir de 2 000 m, le domaine ravit les amateurs de pistes de moyenne difficulté (dominante de pistes bleues). Les bons skieurs trouveront, en périodes de fort enneigement, quelques pistes à leur mesure. L'été, le ski se pratique sur les glaciers de la Chiaupe et de Bellecôte.

Depuis 1961, La Plagne s'est développée autour de nombreux pôles : elle compte actuellement six stations d'altitude et quatre stations villages.

Les stations d'altitude, situées à environ 2 000 m, bénéficient en général d'un enneigement satisfaisant de décembre à mai. De par leur position centrale, elles permettent de rayonner sur l'ensemble du domaine.

Si Plagne Bellecôte, **Plagne Centre** et Aime 2000 ont un caractère urbain assez marqué, Plagne 1800, Plagne Villages et surtout **Belle Plagne** s'intègrent harmonieusement au paysage.

Les stations moins élevées (entre 1 250 et 1 450 m) n'offrent pas la même qualité de neige mais ont d'autres atouts. **Champagny-en-Vanoise**✳✳ et, dans une moindre mesure, **Montchavin** présentent le charme et l'authenticité des vieux villages savoyards. Skieurs et promeneurs profiteront de vues superbes sur la Vanoise. Des pistes de Montchavin-Les-Coches, le regard porte sur les Arcs, Peisey-Nancroix et le mont Pourri, tandis que Champagny-en-Vanoise fait face à Courchevel et au Grand Bec.

Les amateurs de randonnées pédestres ne manqueront pas de se rendre au **Mont Jovet**★★, qui offre une très belle vue sur les Alpes *(pour tout renseignement, s'adresser à l'Office de tourisme qui publie un guide de promenades).*

PANORAMAS ACCESSIBLES EN TÉLÉCABINES

★★ **La Grande Rochette** ⊘ – Alt. 2 508 m. *Accès par télécabine de Plagne Centre.* De la plate-forme terminale, gagner le sommet proprement dit où a été installée une table d'orientation. Le **panorama**, splendide, embrasse les principaux sommets de la Vanoise (le mont Pourri, Bellecôte, la Grande Motte, la Grande Casse, le Grand Bec, le dôme de Chasseforêt...). La vue est également très belle sur l'Oisans (la Meije), les aiguilles d'Arves, l'Étendard, Belledonne, le Beaufortain et le massif du Mont-Blanc.

En contrebas, on découvre les stations d'altitude de La Plagne. Remarquer, dans la direction opposée, les domaines de Courchevel 1850 et 1650.

★★ **Télécabine de Bellecôte** ⊘ – *Accès de Plagne Bellecôte.* Cette télécabine, d'une exceptionnelle longueur (6,5 km), conduit d'abord à Belle Plagne et à la **Roche de Mio** (2 739 m). Monter en 5 mn au sommet (table d'orientation) pour découvrir un magnifique **panorama**★★ très étendu.

Au premier plan se dressent le sommet de Bellecôte (3 416 m) et ses glaciers. À sa droite, remarquer la Grande Motte, la Grande Casse, Péclet-Polset et les Trois-Vallées, la Meije, le mont de Lans, le Cheval Noir... À gauche de Bellecôte, le regard porte successivement sur le mont Pourri, le domaine des Arcs, le Grand Combin, les Grandes Jorasses, le Mont Blanc et la Pierra Menta.

Prendre ensuite la télécabine qui conduit au col, puis au **glacier de la Chiaupe** (alt. 2 994 m) : **vue** très belle sur la Vanoise.

L'été et l'automne, les skieurs admireront un paysage plus élargi en empruntant le téléski du col. En hiver, le télésiège de la Traversée donne accès au secteur le plus intéressant pour les très bons skieurs. Un magnifique itinéraire hors piste de 2 000 m de dénivelé redescend sur Montchavin *(se faire accompagner par un guide).*

PLATEAU D'ASSY★

Cartes Michelin n°s 89 pli 4 ou 244 pli 20

Station climatique connue pour ses sanatoriums et ses maisons de soins, Plateau d'Assy fait partie de la commune de Passy. La station s'étage de 1 000 à 1 500 m en une suite de terrasses adossées à la chaîne de Fiz d'où s'offre un **panorama**★★ grandiose sur le massif du Mont-Blanc.

★ ÉGLISE NOTRE-DAME-DE-TOUTE-GRÂCE

Elle tient une place de choix parmi les sanctuaires représentatifs du renouveau de l'art sacré contemporain et constitue, de ce point de vue, une sorte de manifeste qui ne laissera aucun visiteur indifférent. L'édifice, élevé de 1937 à 1945 et consacré en 1950, est dû à l'architecte **Novarina** qui, s'inspirant de l'habitat alpin, a construit un vaisseau trapu, adapté aux conditions climatiques et à l'architecture régionale, dominé par un campanile de 29 m.

Pour la **décoration**★★ extérieure et intérieure, on a fait appel à de grands noms de l'art contemporain. **Fernand Léger** a exécuté la mosaïque éclatante de la façade, tandis que, à l'intérieur, Lurçat a décoré le chœur d'une vaste tapisserie sur le thème de la Femme victorieuse du dragon de l'Apocalypse. Bazaine a conçu les vitraux éclairant la tribune, Rouault ceux des fenêtres s'ouvrant au revers de la façade (sa *Véronique* se trouve dans la chapelle latérale gauche).

Devant le maître-autel est dressé le Christ en bronze de Germaine Richier, œuvre passionnément controversée à sa création.

Bonnard, Matisse, Braque, Chagall, Lipchitz sont également représentés.

Faire le tour extérieur de l'édifice et descendre, par la porte au chevet, dans la crypte également pourvue d'une décoration vitrée de Marguerite Huré et d'une *Cène* de Kijno.

Le PONT-DE-BEAUVOISIN

1 426 habitants (les Pontois)
Cartes Michelin nos 74 plis 14, 15 ou 244 pli 28 – Schéma p. 149

C'est le plus actif des anciens bourgs frontières franco-savoyards à cheval sur le Guiers. Comme aux Échelles-Entre-Deux-Guiers et à St-Pierre-d'Entremont, le torrent continue à former ici la limite départementale entre deux communes différentes, rattachées l'une à l'Isère, l'autre à la Savoie. C'est aujourd'hui un grand centre de plantations de tabac et de fabrication de meubles.

POINT DE VUE

Le pont – Du célèbre pont frontière sur le Guiers, reconstruit totalement en 1941, on bénéficie d'un coup d'œil très agréable sur le plan d'eau tranquille de la rivière, dans lequel se reflètent quelques belles vieilles maisons dominées par le clocher classique de l'« église des Carmes ». À l'horizon au Sud-Est, bien encadrées, se découpent les crêtes du Grand Som (massif de la Chartreuse).

ST-GEOIRE-EN-VALDAINE *14 km*

Quitter le Pont-de-Beauvoisin par la D 82 au Sud (à gauche de l'église).

Agréablement situé à flanc de coteau, dans le vallon de l'Ainan, St-Geoire possède une intéressante **église** des 12e-15e s., à portail sculpté du 16e s. À l'intérieur, magnifiques **stalles**★ Renaissance, ornées de médaillons d'un réalisme saisissant, caricatures sans complaisance de contemporains, selon la tradition.

Château de Longpra ⊙ – *Voir illustration au chapitre de l'art – Éléments d'architecture.* Ancienne maison forte du 13e s., le château a été aménagé au 18e s. en résidence pour Longpra, conseiller au parlement de Grenoble. La sobre architecture extérieure en fait le type même des demeures dauphinoises. Les douves d'origine ont été converties en plan d'eau vive et un parterre à la française a remplacé les terrassements défensifs. L'intérieur a bénéficié du concours des meilleurs artisans régionaux. Les parquets sont l'œuvre des **Hache**, célèbres ébénistes grenoblois. Remarquer la décoration de la chapelle et de la salle à manger.

PONT-EN-ROYANS★

879 habitants
Cartes Michelin nos 77 Sud-Est du pli 3 ou 244 pli 38 – Schéma p. 280

Plaquée au rocher, au débouché des gorges de la Bourne dans le golfe de plaine du Royans *(généralités sur le Vercors p. 275)*, Pont-en-Royans, bourgade aux rues étroites, offre au touriste sortant des longs défilés du Vercors (Bourne, Grands Goulets) un spectacle très méridional.

Pont-en-Royans

LES POINTS DE VUE

★★ Le site – *Au pont Picard, emprunter l'escalier qui dessert les quais de la Bourne. Possibilité de rejoindre ensuite le quartier médiéval.* Le site s'étend du pont Picard à la place de la Halle. Le touriste découvre de petites cascades ainsi que les vestiges d'un moulin à grains, puis le vieux quartier, théâtre de luttes sanglantes au temps des guerres de Religion qui détruisirent une grande partie des habitations. Malgré les réfections rendues nécessaires par leur état de vétusté, les hautes maisons accrochées au rocher, surplombant de guingois la Bourne, ou plongeant leur étroite façade dans les eaux du torrent, forment un pittoresque tableau, qui avait déjà excité la verve du grand voyageur qu'était Stendhal.

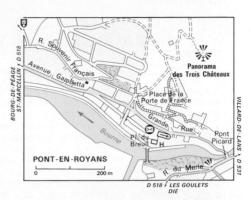

★ Panorama des Trois-Châteaux – *1 h à pied AR. Des sentiers en forte montée, présentant de courts passages à travers des éboulis, s'amorcent par des escaliers, place de la Porte-de-France.* Du belvédère, vue sur le Royans et la vallée de l'Isère.

★★ CIRCUIT DE PRESLES
32 km – 1 h 1/2 environ

Quitter Pont-en-Royans par la D 531 vers Villard-de-Lans. Aussitôt après avoir traversé la Bourne au Pont Rouillard, prendre sur la gauche la D 292. La route s'élève rapidement sur des pentes grillées par le soleil, en vue des escarpements qui dominent la Bourne.

Suivant les caprices de la route, on admire, tantôt vers l'amont, les murailles colossales qui semblent bien près de se refermer en cirque, tantôt vers l'aval, le débouché des gorges de la Bourne s'ouvrant sur les collines du Royans. Au grand lacet de la « Croix de Toutes Aures » *(ne pas chercher la croix)*, vue très étendue sur le bas pays et l'ensemble des gorges de la Bourne dominées par le Grand Veymont.

Une nouvelle série de lacets puis un court passage taillé dans le roc donnent enfin accès au plateau de Presles.

Après avoir traversé **Presles**, la route s'élève encore, au milieu de la forêt domaniale des Coulmes, jusqu'au petit hameau du Fas. C'est alors qu'on peut jouir d'une jolie vue étendue sur la basse vallée de l'Isère, que barre, à l'Ouest, l'imposant aqueduc de St-Nazaire-en-Royans. On distingue le plan d'eau du barrage de St-Hilaire et, plus à droite, St-Marcellin, devant les hauteurs boisées de Chambaran. Puis c'est la forte descente sur St-Pierre-de-Chérennes. La route serpente dans la verdure mais offre encore de belles échappées sur l'Isère.

La D 31 atteint la N 532 que l'on quitte aussitôt, sur la gauche, pour gagner Beauvoir-en-Royans.

La noix de Grenoble

Bénéficiant d'une des plus anciennes appellations d'origine contrôlée (1938), elle est constituée de trois espèces :
– la mayette, grosse noix à la coquille et au goût très fins ;
– la parisienne, de forme arrondie à la coquille marron, riche en huile ;
– la franquette, plus allongée avec une coquille rugueuse, représente l'espèce la plus cultivée et la plus demandée en confiserie.
La zone de production de cette appellation comprend la majeure partie de l'Isère, le secteur Nord de la Drôme et la frange méridionale de la Savoie. Cependant près de 75 % des 10 100 t produites en 1993 proviennent des nuciculteurs établis sur quatre communes : Pont-en-Royans, St-Marcellin, Vinay et Tullins. La récolte, qui se déroule à la mi-septembre, est suivie du lavage et du séchage. Les noix sont conditionnées selon deux catégories de calibre : extra (plus de 30 mm) et 1 (compris entre 30 et 20 mm).
Fruit particulièrement énergétique, la noix peut se consommer fraîche dans les 15 jours après la récolte, ou séchée en accompagnement de salades et dans des compositions de pâtisserie et confiserie dont la fameuse noix fourrée de Grenoble préparée à l'occasion des fêtes de fin d'année.

Château de Beauvoir – Couronnant une colline isolée, de pittoresques ruines du 13ᵉ s. dominent le village. Il ne reste plus qu'une tour carrée, une porte et des murailles tapissées de lierre de ce château qui fut la résidence des dauphins du Viennois, notamment Humbert II. Louis XI le fit détruire en 1476.

Une belle fenêtre gothique marque l'emplacement de l'ancienne chapelle.

Le site est néanmoins agréable, on y domine le ruban sinueux de l'Isère qui bute sur les dernières pentes du Vercors.

Regagner la N 532 et, à St-Romans, emprunter la D 518 qui ramène à Pont-en-Royans.

PRALOGNAN-LA-VANOISE

667 habitants
Cartes Michelin nᵒˢ 89 pli 7 ou 244 pli 32 – Schéma p. 270

Pralognan, station climatique et de sports d'hiver, est surtout la **base** la plus remarquable de randonnées pédestres et de courses en haute montagne du Parc national de la Vanoise *(voir ce nom)*.

Dans le cadre des Jeux olympiques d'Albertville en 1992, Pralognan a organisé les épreuves de curling dans sa nouvelle patinoire.

LA STATION

Le domaine skiable – Très ensoleillé car exposé plein sud, le domaine est intéressant mais de dimension modeste comparé aux autres stations de Tarentaise. Les possibilités de ski de randonnée sont en revanche exceptionnelles.

L'été, Pralognan est l'une des stations les plus animées de la Savoie, attirant par milliers promeneurs et alpinistes. Sa réputation est ancienne puisque les premières ascensions remontent à 1855. En 1860, l'Anglais **William Matthews** et le Français **Michel Croz**, après avoir taillé 1 100 marches dont 800 à la hache, parviennent à l'antécime de la Grande Casse, nommée depuis pointe Matthews. Pour l'arrivant, le trait le plus frappant du **site★** est sans doute le rebord Est de la cuvette de Pralognan, vigoureusement travaillé par les anciens glaciers issus des cirques du Grand et du Petit Marchet, au fond desquels brillent les glaciers de la Vanoise.

Les futaies de la forêt de l'Isertan donnent beaucoup de relief à ces moutonnements dominés par les superbes escarpements du Grand Marchet.

RANDONNÉES PÉDESTRES

★ **La Cholière** – *1,5 km par un chemin de montagne, puis environ une demi-heure à pied. Partir de l'hôtel La Vanoise et, traversant presque aussitôt le Doron, suivre le chemin du terrain de sports qui se dirige en droite ligne vers le pied de la colline de la Chollière. Une fois celle-ci escaladée par plusieurs lacets, laisser la voiture en contre-haut des chalets. Faire encore quelques pas pour avoir un recul suffisant.*

En arrière du premier plan formé par le tertre boisé auquel s'adossent les maisons du hameau, et par le vallon de la Glière qu'encombre l'énorme bosse du Moriond, se révèle un bel ensemble de haute montagne : à droite des deux pointes effilées de la Glière surgit la Grande Casse (alt. 3 855 m), cime maîtresse de la Vanoise. Tout proche, le Grand Marchet présente le fil de son impressionnante arête Ouest.

Les prairies voisines de la Chollière sont réputées pour leur flore remarquable : en juin, narcisse, gentiane ; en août, « reine des Alpes » ou chardon bleu.

★ **Mont Bochor** ⊙ – *Environ 3 h à pied AR , ou 6 mn de téléphérique.* De la station supérieure, gagner le sommet (alt. 2 023 m) où a été aménagée une table d'orientation. La vue plonge sur le bassin de Pralognan et la vallée du Doron de Chavière, fermée par le haut massif de Péclet-Polset. À gauche de ce couloir se découvrent une partie de l'immense plateau glaciaire de la Vanoise, terminé au Nord par les escarpements de la Réchasse, puis la Grande Casse.

Un **sentier-découverte**, long de 1 400 m, a été aménagé afin d'apprendre à mieux connaître l'espace montagnard. Dix tables de lecture analysent la richesse géologique et écologique du site.

★★★ **Col de la Vanoise** – Alt. 2 517 m. *Départ du mont Bochor. Si le téléphérique ne fonctionne pas, partir du parking des Fontanettes. Montée : 3 h. Descente sur Pralognan : 2 h 1/2.*

Les marcheurs peu habitués redescendront sur Pralognan par le refuge des Barmettes et le parking des Fontanettes. Les bons marcheurs descendront, par temps sec, par le cirque et le ravin de l'Arcellin, itinéraire magnifique mais un

Lac Blanc et le mont Parraché

peu délicat. Du mont Bochor, le sentier, étroit mais facile, évolue à flanc de montagne jusqu'au refuge des Barmettes. Vues sur l'aiguille de la Vanoise, devant la Grande Casse. S'élargissant ensuite, le chemin devient de plus en plus raide, parvient au lac des Vaches avant d'atteindre le col. Vues sur les couloirs glaciaires de la Grande Casse et la pointe de la Réchasse. Le Président Félix Faure, qui déjeuna au col même en 1897, a donné son nom au refuge inauguré cinq ans plus tard. Lors de la descente, après avoir dépassé le lac des Assiettes, vue très belle dans le lointain sur la Lauzière (Valmorel), la dent de Burgin et la Saulire (Courchevel), les dents de la Portetta et l'aiguille du Fruit. Le sentier, qui longe la Grande aiguille de l'Arcellin et le Grand Marchet, présente un intérêt floral certain (lys martagon, ancolies, joubarbes...).

★★ **Petit Mont Blanc** – Alt. 2 677 m. *Départ des Prioux. Montée : 3 h par le col du Môme. Descente : 2 h.*
Panorama★★ *décrit à Courchevel.*

★★ **Cirque du Genepy** – *Départ du pont de la Pêche. Montée par Montaimont, retour par Ritord. 5 h au total dont 2 h de montée raide. Dénivellation : 700 m environ.* La neige peut rendre l'itinéraire délicat jusqu'à mi-juillet. Vues sur le glacier du Genepy, l'aiguille de Polset et le glacier de Gébroulaz. En redescendant sur le fond de la vallée, le regard porte sur le Mont Blanc et le Grand Bec. À Ritord, fabrication et vente de fromage de Beaufort.

★★ **Lac Blanc** – *Départ du pont de la Pêche. Montée fatigante car longue : 3 h 1/4. Retour : 2 h 1/2.* Situé en contrebas du refuge de Péclet-Polset, le lac Blanc est l'un des plus beaux lacs de la Vanoise. Le longer sur la droite et commencer à monter en direction du col du Soufre. Vue sur l'aiguille de Polset, le glacier de Gébroulaz, le col de Chavière, la pointe de l'Échelle, le glacier du Genepy.

★★ **Tour des glaciers de la Vanoise** – Circuit de 3 jours *(voir Vanoise).*

Nous conseillons vivement aux estivants comme aux hivernants d'assister aux projections de diapositives organisées par l'Association des chasseurs d'images de Pralognan : présentation de la faune et de la flore, des randonnées et courses de haute montagne de la vallée.

Mont REVARD★★

Cartes Michelin nᵒˢ 89 pli 15 ou 244 pli 18 (20 km à l'Est d'Aix-les-Bains)

Le mont Revard (alt. 1 537 m), dont les escarpements barrent longuement l'horizon d'Aix-les-Bains et de son lac, constitue géographiquement le dernier bastion des Bauges, à l'Ouest. Au point de vue touristique, ce vaste plateau, très facilement accessible par route, forme l'annexe d'altitude de la grande ville d'eaux. La vue plongeante sur le lac du Bourget et la découverte du Mont Blanc font son principal attrait.

DE CHAMBÉRY À AIX-LES-BAINS
48 km – environ 2 h – schéma p. 92

★★ **Chambéry** - *Voir ce nom.*

Quitter Chambéry par la D 912, (route de St-Alban et du Revard), à l'Est, et suivre la signalisation « massif des Bauges ».

Entre le Villaret et St-Jean-d'Arvey, la route s'élève rapidement au pied des falaises du mont Peney et de la dent du Nivolet, surmontée d'une croix monumentale.

Elle domine bientôt les gorges boisées du Bout du Monde, vis-à-vis du château de la Bathie. Une série de lacets permet de découvrir, en aval, la cluse de Chambéry et la muraille du Granier, séparée du sommet du Joigny par la courbe du col du Granier.

De St-Jean-d'Arvey à Plainpalais, on domine, en balcon, la haute vallée parcourue par la Leysse, torrent qui s'engouffre dans une courte fissure, immédiatement en aval des Déserts. En amont se redressent les escarpements du mont de Margeriaz.

La Féclaz – Dans un cadre forestier faiblement accidenté, cette station de sports d'hiver, important centre de ski de fond, est fréquentée surtout par les Lyonnais et les Chambériens.

★★ **Croix de Nivolet** *2 h à pied AR.*

Prendre à gauche la direction « Chalet du Sire » et laisser la voiture sur le parking situé au départ du télésiège.

Emprunter le large sentier, jalonné de balises jaunes affichant le chiffre 2, jusqu'au chalet du Sire, puis s'engager dans le sous-bois. L'itinéraire longe l'arête faîtière du Nivolet pour atteindre la croix de Nivolet (alt. 1 547 m). Superbe **vue**★★ sur le lac du Bourget et la succession des chaînes ; le Mont Blanc est visible en arrière-plan à l'Est. La croix de Nivolet, dressée au 19ᵉ s. à la demande d'une congrégation de pénitents de Chambéry, était recouverte à l'origine de plaques de métal pour réfléchir la lumière. Actuellement, elle est éclairée la nuit.

Entre la Féclaz et la station du Revard, la beauté des sous-bois, très aérés, la variété introduite dans le parcours par les trouées des clairières évoquent, par moments, un paysage de parc. Quittant la forêt, la route vient frôler le bord de l'à-pic et offre alors de magnifiques **vues plongeantes**★★ sur le lac du Bourget et l'agglomération aixoise.

★★★ Panorama du mont Revard

Les automobilistes peuvent, en suivant la route desservant la station du Revard, pousser jusqu'à l'ancienne gare du téléphérique.

Plus que dans un tour d'horizon général, l'intérêt du **panorama** réside dans deux points de vue privilégiés. Vers l'Ouest, on jouit d'une vue aérienne sur le lac du Bourget, la dent du Chat – dans l'axe du col du Chat, remarquer le ruban scintillant du Rhône, au fond du défilé de Pierre-Châtel – et l'agglomération aixoise ; vers l'Est, le massif du Mont-Blanc fait son apparition derrière une série de plans boisés et montagneux merveilleusement ordonnés.

Entre le col de la Cluse et Trévignin, la route emprunte un passage en corniche, à la sortie du haut vallon du Sierroz d'où la **vue**★ s'étend à toute la dépression verdoyante de l'Albanais avec, à l'arrière-plan, les crêtes régulières du Jura méridional. Plus loin, la dent du Chat et, après avoir quitté la forêt, le lac du Bourget font successivement leur apparition.

De Trévignin à Aix, le cadre de la grande station, isolée en partie du lac par la colline de Tresserve, va se précisant. Un paysage champêtre défile le long des derniers kilomètres.

‡‡ **Aix-les-Bains** - *Voir ce nom.*

Cartes et guides Michelin dans votre voiture : bon voyage !

Domaine de RIPAILLE★

Cartes Michelin nᵒˢ 89 pli 2 ou 244 pli 9 (2 km au Nord de Thonon)

Les bâtiments trapus aux vastes toits coiffés de tuiles claires du château-monastère de Ripaille font leur apparition derrière des vignobles en rangs serrés produisant un cru régional estimé. L'ensemble, majestueux et de cachet purement savoyard, évoque la période la plus brillante de la Maison de Savoie.

Le duc-ermite – Au début du 14ᵉ s., Ripaille n'est encore qu'un rendez-vous de chasse. Bonne de Bourbon, épouse du comte Vert *(voir Chambéry)*, en fait une demeure seigneuriale et y mène grand train. Amédée VIII, qui a beaucoup agrandi Ripaille, y loge un prieuré de moines augustins. Quand il décide d'abdiquer, il se retire à Ripaille où il fait construire le château aux sept tours pour lui-même et les six gentilshommes qui seront les premiers titulaires de l'ordre de St-Maurice. Son fils Louis le remplace à la tête du duché, mais c'est Amédée qui continue à traiter les affaires les plus importantes. Cinq années passent. En 1439, une délégation du concile de Bâle vient proposer la tiare au duc-ermite. Il accepte et est proclamé pape, ou plutôt antipape, sous le nom de Félix V. C'est l'époque du Grand Schisme. Après dix années de luttes pour se faire reconnaître par l'ensemble des grandes puissances européennes, Amédée renonce à la papauté et vient reprendre, à Ripaille, jusqu'à sa mort, l'habit et le capuchon de moine ; néanmoins il demeure évêque de Genève et se fait nommer cardinal de Sabine, titre qui lui donne le deuxième rang dans la hiérarchie de l'Église.

L'expression « faire ripaille », évocatrice de bombances et de festins, n'aurait pas de rapport avec le château d'Amédée VIII. Le toponyme local dériverait du germain « rispa », signifiant fouillis de branches, mauvais bois, broussailles.

La fondation Ripaille – Depuis 1976 le château est le siège de la fondation Ripaille qui a pour but de promouvoir un centre d'études et de recherches orienté vers l'écologie, la géographie et le développement des ressources naturelles. Ce centre organise des échanges, des congrès, des expositions.

VISITE ⊘ *environ 1 h pour le château et la chartreuse*

Un portail de style classique, coupant une haie de charmes, ouvre sur la cour d'honneur d'où l'on a une jolie vue sur la dent d'Oche.
La cour est bordée à droite par le château avec ses curieuses tours alignées comme des cierges – il en reste quatre sur sept –, à gauche par les bâtiments du prieuré des chanoines réguliers de St-Augustin qui fut occupé de 1619 à la Révolution par les chartreux, d'où le nom de chartreuse que l'on donne aujourd'hui à ces bâtiments.

Le château – L'intérieur du château a été restauré de 1892 à 1903 et a reçu alors une décoration de style néogothique et moderne. Les salles abritent des expositions sur Amédée VIII et l'histoire du château.

La chartreuse – Après avoir traversé la cour des mûriers, on découvre le pressoir, puis la cuisine des chartreux qui a conservé son aspect du 17ᵉ s.

La forêt et l'arboretum ⊘ – *Sa visite n'est pas comprise dans celle du château.*
Il faut sortir du domaine à gauche et prendre la première route à gauche.
Ancien terrain de chasse des ducs de Savoie, la forêt de Ripaille s'étend sur 53 ha.
Des sentiers fléchés permettent de découvrir certaines futaies que hantent les chevreuils ainsi que l'arboretum dont les arbres furent plantés entre 1930 et 1934 (sapins de Douglas, thuyas, chênes rouges d'Amérique, noyers noirs, etc.).

La ROCHE-SUR-FORON★

7 116 habitants
Cartes Michelin nᵒˢ 74 pli 6 ou 244 pli 8

Cette cité ancienne, favorablement placée, à mi-pente, pour surveiller la basse vallée de l'Arve, est un important carrefour routier et ferroviaire. Elle est également le siège de l'importante foire « de Haute-Savoie-Mont-Blanc » et d'un Salon du décolletage de réputation européenne. Ses marchés agricoles sont les plus actifs de la vallée, et l'École nationale d'industrie du lait et des viandes y est installée.
Dès le 11ᵉ s., possession des comtes du Genevois, elle eut au 14ᵉ s. une importance égale à celle d'Annecy et de Genève. Elle passa au début du 15ᵉ s. sous la domination des comtes de Savoie.
La Roche-sur-Foron fut la première ville d'Europe à bénéficier de l'éclairage électrique public en 1885. Dans le parc du château, une plaque commémore cet événement.

★★ VIEILLE VILLE *visite : 1 h 1/2*

Ce circuit pédestre dans la ville médiévale offre de multiples occasions de découvrir les nombreuses maisons aux fenêtres à meneaux et accolades et au toit recouvert de tuiles écailles. Ce quartier plein de charme, paraissant s'enrouler autour de l'éperon rocheux, fait l'objet d'une attentive restauration.

Les façades de plusieurs demeures et bâtiments publics, repeintes de couleurs vives caractéristiques du style sarde, témoignent de l'importance économique de la cité à l'époque du royaume de Piémont-Sardaigne.

On accède au quartier du Plain-Château depuis la place St-Jean dont quelques maisons ont conservé leurs fenêtres à meneaux.

Prendre à gauche de l'église la rue des Fours, en montée pour rejoindre la tour.

On franchit la porte Falquet, ornée de nombreux blasons, et l'on pénètre dans la cour de l'école. Au fond de la cour, l'entrée de la tour est à droite.

Tour des comtes de Genève ⊙ – Dominant la ville de sa masse grisâtre, c'est l'unique vestige du château des comtes de Genève élevé sur l'éperon rocheux d'où la localité tire son nom.

Du sommet, belle vue sur la ville et la vallée de l'Arve.

En redescendant vers le centre, prendre à droite la **rue du Plain-Château**, bordée sur les deux côtés de maisons aux façades ouvragées du 17e s. Remarquer particulièrement celle de la **maison des Chevaliers** de l'ordre de l'Annonciade (1565) créé par le Comte Vert *(voir Chambéry)*.

À l'extrémité de la rue, tourner à droite vers le château de l'Échelle.

Revenir sur ses pas et descendre la rue du Cretet après avoir franchi la porte St-Martin, vestige de la première enceinte du 13e s.

On atteint la rue du Silence qui délimite la butte castrale. Au n° 30, on remarque un ensemble intéressant de fenêtres à meneaux. Plus loin à droite, maison du prince-évêque Fabri.

Contourner l'église par la droite pour s'engager dans la rue des Halles. À l'angle supérieur de la rue, un banc de marchand en pierre taillée de 1558 présente trois mesures à grain peu communes contenant respectivement 20, 40 et 80 litres.

Église St-Jean-Baptiste – Fondée en 1111 sous le règne des comtes de Genève dont les armoiries surmontent le portail, elle est dominée par un clocher massif dont la flèche, démolie en 1793, a été reconstruite avec bulbe au 19e s.

Le chœur et l'abside constituent la partie la plus ancienne de l'édifice (12e s.). Les chapelles situées de part et d'autre de l'autel sont gothiques.

Lors de la rénovation de l'église en 1978, les moines de l'abbaye de St-Benoît-sur-Loire ont réalisé les vitraux. L'orgue, restauré, a été remis à sa place.

Dans la rue Perrine au n° 79, remarquer la **maison Boniface**, de style Renaissance ; pénétrer dans la cour pour découvrir les linteaux armoriés. À proximité de la mairie de style sarde se dresse la pittoresque halle aux grains « la Grenette », ancien symbole économique de la cité.

S'avancer sur le Pont-Neuf pour apprécier une belle vue d'ensemble sur le Foron dominé par les jardins en terrasses.

La ROSIÈRE⁎

Cartes Michelin n⁰ˢ 89 pli 5 ou 244 pli 21 – Schéma p. 271

Cette agréable et coquette station, située à 1 850 m d'altitude à la lisière supérieure de la forêt, bénéficie d'une remarquable **position balcon** face à la Tarentaise.

Au sein de la commune de **Montvalezan** (dont le point culminant est le Mont Valaisan : 2 891 m), elle a aménagé depuis 1960 des pistes de ski alpin bien enneigées et très ensoleillées car orientées plein Sud.

LA STATION

Le domaine skiable – Grâce à une liaison récente avec la grande station italienne de la Thuile, La Rosière offre un vaste domaine international, intéressant sur le plan panoramique et satisfaisant les skieurs de tous niveaux. Les sommets du **roc Noir**, de la **Traversette** et du **Belvédère** ainsi que les pistes de San Bernardo et de la Tour offrent des **vues★★** superbes sur le massif du Mont-Blanc.

En été, La Rosière constitue un lieu de séjour idéal pour découvrir le col du Petit-St-Bernard *(voir ce nom)* et les communes voisines de Séez et Ste-Foy-en-Tarentaise. À la sortie Nord de la station, élevage de chiens « St-Bernard ».

Point de vue – Le regard porte à gauche sur le rocher de Bellevarde et le barrage de Tignes, en face sur l'imposante masse du mont Pourri (3 779 m), l'Aiguille Rouge, Arc 2000, le sommet de Bellecôte et Aime 2000-La Plagne. En contrebas apparaît Bourg-St-Maurice, au pied du Beaufortain. Dans le lointain, remarquer les chaînes de la Lauzière et de Belledonne.

ROUTE DES GRANDES ALPES★★★

Cartes Michelin nºˢ 70, 74, 77, 81, 89, 115 ou 244

La route des Grandes Alpes est le plus prestigieux des grands itinéraires des Alpes françaises. Elle relie le lac Léman à la Côte d'Azur selon un tracé proche de la ligne des crêtes et souvent voisin de la frontière. Elle n'est praticable de bout en bout qu'au cœur de la belle saison.

Les Alpes sont apparues à l'ère tertiaire, lorsque les deux grandes « plaques » géologiques italo-africaine et eurasiatique, en se heurtant de front, ont contracté la zone qui les séparait ; ce qui a déterminé le grand arc de cercle que décrit la chaîne entre Nice et Vienne. Les Grandes Alpes comprennent les massifs centraux et la zone axiale (encore appelée zone intra-alpine ou axe alpin).

Les premiers appartiennent à une très ancienne chaîne hercynienne usée par l'érosion recouverte de sédiments à l'ère secondaire, portée à de hautes altitudes voire redressée à l'ère tertiaire ; c'est le domaine des grands sommets arrondis ou profilés en aiguilles, d'un ciel très pur, des paysages bien ensoleillés, des forêts de mélèzes ; ils sont peu peuplés.

La zone axiale est l'axe du soulèvement de la chaîne ; ses roches sédimentaires, souvent cristallisées sous leur propre pression et leur échauffement, ont donné naissance à de grandes vallées ensoleillées, au climat clément. Durant l'ère quaternaire les Grandes Alpes ont vu leurs reliefs puissamment façonnés par l'érosion des grands fleuves et de quatre glaciations successives.

Au pied des Grandes Alpes une large dépression reçoit les eaux de leurs vallées drainées par l'Isère et le Drac et facilite les communications : c'est le Sillon alpin. La dépression de la Durance joue un rôle comparable dans les Alpes du Sud.

Les Préalpes, vaste contrefort de la chaîne, s'épanouissent surtout au Sud ; elles frappent par la rudesse de leurs surfaces calcaires, tubulaires ou plissées.

Programme de 2 jours

Il est possible de relier Thonon à Nice en 2 jours, avec étape de nuit à Briançon ; mais au prix de quelle fatigue et de quels sacrifices ! Pour ce faire, il faut en effet renoncer à la plupart des excursions qui, par elles-mêmes, « valent le voyage » comme Chamonix avec l'Aiguille du Midi et la vallée Blanche, la Grave avec le belvédère du Chazelet, et ne s'accorder que des arrêts parcimonieusement mesurés.

Programme en 5 jours

- Thonon-Beaufort : *146 km - prévoir 5 h 1/2 (visites comprises).*
- Beaufort-Val-d'Isère : *71 km - prévoir 3 h (visites comprises).*
- Val-d'Isère-Briançon : *180 km - prévoir 7 h 1/2 (visites comprises).*
- Briançon-Barcelonnette : *133 km - prévoir 6 h 1/2 (visites comprises).*
- Barcelonnette-Menton : *206 km - prévoir 6 h (visites comprises).*

DE THONON AU COL DU LAUTARET *347 km*

De Thonon à Cluses, suivre la D 902.

‡‡ **Thonon** – *Voir aussi ce nom.* De la terrasse de la place du Château, la vue découvre le vaste croissant dessiné par le **lac Léman★★★** « où picorent les focs » et, au-delà, en territoire suisse, la côte et les Alpes vaudoises, Lausanne et le Jura suisse. L'église St-Hippolyte, illustrée par les prédications de saint François de Salles, conserve à la **voûte★** ses stucs et ses 18 médaillons peints et les garnitures de stucs de ses piliers (visibles de la basilique attenante) ; c'est là l'œuvre d'artistes italiens qui, au 18ᵉ s., ont repris sa décoration intérieure dans le style rocaille.

Les gorges humides et boisées de hêtres de la Dranse de Morzine, s'élevant de terrasse en terrasse, font passer des collines de l'avant-pays savoyard au **Chablais★★**, pays pastoral où règne la race bovine d'Abondance. Ses reliefs relèvent des Préalpes du Nord, mais n'en présentent ni l'ordonnance ni la vigueur habituelles. Les **gorges du Pont du Diable★★**, taillées par la Dranse dans le marbre argovien, et les éboulements de leurs parois aux allures fantastiques, marquent ce parcours.

✳✳ **Morzine** – *Voir ce nom.* Observer les hameaux disséminés dans les combes pastorales, les forêts d'épicéas et les chalets remarquables par les dentelures de leurs balcons. À l'arrivée du téléphérique du Pléney, il ne faut pas manquer de se rendre aux tables d'orientation : magnifique panorama sur le massif du Mont-Blanc et le lac Léman.

✳ **Les Gets** – *Voir ce nom.*

À Tanninges, après le seuil pastoral des Gets, apparaît le **Faucigny★★**. Ce pays, drainé par la vallée du Giffre, présente un paysage façonné par les moraines glaciaires, dans des plis calcaires venus se coucher ici, loin de leur racine. Les épicéas et les herbages en sont les ressources dominantes.

Grandes Alpes ⎡Massifs centraux
⎣Zone axiale

Préalpes

Sillon alpin

Principaux massifs

•••••• Limite entre les Alpes du Nord et les Alpes du Sud

Limite des pays

▬ ▬ ▬ Route des Grandes Alpes, variante

▬▬▬ Route Napoléon

Cluses – La ville commande la cluse la plus importante des Alpes et lui doit son nom : celle par laquelle l'Arve, en s'enfonçant sur place, a tranché les plissements en dôme des Aravis. Horlogerie, mécanique de précision, décolletage des métaux.

En amont de Cluses, la large vallée glaciaire de l'Arve sépare le Chablais (à gauche) et les Aravis (à droite). La plaine montagnarde du bassin de Sallanches est dominée, au Nord, par les étonnantes architectures rocheuses et les abrupts de calcaire fissuré du « désert de Platé » ; elle offre des vues sur le « Géant des Alpes » et son cortège. La route pénètre là dans les massifs centraux des Grandes Alpes.

De Cluses à Clusaz par la D 4 ; l'itinéraire est décrit en sens inverse dans le **massif des Aravis** *(voir ce nom)* à la Route de Colombière.

La Clusaz – *Voir ce nom.*

De la Clusaz à Flumet, la D 909 parcourt un des itinéraires les plus réputés des Alpes françaises. Il est conseillé d'accéder au col des Aravis dans l'après-midi afin de mieux apprécier l'exposition du massif du Mont-Blanc. Du col, qui marque l'entrée en Savoie, la route dévale les gorges de l'Arondine jusqu'à Flumet.

De Flumet, en remontant le val d'Arly, possibilité d'excursion vers **Chamonix-Mont-Blanc** par Megève et les Houches – 61 km.

En fin de montée du val d'Arly, la route de N.-D.-de-Bellecombe offre de larges échappées, à droite, sur le massif des Aravis puis sur la trouée des gorges de l'Arly.

Prendre la D 218^B en direction du col des Saisies.

Du col des Saisies (1 633 m), dominé au Sud-Ouest par le Signal de Bisanne (1 939 m), superbe belvédère sur le Beaufortain.

Après Hauteluce, la route descend vers Beaufort.

Beaufort – *Voir ce nom.*

De Beaufort à Bourg-St-Maurice, la Route des Grandes Alpes traverse **Arèches** et le charmant hameau de **Boudin**★, puis épouse le tracé du **Cormet de Roselend**, après avoir longé la crête du barrage de Roselend *(itinéraire décrit au Beaufortain).*

Bourg-St-Maurice – *Voir ce nom.*

De Bourg-St-Maurice à Val-d'Isère, la D 902 quitte le bassin de Bourg-St-Maurice pour s'élever en lacet et pénétrer en Haute-Tarentaise. Sur le versant opposé se dressent les glaciers du mont Pourri. Du **Monal** (petite route à droite conduisant au Chenal), remarquable **vue**★★ sur ces reliefs.

Avant d'atteindre Tignes, belle vue sur la fresque du barrage de Tignes et le lac de Chevril. La suite de l'itinéraire jusqu'à Bonneval-sur-Arc est décrite en détail à la Route de l'Iseran *(voir ce nom).*

À la sortie de Val-d'Isère s'amorce l'ascension au col de l'Iseran (2 770 m), le plus élevé de la Route des Grandes Alpes. On pénètre dans le Parc national de la Vanoise. Par temps très dégagé, les marcheurs expérimentés et non sujets au vertige apprécieront à sa valeur l'inoubliable panorama de la **pointe des Lessières**★★★.

★★ **Bonneval-sur-Arc** – *Voir ce nom.*

De Bonneval-sur-Arc à Modane *(par la N 6 – 56 km)* – La traversée de la Haute-Maurienne est décrite à la Maurienne *(voir ce nom).*

On poursuit la descente du cours de l'Arc par la N 6 sur 17 km jusqu'à St-Michel-de-Maurienne.

Dans l'agglomération, prendre à gauche la direction du col du Galibier par **Valloire**, puis atteindre le col du Lautaret *(se reporter à la route du Galibier pour la description de l'itinéraire de St-Michel-de-Maurienne au col du Lautaret).*

★★ **Col du Galibier** (2 646 m) – *Voir ce nom.*

Au **col du Lautaret** (2 057 m), prendre à droite vers la Grave, puis à gauche à l'entrée du deuxième tunnel pour accéder au panorama sur le massif de la Meije.

Route du col du Galibier

★★★ **Oratoire du Chazelet** – *Voir description à La Grave.*

En revenant au col du Lautaret, la Route des Grandes Alpes amorce la descente de la vallée de la Guisane vers Briançon.

Se reporter au guide Vert Michelin Alpes du Sud pour la suite de l'itinéraire.

LES VARIANTES

Dans la partie Nord de la Route des Grandes Alpes, deux variantes sont proposées :

– au départ de St-Jean-de-Sixt, par Annecy et les Bauges *(127 km)* : Annecy-Sévrier (par la N 508), Pont-de-Lescheraines, St-Pierre-d'Albigny, Albertville (par la N 90) et Beaufort (par la D 925) ;

– au départ de St-Michel-de-Maurienne, par les cols du Glandon et de la Croix-de-Fer jusqu'au col du Lautaret *(120 km)* : St-Jean-de-Maurienne-col du Glandon (par la D 926), Rochetaillée (D 526) et col du Lautaret (N 91).

ROUTE NAPOLÉON★

Cartes Michelin nᵒˢ 77 plis 5, 15 et 16 ou 244 plis 39 et 40

La Route Napoléon, reconstitution du trajet suivi par l'Empereur à son retour de l'île d'Elbe, depuis son débarquement à Golfe-Juan jusqu'à son arrivée à Grenoble, a été inaugurée en 1932. Sur les plaques commémoratives et les monuments du parcours figurent des aigles aux ailes déployées dont le symbole est inspiré des paroles de Napoléon : « L'Aigle volera de clocher en clocher jusqu'aux tours de Notre-Dame. »

LE VOL DE L'AIGLE

Débarqués à Golfe-Juan, le 1ᵉʳ mars 1815, Napoléon et sa petite troupe, précédés d'une avant-garde, gagnent Cannes, qu'ils quittent dès le lendemain. Souhaitant éviter la voie du Rhône qu'il sait hostile, Napoléon engage ses hommes sur la route de Grasse pour gagner, par les Alpes, la vallée de la Durance.

Au-delà de Grasse, la route n'est plus carrossable et la colonne s'engage dans de mauvais chemins muletiers : elle s'arrête à St-Vallier, Escragnolles, Séranon d'où, après une nuit de repos, elle gagne Castellane (3 mars) ; Barrême est atteint dans l'après-midi. Le lendemain (4 mars), la troupe déjeune à Digne. Napoléon fait étape le soir au château de Malijai en attendant avec impatience des nouvelles de Sisteron dont la citadelle, commandant le passage étroit de la Durance, peut lui barrer la route.

Sisteron n'est pas gardée. Napoléon y déjeune (5 mars), puis quitte la localité dans une atmosphère de sympathie naissante. Ayant rejoint la route carrossable, il arrive le soir à Gap et y reçoit un accueil enthousiaste. Le lendemain, il passe la nuit à Corps. Le 7, il gagne La Mure.

La Rencontre de Laffrey – La « **prairie de la Rencontre** », située près du Grand Lac de Laffrey, tire son nom de l'épisode le plus dramatique du retour de l'île d'Elbe. Un monument commémoratif y est aujourd'hui érigé.

Dans l'après-midi du mardi 7 mars, l'Empereur, venant de Corps, trouve la route de Grenoble barrée, à hauteur du lac de Laffrey, par un bataillon sous les ordres du commandant Delessart. Son escorte étant trop faible pour se frayer passage de vive force, et des négociations discrètes ayant échoué, Napoléon joue son va-tout. Accompagné de quelques grenadiers, l'arme sous le bras, il avance à portée de fusil, ouvre sa redingote grise et s'écrie : « Soldats, je suis votre Empereur ! S'il en est parmi vous qui veuille tuer son général, me voici ! »

« Feu ! Feu ! » commande un jeune lieutenant. Un soldat épaule, se trouble sous le regard impassible de Napoléon. « Feu ! » répète l'officier ; le troupier se tourne vers son commandant et l'interroge du regard. Delessart tremble d'émotion, l'ordre fatal ne peut sortir de ses lèvres.

Quelques secondes encore d'un silence pesant, puis les soldats n'y tiennent plus et accourent vers Napoléon en criant : « Vive l'Empereur ! »

Ainsi renforcée, l'escorte se dirige vers Grenoble, s'augmentant encore du 7ᵉ régiment de ligne, amené par son colonel, La Bédoyère. La ville est atteinte à 7 h du soir : les portes sont fermées, les remparts occupés mais pas un coup de feu ne claque contre Napoléon. De l'intérieur, les ouvriers enfoncent la Porte de Bonne et l'Empereur fait son entrée, porté en triomphe jusqu'à l'hôtel des Trois Dauphins.

Napoléon a marqué, dans ses Mémoires, l'importance capitale de cette étape : « Jusqu'à Grenoble, j'étais aventurier ; à Grenoble, j'étais prince. »

Les « Refuges Napoléon » – En reconnaissance de l'accueil enthousiaste qu'il avait reçu à Gap, Napoléon Iᵉʳ légua au département des Hautes-Alpes une somme destinée à la construction de refuges, au passage de cols particulièrement exposés en hiver.

Ce legs ne fut accepté qu'en 1854. Il fut employé à l'érection de refuges aux cols de Manse, du Lautaret, d'Izoard, de Vars, du Noyer *(pour ces trois cols voir le guide Vert Alpes du Sud)* et, sur les chemins muletiers reliant le Haut-Queyras au Piémont, au col Agnel et au col de la Croix *(ces deux derniers refuges sont aujourd'hui en ruine, celui du Noyer a été remplacé par un hôtel).*

L'itinéraire touristique – Ce trajet (325 km), dont seulement une toute petite partie est décrite dans ce guide, peut être effectué par l'automobiliste en deux jours et à n'importe quelle époque de l'année.

Nous conseillons de remonter la N 85 dans le sens effectivement suivi par l'Empereur. Nous décrivons ici, de la sortie de Corps à Grenoble, la route réellement empruntée par l'Empereur.

La première partie de la Route Napoléon se trouve décrite dans les guides Vert Michelin Côte d'Azur et Alpes du Sud.

DE CORPS À GRENOBLE *compter une demi-journée*

Tracée à flanc de pente, la N 85 parcourt le Beaumont. Elle se dérobe au fond de la vallée de la Bonne, avant de remonter sur le plateau de la Matheysine. Peu avant La Mure, quelques sommets neigeux de l'Oisans sont visibles par la trouée du **Valbonnais**.

La Mure – *Décrit aux lacs de Laffrey.*

Le parcours traverse le plateau de la Matheysine et longe les lacs de Laffrey *(voir ce nom)*.

★ **Prairie de la Rencontre** – Le chemin d'accès est signalé par deux monuments portant les aigles impériales. La statue équestre de Napoléon Ier (bronze de Frémiet), que l'on voit facilement de la route, évoque la fameuse « Rencontre ».

Le Grand lac de Laffrey et son cadre de montagnes (Obiou, Belledonne, Chartreuse) composent un agréable paysage.

★ **Laffrey** – Centre de villégiature apprécié des pêcheurs et des amateurs de baignade. Contre le mur du cimetière, au bord de la route, à côté de la grille d'entrée de l'église, une plaque rappelle la harangue que Napoléon Ier adressa aux soldats envoyés de Grenoble pour l'arrêter.

★ **Vizille** – *Voir ce nom.*

De Vizille à Grenoble, le véritable itinéraire napoléonien est la D 5 : la descente sur Eybens permet de découvrir le cadre imposant de Grenoble.

★★ **Grenoble** – *Voir ce nom.*

RUMILLY

9 991 habitants
Cartes Michelin nos 89 pli 14 ou 244 pli 18

Capitale de l'**Albanais**, Rumilly fut une importante place forte jusqu'au siège de 1630 à la suite duquel elle fut démantelée par les Français. Cette ville avait pour défenses naturelles les profondes coupures de deux torrents confluents, le Chéran et la Néphaz, que plusieurs ponts permettent désormais de franchir.

C'est aujourd'hui un marché agricole régional et un centre industriel actif (industries laitières, tanneries, matières plastiques, céramiques, jouets, ustensiles ménagers).

CURIOSITÉS

Vieux quartiers – Le noyau ancien de la ville, autour de sa « Halle aux blés » – le bâtiment actuel date de 1869 –, n'est pas dénué d'un certain cachet aristocratique : on y voit encore quelques hôtels du 16e s. (14, rue d'Hauteville) et du 17e s. (8, place de l'Hôtel-de-Ville ou 18, rue Filaterie).

Place de l'Hôtel-de-Ville – La place, où s'élève une fontaine à cols de cygne, est entourée de maisons à arcades, suivant la mode savoyarde.

Pont Édouard-André – En sortant de Rumilly par ce pont, qu'emprunte la D 31, on découvre à droite un ensemble de vieilles maisons à balcons accrochées au bord du lit encaissé et boisé de la Néphaz.

Musée de l'Albanais ⊙ – *Avenue Gantin.* Établi dans une ancienne manufacture de tabac, ce petit musée expose des documents et objets traditionnels relatifs à l'histoire de l'Albanais et de la Savoie depuis le 17e s. On remarquera en particulier un « parcours historique » à travers l'arbre généalogique de la Maison de Savoie, avec portraits et biographie des princes.

Église Ste-Agathe – Réalisée par l'architecte sarde Melano en 1837, cet édifice présente une intéressante façade de style toscan flanquée d'un clocher du 12e s.

Chapelle N.-D. de l'Aumône ⊘ – *Au bout de l'avenue de l'Aumône, en bordure du Chéran.*
Cette chapelle du 13e s. a été très remaniée et agrandie au début du 19e s.

★ **VAL DU FIER** *42 km – environ 2 h*

Quitter Rumilly par la D 31 au Nord-Ouest (vers Lornay).

La route longe bientôt le Fier qu'elle franchit à St-André pour gagner **Clermont**, village bien ramassé sur sa butte, au-dessus de la dépression de l'Albanais.

Château de Clermont ⊘ – Un étroit chemin goudronné donne accès aux bâtiments, propriété départementale après avoir été longtemps occupés par une exploitation rurale. Il faut pénétrer dans l'ancienne cour d'honneur pour admirer l'ensemble des trois ailes de galeries à double étage qui faisait le principal ornement de ce palais, élevé sans fondations, à même le roc, de 1575 à 1577, par un riche prélat, Gallois de Regard, dans le style de la Renaissance italienne.
L'aile Sud, percée d'un majestueux portail, est flanquée de deux tours carrées ; de sa galerie supérieure – la seule non couverte – vue sur la campagne albanaise, Rumilly restant invisible derrière un pli de terrain.
À l'intérieur, on visite plusieurs salles et les caves (dont une à arcade).

Revenir à St-André, à l'entrée amont du Val du Fier (vers Seyssel). Prendre la route peu avant une usine à gauche.

★ **Val du Fier** – Cluse typique aux versants noyés sous un fouillis de verdure, que l'on parcourra de préférence en fin de l'après-midi pour bénéficier d'effets de contre-jour. La porte d'entrée amont, avec ses bancs de roches feuilletées, et l'étranglement final, dont la route se libère au prix de deux tunnels, constituent les passages les plus marquants du défilé.
Juste avant le deuxième tunnel s'amorce à gauche le court sentier d'accès à une grille défendant l'entrée de la **voie romaine du Val du Fier**, tronçon subsistant, taillé sur 75 m dans une paroi rocheuse, de la route qui, au milieu du 1er s., reliait la plaine de l'Albanais à la vallée du Rhône.

Faire demi-tour à la sortie du Val du Fier, toute proche du confluent du Fier et du Rhône, et reprendre la direction de Rumilly jusqu'à Vallières. Là, prendre à gauche la D 14 vers Hauteville, jusqu'à Vaulx.

Jardins secrets ⊘ – Cette originale succession de petits jardins agrémentés de pergolas, patios et constructions où prédomine le bois, permet une halte rafraîchissante autour des nombreuses fontaines ponctuant le parcours.

Faire demi-tour et rentrer à Rumilly par le même itinéraire.

STE-FOY-TARENTAISE

643 habitants
Cartes Michelin nos 89 pli 6 ou 244 Sud du pli 21 – Schéma p. 271

Bâtie sur une terrasse dominant la rive droite de l'Isère entre Bourg-St-Maurice et Val-d'Isère, Ste-Foy-Tarentaise est entourée de villages et de hameaux qui ont conservé leur aspect ancien. C'est un centre d'excursions très agréable.

RANDONNÉES PÉDESTRES

★★ **La Sassière** – *10 km, puis 2 h AR à pied. Prendre la première route à gauche à la sortie de Ste-Foy-Tarentaise vers l'Iseran.*
Après 2 km, la route parvient en vue du gros hameau **le Miroir** dont les vastes chalets aux balcons de bois s'étagent sur le versant adret.
On traverse ensuite quelques hameaux dont le Crôt, et l'on arrive à l'altitude des alpages où les maisons en pierre, aux toutes petites ouvertures et aux toits plats couverts de lauzes, sont prêtes à affronter les hivers les plus rudes.

Laisser la voiture à la fin de la route et poursuivre à pied.

Le chemin monte parmi les rhododendrons. À la chapelle de la Sassière apparaît soudain une **vue**★★ sur le glacier de Rutor, situé en Italie et dominant de sa masse une vallée glaciaire à fond plat où s'éparpillent un hameau et des chalets d'alpage.

Y. Bontoux

Le Monal

★★ **Point de vue du Monal** – *8 km, puis 1 h à pied AR. Prendre la D 902 vers le Sud, puis tourner à gauche vers Chenal. Y laisser la voiture et poursuivre à pied.* Du hameau du Monal s'offre une **vue** remarquable sur le mont Pourri et ses glaciers, les cascades qui tombent du glacier de la Gurra, et sur le village de la Gurraz.

ST-GERVAIS-LES-BAINS⚕⚕

5 124 habitants (les St-Gervolains)
Cartes Michelin nᵒˢ 89 pli 4 ou 244 pli 20 – Schéma p. 202

Au débouché du val Montjoie et de l'utoroute Blanche dans le bassin de Sallanches, apparaît Saint-Gervais, dans l'un des sites les plus épanouis des Grandes Alpes. Lancée depuis plus d'un siècle par ses eaux thermales, Saint-Gervais, ou Saint-Gervais-Mont-Blanc, est surtout devenu la capitale du tourisme climatique dans le massif du Mont-Blanc. Importante villégiature familiale, c'est aussi le point de départ de nombreuses excursions, en voiture ou en téléphérique, offrant d'exceptionnels points de vue sur le massif du Mont-Blanc.

Pour l'alpiniste qui tente l'ascension du plus haut sommet français par le tramway du Mont-Blanc, Tête Rousse et l'aiguille du Goûter, Saint-Gervais constitue la base de départ traditionnelle.

Enfin, sa situation, au milieu de la chaîne de téléphériques et de chemins de fer de montagne qui relie Megève à la vallée de Chamonix par le mont d'Arbois, le col de Voza et Bellevue, en fait, avec ses satellites d'altitude du Bettex, de « Voza-Prarion » et de St-Nicolas-de-Véroce, une grande station de sports d'hiver.

ST-GERVAIS

La ville s'organise autour de son église, sur les derniers versants adoucis du val Montjoie et au-dessus de la faille boisée où coule le Bon Nant.

Pont du Diable – Il enjambe la gorge boisée du Bon Nant. Vers l'amont la vue est dégagée sur le mont Joly, le mont Tondu et sur les dômes de Miage, dont les bosses neigeuses forment le décor typique du val Montjoie ; vers l'aval, échappée sur les escarpements des Fiz (pointe et « désert » de Platé).

LE FAYET

Au fond du bassin de Sallanches, cette ville-gare constitue le quartier thermal de l'agglomération.

L'**Établissement thermal** est situé à la sortie de la gorge du Bon Nant, au fond d'un parc agrémenté par une jolie cascade. Les eaux sont utilisées dans le traitement des affections de la peau et des voies respiratoires supérieures.

Église N.-D. des Alpes – Construite en 1938 par l'architecte Novarina, qui a conçu également l'église d'Assy, elle témoigne des tendances de l'art sacré à cette époque.

EXCURSIONS

★★★ **Route du Bettex** ⊘ – *8 km par la D 909 (route de Megève), puis la D 43 à gauche en direction du Bettex. On peut aussi accéder au Bettex par le téléphérique au départ de St-Gervais.*

Vues d'une saisissante variété sur les chaînes du Mont-Blanc, des Fiz et des Aravis.

L'excursion peut être prolongée par la montée en téléphérique du Bettex au **Mont d'Arbois**★★★ (alt. 1 827 m – table d'orientation). Magnifique **tour d'horizon** sur les Aravis, les Fiz et le Mont Blanc.

Col de Voza ⊘ – Alt. 1 653 m. *Le tramway du Mont-Blanc assure la montée au départ du Fayet ou de St-Gervais-Ville.*

Le tramway électrique du Mont-Blanc, en direction du Nid d'Aigle *(voir ci-dessous)* conduit d'abord au col de Voza ; son tracé à flanc de montagne au-dessus de la vallée de Bionnassay réserve déjà des **vues**★★ grandioses sur le groupe du Mont-Blanc.

ST-GERVAIS-LES-BAINS

LE FAYET

Comtesse (R.) 2
Gontard (Av.) 4
Miage (Av. du) 5
Mont-Blanc
    (R. et jardin du) 6
Mont-Lachat (R. du) 7

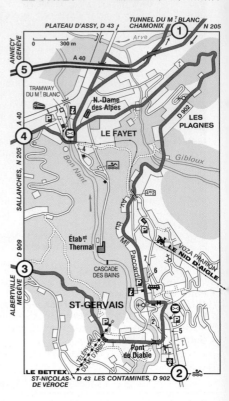

St-Nicolas-de-Véroce et excursions – *12 km par la D 909 vers Megève, puis la D 43 à gauche. Description au massif du Mont-Blanc.*

★★ **Le Nid d'Aigle (glacier de Bionnassay)** ⊘ – Alt. 2 386 m. *Compter environ 3 h AR par le tramway du Mont-Blanc.*
Introduction à la haute montagne par la découverte du cadre sauvage du glacier de Bionnassay *(de la station terminus, 1 h à pied AR pour atteindre la moraine du glacier)*, au pied des aiguilles de Bionnassay, d'où s'abattent de spectaculaires avalanches, et de l'aiguille du Goûter. **Vue** sur les massifs encadrant le bassin de Sallanches.

ST-JEAN-DE-MAURIENNE

9 439 habitants (les Mauriennais)
Cartes Michelin nos 89 pli 17 ou 244 pli 30

La capitale historique de la Maurienne, groupant ses maisons grises dans le bassin où confluent l'Arc et l'Arvan, doit une grande part de son développement au rôle de cité épiscopale qu'elle a tenu jusqu'en 1966, date à laquelle le diocèse de Maurienne est passé sous administration de l'archevêque de Chambéry.

CURIOSITÉS

Cathédrale St-Jean-Baptiste ⊘ – Sur le parvis, on remarque tout d'abord une tour carrée isolée (11e-12e s.), en partie démantelée à la Révolution, ancien clocher de l'église Notre-Dame (portail latéral du 11e s.).
La cathédrale elle-même (11e et 15e s.), édifiée sur une **crypte** ⊘ dégagée en 1958, est précédée d'un péristyle, construit en 1771, sous lequel Charles-Félix fit élever au 19e s., dans le style en honneur à Hautecombe, un mausolée à Humbert aux Blanches Mains, premier comte de Maurienne et fondateur de la Maison de Savoie. L'intérieur, en partie restauré, est intéressant pour son riche mobilier du 15e s. et pour les deux fresques qui ont été rendues au jour : l'une, dans le collatéral gauche, représente l'Annonciation ; elle est nette et bien colorée ; l'autre dans le bas-côté droit, ayant sans doute orné un enfeu à l'origine, montre la Mise au tombeau.

★ **Ciborium** – Délicat chef-d'œuvre de sculpture flamboyante, taillé dans l'albâtre, il est placé à gauche dans l'abside. Il a présenté quelque temps, dans sa niche centrale, trois doigts de saint Jean-Baptiste (désormais conservés à la sacristie), patron de la ville, laquelle a pris pour armes la main du Précurseur. Ces reliques avaient été rapportées d'un pèlerinage, au 6e s., par sainte Thècle, originaire de Valloire.

★ **Stalles** – Ce magnifique ouvrage de boiserie, achevé en 1498, est dû au sculpteur genevois Pierre Mochet, qui y travailla 15 ans. Restauré en 1969, il comprend 43 stalles hautes et 39 basses. Les hauts dossiers sont décorés de grands bas-reliefs représentant des saints, tandis que les appuis des sièges et les miséricordes témoignent plus librement de la fantaisie de l'artiste. Des deux stalles sous baldaquin les plus proches de l'autel, celle de droite est le siège de l'évêque, l'autre est réservée, depuis le 15e s., au chef de l'État, de droit chanoine d'honneur de la cathédrale.

Cloître – Du 15e s., au flanc gauche de l'église, il subsiste dans son intégrité, avec ses arcs d'origine en albâtre du pays. Dans la galerie Sud, un escalier permet de gagner la crypte.

Musée Opinel ⊙ – Il présente l'historique du célèbre couteau savoyard (voir également p. 317) conçu par la dynastie de taillandiers Opinel, originaire des environs de St-Jean-de-Maurienne. Le symbole de la marque adopté (la Main couronnée) est celui du chapitre de la cathédrale de St-Jean-de-Maurienne. Après l'historique du couteau et une projection vidéo sur les techniques modernes de fabrication, on appréciera la minutie de la reconstitution de l'atelier de l'ancêtre fondateur, Daniel.

★ **ROUTE DE LA TOUSSUIRE** *circuit de 36 km - environ 2 h*
Quitter St-Jean par la D 926, puis tourner à droite dans la route de la Toussuire.

La route, tracée en vue d'un large horizon de montagnes, fait découvrir dès le début les aiguilles d'Arves. Plus haut, le regard plonge sur le bassin de St-Jean-de-Maurienne.

★ **Fontcouverte** – Groupé sur une butte, visible de fort loin, ce village, d'origine très ancienne, occupe un site remarquablement dégagé, à la convergence des vallons descendus du cirque supérieur de la Toussuire.

Le Corbier – Le domaine skiable de cette station située en plein cœur du massif des Arves est relié à ceux des stations voisines de la Toussuire et de St-Sorlin-d'Arves.

La Toussuire – Cette station a été créée de toutes pièces dans un cadre d'immenses versants dénudés.

Le hameau de **la Rochette**, que l'on traverse en redescendant vers St-Jean-de-Maurienne, doit son nom au pointement rocheux isolé qui caractérise son site.

ST-JEAN-EN-ROYANS

2 895 habitants
Cartes Michelin nos 77 Sud du pli 3 ou 244 pli 38 – Schéma p. 280

Situé au débouché de la reculée de Combe Laval (p. 285), au pied des falaises du Vercors, St-Jean-en-Royans est un excellent point de départ pour de magnifiques excursions. La tabletterie et la tournerie constituent les principales activités locales avec la fabrication des ravioles de Royans, la spécialité gastronomique.

CURIOSITÉS

Église ⊙ – Le chœur est décoré de belles boiseries du 18e s. provenant de l'ancienne chartreuse de Bouvante.

Table d'orientation de la colline du Toura – *Accessible par le chemin du cimetière.* De là on découvre une vue d'ensemble sur St-Jean, les paysages verdoyants du Royans et, au-delà, sur les gorges de la Bourne et la reculée de Combe Laval.

ENVIRONS

Rochechinart – *5 km à l'Ouest par la D 209.* Le village est dominé par les ruines d'un **château** des 11e et 12e s. qui reçut la visite au 15e s. du prince turc Zizim. La petite église campagnarde, entourée de son cimetière, et le presbytère forment un ensemble harmonieux avec pour toile de fond les falaises calcaires de Combe Laval.

Dans le presbytère a été aménagé le **musée de la Mémoire** ⊙ : collections d'outils, de costumes régionaux, reconstitution de la cuisine, de la chambre, de la magnanerie.

★ **Route du Pionier** – *17 km au départ de St-Jean-en-Royans au Sud par la D 131, puis la D 331 à partir du col de la Croix.*

Du col de la Croix, la D 331 grimpe en corniche, en vue de la vallée de la Lyonne et du cirque boisé de la Bouvante qui en marque l'origine. Le regard se porte ensuite sur le Royans et la vallée de l'Isère. Après le tunnel du Pas de l'Échelle (dit du Pionier), la route monte encore jusqu'à son aboutissement à la D 199.

De là on peut prendre la route du col de la Bataille (décrite en sens inverse p. 286) ou revenir à St-Jean-en-Royans par la magnifique route de Combe Laval (p. 284).

Monastère St-Antoine-le-Grand ⊘ – *À St-Laurent-en-Royans, que l'on rejoint par la D 54, prendre la direction du col de la Machine (D2) ; dans le premier tournant prendre à droite la route indiquée Gorge de Laval (D 239). Le monastère est à 5 km.*

Tout au fond de Combe Laval vit une communauté de quelques moines orthodoxes issue du célèbre monastère du mont Athos Simonos Petras. Précédée d'un portail en bois sculpté, son église de style purement byzantin recrée un petit coin de Grèce, insolite dans ce grandiose décor alpin. L'intérieur présente un exceptionnel ensemble de peintures murales (300 m²) dont la réalisation par deux peintres de l'école de Moscou a duré cinq ans.

ST-NAZAIRE-EN-ROYANS

576 habitants (les Nazairois)
Cartes Michelin n°s 77 pli 3 ou 244 Nord des plis 37 et 38

Sur la rive gauche de l'Isère, au carrefour de la route Valence-Grenoble et des grands itinéraires touristiques du Vercors (gorges de la Bourne-Combe Laval), St-Nazaire-en-Royans présente, vue de l'aval (de la D 531, venant de Pont-en-Royans), un tableau curieux. Bouchant la perspective, les arches d'un imposant **aqueduc** (canal d'irrigation conduisant une partie des eaux de la Bourne, captées à Pont-en-Royans, dans la plaine de Valence) encadrent de vieilles maisons massées sur la rive escarpée.

À la sortie du village, en direction de St-Jean-en-Royans, un monument, élevé par les pionniers du Vercors rappelle les douloureux événements de juin-juillet 1944.

CURIOSITÉS

Pont St-Hilaire-St-Nazaire – Cet élégant ouvrage, reconstruit en 1948, comporte une arche en béton non armé et maçonnerie, de 110 m d'ouverture, lancée au-dessus du confluent, aujourd'hui noyé par un barrage, de la Bourne et de l'Isère.

Grotte de Thaïs ⊘ – Son entrée se trouve au pied de l'aqueduc en bordure du lac. Cette grotte est une formation géologique originale. Son dédale de galeries étroites et tortueuses a été creusé et sculpté uniquement par l'action chimique de l'eau de l'une des rivières souterraines les plus importantes du Vercors qui, en période de crue, remonte jusqu'à la partie supérieure de la grotte. La roche torturée y est par endroits colorée d'un rouge ou d'un gris très intenses. Outre son intérêt géologique, cette grotte s'est avérée être un important gisement préhistorique. Elle fut habitée à l'époque magdalénienne (il y a environ 13 000 ans) et l'on y a retrouvé des outils, des grattoirs, des os gravés et en particulier un os coché qui pourrait être un système numérique correspondant à un calendrier lunaire.

Dans des aquariums sont présentés quelques animaux cavernicoles.

Croisières en bateaux à roues à aubes ⊘ – Elles sont organisées sur la retenue (220 ha), au départ du village de la Sône, en amont de St-Nazaire sur la rive opposée. Elles permettent de traverser la **roselière de Creux**, important site ornithologique.

Jardin des fontaines pétrifiantes ⊘ – Ce charmant espace de verdure regroupe plus de 500 espèces différentes de plantes et de fleurs autour des sources pétrifiantes de la Sône. Le pouvoir élevé de pétrification de ces eaux calcaires est mis en évidence par une cascade recouvrant de calcite divers objets.

Les parcs naturels régionaux diffèrent des parcs nationaux par leur conception et leur destination.
Ce sont des zones habitées choisies pour être l'objet d'aménagements et le terrain d'activités propres à développer l'économie (création de coopératives, promotion de l'artisanat), à protéger le patrimoine naturel et culturel (musées, architectures...), à initier les visiteurs à la nature.

ST-NIZIER-DU-MOUCHEROTTE

576 habitants (les St-Niziards)
Cartes Michelin nos 77 pli 4 ou 244 Sud du pli 28 – Schéma p. 281

St-Nizier est une station estivale et hivernale très appréciée des Grenoblois pour son site de plateau, magnifiquement dégagé. La localité, incendiée le 15 juin 1944 lors d'un raid de représailles précédant les grands combats du Vercors *(voir p. 275)*, a été reconstruite.

CURIOSITÉS

Église – Précédée d'une croix de pierre datée de 1761, elle conserve sa silhouette d'église montagnarde du 12e s., mais a été très restaurée. L'intérieur, agrandi, contient d'intéressantes œuvres modernes : chemin de croix en sycomore, croix d'autel, tapisserie d'Aubusson ornant le chœur, fonts baptismaux, bénitier évoquant les travaux champêtres, statues de la Vierge et saint Joseph portant l'Enfant.

Mémorial du Vercors – *2 km sur la D 106 en direction de Grenoble.*
Face à un vaste horizon montagneux, ce cimetière groupe les sépultures de 96 combattants du Vercors, sur le lieu même de la première ligne de résistance des maquisards lors des combats de juillet 1944.

BELVÉDÈRES ACCESSIBLES À PIED

★★ **Table d'orientation** – *Le sentier d'accès se détache à côté de l'hôtel Bel-Ombrage.* De la table d'orientation, le **panorama**★★ est étendu sur la Chartreuse, la façade Sud-Est du Mont Blanc, Belledonne, les Écrins.

★★ **Sommet du Moucherotte** – *2 h Aller. Partir du « Parking haut du tremplin olympique » puis emprunter le GR 91.*
Du sommet, large **tour d'horizon**★★★ : une table d'orientation permet d'identifier les nombreuses hauteurs qui délimitent le panorama ; par temps très clair, le Mont Blanc est visible. La nuit, la vue sur Grenoble est féerique.

> ### La Belle Époque du Moucherotte
>
> Pendant une dizaine d'années, le sommet du Moucherotte a été le cadre d'une animation mondaine. Ouvert en 1955, l'hôtel de l'Ermitage a connu ses heures de gloire à partir de 1960, lorsque l'établissement était fréquenté par les grands noms du spectacle. Roger Vadim utilisa son cadre pour mettre en scène Brigitte Bardot dans *La Bride sur le cou*.
> L'établissement, dont les contraintes d'accès limitaient l'exploitation - il était accessible uniquement par téléphérique depuis Grenoble, lorsque les conditions météorologiques étaient clémentes -, dut fermer ses portes cinq ans après les Jeux olympiques de Grenoble.
> Des projets de réhabilitation du site sont à l'étude.

ST-PIERRE-DE-CHARTREUSE★

660 habitants (les Chartroussins)
Cartes Michelin nos 77 pli 5 ou 244 pli 28 – Schéma p. 131.

St-Pierre-de-Chartreuse, station climatique de moyenne montagne, attire hiver comme été ceux que charment le cadre reposant et les paysages si parfaitement composés et boisés du massif de la Chartreuse.

LA STATION

Le domaine skiable – Situé entre 900 et 1 800 m sur le secteur de la Scia, il offre des pistes de toutes difficultés, mais son enneigement reste incertain du fait de l'altitude. Les sports d'hiver se pratiquent aussi avec une meilleure neige au **col de Porte** (alt. 1 326 m).

En été, St-Pierre-de-Chartreuse constitue un lieu de séjour permettant de rayonner sur l'ensemble du massif de Grenoble à Chambéry. Les possibilités d'excursions en automobile et en randonnées pédestres sont intéressantes (avec 270 km de sentiers balisés). St-Pierre satisfera particulièrement les bons marcheurs, peu sensibles au vertige, qui entreprendront l'ascension de la **dent de Crolles** ou du **Granier**, d'où les panoramas superbes permettent de découvrir la Vanoise et Belledonne.

★ **Terrasse de la Mairie** – Belle **vue** sur la silhouette élégante de Chamechaude (alt. 2 082 m), que la courbe du col de Porte relie au petit sommet rocheux de la Pinéa.

ENVIRONS

Église St-Hugues-de-Chartreuse ⊙ – *4 km au Sud de St-Pierre.* Cette église du 19ᵉ s., banale de l'extérieur, a reçu à l'intérieur une **décoration monumentale d'art sacré**★ contemporain. Toutes les œuvres qui s'y trouvent : peintures, sculptures, vitraux, objets sacrés, ont été exécutées par un seul artiste, Jean-Marie Pirot Arcabas, entre 1953 et 1986.

Dès l'entrée on est frappé par la dominante rouge et or qui caractérise la plupart des œuvres. Celles-ci se répartissent en trois bandeaux superposés correspondant à trois périodes différentes. Les grandes toiles rouge et noir peintes sur jute datent de 1953 et montrent une certaine austérité. Celles du registre supérieur, exécutées 20 ans plus tard, sont par contre étincelantes d'or, évoquant des icônes. La prédelle, enfin, registre inférieur terminé en 1986, est une suite de petits tableaux où se mêlent abstraction et réalisme pour exprimer la vision du monde de l'artiste s'appuyant sur les textes sacrés. En 1984, l'ensemble de l'œuvre a fait l'objet d'une donation par le peintre au département de l'Isère.

RANDONNÉES PÉDESTRES

★★ **Le Grand Som** – Alt. 2 026 m. Dénivelée : 1 175 m. *Randonnée pour marcheurs endurants : 4 h de montée. L'intérêt de cet itinéraire réside dans le panorama à l'arrivée qui récompense largement de l'effort consenti.*
Quitter St-Pierre à l'Ouest par la D 520ᴮ que l'on suit sur 3 km environ. Laisser la voiture sur le parking réservé aux randonneurs de la Correrie *(voir la Grande Chartreuse).*
Redescendre sur 300 m la route et prendre à droite la route interdite aux véhicules qui conduit au couvent. Longer ce dernier puis, après avoir dépassé une maison sur la gauche, emprunter un chemin sur la droite, qui monte vers un calvaire, en contrehaut du couvent. Poursuivre jusqu'au sommet de la prairie, en lisière de la forêt. Belle **vue** sur le couvent.
Revenir sur la route et prendre la direction du Grand Som par le col de la Ruchère. Après une demi-heure de marche, à la hauteur des chapelles N.-D. de Casalibus et St-Bruno, prendre à droite le sentier en montée, balisé en orange. Au bout de 15 mn, emprunter à nouveau à droite un sentier plus étroit signalé par un panneau, qui rejoint un chemin que l'on laisse peu après pour s'engager à gauche dans un sentier pentu qui conduit en 45 mn au refuge Habert de Bovinan. Continuer jusqu'au pied du Grand Som, puis prendre à droite le sentier balisé avec des flèches peintes sur le rocher. À la bifurcation suivante, choisir le sentier rocailleux des moutons. De la croix au sommet, magnifique **panorama**★★★ sur l'ensemble de la Chartreuse, du col de Porte au Granier en passant par St-Pierre et la route du Cucheron. Vue impressionnante en contrebas sur le couvent. En arrière-plan, on aperçoit le Mont Blanc et la chaîne de Belledonne derrière laquelle se dressent les deux cornes neigeuses de la Grande Casse.

★★ **Belvédère des Sangles** – *2 km, puis 2 h 1/2 à pied AR. Descendre à la Diat et prendre la route de St-Laurent-du-Pont. Après un pont sur le Guiers Mort, laisser la voiture, pour retraverser le torrent et suivre la R.F. de Valombré.*
La route forestière, débouchant bientôt dans la jolie **prairie de Valombré**, permet de découvrir le **site**★ du monastère de la Grande Chartreuse sous son plus bel aspect.
Les corniches du Grand Som, à droite, les croupes boisées de l'Aliénard, à gauche, encadrent le couvent. En contrebas, on remarque les bâtiments de la Correrie.
La route se termine à un rond-point. De là on atteint, en poursuivant le chemin en montée, le **belvédère** d'où l'on surplombe les gorges boisées du Guiers Mort.

★ **Perquelin** – *3 km à l'Est.* Le chemin se termine dans le vallon supérieur du Guiers Mort, au pied des escarpements de la dent de Crolles, dans un cadre de prairies.

★ **La Scia** ⊙ – *1 h 1/2 AR environ, dont 3/4 h de remontée mécanique, par la télécabine des Essarts, puis par le télésiège de la Scia.*
De la station terminus du second tronçon de la télébenne, on monte facilement au sommet de la Scia (alt. 1 782 m – signal), d'où se révèle un beau **panorama** sur les sommets de la Chartreuse. Par la trouée du col des Ayes apparaissent, en outre, le Taillefer, l'Obiou et le Vercors. Au Nord, on distingue la dent du Chat et le Grand Colombier (Jura méridional).

Les villes, sites et curiosités décrits dans ce guide
sont indiqués en caractères noirs sur les schémas.

Les SAISIES ✻

Cartes Michelin n°s 74 pli 17 ou 244 pli 20 – Schéma p. 95

En 1963, les villages de Crest-Voland, Cohennoz, Hauteluce et Villard-sur-Doron mirent en commun, sans pour autant renoncer à leur identité propre, leurs terrains proches du **col des Saisies** et formèrent un syndicat intercommunal, permettant ainsi la création d'une station nouvelle. Celle-ci s'est développée au sein de l'ample dépression que constitue le col (alt. 1 650 m), l'un des sites pastoraux les plus typiques des Alpes.

LA STATION

Cette situation privilégiée et l'enneigement prolongé des pentes ont favorisé le développement du ski de fond, dont Les Saisies sont devenues le grand centre alpin. Le déroulement sur ce site des 16 épreuves de ski de fond et biathlon des Jeux olympiques, en 1992, a confirmé cette renommée.

Les Saisies sont la « patrie » de **Frank Piccard**, deux fois champion olympique à Calgary en 1988.

Du col, on découvre une **vue**★ étendue sur les montagnes du Beaufortain, soit d'Est en Ouest : l'aiguille du Grand-Fond, Pierra-Menta, le crêt du Rey et le Grand Mont.

Le hameau des **Pémonts** offre une **vue** privilégiée sur les montagnes du Beaufortain.

Le SALÈVE★

Cartes Michelin n°s 89 plis 15 et 16 ou 244 plis 7 et 8

Bien qu'en territoire français, la montagne du Salève (point culminant : 1 380 m au Grand Piton), qui dispose au-dessus de l'agglomération genevoise « ses falaises superposées comme les larges bandeaux d'un temple », est pratiquement un fief touristique suisse. Les grimpeurs de Genève, qui se livrent sur ses murailles aux plaisirs de l'escalade, ont enrichi la langue alpine du terme de « **varappe** » (escalade), nom d'un des passages les plus réputés de ces parois calcaires.

Une route, tracée dans l'axe de la ligne de faîte, longe ou surmonte tour à tour les trois bombements de la montagne (les Pitons, le Grand Salève, le Petit Salève). Elle offre constamment de très belles vues lointaines sur la vallée de l'Arve, les massifs du Haut-Faucigny calcaire et du Mont-Blanc, tandis que, à l'Ouest, le regard plonge sur Genève et le lac Léman, avec, à l'horizon, le Jura.

★★ TÉLÉPHÉRIQUE DU SALÈVE ⊘

Départ du pas de l'Échelle à 500 m au Sud du grand carrefour où s'élève le poste des douanes françaises de Veyrier.

Il permet d'accéder à une crête d'où s'offre un **point de vue**★ remarquable sur Genève, le lac Léman et le Jura. En montant au-dessus de la station, se placer dans le virage à côté du panneau indicateur : dans l'alignement on apercevra le Mont Blanc.

Possibilité de suivre la D 41 en montée *(1/2 h)* jusqu'à l'hôtel des Treize-Arbres.

DE CRUSEILLES À ANNEMASSE *34 km – environ 1 h 3/4*

L'itinéraire comporte la traversée de la zone franche (voir les Renseignements pratiques en fin de guide), aux Lirons et à Bas-Mornex. La route (D 41) est fermée à la circulation touristique en hiver, durant la période d'enneigement, entre les Avenières et le col de la Croisette. Faire le parcours de préférence en fin d'après-midi.

Cruseilles – Bourg bien situé sur les dernières pentes du Salève, au-dessus du sillon parcouru par le torrent des Usses. La maison dite de Fésigny (à 50 m de l'église) est un témoin des riches résidences qui existaient, aux 14e et 15e s., dans la région.

À 1,5 km à l'Est de la localité existe un vaste ensemble touristique et sportif fonctionnant en saison, le **parc des Dronières**, comprenant un plan d'eau de 6 ha, dans une cuvette verdoyante entre des collines boisées.

Entre Cruseilles et l'entrée en forêt, les derniers sommets du Jura méridional se découvrent au Nord-Ouest, et, au Sud-Est, les falaises du Parmelan, la Tournette ; plus à droite, les sommets des Bauges (Sambuy, Arcalod et Trélod), Annecy et son lac.

Plus haut, entre deux passages sous bois, alors que la route s'élève sur les flancs du plan de Salève, la **vue**★★ se dégage sur la dépression des Bornes, qui fait communiquer Annecy et la vallée de l'Arve, et sur la vaste plaine de l'Arve inférieure. En arrière se profilent, de gauche à droite, les montagnes du Haut-Faucigny calcaire (Avoudrues, Buet), les sommets du Bargy, du Jallouvre, de Pointe Percée, et enfin, à l'horizon, le massif du Mont-Blanc enneigé.

De Petit Pommier au col de la Croisette, un passage en corniche sur le versant du Léman offre de remarquables vues aériennes sur Genève et l'extrémité du lac. En pleine saison, on peut apercevoir le jet d'eau du port, dont l'énorme panache s'épanouit à près de 150 m de hauteur. En face s'alignent, monotones, les croupes du Jura.

Au Nord du col de la Croisette, la route réserve également de beaux coups d'œil sur les montagnes savoyardes et quelques échappées rapprochées sur le Léman, qui se découvre jusqu'aux rivages voisins de Lausanne.

Grande-Gorge – Par cette coupure – la route, en cet endroit, est bordée d'un parapet – on aperçoit Genève et les méandres que décrit l'Arve dans la banlieue de la grande cité, avant de se joindre au Rhône.

★★ **Table d'orientation des Treize-Arbres** – *De la D 41, 1/4 h à pied AR par le sentier partant du parking de l'hôtel-restaurant.* De là, le **panorama** embrasse les sommets qui se succèdent entre les dents du Midi et le Mont Blanc. Le chiffre « treize » est une corruption du patois « tres » (trois) : l'endroit était signalé autrefois par un groupe de trois arbres isolés. La position en balcon de l'arête rocheuse en fait un site favori des parapentistes dont les évolutions sont dignes d'intérêt.

Monnetier-Mornex – Cette agglomération touristique égrène longuement ses villas, entre le col séparant le Petit Salève du Grand Salève (Monnetier-Église) et le fond du vallon du Viaison (Mornex et Bas-Mornex).

Annemasse – Importante ville frontière et centre économique très marqué par la proximité de Genève.

En fin de volume figurent d'indispensables Renseignements pratiques :
- *Organismes habilités à fournir toutes informations ;*
- *Loisirs sportifs ;*
- *Visites à thème ;*
- *Livres et films sur la région ou le pays ;*
- *Manifestations touristiques ;*
- *Conditions de visite des sites et des monuments...*

SALLANCHES

12 767 habitants
Cartes Michelin n°s 89 pli 6 ou 244 pli 20 – Schéma p. 156

À l'entrée amont de la grande cluse de l'Arve, Sallanches commande une **vue**★★ merveilleuse autant que soudaine sur le Mont Blanc, vue qui n'a pas cessé d'enthousiasmer les voyageurs depuis l'époque romantique. Ce « spectacle de la nature » est grandiose au coucher du soleil. Sur la place Charles-Albert, une table d'orientation détaille le panorama.

Sallanches est un important centre d'excursions en moyenne montagne. Son équipement touristique bénéficie de la proximité des **lacs de la Cavettaz** *(2 km),* offrant, sous l'appellation de « **Mont-Blanc-Plage** », un ensemble d'installations sportives très apprécié des estivants (plage équipée, piscine pour enfants, tennis).

CURIOSITÉS

Église – De proportions imposantes, l'édifice, bien situé en vue du Mont Blanc, est décoré à l'intérieur dans le goût italien. La chapelle des fonts baptismaux, à gauche en entrant, abrite un petit ciborium de style flamboyant et, dans une vitrine, un trésor d'objets du culte en argent dont un ostensoir du 15e s.

Château des Rubins–Centre d'initiation à la nature montagnarde ⊙ – Dans une demeure seigneuriale du 17e s., un ensemble didactique des écosystèmes montagnards présenté sur deux niveaux constitue un complet résumé des mœurs animalières et des activités humaines à l'alpage.

Le 1er étage est consacré à la présentation de la chaîne alimentaire en milieu forestier en éclairant certaines particularités, comme la présence du lynx. Au 2e niveau, on assiste aux divers modes de vie animale en alpage (hibernation de la marmotte) et aux activités de l'homme conditionnées par le cycle des saisons charnières (été et hiver). Le milieu lacustre et le rôle de l'eau sont également mis en évidence, ainsi que les limites d'adaptation de la vie en altitude et en fonction du relief.

Excursions aériennes ⊙ – *Traverser l'Arve et tourner à gauche juste après le pont pour atteindre le terrain d'aviation.*

La compagnie d'aviation AMS organise des vols touristiques au-dessus du massif du Mont-Blanc tout au long de l'année.

Bassin de SALLANCHES★★

Cartes Michelin nos 89 pli 4 ou 244 plis 9 et 20

Victor Hugo a judicieusement comparé le bassin de Sallanches à un « théâtre ». Si le Mont Blanc occupe la scène de façon écrasante – la dénivellation de plus de 4 000 m qu'on relève à partir de Sallanches, pour une distance horizontale de 20 km seulement, est sans exemple dans les Alpes –, les gradins d'escarpements qui forment hémicycle, au Nord, retiennent aussi l'attention. La chaîne des Aravis présente ici son point culminant, **Pointe Percée** (alt. 2 752 m), tandis que la **chaîne des Fiz** aligne, des aiguilles de Varan à la pointe d'Anterne, ses surprenantes architectures rocheuses : la plus étonnante est le « **désert de Platé** », table calcaire de 15 km², complètement désolée et accidentée d'un réseau serré de « lapiaz », fentes de dissolution typiques du relief karstique.

La dépression est le grand point de ralliement des courants touristiques convergeant vers la vallée de Chamonix, au sortir de la Cluse de l'Arve ou du seuil de Megève.

★ LA VIEILLE ROUTE DE SERVOZ

13 km au départ de Sallanches – environ une demi-heure

Cet itinéraire suit approximativement le tracé de l'ancienne route de Sallanches à Chamonix, parcourue et décrite avec dévotion par des générations de voyageurs – les Romantiques en particulier –, dont c'était là l'ultime étape avant l'arrivée au pied du Mont Blanc.

Sallanches - *Voir ce nom.*

Au départ de Sallanches la D 13 enjambe l'autoroute, puis l'Arve à 150 m en amont du vieux pont en dos-d'âne de **St-Martin**, popularisé depuis plus d'un siècle par d'innombrables estampes et photographies.

La route s'élève ensuite sur les dernières pentes du plateau d'Assy et la vue se développe sur le « Géant des Alpes ».

Entre Passy et Servoz, la route domine l'étroite plaine industrielle de Chedde, puis la gorge par laquelle la voie ferrée se glisse dans le bassin de Servoz. En avant se creuse le sillon boisé de la Diosaz, dominé par l'Aiguillette et le Brévent. Peu après le hameau de Joux, on découvre à droite le majestueux **viaduc des Egratz**, qu'emprunte l'autoroute de Chamonix : ce chef-d'œuvre de la technique moderne, long de 2,277 km, comporte des piliers atteignant la hauteur de 68 m.

Un parcours en forêt, comportant la traversée d'un torrent, permet ensuite des échappées, par le couloir supérieur de l'Arve, sur la région glaciaire du dôme du Goûter.

On débouche dans la verdoyante cuvette de Servoz.

Servoz - L'agglomération se groupe au fond d'un petit épanouissement de la vallée de l'Arve. Les versants du bassin, noyés dans les bouquets d'arbres, vont se heurter à la muraille des Fiz, qui aligne ses corniches et ses pinacles des

Lapiaz du désert de Platé

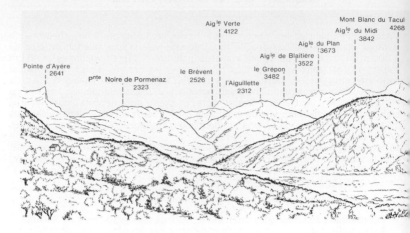

aiguilles de Varan au col d'Anterne (masqué en partie par la montagne de Pormena), en passant par le gigantesque talus de débris du Dérochoir.

★ **Gorges de la Diosaz** – *Voir p. 148.*

★★ ROUTE DU PLATEAU D'ASSY

De Passy à Plaine-Joux *12 km – environ 1 h 1/2*

La D 43 *(se détachant, à Passy, de la route de Servoz)* s'élève sur des replats de plus en plus boisés, dont l'exposition au Midi et la situation abritée des vents ont été mises à profit par tout un ensemble d'établissements de soins et de maisons familiales de vacances. Tout au long de la montée, les vues ne cessent de s'élargir sur le massif du Mont-Blanc, mais aussi sur les entablements vertigineux de la chaîne des Fiz.

Le versant que la route gravit au départ de Passy étant découvert, les vues se dégagent sur les aiguilles de Chamonix, qui apparaissent à gauche de la bosse boisée de Tête Noire.

★★ **Pavillon de Charousse** – *500 m au Sud-Ouest de Bay. À la chapelle de Bay, laisser la voiture en face du « relais de Charousse », et prendre le bon chemin de gauche, sur le côté de la chapelle vers le mamelon boisé portant le pavillon.*

Remarquable **panorama** *(reproduit ci-dessus).* On peut aussi suivre à pied le bord de l'escarpement, à droite du pavillon, pour découvrir les Aravis et Sallanches.

À l'arrivée sur le replat d'Assy, on voit pointer l'Aiguille Verte derrière le Brévent.

★ **Plateau d'Assy** – *Voir ce nom.*

Du plateau d'Assy à Plaine-Joux, la route s'enfonce sous bois. En fin de parcours, les glaciers de la vallée de Chamonix se précisent.

★★ **Plaine-Joux** – Au centre de cette petite station aménagée pour le ski, on peut visiter le chalet-accueil de la **Réserve naturelle de Passy**. Celle-ci couvre 2 000 ha dans la zone de contact entre les massifs cristallins et calcaires.

Au-delà de Plaine-Joux, on gagne un plateau d'alpages bien dégagé d'où l'on découvre le massif du Mont-Blanc, en arrière d'un rideau de sapins.

A l'opposé, la **vue** est très rapprochée sur les murailles des Fiz et l'immense talus d'éboulis du Dérochoir.

★ **Lac Vert** – Le lac, encadré de sapins, présente des reflets d'un vert profond. Les escarpements des Fiz, ici étrangement feuilletés, le dominent. On peut faire le tour *(1/4 h à pied)* de cette vasque, dans les eaux de laquelle se reflète le Mont Blanc lorsque les conditions atmosphériques sont favorables.

La plupart des stations de sports d'hiver sont également d'agréables lieux de séjour en été, offrant de multiples activités sportives : escalade, randonnée, vol libre, tennis, vélo tout terrain, voire ski d'été... mais aussi d'autres distractions comme la découverte du patrimoine, l'initiation à la botanique, les stages photo ou les sorties ornithologiques.

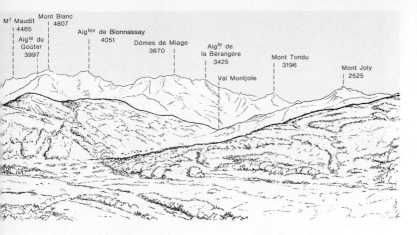

M! Maudit 4465 — Mont Blanc 4807 — Aig^{lea} de Bionnassay 4051 — Aigle du Goûter 3997 — Dômes de Miage 3670 — Aig^{le} de la Bérangère 3425 — Val Montjoie — Mont Tondu 3196 — Mont Joly 2525

★★★ ROUTE DE COMBLOUX

De Sallanches à St-Gervais *18 km - environ 3/4 h*

Les routes de versant que l'on emprunte offrent des vues d'ensemble superbes et changeantes sur le massif du Mont-Blanc et sur l'amphithéâtre d'escarpements qui ferment le bassin, au Nord.

Quitter Sallanches au Sud par la N 212 (route d'Albertville).

Arrivée à Combloux – Le panorama, qui n'a cessé de prendre de l'ampleur englobe, à ce moment, la chaîne des Aravis (Pointe Percée), la chaîne des Fiz avec ses trois grands ressauts (aiguilles de Varan, pointe de Platé, pointe d'Ayère) et le massif du Mont-Blanc, bien dégagé entre l'Aiguille du Midi et l'aiguille de Bionnassay.

✻ **Combloux** – *Voir ce nom.*

À 3 km au Nord de Megève, prendre à gauche vers Chamonix.

Descente sur St-Gervais – Entre les hameaux de Gemoëns et du Freney, la vue, parfaitement dégagée sur les Aravis et les Fiz, prend aussi d'enfilade la grande cluse de l'Arve, en aval de Sallanches ; par cette trouée se distinguent la Pointe de Marcelly, à gauche, et le Roc d'Enfer, à droite. En contrebas surgit, tout proche, le groupe imposant formé par l'aiguille et le dôme du Goûter, le Mont Blanc, le glacier et l'aiguille de Bionnassay.

La D 909 atteint St-Gervais.

⧺ **St-Gervais-les-Bains** – *Voir ce nom.*

★★ CIRCUIT DE CORDON *11 km - environ 1 h*

Sallanches – *Voir ce nom.*

Quitter Sallanches par le chemin de Cordon (D 113) à l'Ouest.

Son tracé sinueux suit l'arête séparant les gorges de la Sallanche et de la Frasse. Au cours de la montée le Mont Blanc devient visible.

Cordon – Ce ravissant village (cordon signifie « torrent encaissé » en franco-provençal), situé dans la haute vallée de l'Arve et adossé à la chaîne des Aravis, occupe un **site**★ privilégié face à la prestigieuse chaîne du Mont-Blanc.
Justifiant pleinement son surnom de « balcon du Mont Blanc », cette agréable petite station savoyarde nichée dans les cerisiers et les noyers offre en hiver des possibilités de ski alpin et de ski de fond et de promenades en traîneau.
Construite au 18e s., l'église, dont l'intérieur présente une intéressante décoration peinte et un riche **retable** central à colonnes torses, est un bel exemple de l'art baroque en Savoie.

À la sortie de Cordon, prendre la route de Combloux, puis à gauche la route de Nant Cruy. Traverser ce hameau.

On voit le clocher à bulbe doré de Cordon pointer à travers les vergers.

La route descend maintenant sur 2 km jusqu'à une bifurcation, d'où on atteint la chapelle du Médonnet à 600 m sur la droite.

Cordon

Chapelle du Médonnet – Le chevet de cet humble sanctuaire fait face à un **panorama**★★ admirable comprenant, de gauche à droite, la pointe d'Areu, les murailles des Fiz (aiguilles de Varan, pointe de Platé, pointe d'Anterne), les Aiguilles-Rouges (Brévent), enfin le massif du Mont-Blanc, de l'Aiguille Verte à la Bérangère.

Faire demi-tour pour redescendre à Sallanches en laissant à gauche la route d'arrivée et en tournant aussitôt après à droite pour gagner la N 212.

SAMOËNS✳✳

2 148 habitants (les Septimontains)
Cartes Michelin nᵒˢ 89 pli 3 ou 244 plis 9 et 10 – Schéma p. 157

Située au seuil d'une large vallée glaciaire où coule le Giffre, Samoëns s'étale sur le fond plat tandis que la plupart de ses neuf hameaux satellites occupent les versants boisés. Chacun d'eux possède une chapelle surmontée d'un gracieux clocher à bulbe.

Samoëns, dont l'origine est ancienne, a gardé malgré une importante croissance son aspect de vieux bourg aux solides demeures de pierre, œuvres de ses célèbres maçons *(voir ci-dessous)*.

Ses habitants portent le nom de Septimontains, en souvenir des sept alpages (alpage signifiant ici mont) donnés par Amédée VIII en 1438 à la commune de Samoëns. Les sept monts figurent dans les armoiries de la ville.

Chef-lieu touristique du Haut-Faucigny calcaire, c'est le point de départ d'excursions faciles et de magnifiques courses en montagne.

Très fréquentée en été pour la montagne, le canoë-kayak et le rafting sur le Giffre, la station s'est fait une spécialité du parapente et du deltaplane.

C'est aussi, en hiver, une station au vaste domaine skiable desservi par la télécabine de Saix et les remontées mécaniques du grand massif.

Les maçons de Samoëns – Très tôt les habitants de Samoëns se sont spécialisés dans la taille des pierres. Ils créèrent en 1659 la Confrérie des maçons et tailleurs de pierre de Samoëns dont les saints patrons sont les « Quatre couronnés » : quatre tailleurs de pierre hongrois qui furent martyrisés par l'empereur Dioclétien pour avoir refusé de sculpter une statue païenne.

Au cours de l'histoire, ces maçons ou « Frahans » travaillèrent partout en France : sur les chantiers de Vauban ; plus tard, lors de la construction des canaux de St-Quentin et de Gisors ; à l'étranger, ils allèrent en Pologne et jusqu'en Louisiane. Ils avaient leur propre langage professionnel : le Mourmé, dans lequel Samoëns devenait « Mannedingue ».

La Confrérie s'occupait des œuvres philanthropiques, prenait soin des malades, s'intéressait à la formation des jeunes ; elle avait créé sa propre école de dessin et possédait une bibliothèque importante.

Depuis 1979, elle revit sous forme d'une association dont le but est de sauvegarder le patrimoine et de le faire connaître en organisant des visites de Samoëns.

La bonne samaritaine – Née dans une famille modeste du Villard, hameau de Samoëns, le 1er juillet 1838, **Louise Jaÿ** monta à Paris à 15 ans où elle devint vendeuse. Elle y fit la connaissance d'Ernest Cognacq et ils créèrent ensemble le grand magasin « La Samaritaine ».

À la tête d'une immense fortune et n'ayant pas eu d'enfants, ils consacrèrent les dernières années de leur vie aux œuvres charitables. Mme Cognacq-Jaÿ, fidèle à son village natal, y créa le jardin alpin, construisit une villa pour loger le médecin de la commune et restaura l'église.

CURIOSITÉS

★ **Place du Gros Tilleul** – C'est le cœur du vieux Samoëns. Elle doit son nom au superbe tilleul qu'on y planta en 1438.

La **Grenette**, belle halle du 16e s. restaurée au 18e s., porte de curieuses « verrues » sur les piliers centraux. Le maçon, qui devait y sculpter les armoiries de Samoëns, abandonna son travail à la suite d'un différend concernant son contrat avec la municipalité.

Au centre de la place se trouve une jolie fontaine (**E**) dont les becs de bronze représentent des visages. Le côté Nord de la place est occupé par le château de la Tour, au toit haut et pointu couvert d'ardoises, et par l'église.

Église – Reconstruite à la fin du 16e s. et au 17e s., elle conserve au pied de sa tour-clocher du 12e s. un gracieux auvent, recouvert d'écailles de cuivre, abritant un portail refait au 16e s. où figurent des remplois du portail d'origine dont les deux lions accroupis supportant des colonnes torsadées. L'intérieur avait été complètement redécoré à la fin du 19e s. par Mme Cognacq-Jaÿ. En 1975 ce décor factice en plâtre armé fut démoli et l'on rénova la nef de l'église qui prit un aspect plus moderne.

SAMOËNS

E Fontaine aux becs de bronze

Des vitraux furent ajoutés en 1982, représentant à gauche les Quatre couronnés, saints patrons de la confrérie des maçons, au centre la Vierge et saint François de Sales, à droite le bienheureux Ponce de Faucigny, le cardinal Gerdel et l'évêque de Biord, tous trois originaires de Samoëns et sa région.

La chapelle du baptistère est un bel exemple de gothique flamboyant.

Le bénitier, œuvre d'un tailleur de pierre de Samoëns, fut exécuté dans un seul bloc de marbre en 1844.

À côté de l'église, la façade du vaste **presbytère** porte un cadran solaire où l'on peut lire l'heure dans douze grandes villes du monde.

Maison de la Jaÿsinia ⊘ – À l'entrée du jardin, ce pavillon propose une documentation complète sur l'histoire de la bienfaitrice du village.

★ **Jardin botanique alpin Jaÿsinia** ⊘ – Ce jardin botanique couvrant 3 ha a été créé en 1906 par Mme Cognacq, née Jaÿ (d'où le nom du jardin).

Aménagé sur un flanc escarpé dominant le village, avec bassins et cascade, il est sillonné d'allées en zigzag. Plus de 5 000 espèces de plantes sauvages, originaires des principales montagnes des régions tempérées du monde, y sont présentées par secteurs géographiques et écologiques. On passe devant la jolie **chapelle de la Jaÿsinia**, l'une des neuf de Samoëns, pour atteindre la terrasse finale coiffée des ruines d'un château féodal, d'où s'offre une vue étendue sur Samoëns et son vaste cadre de montagnes.

Au retour d'une randonnée, on pourra se réconforter en dégustant une savoureuse préparation septimontaine, la soupe châtrée. Cette soupe, composée de pain imbibé de sauce à l'oignon et recouverte de tomme de Savoie, est servie gratinée. On utilise une cuillère en bois pour « châtrer » les filaments de fromage.

Samoëns – Chapelle de la Jaÿsinia

ENVIRONS

Les Vallons – *2 km par la D 907 vers Sixt et une route à gauche.* Ce hameau, s'étirant le long d'une unique rue, a conservé de belles fontaines de pierre et sa chapelle.

★★ **Point de vue de la Rosière** – *6 km. Quitter Samoëns par la D 907 vers Sixt, puis prendre aussitôt à gauche le chemin des Allamands au Nord. À 750 m, tourner à gauche. 1 km après, tourner à angle aigu à droite.* Du replat des chalets de la Rosière, le Mont Blanc apparaît merveilleusement encadré, à gauche au premier plan par le versant boisé du Criou, à droite par le formidable à-pic de la pointe de Sales. Vers l'Est, on découvre, tout proche, le sauvage massif des Avoudrues.

★★ **Col de Joux Plane** – *10 km par Chantemerle et la D 354. Description à Morzine.*

★★ **Cirque du Fer-à-Cheval** – *13 km à l'Est. Description ci-contre.*

SASSENAGE

9 788 habitants
Cartes Michelin nᵒˢ 77 pli 4 ou 244 pli 28
Schéma p. 280 – 6 km à l'Ouest de Grenoble

Ce bourg proche de Grenoble commande l'un des itinéraires de pénétration les plus fréquentés du Vercors, la route d'Engins. Ses « cuves », site touristique d'antique réputation, comptaient parmi les « Sept Merveilles du Dauphiné » *(voir p. 45)*. Son église renferme la tombe du connétable de **Lesdiguières**.

CURIOSITÉS

Les Cuves ⊘ – *Partir par la rive droite du Furon et revenir par la rive gauche.* Ces deux grottes superposées réunies par une cascade communiquent avec le gouffre Berger à qui elles servent de résurgence. Leur visite est surtout un prétexte à une jolie promenade ombragée au bord des eaux écumantes du Furon, et permet de découvrir un immense labyrinthe souterrain où les stalactites et les stalagmites côtoient des éléments fossilisés.

Château ⊘ – Cette demeure seigneuriale, construite de 1662 à 1669, appartint jusqu'en 1971 à la noble famille des Sassenage-Bérenger qui faisait remonter sa filiation, comme les Lusignan du Poitou, à la fée Mélusine (représentée en haut-relief sur le fronton de la porte d'entrée). Sa sobre façade, flanquée de deux ailes en retour d'équerre et coiffée d'une haute toiture à lucarnes, s'élève dans un parc de 8 ha, au pied d'une butte rocheuse portant les ruines de l'ancien château féodal. Actuellement, le château est un centre de réunions et de congrès. Son vaste parc paysager, planté en 1859, offre, au milieu d'arbres centenaires, une magnifique perspective sur le Vercors.

SIXT-FER-À-CHEVAL★

715 habitants (les Sizerets)
Cartes Michelin nᵒˢ 89 pli 3 ou 244 pli 10
Schéma p. 156 – 6 km à l'Est de Samoëns

Au confluent des deux branches supérieures du Giffre : le Giffre Haut, ou Giffre des Fonds, et le Giffre Bas (vallée du Fer-à-Cheval), Sixt groupe ses maisons autour de son ancienne abbaye dont les bâtiments du 17ᵉ s. sont occupés par un hôtel. Cette abbaye « fille » d'Abondance avait été fondée en 1144 par le bienheureux Ponce de Faucigny, illustre représentant de la grande famille seigneuriale qui régenta le pays. Aujourd'hui Sixt-Fer-à-Cheval s'anime en été comme centre d'excursions et d'escalades et en hiver comme station de ski.

CURIOSITÉS

Église – Elle a conservé sa nef du 13ᵉ s. L'édifice donne sur une place entourée de maisons anciennes et s'ornant d'un majestueux tilleul. Une inscription sur un des murs évoque Jacques Balmat, le vainqueur du Mont Blanc, qui trouva la mort dans les montagnes de Sixt alors qu'il cherchait de l'or.

Maison de la réserve naturelle ⊙ – La réserve couvre les trois quarts de la superficie de la commune de Sixt, soit 9 200 ha. Dans le chalet d'accueil, au cœur du village, des expositions présentent l'histoire de Sixt et surtout le patrimoine naturel : faune, flore et géologie, de cette montagne calcaire parcourue de rivières souterraines (maquette de la vallée).

RÉSERVE NATURELLE DE SIXT

★★ **Cirque du Fer-à-Cheval** – *6,5 km par la D 907.*
À la sortie de Sixt, belle vue sur le sommet pyramidal du Tenneverge.
Sur la prairie du plan du Lac, où la route décrit une boucle terminale, s'offre le spectacle grandiose du cirque et de ses cascades. En saison, un chalet de la **réserve** ⊙ propose des expositions sur l'adaptation à l'altitude de la faune et de la flore. Le Giffre venant de plus loin en amont dans la montagne, il ne s'agit pas ici d'un cul-de-sac parfait comme à Gavarnie dans les Pyrénées, mais d'un hémicycle d'escarpements calcaires – de 500 à 700 m de hauteur et de 4 à 5 km de développement – s'appuyant aux parois extraordinairement bossuées du Tenneverge (alt. 2 985 m), que domine la « Corne du Chamois », bien nommée. Le murmure profond des cascades (plus de trente au mois de juin) qui rayent ces parois saisissantes forme le fond sonore inséparable du site. Remarquer particulièrement la cascade de la Méridienne glissant sur un plan incliné, au flanc du Tenneverge à gauche ; plus à droite, dans l'hémicycle proprement dit, la cascade de la Lyre. Un important éboulement survenu dans la combe aux Chamois a obstrué la Fontaine de l'Or, au milieu du cirque.

★ **Fond de la Combe** – *1 h 1/2 à pied AR. Le sentier signalé se détache de la boucle de la route, 50 m en amont de la buvette du Plan du lac.*
Le sentier se termine dans le « bout du monde » où le Giffre prend naissance, au pied des glaciers suspendus du Ruan et du Prazon, dont les eaux de fonte ruissellent sur les parois inférieures.

★★ **Cascade du Rouget** – *5 km au départ de Sixt.* À Sixt, passer le pont du Giffre et suivre tout droit le chemin goudronné de Salvagny qui s'élève au-dessus du Giffre Haut, face au débouché du vallon boisé de Gers, strié par la cascade du Déchargeux, et en vue de la pointe de Sales.
Au-delà de Salvagny, la route en descente atteint le pied de la double chute du Rouget, en amont de laquelle le torrent de Sales présente encore un exceptionnel ensemble de chutes (cascades de la Pleureuse, de la Sauffa, de Sales).

TALLOIRES★

1 287 habitants
Cartes Michelin nᵒˢ 89 pli 14 ou 244 pli 19 – 13 km au Sud-Est d'Annecy

Au bord du « Petit lac » d'Annecy, Talloires constitue une des villégiatures les plus cossues des Alpes. Son histoire se confondit, jusqu'à la Révolution, avec celle de son abbaye bénédictine, fondée au 9ᵉ s. Les bâtiments actuels (17ᵉ et 18ᵉ s.) ont été transformés en hôtel.
Le grand chimiste **Berthollet** (1748-1822) est un enfant du pays.

★★ LE SITE

Talloires jouit d'un **site** remarquable : des quais du port, épousant l'arrondi harmonieux d'une baie abritée par les falaises du Roc de Chère, le promeneur découvre les courbes de la montagne d'Entrevernes tandis que, toute proche, s'avance dans les eaux du lac la pointe boisée du château de Duingt.

Route de TAMIÉ

Cartes Michelin n°s 89 pli 15 ou 244 pli 19

Le seuil de Tamié, ouvert entre les Bauges et le petit massif isolé de la dent de Cons, permet une attrayante relation touristique entre la région du lac d'Annecy d'une part, la Combe de Savoie et la Tarentaise d'autre part.

DE FAVERGES À ALBERTVILLE *39 km – environ 1 h 1/2*

Faverges - *Voir ce nom.*

Quitter Faverges au Sud par la route du col de Tamié.

Entre Faverges et le col de Tamié, la route file dans le frais vallon du Nant de Tamié, encadré par les contreforts boisés de la Sambuy et de la dent de Cons. On remarque longtemps l'église de Seythenex, bien située sur sa tribune naturelle.

À Seythenex, prendre à droite la route qui conduit au Vargnoz.

Montagne de la Sambuy ⊘ – Un télésiège relie le Vargnoz au refuge R. Favre (alt. 1 820 m), d'où l'on peut jouir d'une jolie **vue** sur la chaîne de Belledonne, les Aravis, la Tournette et le lac d'Annecy au Nord-Ouest, les glaciers de la Vanoise au Sud-Est, le massif du Mont-Blanc au Nord-Est. À 2 107 m d'altitude la Petite Sambuy offre un **panorama**★ plus étendu encore.

Poursuivre vers le col de Tamié.

À 5 km environ en amont du col, les bâtiments de l'abbaye de Tamié apparaissent.

Abbaye de Tamié - *Détour de 1 km. Seule l'église se visite.* Fondée en 1132, alors que le passage n'était encore qu'un coupe-gorge, l'abbaye, reconstruite à la fin du 17e s., a été repeuplée et restaurée en 1861, après une interruption de 70 ans, par des cisterciens venus de la Grâce-Dieu en Franche-Comté. Un fromage savoyard nommé « tamié » est fabriqué par les moines. Un spectacle audiovisuel évoque la vie du monastère.

Au col de Tamié, prendre à gauche la D 104 vers Albertville, qui franchit le col de la Ramaz. Là, prendre à gauche la route qui mène au plateau des Teppes.

★ **Plateau des Teppes** – Le chemin, en montée, dessert d'abord le hameau de la Ramaz – qu'on laisse à gauche – puis offre bientôt un bon aperçu sur le site de l'abbaye de Tamié.

Laisser la voiture dans le deuxième lacet et prendre à droite un chemin herbeux (1/4 h à pied AR).

À la sortie d'un petit bois, suivre la lisière à droite pour gravir un mamelon d'où la **vue**★ est charmante sur le bassin d'Albertville.

Revenir au col de la Ramaz.

Du premier lacet après le col on découvre, en contrebas du fort de Tamié, une très jolie **vue**★ sur le bassin d'Albertville qui, au carrefour des vallées de l'Isère et de l'Arly, marque l'origine de la Combe de Savoie *(voir ce nom)*, dominée ici par le Grand Arc. Par la trouée du Doron de Beaufort, séparée du couloir de la Basse-Tarentaise par le Mirantin et le Grand Mont, peuvent se distinguer les neiges du Mont Blanc. Dans les lacets suivants, les vues se développeront sur la Combe de Savoie, en aval.

Entre la Soffaz et Albertville, les chemins empruntés sinuent à travers les vignes et les vergers de la plantureuse et riante campagne de Mercury.

Albertville - *Voir ce nom.*

La TARENTAISE★★

Cartes Michelin n°s 89 plis 5 et 6 ou 244 plis 21 et 31

La haute vallée de l'Isère, qui forme l'entité régionale de la Tarentaise, présente un tracé coudé en baïonnette caractéristique. Dans l'ensemble, elle présente deux longs défilés, la Haute et la Basse-Tarentaise, encadrant un épanouissement intermédiaire entre Moûtiers et Bourg-St-Maurice.
Cette Tarentaise moyenne offre, suivant l'exposition de ses versants, de vastes paysages tantôt pastoraux, tantôt forestiers animés par une vie rurale intense : c'est le domaine d'élection de la **vache tarine** *(voir illustration p. 26)*, l'une des races de montagne françaises les mieux surveillées, dont les bêtes à robe de couleur fauve-froment ont conquis, pour la production laitière, nombre de régions extra-alpines (départements méridionaux en particulier).
Si l'industrialisation (électrochimie, électrométallurgie) ne se manifeste ici qu'autour de Moûtiers, l'équipement hydro-électrique a déjà mis à son actif les réalisations maîtresses du barrage de Tignes et de « la dérivation Isère-Arc ».

Le pays des « frontières » – La Tarentaise constitue encore un foyer de traditions qui se manifestent, dans la région de Bourg-St-Maurice et principalement dans la vallée de Peisey, par la survivance du costume local. La « frontière », dont on a fait l'un des symboles de la Savoie traditionnelle *(voir illustration p. 44)*, est un bonnet rigide de velours noir, à trois pointes (une sur le front et deux sur les tempes), égayé d'un galon d'or, qui, par son allure, paraît remonter au 16e s. Malgré sa simplicité de formes, c'est une coiffure qui, pour être parfaitement seyante, demande souvent plus d'une heure d'ajustages minutieux.

★ LA MOYENNE-TARENTAISE

De Moûtiers à Bourg-St-Maurice
41 km – environ 2 h – schéma p. 270

Pour permettre de mieux apprécier l'ampleur des paysages de la Tarentaise moyenne, cet itinéraire fait emprunter, en amont d'Aime, une série de petites routes tracées sur le versant « endroit » de la vallée, domaine des cultures et des vergers, face au versant « envers » boisé, en arrière duquel se dégage le mont Pourri (alt. 3 779 m).

Moûtiers – *Voir ce nom.*

Entre Moûtiers et l'Étroit du Siaix, la route nationale s'élève au-dessus du bassin industriel de Pomblière (électrochimie).
Aussitôt avant l'entrée du défilé, on découvre, en aval, la **chapelle St-Jacques**, juchée sur son éperon abrupt – site d'un ancien château épiscopal – au revers duquel se groupe le village de St-Marcel.

Étroit du Siaix – Pour bien apprécier l'encaissement de cette fissure, passage le plus rétréci de toute la vallée de l'Isère – son nom vient du latin « saxum » : rocher – faire halte 50 m avant le tunnel *(se méfier des chutes de pierres)*. Entre l'Étroit du Siaix et Aime, la vallée ne s'évase pas immédiatement. Deux groupes de bosses en encombrent successivement le fond. Le premier de ces « verrous » délimite la cuvette de **Centron**, dont le nom fait survivre celui de la tribu gauloise qui peuplait la Tarentaise. En avant se révèlent le sommet et les glaciers du mont Pourri.

Aime – *Voir ce nom.*
À Aime, quitter la N 90 pour la D 218 (route de Tessens) à gauche.

D'Aime à Bourg-St-Maurice, on reste constamment en vue du mont Pourri. Entre Aime et Granier, les lacets de la D 218 permettent de plonger, en aval, sur les étranglements de la vallée de l'Isère (Étroit du Siaix), puis sur le bassin d'Aime et ses gros villages. Après Valezan, au passage d'une croupe (croix), la vue prend d'enfilade la vallée du Ponturin, fermée par le massif de Bellecôte (point culminant : 3 416 m).
Entre Montgirod et Bourg-St-Maurice, le cadre du « Bourg » va se précisant. À gauche de la dépression du Petit-St-Bernard se profilent les dents de scie du roc de Belleface.

Bourg-St-Maurice – *Voir ce nom.*

★ LA HAUTE-TARENTAISE

De Bourg-St-Maurice à Tignes
32 km – environ 1 h – schéma p. 271

Bourg-St-Maurice – *Voir ce nom.*
De Bourg à Ste-Foy-Tarentaise *(voir ce nom)*, la D 902 quitte le bassin de Bourg-St-Maurice – où l'on remarque la centrale de Malgovert, qu'alimente le barrage de Tignes – et s'élève en lacet. Alors que la pointe Foglietta ferme, en avant, l'horizon, on voit apparaître, de l'autre côté de la vallée, le mont Pourri et ses glaciers.
En amont de Ste-Foy, la vallée, sauvage et boisée, s'élargit un peu de La Raie au pont de la Balme. Les glaciers du mont Pourri, dont les torrents de fonte tombent en cascade, frangent le sommet du versant opposé (une vue particulièrement intéressante s'offre du Monal). En fin de parcours la **fresque monumentale** *Le Géant,* du barrage de Tignes, semble barrer le fond de la vallée.

★★ **Tignes** – *Voir ce nom.*

Si vous découvrez un oiseau blessé, contactez rapidement le Centre de Sauvegarde de la Faune Sauvage le plus proche : 3615 code Natur, puis UNCS (Union Nationale des Centres de Sauvegarde de la Faune Sauvage).

TERMIGNON

344 habitants (les Termignonins)
Cartes Michelin nos 77 pli 8, 89 pli 7 ou 244 pli 32 – Schéma p. 271

Le nom de ce village proviendrait du latin « terminus », indiquant le fond de la vallée. En effet, la Maurienne s'arrêtait officiellement à Termignon au 12e siècle. Cette commune, modeste en apparence, est en fait l'une des plus étendues de France. La plus grande partie de son territoire se situe dans la zone protégée du Parc national de la Vanoise. Termignon développe en outre depuis peu une station de sports d'hiver.

CURIOSITÉS

Église ⊘ – Plusieurs églises se sont succédé à l'emplacement actuel. Au 12e s., la paroisse dépendait de l'abbaye bénédictine de Novalaise (Italie). L'église, dans son état actuel, date de la deuxième moitié du 17e s. Son retable du maître-autel en pin cembro a été exécuté par Claude et Jean Rey. Remarquer également le retable St-Antoine et le retable du Rosaire, œuvres de Sébastien Rosaz.

★★★ **Randonnée au col de la Vanoise** – Monter en voiture au parking de Belle-Combe par une belle route étroite de montagne (alt. 2 310 m). Compter la journée pour effectuer la randonnée dans son intégralité *(6 h 1/2 AR)*. Les personnes moins endurantes pourront se contenter d'aller au refuge du **Plan du lac** *(1 h 1/2 AR)*. Du refuge (table d'orientation), magnifique **panorama**★★ sur la dent Parrachée, le dôme de Chasseforêt, les glaciers de la Vanoise, la pointe de la Réchasse, la Grande Casse, la Grande Motte, la pointe de la Sana... Le sentier redescend ensuite au refuge d'Entre-Deux-Eaux. Beaux alpages, chalets traditionnels au confluent de la Rocheure et de la Leisse. Ces deux vallées, un peu monotones, permettent de rejoindre respectivement Val-d'Isère et Tignes. Elles sont souvent fréquentées par des bouquetins et des chamois. Après avoir traversé le torrent de la Leisse, le sentier, plus raide, conduit au col de la Vanoise : **vues** splendides sur la Grande Casse.

THÔNES

4 619 habitants (les Thônains)
Cartes Michelin nos 89 pli 14 ou 244 Nord du pli 19 – Schéma p. 83

Bien groupé autour de son église, au pied de l'à-pic de la Roche de Thônes, ce bourg central du massif des Aravis est favorablement placé au fond du bassin où confluent le Fier et le Nom. La disposition rayonnante des routes desservant son étoile de vallées en fait un excellent centre d'excursions en moyenne montagne.

Les sous-bois de la forêt du Mont sont très fréquentés par les promeneurs, tandis que les flancs du mont Lachat attirent les chercheurs d'edelweiss.

Chaque année, le dimanche le plus proche du 14 juillet, à l'occasion d'une manifestation folklorique fréquentée, les **pompiers de Thônes** défilent avec leur pittoresque équipement, datant de 1836 : grand tablier de peau, bonnet à poil et hache.

CURIOSITÉS

Église ⊘ – Datée du 17e s., elle se dresse sur la place centrale bordée de vieilles maisons à arcades. Son élégant clocher au bulbe ajouré surmonté d'une flèche aiguë (42 m) et sa décoration intérieure sont très représentatifs du style baroque. Remarquer, en particulier, le retable monumental du maître-autel (1721), les figurines sculptées du retable (17e s.) de l'autel à gauche du chœur et les boiseries (stalles du 18e s. et, à gauche de l'entrée, panneau d'un baptistère en noyer de 1699).

Musée du pays de Thônes ⊘ – Le premier étage est consacré à l'histoire du pays de Thônes, théâtre de l'« Idylle des cerises » dans les *Confessions* de J.-J. Rousseau et « Vendée savoyarde » sous la Révolution ; remarquer la reconstitution du défilé des pompiers de Thônes.

Musée du pays de Thônes –
Ruche en bois du 17e s

Le deuxième étage est dévolu aux arts et traditions locaux : Piétà, œuvre d'un artiste local du 15ᵉ s. ; curieuse ruche décorée d'une figure féminine du 17ᵉ s. ; ancien jeu à flèche centrale mobile.

Écomusée du bois ⊘ - *3 km du centre ville vers l'Ouest.* Jusqu'au début du siècle, la vallée de Montremont, parallèle à celle de Thônes, abritait de nombreux moulins et plusieurs scieries alimentés par le torrent Malnant. La scierie des Étouvières, restaurée, a retrouvé son activité traditionnelle en accueillant l'écomusée consacré au travail du bois dans les vallées de Thônes. On peut assister à une démonstration de sciage traditionnel, avec roue à aube.

THONON-LES-BAINS‡‡

Agglomération 53 078 habitants
Cartes Michelin nᵒˢ 89 pli 12 ou 244 plis 8 et 9 – Schéma p. 112

Capitale historique du Chablais, Thonon s'est développée, sur une terrasse dominant le Léman, comme station climatique et thermale (saison du 15 mai au 15 septembre).

LA STATION

L'agglomération principale, bien fleurie, ne manque ni de cachet, ni d'animation. Thonon est en effet une active station hydrominérale où la consommation des eaux, entre autres soins, est appliquée avec efficacité aux affections des reins et de la vessie.

LES BORDS DU LAC

Aux alentours du port, où accostent les bateaux du Léman, le quartier de **Rives** groupe quelques pittoresques maisonnettes de pêcheurs aux galeries décorées de plantes grimpantes. En direction de Ripaille, on trouve une plage aux aménagements modernes. Au départ de Rives, l'accès à Thonon se fait, en voiture, par les avenues du Général-Leclerc et de Corzent (magnifiques propriétés de plaisance disséminées dans les châtaigneraies) ; par un pittoresque **funiculaire** ⊘, qui procure des vues originales bien dégagées ; enfin à pied, par plusieurs rampes – on passera de préférence par les jardins aménagés au pied du château de Sonnaz.

★★ LES BELVÉDÈRES

Du boulevard de la Corniche jusqu'au jardin anglais s'alignent une série de belvédères aménagés. On appréciera les installations de la place du Château.

Place du Château (BY) – Là s'élevait le château des ducs de Savoie, détruit par les Français en 1589. Au centre se dresse la statue du **général Dessaix** (1764-1834). Ce glorieux enfant terrible de la ville (qu'il ne faut pas confondre avec Desaix, le héros de Marengo) est connu surtout comme l'un des fondateurs du « Club des Allobroges », réunissant, à Paris, au moment de la Révolution, un grand nombre d'émigrés savoyards militant activement pour le rattachement de la Savoie à la France. La « légion des Allobroges », formée par ces révolutionnaires, accompagna les troupes françaises lorsque celles-ci occupèrent le pays. Napoléon, qui surnommait Dessaix « l'Intrépide », le fit général de division et comte.
La **vue★** des terrasses est dégagée sur la côte suisse du lac Léman, depuis Nyon – qui se trouve en face du promontoire d'Yvoire, à gauche – jusqu'à Lausanne. Le quartier de Rives se masse autour des toits brunis du château de Rives-Montjoux. A l'extrême droite apparaît le château de Ripaille. Le Jura et les Alpes vaudoises forment fond de décor.

Jardin du château de Sonnaz et jardin Paul-Jacquier (BY) – Agréables lieux de détente. Au fond de la vaste esplanade du jardin anglais Paul-Jacquier, subsiste, pour le plaisir des aquarellistes, l'archaïque construction de la chapelle St-Bon, accolée à une tour de l'ancienne enceinte fortifiée du 13ᵉ s.
La maison des arts et loisirs, œuvre de l'architecte Novarina, a été terminée en 1966.

AUTRES CURIOSITÉS

Musée du Chablais ⊘ (AY M) – Installé dans le château de Sonnaz (17ᵉ s.), ce musée régional folklorique réunit de nombreux témoignages de l'histoire locale et consacre une salle à des vestiges de l'époque lacustre ainsi qu'aux objets gallo-romains provenant des fouilles de l'ancienne Thonon.

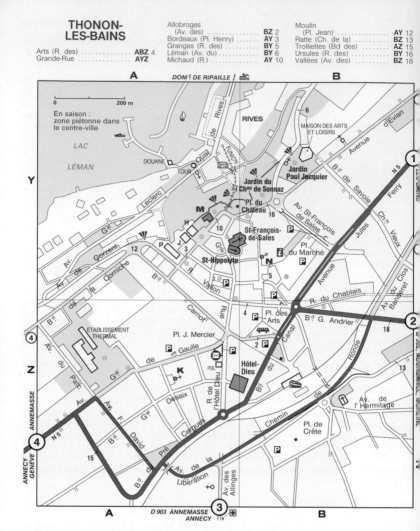

THONON-LES-BAINS

Arts (R. des) .... **ABZ** 4
Grande-Rue .... **AYZ**

Allobroges
  (Av. des) .... **BZ** 2
Bordeaux (Pl. Henry) ...... **AY** 3
Granges (R. des) .... **BY** 5
Léman (Av. du) .... **BY** 6
Michaud (R.) .... **AY** 10

Moulin
  (Pl. Jean) .... **AY** 12
Ratte (Ch. de la) .... **BZ** 13
Trolliettes (Bd des) .... **AZ** 15
Ursules (R. des) .... **BY** 16
Vallées (Av. des) .... **BZ** 18

K Foyer Don-Bosco   **M** Musée du Chablais   **N** Monastère de la Visitation

Église St-Hippolyte ☉ (**AY**) – Illustré par les prédications de saint François de Sales et par le retour au catholicisme des Chablaisiens, l'édifice, très composite, a été décoré intérieurement dans le goût du 17ᵉ s. et pourvu d'une nef aux **voûtes**★ de style « rocaille », entièrement ornées de reliefs en stuc (aggloméré de poussière de marbre) et de peintures en cartouches ou médaillons.

Dans la première nef, plus ancienne, on voit, à droite, un bénitier du 13ᵉ s., timbré aux armes de Savoie. La chaire est du 16ᵉ s., la tribune d'orgues de 1672.

La **crypte** romane à trois nefs (12ᵉ s.) a été en partie refaite au 17ᵉ s. Quelques colonnes conservent des chapiteaux intéressants.

Basilique St-François-de-Sales ☉ (**ABY**) – Communiquant avec l'église St-Hippolyte, ce sanctuaire de pèlerinage, de style néo-gothique, possède la dernière œuvre du peintre Maurice Denis, deux grandes fresques intitulées le **Chemin de Croix** (1943). Celle de gauche représente l'agonie du Christ et celle du transept droit l'apparition aux saintes femmes après la Résurrection.

Fonts baptismaux du 13ᵉ s. ; belle Vierge à l'Enfant du 14ᵉ s.

Monastère de la Visitation (**BY N**) – Édifié au 17ᵉ s., et récemment restauré. D'après la tradition la chapelle a été construite sur les plans de sainte Jeanne de Chantal ; voûtes à nervures d'ogives, rare survivance de l'architecture gothique.

Hôtel-Dieu ☉ (**ABZ**) – Établi dans l'ancien couvent des Minimes, fondé en 1636, l'édifice s'ordonne autour d'un cloître classique, dont les étages offrent un élégant ensemble décoratif baroque.

Foyer Don-Bosco (AZ K) – La petite chapelle moderne de cette institution est décorée intérieurement de céramiques : panneau et tabernacle de Marie Arbel, chemin de croix de Paul Bony. Tapisserie de Pauline Peugniez.

EXCURSIONS *Voir aussi les excursions au départ d'Évian*

★ **Domaine de Ripaille** – *Circuit de 7 km. Descendre à Rives et suivre le quai de Ripaille, à l'extrémité duquel tourner à gauche dans l'avenue d'accès du château de Ripaille. Description à ce nom.*

Revenir à la route et au carrefour pour gagner la N 5 et Vongy.

Vongy – L'**église N.-D. du Léman** est une gracieuse construction moderne, au vaste toit contrebuté de pignons transversaux et coiffé d'une flèche aiguë.
La tonalité bleue de la décoration intérieure rappelle le vocable de la protectrice du sanctuaire, que la grande mosaïque de l'abside, due à Maumejean, représente entourée des saints de Savoie.

Regagner Thonon par la N 5.

★ **Circuit de Bellevaux** – *Circuit de 68 km – environ 2 h 1/2 – schéma p. 112. Quitter Thonon par ② du plan et prendre à droite la route de Bellevaux.*
On suit la D 26 au-dessus des gorges de la Dranse, sur lesquelles elle offre de très jolies échappées, et dans la charmante vallée de Bellevaux. À l'horizon se profilent les escarpements de la dent d'Oche.

Bellevaux – Sur la rive gauche du Brevon, le village se dresse dans le **site**★ charmant constitué par les pentes verdoyantes de la vallée qui porte son nom. Sa curieuse église à clocher à bulbe de cuivre est pourvue à l'intérieur d'un élégant mobilier en bois sculpté et conserve une chapelle du 14e s., vestige de l'ancienne église.

Après le cimetière de Bellevaux, tourner à droite pour franchir le Brevon et prendre à gauche la route forestière.

Cette route monte de façon continue et vertigineuse, dominant la combe de Bellevaux.

Chalets de Buchille – De cet endroit se révèle une jolie **vue** sur le mont d'Hermone, au Nord-Ouest.

Revenir à Bellevaux et poursuivre vers Jambaz. Là, on rejoint l'itinéraire « de St-Jeoire à Thonon », qui passe par les cols de Jambaz, de Terramont et du Cou.

Château des Allinges – *7 km au Sud par ③ du plan et la D 12. A l'entrée de Macheron, prendre la première route à droite. Description à ce nom.*

★★ **Yvoire** – *16 km à l'Ouest par ④ du plan – N 5 – puis la D 25. Description à ce nom.*

THORENS-GLIÈRES★

2 077 habitants (les Thoranais)
Cartes Michelin nos 89 pli 16 ou 244 pli 19

Cette petite ville de la dépression des Bornes marque le débouché de la vallée de la Fillière, affluent du Fier, qui échancre les remparts escarpés du Parmelan – but d'excursion classique des séjournants – à la façon des « reculées » jurassiennes. Thorens se glorifie d'avoir vu naître, le 21 août 1567, **François de Sales** dont le baptême et la consécration épiscopale eurent lieu dans l'église paroissiale (seul le chœur, de 1450, a été conservé). Il ne reste rien du château natal du saint. La chapelle de Sales, au bord de la route d'Usillon, signale son emplacement.
Le dimanche qui suit le 15 août, une messe de pèlerinage est célébrée dans ou devant cette chapelle. Ce même jour a lieu à Thorens un défilé de chars accompagné de danses et de chants folkloriques, en costumes régionaux.

★ CHÂTEAU DE THORENS ⊙

Lié au souvenir de saint François de Sales et de Cavour, le château occupe un site séduisant face au vallon de la Fillière et à la montagne de Parmelan.
Assis sur des fondations remontant au 11e s., il est constitué de bâtiments d'époque gothique parmi lesquels un donjon circulaire du 13e s., exceptionnel en Savoie. L'ensemble a été remanié au 19e s. et remis en valeur par l'actuel propriétaire, le comte J.-F. de Roussy de Sales.

Intérieur – On voit d'abord les curieux sous-sols voûtés comprenant notamment salle de garde et prison avec oubliettes. Les salles du rez-de-chaussée rassemblent de nombreux objets, souvenirs et documents relatifs à saint François de Sales, des tapisseries de Bruxelles du 16e s. relatant l'histoire de Tobie, un riche mobilier et une collection de tableaux d'où se détachent un *Saint Étienne* par Marco d'Oggiono (école lombarde du 16e s.), le portrait de l'infante Isabelle d'Espagne par Van Dyck et celui de la marquise de Grollier par Mme Vigée-Lebrun. Le salon et la chambre Cavour font revivre le comte Cavour, artisan de l'unité italienne, dont le grand-père avait épousé une Sales : correspondance, portraits, meubles de style Boulle-Napoléon III, bureau sur lequel fut signé, en 1860, le traité d'annexion de la Savoie à la France.

LE PLATEAU DES GLIÈRES

14 km à l'Est par une route forestière.

La vaste combe d'alpages du plateau des Glières, à l'origine de la vallée de la Fillière, avait paru, aux chefs de la Résistance en Haute-Savoie, comme éminemment propre à l'organisation d'un camp retranché. Mis en défense par le **lieutenant Morel** (« Tom »), ancien instructeur à St-Cyr, le plateau subit, en février 1944, les assauts infructueux des forces de sécurité du régime de Vichy. Au cours d'un coup de main, à Entremont, « Tom » trouve la mort. Le **capitaine Anjot** (« Bayard ») accepte alors le commandement. La Milice attaque ensuite, mais en vain. Le 25 mars 1944, les Allemands interviennent avec des forces mobilisant plus de 12 000 hommes et un matériel considérable. Les assiégés (465 hommes) se défendent avec acharnement, mais, le 26, commence l'héroïque retraite à travers les lignes ennemies. Les pertes s'élèvent, du côté des défenseurs, à près de 250 tués (dont Anjot) ou prisonniers, contre plus de 300 tués chez les assaillants. Une féroce répression s'ensuit, dans les villes et villages alentour.

La Résistance, loin d'être abattue, ne fait que grandir. Elle reprend possession du plateau et s'organise quelques mois plus tard. Ainsi le 27e B.C.A., formation dissoute à l'Armistice, est reconstitué par le Bataillon des Glières. Aussi, les combattants des Glières purent-ils avec leurs seules forces, unies à celles des maquis voisins, libérer le département de Haute-Savoie, le premier de tous les départements français à être délivré par le seul Maquis.

Au **col des Glières** (alt. 1 440 m), où se termine la route carrossable, un panneau donne le schéma des opérations militaires de 1944. Un **monument** commémoratif, dû au sculpteur Émile Gilioli, a été érigé en contrebas, à droite. Il symbolise un V de la victoire dont une des branches est tronquée, tandis que le disque figure l'espoir et la vie retrouvés. L'intérieur est aménagé en chapelle.

C'est dans la « Nécropole nationale des Glières » *(voir le massif des Aravis)* que reposent la plupart des résistants tués sur le plateau.

Un sentier « Nature et paysages des Glières » (durée 1 h 1/2) propose depuis le parking du monument un itinéraire balisé de découverte sur les sites de ces faits d'armes.

TIGNES★★★

1 998 habitants (les Tignards)
Cartes Michelin nos 89 pli 6 ou 244 pli 32 – Schéma p. 271

Tignes, ce fut le nom d'un vieux village noyé en 1952 sous les eaux d'un barrage auquel il a légué son nom, et qui marquait l'épanouissement le plus plaisant de la Haute-Tarentaise.

C'est également, à peu de distance de là, celui d'une station touristique née cinq ans plus tard de la ténacité de quelques-uns des anciens occupants des maisons englouties venus s'établir, 6 km plus haut, dans un **site**★★ admirable occupé par un lac.

Lac de Tignes – Ce petit lac naturel pare un bassin d'alpages, dépourvu d'arbres, au fond duquel s'élève, superbe, le long tremplin neigeux de la **Grande Motte**, dominant le cirque rocheux de la Balme. À l'opposé, vers le Nord-Est, la **Grande Sassière** donne la réplique.

À l'Est, une télécabine conduit au sommet de Tovière, situé face à Bellevarde et au domaine de Val-d'Isère. À l'Ouest, les cols du Palet et de Tourne permettent d'accéder au Parc de la Vanoise. L'été, les abords du lac sont aménagés pour la promenade et la pratique de sports et loisirs variés (golf 18 trous, pêche...).

LA STATION

Située à 2 100 m d'altitude, sa création a entraîné une poussée d'urbanisation qui surprend dans un tel cadre. Elle se compose de plusieurs quartiers distribués autour du lac : Tignes-le-Lac, le Lavachet et, plus au Sud, Val Claret.

Le domaine skiable – Constituant avec Val-d'Isère le fabuleux **Espace Killy**★★★ *(voir Vanoise)*, Tignes offre l'un des plus beaux et des plus vastes domaines skiables du monde dans un cadre de haute montagne dénué de végétation. L'excellence de la neige et sa persistance toute l'année ont permis un développement assez

Tignes

marqué du ski de printemps, d'été et d'automne sur le glacier de la Grande Motte. L'installation d'une centaine de canons à neige garantit le retour à la station skis aux pieds d'octobre à mai. Tignes offre globalement un ski plus facile que Val-d'Isère, les pentes étant plus modérées. Les bons skieurs trouvent néanmoins des pistes à leur mesure, notamment le Vallon de la Sache, les Pâquerettes et la Ves. Afin de répondre aux attentes variées et contradictoires des vacanciers, le Service des pistes a différencié l'entretien de la neige selon les pistes, en créant des zones spéciales « champs de bosses » et « champs de poudreuse non damés ».

Tignes joue un rôle moteur, depuis plus de 10 ans, dans la pratique du ski artistique et acrobatique, et accueille chaque année la Coupe du monde de ce sport. Les Jeux olympiques de 1992 ont permis de diversifier ces disciplines par l'introduction des épreuves de bosses, remportées par le Français Edgar Grospiron, ainsi que par des compétitions de ballet et de saut dans le stade olympique de Lognan.

LES BELVÉDÈRES

*** La Grande Motte – Ce glacier, l'un des plus célèbres du Parc de la Vanoise, constitue une figure mythique pour les skieurs, qui peuvent s'adonner aux joies de la glisse toute l'année, et pour les randonneurs, qui admirent des massifs environnants son élégante silhouette arrondie. Un **funiculaire** ⊘ partant de Val Claret permet d'accéder, après un trajet entièrement souterrain de 3 400 m, au niveau de la terrasse « Panoramic ». Vue d'ensemble sur le glacier, et à sa droite sur la Grande Casse et l'aiguille de l'Épena. De là, un téléphérique géant de 125 places dépose les skieurs à 3 430 m d'altitude, à proximité du sommet de la Grande Motte (3 656 m). Superbe **panorama**** à l'Ouest sur le sommet de Bellecôte, au Nord sur la station et le lac de Tignes ainsi que le lac du Chevril dominés, de gauche à droite, par le mont Pourri, le dôme de la Sache, le Mont Blanc, les Grandes Jorasses et le Grand Combin. Au Nord-Est se dressent la Grande Sassière et la Tsanteleina. Enfin, à l'Est, on découvre, juste en contrebas, la vallée de la Leisse dominée par la majestueuse Pointe de la Sana, puis en arrière-plan les nombreux et hauts sommets de la frontière Maurienne-Italie (remarquer en particulier l'Albaron).

** La Tovière – Alt. 2 696 m. *Accès de Tignes-le-Lac par la télécabine Aéro-Ski en saison hivernale.* Panorama sur l'Espace Killy, de la Grande Motte à Bellevarde, encadré par le dôme de la Sache, le massif du Mont-Blanc, la Grande Sassière, Bellevarde, Méan Martin.

RANDONNÉES PÉDESTRES

La qualité du domaine skiable ne doit pas faire oublier que Tignes constitue aussi une remarquable **base de randonnées pédestres** dans le massif de la Vanoise.

★★★ **Col du Palet et col de la Tourne** – *Prévoir la journée. Dénivelée : minimum 750 m. Le randonneur très entraîné peut enrichir le parcours à sa guise : col de la Grassaz ou lac de La Plagne, deux détours splendides à intégrer dans la boucle suivante.*
Partir de Tignes-le-Lac et accéder en 1 h 30 au col du Palet (alt. 2 653 m). Cet itinéraire, qui offre de belles vues sur le lac de Tignes, présente un grand intérêt floristique. Du col, les bons marcheurs, non sensibles au vertige et bien chaussés, accéderont en une demi-heure à la **Pointe du Chardonnet**★★★ (2 870 m) : panorama exceptionnel sur la Tarentaise. Les promeneurs moins téméraires se contenteront du très beau point de vue du **col de la Croix des Frêtes**★★, situé à 10 mn à gauche du col du Palet. Redescendre sur le lac du Grataleu, puis remonter dans un décor déchiqueté au **col de la Tourne**★★ (2 656 m) : vues splendides sur « l'Espace Killy ». Lors de la descente sur Tignes on admirera, à gauche, l'**aiguille Percée**.

★★ **Refuge de la Martin** – Alt. 2 154 m – *5 h AR* – *Accès de Tignes-le-Lac ou des Boisses.* Cette promenade, agréable et facile, offre de belles vues sur le lac du Chevril et son barrage, l'aiguille Percée, Bellevarde, la Grande Sassière, le massif du Mont-Blanc et le dôme de la Sache. Du refuge, on peut accéder au pied du glacier de la Martin : vue superbe *(ne pas s'engager sur le glacier même, ce qui serait dangereux)*.

★★ RÉSERVE NATURELLE DE LA GRANDE SASSIÈRE

Du barrage de Tignes, prendre la route en direction de Val-d'Isère. Juste après le tunnel de la Giettaz, prendre à gauche une petite route qui monte en 6 km au barrage du Saut à 2 300 m d'altitude (parking).
Cette importante zone de 2 230 ha, l'une des plus remarquables de Tarentaise, a été classée réserve naturelle en 1973 pour compenser l'autorisation accordée à Tignes d'aménager pour le ski le glacier de la Grande Motte. Si elle a fait l'objet d'importants investissements hydro-électriques, le lac de la Sassière desservant la centrale du Chevril, sa beauté originelle a été pleinement préservée. Dominée par les fameux sommets de la **Grande Sassière** (alt. 3 747 m) et de la **Tsanteleina** (alt. 3 602 m), elle s'étend jusqu'au glacier de Rhêmes-Golette, à la frontière de l'Italie et du Parc national du Grand Paradis. Outre sa flore d'une richesse exceptionnelle, elle constitue aussi un lieu privilégié d'observation de la faune (marmottes, chamois, bouquetins...).

★★ **Lac de la Sassière** – Alt. 2 460 m. *Du Saut 1 h 3/4 AR. Prendre à l'aller le sentier qui longe le torrent de la Sassière sur le versant opposé à la route EDF. Utiliser cette dernière au retour.*
Cette promenade, très facile, permet déjà de profiter de l'ambiance de haute montagne. Le lac est dominé par l'aiguille du Dôme.

★★ **Glacier de Rhêmes-Golette** – Alt. environ 3 000 m. *1 h 1/2 de montée raide à partir du lac de la Sassière. S'arrêter au pied du glacier, sur lequel il est dangereux de s'aventurer.* Magnifique cadre avec, en toile de fond, la Grande Casse et la Grande Motte.

Barrage de TIGNES★★

Cartes Michelin nᵒˢ 89 pli 6 ou 244 Nord du pli 32 – Schéma p. 271

L'aménagement hydro-électrique acquis par le sacrifice du village de Tignes constitue l'une des réalisations maîtresses de la technique française.

Le barrage – De type « voûte » (*voir p. 28*), cet ouvrage, inauguré en 1953, présente l'originalité d'être décoré, sur sa face extérieure, d'une immense fresque de 12 000 m², représentant un « **Géant** », peinte par J.-M. Pierret (on en a une bonne vue de la D 902 et du village des Brévières, en contrebas de la route principale). Sa hauteur totale est de 180 m, dont 20 m en fondations. Les 630 000 m³ de matériaux ont été bétonnés en trois campagnes, en dépit de difficultés exceptionnelles dues aux conditions climatiques rigoureuses qui n'autorisaient un travail efficace que six mois par an. La réserve, de 230 millions de m³, forme le lac du **Chevril**★ et permet d'accumuler l'énergie nécessaire à l'augmentation de la consommation d'électricité en hiver.

Le complexe hydro-électrique – La hauteur de chute globale est de 1 000 m. Les eaux sont turbinées dans la centrale des **Brévières** (production annuelle moyenne : 154 millions de kWh), avant d'être conduites, par un tunnel de 15 km, sur le bassin de Bourg-St-Maurice où la centrale de **Malgovert** (production annuelle moyenne : 750 millions de kWh) dispose de 4 groupes de 75 000 kW.

En outre, par la « dérivation Isère-Arc », en aval de Moûtiers, l'Isère alimente la puissante centrale de **Randens**.

Enfin, contre la culée du barrage a été édifiée la centrale du Chevril, alimentée par les affluents de la rive droite de l'Isère : 10 millions de m³ lui sont fournis notamment par le réservoir de la Sassière situé à l'altitude de 2 460 m.

Belvédère – Alt. 1808 m. Aménagé au bord de la D 902, sur le toit de la centrale du Chevril, il permet d'avoir une **vue**★ d'ensemble du barrage et de la retenue. De là se découvrent, de gauche à droite, les arêtes de l'Ouillette et de l'Arcelle (par les gorges de la Daille, en amont), la cime neigeuse de la Grande Motte (par le vallon du lac de Tignes), enfin, tout proche, le dôme de la Sache, contrefort Sud-Est du mont Pourri dont la pyramide, symétrique, est visible elle-même au second plan.

Les Boisses – Alt. 1 810 m. En contre-haut du hameau des Brévières, le nouveau village a été installé, côté rive gauche, au lieu-dit les Boisses, au sommet du rognon rocheux où le barrage vient s'ancrer.

L'église ⊙, au clocher élancé, rebâtie sur le modèle de l'ancien sanctuaire paroissial submergé, est annoncée par un original *Christ accueillant* dû au sculpteur Jean Touret. Elle abrite l'ancien mobilier (retables des 17e et 18e s., sculptés par des artisans italiens du Val Sesia, cuirs de Cordoue, roue à carillon typique de la Haute-Tarentaise).

D'un **belvédère** aménagé un peu plus haut, au bord de la route D 87, après un tunnel, bon coup d'œil d'ensemble sur la retenue du barrage et son cadre. Au-delà se dresse la pyramide de la Grande Sassière.

Château du TOUVET★

Cartes Michelin nos 89 pli 19 ou 244 pli 29

Situé au flanc du massif de la Chartreuse, face à la vallée du Grésivaudan et à la chaîne de Belledonne, le château du Touvet fut à l'origine une maison forte élevée au 13e s. Le château actuel date du 15e s. ; de son enceinte fortifiée subsistent les deux tours rondes de l'entrée.

Au 18e s., Pierre de Marcieu lança une campagne de travaux très importante qui conféra au château son aspect actuel. Il ferma la cour carrée et construisit à l'intérieur un escalier d'honneur, aménagea les jardins et les anima d'un remarquable **escalier d'eau**★ à l'italienne.

VISITE ⊙ *environ 40 mn*

L'intérieur, richement décoré, a conservé un mobilier intéressant. On pénètre dans le hall où se trouve l'escalier d'honneur.

Dans la galerie décorée de stuc à l'italienne sont exposés de nombreux documents d'archives dont des lettres signées par Henri VIII d'Angleterre et François Ier. La présence de ces lettres ici s'explique par le fait que Guigues Guiffrey, le propriétaire du Touvet, fut ambassadeur auprès du roi d'Angleterre.

Le salon de musique abrite deux clavecins dont un datant de 1652, au ravissant décor d'arabesques et d'angelots, œuvre de Jan Couchet.

Le salon contient quelques meubles des fameux ébénistes grenoblois Hache, et la salle à manger s'orne d'une riche **parure murale** en cuir de Cordoue.

Une salle est consacrée au souvenir du maréchal d'Empire Oudinot, ancêtre du propriétaire actuel.

Le TRIÈVES★

Cartes Michelin nos 77 plis 14 et 15 ou 244 plis 39 et 40

Le Drac et l'Ébron ont creusé de profonds sillons dans la vaste dépression ondulée et verdoyante du Trièves ; le Vercors et le Dévoluy lui font un cadre de montagnes, tandis que la route du col de la Croix Haute (N 75) constitue pour elle un « balcon ». Au flanc Est du Vercors s'accroche la haute vallée de la Gresse, aux aspects presque savoyards, que l'on peut visiter depuis Monestier-de-Clermont.

L'écrivain **Jean Giono**, à la suite de séjours à Lalley, a dépeint le Trièves dans *Faust au village*, *La Bataille dans la montagne* et *Un roi sans divertissement*.

L'Olympe dauphinois – Le **mont Aiguille** (alt. 2 086 m), extraordinaire sommet tabulaire isolé formant bastion avancé du Vercors, comptait parmi les « Sept Merveilles du Dauphiné ». Il est resté le sommet le plus populaire de la province. Sa conquête peut être considérée comme la première manifestation de l'alpinisme en France. En 1489, le roi Charles VIII, se rendant en pèlerinage à Notre-Dame d'Embrun, est frappé par la silhouette du « Mont Inaccessible » et par le rapport qui lui est fait des merveilles dont le sommet serait le théâtre – entre autres visions, les montagnards affirment avoir vu flotter au-dessus des escarpements les tuniques des anges. Il donne ordre de se rendre maître de la cime inviolée. Au cours de l'été

Le mont Aiguille et le village de Ruthière

1492, l'exploit est réalisé par le capitaine **Antoine de Ville**, seigneur de Dompjulien de Beaupré, et ses dix hardis compagnons. Les explorateurs, s'aidant d'échelles et de cordes, ne découvrent au sommet aucune divinité, mais une charmante prairie couverte de fleurs et « une belle garenne de chamois ».

★ ROUTE DU COL DE LA CROIX HAUTE

☐ De Monestier au col de la Croix Haute
36 km - environ 1 h 1/2

Monestier-de-Clermont – Ce bourg, situé immédiatement en contrebas de la dépression du col du Fau, aligne ses maisons au bord de la N 75.
Les bois environnants offrent de multiples possibilités de promenades ombragées et le village d'Avignonet, au Nord-Est de la localité, forme un excellent belvédère sur le Drac, le barrage et la retenue de Monteynard (sports nautiques). Entre le col du Fau, qui fait suite immédiatement à Monestier, et le col de la Croix Haute, la route, contournant le verdoyant bassin du Trièves, découvre des vues étendues sur un vaste horizon de montagnes. Sur la rive droite se détache, en avant du Vercors, le **mont Aiguille** aux magnifiques escarpements.

Col de la Croix Haute – Alt. 1 179 m. Avec ses pâturages et ses sombres forêts de sapins, il ne dépayse pas encore le touriste venu des Alpes du Nord.

HAUTE VALLÉE DE LA GRESSE

☑ Circuit au départ de Monestier *61 km - environ 2 h*

Monestier-de-Clermont – *Voir ci-dessus.*
Quitter Monestier-de-Clermont par la D 8.
La route passe par St-Guillaume, village typique du Trièves avec ses robustes maisons coiffées de hauts toits de tuiles écaille. Elle s'élève ensuite jusqu'à Miribel-Lanchâtre (beaux points de vue sur la vallée de la Gresse) avant de redescendre sur St-Barthélemy.
À St-Barthélemy, prendre la D 8 B.

Prélenfrey – Cette petite station estivale bénéficie d'un **site★** privilégié au fond d'un haut vallon formant gouttière au pied des escarpements Est du Vercors (arêtes du Gerbier). La profonde échancrure par laquelle le torrent de l'Échaillon quitte ce berceau pour rejoindre la vallée de la Gresse ouvre, en contrebas, une belle perspective sur la dépression du Drac.
Prendre la D 8 B vers le col de l'Arzelier.

La route s'élève jusqu'au **col de l'Arzelier**, aménagé pour le ski. Dans la descente vers Château-Bernard, de belles vues s'offrent sur les escarpements du Vercors.

Poursuivre par la D 242.

Les impressionnantes falaises du versant Est du Vercors – dont le Grand Veymont (alt. 2 341 m) point culminant du massif – forment un cadre grandiose derrière les paysages champêtres du Trièves.

À hauteur de St-Andéol, une profonde échancrure livre passage au torrent de l'Échaillon, qui rejoint la Gresse en contrebas.

La D 242 franchit le col des Deux, puis rejoint la route de Gresse-en-Vercors.

Gresse-en-Vercors – Remarquer de curieux engins appelés **trinqueballes**, mi-traîneaux, mi-chars bien adaptés au relief mouvementé du pays. Au cœur du village : maison du Parc du Vercors.

★ **Col de l'Allimas** – Le mont Aiguille y fait une saisissante apparition. De jolies vues sur le Trièves se découvrent ensuite en arrivant à St-Michel-les-Portes.

On regagne Monestier par la N 75 en direction de Grenoble.

★ LA TRAVERSÉE DU TRIÈVES

③ De Monestier-de-Clermont à Corps

46 km – environ 1 h 1/2 – schéma page suivante

Monestier-de-Clermont – *Voir ci-contre.*

Quitter Monestier par la N 75 au Sud, puis tourner à gauche dans la D 34.

Entre le col du Fau et Mens, la D 34 fait découvrir le bassin du Trièves. La proue du mont Aiguille puis l'Obiou se dessinent, ainsi que le Grand Ferrand.

★ **Pont de Brion** – Pont suspendu d'une impressionnante légèreté, jeté, à l'origine, à 126 m au-dessus des gorges sinistres que l'Ébron s'est taillées dans les schistes noirs. Depuis la création du barrage de Monteynard sur le Drac, en aval, le niveau de l'Ébron a monté de 60 m environ.

À proximité du col de Cornillon, la **vue** se dégage, à gauche, sur la corniche du Drac et le lac de retenue du barrage de Monteynard.

Après Mens, la D 66, entre le col de St-Sébastien et Cordéac, contourne les contreforts de l'Obiou (massif du Dévoluy) pour venir se dérouler sur les terrasses cultivées de la rive gauche du Drac. Le regard distingue, à l'Est, les cimes neigeuses du massif au Sud du Vénéon (Roche de la Muzelle, Olan). Au Nord, au-delà de la dépression de Laffrey, se découpent les sommets de la Chartreuse (Chamechaude).

Entre Cordéac et les Moras, la traversée du ravin de la Croix de la Pigne ouvre une superbe échappée rapprochée sur les escarpements de l'Obiou. Très haut sur le versant opposé apparaissent, un moment, les bâtiments du sanctuaire de N.-D. de la Salette.

La traversée du Drac, après les Moras, offre de jolis coups d'œil sur le lac artificiel du Sautet quand celui-ci est « en eau ».

★★ **Barrage, lac du Sautet et Corps** – *Voir guide Vert Michelin Alpes du Sud.*

Gresse-en-Vercors

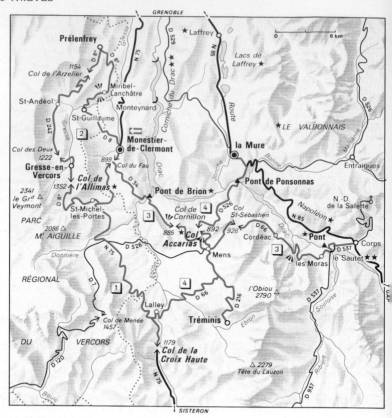

4 De La Mure au col de la Croix Haute

65 km – environ 2 h – schéma ci-dessus

La Mure – *Décrit aux lacs de Laffrey.*

Entre La Mure et le pont de Ponsonnas, les sommets neigeux du massif au Sud du Vénéon (Roche de la Muzelle, Olan) sont visibles par la trouée du Valbonnais. L'Obiou, au Sud, est fort imposant.

Pont de Ponsonnas – Ce pont domine de près de 100 m le fond des gorges du Drac.

★ **Col Accarias** – Alt. 892 m. **Vue**★ très étendue sur le Trièves et les barres rocheuses de l'Obiou, du Grand Ferrand et de la Tête du Lauzon qui le ferment (massif du Dévoluy).

À Mens, prendre la D 66, puis tourner à gauche dans la D 216.

Tréminis – Tréminis disperse ses hameaux dans le bassin supérieur de l'Ébron, tapissé de forêts de sapins et dominé par les escarpements calcaires du Dévoluy (Grand Ferrand) auxquels le soleil déclinant donne une splendide coloration. Le **site**★ est l'un des plus riants du Trièves et la station constitue une agréable villégiature estivale.

Revenir à la D 66 et poursuivre vers Lalley.

On parcourt le bassin du Trièves encadré par les crêtes orientales du Vercors, au-delà du sillon très boisé où s'encaisse l'Ébron, et par le rempart Nord du Dévoluy.

Col de la Croix Haute – *Voir page 260.*

La France au 1/1 000 000 en cinq versions chez Michelin :

– *en atlas, mini-atlas de France (n° 915)*
– *recto verso, moitié Nord moitié Sud (n° 916)*
– *moitié Nord (n° 918)*
– *moitié Sud (n° 919)*
– *en une feuille (n° 989)*

Le VALBONNAIS*

Cartes Michelin nᵒˢ 77 plis 5, 6, 15 et 16 ou 244 plis 39, 40 et 41

La vallée inférieure de la Bonne, affluent du Drac, est connue sous le nom de **Valbonnais**. En amont d'Entraigues, le **Valjouffrey** correspond au cours supérieur du torrent, descendu de l'impressionnant cirque de Font-Turbat, au pied de l'Olan. Ce pays offre de beaux sites encaissés, marqués de cette empreinte sauvage qui caractérise fortement les hauts massifs du Dauphiné.

Si la vallée de la Bonne est un cul-de-sac, la vallée affluente de la Malsanne ouvre, par le col d'Ornon, une communication touristique intéressante avec le Bourg-d'Oisans.

DE LA MURE AU DÉSERT *55 km - environ 1 h 1/2*

La Mure - *Voir p. 184.*

Entre La Mure et le Pont Haut, la N 85 offre tout d'abord de larges vues panoramiques. L'Obiou, au Sud, est très imposant. Par la trouée du Valbonnais apparaissent déjà quelques cimes neigeuses du haut massif des Écrins (Roche de la Muzelle, Olan).

Pont Haut - Des « colonnes coiffées » sont en voie de formation dans les ravinements voisins.

Au Pont Haut, prendre la D 526.

Valbonnais - Avec Entraigues, c'est le centre commercial de la région.
À la sortie de Valbonnais on aperçoit à droite, en contrebas, le petit lac formé par une retenue de la Bonne.

Entraigues - Modeste village agréablement situé sur une terrasse ensoleillée dominant l'épanouissement où confluent la Bonne et la Malsanne.

À Entraigues, prendre la D 117 vers Valjouffrey. Au pont de la Chapelle, tourner à gauche dans la D 117 pour suivre la route de Valsenestre.

★ Route de Valsenestre - Le chemin s'élève au-dessus des **gorges du Béranger★**, puis se déroule sur des pentes superbement boisées de mélèzes et de sapins. De nombreuses cascades agrémentent encore ce parcours. Le hameau de Valsenestre (« val de gauche ») est situé à l'entrée d'un vaste cirque délimité par le pic Clapier du Peyron, la roche de la Muzelle et le pic de Valsenestre. Il est le point de départ de nombreuses excursions en moyenne et en haute montagne.

Faire demi-tour et revenir à la D 117.

★★ La Haute-Vallée de la Bonne - *3 h de marche AR. Parking obligatoire à l'entrée du Désert-en-Valjouffrey.*

Cette excursion, qui conserve grâce à l'excellente praticabilité du sentier des allures de promenade, suit le fond d'une vallée glaciaire taillée dans un socle cristallin.

Le Désert-en-Valjouffrey (alt. 1 267 m), dernier village du Valjouffrey, aligne au bord de sa rue principale au profil accidenté plusieurs granges qui témoignent de la permanence de l'activité rurale. Sur certaines d'entre elles, on peut lire l'année de leur construction et les initiales du propriétaire.

En quittant le hameau, on découvre la vallée dont la forme en « auge » apparaît très nettement, barrée par une formidable muraille rocheuse culminant à plus de 3 000 m. Sur la gauche, le cône de déjections d'une vallée latérale est encore couvert de quelques cultures, rendues possibles par l'épierrage patiemment assuré par les paysans. Cette zone est dominée par l'aiguille des Marmes (3 046 m), dont le nom vient de la présence de schistes jurassiques exploités encore récemment : une observation attentive permet de distinguer les reflets foncés des ardoisières.

À droite, la Bonne coule au milieu d'un lit large qui prend des allures de gravière.

Après le passage de la barrière du parc *(lire attentivement le règlement)*, le paysage devient nettement plus sauvage ; les arbres de plus en plus chétifs caractérisent l'étage subalpin. L'adret, sur la gauche, est le domaine de la bruyère et du genévrier, tandis que l'ubac plus ombragé est parsemé de rhododendrons. Le sentier traverse un éboulement avant d'arriver à la **cascade de la Pisse★**, sur la gauche.

Après avoir franchi la passerelle, on traverse un petit bois de pins à crochets : leur aspect trapu et leurs troncs déformés trahissent l'adaptation à un milieu sévère. Bientôt apparaît, majestueux, le pic Olan (3 564 m) dominant le **cirque de Font-Turbat** : l'étage alpin aux maigres pelouses fait place, à l'approche des sommets, à un univers exclusivement minéral.

Le retour au Désert se fait par le même sentier.

VAL-CENIS*

Cartes Michelin nᵒˢ 77 pli 9 ou 244 pli 32 – Schéma p. 191

La station de Val-Cenis, née en 1967 de l'union des deux communes de Lanslevillard et Lanslebourg, occupe une position centrale en Haute-Maurienne, ce qui en fait une base privilégiée d'excursions. Elle est dominée au Nord-Ouest par la dent Parrachée (alt. 3 684 m), au Nord par le Grand Roc Noir et au Sud par la pointe de Ronce (alt. 3 610 m) et le col du Mont-Cenis *(décrit à la route du Mont-Cenis).*

LA STATION

Le domaine skiable – S'étendant sur 500 hectares entre 1 400 et 2 800 m, il est le plus grand de la vallée de l'Arc et propose un forfait à la semaine permettant de skier dans la plupart des stations de Maurienne. Il dispose de la plus longue piste verte d'Europe, l'Escargot (les 10 km de la descente du Col du Mont-Cenis) ainsi que de belles pistes techniques (Jacquot, le Lac et l'itinéraire de l'Arcelle). L'exposition Nord et la fréquente levée du vent de la Lombarde, venant d'Italie, garantissent l'enneigement mais impliquent parfois un temps froid et incertain.

Lanslebourg-Mont-Cenis – L'agglomération, alignant militairement ses immeubles uniformes le long de la rue principale, est restée profondément marquée par son rôle d'étape frontière. Un monument y est dédié à Flambeau, le chien vaguemestre qui, de 1928 à 1938, assura le transport du courrier entre la caserne de Lanslebourg et le fortin de Sollières à 2 780 m d'altitude.
L'**Espace baroque Maurienne** ⓥ constitue un des points de départ des circuits de visite des **Chemins du baroque** *(voir les Renseignements pratiques en fin de guide).*

Lanslevillard – Ce village apparaît dominé par son église au haut clocher, dressée sur un promontoire.
Les amateurs d'art religieux populaire ne manqueront pas de visiter la chapelle St-Sébastien.

Chapelle St-Sébastien ⓥ – *Pour s'y rendre, laisser la voiture près de l'église paroissiale, puis poursuivre au-delà de l'école.*
Cette chapelle, extrêmement fruste de l'extérieur, fut élevée au 15ᵉ s. par un habitant de Lanslevillard, Sébastien Turbil, à la suite d'un vœu fait lors d'une épidémie de peste dont il réchappa.
Exécutées selon la technique de la détrempe qui consiste à peindre sur un mur sec riche en chaux, les **peintures murales**★ qui couvrent tous les murs frappent par la fraîcheur de leurs coloris et leur saveur d'expression. À droite en entrant se déroulent sur trois registres les différentes scènes du martyre de saint Sébastien. Sur les autres murs, la vie du Christ est racontée sur deux registres. Les costumes et les décors correspondent à l'époque de Louis XI. Les visages sont fort expressifs.
Le plafond Renaissance se compose de caissons sculptés et peints.

POINTS DE VUE

★ **Télécabine du Vieux Moulin** ⓥ – Alt. 2 100 m. Vue sur la dent Parrachée, les glaciers de la Vanoise et la vallée de l'Arc. Restaurant d'altitude.

★★ **Col du Lamet** – Alt. 2 800 m. *Accès aux skieurs en hiver par télésiège et aux randonneurs l'été.* Vue magnifique au Sud sur les Alpes italiennes, au Sud-Ouest sur le barrage et le lac du Mont-Cenis (dominés par le mont Malamot), l'aiguille de Scolette et la Meije en arrière-plan, enfin au Nord sur la Vanoise.

VAL-D'ISÈRE✳✳✳

1 703 habitants (les Avallins)
Cartes Michelin nᵒˢ 74 pli 19 ou 244 Est du pli 32 – Schémas p. 183 et 271

Au fond de son val encaissé où coule l'Isère naissante, Val-d'Isère s'affirme comme l'une des plus prestigieuses stations de montagne des Alpes. Elle s'est développée, à 1 850 m d'altitude, au pied de l'imposant rocher de Bellevarde, de la Tête du Solaise et des hauts sommets de la Réserve de la Grande Sassière. Outre sa partie centrale, elle comprend, en amont et en direction du col de l'Iseran, le hameau du Fornet et, en aval, l'annexe moderne de la Daille.

Les champions de Val-d'Isère – Les années 60 sont des années fabuleuses pour le ski français. Les **sœurs Goitschel**, Marielle et Christine, remportent à elles deux, aux Jeux olympiques d'Innsbruck (1964) et de Grenoble (1968), cinq médailles : trois d'or et deux d'argent. **Jean-Claude Killy** est l'un des skieurs à avoir totalisé le plus grand nombre de victoires en une seule saison ; en 1968, aux Jeux olympiques, il renouvelle l'exploit unique réalisé par Toni Sailer en 1956 en remportant une médaille d'or pour chacune des trois épreuves : descente, slalom spécial, slalom géant.

C'est à Val-d'Isère que ces vainqueurs ont passé leur enfance. Leurs parents, véritables pionniers en quête d'or blanc, étant venus s'y installer à la fin des années 40. Très tôt, les enfants reçoivent leurs premières paires de skis. Chaque soir après l'école, ils se précipitent sur les pistes, encouragés par l'instituteur du village qui, tous les lundis après-midi, organisait une course à leur intention.

LA STATION

Le domaine skiable – Réputée pour son ambiance familiale et sportive, Val-d'Isère doit son succès à un enneigement abondant et à l'étendue de ses champs de neige, qui s'imposent aux skieurs confirmés : ceux-ci ne manqueront pas d'essayer la « Face de Bellevarde », la « S » de Solaise, le « Tunnel » vers l'Iseran... Les possibilités de ski de randonnée sont également importantes avec une trentaine de cols et sommets avoisinant les « 3 000 » dans un rayon de 10 km.

Après la réalisation d'un premier remonte-pente en 1934 et la création de l'École nationale du ski français par Émile Allais en 1935, Val-d'Isère bénéficie de la construction de la **route de l'Iseran★★★**. En 1942, la station inaugure le téléphérique du Solaise puis celui de Bellevarde *(voir ci-dessous)*.

Depuis 1955, elle organise sur la piste Oreiller-Killy le **Critérium de la première neige**, qui marque, début décembre, l'ouverture de la saison internationale de ski alpin. La mise en commun du domaine skiable avec Tignes sous le nom d'**Espace Killy✳✳✳** *(voir le Massif de la Vanoise)* donne à la station une autre dimension. En février 1992, Val-d'Isère a obtenu la consécration olympique en organisant les épreuves hommes de ski alpin sur la spectaculaire **Face de Bellevarde**.

En été, Val-d'Isère constitue également un lieu de séjour animé. Le ski se pratique en juillet sur le glacier du Grand Pissaillas tandis que le Salon International du 4 x 4 et du tout-terrain constitue un grand rendez-vous estival.

Val-d'Isère

BELVÉDÈRES ACCESSIBLES EN TÉLÉPHÉRIQUE

★★ Rocher de Bellevarde ⊘ – Alt. 2 826 m. *1 h AR, dont 7 mn de téléphérique, ou 4 mn 30 en Funival depuis la Daille.*
De la plate-forme terminale, monter en 5 mn, grâce à plusieurs rangées d'escaliers assez raides, à la table d'orientation. Magnifique **tour d'horizon★★★**. Val-d'Isère apparaît, 1 000 m en contrebas, dominée par la Grande Sassière, la Tsanteleina et les glaciers des Sources de l'Isère. Au Nord, remarquer le lac du Chevril et surtout, en arrière-plan, le Mont Blanc. Admirer enfin, dans le sens contraire aux aiguilles d'une montre, les principaux sommets du massif de la Vanoise : mont Pourri, dôme de la Sache, Grande Casse, Grande Motte, pointe de la Sana, Albaron...

★★ Tête du Solaise ⊘ – Alt. 2 551 m. *45 mn AR, dont 6 mn de téléphérique.* Durant le trajet et, à l'arrivée, de la terrasse du café installé au sommet, vue, en aval, sur la vallée de l'Isère, de Val-d'Isère au lac de Chevril. Remarquer, juste en face, le tracé de la piste olympique de Bellevarde.
Panorama sur la Grande Sassière et le mont Pourri, la Grande Motte et la pointe de la Sana.

★ **Col de l'Iseran** – *Accès par le téléphérique du Fornet et la télécabine du Vallon de l'Iseran en saison hivernale.*

L'été, il vaut mieux monter au col en voiture par la route de l'Iseran, particulièrement impressionnante. **Vue**★ décrite au col de l'Iseran.

Du col, les skieurs peuvent, été comme hiver, se rendre à 3 300 m d'altitude sur le glacier du **Grand Pissaillas**, d'où ils bénéficient de **vues**★★ splendides sur la Haute-Maurienne et la Haute-Tarentaise.

RANDONNÉES PÉDESTRES

Les marcheurs ne trouveront guère intérêt à parcourir le domaine skiable, peu esthétique et sillonné par les véhicules tout-terrain. Ils trouveront en revanche à quelques kilomètres de la station des endroits préservés, de toute beauté, au sein du Parc national de la Vanoise.

★★ **Refuge du Prariond et col de la Galise** – *Stationner au pont St-Charles sur la route du col de l'Iseran. Montée : 1 h pour le refuge, puis 2 h pour le col (dénivellation totale : 900 m environ). Descente : 2 h.*

Le sentier, abrupt, traverse les gorges du Malpasset, lieu de prédilection des bouquetins. Il débouche sur le chatoyant Val du Prariond, au pied du glacier des Sources de l'Isère. À partir du refuge, le sentier est plus raide. Sur la partie terminale, s'orienter à l'aide des cairns (tas de pierres) jusqu'au col (alt. 2 990 m). Vue sur les cimes du Grand Paradis.

★★ **Col des Fours** – *Randonnée éprouvante exigeant de l'endurance. Du centre de Val-d'Isère, gagner en voiture le hameau du Manchet, situé à 3 km (parking). Montée : 1 h 30 pour le refuge du Fonds des Fours, puis 1 h pour le col (dénivellation totale : 1 100 m environ). Descente : 2 h. Prévoir un coupe-vent et des vêtements chauds car le vent, au sommet, est souvent violent et glacial.*

Du refuge, **vue**★ sur la Grande Sassière, le massif du Mont-Blanc, le dôme de la Sache et Bellevarde. Le sentier bifurque ensuite à gauche et décrit des lacets assez raides jusqu'au col (alt. 3 000 m). **Vue**★★ admirable sur un lac, entouré par le glacier de la Jave, et sur la Maurienne (Albaron) et la Tarentaise (Grande Motte, Grande Casse). Domaine fréquenté par les chamois.

VALFRÉJUS✶

Cartes Michelin nᵒˢ 77 pli 8 ou 244 pli 31

Cette petite station, créée en 1983, est située à 1 550 m d'altitude sur le balcon du Charmaix, à 8 km de Modane. Au pied du **mont Thabor** et face au massif de la Vanoise (Péclet-Polset, pointe de l'Échelle), elle tire son charme de la présence d'une belle forêt de mélèzes, d'épicéas et de pins cembro ainsi que d'une architecture assez respectueuse du site.

LA STATION

Le domaine skiable – Il bénéficie d'un enneigement notable sur son deuxième tronçon, entre 2 000 et 2 730 m, favorisé par une exposition Nord, et dispose actuellement de 12 remontées mécaniques pour une vingtaine de pistes

En été, Valfréjus est une base de randonnées pédestres en direction de la pointe du Fréjus et du massif du Thabor.

★★ **Télécabine de Punta Bagna** ⊙ – Alt. 2 750 m. *Accès au sommet en télécabine uniquement en hiver. En été, seul le premier tronçon fonctionne.*

En sortant de la télécabine, le **panorama**★★ est splendide. Remarquer tout d'abord, légèrement à gauche, la pointe du Fréjus. Au centre, on découvre le sommet pointu de Rochebrune et les Alpes italiennes par-delà le col du Fréjus. À droite se dresse la masse rocheuse du Grand Argentier. Se diriger vers la terrasse du restaurant pour admirer, en arrière-plan, la Grande Ruine, le pic Gaspard, la Meije, le Rateau puis le Thabor et deux des trois aiguilles d'Arves. Au Nord, on bénéficie d'une vue d'ensemble sur le domaine skiable de Valfréjus et l'on reconnaît, de l'autre côté de la vallée, Péclet-Polset, le col d'Aussois, les glaciers de la Vanoise, la dent Parrachée et la Grande Motte...

Le code de la route requiert, sur les chemins difficiles de montagne, de laisser la priorité de passage à la voiture montante sauf si celle-ci se trouve à proximité d'une place d'évitement.

VALLOIRE*

1 012 habitants
Cartes Michelin nᵒˢ 89 pli 10 ou 244 pli 31

Au pied du rocher St-Pierre, qui forme « verrou » dans la vallée de la Valloirette, Valloire est le plus important centre de tourisme de la Maurienne, entre les Parcs nationaux de la Vanoise et des Écrins. Son site marque la limite entre deux types de paysages : en aval, une combe boisée ; en amont, un sauvage couloir d'alpages rectiligne dont les versants, à vif, se couvrent d'éboulis.

LA STATION

Centre de sports d'hiver bien équipé, aux pistes d'expositions variées, Valloire est aussi un village typique, groupé autour de son église baroque.

Le domaine skiable – La situation de cette chaleureuse station de la Maurienne, au pied du col du Galibier, aux limites du massif des Écrins et du Parc de la Vanoise, lui vaut d'importants atouts géographiques. Les skieurs sportifs pourront, grâce aux nombreuses pistes rouges et noires, parcourir les secteurs de Colérieux, des Grandes Drozes et de Plan Palais. Un nombre impressionnant de canons à neige assure une couverture des pistes par tout temps. Un concours international de sculpture sur glace apporte, chaque année en janvier, une touche artistique à l'animation de cette station familiale.
Les fondeurs s'exerceront sur 40 km de pistes.
Le domaine est relié à celui de **Valmenier** (forfait commun).

Église – Datant du 17ᵉ s., sauf le clocher, vestige de l'édifice primitif, c'est un des sanctuaires les plus luxueusement décorés de Savoie. Le retable monumental du maître-autel, en bois doré à la feuille, abrite, à gauche, la statue de saint Pierre, à droite, celle de sainte Thècle *(voir sa légende p. 45)*, née à Valloire au 6ᵉ s. Le calvaire, au-dessus de la porte de la sacristie, daté de 1609, serait une reproduction du *Christ* d'Albert Dürer.
Aux alentours de l'église on peut admirer parfois – les dimanches et fêtes, mais surtout à l'occasion de la procession du 15 août en l'honneur de l'Assomption de la Vierge – les costumes locaux dont la coiffe, le châle et le tablier (de la couleur des ornements liturgiques) constituent les pièces les plus originales.

VALMOREL**

Cartes Michelin nᵒˢ 89 pli 6 ou 244 Nord du pli 31 – Schéma p. 270

Créée de toutes pièces en 1976, Valmorel est l'une des plus séduisantes stations modernes des Alpes. Elle est située à 1 400 m d'altitude, dans un cirque de montagnes, au fond de la verdoyante **vallée du Morel**. Cette vallée dont les versants sont occupés par des bois, des pâturages et de beaux hameaux anciens (Doucy, les Avanchers) est réputée pour son industrie « fruitière » tournée vers la fabrication du fromage de Beaufort.
Actuellement elle connaît un développement touristique important.

LA STATION

Accès au centre interdit aux véhicules de passage

Le domaine skiable – Cette station à l'incontestable réussite architecturale dispose d'une large gamme de pistes de tous niveaux. Les skieurs confirmés apprécieront les tracés vers St-François-Longchamp par le télésiège de la Madeleine et ceux du massif de la Lauzière. Le téléski de Morel permet d'éviter le centre de la station pour rejoindre les domaines du Gollet et du Mottet. Les défaillances de l'enneigement seront aisément compensées par la batterie de canons à neige. Possibilité de ski de nuit sur les pistes de Planchamp. Un stade de surf de neige a été récemment aménagé.
Le domaine est relié à celui de la petite station de **St-François-Longchamp** avec un forfait commun : Grand Domaine.

Conçue comme un ensemble homogène adapté aux paysages qui l'entourent, Valmorel se compose de plusieurs hameaux où s'imbriquent des chalets modernes construits avec les éléments de l'habitat traditionnel : bois, couvertures de lauzes, grands balcons. Au centre, les ruelles et les places piétonnes où sont installés les commerces et les cafés sont décorées de peintures en trompe-l'œil exécutées sur les façades aux chauds coloris, s'inspirant du style savoyard traditionnel, lui-même très influencé par l'Italie.
L'été, la station est très fréquentée pour ses équipements (piscine, tennis, équitation, club des enfants...), ses animations et comme centre d'excursions.

★★★ **Crève-Tête** – Alt. 2 341 m. *Prendre la télécabine de Pierrafort* ⊙. De la plate-forme terminale (alt. 1 830 m), on accède rapidement au **col du Golet**, d'où la vue est déjà très belle. Le sentier est ensuite plus raide jusqu'au sommet. **Panorama** splendide sur la vallée de Valmorel encadrée par le Cheval Noir, le Grand Pic de la Lauzière et, dans le lointain, la chaîne de Belledonne. De l'autre côté rayonnent la vallée des Belleville et ses ramifications du Nant Brun et des Encombres. Les stations de St-Martin et des Ménuires sont bien visibles, ainsi que la cime de Caron et l'aiguille de Péclet. Au-delà, se dressent les vallées des Allues, de Courchevel et de Pralognan. Plus à gauche, on découvre successivement le sommet de Bellecôte, le mont Pourri, la station des Arcs puis le Mont Blanc... sans oublier la vallée de l'Isère.

Massif de la VANOISE★★★

Cartes Michelin nᵒˢ 74 plis 17, 18 et 19 et 77 plis 7, 8 et 9
ou 244 plis 20, 21, 31, 32 et 33

Le massif de la Vanoise, occupant près du tiers de la superficie de la Savoie, s'étend entre les vallées de l'Isère au Nord et de l'Arc au Sud et jouxte le parc italien du Grand Paradis à l'Est. Ses paysages grandioses et la richesse de sa faune et de sa flore, qui ont fasciné alpinistes et randonneurs dès le 19ᵉ siècle, le désignaient tout naturellement pour abriter le premier parc national créé en France (1963). L'un des objectifs de sa constitution a été la protection des derniers bouquetins des Alpes ; cet animal a été choisi comme premier emblème du parc.

LES SECTEURS PROTÉGÉS

La zone périphérique (1 450 km²) – Elle offre des structures d'héber-gement et des équipements sportifs remarquables. Elle regroupe en Tarentaise quelques-unes des plus grandes et des plus prestigieuses stations de sports d'hiver.

Elle renferme aussi des villages et hameaux pittoresques (Bonneval-sur-Arc, le Monal...) et un remarquable patrimoine architectural (églises de Saint-Martin-de-Belleville, Champagny, Peisey-Nancroix, Bessans, Lanslevillard...).

La zone centrale (530 km²) – Accessible aux randonneurs, elle constitue un milieu exceptionnel, protégé par une réglementation stricte.

S'étageant entre 1 200 m et 3 855 m (altitude de la Grande Casse) et comprenant des formations géologiques extrêmement variées, la Vanoise est surtout un domaine de haute montagne : 107 sommets dépassent 3 000 m et les glaciers occupent 88 km².

Le nom Vanoise désigne en particulier l'immense calotte glaciaire, qui s'étend du col de la Vanoise au col d'Aussois. Les sommets les plus célèbres du massif sont le mont Pourri (3 779 m – domaine des Arcs) et le sommet de Bellecôte (3 416 m – domaine de La Plagne) au Nord, l'aiguille de la Grande Sassière (3 747 m – domaine de Tignes) au Nord-Est, la Grande Casse (domaine de

Le lac Blanc et le col de Soufre

Pralognan) et la Grande Motte (3 656 m – domaine de Tignes) au centre, la pointe de la Sana (3 456 m) et la pointe de Méan Martin (3 330 m) à l'Est, enfin le massif de Péclet-Polset (3 562 m – domaine de Val Thorens) et la dent Parrachée (3 684 m – domaine d'Aussois) au Sud.

En dessous de 2 000 m, la Vanoise renferme quelques belles forêts aux essences variées : épicéas, mélèzes, pins cembro, notamment à Méribel et Peisey-Nancroix.

La variété des roches a favorisé l'éclosion d'une flore exceptionnelle : 2 000 espèces sont dénombrées parmi lesquelles certaines sont très rares (renoncule des glaciers, silène acaule...). Sur les bords des sentiers, les randonneurs pourront admirer à loisir des gentianes, anémones, joubarbes et rhododendrons... Sur certains sites, ils trouveront des edelweiss, lis martagon, sabots de Vénus et autres ancolies...

Autre intérêt majeur : la faune, qui a connu un développement remarquable depuis la création du parc. Les bouquetins sont passés de 40 à plus de 1 000 et les chamois de 400 à plus de 5 000 individus. Si même les randonneurs peu expérimentés ont toutes les chances de rencontrer des marmottes, l'observation d'espèces plus rares (lagopèdes, bartavelles, niverolles, tétras-lyres et aigles royaux...) nécessite beaucoup de patience et une bonne connaissance de la montagne et des habitudes des animaux.

Équipée de 500 km de sentiers bien balisés (dont les GR 5 et GR 55) et de 35 refuges totalisant plus de 1 000 couchettes, la Vanoise est aujourd'hui l'un des endroits de France les plus fréquentés par les randonneurs. Ces derniers peuvent obtenir toutes les informations utiles auprès des offices de tourisme des stations de la zone périphérique et doivent notamment réserver à l'avance les nuits en refuge. Cinq centres d'information, appelés « **Portes du parc** », ont été implantés à l'Orgère (au-dessus de Modane), au fort Marie-Christine (Aussois), au Plan du lac (au-dessus de Termignon), à Rosuel (Peisey-Nancroix) et au Bois (Champagny-le-Haut).

★★ LES ITINÉRAIRES ROUTIERS

★★ **La Tarentaise** *(voir ce nom)*

★ **La Haute-Maurienne** *(décrit à Maurienne)*

★★ **Route du Petit-Saint-Bernard** *(voir ce nom)*

★ **Route du Mont-Cenis** *(voir ce nom)*

★★ **Route de l'Iseran** *(voir ce nom)*

★★ **Vallée des Belleville** *(voir ce nom)*

De belles routes sillonnent les vallées de l'Arc et de l'Isère et permettent de faire le tour complet du parc. Cependant, l'automobile n'offre pas la possibilité de découvrir le cœur du massif. Les plus beaux paysages sont accessibles à ski l'hiver et à pied l'été.

★★ LES RANDONNÉES PÉDESTRES

Pour plus de détails, consulter :
– Carte au 1/50 000 « Massif et Parc national de la Vanoise » *(Didier & Richard, Grenoble)* ;
– Topo-guide des sentiers GR 5 et 55 (voir les Renseignements pratiques en fin de guide) ;
– Guides : Massif et Parc national de la Vanoise – itinéraires à pied et à skis *(Didier & Richard, Grenoble)* ;
– La Vanoise. Parc national, par R. Frison-Roche et P. Tairraz (Arthaud) ;
– « L'Estive », Magazine des activités du Parc national.

Principaux belvédères accessibles en remontées mécaniques

★★★ **La cime de Caron** *- Voir Val-Thorens.*

★★★ **Bellevarde** *- Voir Val-d'Isère.*

★★★ **L'Aiguille Rouge** *- Voir Les Arcs.*

★★★ **La Grande Motte** *- Voir Tignes.*

★★★ **La Saulire** *- Voir Courchevel ou Méribel.*

★★ **Le mont Vallon** *- Voir Méribel.*

★★ **Télécabine de Bellecôte** *- Voir La Plagne.*

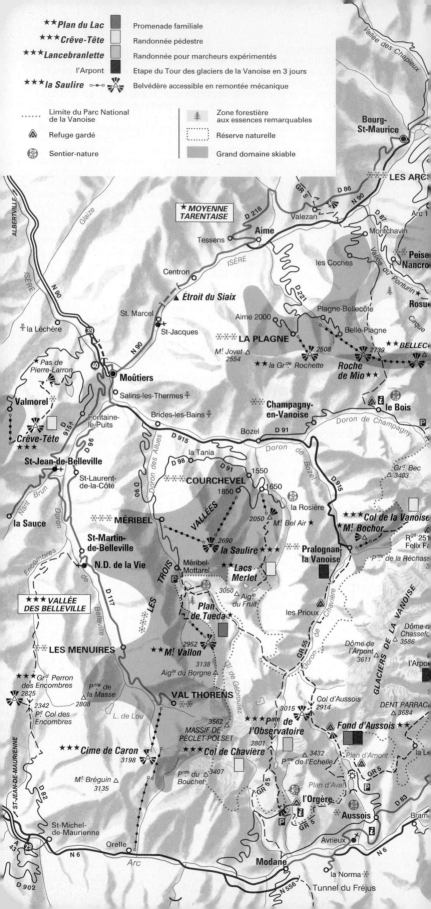

Les possibilités de promenades en Vanoise sont inépuisables. Les personnes visitant la région pour la première fois pourront séjourner à Pralognan, Champagny, Peisey-Nancroix ou Bonneval-sur-Arc. Les grandes stations de ski sont également de remarquables bases de promenades : **Pralognan, Tignes, St-Martin-de-Belleville** (station des Ménuires), **Méribel** ou **Courchevel.**

Les randonneurs ne devront pas se contenter des sentiers de la zone centrale du parc, ceux de la zone périphérique, beaucoup moins parcourus, étant également magnifiques. Nous indiquons ci-dessous une sélection des plus belles randonnées décrites dans ce guide et classées en quatre catégories en fonction de leur difficulté *(se reporter aux conseils dans les Renseignements pratiques).* La montagne est en effet un milieu changeant, qui peut être dangereux lorsque l'on ne prend pas certaines précautions. La meilleure période est comprise entre le 4 juillet et le 15 août. Après, l'intérêt floristique est moindre. Fin juin-début juillet, la neige est souvent encore abondante et rend les itinéraires au-dessus de 2 000 m délicats. Néanmoins, le début et la fin de l'été ainsi que l'automne présentent un gros avantage : une faible affluence, ce qui est particulièrement agréable.

■ Promenades familiales

Il s'agit d'itinéraires faciles et courts, pouvant être entrepris avec des enfants. Les équipements propres à la randonnée sont néanmoins conseillés.

★★ **Lac de la Sassière** *(Tignes)*

★★ **Le Monal** *(Ste-Foy-en-Tarentaise)*

★★ **Refuge de Prariond** *(Val-d'Isère)*

★★ **Plan du lac** *(Termignon)*

★★ **Refuge d'Avérole** *(Bessans)*

★★ **Fond d'Aussois** *(Aussois)*

★ **Chalets de la Duis** *(Bonneval)*

★ **Plan de Tueda** *(Méribel)*

■ Randonnées

Il s'agit d'itinéraires exigeant de l'endurance, une certaine forme physique mais ne présentant pas de difficultés techniques.

★★★ **Col de la Vanoise** *(Pralognan et Termignon)*

★★★ **Col du Palet et col de la Tourne** *(Tignes)*

★★★ **Col de Chavière** *(Modane)*

★★★ **Crève Tête** *(Valmorel ou la vallée des Belleville)*

★★ **Lac de La Plagne** *(Peisey-Nancroix)*

★★ **Refuge du Carro** *(Bonneval)*

★★ **Refuge des Évettes** *(Bonneval)*

★★ **Lacs Merlet** *(Courchevel)*

★★ **Cols des Fours** *(Val-d'Isère)*

■ Circuits pour marcheurs expérimentés

Il s'agit d'itinéraires exigeant souvent de l'endurance et présentant ponctuellement des passages délicats (pentes très raides, sentiers vertigineux...). Ils n'exigent néanmoins pas de connaissances particulières en matière d'escalade et d'alpinisme. De solides chaussures de montagne à semelles antidérapantes sont indispensables ainsi qu'une bonne habitude des marches en montagne.

★★★ **Pointe du Chardonnet** *(Tignes)*

★★★ **Pointe de l'Observatoire** *(Aussois)*

★★★ **Pointe des Lessières** *(Col de l'Iseran)*

★★★ **Lancebranlette** *(Col du Petit-St-Bernard)*

■ Tour des glaciers de la Vanoise en 3 jours

Cet itinéraire s'adresse à des marcheurs entraînés et en parfaite condition physique. Avant de l'entreprendre, il est indispensable de réserver les nuits au refuge (s'adresser à l'Office du tourisme de Pralognan) et de se renseigner sur la météo à plusieurs jours.

Partir toujours de très bon matin pour ne pas arriver tard au refuge (les réservations sont annulées à partir de 19 h). Voir également le chapitre Renseignements pratiques en fin de guide sur les conseils avant la randonnée.

1er jour : Pralognan – **mont Bochor**★ (par téléphérique) – **col de la Vanoise**★★★ – **refuge de l'Arpont**.

2e jour : Refuge de l'Arpont – la Loza – la Turra – **refuge du Fond d'Aussois**★★★.

3e jour : Refuge du fond d'Aussois – col d'Aussois – **pointe de l'Observatoire**★★★ – **Les Prioux** – Pralognan.

LE DOMAINE SKIABLE

Étant donné la dimension du domaine skiable, il est préférable de se procurer à l'avance le guide du skieur 3-Vallées auprès de l'un des offices de tourisme, de concocter chez soi des itinéraires possibles et de demander conseil, à l'arrivée à la station, auprès des pisteurs. Le balisage est d'une excellente qualité, et de façon générale, le domaine est ouvert pendant la quasi-totalité des vacances, de Noël à début mai. Il est recommandé d'emprunter des pistes ouvertes peu fréquentées : si les conditions étaient mauvaises, elles seraient fermées. Enfin, il faut toujours faire attention à l'heure et au mauvais temps, pour être sûr de pouvoir rentrer à temps à la base de départ.

Le massif de la Vanoise renferme, au sein de sa zone périphérique, un domaine skiable sans équivalent de par sa superficie, la qualité de ses équipements et son enneigement. Si la vallée de la Maurienne comprend surtout des petites stations familiales de moyenne altitude pleines de charme, la vallée de la Tarentaise a développé, à partir des années trente, un ensemble exceptionnel de stations de sports d'hiver. Elles ont trouvé la consécration suprême en organisant les Jeux olympiques en février 1992. Le forfait Espace olympique permet de skier sur les Trois-Vallées, l'Espace Killy, l'Espace La Plagne-les Arcs, Pralognan, Ste-Foy, la Rosière, Valmorel et les Saisies.

✳✳ **L'Espace Killy** – Rassemblant **Tignes**✳✳✳ et **Val-d'Isère**✳✳✳, ce domaine a acquis une renommée internationale de par sa dimension (100 km²), la haute qualité de son enneigement (ski toute l'année sur la Grande Motte) et le caractère grandiose de ses paysages de haute montagne. Il compte une centaine de remontées mécaniques et 300 km de pistes.

Val-d'Isère, très encaissée, s'adresse particulièrement aux bons skieurs tandis que Tignes, présentant des pentes moins soutenues, satisfait les skieurs peu habitués et permet le retour à la station, skis aux pieds.

✳✳ **Les Trois-Vallées** – S'étendant sur plus de 400 km², les vallées de **St-Bon** (Courchevel✳✳✳, La Tania), des **Allues (Méribel**✳✳✳) et des **Belleville**★★★ (St-Martin-de-Belleville★, les **Ménuires**✳✳ et **Val-Thorens**✳✳) forment incontestablement le plus grand domaine skiable des Alpes. 210 remontées mécaniques dont 37 télé-cabines et téléphériques, desservent près de 300 pistes et itinéraires, totalisant une longueur de 700 km. Le domaine répond aux attentes les plus variées : larges boulevards parfaitement damés de tous niveaux, pistes techniques parmi les plus difficiles des Alpes (« Bouquetin » à Mottaret, « Couloirs de la Saulire » à Courchevel, secteur « Masse » des Ménuires), possibilités infinies de ski hors piste dans des sites préservés (vallée des Encombres, vallée des Avals, itinéraire des villages...). 110 km de boucles de ski de fond ont été également tracés sur les sites de Courchevel, Méribel et les Ménuires.

Les Trois-Vallées doivent leur succès à l'efficacité des liaisons interstations, à la qualité de l'enneigement de fin novembre à mi-mai et aux possibilités de découvrir la montagne dans toute sa diversité. Si les Ménuires et Val Thorens ont une architecture moderne et fonctionnelle, St-Martin et Méribel se distinguent par leur caractère traditionnel. Les quartiers luxueux et le standing mondain de Courchevel se conjuguent avec l'ambiance jeune et sportive des Ménuires. Les skieurs admireront surtout un environnement naturel de qualité, des glaciers de Val-Thorens aux belles forêts de Méribel et Courchevel.

Outre les deux domaines principaux des Trois-Vallées et de l'Espace Killy, la Tarentaise présente d'autres stations de tout premier plan : **La Plagne**✳✳ et **les Arcs (Peisey-Nancroix)**✳✳✳.

Il faut également mentionner l'existence de stations de taille plus modeste, mais offrant un grand intérêt touristique et un enneigement remarquable : **la Rosière**✳ et **Valmorel**✳ notamment.

Respect de la nature : la beauté des itinéraires dans les sites classés dépend aussi de leur propreté.
N'abandonnez surtout pas de détritus (bouteilles ou sacs de plastique, boîtes de conserve, papiers, etc.), remportez les avec vous.

VASSIEUX-EN-VERCORS

283 habitants (les Vassivains)
Cartes Michelin n°s 77 pli 13 ou 244 pli 38 – Schéma p. 280

Situé dans une combe au Sud du Vercors, Vassieux fut le cadre d'épisodes tragiques au cours de la Seconde Guerre mondiale. En 1944, lors des combats du Vercors, la Résistance y avait entrepris l'aménagement d'un terrain d'atterrissage pour les Alliés. Par un tragique retournement de situation celui-ci fut utilisé le 21 juillet 1944 par des planeurs allemands, remplis de commandos spéciaux qui mirent la localité à feu et à sang. On peut encore voir deux carcasses de ces planeurs, l'une devant l'église et l'autre derrière, en face du musée de la Résistance.

Le village a été entièrement reconstruit. Un monument, surmonté d'un grand gisant dû au sculpteur Gilioli, a été élevé « Aux martyrs du Vercors 1944 » et une plaque commémorative, sur la place de la Mairie, porte les noms de 74 victimes civiles *(pour plus de détails, se reporter à l'ouvrage* Témoignages sur le Vercors *de J. La Picirella – Diffusion Hachette).*

Quelques grandes figures du maquis du Vercors

Eugène Chavant (« Clément ») – Élu révoqué, il participe à l'organisation de la Résistance dans l'Isère, avant de se lancer en 1943 dans la grande aventure du maquis du Vercors et devenir le responsable civil du « Plan Montagnards ». Il reçoit à Grenoble en novembre 1944 la Croix de la Libération des mains du général de Gaulle.

Jean Prévost – La préparation d'une thèse sur Stendhal conduit l'écrivain-journaliste à Grenoble, où avec son ami Dalloz, il conçoit le principe de transformer le Vercors en forteresse de la Résistance. Il sera tué dans une embuscade en août 1944.

Alain Le Ray – Organisateur militaire du Vercors, ce lieutenant eut également un important rôle de liaison avec les FFL.

Costa de Beauregard – Responsable de l'instruction militaire des maquisards, ce militaire d'active poursuivit la guérilla après la chute du Vercors en juillet 1944.

Marc Riboud – Avant de devenir un des grands photographes français, il fut un jeune résistant particulièrement actif dans les combats de Valchevrière.

Marc Ferro – L'historien contemporain et animateur d'émissions télévisées historiques prit part aux combats du Vercors en tant que jeune standardiste au PC des maquisards.

L'abbé Pierre – Vicaire de Grenoble au début des hostilités, et seulement connu comme l'abbé Grouès, il fut un clandestin efficace en organisant les passages en Suisse. Il créa un maquis en Chartreuse, qui fusionna ensuite avec ceux du Vercors.

CURIOSITÉS

Église – Construite après la guerre, elle est décorée d'une fresque de Jean Aujame *(l'Assomption)* et possède aussi une émouvante plaque du Souvenir.

Musée de la Résistance du Vercors ⊙ – Œuvre d'un maquisard, ancien combattant du Vercors, il retrace l'historique des combats de 1944 dans la région, évoque l'horreur des « camps de la mort » nazis et les moments heureux de la Libération.

★ **Musée du site préhistorique (atelier de taille de silex)** ⊙ – *3 km au Sud par la D 615 (accès signalé).* En 1969 des fouilles à cet emplacement mettaient au jour sur 100 m² une concentration de noyaux de silex débités et de lames prouvant l'existence d'un atelier de taille, il y a 4 000 ans. Cet atelier, le troisième mis au jour après le Grand-Pressigny en Indre-et-Loire et Spiennes en Belgique, était spécialisé dans la fabrication de lames de couteaux et de poignards, qui étaient exportés parfois fort loin en Europe. Pour protéger ce site exceptionnel, un bâtiment a été élevé au-dessus. Des démonstrations de taille par des animateurs, un audio-visuel, des vitrines, des panneaux explicatifs et la reconstitution de maisons préhistoriques complètent cette visite originale.

La technique de la taille du silex

Les lames de silex sont extraites d'un bloc brut en quatre opérations successives :
- dégrossissement du bloc brut (ou nucleus) sur un autre bloc de silex ;
- affinage de la surface à l'aide d'une forme ronde et dure (galet) ;
- préparation d'une surface plane à l'une des extrémités ;
- dégagement de la lame : cette opération très délicate exige un coup de main sûr, faute de quoi le nucleus éclate. Un seul coup suffit, porté à la pointe du bloc à l'aide d'une forme en bois dur (ou en bois de cerf).

Cimetière national du Vercors – *1 km au Nord par la D 76.*
Il abrite les sépultures de 193 combattants et victimes civiles, tombés pendant les opérations de juillet 1944. Salles du souvenir. De cet endroit, perspective sur le monument commémoratif du Vercors.

★ **Mémorial du Vercors (col de Lachau)** ⊘ – *3 km de Vassieux ; au cimetière national s'engager à gauche dans la D 76.*
Au détour de la combe, le mémorial apparaît telle la proue d'un navire enchâssé dans le flanc de la forêt de Lente. Conçu par le cabinet grenoblois « Groupe 6 », sur la face Nord du site à 1 305 m d'altitude, afin de laisser dégagé le creux de la combe, le mémorial est recouvert de végétation composée de genevriers et pins, qui croissent naturellement dans le massif.
Le visiteur accède par une voie en pente douce depuis le parking aménagé à l'entrée du col. Le bâtiment, dont l'architecture particulièrement dépouillée accentue la solennité des lieux, présente dans une succession de salles agencées par une suite de courts vestibules les souvenirs de la Résistance du Vercors et des événements nationaux qui ont trait à cette période. La muséographie très moderne privilégie la mise en scène par la diffusion de témoignages visuels et sonores.
Plusieurs espaces traitent des grands thèmes sous forme de reconstitutions et de dioramas : la collaboration, les interrogatoires de la Milice, le rôle des femmes dans le Maquis. On peut revivre la « mémoire des anciens du Vercors » par un système d'écoute individuelle et revoir, grâce à des films contemporains des combats de juillet 1944, les grandes étapes de la « République du Vercors » jusqu'à l'ordre de dispersion du 23 juillet. La projection d'extraits du film de Lechanois *Au cœur de l'orage* ajoute une note épique à ces récits.
À l'issue du circuit de visite, on longe sur la droite un grand mur renfermant 840 niches de plomb portant chacune le nom d'une des victimes civiles du Vercors. La sortie s'effectue par une terrasse dominant la plaine de Vassieux. Un projet, en cours de réalisation, permettra à son terme d'effectuer un circuit intitulé « **Parcours du site national historique de la Résistance** » qui reliera les principaux lieux de combats, les villages et nécropoles témoins des violents combats de juillet 1944 et des représailles subies ensuite par la population locale de la part de l'occupant.

Le VERCORS★★★

Cartes Michelin n°ˢ 77 plis 3, 4, 12 à 14 ou 244 plis 27, 28, 37, 38 et 39

Le Vercors, région montagneuse du Dauphiné où le réseau de routes touristiques est le plus dense, se présente, dans son ensemble, comme un haut plateau calcaire aux formes lourdes et puissantes, riche en forêts de hêtres et de résineux (forêt de Lente) et profondément entaillé par les affluents de la Basse-Isère – la Bourne, en particulier – dont les gorges sont parcourues par des routes audacieuses (Combe Laval, Grands Goulets). Les remparts extérieurs de ce massif préalpin offrent, de leur côté, des observatoires magnifiques.

Le paradis des spéléologues – La cuirasse du Vercors est faite de calcaire urgonien. Mais, contrairement à ce qui peut s'observer en Chartreuse, cette formation épaisse, ici, de 200 à 300 m se déploie en longues et calmes ondulations ; elle n'en forme pas moins des falaises imposantes dans les entailles des gorges et sur les abrupts du pourtour.
La circulation interne des eaux dans ces roches perméables est extrêmement active. Les ruisseaux disparaissent dans des puits naturels ou « **scialets** », identiques aux « chourums » du Dévoluy, et réapparaissent par résurgence. Le plus curieux exemple de cette activité est fourni par la « **Vernaison souterraine** » qui, reconnue au fond de la grotte de la Luire, débouche très vraisemblablement à la grotte du Bournillon. Par sa longueur (20 km) et sa puissance, ce cours d'eau se classerait parmi les toutes premières rivières souterraines de France.
L'exploration du **gouffre Berger**, dont l'orifice se trouve sur le plateau de Sornin (Ouest de Sassenage) et dont la rivière souterraine alimente la résurgence des « Cuves » de Sassenage, a permis au Spéléo-Club de la Seine d'atteindre, en 1968, la cote – 1141.

Les lieux de la Mémoire en Vercors :
- la cour des fusillés de La Chapelle-en-Vercors
- le mémorial du col de Lachau
- la grotte de la Luire
- le village de Malleval
- la nécropole de St-Nizier-du-Moucherotte
- les ruines de Valchevrière
- la nécropole et le monument aux victimes du village de Vassieux

Différences régionales – On distingue en Vercors deux entités régionales qui ont vécu longtemps dos à dos du fait de l'absence de route dans les gorges de la Bourne. Les « **montagnes de Lans** », qui correspondent aux communes de Lans, Villard-de-Lans, Autrans et Méaudre, regardent vers Sassenage et Grenoble. Cette zone d'élevage qui a gardé sa race bovine locale (dite de Villard-de-Lans) est la plus développée économiquement. Le **Vercors propre**, au Sud, a pour axe la vallée de la Vernaison. C'est une région plus sévère, riche de forêts, que la percée d'une route dans les Grands Goulets a tirée de son isolement. Son débouché naturel est le **Royans**, golfe de plaine ramifié qui festonne le rebord Ouest du massif, offrant des paysages comparables aux « reculées » jurassiennes.

Vercors, forteresse de la Résistance

La situation – Dès l'instauration du S.T.O. en France, le Vercors voit affluer spontanément de nombreux réfractaires qui rejoignent les premiers groupes de francs-tireurs établis là dès 1942. L'intérêt stratégique du massif du Vercors, avec ses accès facilement contrôlables et son habitat dispersé, apparaît vite dans les plans de la Résistance locale. En 1943, le remplacement des troupes alpines italiennes par l'armée allemande n'amène que quelques incursions sur le pourtour du massif où l'implantation des camps de résistance et l'organisation de la défense se confirment, ponctuées de coups de main sur des postes ennemis.

Les hommes – Au début de l'occupation de la zone Nord, des groupes civils puis militaires s'organisent indépendamment dans le Dauphiné.
À Grenoble, des élus révoqués (dont Eugène Chavant) créent un mouvement de résistance. À Sassenage, où ils avaient coutume de partager leur passion pour l'alpinisme, l'écrivain Jean Prévost et l'architecte Pierre Dalloz envisagent l'utilisation militaire du Vercors. Ils font partager leur conception au général Delestraint responsable de l'Armée Secrète et c'est la création du fameux « **plan Montagnards** ». Il prévoit l'installation d'une tête de pont alliée avec l'aménagement de pistes d'atterrissage et d'envol pour l'envoi de troupes aéroportées alliées.

Les combats – En mars 1944, environ 400 résistants divisés en deux groupes (Autrans au Nord et Vassieux au Sud) constituaient le maquis. Après le débarquement allié de Normandie, on compte près de 4 000 volontaires qui reçoivent un encadrement militaire. Dès le 15 juin, une première avancée allemande à St-Nizier est bloquée. Le 3 juillet, les responsables proclament symboliquement « la République du Vercors » à laquelle les Alliés fournissent le 14 un parachutage massif d'armement léger et de matériel. Le Vercors est alors entièrement verrouillé par la Résistance. L'encerclement débute par deux divisions alpines allemandes, fortes de 15 000 hommes.
Le 21 juillet à 7 h du matin, le largage à Vassieux de planeurs chargés de commandos spéciaux et de SS surprend les ouvriers construisant les pistes d'atterrissage. La soudaineté de l'attaque et la méprise avec des avions alliés désemparent les résistants et les habitants qui sont rapidement massacrés. Après trois jours de durs combats, l'ordre de dispersion des résistants est donné, notamment vers la forêt de Lente, difficilement pénétrable. L'hôpital de St-Martin est évacué vers la grotte de la Luire, où l'assaut est donné le 27. Un seul blessé en réchappe en se dissimulant dans un goulet de la grotte ; les infirmières sont déportées à Ravensbrück. Les représailles se poursuivent jusqu'au 19 août.
Le cinquantième anniversaire des combats de juillet 1944 a vu l'inauguration du Mémorial du Vercors au col de Lachau, qui complète les lieux de mémoire existants *(voir leur présentation à Vassieux)*.

Un biotope remarquable – La couverture forestière exceptionnelle du Vercors (elle occupe plus de la moitié du massif) offre une large diversité de paysages. Les hêtraies et les sapinières sont prédominantes sur le plateau du Vercors tandis que si l'on se déplace vers le Sud, les forêts de pins à crochets constituent l'essentiel du paysage. Plus de 1 800 espèces végétales peuplent le Vercors dont certaines fleurs protégées sont très rares : sabot de Vénus, lys martagon et tulipe sylvestre. Parmi les espèces animales, le massif présente la particularité d'être l'un des rares secteurs montagneux à abriter les six grands ongulés sauvages vivant en France : chamois, cerfs, chevreuils, sangliers, mouflons et bouquetins (depuis sa réintroduction en 1989, on a atteint 150 têtes en 1997).
L'avifaune est remarquable, notamment les rapaces : aigle royal, faucon pèlerin, hibou grand duc, aigle de Bonelli (dans la partie Sud) et quelques gypaètes barbus qui viennent occuper occasionnellement l'espace aérien vercusien. Depuis 1994, le vautour fauve fait l'objet d'une campagne de réintroduction menée par le parc régional et qui aboutira à la fin de ce siècle aux premiers lâchers au-dessus du Vercors.

★ ☐ GORGES DE MÉAUDRE ET D'ENGINS
Circuit de 88 km – environ 5 h – schéma p. 281

De Villard-de-Lans à Grenoble

❊ **Villard-de-Lans** – *Voir ce nom.*

Quitter Villard par la D 531 à l'Ouest.

Dans la vallée de la Bourne la route dispute la place au torrent.

Aux Jarrands, où la vallée de la Bourne se rétrécit brutalement, prendre à droite la D 106 *(route d'Autrans)* qui remonte celle de Méaudre. Par les charmantes et verdoyantes petites **gorges de Méaudre**, on atteint le bassin du village de ce nom.

Après Méaudre, prendre à gauche la D 106 C.

❊ **Autrans** – Cette station est réputée pour le ski de fond.

Col de la Croix Perrin – La vaste clairière du col (alt. 1 220 m) invite à la halte. Les pentes sont parées de magnifiques forêts de sapins.

La D 106 quitte à Jaume le fond de la vallée de Lans pour traverser **Lans-en-Vercors** et s'élever progressivement sur le versant Est de cet ample berceau aux pentes boisées. De jolies vues plongeantes se succèdent sur la vallée du Buron, accidentée dans sa partie supérieure par les gorges d'Engins et, surtout, par le profond fossé des gorges du Bruyant, que la route contourne.

St-Nizier-du-Moucherotte – *Voir p. 239.*

Dans la descente qui suit la traversée du plateau de St-Nizier, la vue s'attache d'abord aux sommets : massifs de la Chartreuse et de Belledonne, Taillefer, cimes neigeuses du haut massif des Écrins, dans le lointain, puis se porte vers les fonds : Grésivaudan, plaine de Grenoble où confluent l'Isère et le Drac.

Au premier plan, à droite, sur le versant du Moucherotte, se détachent les Trois Pucelles, lames rocheuses aiguës qui servent d'école d'escalade aux Grenoblois.

Tour Sans Venin – *1/4 à pied AR.* Une des sept Merveilles du Dauphiné. Le seigneur de Pariset, revenant de la Croisade, rapporta, dit la légende, un sac de terre ramassée auprès du Saint-Sépulcre et, la répandant autour du château, débarrassa l'endroit des reptiles venimeux qui l'infestaient. Du pied de la tour en ruine, on découvre un **horizon★** moins lointain que celui de St-Nizier, mais plus étendu vers le Sud (bassin du Trièves, massif du Dévoluy).

À partir de Pariset, on peut remarquer, au Sud, les montagnes du Dévoluy (Obiou), fermant la dépression du Trièves.

★★ **Grenoble** – *Voir ce nom.*

De Grenoble à Villard-de-Lans

★★ **Grenoble** – *Voir ce nom.*

Des abords de Grenoble à Sassenage, la route de Valence, N 532, file dans la plaine de l'Isère, à hauteur de l'arête terminale du Casque de Néron, à droite de laquelle se découvre l'éperon de Chamechaude.

Sassenage – *Voir ce nom.*

Après Sassenage, la route (D 531) s'élève d'abord rapidement, offrant de belles **vues★** sur la Chartreuse occidentale. Ces vues s'étendent jusqu'à embrasser un moment le site de Grenoble et la chaîne de Belledonne.

★ **Gorges d'Engins** – Les parois souvent lisses et polies de cette tranchée rocheuse, régulièrement excavée, encadrent le fond plat gazonné de la vallée du Furon.

Gorges du Bruyant – Un sentier bien aménagé reliant la D 531 à la D 106 permet d'en visiter le fond *(1 h à pied AR).*

De Jaume à Villard-de-Lans, on suit le fond de la vallée de Lans, immense berceau dont les versants en pente douce sont revêtus de forêts de sapins. Au Sud-Est se dessinent les dentelures du rebord oriental du Vercors, parmi lesquelles se détachent plus nettement les sommets du Roc Cornafion et de la Moucherolle.

Remarquer au passage les pignons en escalier des habitations rurales, disposition typique du style régional des Montagnes de Lans.

★★★ GRANDS GOULETS

2 De Villard-de-Lans à Pont-en-Royans
36 km – environ 2 h – Schéma p. 280 et 281

❊ **Villard-de-Lans** – *Voir ce nom.*
Prendre la D 531 vers Pont-en-Royans.

La route passe par une courte cluse puis traverse le bassin des Jarrands, où aboutit la vallée de Méaudre. Elle s'enfonce ensuite dans la gorge qui se réduit à une simple fissure où la route dispute la place au torrent.
Au pont de la Goule Noire prendre à gauche la D 103.

La Goule Noire – Cette importante résurgence est visible immédiatement en aval du pont de la Goule Noire, sur la rive opposée, au niveau même du lit de la Bourne.
Entre le pont de la Goule Noire et les Clots, la route s'élève, en corniche, au-dessus de la rive gauche de la Bourne, procurant de jolies vues sur l'épanouissement verdoyant de la Balme, où débouche le vallon de Rencurel, et sur les falaises des Rochers du Rang. Des Clots aux Barraques, on parcourt le val de St-Martin-en-Vercors, dominé à l'Est par les grands escarpements urgoniens du signal des Sapins du Vercors.
À la sortie de St-Julien, on découvre, en amont, toute la haute vallée de la Vernaison.
Avant St-Martin, rocher « la Vierge du Vercors », dessinant une silhouette de statue.

St-Martin-en-Vercors – Poste de commandement français pendant les combats de 1944. Le dernier ours y a été aperçu en 1938.

Caverne de l'ours ⊘ – Située à l'entrée de St-Martin, cette exposition retrace les liens millénaires de l'homme et de l'ours au travers de plusieurs reconstitutions de scènes et de présentations des plantigrades naturalisés. Un échantillon des principales espèces animales du Vercors y est également présenté.
Dès sa sortie des Barraques, la D 518 se faufile au plus profond des Grands Goulets.
Possibilité de stationner à l'entrée des Barraques.

★★★ **Grands Goulets** – *Conduire avec une grande prudence dans la traversée des Grands Goulets. Les aires de stationnement se situent dans le sens montant (vers les Barraques) et n'autorisent qu'une ou deux places. Le diamètre des tunnels ne permet pas le passage des véhicules de fort gabarit.*
Les Grands Goulets, passage encaissé de cet itinéraire, constituent la curiosité naturelle la plus sensationnelle du Vercors. Préalablement au parcours en auto, il est recommandé de pousser une reconnaissance à pied *(1/4 h environ AR)* au moins jusqu'au deuxième pont sur la Vernaison. La lumière, tamisée encore par la végétation, arrive à peine jusqu'à la route. Quand, par une flamboyante journée d'été, on entre dans la quasi-obscurité de ce défilé, l'impression est saisissante. À hauteur des derniers tunnels, la Vernaison se dérobe rapidement en contrebas (nombreuses cascades) et la route doit s'accrocher vertigineusement à flanc de paroi. Plus en aval, le défilé commence à s'évaser et le regard découvre à nouveau des verdures lointaines. Se retourner après le dernier tunnel pour apprécier l'encaissement de la gorge, vers l'amont. Après ce balcon, la route domine encore de très haut le fond de la vallée, où se terre le village lilliputien d'Échevis. Les versants arides, dominés par de grands escarpements rocheux colorés, donnent au paysage une empreinte fortement méridionale qui permet d'évoquer les sites encaissés des Causses.

★ **Petits Goulets** – Ce défilé doit son caractère aux longues lames rocheuses tranchantes qui plongent presque verticalement dans la rivière.
Entre Ste-Eulalie et Pont-en-Royans se découvrent l'aimable pays du Royans puis la dernière cluse de la Bourne, véritable porte que signale un cirque rocheux en tenaille.

★ **Pont-en-Royans** – *Voir ce nom.*

★★★ GORGES DE LA BOURNE

3 De Pont-en-Royans à Villard-de-Lans
24 km – environ 1 h 1/2 – schéma p. 281

Les gorges de la Bourne, de plus en plus encaissées, vers l'amont, entre des bancs de calcaire urgonien chaudement colorés, d'une épaisseur et d'une homogénéité extraordinaires, donnent à ce parcours un caractère grandiose.

★ **Pont-en-Royans** – *Voir ce nom.*
Entre Pont-en-Royans, qui marque l'entrée des gorges, et Choranche, la D 531 se glisse dans la profonde coupure de cette cluse, puis remonte la vallée, un moment plus épanouie. La Bourne est souvent réduite, en été, à un filet d'eau.

Après Choranche, la vallée se rétrécit ; la route en quitte le fond et inaugure un parcours en corniche impressionnant. Les superbes falaises sont striées en période de pluie par des cascades.

Sur le versant Sud de la vallée s'incurvent les parois gris et brun du cirque du Bournillon où s'ouvre le porche de la grotte du même nom.

Grotte du Bournillon – *1 km à partir de la N 531, puis 1 h à pied AR. S'engager dans la route privée de la centrale du Bournillon (circulation touristique tolérée) ; traverser la cour de l'usine et tourner à droite pour trouver à gauche, de l'autre côté d'un pont sur le torrent du Bournillon (garage autorisé, mais chutes de pierres possibles), l'amorce du sentier de la grotte.* Ce dernier, raide et pénible, coupé d'éboulis, aboutit à la base des escarpements qu'il faut continuer à longer, sur la gauche, pour parvenir à l'immense **porche**★ (100 m de hauteur) de la grotte du Bournillon. Pousser au fond de la cavité, jusqu'à la passerelle, pour voir cette arche gigantesque sous son aspect le plus impressionnant. La résurgence du Bournillon, maintenant captée, est très probablement l'issue de la Vernaison souterraine, reconnue, en amont, au fond de la grotte de la Luire.

En face du cirque du Bournillon, les parois des falaises rousses du cirque de Choranche s'inscrivent en arc de cercle sous le plateau de Presles.

★★ **Grottes de Choranche** – *2,5 km à partir de la N 531. Voir ce nom.*

La route traverse ensuite le bassin de la Balme, au débouché de l'agreste vallon du Rencurel *(voir ci-après la description de la route des Écouges),* qui vient offrir un entracte reposant. Puis elle s'enfonce dans le défilé de la Goule Noire dont les bancs rocheux présentent une inclinaison étonnante.

Peu après deux centrales électriques, on distingue, sur le flanc boisé du versant opposé, le grand calvaire de Valchevrière, érigé en souvenir des combats de juillet 1944.

Après le pont de la Goule Noire, la gorge se réduit à une simple fissure où la route dispute la place au torrent. Avant les tunnels, on aperçoit, dans la paroi, sur l'autre rive, l'entrée de la grotte de la Goule Blanche, résurgence captée par la plus proche des usines échelonnées en aval.

Le bassin des Jarrands, où aboutit la vallée de Méaudre, est suivi d'une courte cluse qui donne accès au spacieux val de Lans.

✻ **Villard-de-Lans** – *Voir ce nom.*

★★ **ROUTE DES ÉCOUGES**

④ **De la Balme-de-Rencurel à la N 532**
21 km – environ 1 h – schéma p. 281

Cette route comporte un des passages les plus vertigineux du Vercors et peut être comparée à celle de Combe Laval pour les vues aériennes qu'elle dispense sur le Bas-Dauphiné. De la Balme, on débouche dans l'aimable val de Rencurel que la D 35 va maintenant remonter. En arrivant au seuil du **col de Romeyère** (alt. 1 074 m), qui fait passer sur le versant de la Drévenne, se détache à gauche et en arrière la route forestière du mont Noir, donnant accès à l'immense forêt de Coulmes. La vallée, maintenant vide d'habitations, est couverte d'un épais manteau forestier.

L. Jahan/EXPLORER

Cascade de la Drévenne

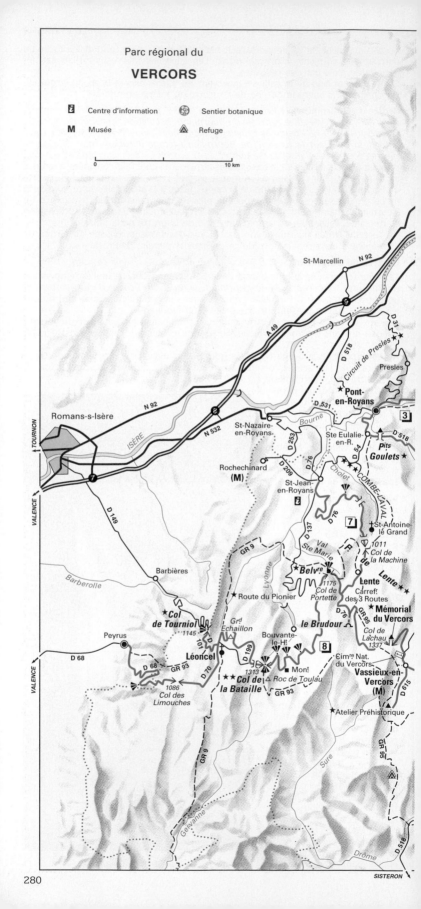

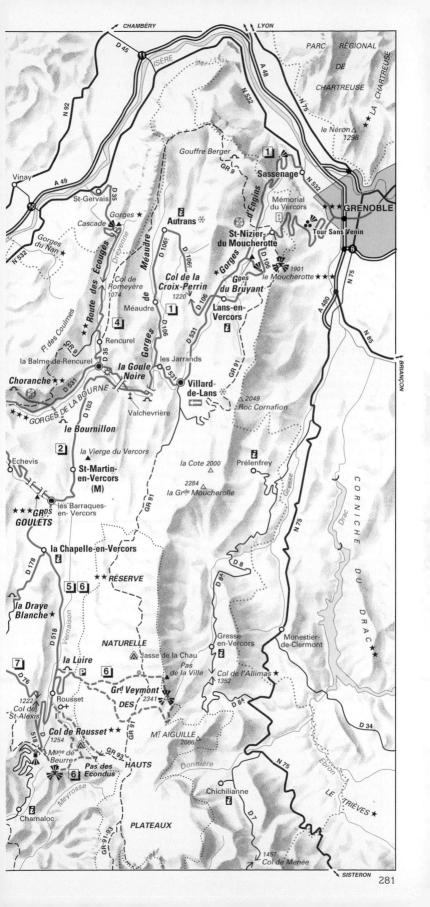

CHAMBÉRY
LYON

D 45
ISÈRE
A 48
N 532
N 75

PARC RÉGIONAL DE CHARTREUSE

LA CHARTREUSE

le Néron △ 1298

N 92

Gouffre Berger
GR 9
d'Engins

Vinay

A 49
St-Gervais
D 35
Gorges ★
Cascade
Gorges du Nan ★
N 532

Drevenne

Méaudre
Autrans ❄

Sassenage

Mémorial du Vercors

St-Nizier-du-Moucherotte

Tour Sans Venin

GRENOBLE

Col de Romeyère 1074
Méaudre

Col de la Croix-Perrin
1220

D 106ᵉ
D 106ᶜ

Gorges du Bruyant

Gges du Bruyant

le Moucherotte ★★★ 1901

D 106

N 75

Ft des Coulmes
GR 9
Rencurel
la Balme-de-Rencurel

D 35
les Jarrands

Gorges de Méaudre

D 531

Lans-en-Vercors

GR 91

A 480

N 85

BRIANÇON

Choranche ★★
la Goule Noire

D 103
D 531
Valchevrière

GORGES DE LA BOURNE

Villard-de-Lans ❄

△ 2049 Roc Cornafion

N 75

Gresse

CORNICHE

le Bournillon

la Vierge du Vercors ▲

Echevis
St-Martin-en-Vercors (M)

la Cote 2000 △

Prélenfrey

2284 △ la Grᵈᵉ Moucherolle

DU

DRAC

★★★ GRᴰˢ GOULETS
les Barraques-en-Vercors

GR 91

D 178
la Chapelle-en-Vercors

la Draye Blanche ★

D 518
★★ RÉSERVE

D 8

D 84ᵇ

D 34

Vernaison

NATURELLE

Gresse-en-Vercors

Monestier-de-Clermont ★★

la Luire
P

△ Jasse de la Chau
Pas de la Ville

Col de l'Allimas ★ 1352

D 76
1222 Col de St-Alexis
Rousset

Grᵈ Veymont 2341 △

DES

D 84ᵇ

Col de Rousset ★★ 1254
GR 93

Mᵗ AIGUILLE 2086 △

D 518
Mᵍⁿᵉ de Beurre

GR 91

HAUTS

Pas des Econdus

Donnière

N 75

Ebron

LE

Chamaloc

Meyrosse

Chichilianne

TRIÈVES ★

PLATEAUX

GR 91-93

1457 Col de Menée

SISTERON

Au pont Chabert-d'Hières, le torrent quitte cette large combe pour s'abattre dans la vallée de l'Isère. La route l'accompagne un instant dans ses **gorges**★, puis, (doublée sur 500 m par un tunnel), se rabat latéralement, en balcon, en pleine paroi rocheuse. La **vue**★★ plonge sur la vallée de l'Isère et les collines du Bas-Dauphiné. 200 m plus bas, on peut voir le pont que l'on traversera tout à l'heure.

Pont sur la Drévenne – Descendre de voiture pour contempler la **cascade**, haute d'une cinquantaine de mètres, formée par la Drévenne. On pourra alors s'amuser à rechercher dans la paroi rocheuse la trace du passage que la route vient d'emprunter.

À la sortie de St-Gervais, on rejoint la N 532, sur la rive gauche de l'Isère.

★★ROUTE DU COL DE ROUSSET

5 Des Barraques-en-Vercors au col du Rousset

24 km – environ 1 h 1/2 – schéma p. 281

Quitter les Barraques par la D 518 au Sud.

La Chapelle-en-Vercors – Important centre de tourisme et de villégiature bien situé à proximité de la forêt de Lente.
Bombardée le 14 juillet 1944, peu avant les grands combats du Vercors, puis incendiée, la localité a été entièrement reconstruite. Dans la cour de la ferme Albert – l'un des rares vestiges, avec l'église, de l'ancien village –, deux plaques commémoratives honorent le souvenir de seize fusillés de la commune.

De la Chapelle, prendre la route de Vassieux, sur 4 km (la D 176), et suivre la signalisation pour la Draye Blanche.

★ **Grotte de la Draye Blanche** ⊘ – L'une des plus anciennes du Vercors, elle offre l'aspect d'une grotte fossile après l'abandon de ces lieux par la rivière ayant creusé la cavité. La préservation exceptionnelle de ce site est la résultante de circonstances peu banales. Découverte et explorée dès 1918, son inventeur Fabien Rey décida de la protéger en scellant l'accès, un étroit scialet (puits naturel) profond de 16 m. Son aménagement pour les visites en 1970 a permis de découvrir un espace parfaitement conservé.
En 1990, un tunnel d'accès horizontal a été percé pour relier la grotte au parking. Ces travaux ont mis au jour un aven comblé qui constitua pendant des millénaires un cimetière pour de multiples espèces animales. Ces découvertes paléontologiques exceptionnelles ont autorisé une nouvelle approche de la préhistoire dans le Vercors. La visite consiste en une promenade dans la **Grande Salle**★, longue de 100 m, où dominent les coulées de calcite blanche, ocre et gris bleuté. On remarque la belle coulée stalagmitique, haute de 12 m et épaisse de 2 m, évoquant une cascade pétrifiée.

Revenir à la Chapelle-en-Vercors et reprendre la D 518 vers le Sud en direction de la grotte de la Luire et du col du Rousset.

Grotte de la Luire ⊘ – *0,5 km après l'embranchement jusqu'au parking situé en contrebas de l'entrée de la grotte. 1/4 h à pied AR et 3/4 h si l'on visite la salle Decombaz.* Cette curiosité spéléologique est aussi un lieu de pèlerinage de la Résistance. Le 27 juillet 1944, les nazis découvrirent, sous le vaste porche d'entrée, l'hôpital de fortune installé pour les blessés du maquis ; ils achevèrent les vingt-deux blessés, fusillèrent deux des médecins et l'aumônier, puis déportèrent sept infirmières à Ravensbrück.
La **salle Decombaz** est une cavité de 60 m de hauteur sous voûte, au fond de laquelle se creuse un gouffre par lequel les spéléologues ont pu atteindre, à – 470 m, le cours présumé de la Vernaison souterraine. En période de crues exceptionnelles (printemps 1983, par exemple), les eaux de la rivière, refoulées dans ce puits depuis – 450 m, font irruption dans la grotte et se déversent avec violence dans la vallée selon un phénomène similaire à celui qui se produit à Fontaine-de-Vaucluse. Un commentaire sonorisé retrace l'évolution du monde souterrain.

Poursuivre vers le Sud sur la D 518 jusqu'à la station du col de Rousset et franchir le tunnel.

★★ **Col de Rousset** – Alt. 1 254 m. *Laisser la voiture à la sortie Sud du tunnel, qui franchit le passage, et gagner un belvédère (alt. 1 367 m).*
Le col de Rousset, qui marque la limite climatique des Alpes du Nord et du Sud, fait la jonction entre les vallonnements frais du Vercors et la dépression du bassin de Die, empreinte d'aridité méridionale. Le contraste est particulièrement perceptible lorsque les caprices du temps – brumes côté Vercors, ciel éclatant côté Diois – participent à ce coup de théâtre.
La vue plonge sur la dépression du bassin de Die, entourée d'un fouillis de croupes arides se répétant sur une infinité de plans. Les escarpements de Roche-Courbe (massif de la forêt de Saoû) se découpent franchement à l'horizon tandis que les lacets de la route, en contrebas, accentuent l'impression de profondeur. L'âpreté générale du **paysage**★★ est saisissante pour le voyageur débouchant du Vercors.

Aux abords du col, la jeune station de sports d'hiver du **col de Rousset** a aménagé des pistes de ski sur les pentes de la **montagne de Beurre**. En période estivale, le **téléski** de la station propose une intéressante alternative aux randonnées pédestres en se familiarisant à la descente avec le « **trottinherbe** », hybride de VTT et de trottinette.

★★ **Table d'orientation** - De la station supérieure du téléski, poursuivre la ligne faîtière vers le Sud jusqu'au bord du plateau. Sur la partie supérieure, un ensemble original de bornes d'orientation en pierre permet de repérer les grands sommets ; par temps sec et dégagé, le **panorama**★★ est impressionnant. Au Nord se distingue le Grand Moucherolle, à l'Est au premier plan, le Grand Veymont et au Sud les hauteurs du Diois avec le mont Ventoux à l'horizon.

⑥ RÉSERVE NATURELLE DES HAUTS-PLATEAUX

Cet espace de solitude qui s'étage entre 1 200 et 2 300 m a été classé réserve naturelle en 1985 pour mieux préserver l'équilibre entre les activités tradition-nelles des hommes (forestiers et bergers) et les milieux naturels. Aucune route ne la traverse et elle n'inclut aucun groupe d'habitat permanent.

La réserve, qui couvre 16 600 ha, est constituée de plateaux calcaires de type karstique, à la surface ponctuée de lapiaz et de scialets ; l'eau y est par conséquent assez rare en surface. Délimitée par d'impressionnants abrupts dominant les dépressions de Gresse à l'Est et de la Chapelle-en-Vercors à l'Ouest, la réserve comprend aussi les deux points culminants du massif du Vercors : le Grand Veymont (2 341 m) et l'emblématique mont Aiguille (2 041 m).

La faune des hauts plateaux est moins diversifiée que celle de l'ensemble du massif. On y rencontre essentiellement le tétras-lyre, le lièvre variable (ou lagopède) et des hardes de chamois. C'est en ces lieux que l'on a relevé en 1938 les traces du passage d'un des derniers ours des Alpes. L'importance des grottes et des réseaux souterrains explique la diversité des espèces animales cavernicoles dont de multiples variétés de chauves-souris, tel le grand murin, peuplent le sous-sol des hauts plateaux.

Randonnées pédestres

De nombreux sentiers balisés, ainsi que les GR 91 et 93, sillonnent les hauts plateaux. Les accès routiers se limitant à la périphérie de la réserve, la durée des randonnées s'en trouve parfois considérablement allongée et implique le bivouac. Ce type de découverte sort du cadre de nos descriptions et le randonneur se référera avec profit aux topo-guides spécialisés.

L'excursion décrite ci-dessous reste relativement facile et une demi-journée peut aisément y suffire.

Col des Escondus depuis le Rousset – *Départ du hameau des Rousset où l'on laissera la voiture. Durée environ 5 h, halte comprise. Dénivelée 400 m.*
Prendre la direction de la chapelle St-Alexis ; après avoir traversé un ruisseau on remonte plein Sud sa rive droite jusqu'au terme de la combe Male. Poursuivre ensuite vers le col des Escondus où l'on croise le GR 93. La crête domine d'un impressionnant à-pic le hameau de la Grange. Longer le sentier, qui se confond avec celui balisé en rouge et blanc ; de belles vues en balcon s'offrent sur la montagne de Beurre.
Emprunter le sentier en direction du Nord, qui s'enfonce dans le sous-bois, passe devant un premier chalet avant d'atteindre celui des Ours. *(Possibilité de rejoindre le col de Rousset par les alpages de la montagne de Beurre plein Ouest.)* Retrouver derrière la construction le sentier qui descend à travers bois, en direction du Sud-Est, vers la combe Male que l'on atteint par la rive droite avant de rejoindre le point de départ.

AVANT DE PARTIR...

- Sur les plateaux du Vercors l'eau est rare : un excédent de chargement en réserve d'eau au départ n'est jamais un poids superflu,
- ne pas s'éloigner des sentiers balisés ou bien tracés, même en terrain dégagé,
- les bergeries ouvertes qui paraissent inoccupées appartiennent toujours à des bergers ; si vous devez les utiliser pour une courte halte ou pour vous abriter, prenez soin de ne laisser aucune trace de votre passage,
- à l'approche d'un troupeau, évitez d'être bruyant ou de gesticuler et de préférence, contournez-le largement,
- les campements et les feux sont interdits, de même que l'introduction de chiens, dans le périmètre de la réserve.

★★ **Randonnée au Grand Veymont** – 1 journée – dénivelée 1 000 m – *Altitude au départ 1 350 m.*

Depuis la Chapelle-en-Vercors, prendre la D 518 en direction du col de Rousset. Un kilomètre après le village de Rousset, s'engager à gauche dans une étroite route forestière signalée « Route forestière de la Coche ». La suivre sur 9 km jusqu'au vaste parking de la maison forestière de la Coche et y laisser la voiture.

Suivre la route à pied vers la maison forestière de Pré Grandu. L'itinéraire vers le Grand Veymont part de ce carrefour pédestre.

Emprunter plein Est la piste balisée qui traverse les hauts plateaux. Le trajet facile permet de découvrir de majestueuses futaies de conifères alternant avec des amoncellements rocheux et quelques lapiaz *(voir p. 16)*. Face à soi dans le sens de la marche, l'impressionnante barre rocheuse du Grand Veymont ferme l'horizon vers l'Est. C'est l'un des meilleurs points de vue de ce massif.

La descente dans la dépression centrale permet de progresser à vue jusqu'à la **Nouvelle Jasse de la Chau**. On mettra à profit cette halte pour se réapprovisionner en eau, car il s'agit d'un des rares points d'eau du secteur.

En effet, cette vaste région calcaire est constituée d'une immense dalle de calcaire urgonien de nature karstique, caractérisée en surface par des lapiaz et en profondeur par de nombreux scialets, seuls témoignages de l'intense activité hydraulique souterraine, l'écoulement de surface ayant totalement disparu. L'altitude moyenne de cet ensemble oscille seulement autour de 1 500 m.

Derrière le panneau d'information de la réserve, le sentier aborde la montée vers le **pas de la Ville**, principal point d'accès au sommet du Grand Veymont.

Au cours de l'ascension, on profitera des pauses régulières pour apprécier la majesté sauvage du paysage des hauts plateaux totalement dépourvus de traces d'habitat permanent.

À l'approche du pas de la Ville, s'équiper contre le vent violent qui y souffle souvent.

Au pied de la croix de fer, un sentier à droite en montée conduit au sommet. On peut cependant poursuivre, sur une dizaine de mètres plein Est au-delà du col, le sentier pour découvrir de vertigineuses vues sur la vallée du Trièves.

Revenir à la croix pour s'engager dans la montée. Les nombreux éboulis requièrent une attention constante pendant cette progression qui s'achève par un replat. Cette déclivité offre une dernière halte abritée que l'on peut mettre à profit pour se restaurer avant l'ascension finale.

L'itinéraire revient ensuite légèrement vers l'Ouest avant d'entamer l'arête faîtière du sommet. Même en été, ces versants peu exposés conservent des plaques de névés.

Le sommet (alt. 2 341 m) est matérialisé par plusieurs cairns. Par temps très dégagé, le **panorama**★★★, impressionnant, permet de couvrir une grande partie de la chaîne alpine depuis le Mont Blanc au Nord-Est jusqu'au Pelvoux et au massif de la Meije face au Grand Veymont. Plein Sud, le mont Ventoux dresse sa silhouette solitaire. Au premier plan, la figure emblématique du mont Aiguille (alt. 2 086 m) ravit pourtant la vedette aux grands sommets alpins.

Le retour s'effectue par une vertigineuse descente, bien tracée au Sud vers le pas de Chattons. Au pied de l'arête, prendre le sentier à droite vers l'Ouest, qui mène au pas de Chattons. Poursuivre plein Ouest au travers d'une zone riche en lapiaz dont on pourra remarquer l'étonnante diversité. Juste avant d'atteindre la Grande Cabane, on rejoint le tracé du GR 91. Maintenir l'orientation Ouest du sentier qui, au-delà d'une prairie, conduit au Nord-Ouest à une première hauteur boisée puis à un embranchement. Emprunter le sentier à droite qui s'oriente plein Nord sur 5 km pour rejoindre par la large sente du Rachier la maison forestière de Pré Grandu.

☷ ROUTE DE COMBE LAVAL

41 km – environ 3 h – schéma p. 280

Du col de Rousset au carrefour des Trois Routes

Quitter le col de Rousset par le Nord et prendre à gauche vers Vassieux la D 76.

La route s'élève doucement, sous bois, au-dessus du vallon supérieur de la Vernaison. À l'Est, derrière le plateau de la montagne de la Beaume, émerge un instant le sommet du Grand Veymont (alt. 2 341 m), point culminant du Vercors. Le col de St-Alexis donne accès à la combe de Vassieux, dont les pâturages secs et pierreux présentent un aspect sévère. 500 m avant Vassieux-en-Vercors, au bord de la route, à gauche, débris de planeurs allemands de la dernière guerre.

Vassieux-en-Vercors – *Voir ce nom.*

La route s'élève ensuite jusqu'au col de Lachau, offrant de belles vues plongeantes sur la combe de Vassieux.

★ **Mémorial du Vercors (col de Lachau)** - *Voir Vassieux-en-Vercors.*

Peu après le col s'amorce, sur la gauche, la route (D 76B) qui conduit au centre de ski de Font d'Urle.

Grotte du Brudour - *Du pont sur le Brudour, promenade d'une demi-heure à pied AR.* Un très agréable sentier mène à cette cavité, résurgence des eaux tombées dans les parages d'Urle. Le Brudour lui-même ne tarde pas à s'engloutir, à son tour, en aval, dans de nombreux « scialets » *(voir p. 275).* Il réapparaît définitivement, sous le nom de Cholet, au fond du cirque de Combe Laval. La galerie de gauche peut être parcourue avec une lampe jusqu'à une 3e salle qui comporte un petit lac *(1/2 h AR).*

Du carrefour des Trois Routes à St-Jean-en-Royans

Aussitôt avant Lente *(route de St-Jean-en-Royans),* remarquer, en période de fortes pluies, une jolie chute dont les eaux se perdent aussitôt dans une doline.

Lente - La population de ce village se compose exclusivement du personnel de l'Office national des forêts, des Ponts et Chaussées, et d'exploitants forestiers.

Après Lente le parcours s'effectue sous le couvert de la forêt de Lente *(ci-dessous) ;* on débouche dans la grande clairière de Lente.

★★ **Forêt de Lente** - Hautes futaies de sapins et de hêtres. La forêt de Lente restait, au 19e s., exploitée surtout pour le charbonnage ou pour la fourniture de mâts à la marine. Pour assurer l'évacuation du bois vers le Royans, son débouché naturel, l'administration des Eaux et Forêts avait fait construire une route reliant Lente à St-Jean-en-Royans, par le col de l'Écharasson. Mais les difficultés de ce parcours la décidèrent, en 1897, à ouvrir audacieusement un passage sans contre-pente dans les gigantesques parois de Combe Laval. Les avantages de la nouvelle route furent immédiatement démontrés, une charretée de bois mettant 1 jour 1/2 au lieu de 2 jours 1/2 pour descendre de Lente à St-Jean.

B. Bodin/FOC

Combe Laval

★★★ **Combe Laval** - Le parcours héroïque commence au **col de la Machine.** La route s'accroche, vertigineusement taillée dans de formidables parois calcaires, au-dessus du vallon supérieur du Cholet, que l'on finit par dominer de plus de 600 m. Au fond du cirque tombe la cascade du Cholet, résurgence du Brudour. *Faire quelques pas sur la route, aux passages les plus escarpés.* Après plusieurs tunnels, la route débouche au-dessus du Royans. Elle offre alors de merveilleuses **vues aériennes**★★ sur ce pays de collines-taupinières, ainsi que sur les plateaux du Bas-Dauphiné (forêt de Chambaran). À hauteur de Pont-en-

Royans et de Ste-Eulalie, les portes aval des gorges de la Bourne et de la Vernaison échancrent profondément la montagne. À l'Ouest, la ligne sombre des Cévennes ferme l'horizon. Le panorama se rétrécit peu à peu ; les noyers apparaissent, annonçant les calmes paysages agricoles du Royans.

St-Jean-en-Royans – *Voir ce nom.*

★ ROUTE DU COL DE LA BATAILLE

🎱 De Peyrus au carrefour des Trois Routes

45 km – environ 2 h – schéma p. 280

Quittant Peyrus (dont elle évite le centre), la D 68 s'élève en larges lacets au-dessus d'un vallon boisé. La vue s'étend sur la plaine de Valence et les contreforts arides du Vercors ; le panorama est bien dégagé du lacet, taillé dans le roc, situé environ 700 m avant l'arrivée sur le plateau : Chabeuil, Valence, Romans-Bourg-de-Péage et la chaîne des Cévennes sont visibles.
Un deuxième belvédère, avec possibilité de stationnement, s'offre un peu plus haut.
Le **col des Limouches** (alt. 1 086 m) donne accès au val de Léoncel dont les pâturages secs, piquetés de buis et de genévriers, composent un paysage déjà méditerranéen.

Léoncel – *Voir ce nom.*
De Léoncel, prendre la D 101 jusqu'au col de Tourniol.

★ **Col de Tourniol** – La **vue** s'étend, au-delà des derniers contreforts du Vercors, sur la plaine de Valence. Derrière l'échancrure rocheuse où se blottit Barbières, dominé par le château ruiné de Pélafol, on distingue Romans-Bourg-de-Péage.
Revenir à Léoncel.

La D 199, ombragée de hêtres, attaque le versant Est du val de Léoncel et, par le **« pas » de l'Échaillon** (station de ski de fond), débouche sur le plateau accidenté couvert par la forêt dite aussi de Léoncel.

★★ **Col de la Bataille** – *La route est fermée entre le 15 novembre et le 15 mai.* Un tunnel donne accès au fond de cette étroite encoche – alt. 1 313 m – dominée par la pyramide du Roc de Toulau.
Le **coup d'œil** est impressionnant. Au Sud se creuse le bassin d'Omblèze, adossé aux croupes du Diois, derrière lesquelles se détachent les escarpements de Roche-Courbe (massif de la forêt de Saoû).
Au Nord, au-delà du cirque boisé de Bouvante, les collines du Royans et du Bas-Dauphiné sont visibles par la dépression du col de la Croix.
Entre le col de la Bataille et Malatra, sur 2 km environ, le **parcours**★★ s'effectue sur une corniche taillée dans le roc, au-dessus du cirque de Bouvante et de son petit lac. Trois belvédères successifs y invitent à l'arrêt. Au fond d'un vallon, à droite, après le premier belvédère, un monument commémore l'installation du premier camp du maquis du Vercors en 1942. Du deuxième belvédère, on découvre une vue bien dégagée vers le Bas-Dauphiné. Après le troisième belvédère, la route revient à l'intérieur du plateau et monte sous bois vers le col de la Portette.

★ **Belvédère de la Portette** – *Du col de la Portette, 1/4 h à pied AR. Laisser la voiture dans le virage qui marque la fin de la montée au col et prendre le sentier en descente, rocailleux, qui s'amorce derrière la borne forestière ; 200 m plus loin, appuyer à droite.* Du belvédère, la **vue** plonge sur le val Ste-Marie, où s'étaient installés les chartreux de Bouvante. Elle s'étend, au-delà, jusqu'au Royans, à la vallée de l'Isère et au plateau de Chambaran. On distingue le grand pont moderne de St-Hilaire-St-Nazaire. Après ce col, on atteint le carrefour des Trois Routes.

Le relief calcaire est représenté en France par diverses régions dont nous donnons ci-dessous quelques exemples :
– dans les plateaux calcaires de la Haute Provence s'ouvre le Grand Canyon du Verdon, large au fond de 6 à 100 m et profond de 150 à 700 m (description dans le guide Vert Michelin Alpes du Sud) ;
– les gorges de l'Ardèche, dans le plateau du Bas Vivarais, comptent également parmi les plus imposantes curiosités naturelles du Midi de la France (description dans le guide Vert Michelin Provence) ;
– le Vercors, dans les Préalpes du Nord, entaillé de profondes gorges, recèle de nombreuses rivières souterraines (description dans le guide Vert Michelin Alpes du Nord) ;
– à l'Ouest des plateaux jurassiens se creusent de courtes vallées, « les Reculées » (description dans le guide Vert Michelin Jura).

VILLARD-DE-LANS✳

3 346 habitants
Cartes Michelin nᵒˢ 77 pli 4 ou 244 pli 39 – Schéma p. 281

Au fond d'un val largement évasé, dominé, à l'Est, par les dentelures du roc
Cornafion, du Gerbier et de la Moucherolle, Villard-de-Lans, capitale touristique du
Vercors, est la station d'altitude la mieux équipée des Préalpes dauphinoises. Son
air pur et sec, sa position abritée, son ensoleillement hivernal la désignent
spécialement pour recevoir les enfants. C'est le centre de nombreuses animations
sportives : parapente, spéléologie, canyoning et... vol en ballon captif.

EXCURSIONS

★ La Côte 2000

*4,5 km au Sud-Est, puis 1 h AR de télécabine et de marche. Quitter Villard par
la route de la piscine. Au fond de la vallée, tourner à gauche dans la D 215, route
de Corrençon, puis, encore à gauche, vers la télécabine de la Cote 2000. De la
station supérieure (alt. 1 720 m), gagner à pied le sommet.*
La **vue**, masquée à l'Est et au Sud par les crêtes orientales du Vercors (Gerbier,
Moucherolle), embrasse, au Nord, les plateaux ondulés des montagnes de Lans,
et ceux du Vercors proprement dit à l'Ouest. Au loin s'estompe la ligne brune
des Cévennes. Au Nord-Est, on peut jouir d'une échappée sur le massif du
Mont-Blanc.

★ Route de Valchevrière *8 km*

*Quitter Villard par la route menant à la piscine. Au carrefour qui marque le fond
du vallon, suivre tout droit (vers le bois Barbu) la D 215^C, en montée.*
Cette agréable petite route, tracée sous les sapins, est jalonnée par les stations
du chemin de croix de Valchevrière, dédié aux victimes des combats de 1944
(voir p. 276). Elle offre de nombreuses échappées sur les gorges de la Bourne
et le berceau verdoyant de la vallée de Méaudre.

★ Calvaire de Valchevrière – Cette grande croix (12ᵉ station) marque le sommet
du pèlerinage. Elle s'élève à l'emplacement de la position de Valchevrière
défendue jusqu'au sacrifice suprême, les 22 et 23 juillet 1944, par le lieutenant
Chabal et ses chasseurs.
Du terre-plein du calvaire, la **vue** découvre le hameau de Valchevrière, incendié
à l'exception de sa chapelle qui constitue aujourd'hui la 14ᵉ station du chemin
de croix. En contrebas se creusent les profondes gorges de la Bourne (secteur
de la Goule Noire).
*En continuant à monter on peut gagner le chalet de Chalimont. De là, prendre
à droite un chemin forestier en pente modérée mais caillouteux (praticable aux
autos par temps sec ou 1 h à pied AR).* On atteint le belvédère de la **Brèche de
Chalimont★**, étroite crête rocheuse d'où le regard découvre un horizon plus étendu
que de Valchevrière : les gorges amont de la Bourne et les montagnes de Lans,
ainsi que le val de Rencurel.

★★★ Gorges de la Bourne

De Villard-de-Lans à Pont-en-Royans - itinéraire décrit en sens inverse page 278.

Le retour de l'ours, une éventualité souhaitable ?

Depuis son dernier passage attesté en 1937 à St-Martin-en-Vercors, l'ours
brun européen a totalement disparu des Alpes françaises. En 1910, il
subsistait quelques dizaines d'individus dans le Vercors mais la chasse et
son image de grand prédateur l'ont condamné. Animal forestier particulièrement discret, il est doté d'un flair lui permettant de repérer un homme à
plusieurs centaines de mètres. Encore occasionnellement carnivore, il est
surtout friand de végétaux qu'il recherche dans les bois reculés et escarpés.
Le Haut-Vercors, par sa solitude totale en hiver et sans habitation
permanente, offre des conditions favorables à son retour. Le Vercors a
conservé une image mythique de l'ours, comme en témoignent dans de
nombreux villages sa représentation sous forme de statues. Cependant les
projets en cours d'étude menés par le Parc régional du Vercors cherchent
d'abord à obtenir l'engagement actif de la population et des éleveurs.

VIZILLE★

7 094 habitants
Cartes Michelin n°⁵ 77 pli 5 ou 244 pli 39
Schéma p. 185 – 15 km au Sud de Grenoble

Cette petite ville, de caractère industriel, conserve l'un des monuments dauphinois les plus riches de souvenirs historiques : le château du connétable de Lesdiguières.

Du connétable aux présidents – Le connétable de **Lesdiguières** (1543-1627) a laissé en Dauphiné un souvenir vivace. De petite noblesse dauphinoise, il embrasse la religion réformée et devient, à 22 ans, un des chefs protestants de la province. Henri IV le nomme lieutenant-général du Dauphiné. Pendant trente ans, cet administrateur gouverne avec toute l'autorité d'un vice-roi et une habileté qui l'a fait surnommer le « renard dauphinois ». Maréchal de France, duc et pair, une seule dignité – la plus haute – reste ouverte à son ambition : celle de connétable. On la lui promet s'il abjure. Il s'y résoudra en 1622.

Ayant tiré de son fief dauphinois une immense fortune, il fait entreprendre en 1602 la construction du château de Vizille. Dans les villages des environs, les paysans des deux sexes sont réquisitionnés pour le transport des matériaux. À ceux qui ne se rendent pas assez vite aux convocations, le futur connétable fait parvenir cette invitation lapidaire : « Viendrez ou brûlerez. »

En 1627, à la mort de Lesdiguières, le maréchal de Créqui, son gendre, hérite du château et fait construire l'escalier monumental qui descend vers le parc. En 1780, un grand bourgeois de Grenoble, **Claude Périer**, financier, négociant et industriel, achète le château pour y installer une fabrique d'indiennes (tissus de coton imprimés imités des cotonnades de l'Inde). Périer met Vizille à la disposition des États du Dauphiné qui s'y réunissent en 1788. Le château a fait partie, jusqu'en 1972, des propriétés nationales affectées au président de la République.

L'Assemblée de Vizille – C'est le grand événement historique de Vizille. À la réunion des trois ordres qui s'est tenue à Grenoble, le 14 juin 1788, il a été décidé que les États du Dauphiné seraient convoqués le 21 juillet. La réunion, interdite à Grenoble, se tient au château de Vizille, dans la salle du Jeu de Paume, aujourd'hui détruite. L'Assemblée comprend 50 ecclésiastiques, 165 nobles et 325 représentants du tiers état. On discute de 8 h du matin jusqu'à 3 h de la nuit. Les orateurs les plus écoutés sont deux Grenoblois, Mounier et Barnave.

La résolution votée proteste contre la suppression du Parlement, demande la réunion des États généraux auxquels il appartiendra de voter les impôts, réclame la liberté individuelle pour tous les Français. Ces vœux vont être repris par le pays tout entier. On peut dire ainsi – et les Dauphinois en tirent fierté – que Vizille est le berceau de la Révolution française *(pour plus de détails, lire* Vizille, berceau de la Révolution française *par J. Carignon, Éd. Glénat).*

★ LE CHÂTEAU *visite 1 h*

Le château, construit et complété en plusieurs étapes, restauré après avoir brûlé en 1825, fut amputé de son aile Est lors d'un nouveau sinistre en 1865. Sa disposition en équerre et ses deux tours, l'une ronde et l'autre carrée, lui confèrent un aspect original. L'une de ses deux entrées est décorée d'un bas-relief en bronze représentant Lesdiguières à cheval, dû au sculpteur Jacob Richier. La façade principale, austère, donne sur la Romanche ; celle du parc, de style Renaissance, a plus d'élégance, mais garde de la majesté.

Intérieur ⊙ – Il comprend deux parties : le **musée de la Révolution française** et le vieux château.

Le musée, aménagé de façon moderne sur trois niveaux, présente d'importantes collections artistiques et historiques. Au rez-de-chaussée, la salle de l'Orangerie est consacrée aux faïences françaises et anglaises ; on remarque une maquette de la Bastille, d'époque, et les motifs révolutionnaires ornant une cheminée en pierre. Dans la salle des Colonnes, creusée dans le rocher, sont exposés des grands tableaux mis là en dépôt par les musées du Louvre et de Versailles. Le premier niveau est consacré à des expositions temporaires à thème. Le deuxième niveau abrite un ensemble de portraits et de meubles ; dans un angle de la salle, remarquer une châsse avec des figurines en cire représentant les trois pères de la Révolution aux Champs-Élysées : Franklin, Voltaire et Rousseau. Le dernier niveau, ou « circuit du rocher », est consacré aux expositions temporaires.

On accède ensuite aux salons historiques du vieux château par l'escalier d'honneur, orné d'un imposant poêle en faïence de Moustiers (1760). La décoration et le mobilier ont été renouvelés après les incendies du 19ᵉ s. On visite successivement : le grand salon des tapisseries (tapisseries du 17ᵉ s. sur le thème d'Antoine et Cléopâtre, portraits de Lesdiguières), le salon Lesdiguières (mobilier Louis XIII), la terrasse (jolie vue sur le parc et, au loin, sur le Thabor), l'antichambre des Présidents, le salon de Psyché (mobilier Empire, panneaux peints en camaïeu et illustrant la légende de Psyché), la bibliothèque (boiseries Louis XIV) et le salon Périer.

P. Demarchez/FOC

Le château de Vizille

Parc – S'étendant au Sud du château, il est surtout remarquable par ses dimensions (100 ha), ses animaux en liberté (daims, cerfs, mouflons et hérons) et sa retenue d'eau (pisciculture) où évoluent des truites énormes.

Jardin du Roi – *Accès en saison.* Des ruines féodales y couvrent, au-dessus du château actuel, au Nord, l'éperon rocheux qui domine les vieux quartiers de Vizille.

ENVIRONS

Notre-Dame de Mésage – *2,6 km au Sud de Vizille par la N 85 (Route Napoléon).* En contrebas à droite de la N 85, l'**église** ⊘ du village de N.-D. de Mésage dresse son antique clocher de pierre, d'une distinction toute romane.
Un peu plus loin, à l'écart de la route, on aperçoit l'ancienne chapelle St-Firmin ou des Templiers (11e s.), à l'élégante abside.

Quelques faits historiques.
Sous ce chapitre en introduction, le tableau évoque
les principaux événements de l'histoire du pays.

VOIRON

18 686 habitants
Cartes Michelin nos 77 pli 4 ou 244 pli 28 – Schéma p. 130

Ville commerçante et affairée, Voiron est bien située aux portes du massif de la Chartreuse. En dehors d'activités industrielles classiques (tissages, papeteries), signalons ici la fabrication de skis de compétition (65 % de la production française) et de matériel de haute technologie en électronique.

★ CAVES DE LA CHARTREUSE ⊘ *Boulevard Edgar-Kofler*

La formule complexe d'un « élixir de longue vie », transmise aux chartreux en 1605, n'a été mise en application par les pères qu'en 1737. C'est à partir de cet élixir végétal (71°), encore fabriqué et réputé aujourd'hui, qu'ont été créées la Chartreuse Verte (55°), puis la Chartreuse Jaune (40°), un Génépi (40°), l'Eau de noix des pères chartreux (23°), ainsi que les liqueurs de fruits à 21° : framboise, myrtille, mûre sauvage et cassis. En 1903, les pères, expulsés de France, emportèrent avec eux leur secret en Espagne à Tarragone, dont la liqueur prit provisoirement le nom. C'est à Voiron que s'effectuent la distillation et le vieillissement. Si le travail de sélection et de préparation des 130 plantes utilisées reste secret, on peut voir les frères chartreux au travail dans la salle des alambics, et parcourir les 164 m de caves où la liqueur vieillit dans des foudres en chêne de Russie, pour la plupart séculaires.

La visite est ponctuée d'expositions et de diaporamas sur l'histoire des chartreux, sur celle des liqueurs, d'un film vidéo, tourné par les frères eux-mêmes, sur les différentes étapes de la fabrication. Le laboratoire dans lequel le frère **Jérôme Maubec** a mis au point la formule de l'Élixir végétal en 1737 a été reconstitué. Enfin, on verra une magnifique collection de pots en faïence provenant de la pharmacie du monastère de la Grande Chartreuse.

La liqueur de génépi (ou Génépi des Alpes)

L'origine de cette liqueur remonte au début du 19e s. lorsqu'un certain Meunier vint fonder à Voiron sa propre maison pour diffuser des élixirs à base de génépi, dont il tenait la recette de moines. Ce mot savoyard désigne l'armoise, plante médicinale bien connue dans la région. Le succès de cette liqueur est dû à ses vertus digestives et toniques (dont celle de vaincre le mal des montagnes). De couleur blanche, verte ou brune selon les composants utilisés, elle titre 30° ou 40°. Afin de lui conserver sa couleur verte, les bouteilles de génépi sont protégées de la lumière par un étui. Parmi les diverses recettes traditionnelles de génépi, dont chaque producteur local adapte la composition, la règle des quarante est généralement respectée : on fait macérer 40 brins de génépi pendant 40 jours dans un litre d'eau-de-vie de marc auquel on ajoute 40 morceaux de sucre. On expose la bouteille chaque jour pendant 40 mn à la lumière naturelle. Souvent un brin de la plante est laissé à tremper dans la bouteille.

Les VOIRONS★

Cartes Michelin nos 89 pli 13 ou 244 pli 8

La montagne des Voirons, qui forme, pour les Genevois, le pendant du Salève, se distingue de sa voisine par ses flancs très boisés qui attirent les amateurs de promenades et leur réservent de magnifiques échappées, à travers les sapins, sur le massif du Mont-Blanc.
Si les pentes sommitales sont le domaine de la cure climatique, le versant Nord-Ouest plonge dans une agréable campagne dont les bourgs, tel **St-Cergues**, sur la route d'Annemasse à Thonon, peuvent constituer de calmes villégiatures.

DE BONS AU GRAND SIGNAL 15 km – environ 1 h 3/4

Au départ de Bons, la D 20 (vers Boëge, au Sud), en pente douce, pénètre bientôt sous bois et permet de jolies échappées sur la plaine du Bas-Chablais, les molles ondulations du mont de Boisy et le Léman.
À partir du seuil de Saxel, à droite, la D 50 s'élève suivant la ligne de crête, parmi les épicéas, et laisse sur sa gauche le vallon verdoyant de Boëge, au-delà duquel on découvre le massif du Reposoir puis – dès le hameau des Granges Gaillard – les découpures des dents du Midi, le Buet et les neiges du massif du Mont-Blanc. *Laisser la voiture au terminus de la route, dans le parc de stationnement aménagé aussitôt avant le monastère des sœurs de Bethléem.*

★ **Grand Signal** – *1 h à pied AR. Au parking, prendre la route signalée « voie sans issue » qui monte à travers bois. Au sortir du bois, à environ 50 m, suivre le large chemin forestier qui monte à gauche à travers une prairie, indiqué « les crêtes ». Celui-ci, après 200 m, rejoint le chemin forestier des crêtes qu'il faut prendre sur la droite. Avant le bâtiment de la Transfiguration, maison d'accueil du monastère, tourner en arrière à gauche pour atteindre la crête, que l'on suivra alors à droite pour gagner le sommet du Grand Signal (alt. 1 480 m), surmonté d'une croix.*
La **vue**, en partie masquée du côté du Léman, est dégagée, dans la direction opposée, sur le massif du Haut-Faucigny calcaire (dents du Midi, Buet) et sur la chaîne du Mont-Blanc.

La carte Michelin au 1/200 000 (1 cm pour 2 km)
permet de bien suivre la route choisie.
La couverture de la France est disponible sous plusieurs présentations :

- *série de base en 37 feuilles nos 51 à 90 ;*
- *série de 17 cartes régionales nos 230 à 246 ;*
- *atlas routier (édition reliée, couverture bleue) avec index de 38 000 localités et 54 plans de villes ;*
- *atlas routier (édition à spirale, couverture jaune) avec index de 6 000 localités et 10 plans d'agglomérations.*

YVOIRE★★

432 habitants (les Yvoiriens)
Cartes Michelin nᵒˢ 89 pli 12 ou 244 pli 8

Ce pittoresque village fleuri, qui a conservé son cachet médiéval, jouit d'une situation exceptionnelle au bord du Léman, à l'extrême pointe du promontoire qui sépare le « Petit Lac » du « Grand Lac ». Ses restaurants sont réputés pour leurs poissons, tout particulièrement les filets de perche.

En été, son port de plaisance est un lieu très fréquenté des adeptes suisses et savoyards des sports de voile.

Yvoire

★ LE VILLAGE MÉDIÉVAL

Reconstruit au début du 14ᵉ s. à l'emplacement d'une ancienne place forte, Yvoire a conservé de cette époque une partie de ses remparts, dont deux portes percées dans des tours, son **château** *(on ne visite pas)*, au puissant donjon carré cantonné de tourelles, et quelques maisons anciennes.

Laisser la voiture à l'extérieur des fortifications sur le parking payant à droite en venant de Thonon.

Il faut flâner au hasard des rues animées par des échoppes d'artisans pour déboucher sur de ravissantes places fleuries qui offrent de belles échappées sur le lac. L'**église St-Pancrace** complète ce tableau traditionnel. Le chœur date du 14ᵉ s. mais l'ensemble n'a été achevé qu'à la fin du 17ᵉ s.

De l'extrémité de la jetée où accostent les bateaux qui font le tour du lac Léman *(se reporter à Évian pour la description des excursions en bateau)* se découvrent la côte suisse et les hauteurs du Jura, et tout en face la cité de Nyon. Des possibilités d'excursion pour la journée permettent de découvrir l'autre rive. *(Voir le chapitre des Renseignements pratiques.)*

★ **Jardin des Cinq Sens** ⊙ – *Rue du Lac.* L'ancien potager du château présente la reconstitution d'un jardin clos, dans l'esprit de ceux du Moyen Âge : entourés de murs et de palissades, ils se composaient de plates-bandes surélevées où les moines cultivaient légumes et simples. D'abord utilitaires, ils sont devenus des lieux d'agrément.

Un jardin alpin accueille d'abord le visiteur dans la partie supérieure où les gentianes voisinent avec des massifs de fleurs et de roses anciennes. On appréciera la vue sur le château depuis le petit cloître de charmilles où sont rassemblées les plantes médicinales.

Ensuite le **labyrinthe végétal** propose sur le thème des cinq sens une découverte originale de la nature : le jardin du goût avec ses fraisiers, pommiers et framboisiers ; le jardin des textures au délicat assemblage des feuillages ; le jardin des couleurs (et de la vue) aux harmonieuses palettes de couleurs selon la saison (géraniums, roses, campanules) et le jardin des senteurs avec ses lys, chèvrefeuilles et daphnées. Au centre du labyrinthe s'élève la volière symbolisant l'ouïe, où s'ébattent faisans et tourterelles.

Vivarium ⊘ – *Rue de l'Église.* Installé dans une ancienne demeure médiévale, ce centre d'observation herpétologique rassemble sur deux niveaux plus de cinquante espèces différentes de reptiles provenant des cinq continents. Dans une succession de vitrines et de terrariums voisinent des mambas verts (serpent le plus rapide), des variétés rares de serpents, des lézards, batraciens et crocodiles.

★ EXCENEVEX *3 km au Sud-Est d'Yvoire par la D 25*

Célèbre pour sa plage, la plus vaste de la rive savoyarde du Léman, et ses dunes lacustres, cette station balnéaire, bien située sur un léger renflement dominant le golfe de Coudrée, charme par son vaste horizon de montagnes rehaussé par le double croc de la dent d'Oche et du Château d'Oche. La côte est bordée de luxueuses propriétés de plaisance.

Depuis 1939, Excenevex abrite une entreprise à l'activité originale : le **battage de l'or** *(on ne visite pas)*. Les feuilles d'or battu, dont l'épaisseur se mesure en microns, sont utilisées pour la ferronnerie d'art, la reliure, les cadres... Derniers en France, les batteurs d'or d'Excenevex ont ainsi contribué à la restauration du château de Versailles, des grilles de la place Stanislas à Nancy et de bien d'autres monuments.

Renseignements pratiques

Ascension de la Tour Ronde à Chamonix

J.-C. Ligeon/FOC

Lieux de séjour

Quand partir ?

Été comme hiver, la Savoie et le Dauphiné connaissent une très grande affluence de visiteurs.

L'**hiver**, qui autrefois condamnait à l'inaction les habitants, est devenu la pleine saison pour de nombreux centres de ski. L'équipement des Alpes, en amélioration constante, permet la pratique des sports d'hiver pendant une « saison » sans cesse prolongée. Sous leur parure de neige, les paysages, les villages et les forêts font alors le ravissement des touristes.

Après la fonte des neiges, le **printemps** attire ceux qu'enchantent les tapis floraux. Les soirées sont encore très fraîches, et la pluie abondante, surtout dans les Préalpes qui frappent alors par le vert des pâturages et des forêts.

L'**été**, visiteurs, randonneurs, alpinistes accourent pour jouir des spectacles grandioses des Alpes et de l'air pur. Le ciel est souvent bleu, mais malheureusement une brume de chaleur voile souvent les lointains. Les températures varient selon l'altitude, il faut donc penser à se couvrir dès que l'on doit monter dans les montagnes. La région des lacs (Léman, Bourget, Annecy) est alors particulièrement favorisée puisque aux joies de la montagne s'ajoutent celles des sports nautiques.

L'**automne**, enfin, est magnifique, surtout dans les régions où poussent hêtres et mélèzes. Tandis que la neige commence à ensevelir les hauts massifs, les rives des lacs prennent souvent une teinte tendre et mélancolique. Les journées sont courtes mais la luminosité est parfaite.

L'hébergement

Le **guide Rouge Michelin France** des hôtels et restaurants et le **guide Camping Caravaning France** présentent chaque année un choix d'hôtels, de restaurants, de terrains, établi après visite et enquête sur place. Hôtels et terrains de camping sont classés suivant la nature et le confort de leurs aménagements. Ceux d'entre eux qui sortent de l'ordinaire par l'agrément de leur situation et de leur cadre, par leur tranquillité, leur accueil sont mis en évidence.

L'adresse et le numéro de téléphone des syndicats d'initiative et des offices de tourisme figurent dans le guide Rouge Michelin France ainsi qu'au chapitre des Conditions de visite à la fin de ce volume.

Hébergement rural et gîtes – Les adresses des comités locaux des gîtes sont disponibles auprès de la Maison des Gîtes de France, 59, rue St-Lazare, 75009 Paris, ☎ 01 49 70 75 75 et sur Minitel : 3615 GITES DE FRANCE. On peut s'y procurer des guides sur les formules les plus variées : gîtes ruraux, gîtes de neige, etc.

La Fédération française des stations vertes de vacances, Hôtel du département de la Côte-d'Or, BP 598, 21016 Dijon Cedex, ☎ 03 80 43 49 47, édite deux guides diffusés gratuitement : **Guide des stations vertes de vacances** et **Guide des villages de neige**. Ils recensent pour les localités rurales homologuées les possibilités d'hébergement, les équipements de loisirs et les attraits naturels.

Loisirs Accueil – Cette association édite un guide annuel et fournit des informations mises à jour : 280, boulevard St-Germain, 75007 Paris, ☎ 01 44 11 10 44.

En Savoie, Loisirs Accueil Savoie, Maison du tourisme, 24, boulevard de la Colonne, 73000 Chambéry, ☎ 04 79 85 01 09.

En Haute-Savoie, Loisirs Accueil Haute-Savoie, 3, rue Dupanloup, 74000 Annecy, ☎ 04 50 51 74 76.

Les randonneurs pédestres consulteront avec profit le guide **Gîtes d'étapes et refuges-France et frontières** par Annick et Serge Mouraret, éd. La Cadole, 78140 Vélizy, ☎ 01 34 65 10 40. Il fournit de nombreux renseignements sur les possibilités d'accueil en montagne. Ces informations sont mises à jour sur Minitel : 3615 CADOLE.

Le guide **Partir en famille-Kid des vacances** par Josette Sicsic, Ed. ETC, signale les hébergements disposant d'aménagements et d'équipements de loisirs propres à satisfaire les adultes accompagnés d'enfants.

Les différents types de villégiature

La carte des p. 5, 6 et 7 propose une sélection de localités particulièrement adaptées à la villégiature en raison de leurs possibilités d'hébergement, des loisirs qu'elles offrent et de l'agrément de leur site.

Elle fait apparaître des **villes-étapes**, localités de quelque importance possédant de bonnes capacités d'hébergement, et qu'il faut visiter. En plus des **stations de sports d'hiver** et des **stations thermales** sont signalés des **lieux de séjour traditionnels** sélectionnés pour leurs possibilités d'accueil et l'agrément de leur site.

Grenoble, Annecy, Évian et Chamonix constituent à elles seules une **destination de week-end**, de par leur site remarquable, auquel s'ajoutent un riche patrimoine architectural et muséographique pour les deux premières et un rôle de base d'excursions, promenades et randonnées exceptionnelles pour les deux autres.

Les bases de départ de promenades et randonnées alpines de tous niveaux confèrent à certaines stations la qualification complémentaire de **station de montagne**.

Les offices de tourisme et syndicats d'initiative renseignent sur les possibilités d'hébergement (meublés, gîtes ruraux, chambres d'hôtes) autres que les hôtels et terrains de camping, décrits dans les publications Michelin, et sur les activités locales de plein air, les manifestations culturelles, traditionnelles ou sportives de la région.

Pour le site, les sports et les distractions

Les **cartes Michelin au 1/200 000** *(assemblage p. 1)*. Un simple coup d'œil permet d'apprécier le site de la localité. Elles donnent, outre les caractéristiques des routes, les emplacements des baignades en rivière ou en étang, des piscines, des golfs, des hippodromes, des terrains de vol à voile, des aérodromes...

Bloc-notes

Informations touristiques

Ensemble de la région – Comité régional de tourisme Rhône-Alpes, 104, route de Paris, 69260 Charbonnières-les-Bains, ☎ 04 72 59 21 59.

Savoie : Agence touristique départementale de la Savoie, 24, bd de la Colonne, 73000 Chambéry, ☎ 04 79 85 12 45.

Haute-Savoie : Agence touristique départementale Haute-Savoie Mont-Blanc, 56, rue Sommeiller, BP 348, 74012 Annecy, ☎ 04 50 51 32 31.

Isère : Comité départemental du tourisme, Maison du tourisme, 14, rue de la République, BP 227, 38019 Grenoble, ☎ 04 76 54 34 36.

Drôme : Comité départemental du tourisme, 31, avenue du Président-Herriot, 26000 Valence, ☎ 04 75 82 19 26.

À Paris :

Maison de la Savoie, 31, av. de l'Opéra, 75001 Paris, ☎ 01 42 61 74 73.

Maison Alpes-Dauphiné-Isère, 2, place André-Malraux, 75001 Paris, ☎ 01 42 96 08 43.

Certaines stations de sports d'hiver sont également représentées :

Association des stations françaises de sports d'hiver–Ski France, 61, bd Haussmann, 75008 Paris, ☎ 01 47 42 23 32.

Informations sur Minitel – Avant de prendre la route, consultez **3615 MICHELIN** (1,29 F la minute) pour décider du meilleur itinéraire, du choix de l'hôtel, du restaurant, du camping et connaître les propositions de visites touristiques.
Les informations touristiques régionales sont disponibles sur 3615 CAPRHONEAL (région Rhône-Alpes).
Les renseignements de dernière minute concernant l'accès aux stations de sports d'hiver et leur enneigement figurent sur 3615 CIMES, 3615 MET, 3615 CORUS, 3615 HAUTE-SAVOIE et 3615 MFNEIGE.
Pour les activités culturelles et les dates des manifestations organisées par les principales stations, les dernières informations peuvent être obtenues au 3615 + le nom de la station (ex. 3615 CHAMONIX, 3615 DEUXALPES, etc.). Consulter la liste mise à jour des stations disposant d'un service télématique sur le 3615 MGS.

La météo – Les prévisions météorologiques régionales peuvent être obtenues par téléphone en composant le 08 36 68 02 suivi du numéro du département (ex. pour la Savoie : 08 36 68 02 73).
On peut consulter sur Minitel 3615 METEO, 3615 CIEL et 3617 METPLUS pour des prévisions sur 10 jours. Se reporter également au chapitre « La sécurité en montagne » pour la météo en haute-montagne.

Michelin sur Internet
Accès : www.michelin-travel.com.
Produits tourisme Michelin, déclinés selon 4 rubriques :

- *le calcul d'itinéraires*
- *les ressources touristiques (avec hôtels et restaurants)*
- *le catalogue des produits Michelin*
- *la messagerie Michelin*

Tourisme et handicapés

Un certain nombre de curiosités décrites dans ce guide sont accessibles aux personnes handicapées. Elles sont signalées par le symbole ⎣ dans le chapitre des Conditions de visite.

Pour de plus amples renseignements au sujet de l'accessibilité des musées aux personnes atteintes de handicaps moteurs ou sensoriels, contacter la Direction des musées de France, service Accueil des publics spécifiques, 6, rue des Pyramides, 75041 Paris cedex 01, ☎ 01 40 15 35 88.

Le **guide Rouge Michelin France** et le **guide Camping Caravaning France**, mis à jour chaque année, indiquent respectivement les chambres accessibles aux handicapés physiques et les installations sanitaires aménagées.

3614 Handitel (rubrique **Vacances**), service télématique du Comité national français de liaison pour la réadaptation des handicapés, 236 bis, rue de Tolbiac, 75013 Paris, ☎ 01 53 80 66 66, assure un programme d'information au sujet des transports et des vacances.

Le **Guide Rousseau**, édité par l'Association France « H », 9, rue Luce-de-Lancival, 77340 Pontault-Combault, ☎ 01 60 28 50 12, fournit de judicieuses précisions sur la pratique des loisirs et des sports accessibles aux handicapés.

Thermalisme

Les sources minérales et thermales – Elles sont nombreuses au pied des Préalpes et le long des massifs centraux, où de grandes déchirures du relief ont mis en contact les eaux souterraines avec des roches salifères et cristallines qui leur apportent des éléments chlorurés et sulfatés. Ces eaux sont utilisées contre les rhumatismes et les maladies de la peau sous forme de douches, pour la gorge, la poitrine et les reins sous forme de boisson.

Le thermalisme alpin – Désormais accessible à tous, il a retrouvé la faveur qu'il connut auprès des Romains ou de sa clientèle mondaine et cosmopolite du 19e s. Les stations thermales, tout particulièrement Aix-les-Bains et Évian, St-Gervais-les-Bains, La Léchère, Allevard et Brides-les-Bains, offrent, outre le traitement, la possibilité d'un séjour d'agrément grâce à leurs sites à proximité de lacs et de montagnes.

Maison du thermalisme, 32, avenue de l'Opéra, 75002 Paris, ☎ 01 44 71 37 00. Des informations complémentaires peuvent être obtenues au 3615 THERM (guide des stations thermales), et au 3615 BRIDES, pour la station de Brides-les-Bains.

Parcs naturels

Parc national de la Vanoise, 135, rue du Dr-Julliand, BP 705, 73007 Chambéry, ☎ 04 79 62 30 54.

Parc national des Écrins, Domaine de Charance, 05000 Gap, ☎ 04 92 40 20 10. Maison du parc des Écrins, rue Gambetta, 38520 Bourg-d'Oisans, ☎ 04 76 80 00 51.

Parc naturel régional du Vercors, Maison du parc, BP 2, 38250 Lans-en-Vercors, ☎ 04 76 94 38 26.

Parc naturel régional de Chartreuse, Maison du parc, 38380 St-Pierre-de-Chartreuse, ☎ 04 76 88 75 20.

Parc naturel régional du massif des Bauges, Maison du parc, place Grenette, 73630 Le Châtelard, ☎ 04 79 54 86 40.

Passage des frontières

Les Alpes du Nord ont une frontière commune avec la Suisse et l'Italie. Une excursion dans l'un de ces pays pourra, éventuellement, constituer un intéressant prolongement à la visite de régions décrites dans ce guide.

Pour entrer en Suisse, il faut être en possession d'une carte nationale d'identité ou d'un passeport en cours de validité.

Pour les automobilistes, il est aussi recommandé de se munir de la carte internationale d'assurance automobile, dite « carte verte ».

Zone franche – La « zone franche » maintenue par des arrêts, en 1932 et 1933, de la Cour de justice internationale de La Haye occupe l'emplacement de l'ancienne « zone sarde » dans la partie de l'actuel département de la Haute-Savoie contiguë à la Suisse. Elle bénéficie d'un régime administratif spécial, ainsi que de larges franchises pour son commerce avec la Suisse.

Aucune pièce particulière n'y est exigée, mais le contrôle des Douanes françaises s'y exerce.

La Boutique Michelin, 32 avenue de l'Opéra,
75002 Paris (métro Opéra), ☎ 01 42 68 05 20.
Une découverte du monde Michelin.

La sécurité en montagne

La montagne a ses dangers, redoutables pour le néophyte, toujours présents à l'esprit de ses adeptes les plus expérimentés.

Avalanches, « dévissages », chutes de pierres, mauvais temps, brouillard, traîtrises du sol et de la neige, eau glaciale des lacs d'altitude ou des torrents, désorientation, mauvaise appréciation des distances peuvent surprendre l'alpiniste, le skieur, voire le simple promeneur.

L'automobiliste et la montagne

L'automobiliste non familiarisé avec la conduite en montagne peut être impressionné. Certaines précautions sont à prendre. Une voiture en bon état (freins et pneus surtout) et le strict respect du code de la route sont indispensables. L'usage de l'avertisseur sonore s'impose sur les routes comportant des virages masqués.

Il faut éviter de se laisser surprendre par la nuit qui survient vite en montagne, de rouler par mauvais temps, de stationner au pied d'une paroi rocheuse (chutes de pierres), de laisser sa voiture dans un endroit trop isolé (risque de vol). Pour les croisements sur voie unique en côte, se rappeler qu'il incombe à la voiture descendante de se garer la première, et de reculer, pour livrer le passage.

Lors d'une montée longue et abrupte, surveiller les niveaux d'eau et d'huile du moteur et prendre garde à la « panne sèche ».

Routes pittoresques mais difficiles – Les cartes Michelin au 1/200 000 n°s 70, 74, 77, 89, 243 et 244 signalent les voies très étroites (croisement difficile ou impossible), les montées et les descentes accentuées, les parcours difficiles ou dangereux, les tunnels, l'altitude des principaux cols...

Enneigement – Les cartes au 1/1 000 000 n°s 916, 919 et 989 signalent les grandes routes périodiquement enneigées, avec la date probable de leur fermeture ou l'indication de leur déblaiement en moins de 48 h ainsi que les cartes d'information. Les routes d'accès aux stations de sports d'hiver sont, en principe, quotidiennement déneigées.

Quelques conseils de prudence

Les recommandations faites aux skieurs hors piste restent valables pour tout randonneur de haute montagne et alpiniste. Cependant le séjour à des altitudes supérieures à 3 000 m nécessite des précautions supplémentaires. À cette altitude, la pression atmosphérique chute d'un tiers et le rythme cardiaque s'accélère pour pallier la raréfaction de l'oxygène. L'adaptation est acquise au bout d'une semaine environ lorsque l'organisme, augmentant la production de globules rouges, permet au sang de transporter autant d'oxygène qu'en basse altitude.

Le risque principal : le **mal des montagnes** (ou hypoxémie), se caractérise par des malaises digestifs, respiratoires et des violents maux de tête, sous sa forme bénigne que l'on peut atténuer avec des médicaments appropriés dont on doit se munir avant le départ. La forme grave, l'œdème pulmonaire, nécessite l'intervention des secours d'urgence. L'**hypothermie** demeure un risque en haute montagne, même par beau temps au départ, pour les personnes bloquées par un brusque changement météorologique. Le brouillard tombe vite et s'accompagne toujours de froid.

Enfin les **gelures** présentent un danger moins évident, car les symptômes apparaissent progressivement : perte de sensibilité des extrémités, engourdissement et pâleur de la peau. Le grand risque des gelures est le mauvais traitement appliqué sur place : ne jamais réchauffer, par quelque moyen de fortune que ce soit, une partie gelée du corps, sauf si cette opération peut être maintenue jusqu'à l'intervention d'un médecin. Le dommage résultant d'une nouvelle gelure sur une zone partiellement réchauffée serait pire que le soulagement attendu.

Les accidents peuvent être évités ou leurs effets atténués en respectant ces quelques règles ; il est en outre recommandé de ne jamais partir seul et de communiquer son programme et l'heure estimée du retour à des tiers.

La météo

Les répondeurs mis à la disposition des randonneurs par Météo-France *(accessible uniquement depuis la France)* communiquent les informations les plus récentes pour préparer une randonnée. La partie Bloc-Notes des Renseignements pratiques fournit les numéros les plus utiles. En outre, des répondeurs spécifiques sont affectés aux :
- prévisions à cinq jours en haute montagne, ☎ 08 36 68 04 04 ;
- risques d'avalanches, ☎ 08 36 68 10 20.

Les avalanches – Les évolutions des skieurs et randonneurs sur les magnifiques espaces de neige ne doivent pas faire oublier les dangers toujours présents d'avalanches, naturelles ou déclenchées par le déplacement du skieur. Les **Bulletins Neige et Avalanche** (BNA), affichés dans chaque station et lieux de randonnée, avertissent des risques et doivent être impérativement consultés avant tout projet de sortie. Pour affiner l'information auprès des adeptes du « hors piste », de la randonnée nordique ou en raquettes, particulièrement exposés, une nouvelle échelle de risques a été établie.

Échelle des risques d'avalanche

1 – **Faible** : un manteau neigeux bien stabilisé n'autorise que des coulées et de rares avalanches spontanées sur des pentes très raides.

2 – **Limité** : pour un même état neigeux que précédemment, des déclenchements peuvent se produire par « forte surcharge » (passage de nombreux skieurs ou randonneurs) sur des sites bien déterminés.

3 – **Marqué** : avec un manteau neigeux modérément stabilisé, les avalanches peuvent être déclenchées par des personnes isolées sur de nombreux sites ; les risques 4 d'avalanches spontanées deviennent possibles.

4 – **Fort** : la faible stabilité de la couche neigeuse sur toutes les pentes raides rend les déclenchements d'avalanches très probables au passage d'individuels ; les départs spontanés risquent d'être nombreux.

5 – **Très fort** : la grande instabilité de la couche neigeuse après de fortes chutes va multiplier d'importantes avalanches y compris sur des terrains peu raides.

Cette échelle précise le niveau de risque hors des pistes ouvertes et nécessite parfois d'être complétée par une information concernant la destination de la sortie. En outre, il n'est pas recommandé de se fixer un niveau plafond de risque en-deçà duquel toutes les activités seraient praticables.

La foudre – Les coups de vent violents sont annonciateurs d'orage et exposent l'alpiniste et le randonneur à la foudre. Éviter de descendre le long des arêtes faîtières, de s'abriter sous des rochers en surplomb, des arbres isolés sur des espaces découverts, à l'entrée de grottes ou toute anfractuosité rocheuse ainsi qu'à proximité de clôtures métalliques. Ne pas conserver sur soi de grands objets métalliques : piolet et crampons, ne pas s'abriter sous des couvertures à âme métallique. Si possible, se placer à plus de 15 m de tout point élevé (rocher ou arbre) et prendre une position accroupie, genoux relevés, en évitant que les mains ou une partie nue du corps ne touchent la paroi rocheuse. Souvent efficients en secteur rocheux, les coups de foudre sont précédés d'électrisation de l'atmosphère (et des cheveux) et annoncés par des « bruits d'abeilles », bourdonnements caractéristiques bien connus des montagnards. Enfin, se souvenir qu'une voiture reste un bon abri en cas d'orage, car elle constitue une excellente cage de Faraday.

Le secours en montagne – L'alerte doit obligatoirement être transmise à la gendarmerie qui mettra en action ses propres moyens de sauvetage ou requerra ceux des sociétés locales de secours en montagne.

Qui règle la note ? – Elle peut être fort élevée, suivant les moyens mis en œuvre (hélicoptère…), et à la charge de la personne secourue ou de ses proches… L'amateur de ski et de courses en montagne, avant de les entreprendre, souscrira donc avec prudence une assurance le garantissant dans ce domaine.

Dicton chamoniard

Quand le Mont Blanc met son bonnet (seul le sommet est caché par les nuages), il promet la tempête.
Quand il a le bonnet d'âne (double traîne de nuages comme deux oreilles d'âne), il annonce la pluie,
Et s'il fume sa pipe (tourbillon des neiges du sommet), il faut prévoir un grand vent et un changement de temps.

Signalétique des parcs nationaux

La montagne est fragile, surtout lorsqu'elle est fréquentée par des milliers de visiteurs. Elle ne peut demeurer intacte que si quelques règles de sauvegarde sont respectées. elle reste aussi un milieu difficile et dangereux et exige quelques précautions pour votre sécurité.

 Pas de chien (sauf sur les itinéraires balisés). Les chiens aboient et courent après les animaux qui paniquent jusqu'à l'accident. L'introduction d'un chien dans la zone centrale d'un parc national peut être sanctionnée d'une amende de 600 F.

 Pas de camping. La tente écrase la végétation qui, à la longue, ne peut repousser. Le bivouac pour la nuit et à plus d'une heure de marche d'une entrée d'un parc national est toléré.

 Pas de dépôts de déchets. Ils doivent être emportés ; prévoir un sac à cet effet.

 Pas de prélèvements de fleurs, d'autres végétaux, d'insectes ou de minéraux, ils appartiennent au paysage.

 Pas de feu. Les dégâts qu'il peut causer sont souvent catastrophiques (réchauds à gaz autorisés).

 Ne pas sortir des sentiers. Pour préserver fleurs, prairies et limiter l'érosion. Les raccourcis sont à l'origine des dégradations du tapis végétal et de l'accélération du ravinement.

Le ski

L'ensemble du massif alpin demeure le domaine de prédilection de tous les sports de neige. Il a vu éclore de nouvelles formes de déplacement sur neige, exigeant parfois un effort extrême, et des perfectionnements des techniques déjà bien éprouvées. On distingue plusieurs techniques de ski :

Le ski alpin (ou de descente)

Le plus populaire, il offre les formes les plus diverses de descente que pratiquement toutes les stations alpines proposent. Les Jeux olympiques de 1924 lui ont apporté la consécration, et Émile Allais en 1931 avec sa méthode française lui donna sa forme actuelle.

Le ski de fond (ou ski nordique)

Technique idéale pour les terrains peu accidentés, elle demande des skis longs et étroits et des chaussures basses fixées uniquement par l'avant. Depuis 1968, le ski de fond est intégré aux compétitions olympiques. Les stations proposen t en grande majorité des circuits balisés de ski de fond dont la taille est fonction du relief.
Les stations alpines offrent également un balisage pour les fondeurs dans la partie basse des versants skiables. Cette activité, quoique sportive, peut être pratiquée à tout âge au rythme convenant à chacun. Les régions comme le Vercors se prêtent particulièrement bien au ski de fond pour lequel un aménagement spécifique a été créé (balisage particulier, refuges et haltes…). Le Parc naturel régional du Vercors diffuse une documentation appropriée sur ces activités.
Dans certaines stations, on peut également s'initier au **skijörring** : déplacement en skis de fond tirés par des chiens de traîneau.

Le ski de randonnée (ou de haute montagne)

Il s'adresse aux skieurs expérimentés et dotés d'une bonne résistance physique. Il combine la technique du ski de fond en montée et celle du ski alpin hors piste en descente. Il est préférable de se faire accompagner par un guide et nécessite un équipement spécial : ski de randonnée avec peaux de phoque pour la montée. Les grandes classiques dans les Alpes du Nord regroupent la **Grande Traversée des Alpes** (G.T.A.) qui du lac Léman suit le tracé du GR 5 jusqu'à la Méditerranée, la **Chamonix-Zermatt**, les **Dômes de la Vanoise** et le **Haut-Beaufortain**.
Le Centre information montagne et sentiers (CIMES GTA) renseigne le public sur les itinéraires régionaux de randonnées et sur la « Grande Traversée des Alpes »: 14, rue de la République, 38000 Grenoble ☎ 04 76 42 45 90 ou sur Minitel 3615 CIMES.

Le hors-piste

Il demeure le domaine des skieurs chevronnés qui fréquentent les secteurs non balisés sous leur propre responsabilité. Là aussi, la présence d'un guide ou moniteur connaissant bien les zones dangereuses est vivement conseillée. Certaines stations proposent pour cette pratique des terrains non balisés mais surveillés.

Skieurs dans la poudreuse

Les autres formes de glisse

Monoski – Exige un grand sens d'équilibre du buste car les deux pieds sont sur le même ski. Il se pratique essentiellement sur les terrains du hors-piste.

Surf de neige – S'exerce sans bâtons sur des pentes à forte déclivité, à la recherche des bosses de neige.

Ski de bosses – Inscrit aux Jeux olympiques d'Albertville, il consiste à dévaler des pentes en maintenant son alignement sur une succession de bosses (les goulettes). C'est une bonne initiation au ski hors-piste.

Toutes ces variantes de déplacement sur neige peuvent être découvertes lors de stages d'initiation proposés dans toutes les stations alpines.

Courses de traîneaux – Elles connaissent, depuis leur introduction en France en 1979, un succès croissant. On distingue quatre races de chiens : le husky de Sibérie, le plus rapide, le malamute d'Alaska, le plus puissant, le groenlandais (ou chien esquimau) et le samoyède, reconnaissable à sa fourrure blanche. Chaque race possède des caractéristiques de traction qui permettent au conducteur de l'entraîner soit pour la randonnée, soit pour la course.

Le **musher** (conducteur de traîneau) se maintient habituellement à l'arrière du traîneau, mais il peut chausser des skis de fond et être tiré par l'attelage : c'est le skijörring. De nombreuses stations offrent des possibilités de courtes randonnées avec ou sans musher et une initiation aux courses de traîneaux.

R. Palomba/FOC

Chiens de traîneau

LES STATIONS DE SPORTS D'HIVER

Voir la carte p. 5 et le tableau des stations de sports d'hiver ci-après. Toutes les stations retenues offrent en matière d'hébergement des ressources hôtelières sélectionnées dans le guide Rouge Michelin France.

Les Alpes du Nord sont riches en stations de toutes sortes. À côté des grandes vedettes internationales comme Tignes, Val-d'Isère, Courchevel, Chamonix, il existe de nombreuses stations familiales qui ont conservé leur caractère villageois.

La conception des stations a évolué avec le développement de la pratique du ski. Les premières s'étaient greffées à des villes ou villages traditionnels comme Morzine, Megève, puis on a recherché les bonnes pentes enneigées et les stations sont montées vers les alpages : Val-d'Isère, l'Alpe-d'Huez, les Deux-Alpes. Après la guerre se sont développées les stations planifiées comme Courchevel, Chamrousse, Tignes, puis encore plus récemment les stations conçues dans leur ensemble par un seul promoteur : les Arcs, Avoriaz, les Ménuires, Val-Thorens, Flaine.

Les remontées mécaniques sont installées de plus en plus haut, élargissant un domaine skiable souvent commun à plusieurs stations. Dans certaines stations (l'Alpe-d'Huez, Val-d'Isère, Tignes, les Deux-Alpes, Val-Thorens), elles parviennent aux neiges éternelles permettant la pratique du ski d'été.

Assurances et forfaits

La **Carte neige** est une licence pratiquant de la Fédération française de ski. Elle permet de bénéficier d'une assurance et d'une assistance complètes sur les pistes de ski alpin ou de fond. On peut se la procurer en adhérant à un club affilié à la F.F.S. Pour tout renseignement, s'adresser au siège de la Fédération, 50, avenue des Marquisats, 74000 Annecy, ☎ 04 50 51 40 34 ou sur Minitel 3615 CARTE NEIGE. Ce service télématique permet aussi de connaître les dates des courses de ski de fond et les offres de forfaits saisonniers proposés par certaines stations.

Dans les stations où les domaines sont particulièrement vastes, des forfaits par secteurs sont proposés : seules les pistes utilisées sont facturées ; cette formule correspond bien aux besoins des débutants.

Les grands domaines *(voir tableau ci-après)* sont accessibles par des ski-pass permettant de skier indistinctement sur plusieurs domaines reliés ou non par télécabines.

STATIONS	Altitude au pied de la station	Altitude au sommet	Stations associées (1)	Altiport	Téléphériques et télécabines	Télésièges et téléskis	Km de pistes	Ski de fond	Km de pistes balisées	Patinoire	Piscine chauffée	Ski d'été
L'Alpe-d'Huez	1 500	3 350	OI	●	14	72	220	⛷	50	●	🏊	
Arêches-Beaufort	1 050	2 150				12	22	⛷	42			
Les Arcs	1 200	3 226	HT		4	77	150	⛷	15	●	🏊	
Argentière	1 252	3 275	SK		5	14	187	⛷	18			
Auris-en-Oisans	1 600	3 350	OI			15	45	⛷	40			
Aussois	1 500	2 750	HM			11	45	⛷	15			
Autrans	1 050	1 710				15	30	⛷	160		🏊	
Avoriaz	1 100	2 466	PS		2	28	150	⛷	40			
Bernex	1 000	1 900				15	50	⛷	35		🏊	
Bessans	1 750	2 220	HM			4	5	⛷	80			
Bonneval-sur-Arc	1 800	3 000	HM			10	21					
Les Carroz-d'Arâches	1 140	2 480			8	71	250	⛷	78			
Chamonix	1 035	3 795	SK		12	34	150	⛷	40	●	🏊	⛷
Chamrousse	1 400	2 253			1	25	70	⛷	55		🏊	
La Chapelle-d'Abondance	1 020	2 000	PS		1	11	45	⛷	35			
Châtel-Super Châtel	1 200	2 100	PS		2	48	65	⛷	30			
La Clusaz	1 100	2 600		●	5	51	120	⛷	60	●		
Combloux	1 000	1 853	SK		1	24	50	⛷	15			
Les Contamines-Montjoie	1 164	2 500	SK		3	22	100	⛷	25	●		
Le Corbier	1 450	2 420				24	24	⛷	25			
Cordon	850	1 600	SK			6	11	⛷	12			
Courchevel	1 300	2 707	TV	●	10	56	180	⛷	50	●	🏊	
Crest-Voland	1 230	2 000	EC			33	48	⛷	80			
Les Deux-Alpes	1 300	3 560	OI		8	56	196	⛷	20	●	🏊	⛷
Flaine	1 600	2 500		●	2	29	150	⛷	14	●	🏊	
Flumet	1 000	2 030				13	60	⛷	25			
Les Gets	1 172	2 002	PS		5	51	130	⛷	50			
Le Grand-Bornand	1 000	2 100			2	38	20	⛷	65			
La Grave-Villar-d'Arène	1 450	3 550			2	8	36	⛷	30			⛷
Les Houches	1 008	1 960	SK			15	50	⛷	35			
Les Karellis	1600	2 500				17	45	⛷	30			
Lans-en-Vercors	1 400	1 807				16	24	⛷	90			
Megève	1 113	2 350	SK	●	9	74	150	⛷	60	●	🏊	
Les Ménuires	1 400	2 850	TV		6	44	120	⛷	26		🏊	
Méribel-les-Allues	1 400	2 910	TV	●	16	34	120	⛷	25		🏊	
Morzine	1 000	2 460	PS		14	60	65	⛷	70	●		
La Norma	1 350	2 750	HM			16	65	⛷	6			
N.-D.-de-Bellecombe	1 150	2 030				17	70	⛷	8			
Peisex-Nancroix	1 600	2 400	HT		1	15	62	⛷	40			
La Plagne	1 250	3 250	HT		9	103	210	⛷	96	●	🏊	⛷
Pralognan	1 410	2 360			1	13	35	⛷	25			
Praz-sur-Arly	1 036	1 900				14	50	⛷	20			
La Rosière	1 850	2 400			1	34	135	⛷	20			
St-François-Longchamp	1 415	2 550				17	65				🏊	
St-Gervais-les-Bains	850	2 350	SK		3	70	220	⛷	30	●		
St-Jeoire-les-Brasses	900	1 500				17	52	⛷	40		🏊	
St-Pierre-de-Chartreuse	900	1 800			2	13	17	⛷	55			
St-Sorlin-d'Arves	1 550	2 600				17	95	⛷	20			
Les Saisies	1 600	1 950	EC			36	70	⛷	100			
Samoëns	800	2 480			4	42	150	⛷	70			
Le Sappey-en-Chartreuse	1 000	1 700				11	15		40			
La Tania	1 350	2 280	TV		1	3	180	⛷	65			
Termignon	1 300	2 500	HM			2	30	⛷	40			
Thollon	1 000	2 000			1	16	55	⛷	25			
Tignes	1 550	3 460	EK		9	44	150	★	19	●		⛷
La Toussuire	1 800	2 400				18	40	⛷	17			
Val-Cenis	1 400	2 800	HM		1	22	80	⛷	40			
Val Fréjus	1 550	2 550			2	11	52	⛷	40			
Val-d'Isère	1 850	3 260	EK		16	88	300	⛷	18	●	🏊	⛷
Valloire	1 430	2 550		●	1	32	150	⛷	30	●	🏊	⛷
Valmorel	1 400	2 400			2	28	105	⛷	25			
Val-Thorens	2 300	3 200	TV		4	30	120			●	🏊	⛷
Villard-de-Lans	1 050	2 170			2	35	120	⛷	120	●		

(1) HT=Stations de Haute-Tarentaise OI=Oisans - Les Grandes Rousses
PS=Portes du Soleil EK=Espace Killy
SK=Ski-pass Mont-Blanc EC=Espace Cristal
TV=Trois-Vallées HM=Stations de Haute-Maurienne

Les domaines skiables reliés

Espace Killy – Tignes et Val-d'Isère.

Les Trois-Vallées – Les Ménuires, Courchevel, Val-Thorens, La Tania, Méribel et St-Martin-de-Belleville.

L'Espace Les Arcs – Les Arcs, La Plagne et Peisey-Nancroix.

L'Espace Cristal – Crest-Voland, Cohennoz et les Saisies.

Le Super Grand Large – Le Corbier, La Toussuire, St-Jean-d'Arves et St-Sorlin-d'Arves.

Les Portes du Soleil – Abondance, Avoriaz, La Chapelle, Châtel, Les Gets, Montriond et Morzine.

Évasion Mont-Blanc – Combloux, Megève, St-Gervais et St-Nicolas-de-Véroce.

Le Grand Massif – Les Carroz-d'Arâches, Flaine, Morillon, Samoëns et Sixt.

La Carte Blanche – Flumet, N.-D.-de Bellecombe et Praz-sur-Arly.

La Grande Plagne – L'ensemble des stations du complexe de La Plagne.

Les Grandes Rousses – L'Alpe-d'Huez, Auris-en-Oisans, Oz, Vaujany et Villard-Reculas.

Les stations de ski d'été

Les amateurs de ski pourront conjuguer la glisse et les activités estivales dans cinq domaines :
- **L'Alpe-d'Huez** (de début juillet à mi-août sur le glacier de Sarennes, 3 000 m) ;
- **Les Deux-Alpes** (de mi-juin à début septembre sur le glacier de Mont-de-Lans, 3 420 m) ;
- **La Plagne** (de début juillet à fin août sur le glacier de Bellecôte, 3 416 m) ;
- **Tignes** (de début juillet à fin août sur le glacier de la Grande Motte, 3 430 m) ;
- **Val-Thorens** (de début juillet à fin août, sur le glacier du Péclet, 3 400 m).

Quelques termes de ski

Amont, aval : tout ce qui se situe au-dessus, au-dessous, par rapport à un skieur engagé sur une pente.

Caravaneige : terrain de caravaning équipé pour le séjour d'hiver en montagne.

Carres : arêtes métalliques protégeant le bord du ski et l'aidant à mordre dans la neige.

Contre-pente : versant opposé à celui que descend le skieur.

Déchausser : ôter ou perdre ses skis.

Éclater : faire une chute spectaculaire.

Fart, fartage : enduit dont on graisse la semelle du ski pour en faciliter le glissement ; application de cet enduit.

Fixation : système d'attaches rendant la chaussure solidaire du ski.

Paquebot des neiges : station constituée par un unique mais gigantesque immeuble.

Peau de phoque : revêtement antidérapant dont on habille les skis pour gravir une pente, en l'absence de remontées mécaniques.

Relâcher : se soulever prématurément, en parlant d'un ski manquant d'adhérence (trop dur ou mal farté).

Soupe : neige détrempée.

Spatule : extrémité antérieure du ski.

Stade de neige : concentration de pistes et d'aménagements destinés à l'entraînement ou à la compétition ; domaine skiable équipé n'offrant ni hébergement ni activités d'après-ski.

Ski alpin

Chasse-neige : position de freinage, les skis convergents.

Christiania : virage ou arrêt exécuté les skis parallèles.

Conversion : arrêt avec demi-tour sur place.

Dérapage : descente contrôlée, par glissement latéral des skis.

Godille : technique de descente faite d'une succession rapide et ininterrompue de petits virages, effectués face à la pente, les skis parallèles.

Mur : passage en pente raide.

Œuf (position de l') : position ramassée (skis écartés, genoux fléchis, buste incliné en avant) permettant une vitesse maximum en descente.

Schuss : descente directe non freinée, suivant la ligne de plus grande pente.

Slalom : descente sinueuse entre des obstacles naturels ou artificiels.

Stemm : virage effectué en ramenant un ski près de l'autre.

Ski de fond

Boucle : circuit de pistes balisées.

Fondeur : adepte du ski de fond.

Glisse : progression plus ou moins aisée des semelles des skis sur la neige.

Pas alternatif : mouvement de base consistant à glisser sur une jambe en appuyant sur l'autre.

Pas tournant : déplacement latéral précédant un changement de direction.

Stackning : glissement par poussée simultanée sur les deux bâtons.

Stawug : combinaison du pas alternatif et du stackning.

Les stations olympiques pour tous

À l'issue des Jeux olympiques d'hiver de 1992, les installations sportives olympiques ont été pour la plupart ouvertes au public. Ainsi, les stations suivantes proposent des initiations originales :

Les Arcs permettent d'essayer le stade olympique et organisent des descentes chronométrées.

Courchevel organise des visites guidées des pistes de saut et du tremplin haut de 120 m.

La Plagne propose sur sa piste de bobsleigh des descentes en taxibob et en skeleton (à plat ventre dans une luge, tête en avant), et des stages de pilotage de bobsleigh et de bobraft.

Pralognan offre des possibilités de s'initier au curling.

Val-d'Isère permet d'approcher le ski de compétition dans le cadre même où se déroulèrent les épreuves olympiques sur la face de Bellevarde avec ses 1 000 m de dénivelée ; des descentes encadrées par des moniteurs sont organisées.

Tignes ouvre au public son stade de bosses à des stages d'initiation.

Signalisation pour la sécurité des skieurs
Sur les pistes de ski, respectez la signalisation et les interdictions affichées :

NON
Nous n'avons besoin de rien.

Danger d'avalanche
généralisé.

OUI
Nous demandons de l'aide.

Danger d'avalanche
localisé.

Autres loisirs sportifs

LES RANDONNÉES PÉDESTRES EN MONTAGNE

La randonnée constitue le meilleur moyen pour découvrir les plus beaux paysages de montagne. Dans ce guide, une importance accrue a été accordée à la description des sentiers pédestres. Trois types de randonnées apparaissent dans la présente édition. Les **simples promenades** sont accessibles à priori à tous (y compris les enfants). Les **randonnées à la journée** nécessitent pour leur part davantage d'endurance pour des marches de plus de 4 h et de 700 m de dénivelée, il est préférable de s'être entraîné au préalable. Enfin, quelques itinéraires plus difficiles, **randonnées pour marcheurs expérimentés**, sont mentionnés (passages vertigineux ou très raides mais ne nécessitant pas de connaissance de l'alpinisme) lorsque les panoramas offerts sont exceptionnels. Avant de commencer une excursion, prendre toujours connaissance du dernier bulletin de Météo-France *(voir la partie Bloc-notes)* et vérifier que la durée de la promenade est compatible avec l'heure de départ. En montagne, on évalue l'horaire d'une course sur la base de la dénivellation : 300 m à l'heure à la montée et 500 m à la descente pour un marcheur moyen, arrêts non compris.

Partir de préférence de bonne heure le matin pour effectuer les montées dans la fraîcheur et augmenter les chances d'observer la faune.

Quelles que soient la durée et la difficulté de la randonnée, il faut prévoir dans son équipement : une carte au 1/25 000 ou au 1/50 000, 1 à 2 l d'eau par personne, des denrées énergétiques, un vêtement imperméable, un pull-over, des lunettes de soleil, une crème solaire et une pharmacie légère. Par ailleurs, il est recommandé de se munir de solides chaussures de montagne à semelle antidérapante ainsi que de jumelles pour observer les sommets éloignés et la faune, éviter dans ce cas de porter des vêtements aux couleurs trop voyantes, de gesticuler et d'être bruyant afin de ne pas effrayer et faire fuir les animaux.

La réservation dans les refuges de haute montagne – Depuis quelques années, les refuges de haute montagne sont équipés de radio-téléphones qui ont permis d'installer un système de réservation obligatoire en saison estivale. Cela implique pour le randonneur occasionnel de ne plus être assuré de trouver un lit en se présentant dans un refuge gardé où la priorité est donnée aux réservations préalables.

Les numéros de téléphone des refuges sont disponibles auprès des offices de tourisme des stations.

Sentiers de Grande Randonnée (G.R.) – De nombreux sentiers de Grande Randonnée balisés de traits horizontaux rouges et blancs sillonnent les Alpes. Des topo-guides édités par la Fédération française de la randonnée pédestre en donnent le tracé détaillé, les possibilités d'hébergement (refuges et gîtes d'étape), et d'indispensables conseils (et sur Minitel 3615 RANDO).

Le **GR 5** parcourt les Alpes du lac Léman à Nice en suivant les Grandes Alpes. D'autres sentiers s'y greffent.

Le **TMB** ou **Tour du Mont Blanc** suit un tracé autour du massif. Il faut compter huit jours par le même sentier, tantôt en France, tantôt en Suisse, tantôt en Italie.

Le **GR 55** : Tour de la Vanoise, permet de découvrir le parc national.

Le **GR 54** : Tour de l'Oisans, fait le tour du Parc national des Écrins. Citons aussi le **Tour du Haut Dauphiné** (400 km) et le **Tour de Chaillol**.

À l'Ouest d'autres sentiers suivent les Préalpes.

Le **GR 96** traverse le Chablais, les Aravis et les Bauges.

Les **GR 9**, **91**, **93** et **95** proposent plusieurs itinéraires dans le Vercors. Enfin, quelques sentiers de liaison permettent de relier de grands circuits, comme le **GR 549** qui joint le tour de l'Oisans au Vercors.

Les topo-guides des sentiers de Grande Randonnée sont édités par la **Fédération française de la randonnée pédestre**, Comité national des sentiers de Grande Randonnée, 14, rue Riquet, 75019 Paris, ☎ 01 44 89 93 90.

Sur place s'adresser à CIMES *(voir la partie Bloc-notes)* ou, en Savoie, à Association randonnée en Savoie, 4, rue du Château, 73000 Chambéry, ☎ 04 79 75 02 01.

Le comité régional de tourisme Rhône-Alpes *(voir le Bloc-Notes)* diffuse un guide très complet sur les possibilités de randonnées dans les Alpes.

Le Club alpin français, 24, avenue de Laumière, 75019 Paris dispose d'un service de documentation au 01 53 72 87 13.

Fédération française de la montagne et de l'escalade, 10, quai de la Marne, 75019 Paris, ☎ 01 40 18 75 50.

ALPINISME

Berceau de ce sport, auquel elles ont donné leur nom, les Alpes du Nord en demeurent l'un des grands centres avec Chamonix, « capitale mondiale de l'alpinisme ».

À la découverte des « monts maudits » – Jusqu'au 18e s., seuls les chercheurs de minéraux, les cristalliers, les botanistes, les chasseurs et les contrebandiers arpentaient les « monts maudits », sans s'aventurer toutefois jusqu'à leurs cimes effrayantes.

En 1741, deux Anglais, Windham et Pococke, partent à la découverte de la vallée de Chamonix. Leurs récits de voyage attisent la curiosité sur le Mont Blanc et ses glacières, tout particulièrement celle de Horace Benedict de Saussure qui en 1760 promet une récompense à celui qui atteindra le sommet. Au milieu du 19e s. commence l'âge d'or de l'alpinisme avec les Anglo-Saxons Whymper, Mummery, Coolidge... La Meige est vaincue en 1877 par le Français Boileau de Castelnau et les guides **Gaspard** père et fils.

Tandis que Miss **Straton** gravit le sommet du Mont Blanc pendant l'hiver 1877, inaugurant ainsi l'alpinisme hivernal et... féminin.

Dès 1926, les exploits en solitaire se généralisent dans les Alpes françaises : Armand-Delille gravit seul les Écrins avant de s'attaquer, avec Dalloz, à la Meije. La succession des « premières » hivernales par des voies d'accès autrefois réputées infranchissables fait la renommée d'alpinistes tels René Desmaison et Walter Bonatti.

L'aventure hivernale d'une face Nord reste encore aujourd'hui seulement à la portée d'alpinistes possédant un bon moral et une excellente technique malgré l'assurance que peut procurer la fiabilité d'un matériel d'alpinisme moderne toujours plus performant.

L'alpinisme aujourd'hui – Les techniques et le matériel sans cesse perfectionnés en ont fait un sport populaire pratiqué par de plus en plus de passionnés. Elles permettent également un renouvellement dans la recherche de la difficulté : escalade artificielle, course en solitaire, course hivernale, ascension à mains nues, etc. Ce sport trouve son terrain de choix dans les grands massifs : Mont-Blanc, Écrins et Vanoise.

Les stations établies au pied de ces massifs : Chamonix-Mont-Blanc, St-Gervais-les-Bains, Pralognan-la-Vanoise, Bourg-d'Oisans (La Bérarde), La Grave, sont les principaux points de départ des alpinistes.

Les guides sont groupés en syndicats qui portent le nom de « compagnie ». Leur principe essentiel est le « tour de rôle ». La plus célèbre compagnie, celle de Chamonix, a été instituée en 1823. Parmi les autres, citons celles de l'Oisans, de Pralognan-la-Vanoise et pour les Préalpes celle de Grenoble.

Escalade

L'infinie variété de sites et de natures de roches offerte par les massifs alpins en fait le théâtre idéal de l'escalade. Avant d'atteindre l'assurance des prises, la grâce d'évolution des grimpeurs aguerris et d'apprivoiser le « gaz » sous les pieds, le néophyte aura à cœur de se laisser guider par un moniteur d'escalade pour maîtriser les techniques de base et accéder à l'autonomie. Son choix se portera pour cela sur la journée ou demi-journée de rocher-école ou sur un stage évolutif qui se conclura sur des grandes falaises d'altitude. Les offices de tourisme et les bureaux de guides proposent en saison une large gamme de prestations en initiation et en entraînement.

En Maurienne, **Aussois**, haut lieu de l'escalade qui a accueilli plusieurs compétitions de l'Open International d'escalade, offre une superbe palette d'une dizaine de sites équipés, de tous niveaux. Les pratiquants s'adresseront au bureau des guides pour se procurer le manuel « Escalade à Aussois », répertoriant les voies et leur difficulté. Au pied du célèbre rocher de Croë, les néophytes pourront s'essayer sur certains spots d'initiation ou simplement admirer l'évolution aérienne des grimpeurs. Plus au Nord, le monolithe de Sardières est également un théâtre d'action spectaculaire des adeptes de l'escalade.

Dans le Vercors, les falaises de **Presles** offrent le plus bel assortiment de voies (plus d'une centaine) de ce massif. Renseignements au bureau des guides de Pont-en-Royans, ☎ 04 76 36 10 92.

Le ruisseling – Cette activité hivernale, récemment mise à l'honneur à Val-Cenis, propose une nouvelle approche du déplacement sur glace. Par une journée de froid sec, équipé en conséquence (crampons et piolet), le pratiquant remonte les cours d'eau et cascades gelés à la force des mollets et poignets. Les bureaux des guides à Aussois et Val-Cenis animent des sorties d'initiation.

Les sentiers du vertige – À mi-chemin entre la randonnée et l'alpinisme, l'ascension des « **via ferrata** » constitue une découverte de l'escalade sans l'astreinte d'une longue pratique. Un engouement croissant a conduit à la multiplication de via ferrata sur des parois non équipées.

À l'origine, les via ferrata (voie ferrée) avaient été aménagées dans les Dolomites par l'armée italienne, pendant la guerre 1915-1918, à des fins stratégiques. Elles permettaient d'acheminer du matériel hors des voies de communication classiques. Leur véritable intérêt sportif n'est apparu qu'à partir des années cinquante. En France, les premières voies équipées de câbles d'acier, marches et crampons ont été aménagées dans le Briançonnais au début des années quatre-vingt. Dans les limites de ce guide sont proposés quelques sites déjà bien équipés et ne nécessitant pas la maîtrise des techniques de rappel et d'escalade proprement dite. L'équipement de base se compose d'un baudrier, d'un casque et de deux longes (auxquelles il est conseillé d'adjoindre un amortisseur de chute) pour s'assurer au câble, véritable ligne de vie de la paroi, qui parcourt la via ferrata. Cependant, pour toute personne non familiarisée avec les règles élémentaires de sécurité en montagne, il est indispensable d'utiliser les services d'un guide ou de se joindre aux groupes constitués par les prestataires. Pour cela, nous indiquons les coordonnées des bureaux locaux des guides généralement instigateurs de ces aménagements.

Près de Pont-en-Royans, à **Presles**, une falaise de 200 m équipée offre d'intéressantes possibilités de tester son sens de l'équilibre et de vérifier l'absence de vertige. Le parcours, facile sur les deux tiers de l'itinéraire, emprunte néanmoins deux petites descentes en rappel qui exigent un encadrement compétent. Bureau des guides de Pont-en-Royans, ☎ 04 76 36 10 92.

À **St-Christophe-en-Oisans**, un parcours aisé, aménagé à flanc de vires, présente une dénivelée de 200 m. Bureau des guides de la Bérarde.

La Savoie et la Haute-Savoie proposent désormais de nombreux sites de via ferrata :

– à **St-Jean-de-Maurienne** : l'arête du mont Vernier (départ du village de Pontamafrey ; retour par la route du mont Vernier), 280 m de dénivelée, et la via ferrata de la Croix des Têtes (départ de St-Julien-Mont-Denis, sur le parking à la Raie ; durée : la journée). Cette dernière, assez difficile, requiert une bonne condition physique du pratiquant. Bureau des guides de St-Jean-de-Maurienne, 76, rue Joseph-Perret, ☎ 04 79 59 90 80 ;

– à **Aussois** : la via ferrata du Diable, sous la barrière de l'Essillon, est décrite page 210. Bureau des guides, ☎ 04 79 20 32 48 ;

– à **Valloire**, la via ferrata de Poingt Ravier (1 644 m) ; départ de la rive gauche de la Valloirette après le tennis, panneau informatif au point de départ du câble, le sentier de retour est balisé. Celle du Rocher St-Pierre est située au bord de la route du Galibier ; départ du parking de la Borgé, parcours assez sportif et tronçon aérien sur 500 m environ. Bureau des guides et accompagnateurs de Valloire, ☎ 04 79 83 35 03 ;

– à **Val-d'Isère** : la via ferrata des Plates de la Daille, 300 m de dénivelée avec un excellent équipement, offre une bonne approche de cette pratique ;

– à **Chamonix** : le balcon de la Mer de Glace, mérite une mention particulière pour son approche unique du grand glacier alpin ; le site même où se déroule le parcours aménagé le réserve néanmoins aux pratiquants aguerris.

D'autres voies ont été équipées à Courchevel et à La Norma *(se reporter à ces noms pour la description)*.

Enfin certaines via ferrata récemment aménagées dans les Alpes, de par l'équipement et la technicité requis pour terminer leur parcours, entre dans la catégorie de l'alpinisme réservé aux pratiquants confirmés.

SPORTS D'EAUX VIVES

La pratique des activités sportives d'eaux vives connaît un succès croissant. Le réseau hydrographique dense et des températures estivales clémentes font des Alpes un terrain de prédilection. Les nombreuses bases de loisirs permettent de

S. Frances/EXPLORER

Rafting sur la Haute-Isère

découvrir les divers aspects de ces sports : Bourg-St-Maurice, Aime, Bourg-d'Oisans, St-Christophe-sur-Oisans. Dans chacune de ces bases des organismes proposent un large éventail d'animations de groupes et fournissent l'équipement spécialisé propre à chacune de ces activités.

En Isère – Vénéon Eaux Vives, 38250 St-Christophe-en-Oisans, ☎ 04 76 80 23 99. Oisans Eaux vives, Bois de Gauthier, 38520 Bourg-d'Oisans, ☎ 04 76 80 02 83.

En Savoie – Sur l'Isère, à Bourg-St-Maurice, base internationale d'eaux vives, ☎ 04 79 07 33 20, et à Mâcot-La Plagne, base An Rafting, ☎ 04 79 09 72 79. D'autres bases sont établies à Centron (France Raft) et à Brides-les-Bains (Oxygène Aventures).

En Haute-Savoie – À Thonon, Les Dranses, An Rafting, ☎ 04 50 71 89 15 ; à Samoëns, Haut Giffre Rafting, ☎ 04 50 34 45 26 ; à Passy, Eldorado Rafting, ☎ 04 50 78 18 76.

Les comités départementaux de tourisme fournissent la liste à jour très complète de tous les organismes proposant des activités d'eaux vives.

Le rafting – C'est le plus accessible des sports d'eaux vives. Il s'agit d'effectuer la descente de rivières à fort débit dans des radeaux pneumatiques de 6 à 8 places, maniés à la pagaie et dirigés par un moniteur-barreur installé à l'arrière. La technique très simple a contribué à la popularité de ce sport où la solidarité fait la réussite de la descente. L'équipement isotherme et antichoc est fourni par le club prestataire.

La pratique du rafting est conseillée à la période de la fonte des neiges (d'avril à juin) et pendant l'été sur les rivières à débit important. Les Alpes constituent le « royaume » du rafting. Dans la partie Nord du massif, on retient la Haute-Isère (entre Bourg-St-Maurice et Centron – classe III) et pour les plus aguerris le Doron de Bozel dans la Vanoise (entre Brides-les-Bains et Moûtiers – classes IV et V), le Giffre et les Dranses de Savoie.

Baptême de raft – Pour le profane, qui aura pris soin de réserver à l'avance, la matinée, ou l'après-midi, débutera par un soupçon d'appréhension à l'arrivée à la base d'eaux vives. Les étapes préparatoires s'enchaînent : certifier que l'on sait nager, endosser la combinaison néoprène, puis présentation du **barreur** (moniteur) et briefing avec ses premières instructions. Les six **rafteurs** (clients) se saisissent ensuite de l'embarcation par la **ligne de vie** (corde qui ceinture le raft) pour la mise à l'eau.

Une fois les cale-pieds assurés, l'**olive** (poignée) de la pagaie bien en main et la cadence assimilée, les ordres du barreur vont se succéder. Pour parer aux rouleaux et au piège des rapides, sa vigilance ne doit pas être prise en défaut, sinon gare à la **crêpe** voire la **cravate** ! À l'approche d'un **contre-courant** (anse abritée) le **jumper** (rafteur de tête) sautera, sur ordre, à l'eau et saisira le **boute** (corde de proue) pour tirer le raft à sec. Cette pause réparatrice sera mise à profit par le moniteur pour récapituler les manœuvres ou corriger les novices trop individualistes.

Si le niveau du courant et celui des pratiquants le permet, le barreur exécutera (plus ou moins volontairement) un spectaculaire **pop-corn** (seul le barreur reste à bord, les rafteurs ayant été éjectés), qui sera immortalisé par le photographe de service et restera l'émotion majeure de cette initiation aux activités d'eaux vives ; et peut-être, l'éveil d'une passion…

Le canoë-kayak – Le **canoë** (d'origine canadienne) se manie avec une pagaie simple. C'est l'embarcation pour la promenade fluviale en famille à la journée en rayonnant au départ d'une base ou en randonnée à la découverte d'une vallée à son rythme. Le **kayak** (d'origine esquimaude) est utilisé assis et se déplace avec une pagaie double. Les lacs alpins et les parties basses des cours d'eau offrent un vaste choix : le Giffre, le Chéran, l'Arly, le Doron de Bozel, les Guiers Vif et Mort et l'Isère. Les bases de loisirs d'eaux vives citées accueillent également des écoles de canoë-kayak gérées par la Fédération française de canoë-kayak. Celle-ci édite un guide annuel *Vacances en canoë-kayak* et publie des cartes des cours d'eau praticables.

Fédération française de canoë-kayak, 87, quai de la Marne, 94344 Joinville-le-Pont cedex, ☎ 01 45 11 08 50 et sur Minitel 3615 CANOPLUS.

L'hydrospeed (ou nage en eaux vives) – Cette forme très sportive de descente à la nage des torrents exige une maîtrise de la nage avec palmes et une bonne condition physique. Elle se pratique équipé d'un casque et d'une combinaison, le buste appuyé sur un flotteur caréné très résistant (l'hydrospeed).

Le canyoning – La technique du canyoning emprunte à la fois à la spéléologie, à la plongée et à l'escalade. Il s'agit de descendre, en rappel ou en saut, le lit de torrents dont on suivra le cours au fil des gorges étroites (clues) et cascades.

La variété des reliefs traversés : gorge profonde à l'abri de la lumière, cascade irisée, dalles de schiste chauffées au soleil et invitant à la halte, marche au fond d'un bief tapissé d'une végétation dense, combinée à la symphonie des couleurs des roches font toute la magie d'une initiation au canyoning.

L'été est la saison la plus propice à la pratique de cette activité. La température de l'eau est alors supportable et le débit des torrents moyen. Mais l'état de la météo reste toutefois déterminant pour une sortie, car la prévision des orages en amont conditionne le passage de certaines clues et l'état des vasques (qui peuvent rapidement se remplir d'alluvions). Dans tous les cas, un départ matinal s'impose

– les orages ont lieu plutôt dans l'après-midi – afin de pouvoir surmonter les incidents de parcours même mineurs (corde coincée, amarrage à refaire, légère foulure après un saut) qui peuvent prendre une importance capitale dans l'environnement particulier d'un canyon. Deux techniques de déplacement sont particulièrement utilisées : le **toboggan** (allongé sur le dos, bras croisés) pour glisser sur les dalles lisses et le **saut** (hauteur moyenne 8 à 10 m), plus délicat, où l'élan du départ conditionne la bonne réception dans la vasque. Il est impératif d'effectuer un sondage de l'état et de la profondeur de la vasque avant tout saut. L'initiation débute par des parcours n'excédant pas 2 km, avec un encadrement de moniteurs. Ensuite, il demeure indispensable d'effectuer les sorties avec un moniteur sachant « lire » le cours d'eau emprunté et connaissant les particularités de la météo locale. De même, le respect de l'environnement traversé reste le garant d'une activité pleinement acceptée par les riverains des torrents. La vallée d'Abondance en Savoie,

B. Bodin/FOC

Canyoning

en Haute-Maurienne, La Norma et Val Fréjus (parcours « Indiana Jones »), et en Vercors, le canyon des Écouges et les gorges du Furon sont les principaux sites aisément praticables.

Quelques termes des sports d'eaux vives

Chandelle (faire la) – figure spectaculaire et volontaire consistant à dresser l'embarcation à la verticale par rapport au plan d'eau.

Crêpe – l'embarcation (surtout le raft) se retourne. Elle est « sucrée » lorsque la manœuvre est volontaire ou « salée » quand le courant prend l'initiative...

Cravate – lorsque l'embarcation se plaque ou s'enroule autour d'un rocher.

J.J.Statkus/PHOTOPLUS

Hydrospeed

Dessaler – chavirer sans forcément quitter l'embarcation.

Déversoir – aménagement d'un ouvrage pour l'évacuation du trop-plein d'une retenue.

Drossage – dans les virages serrés, le courant entraîne les embarcations vers l'extérieur et les plaque à la paroi où s'accumulent des branchages.

Esquimautage – manœuvre permettant à un pagayeur ayant dessalé de rétablir son embarcation par un tour complet sous l'eau.

Ex-infran – passage de classe V, considéré longtemps comme infranchissable.

Infran (de infranchissable) – passage où le portage reste obligatoire.

Lâcher d'eau – libération ponctuelle d'eau par un barrage. Permet de rendre navigables certains cours d'eau, mais rend dangereux le lit des torrents utilisés pour le canyoning.

Rapide – partie d'un cours d'eau dont le courant est particulièrement vif.

Rappel – chute brutale du cours d'une rivière. Au pied de la chute, l'eau effectue un mouvement de retour qui maintient immergée toute embarcation prise dans ce mouvement. Ne doit en aucun cas être franchi en bateau.

PÊCHE

La pêche montagnarde par excellence est celle de la truite pratiquée soit « au toc » avec des insectes vivants ou des larves (seul procédé adapté au cours capricieux des petits torrents encadrés de rives escarpées), soit à la mouche artificielle et au lancer, dans les cours d'eau plus larges et dans les lacs de montagne. Les grands lacs de Savoie abondent en salmonidés. Le bassin de Belley avec son cortège de lacs (Armaille, Ambléon, Arborias, Chavoley et Morgnieu) ainsi que le lac de Chailloux (riche en tanches et brochets) et celui de Barterand se disputent la faveur des pêcheurs.

Lac	Page	Superficie en ha	Voile ou planche à voile	Baignade	Pêche
Aiguebelette	53	750	⟁	X	X
Annecy	75	2 800	⟁	X	X
Le Bourget	107	4 462	⟁	X	X
Chambon	216	140			X
Chevril	258	270			X
Laffrey	184	244	⟁	X	X
Léman	152	58 000	⟁	X	
Mont-Cenis	207	600			
Roselend	96	320			

Lac du Bourget – La pêche du bord n'est possible qu'à proximité de ports tels Aix-les-Bains ou St-Innocent pour le poisson blanc uniquement. Il est préférable autrement de louer une barque en se renseignant sur les fonds poissonneux, car la possibilité demeure de rencontrer des salmonidés outre la perche et le brochet. Le sandre jouit d'un développement rapide. Quant à l'omble et la truite, ils peuvent se pêcher à la traîne avec un permis spécial.

La pêche en Tarentaise – En amont d'Albertville, la pêche en torrent (truite uniquement) reste la règle avec une fréquentation permettant de choisir son emplacement le long de l'Isère. Dans la partie basse du cours plus calme, des barbeaux, cyprinidés et ombles se mêlent aux grosses truites. Selon la saison, la capture au lancer, longue coulée et à la mouche (en fin de saison) permet d'assurer de belles prises.

Il convient en tous lieux d'observer la réglementation nationale et locale, de s'affilier pour l'année en cours, dans le département de son choix, à une association de pêche et pisciculture agréée en acquittant les taxes afférentes au mode de pêche pratiqué ou éventuellement d'acheter une carte journalière.

Fédération des AAPP de Savoie, Z.I. Les Contours 73230 St-Alban-Leysse, ☎ 04 79 85 89 36.

Fédération des AAPP de Haute-Savoie, 1, rue de l'Industrie 74000 Annecy, ☎ 04 50 45 26 90.

Fédération des AAPP de l'Isère, 1, rue Cujas, 38000 Grenoble, ☎ 04 76 44 28 39.

Conseil supérieur de la pêche, 134, av. Malakoff, 75016 Paris, ☎ 01 45 02 20 20. Une carte-dépliant commentée « Pêche en France » est en vente auprès de cet organisme.

DANS LES AIRS ET SOUS TERRE

Sports et loisirs aériens

Les formes de **vol libre** ont trouvé dans le relief tourmenté et les sites abrupts des Alpes autant de bases d'envol permettant une découverte différente du panorama des vallées. Le **parapente**, qui a vu le jour en Haute-Savoie en 1978, n'exige pas un entraînement particulier. Cette activité estivale s'est étendue aux stations de sports d'hiver par la pratique du parapente hivernal avec départ skis aux pieds.

De nombreuses stations estivales, grâce aux facilités d'accès aux sommets, offrent de larges possibilités d'évolution et des stages de pratique. Parmi les plus actives, Les Saisies, au Signal de Bisanne, l'Alpe-d'Huez, en bordure du massif de la Chartreuse St-Hilaire-de-Touvet, sont des références. Chamonix demeure un haut lieu du parapente, soumis à des restrictions en juillet et août sur les versants du Mont Blanc. École de parapente de Chamonix, 79, rue Whymper, ☎ 04 50 53 50 14. Enfin le Vercors, par ses multiples combes bien orientées, dispose de terrains de prédilection pour s'initier en douceur aux vols.

Deux sites remarquables de cette région sont à mentionner : le Cornafion, près de Villard-de-Lans (vols de 500 m, accès interdit en mai et juin pour la protection de la faune), et le Moucherotte, avec atterrissage à Lans-en-Vercors. Deux organismes proposent des stages de tout niveau en Vercors : Dimension 4 à Villard-de-Lans, ☎ 04 76 95 00 81 et Fun Fly à Lans-en-Vercors.

Les adeptes aguerris n'auront que l'embarras du choix face à la multiplicité des orientations de vallées qui ouvrent la voie à toutes les évolutions possibles. C'est dans la région de Chamonix que la combinaison de conditions aérologiques particulièrement favorables a permis à une équipe de parapentistes d'établir un record en couvrant 160 km.

Pour limiter les risques d'accident et les déconvenues, il est vivement recommandé d'aborder cette pratique en s'inscrivant dans une école agréée par la FFVL. La Fédération fournit la liste à jour des centres (également sur minitel, 3615 FFVL). Après un premier test en vol biplace, on devient autonome au terme d'un stage d'une semaine où l'on acquiert les connaissances de base en aérologie et météorologie, permettant de mieux appréhender les conditions naturelles optimales d'envol, seules garantes d'une limitation des risques inhérents à cette activité. Ensuite la mise en pratique s'effectue par une vingtaine de vols radioguidés par un moniteur au sol.

Le **comité régional de tourisme** diffuse une plaquette « Parapente » répertoriant vingt et un sites d'envol dans les Alpes.

Les libéralistes (adeptes du vol libre) ont développé également dans la région la pratique du **deltaplane**, d'origine plus ancienne et exigeant une plus grande technicité. Fédération française de vol libre, 4, rue de Suisse, 06000 Nice, ☎ 04 93 88 62 89.

De nombreuses stations proposent en saison ou toute l'année des baptêmes de l'air et des survols de région en **montgolfière**, notamment aux Saisies, et dans le Vercors à Corrençon et Villard-de-Lans. S'adresser aux Offices de tourisme pour les coordonnées des prestataires.

Spéléologie

Cette activité sportive demeure marginale auprès du grand public à cause de l'apprentissage minutieux nécessaire à toute visite en profondeur de cavité non aménagée.

Cependant, hors des grottes alpines ouvertes au public et décrites dans la partie principale de ce guide, plusieurs sites sont accessibles à des profanes, à la condition d'être encadrés par des moniteurs membres de clubs de spéléologie. Le massif du Vercors constitue un des hauts lieux de l'histoire de la spéléologie. De grands pionniers de l'exploration du sous-sol du Vercors, Decombaz et De Joly, ont fourni une impulsion essentielle à cette activité. Actuellement, plus de 1 500 cavités ou entrées de circuit ont été dénombrées sur le massif : grottes et scialets ponctuent ainsi de nombreux itinéraires de randonnées. La prudence reste de rigueur malgré l'aspect séduisant d'une exploration impromptue de ces excavations.

Dans ce massif, les sites suivants offrent le cadre d'une journée passionnante d'initiation à l'exploration souterraine : les Goules Blanche et Noire, le porche de la grotte de Bournillon, le scialet de Malaterre (près de Villard-de-Lans), le Trou qui souffle (accès à un gouffre sec) près de Méaudre, la Grotte de la Cheminée, les scialets d'Herbouvilly.

La **grotte du Gournier** (située au-dessus de la grotte de Choranche) présente un intérêt particulier pour le néophyte en spéléo par la diversité des techniques mises en œuvre lors de la visite encadrée et la relative facilité de la progression uniquement horizontale dans une galerie fossile : la randonnée débute par un canotage sur le lac d'exurgence établi dans le porche d'entrée, puis par un petit rappel de 5 m environ permettant d'accéder au siphon et à la longue galerie où sont représentées toutes les figures de concrétions verticales, de superbes gours et d'impressionnantes marmites de géants. Au terme de la galerie fossile, l'accès au réseau actif reste le domaine des spéléologues avertis. La totalité du réseau exploré sur ce site couvre 18 km.

Pour une initiation dans le Vercors, s'adresser à la Maison de l'aventure, 26420 La Chapelle-en-Vercors, ☎ 04 75 48 22 38, et à Dimension 4, 38000 Villard-de-Lans, ☎ 04 76 95 00 81.

La Savoie, quant à elle, recèle plus de 2 000 grottes répertoriées où, hiver comme été, la température moyenne avoisine 4 °C. Les gouffres les plus élevés se situent en Vanoise à Pralognan et Tignes (3 000 m). En Haute-Savoie, le gouffre Jean-Bernard détient le record de profondeur atteinte avec − 1 600 m.

La Chartreuse possède le plus long gouffre alpin avec un développement de 58 km sous l'Alpette.

L'équipement spécifique donne la mesure de la haute technicité atteinte par la spéléo : combinaison renforcée, matériel d'escalade complet et spécial (cordes fines pour le rappel), souvent canoë pneumatique, casque, sac étanche et bien sûr lampe au carbure et halogène. Le principal risque provient des crues transformant un innocent passage asséché en piège mortel ; la difficulté de la prévision constitue le principal facteur de risque : en effet, la montée brusque des eaux peut être provoquée par des orages situés à des kilomètres de la grotte. À ce titre, le Vercors, de par sa configuration, reste très sensible à ces brusques modifications météorologiques. Aussi, seul un accompagnateur breveté de spéléologie, connaissant parfaitement le réseau hydrographique, assure la garantie d'une découverte au risque minimal.

Ainsi encadré, le visiteur attentif pourra apprécier les particularités d'une journée en randonnée souterraine : perte rapide pour le profane de la notion naturelle du temps et de l'orientation et une vision progressive qui l'amène à s'attacher aux détails des concrétions qui seront les jalons de sa marche. Le retour à la surface après ce long parcours sera marqué par une multitude de sensations olfactives habituellement insoupçonnées.

Fédération française de spéléologie, 130, rue St-Maur, 75011 Paris, ☎ 01 43 57 56 54.

Randonnées équestres

En Savoie et en Dauphiné, les nombreux centres équestres sont reliés par des itinéraires de grande randonnée offrant la possibilité d'effectuer des promenades à la journée et des randonnées sur plusieurs jours.

Les associations régionales de tourisme équestre (ARTE) proposent des séjours d'initiation et de perfectionnement. Dans chaque département des itinéraires balisés (un trait de peinture orange horizontal) sont accessibles par les randonneurs et leur monture.

Pour les cavaliers aguerris désirant organiser eux-mêmes leur itinéraire, des relais d'étapes équestres sont entretenus par la FRETE (Fédération des relais d'étapes de tourisme équestre).

La liste des centres équestres et des guides agréés est disponible auprès de :

Association Rhône-Alpes pour le Tourisme Équestre – Maison du Tourisme, 14, rue de la République, BP 227, 38019 Grenoble Cedex, ☎ 04 76 44 56 18.

Isère – Isère Cheval Vert, Maison du tourisme, 14, rue de la République, 38000 Grenoble, ☎ 04 76 42 85 88.

Drôme – Comité départemental de tourisme équestre (CDTE), M. Jean-Luc Delhomme, 7, rue Godifrais, 26200 Dieulefit, ☎ 04 75 90 63 52.

Savoie – CDTE, M. Paul Michelland, RN 6, 73220 Aiguebelle, ☎ 04 79 36 20 45.

Haute-Savoie – CDTE, Mme Jackie Simonotti, 97a, avenue de Genève, 74000 Annecy, ☎ 04 50 69 84 08.

Délégation nationale au tourisme équestre (DNTE), 30, avenue d'Iéna, 75116 Paris ☎ 01 53 67 44 44 et numéro vert 08 00 02 59 10. Elle édite un guide annuel « Tourisme et Loisirs équestres en France ».

Âne et randonnées – Cette formule permet de réaliser de paisibles randonnées à la journée ou à la semaine en louant un âne bâté. La monture peut porter des charges de 40 kg et accompagne le randonneur à un train de 4 km/h, quel que soit le terrain. Dans les fermes suivantes, un ânier fournira, outre l'animal, le matériel et les renseignements indispensables au succès de ces randonnées : à Thorens-Glières, la Compostel'Ane, ☎ 04 50 22 83 96 ; aux Carroz, ☎ 04 50 90 02 74 ; à St-Sigismond, ☎ 04 50 34 83 72 ; dans le Vercors, à St-Martin, ☎ 04 75 45 53 17. Le massif de la Chartreuse se découvre également au pas de l'âne en circuit accompagné : renseignements au 04 78 87 73 76, Lachal, 38950 St-Martin-le-Vinoux.

Fédération nationale « Âne et randonnées », Broissieux, 73340 Bellecombe-en-Bauges, ☎ 04 79 63 84 01.

Cyclotourisme

La route des grands cols (Galibier, Croix de Fer, Iseran, la Madeleine, Granier), rendue célèbre par le Tour de France, a de nombreux adeptes. Des cartes IGN avec circuits cyclistes ont été éditées et de nombreux gîtes d'étapes offrent un hébergement économique. Les listes de loueurs de cycles sont généralement fournies par les syndicats d'initiative et offices de tourisme. La pratique du **VTT**, grâce à l'engouement qu'il suscite, constitue une activité sportive qui peut remplacer en hiver le ski de fond en cas d'enneigement insuffisant. En saison estivale, c'est le moyen de déplacement idéal pour découvrir les superbes panoramas et le spectacle de la nature.

Quelques circuits retiendront l'intérêt des adeptes du VTT : la Maurienne et la Tarentaise proposent un vaste choix d'itinéraires (à Aussois, descente des forts, « chemin du Petit Bonheur », 35 km ; au départ de Bourg-St-Maurice, le circuit de la Thuile récompensera par les superbes paysages de Tarentaise les plus endurants). Dans le Vercors, les innombrables pistes forestières et muletières composent un royaume du vélo tout-terrain. Le Parc régional du Vercors propose une trentaine de circuits balisés pour le VTT (brochure disponible auprès des maisons du parc régional).

Fédération française de cyclisme, 5, rue de Rome, 93561 Rosny-sous-Bois cedex, ☎ 01 49 35 69 45 répertorie dans un guide disponible dans les centres FFC les sentiers balisés pour la pratique du VTT.

Découvertes insolites

Aux visiteurs « sachant prendre leur temps » s'offrent une multitude de possibilités de « voyager autrement » qui favorisent une approche des richesses du terroir et de la vie quotidienne traditionnelle.

ITINÉRAIRES THÉMATIQUES

Les chemins du baroque – Une soixantaine d'églises et chapelles ont été sélectionnées dans les vallées de la Tarentaise et de la Maurienne pour leur caractère spécifiquement baroque. Il est conseillé de débuter ces circuits par Moutiers ou par Lanslebourg. Ensuite, de village en village on partira à la découverte des chefs-d'œuvre que le talent des artistes savoyards a mis au service de l'Église. Outre la visite individuelle, il existe des possibilités d'assister à une visite commentée d'un lieu par un conférencier ou de participer à un circuit accompagné d'une journée. Les modalités sont précisées dans les « espaces baroque ». La Facim a mis sur pied dix-neuf circuits à pied ou en voiture, d'une demi-journée chacun, commentés par des guides. D'autre part, treize circuits libres sont proposés par cet organisme.

Deux **espaces baroque** exposent et informent sur les lieux de visite : à Lanslebourg (Espace baroque Maurienne), ☎ 04 79 05 90 42 et à Moutiers (Espace baroque Tarentaise), ☎ 04 79 24 33 44.

Facim (Fondation pour l'action culturelle internationale en montagne), Hôtel du département, 73018 Chambéry cedex, ☎ 04 79 96 74 19.

La route Stendhal – Un itinéraire balisé « **route historique Stendhal** » permet de découvrir les lieux de jeunesse et d'inspiration de Henry Beyle. Il écrivit d'ailleurs *Le Rouge et le Noir* à partir d'un fait divers qui se déroula à Brangues, dans l'Isère, Thuellin où Stendhal retrouva sa sœur Pauline et Claix où enfant il découvrit dans le jardin de son père la littérature grâce à Cervantès. À Grenoble, son appartement natal, le

V. d'Amboise/PIX

Détail du retable baroque de Valloire

café de la Table Ronde (parmi les plus vieux cafés de France) où il venait s'attabler, la maison Stendhal – en fait celle de son grand-père le docteur Gagnon –, le musée Stendhal et la bibliothèque municipale riche d'un fonds unique de ses œuvres. L'Office de tourisme de Grenoble, instigateur de ce circuit, fournit toute information sur les heures de visite de ces monuments.

La route des ducs de Savoie – Depuis le 10e s. la dynastie de Savoie a jalonné son histoire de remarquables monuments ouverts aux visites publiques : châteaux de Ripaille, de Thorens-Glières, Menthon, Clermont, d'Annecy, Chambéry et l'abbaye d'Hautecombe parmi les principaux. La Caisse des monuments historiques (C.N.M.H.S.) diffuse un dépliant recensant les châteaux et demeures avec leurs horaires de visite.

La route historique des Dauphins – Cet itinéraire proposé par la Caisse des monuments historiques (C.N.M.H.S.) parcourt les grands axes de pénétration de l'Isère à la visite des demeures historiques. La partie décrite dans ce guide comprend les châteaux de Touvet, Château-Bayard, Vizille, Sassenage et Longpra. Renseignements auprès du Comité départemental du tourisme de l'Isère à Grenoble.

NAVIGUER DANS LES ALPES

Enchâssés dans le fond de vallées de faible altitude, les lacs du Bourget, d'Annecy, du Léman et d'Aiguebelette, pour ne citer que les principaux, sont propices à la promenade et à des activités sportives très diverses (voile, ski nautique, plongée, planche à voile, etc.). La douceur du climat riverain est mise en évidence par la présence de vignes et même d'oliviers.

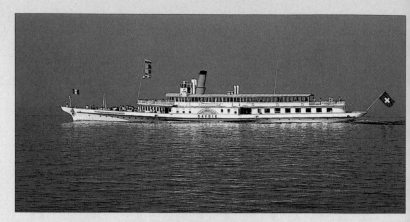
Croisières sur le lac Léman

Croisières sur le lac Léman

C'est la meilleure façon de découvrir des vues d'ensemble du littoral et de l'arrière-pays montagneux. Les deux rives, française et suisse, du lac comportent 41 embarcadères. En saison, de mai à septembre, de multiples formules sont proposées pour effectuer des promenades en bateau au départ de la France, de la liaison directe en 35 mn d'Évian à Lausanne (exploitée quotidiennement toute l'année) à la croisière de découverte organisée tous les jours d'une durée moyenne de 3 h sur le Haut-Lac. Pour effectuer le tour complet du lac, il faut compter 10 h.

Les horaires et tarifs pratiqués par la Compagnie générale de navigation sur le lac Léman sont précisés dans la partie Conditions de visite de ce guide.

Liaison d'Yvoire à Nyon (Suisse) – En juillet et août, des traversées (durée 20 mn) sont organisées tous les jours avec possibilité de visiter Nyon et reprendre un bateau plus tard ou faire l'aller-retour sans escale. Des allers-retours de nuit sont également proposés en été (durée 2 h). En juin et septembre, d'autres horaires sont appliqués. Renseignements et réservation auprès de la Compagnie générale de navigation sur le lac Léman à Lausanne (☎ 00 41 848 811 848) et à l'Office de tourisme d'Yvoire.

S'initier à la plaisance – Société nautique du Léman, port de Rives, 74200 Thonon-les-Bains, ☎ 04 50 71 07 29 et Cercle de la voile d'Évian, port des Mouettes, 74500 Évian-les-Bains, ☎ 04 50 75 06 46.

Pour admirer les évolutions sur le lac Léman des voiliers, il est conseillé de suivre à mi-juin, le grand rassemblement du Bol d'or de Genève.

Le lac du Bourget

Sur le lac naturel le plus vaste et le plus profond de France, chaque commune riveraine dispose d'un port de plaisance et propose des activités nautiques. Les croisières au départ du Grand Port à Aix-les-Bains, de Portout-Chanaz ou du Bourget-du-Lac varient depuis le tour du lac en 1 h jusqu'à la croisière de la journée au canal de Savière et au Rhône par l'écluse de Savière. Les informations sont disponibles à l'Office de tourisme d'Aix-les-Bains et auprès de la Compagnie des bateaux du lac du Bourget, Grand Port, 73100 Aix-les-Bains, ☎ 04 79 88 92 09.

S'initier à la plaisance – Le lac du Bourget, parfois soumis à des vents forts, présente des conditions de navigation proches de celles de haute mer. Ce sont les conditions idéales pour la pratique des « funboards ». Des clubs nautiques initient à la voile à Aix-les-Bains et au Bourget.

Le lac d'Annecy

Encadré par un ensemble de superbes sommets, il reste un lieu de villégiature privilégié. Le tour du lac en bateau depuis l'embarcadère du Thiou à Annecy permet d'avoir des vues uniques sur les massifs.

Les croisières sont organisées par la Compagnie des bateaux d'Annecy, 2, place aux Bois, 74000 Annecy, ☎ 04 50 51 08 40.

S'initier à la plaisance – Le lac d'Annecy est navigable toute l'année, mais la période idéale se situe de mars à début novembre. Plusieurs centres nautiques proposent des stages d'initiation à la voile : base nautique des Marquisats à Annecy, ☎ 04 50 45 48 39, Cercle de la voile à Sévrier, ☎ 04 50 52 40 04, également à Talloires et Doussard.

Les autres lacs

Le lac d'Aiguebelette – Il est surtout réputé pour la richesse et la variété de ses poissons. Les activités de nautisme (voile et aviron) ont profité de l'interdiction des embarcations à moteur.

Le lac du Monteynard – Situé en bordure du Parc régional du Vercors, ce plan d'eau fort pittoresque offre en saison des possibilités de très agréables croisières. Renseignements auprès de SONAMA, 38650 Monestier-en-Clermont, ☎ 04 76 34 14 56.
Les lacs de **Laffrey** en Isère offrent de belles possibilités de pêche et d'activités nautiques paisibles (voile, aviron, planche à voile...).

TOURISME TECHNIQUE

Certains sites industriels encore en activité ou préservés offrent une originale possibilité de diversifier la découverte de la région au travers du savoir-faire traditionnel ou des techniques contemporaines.
Caves de la Chartreuse – 10, boulevard Kofler, 38500 Voiron, ☎ 04 76 05 81 77 *(voir ce nom)*.
Coopérative laitière du Beaufortain – 73270 Beaufort, ☎ 04 79 38 33 62.
Eaux minérales d'Évian *(voir ce nom)*.
Musée Opinel – St-Jean-de-Maurienne *(voir ce nom)*.
Centre scientifique et technique de Grenoble, La Casemate, 1 place St-Laurent, ☎ 04 76 44 88 80, propose des visites guidées sur les expositions traitant de thèmes actuels ou futuristes.

Les sites d'énergie

Le barrage de Monteynard – 38650 Sinard, ☎ 04 76 34 06 22.
Hydrelec – 38114 Allemont *(décrit à Route de la Croix de Fer)*.
La Mine-Image – 38770 La Motte d'Aveillans *(décrit aux Lacs de Laffrey)*.
Centrale hydroélectrique de La Bâthie (au pied du barrage de Roselend) – 73540 La Bâthie, ☎ 04 79 31 06 60.

Le barrage de Roselend

CIRCUITS EN CHEMIN DE FER

Circuit touristique du Léman – Depuis Évian sur une vingtaine de kilomètres, le « Rive-Bleue-Express » longe la rive du lac Léman jusqu'au Bouveret (Suisse). De fin juin à fin septembre, certains jours de semaine et tous les week-ends, des trains remis en état par une association perpétuent la tradition des trains de loisirs. Le dimanche, ils ponctuent de leur panache de vapeur leurs haltes aux points panoramiques. Renseignements auprès de l'Office de tourisme d'Évian et achat des billets dans les gares SNCF d'Évian et du Bouveret.

De Vallorcine à Émosson – Une forme originale de découverte de la haute montagne en train consiste à prolonger au-delà de la frontière la ligne ferroviaire internationale Chamonix-Vallorcine-Martigny jusqu'au barrage d'Émosson. *(Pour la description de ce dernier, se reporter au guide Vert Michelin Suisse.)* L'accès au barrage d'Émosson procure de superbes vues sur la face Nord du massif du

Le chemin de fer du Montenvers

Mont-Blanc. De la station de Châtelard-Village, l'ascension (durée 13 mn) s'effectue par un funiculaire en 3 tronçons jusqu'à 1 961 m ; la première partie, un funiculaire à 2 cabines, est la plus raide d'Europe avec une pente de 87 %. Le service est assuré quotidiennement de mi-juin à mi-septembre. Tarif AR 33 FS ; possibilité de prendre l'aller simple et redescendre à pied en 2 h 30 environ. Renseignements à l'Office de tourisme de Chamonix et à la gare CFF de Martigny (Suisse), ☎ 00 41 266 812 36.

Chemin de fer de la Mure – De St-Georges-de-Commiers à La Mure, cet ancien chemin de fer minéralier franchit sur 30 km un nombre impressionnant d'ouvrages d'art et procure des vues uniques sur les gorges du Drac. Construit à partir de 1882 pour le transport de la houille, il conserva la traction à vapeur jusqu'au début du siècle. Actuellement des locomotives électriques d'un modèle des années trente parcourent pour les visiteurs ce surprenant réseau *(voir p. 186)*.

Dégustation, artisanat, stages

Dégustation

Les chambres d'agriculture proposent des points de dégustation de produits locaux dans des chalets situés sur les sites touristiques et dans les coopératives laitières et viticoles.

Maison de l'agriculture de Haute-Savoie – 52, avenue des Îles, 74994 Annecy cedex, ☎ 04 50 88 18 01.

Chambre d'agriculture de Savoie – 1, rue du Château, 73000 Chambéry, ☎ 04 79 33 43 36.

Chambre d'agriculture de l'Isère – 40, avenue Marcellin-Berthelot, BP 2608, 38036 Grenoble cedex 2, ☎ 04 76 20 68 68.

Les fromages

Cave coopérative du val d'Aillon (fabrication de la tome des Bauges).
Cave coopérative du Beaufort, ☎ 04 79 07 08 28.
À St-François-Longchamp, les chalets d'alpage au col de la Madeleine permettent d'assister à la fabrication du beaufort *(voir aussi p. 47)*.

Les vins

En Savoie, deux itinéraires découvertes permettent de déguster les crus des vignobles savoyards :
Le circuit dit « rouge » parcourt la Combe de Savoie depuis Chambéry par Apremont, Montmélian et Challes-les-Eaux.

Le circuit dit « bleu » longe les rives du lac du Bourget et permet de découvrir les crus de Monthoux, Marestel et Jongieux.

Coopératives des vins de Savoie à Ruffieux, ☎ 04 79 54 51 08.

Coopératives viticoles de Cruet, ☎ 04 79 84 28 52.

La liste des coopératives proposant dégustations et vente est disponible auprès du Comité interprofessionnel des vins de Savoie, 3, rue du Château, 73000 Chambéry, ☎ 04 79 33 44 16.

Les rives françaises du lac Léman offrent de nombreuses opportunités de dégustation de plats de fritures accompagnés d'un vin blanc local telle la Roussette de Savoie dans le cadre champêtre d'une guinguette, notamment à Excevenex, Port de Séchex, Corzent, Amphion-les-Bains...

À Sévrier, sur la rive Ouest du lac d'Annecy, une forme originale de détente conjugue les loisirs et la restauration autour d'un thème annuellement mis à jour (Far West, thème médiéval...) : Dinecittà, 74320 Sévrier, ☎ 04 50 52 41 00.

Artisanat

Au départ d'Entremont-le-Vieux, en Chartreuse, emprunter le GR 9 pour découvrir l'artisanat sur bois en traversant les hameaux animés par des artisans de peinture sur meubles, de fabricants de seilles (petits tonneaux) ou de paillas (corbeille en paille pour le pain). Pour mieux apprécier leur savoir-faire, il convient de respecter néanmoins leur tranquillité au cours des visites.

Des ateliers d'artisanat proposent des démonstrations :

La cuivrerie du Bugey à Lavours, ☎ 04 79 42 13 47.

Le Croet savoyard à Lescheraines, ☎ 04 79 63 37 39 (atelier de santons).

La tannerie d'Attignat (l'une des rares encore en activité en Savoie), ☎ 04 79 36 00 26.

En outre, on peut visiter et assister à des démonstrations d'entretien et repeuplement à la peupleraie de Chautagne (la plus grande peupleraie d'Europe) avec un technicien de l'ONF, ☎ 04 79 54 54 72.

L'Opinel, ambassadeur de la créativité savoyarde

À la fin du 19e s., **Joseph Opinel**, humble taillandier d'un petit village proche de St-Jean-de-Maurienne, forgeait avec son père les outils que lui commandaient les paysans de la vallée. Au cours des périodes de loisirs d'hiver, il taillait des manches de couteaux de poche qu'il réservait à ses amis.

Devant le succès rencontré, il entreprend la fabrication en série et en 1890, met au point le modèle Opinel réalisé en 12 tailles différentes numérotées de 1 à 12 (le n° 1 mesure, lame ouverte, 6 cm). Diffusé par les colporteurs locaux au gré des marchés et foires, le produit est rapidement apprécié en Italie et en Suisse.

Depuis 1905, le poinçon Opinel garantissant l'authenticité, représente une main couronnée (trois doigts levés surmontés d'une couronne ducale) reproduisant les armoiries de St-Jean-de-Maurienne, la couronne marque l'attachement au duché de Savoie. La fabrication actuelle, établie à Cognin près de Chambéry, maintient le savoir faire traditionnel : lame en acier trempé, manche façonné dans le hêtre ou des essences exotiques et bague de sécurité pivotante.

Ultime consécration de modeste couteau de bûcheron, le musée d'Art moderne (MOMA) de New York a intégré l'opinel à un référentiel d'objets industriels à utilité permanente. À St-Jean-de-Maurienne, un musée Opinel fait revivre cette étonnante carrière.

© Opinel

Stages et loisirs après le ski

Des stages et animations sont proposés dans les principales stations en saison : billard à Pralognan, arts martiaux à Valloire, tir à l'arc aux Houches, initiation à l'astronomie à Méribel, observer la sculpture sur neige à Valloire.

Des stages d'ornithologie, de safari-photo et d'observation de la faune alpine sont organisés à Val-d'Isère par le Club images et connaissance de la montagne, ☎ 04 79 06 00 03. Dans la vallée des Entremonts, dans la Chartreuse, des stages avec hébergement sont organisés autour du thème de la peinture décorative sur bois de meubles traditionnels. Renseignements auprès du Comité départemental du tourisme à Grenoble.

Les écoles de conduite sur glace – Généralement ouvertes de mi-décembre à fin mars, elles dispensent les bases d'une conduite sûre et permettent de s'assurer des limites d'adhérence du véhicule. Certaines acceptent les cours sur voiture personnelle. Les stations suivantes disposent d'une école : l'Alpe-d'Huez, Chamrousse, Flaine et Val-d'Isère.

Livres et films

Ouvrages généraux – Tourisme – Géographie

Savoie et Haute-Savoie le grand guide par C. Maly *(Grenoble, Éd. Glénat)*.

Guide des musées Rhône-Alpes *(Grenoble, Éd. Glénat)*.

Guide du tourisme industriel et technique en Rhône-Alpes *(Éd. Solar, « coll. EDF-la France contemporaine »)*.

Les Alpes et le Rhône touristiques *(Paris, Éd. Larousse, « Beautés de la France »)*.

Savoie, encyclopédie régionale *(Éd. Christine Bonneton)*.

Alpes enchantées par F. Carli *(Grenoble et Paris, Éd. Arthaud)*.

Savoie par P.J. Lovie *(Grenoble et Paris, Éd. Arthaud)*.

Dauphiné par P. Bornecque *(Grenoble et Paris, Éd. Arthaud)*.

La Vanoise par R. Frison-Roche et P. Terraz *(Grenoble et Paris, Éd. Arthaud)*.

Le Parc national de la Vanoise par J. Lanzmann et C. Maly *(Grenoble, Éd. Glénat)*.

Savoie aux mille soleils par C. Maly *(Grenoble, Éd. Glénat)*.

Le Guide du Vercors par M. Dupont *(Lyon, Éd. La Manufacture)*.

Le Guide de la Chartreuse par J. Billet *(Lyon, Éd. La Manufacture)*.

Découverte géologique des Alpes du Nord par J. Debelmas *(Éd. BRGM)*.

Cueillir la montagne par M. de la Soudière et R. Larrère *(Lyon, Éd. La Manufacture)*.

Fleurs des Alpes – 2 livrets *(Lausanne, Payot, « collection Petit Atlas de poche »)*.

La Montagne en poche *(Paris, Éd. Nathan, « collection Nature »)*.

Histoire – Civilisation – Art

Histoire de la Savoie par P. Guichonnet *(Toulouse, Éd. Privat)*.

Histoire des Dauphinois par L. Comby *(Paris, Éd. Fernand Nathan)*.

Alpes romanes *(Éd. Zodiaque, exclusivité D.D.B.)*.

Monastères de montagne par Samival et S. Norande *(Grenoble et Paris, Éd. Arthaud)*.

Les Jeux olympiques d'hiver par S. Vallet *(Lyon, Éd. La Manufacture)*.

Chamonix 24, Grenoble 68, Albertville 92 : le roman des jeux par C. Francillon *(Grenoble, Éd. Glénat)*.

Les grandes heures des Alpes par M. Chamson *(Éd. Perrin)*.

L'histoire du Mont Blanc à travers les âges par Y. Ballu *(Éd. Gallimard, « collection Découvertes »)*.

Le Sang des Gilères par P. Vial *(Éd. Presses de la Cité)*.

Histoire de la Résistance en Vercors par P. Dreyfus *(Paris, Éd. Arthaud)*.

Randonnées et alpinisme

Randonnées autour du Mont Blanc par D. Belden *(Grenoble, Éd. Glénat)*.

Promenades pour tous dans la vallée de Chamonix par M. Roman *(Éd. Mercier)*.

52 balades en famille autour de Grenoble *(Grenoble, Éd. Didier-Richard)*.

Sommets pour tous : Savoie, Haute-Savoie, courses d'été par E. Prévost *(Éd. Mercier)*.

La Haute-Route : Chamonix-Zermatt par P. Cliff *(Éd. F. Mercier)*.

Littérature

Premier de cordée par R. Frison-Roche *(Éd. J'ai lu)*.

Vie de Henri Brulard par Stendhal *(Grenoble, Éd. Glénat)*.

Les Mémoires d'un touriste en Dauphiné par Stendhal *(Grenoble, Éd. Glénat)*.

Gaspard de la Meije par R. Canac *(Grenoble, Éd. PUG)*.

Jacques Balmat dit Mont-Blanc par R. Canac *(Grenoble, Éd. PUG)*.

Mont-Blanc 1786 : journal du docteur Paccard *(Paris, Éd. Épigones)*.

Les Alpes de Chamonix à la Grande Chartreuse par A. Dumas *(Éd. ENCRE)*.

Un roi sans divertissement par J. Giono *(Paris, Gallimard, « collection Folio »)*.

Gastronomie

La Cuisine savoyarde par J. Thomassin *(Éd. Rivages)*.

Le Guide de la cuisine des terroirs : Rhône-Alpes *(Éd. La Manufacture)*.

Rhône-Alpes : Inventaire du patrimoine culinaire de la France *(Éd. Albin Michel/CNAC)*

Cuisine de Savoie et du Dauphiné par R. Charlon *(Éd. Hachette Pratique)*

Angeltine : la cuisine au pays des Alpes par C. Arnaud *(Éd. CRÉER)*.

Les Vins de Savoie par Gilbert et Gaillard *(Éd. Solar)*.

Les Alpes à l'écran

De nombreux films ont utilisé le cadre grandiose des Alpes pour certaines scènes, d'autres ont situé l'ensemble de leur scénario sur un site alpin :

L'Assassinat du Père Noël de C. Jaque (1941) à Argentière et Chamonix,

Premier de cordée de L. Daquin (1943) en décors naturels dans la vallée de Chamonix,

Au cœur de l'orage de J.-P. Lechanois (1944) – reportage sur la Résistance dans le Vercors,

L'Aigle à deux têtes de J. Cocteau (1948) à Vizille,

La Neige en deuil, par E. Dmytryk (1956) inspiré d'un fait réel : la disparition sur le Mont Blanc d'un avion de ligne,

Léon Morin, prêtre de J.-P. Melville (1961) en Savoie,

La Bride sur le cou, par R. Vadim (1961) à St-Nizier-du-Moucherotte,

Le Souffle au cœur, par L. Malle (1971) à Aix-les-Bains,

Les bronzés font du ski de P. Leconte (1979), parodie des stations de sports d'hiver, à Val-d'Isère,

La Femme d'à côté, de F. Truffaut (1981) à Grenoble,

Allons z'enfants, par Y. Boisset (1981) au quartier Curial à Chambéry,

La Trace, de B. Favre (1983) où R. Berry campe un colporteur de Maurienne, tourné en partie à Bonneval-sur-Arc et au hameau du Monal,

Les Marmottes, d'E. Chouraqui (1993) à Chamonix,

Louis, enfant roi, par R. Planchon (1993) dans la chapelle baroque du musée Dauphinois à Grenoble,

Le Parfum d'Yvonne, de P. Leconte (1994) dans le cadre rétro du Royal Club à Évian,

La Divine Poursuite, par M. Deville (1997) à Aix-les-Bains et Samoëns,

Rien ne va plus, par Claude Chabrol (1997) à Aix-les-Bains.

Vous avez apprécié votre séjour dans la région.
Retrouvez le charme de celle-ci, son atmosphère,
ses couleurs, en feuilletant l'album
« Les plus belles images de nos voyages en France »,
ouvrage abondamment illustré, édité par
les Services de Tourisme Michelin.

Manifestations touristiques

Mi-décembre à début mai
L'Alpe-d'Huez . . . . Concerts d'orgue

3e semaine de janvier
Avoriaz . . . . Festival du film

Mars
Chamrousse . . . . Festival du film d'humour

Week-end de Pâques
Bourg-d'Oisans . . . . Bourse internationale des minéraux et cristaux

Fin mai
Évian . . . . Rencontres musicales d'Évian

De juillet à début septembre
Chambéry . . . . Soirée Rousseau aux Charmettes

Juillet
Aix-les-Bains . . . . Estivades d'opérette
Grenoble . . . . Festival du court métrage

Juillet et août
L'Alpe-d'Huez . . . . Concerts d'orgue
N.-D. des Neiges . . . . Concerts d'orgue
Combloux . . . . Les heures musicales
Courchevel . . . . Festival de musique baroque ☎ 04 76 80 33 30

Week-end du 14 juillet
Bourg-St-Maurice . . . . Fête de l'edelweiss
Les Arcs . . . . Festival folklorique international de la Haute-Tarentaise

Fin juillet
Le Bourget-du-Lac . . . . Fête du lac

1er samedi d'août
Annecy . . . . Festival du lac avec feu d'artifice « pyromélodique »

Première semaine d'août
Megève . . . . Festival de jazz

Début août
L'Alpe-d'Huez . . . . Fête N.-D. des Neiges

2e samedi d'août
Lac de Montriond . . . . Feu du lac

Mi-août
Val-d'Isère . . . . Salon international du véhicule 4 × 4
Château de Clermont . . . . Son et lumière

15 août
Chamonix . . . . Fête des guides (bénédiction des piolets et cordes)
La Grave . . . . Messe et bénédiction de la montagne – Fête des guides
Peisey-Nancroix . . . . Fête du costume et de la montagne
St-Martin-de-Belleville . . . . . . Pèlerinage à N.-D. de Vie

Dimanche suivant le 15 août
Thorens-Glières . . . . Défilé de chars avec chants et danses
Flumet . . . . Fête de l'attelage de Val-d'Arly

3e week-end d'août
Aix-les-Bains . . . . Fête des fleurs

Événements sportifs alpins

Fêtes traditionnelles dans les stations alpines

Fin juillet
Les Saisies . . . . Fête des bûcherons
Val-Thorens . . . . Festival international d'échecs

Août
Flaine . . . . Fête de la musique (Musique en tête)
Samoëns . . . . Embrasement du lac des Dames

3 août
Flumet . . . . Foire aux mulets

8 août
Chamrousse . . . . Concours de bûcherons
St-Gervais . . . . Fête des guides

15 août
Pralognan . . . . Fête des guides
La Rosière . . . . Fête des bergers
Les Saisies . . . . Fête du beaufort

Mi-août
La Clusaz . . . . Fête du reblochon
Tignes . . . . Fête du lac

20 août
Venosc . . . . Fête de la laine

22 août
Châtel . . . . Fête des alpages
Gresse-en-Vercors . . . . Fête de l'alpage

29 août
Flumet . . . . Fête de l'attelage

Fête des bûcherons aux Saisies

Conditions de visite

Les renseignements énoncés ci-dessous s'appliquent à des touristes voyageant isolément et ne bénéficiant pas de réduction. Pour les groupes constitués, il est généralement possible d'obtenir des conditions particulières concernant les horaires ou les tarifs. Ces données ne peuvent être fournies qu'à titre indicatif en raison de l'évolution du coût de la vie et de modifications fréquentes dans les horaires d'ouverture de nombreuses curiosités. Lorsqu'il nous a été impossible d'obtenir des informations à jour, les éléments figurant dans l'édition précédente ont été reconduits. Dans ce cas ils apparaissent en italique.

*Les **édifices religieux** ne se visitent pas pendant les offices. Certaines églises et la plupart des chapelles sont souvent fermées. Les conditions de visite en sont précisées si l'intérieur présente un intérêt particulier ; dans le cas où la visite ne peut se faire qu'accompagnée par la personne qui détient la clé, une rétribution ou une offrande est à prévoir.*

*Dans certaines villes, des **visites guidées** de la localité dans son ensemble ou limitées aux quartiers historiques sont régulièrement organisées en saison touristique. Cette possibilité est mentionnée en tête des conditions de visite, pour chaque ville concernée. Dans les Villes d'Art et d'Histoire et les Villes d'Art , les visites sont conduites par des guides-conférenciers agréés par la Caisse Nationale des Monuments Historiques et des Sites.*

Lorsque les curiosités décrites bénéficient de facilités concernant l'accès pour les handicapés, le symbole ⚭ figure à la suite de leur nom.

A

ABONDANCE
🄸 74360 - ☎ 04 50 73 02 90

Église – Visite libre tous les jours (sauf le dimanche matin et pendant les offices) de 10 h à 12 h et de 14 h à 18 h.

Cloître de l'abbaye – Visite accompagnée (1/2 h) tous les jours (sauf les dimanches et jours fériés) du 1er juillet au 30 août, à 10 h et à 14 h ; visite libre de 10 h à 12 h et de 14 h à 18 h. Du 20 décembre au 31 mars, tous les jours (sauf le dimanche après-midi) de 10 h à 12 h et de 14 h à 17 h. 10 F, (visite guidée : 20 F). ☎ 04 50 73 02 90.

Musée d'art religieux – Visite accompagnée (1/2 h) tous les jours (sauf les dimanche matin et jours fériés) de 10 h à 12 h et de 14 h à 18 h de juin à fin août. Entrée gratuite. ☎ 04 50 73 02 90.

AIME
🄸 avenue de Tarentaise - 73210 - ☎ 04 79 55 67 00

Ancienne basilique St-Martin – Visite tous les jours (sauf le dimanche après-midi) en juillet et août de 9 h à 12 h et de 14 h à 18 h. 10 F. Le reste de l'année, demander la clef à l'Office de tourisme.

Musée Pierre-Borrione – *Visite accompagnée (1/2 h) du 1er juillet au 31 août de 9 h à 12 h et de 14 h à 18 h. Fermé le mardi. 10 F.* ☎ *04 79 09 74 38.*

AIX-LES-BAINS
🄸 place Maurice-Mollard - 73100 - ☎ 04 79 35 05 92

Visite guidée de la Ville – Organisée par l'animation « Au fil de l'eau », s'adresser à l'Office de tourisme.

Musée Faure – Visite tous les jours (sauf le mardi) de 9 h 30 à 12 h et de 13 h 30 à 18 h (ouverture à 14 h le week-end). Fermé les jours fériés. 20 F. ☎ 04 79 61 06 57.

Thermes nationaux – Visite accompagnée (1 h) tous les jours à 15 h du 2 mai au 15 octobre. Le reste de l'année le mercredi à 15 h. Fermé les 1er mai, 14 juillet, 15 août, ainsi que du 25 décembre au 15 janvier. 20 F. ☎ 04 79 35 38 50.

Musée d'archéologie et de préhistoire – Mêmes horaires que l'Office de tourisme. Ouvert de 8 h 45 à 12 h et de 14 h à 19 h de mai à septembre, le dimanche et les jours fériés de 9 h 30 à 12 h 30 et de 14 h à 18 h ; le reste de l'année de 8 h 45 à 12 h et de 14 h à 18 h. Entrée gratuite. ☎ 04 79 35 05 92.

Excursions en bateau sur le lac du Bourget – Services réguliers entre Aix-les-Bains et Le Bourget plusieurs fois par semaine : 52 F AR ; – simple tour du lac : durée 2 h. 70 F ; – grand tour du lac (service Grand large) : durée 3 h. 80 F ; – promenade jusqu'au Rhône par le canal de Savière avec visite commentée : durée 4 h. 95 F ; – trajet en bateau avec visite de l'abbaye de Hautecombe. Tous les jours (sauf le mardi). Durée 2 h 1/4. 52 F AR. Seul le service de 8 h 30 les dimanches et jours de fête permet d'assister intégralement à la messe en chant grégorien. S'adresser aux Bateaux du lac du Bourget et du Haut-Rhône, Grand Port, 73100 Aix-les-Bains. ☎ 04 79 63 45 00 et ☎ 04 79 88 92 09.

Aquarium – Visite tous les jours du 1er juillet au 15 septembre de 10 h à 12 h et de 14 h à 20 h (fermeture à 18 h en septembre) ; en mai et juin, de 14 h à 18 h ; de début février à fin avril, le week-end de 14 h à 18 h. Fermé le reste de l'année. 24 F. ☎ 04 79 61 08 22.

ALBERTVILLE
🅸 11, rue Pargoud - 73200 - ☎ 04 79 32 04 22

Visite guidée de la ville 🅰 – S'adresser à l'Office de tourisme.

Maison des Jeux Olympiques – Ouvert tous les jours (sauf le dimanche matin) de 9 h à 19 h en juillet et août. Le reste de l'année tous les jours (sauf le dimanche) de 9 h à 12 h et de 14 h à 18 h. 15 F. ☎ 04 79 37 75 71.

ALBY-SUR-CHÉRAN
🅸 maison du pays d'Alby - 74540 - ☎ 04 50 68 11 99

Visite guidée de la ville – En juillet et août, le samedi ; s'adresser à la Maison du Pays d'Alby.

Musée de la cordonnerie – Visite de 10 h à 12 h et de 14 h à 17 h du lundi au vendredi, le samedi de 9 h à 12 h. Fermé le dimanche. Entrée gratuite. ☎ 04 50 68 89 44.

Descente en canoë des gorges du Chéran – Pour réserver en saison, s'adresser sur place à la société Kokopelly Expédition Alpes Sports Nature, Base de Loisirs, chemin du Moulin, 74150 Rumilly, ☎ et fax 04 50 01 59 86.

ALLEMONT

Hydrelec – Visite tous les jours (sauf le mardi) de 10 h à 18 h du 15 juin au 15 septembre. Le reste de l'année, le week-end de 14 h à 18 h. Pendant les congés scolaires, ouvert tous les jours (sauf le mardi) de 14 h à 18 h. Fermé les 1er janvier, 1er mai et 25 décembre. Visite gratuite. ☎ 04 76 80 78 00.

ALLEVARD
🅸 place de la Résistance - 38580 - ☎ 04 76 45 10 11

Chartreuse de St-Hugon – temple bouddhiste – Visite accompagnée (1 h) tous les jours (sauf le mercredi) à 16 h en juillet et août, le reste de l'année les dimanche et jours fériés à 16 h. Fermé en janvier. 20 F. ☎ 04 79 25 78 00.

Château des ALLINGES

Chapelle – *Normalement ouverte à la visite. L'éclairage de la fresque romane s'effectue par un interrupteur à gauche en entrant. Des visites accompagnées sont organisées du 15 juin au 15 septembre ; s'adresser à la mairie.* ☎ *04 50 71 21 18.*

L'ALPE-D'HUEZ
🅸 place Paganon - 38750 - ☎ 04 76 80 35 41

Notre-Dame-des-Neiges – Des concerts ont lieu tous les jeudis à 18 h 15 en hiver et à 20 h 45 en été.

Musée d'Huez et de l'Oisans – Visite tous les jours de 10 h à 12 h et de 15 h à 19 h du 1er juillet au 31 août et du 1er décembre au 30 avril. 12 F. ☎ 04 76 11 21 74.

Télécabine et téléphérique du Pic du Lac Blanc – Fonctionnent toute la journée du 1er décembre à fin avril et du 1er juillet au 31 août. Durée du trajet : 30 mn. Piétons : 77 F en été. ☎ 04 76 80 30 30.

Télésiège de la Grande Sure – Fonctionne de décembre à fin avril. Tarif piéton : 30 F A-R. ☎ 04 76 80 30 30.

ANNECY
🅸 centre Bonlieu, 1, rue J.-Jaurès - 74000 - ☎ 04 50 45 00 33

Visite guidée de la ville 🅰 – S'adresser à l'Office de tourisme.

Palais de l'Isle – Mêmes horaires de visite que le château-musée. 20 F.

Château-musée – Visite tous les jours de 10 à 18 h du 1er juin au 30 septembre, tous les jours (sauf le mardi) de 10 h à 12 h et de 14 h à 18 h du 1er octobre au 31 mai. Fermé le 1er janvier, Pâques et lundi de Pâques, les 1er mai, 1er et 11 novembre et 25 décembre. 30 F. ☎ 04 50 33 87 31.

Observatoire régional des lacs alpins – Mêmes conditions de visite que le château-musée. Billet commun.

Conservatoire d'art et d'histoire de la Haute-Savoie – Visite de 10 h à 12 h et de 14 h à 18 h. Fermé le week-end (sauf en juillet, août et septembre) et les jours fériés. Entrée gratuite. ☎ 04 50 51 02 33.

Basilique de la Visitation – Concerts de carillon le samedi à 16 h en juillet et août.

Basilique St-Joseph-des-Fins – Visite libre. Pour une visite guidée, s'adresser au presbytère. ☎ 04 50 57 03 12.

Belly/DIAF

Lac d'Annecy – Vue sur le Mont Vegrier

Tour du lac d'Annecy – Plusieurs types de croisières ont lieu de début avril à fin septembre. Durée : 1 h. Bateaux omnibus de port à port (à partir de mai) : 68 F. Croisière avec arrêt à Doussard : 71 F. Croisières nocturnes avec restauration à bord en saison. Pour les horaires et les réservations ☎ 04 50 51 08 40.

AOSTE

Musée archéologique – Fermé pour réaménagement. Ouverture prévue en juin 1999. ☎ 04 76 32 58 27.

Les ARCS
🖂 73700 – ☎ 04 79 41 55 55

Funiculaire « Arc-en-Ciel » – Fonctionne en juillet et août de 8 h 30 à 19 h 30, départ toutes les 1/2 h. En hiver, de mi-décembre à fin avril. Durée du trajet : 7 mn. 55 F AR. ☎ 04 79 41 55 18.

Téléphérique de l'Aiguille Rouge – Fonctionne en juillet et août tous les jours (sauf les mardi, jeudi et samedi) de 9 h 45 à 16 h 30. En hiver, de mi-décembre à fin avril. Tarif été : 30 F. ☎ 04 79 41 55 18.

Télécabine le Transarc – En juillet et août, fonctionne tous les jours de 9 h 15 à 16 h 45. Durée 15 mn. 58 F AR.

Télésiège de la Cachette – Fonctionne tous les jours de 9 h 15 à 17 h 30 de début juillet à mi-septembre. Durée 6 mn. 30 F en été.

ARGENTIÈRE

Téléphériques de Lognan et des Grands Montets – Fonctionnent de début décembre à mi-mai et de début juillet à début septembre. Durée : 1er tronçon : 6 mn, 2e tronçon : 7 mn. Les 2 tronçons : 134 F AR ; Lognan – Les Grands-Montets : 83 F AR. ☎ 04 50 54 00 71.

Réserve naturelle des Aiguilles Rouges – Chalet d'accueil ouvert tous les jours du 1er juin à mi-septembre de 9 h 30 à 12 h 30 et de 13 h 30 à 19 h (18 h en septembre). Accès gratuit. ☎ 04 50 54 02 24 (en été).

Télécabine du col de Balme – *Fonctionne de décembre à mi-avril et de mi-juin à mi-septembre de 9 h à 16 h. Durée : 20 mn. 65 F AR.* ☎ *04 50 54 00 58.*

AVORIAZ
🖂 74110 – ☎ 04 50 74 02 11

Téléphérique du Choucas – *Fonctionne en juillet et août, tous les jours, en trajet aller seulement. 40 F.* ☎ *04 50 74 02 15.*

AVRIEUX

Église – *S'adresser à la mairie.* ☎ *04 79 20 33 16.*

B

BESSANS

Église – *Visite suspendue pour la chapelle St-Antoine pendant la période des travaux de restauration. Pour toute information complémentaire, s'adresser au* ☎ *04 79 05 96 52*

Les BOISSES

Église des Boisses – Ouverte seulement pendant les offices.

BONNEVAL-SUR-ARC   ⌑ 73480 - ☎ 04 79 05 95 95

Fromagerie – De la boutique (ouverte de 9 h à 12 h et de 14 h à 18 h du lundi au vendredi), on peut apercevoir l'atelier et assister à la fabrication des fromages. ☎ 04 79 05 93 10.

Le BOURG-D'OISANS   ⌑ quai Girard - 38520 - ☎ 04 76 80 03 25

Musée des Minéraux et de la Faune des Alpes – ♿ Visite du 1er juillet au 31 août de 11 h à 19 h. Le reste de l'année de 14 h à 18 h. Fermé de mi-novembre à mi-décembre. 25 F. ☎ 04 76 80 27 54.

Le BOURGET-DU-LAC   ⌑ 73370 - ☎ 04 79 25 01 99

Château prieuré – Visite accompagnée (1 h 30) à 16 h du 30 juin au 15 septembre. 20 F. ☎ 04 79 25 01 43.

BOURG-ST-MAURICE   ⌑ place de la Gare - 73700 - ☎ 04 79 07 04 92

Musée des minéraux et faune de l'Alpe – Visite tous les jours (sauf les dimanche matin et lundi matin) de 10 h à 12 h et de 15 h à 19 h du 1er juillet au 31 août. 20 F. Hors saison, téléphoner au ☎ 04 79 07 12 74.

Environs

Chapelle St-Gras (Vulmix) – Ouverte en saison. S'adresser à l'Office de tourisme de Bourg-St-Maurice.

Hauteville-Gondon

Musée du Costume – Visite tous les jours (sauf le mardi) de 14 h à 18 h. En période de fermeture, s'adresser à l'Office de tourisme. 10 F. ☎ 04 79 07 09 01.

C

CHAMBÉRY   ⌑ 24, boulevard de la Colonne - 73000 - ☎ 04 79 33 42 47

Visite guidée de la ville 🄰 – S'adresser à l'Office de tourisme. Départ du bureau des guides, place du château. Visite nocturne en août.

Grand carillon – Visite accompagnée (1 h 30) de mai à septembre à 11 h. 30 F. Réservation à l'Office de tourisme.

Le petit train – Fonctionne toutes les heures du 1er juin au 15 septembre de 10 h à 12 h et de 14 h à 18 h, d'avril à fin octobre et de 14 h à 19 h. 30 F. ☎ 04 79 51 02 51.

Château – Visite accompagnée (1 h) tous les jours à 14 h 30, 15 h 30, 16 h 30 et 17 h 30 en juillet et août, à 14 h 30 en mai, juin et septembre, le reste de l'année à 14 h 30 les samedi et dimanche. Fermé les 1er janvier et 25 décembre. 25 F. ☎ 04 79 33 42 47.

Sainte-Chapelle – Visite dans le cadre des visites accompagnées du château par les guides de l'Office de tourisme. Tous les jours du 1er mai au 30 septembre, les week-ends le reste de l'année (sauf le 25 décembre et le 1er janvier).

Chambéry - Cathédrale (Nativité)

Arthaud/PIX

Musée savoisien – Visite tous les jours (sauf le mardi) de 10 h à 12 h et de 14 h à 18 h. Fermé les jours fériés. 20 F (visite accompagnée : 30 F). Possibilité de billet groupé (voir aux Charmettes). ☎ 04 79 33 44 48.

Cathédrale – Visites accompagnées organisées par l'Office de tourisme. ☎ 04 79 85 12 45.

Trésor de la cathédrale – Visite de 15 h à 18 h du 1er mai au 1er septembre. Entrée gratuite. ☎ 04 79 33 23 91.

Musée des Beaux-Arts – Ouvert tous les jours (sauf le mardi) de 10 h à 12 h et de 14 h à 18 h. Fermé les jours fériés. 20 F (visite accompagnée : 30 F). ☎ 04 79 33 75 03.

Église St-Pierre-de-Lémenc – Visite le samedi de 17 h à 18 h et le dimanche de 9 h 30 à 10 h 30. ☎ 04 79 39 35 53.

Les Charmettes – Visite de 10 h à 12 h et de 14 h à 18 h (16 h 30 du 1er octobre au 31 mars). Fermé le mardi et les jours fériés. Billet groupé avec les musées Savoisien et des Beaux-Arts : 20 F. ☎ 04 79 33 39 44.

CHAMONIX-MONT-BLANC

🛈 place Triangle de l'Amitié - 74400 - ☎ 04 50 53 00 24

Musée alpin – &. Visite de 14 h à 19 h (ouverture à 15 h du 20 décembre à début mai). Fermé le 25 décembre, en mai et de mi-octobre à mi-décembre. 20 F. ☎ 04 50 53 25 93.

Téléphérique de l'Aiguille du Midi – Trajet en deux tronçons : Chamonix – Plan de l'aiguille et Plan de l'aiguille – Aiguille du Midi. Fréquence habituelle des départs toutes les 1/2 h. Fonctionne en juillet et août de 7 h à 17 h, de 8 h à 15 h 45 le reste de l'année. Fermé 2 semaines en décembre pour révisions. Durée totale du trajet : 20 mn. Prix des deux tronçons AR : 180 F, 194 F en juillet et août. ☎ 04 50 53 30 80, réservation possible en été au ☎ 08 36 68 00 67.

Ascenseur du piton central – Fonctionne de 8 h à 16 h 30. En juillet et août, de 6 h 30 à 17 h 30. Fermé de mi-novembre au 10 décembre. Gratuit toute l'année sauf en juillet et août : 13 F. ☎ 04 50 53 30 80.

Télécabine et téléphérique du Brévent – Fonctionnent toute l'année sauf au mois de mai et de début octobre à mi-novembre. Durée du trajet : Chamonix-Planpraz en télécabine : 10 mn, Planpraz-Brévent en téléphérique : 10 mn. 78 F AR. ☎ 04 50 53 13 18.

Chemin de fer du Montenvers – Fonctionne du 1er mai à fin octobre. Durée du trajet aller : 20 mn. 61 F AR. De mi-mai à fin septembre, billet combiné (chemin de fer, télécabine et grotte de glace) : 82 F. ☎ 04 50 53 12 54.

Téléphérique du Montenvers à la grotte de glace – Fonctionne tous les jours de 9 h 30 à 16 h 30 de début juin à fin septembre. 13 F (possibilité de billet combiné avec le chemin de fer du Montenvers).

Galerie des cristaux – Visite tous les jours de 9 h à 17 h de mi-juin à fin septembre. Billet d'entrée inclus dans le forfait du Chemin de fer du Montenvers. ☎ 04 50 53 12 54.

Grotte de glace – Visite tous les jours de 9 h à 16 h 30 de début juin à fin septembre. 15 F (possibilité de billet combiné : 86 F, voir le Chemin de fer du Montenvers).

Musée alpin du Montenvers – *Visite de juillet à mi-septembre de 11 h à 17 h. 5 F.* ☎ *04 50 53 25 93.*

Téléphérique des Praz à la Flégère – Fonctionne du 15 juillet au 15 août tous les sjours de 7 h 40 à 17 h 50, du 1er au 13 juillet et du 17 au 31 août de 8 h à 12 h 30 et de 13 h 30 à 16 h 30). Durée totale du trajet : 13 mn. Tarif forfait été : 78 F AR. La Fléchère : 55 F. AR. ☎ 04 50 53 18 58.

Télécabine de la Flégère à l'Index – Fonctionne aux mêmes périodes que le téléphérique des Praz. Durée du trajet : 7 mn. A-R 39 F. Prix combiné téléphérique des Praz et télécabine : 75 F AR. ☎ 04 50 53 18 58.

Panoramic Mont-Blanc – Cette télécabine, reliant l'Aiguille du Midi à la Pointe Helbronner, permet une jonction avec l'Italie. Elle fonctionne, dans la mesure où les conditions météorologiques le permettent, de mi-avril à mi-septembre de 9 h à 15 h ; en juillet et août de 8 h à 16 h 30. Durée AR avec arrêt panoramique : 3 h. Prix AR à partir de Chamonix : 260 F ; 280 F en juillet et août (demi-tarif pour les moins de 12 ans). ☎ 04 50 53 30 80.

CHAMPAGNY-EN-VANOISE

🛈 73830 - ☎ 04 79 55 06 55

Église – Ouverte tous les jours (sauf le mardi) de 15 h à 18 h de mi-juin à mi-septembre.

Télécabine de Champagny – Fonctionne tous les jours (sauf le samedi) en juillet et août de 9 h 15 à 13 h et de 14 h 15 à 17 h 30. 40 F. ☎ 04 79 09 67 00.

CHAMROUSSE

🛈 Le Recoin - 38410 - ☎ 76 89 92 65

Téléphérique de la Croix de Chamrousse – Fonctionne de début juin à début septembre de 8 h à 12 h 30 et de 13 h 30 à 17 h ; de début décembre à fin avril, de 9 h à 17 h. Durée du trajet : 6 mn. 37 F AR. ☎ 04 76 89 91 08.

CHÂTEAU-BAYARD

Musée Bayard – Visite accompagnée (3/4 h) tous les jours (sauf le mardi) de 14 h à 18 h en juillet et août, de 14 h à 18 h les week-ends et les jours fériés de mai à finseptembre. Fermé le reste de l'année. 13 F. ☎ 04 76 97 11 65.

CHÂTEL

🛈 74390 - ☎ 04 50 73 22 44

Télécabine de Super-Châtel au pic de Morclan – Fonctionne de décembre à fin avril et de juillet à fin août de 9 h à 17 h. Durée du trajet 20 mn en 2 tronçons : télécabine de Super-Châtel et télésiège du Morclan. 43 F AR (il existe des forfaits à la journée pour randonneurs et parapentistes). ☎ 04 50 73 34 24.

Grottes de CHORANCHE

Grotte de Coufin – ♿ Visites accompagnées (1 h) plusieurs fois par jour d'avril à octobre de 9 h 30 à 18 h (interruption de 12 h à 13 h 30). En juillet et août de 9 h à 18 h 30. Le reste de l'année, visite toutes les heures de 10 h à 17 h. 38 F. ☎ 04 76 36 09 88.

Grottes de Choranche – Gerbe de fistuleuses

Château de CLERMONT

Visite tous les jours du 1er juillet au 5 septembre de 10 h 30 à 12 h 30 et de 13 h à 18 h 30. En mai, juin et septembre, ouvert les week-ends de 14 h à 18 h. Fermé le reste de l'année. 15 F. ☎ 04 50 69 63 15.

CLUSES

🛈 Espace Carpano et Pons, 100 place du 11 novembre - 74300 - ☎ 04 50 98 31 79

Musée de l'Horlogerie et du Décolletage – Visite tous les jours de 10 h à 12 h et de 14 h à 18 h en juillet et août, le reste de l'année tous les jours (sauf le samedi et le dimanche) de 10 h à 12 h et de 14 h à 15 h 30. ☎ 04 50 89 13 02.

CONFLANS

🛈 11, rue Pargoud, Alberville - 73200 - ☎ 04 79 32 04 22

Visite guidée de la ville 🅰 – En juillet et août, s'adresser à l'Office de tourisme d'Albertville.

Château Manuel de Locatel – Visite accompagnée (3/4 h) du 1er juillet au 31 août, toutes les heures de 15 h à 17 h. 10 F. ☎ 04 79 32 29 93.

Maison Rouge – Visite du 1er juin au 30 septembre tous les jours de 10 h à 12 h et de 14 h à 19 h. En octobre tous les jours (sauf le mardi) de 14 h à 17 h, en avril et mai de 14 h à 19 h et les week-ends de 10 h à 12 h et de 14 h à 19 h. Fermé le reste de l'année. 15 F. ☎ 04 79 32 57 42.

Les CONTAMINES-MONTJOIE

🛈 Place de la mairie - 74170 - ☎ 04 50 47 01 58

Télécabines de la Gorge et du Signal – Fonctionnent tous les jours de 8 h 45 à 17 h de fin juin au 31 août. Durée totale (2 tronçons) : 20 mn. 57 F AR. ☎ 04 50 47 02 05.

COURCHEVEL (1850)

🛈 La Croizette - 73120 - ☎ 79 08 00 29

Télécabine des Verdons et téléphérique de la Saulire – *Fonctionnent de décembre à fin avril tous les jours et de début juillet à fin août les mardi et jeudi de 9 h 30 à 17 h. Durée totale du trajet : 18 mn. Tarif piéton : 44 F en été.* ☎ 04 79 08 04 09.

Télécabine de Chenus – Fonctionne tous les jours (sauf le samedi) du 1er juillet au 30 août. 28 F.

Mont Bel Air (télécabine d'Ariondaz) – Fonctionne les mercredi et samedi de 9 h à 12 h 30 et de 13 h 45 à 17 h du 15 juillet au 20 août. 28 F.

D

Les DEUX-ALPES
🛈 38860 - ☎ 04 76 79 22 00

Télécabine de Super-Venosc – *Fonctionne de fin décembre à mi-avril et en juillet et août. En été, de 8 h à 18 h. 40 F AR.* ☎ *04 76 79 75 00.*

Glacier du Mont-de-Lans – Téléphérique du Jandri-Express puis funiculaire Dôme-Express. Fonctionnent de fin novembre à fin avril et de mi-juin à début septembre. En été, de 7 h 30 à 17 h 30. Plusieurs formules de tarifs sont proposées : 105 F AR ; 117 F AR comprenant la visite de la grotte de glace. ☎ 04 76 79 75 00.

Croisière blanche – Promenade (45 mn) au glacier du Dôme de la Lauze en minibus à chenilles avec chauffeur. Réservation obligatoire auprès du Service des pistes de Deux-Alpes 3200. 140 F comprenant la montée en téléphérique depuis Les Deux-Alpes, la visite de la grotte de glace et l'excursion en minibus (excursion seule : 40 F). ☎ 04 76 79 75 00.

Gorges de la DIOSAZ

Visite de 8 h à 18 h 30 du 16 juin au 10 octobre ; de mi-mai à mi-juin et du 11 au 30 septembre, de 9 h 30 à 17 h 30. 24 F. ☎ 04 50 47 21 13.

Grotte de la DRAYE BLANCHE

Visite accompagnée (45 mn) tous les jours de début avril à fin octobre de 9 h à 18 h 30. Pendant les vacances scolaires de février, de Noël et de printemps tous les jours, toutes les heures de 10 h à 16 h. 26 F. ☎ *04 75 48 24 96.*

E

Les ÉCHELLES-ENTRE-DEUX-GUIERS

Grottes des Échelles - Départ de l'Auberge du Tunnel. Visite accompagnée (1 h) tous les jours de 10 h à 18 h du 1er juin au 30 septembre ; le reste de l'année, les week-ends de 10 h à 18 h. La visite est annulée par très mauvais temps. 15 F (enfants 10 F). ☎ 04 79 65 75 08.

ENTREMONT

Église – Visite libre du 1er avril au 30 octobre tous les jours. Pour la visite du trésor téléphoner au préalable au ☎ 04 50 03 52 18.

ÉVIAN-LES-BAINS
🛈 place d'Allinges - 74500 - ☎ 04 50 75 04 26

Hall d'exposition sur l'eau et Hall d'information – Ouvert de mi-juin à mi-septembre de 10 h 30 à 12 h 30 et de 15 h à 19 h ; de début mai à fin septembre de 14 h 30 à 18 h 30. Visite gratuite. ☎ 04 50 26 80 29.

Usine d'embouteillage – Visite accompagnée (1 h 30) sur rendez-vous (sauf les mardi, samedi et dimanche) à 9 h, 10 h 30, 14 h et 15 h 30. Transport assuré. Fermée du 15 décembre au 5 janvier. Inscription au Service des Visites, Eaux Minérales d'Évian, 22 avenue des Sources 74 503 Évian les Bains ou par téléphone ☎ 04 50 26 80 80. 10 F.

Promenades en bateau sur le Lac Léman – « Tour Grand-Lac » : tous les jours en juillet et août, le dimanche en juin et septembre. Départ d'Évian à 9 h 50. Durée : 5 h. 148 F.

– « Tour du Haut-Lac » : tous les jours de juin à septembre. Départ d'Évian à 14 h 50. Durée : 3 h. 148 F.

– Croisière nocturne avec orchestre : tous les samedis de juillet et d'août. Départ d'Évian à 19 h. Durée : 3 h 40. 86 F.

Pour tout renseignement s'adresser à la Compagnie Générale de Navigation. ☎ 04 50 70 73 20 ou ☎ 04 50 75 27 53.

F

Gorges du FIER

Visite du 15 juin au 15 septembre de 9 à 19 h ; du 15 mars au 15 octobre de 9 h à 12 h et de 14 h à 18 h. 24 F. ☎ 04 50 46 23 07.

FLAINE
🛈 galerie des Marchands - 74300 - ☎ 04 50 90 80 01

Téléphérique des Grandes Platières – Fonctionne de fin juin à fin août de 10 h à 12 h et de 14 h à 17 h. Durée : 15 mn. 66 F AR. ☎ 04 50 90 47 00.

G

Les GETS

📍 74200 - ☎ 04 50 79 75 55

Musée de la Musique mécanique – *Visite du 1er janvier au 31 octobre de 14 h 30 à 19 h 30. En juillet et août, ouvert également de 10 h à 12 h. Fermé le mois de novembre.* 38 F. ☎ *04 50 79 85 75.*

Télésiège de la Pointe – Fonctionne de début juillet à début septembre de 10 h 15 à 17 h. Montée simple : 12 F.

Télécabine du mont Chéry – Fonctionne de décembre à fin avril et du 1er juillet au 31 août de 10 h à 17 h 40. Durée du trajet : 10 mn.
L'accès piéton n'est permis que l'été. Tarif piéton (retour gratuit) : 23 F.
☎ 04 50 75 80 99.

Cimetière des GLIÈRES

Musée de la Résistance - Visite de 9 h à 12 h et de 14 h à 19 h du 15 juin au 15 septembre. Entrée gratuite. ☎ 04 50 02 03 62.

Couvent de la GRANDE CHARTREUSE

Musée de la Grande Chartreuse - Visite d'avril à octobre de 10 h à 12 h et de 14 h à 18 h. De mai à septembre de 9 h 30 à 12 h et de 14 h à 18 h 30. 12 F.
☎ 04 76 88 60 45.

La GRAVE

📍 05320 - ☎ 04 76 79 90 05

Téléphérique des glaciers de la Meije – Fonctionne de fin décembre à début mai et de mi-juin à début septembre. Durée du trajet en 2 tronçons (3200m) : 35 mn. AR piétons : 98 F. ☎ 04 76 79 91 09.

Église – Ouvert tous les jours de juin à septembre. En dehors de cette période, s'adresser après 15 h au presbytère. ☎ 04 76 79 91 29.

Chapelle des Pénitents – Visite accompagnée en été. ☎ 04 76 79 91 29.

Grotte de glace de la Meije – Ouverte tous les jours de 9 h à 16 h de fin juin à début septembre. 20 F. ☎ 04 76 79 92 07.

GRENOBLE

📍 14, rue de la République - 38000 - ☎ 04 76 42 41 41

Visite guidée de la ville 🅰 – S'adresser à l'Office de tourisme.

Musée de Grenoble – ♿ Visite tous les jours (sauf le mardi) de 11 h à 19 h (le mercredi fermeture à 22 h). Fermé les 1er janvier, 1er mai et 25 décembre. 25 F.
☎ 04 76 63 44 44.

Téléphérique du fort de la Bastille – Fonctionne tous les jours de 9 h à minuit (lundi début du service à 11 h) de fin mars à fin octobre, le reste de l'année de 10 h 30 à 18 h 30.
Durée du trajet : 7 mn. AR : 34F. ☎ 04 76 44 33 65.

Maison Stendhal – Visite de 14 h à 18 h. Fermé le lundi et les jours fériés. Entrée gratuite. ☎ 76 42 02 62.

Palais de justice – *Pour visiter, se renseigner au préalable.* ☎ *04 76 44 78 68.*

Musée Stendhal – Visite de 10 h à 12 h. Fermé le lundi. Entrée gratuite.
☎ 04 76 54 44 14.

Musée de l'Ancien Évêché – Patrimoines de l'Isère – Ouvert tous les jours (sauf le mardi) de 10 h à 18 h. 20 F.
☎ 04 76 03 15 25.

Musée de la Résistance et de la Déportation – ♿ Visite de 9 h à 12 h et de 14 h à 18 h. Fermé le mardi et les 1er janvier, 1er mai et 25 décembre. 15 F. ☎ 04 76 42 38 53.

Musée Dauphinois – Visite tous les jours (sauf le mardi) de 10 h à 19 h du 2 mai au 31 octobre, fermeture à 18 h le reste de l'année. Fermé les 1er janvier, 1er mai et 25 décembre. 20 F. ☎ 04 76 85 19 01.

Musée Dauphinois, Grenoble

Détail de la chapelle baroque du couvent

Musée archéologique – Église St-Laurent – Visite tous les jours (sauf le mardi) de 9 h à 12 h et de 14 h à 18 h. Fermé les 1er janvier, 1er mai et 25 décembre. 20F. ☎ 04 76 44 78 68.

Musée des Troupes de montagne – Visite, sur rendez-vous plusieurs jours à l'avance, du lundi au vendredi de 14 h à 17 h. Fermé le mardi et les jours fériés. Entrée gratuite. ☎ 04 76 76 22 12.

Musée des Rêves mécaniques – Ouvert de 14 h à 18 h 30. 30 F. ☎ 04 76 43 33 33.

Museum d'histoire naturelle – ♿ Visite de 9 h 30 à 12 h et de 13 h 30 à 17 h 30. Les dimanche et jours fériés de 14 h à 18 h. Fermé le mardi et les 1er janvier, 1er mai et 25 décembre. 15 F. ☎ 04 76 44 05 35.

Musée départemental E.-Hébert – Visite tous les jours (sauf le mardi) de 14 h à 18 h du 1er avril à fin octobre. Fermé les 1er mai, Lundi de Pentecôte, 14 juillet, 15 août et 25 décembre, et du 1er janvier au 1er avril. Entrée gratuite. ☎ 04 76 44 66 55.

Centre national d'art contemporain (Le Magasin) – ♿Visite de 12 h à 19 h en période d'exposition. Fermé le lundi. 15 F. ☎ 04 76 21 95 84.

GRUFFY

Musée de la nature – Visite du mardi au dimanche de 14 h à 18 h de mi-mars à mi-novembre. 20 F. ☎ 04 50 77 58 60.

Gorges de la GRUVAZ

Visite de mi-juin à fin septembre, de 9 h à 19 h. 10 F. (enfants 5 F). ☎ *04 50 93 45 75.*

H

Abbaye royale de HAUTECOMBE

Église – Visite audioguidée (1/2 h) tous les jours (sauf le mardi) de 10 h à 11 h 30 et de 14 h à 17 h. Offrande souhaitée. ☎ 04 79 54 58 80.

HAUTELUCE

Écomusée – Visite tous les jours (sauf le lundi matin) pendant les vacances scolaires de 16 h à 19 h, le samedi de 10 h à 12 h et de 15 h 30 à 19 h. Visite gratuite. ☎ 04 79 38 81 67.

Les HOUCHES 🆔 74310 - ☎ 04 50 55 50 62

Télécabine du Prarion – Pour la saison estivale, fonctionne de début juillet à mi-septembre, de 9 h à 12 h 30 et de 13 h 30 à 17 h 45. Durée du trajet : 12 mn. 70 F AR (été). Possibilité de descente en VTT. ☎ 04 50 54 42 65.

Téléphérique de Bellevue – Fonctionne de décembre à fin avril et de mi-juin à mi-septembre. Durée du trajet : 4 mn. 68 F AR. ☎ 04 50 54 40 32.

Parc du Balcon de Merlet – Visite de 10 h à 18 h du 1er mai au 30 septembre ; en juillet et août de 9 h à 20 h. Pique-nique interdit. 22 F (moins de 12 ans : 16 F). ☎ 04 50 53 47 89.

L

LANCEY

Musée de la Houille blanche – Visite tous les jours (sauf dimanche et lundi) de 14 h à 17 h. Fermé les jours fériés. 10 F. ☎ 04 76 45 66 81.

LANSLEBOURG-MONT-CENIS

Espace Baroque Maurienne – Visite tous les jours (sauf le dimanche) de 14 h à 19 h en juillet et août, de 15 h à 18 h (sauf le dimanche et le lundi) de mi-juin à mi-septembre. 15 F. ☎ 04 79 05 90 42.

LANSLEVILLARD

Chapelle St-Sébastien – *Visite accompagnée en juillet et août. Le reste de l'année s'adresser au presbytère.* ☎ *04 79 05 90 85.*

Col du LAUTARET

Jardin alpin – Visite tous les jours de 10 h à 18 h 30 du 25 juin au 5 septembre. 23 F. ☎ 04 92 24 41 62.

Col du LAUTARET

Répondeur automatique – En appelant le ☎ 04 92 24 44 44, on peut s'assurer de l'accès libre au col.

LAVAL

Église – *Pour visiter, s'adresser à M. ou Mme Chalaye.* ☎ *04 76 71 48 60.*

Grotte de la LUIRE

Visite accompagnée (1/2 h) en juillet et août, de 9 h à 18 h 30 et de 10 h à 12 h et de 14 h à 17 h 30 du 1er avril au 30 septembre. 26 F. ☎ 04 75 48 25 83.

Réserve naturelle du LUITEL

Visite libre toute l'année. La période intéressante pour la végétation se situe de juin à septembre. Visite accompagnée (1 h 30) au départ du chalet de la Réserve tous les jours de juin à début septembre de 9 h à 18 h. 40 F. ☎ 04 76 86 39 76.

M

MARCELLAZ-ALBANAIS

Musée « L'art de l'enfance» – Visite de 14 h à 20 h le lundi, le mercredi, le jeudi et le dimanche du 1er avril au 31 octobre. 26 F (enfants 13 F). ☎ 04 50 69 73 74.

MEGÈVE

Télécabine du Mont-d'Arbois – Fonctionne de mi-juin à mi-septembre et de mi-décembre à mi-avril. Durée du trajet : 13 mn. AR (été) : 43 F. (hiver : 57 F.) ☎ 04 50 21 22 07.

MEGÈVE
 rue de la Poste - 74120 - ☎ 04 50 21 27 28

Musée du Haut-Val d'Arly – Ouvert tous les jours (sauf le mardi) de 14 h 30 à 18 h 30 du 20 juin au 30 septembre, fermeture à 18 h 30 du 15 décembre au 27 avril. 20 F. ☎ 04 50 91 81 00.

Excursions aériennes – De l'altiport Côte 2000, la compagnie « Aérocime » propose plusieurs formules de vols (tarif par personne) : vallée de Mégève (10 mn) 120 F ; vallée de Chamonix (20 mn) 240 F ; vallée Blanche avec la Mer de Glace (30 mn) 360 F ; massif du Mont-Blanc (40 mn) 480 F. Réservation pour deux personnes minimum en téléphonant au ☎ 04 50 21 33 67.

Télécabine de la Princesse – Fonctionne uniquement en hiver, de mi-décembre à mi-avril. Durée du trajet : 15 mn. ☎ 04 50 93 00 83.

Télécabine du Jaillet – Fonctionne de 9 h à 13 h et de 14 h à 18 h de fin juin à début septembre. Durée du trajet : 6 mn. 47 F AR. ☎ 04 50 21 01 50.

Téléphérique de Rochebrune – Fonctionne du 26 juin au 10 septembre et de mi-décembre au 1er avril. Durée du trajet : 5 mn. Tarif été : aller simple 29 F. ☎ 04 50 21 01 51.

MENTHON-ST-BERNARD

Château – Visite accompagnée (1 h) du 1er mai au 30 septembre, le jeudi, samedi et dimanche de 14 h à 18 h ; en juillet et août, de 12 h à 18 h. 25 F. ☎ 04 50 60 12 05.

MERIBEL-LES-ALLUES

Télécabines de la Saulire – Telécabine de Burgin depuis Méribel fonctionne le mercredi du 12 juillet au 23 août. Télécabine du Pas du Lac fonctionne les mardi et jeudi du 11 juillet au 1er septembre. Durée du trajet : 20 mn. Tarif été, 2 tronçons : 58 F AR. ☎ 04 79 08 65 32.

Télécabine de Tougnète – Fonctionne les lundi, mardi, mercredi et jeudi du 6 juillet au 31 août. Tarif été : 47 F. ☎ 04 79 08 63 32.

MIEUSSY

Église – Visite accompagnée (1/2 h) en juillet et août, s'adresser à l'Office de tourisme. ☎ 04 50 43 02 72.

Château de MIOLANS

Visite du 1er mai au 30 septembre (sauf le dimanche matin) de 10 h à 12 h et de 13 h 30 à 19 h. En avril, les week-ends (sauf le dimanche matin) et jours fériés de 13 h 30 à 19 h. 25 F. ☎ 04 79 28 57 04.

MODANE 🛈 place du Replaton - 73500 - ☎ 04 79 05 22 35

Église de Fourneaux – Pour visiter, s'adresser au presbytère. ☎ 04 79 05 05 93.

MONT-CENIS

Salle historique du Mont-Cenis – Visite de 10 h à 12 h 30 et de 14 h à 18 h de fin juin à la première semaine de septembre. Fermé pendant toute la durée de fermeture du col. 10 F. ☎ 04 79 05 23 66.

Château de Miolans

J. Guillard/SCOPE

MONT-DE-LANS

Musée Chasal Lento – Visitee de 10 h à 12 h et de 15 h à 19 h en juillet et août, de 14 h à 18 h pendant les vacances d'hiver et en juin et septembre. 12 F. ☎ 04 76 80 23 97.

MONTROTTIER

Château – Visite accompagnée (1 h) de 9 h 30 à 12 h et de 14 h à 18 h du 15 mars au 15 octobre. Fermé le mardi sauf en juin, juillet et août. 28 F. ☎ 04 50 46 23 02.

MORZINE 🛈 place de la Crusaz - 74110 - ☎ 04 50 79 03 45

La pointe de Nyon (téléphérique de Nyon et télésiège de la Pointe) – Fonctionne du 15 juillet au 22 août et de mi-décembre à mi-avril. 49 F AR (billet combiné avec le téléphérique du Pleney). ☎ 04 50 79 13 23.

Téléphérique du Pleney – Fonctionne du 29 juin au 31 août et de décembre à fin avril. Durée du trajet : 6 mn. 42 F AR. ☎ 04 50 79 00 38.

La MOTTE-D'AVEILLANS

Mine-Image – Visite accompagnée (1 h) tous les jours du 1er juin au 15 septembre de 10 h à 17 h (départ toutes les heures). 27 F. ☎ 04 76 30 68 74.

MOÛTIERS 🛈 place St-Pierre - 73600 - ☎ 04 79 24 04 23

Musée de l'Académie de la Val d'Isère – Visite accompagnée (3/4 h) tous les jours (sauf le dimanche) de 15 h à 17 h du 15 juin au 15 septembre. Le reste de l'année sur rendez-vous uniquement. 10 F. ☎ 04 79 24 04 23.

Espace Baroque Tarentaise – Provisoirement fermé. Se renseigner à l'Office de tourisme.

La MURE 🛈 43, rue du Breuil - 38350 - ☎ 04 76 81 05 41

Musée Matheysin – *Visite tous les jours pendant les vacances scolaires de 13 h à 18 h 30. Fermé le mardi. 15 F.* ☎ 04 76 30 98 15.

Chemin de fer de la Mure – Les trains circulent de mi-avril à mi-octobre, le week-end seulement ; de mi-mai à mi-septembre, tous les jours. Départ de la gare de St-Georges-de-Commiers, 4 fois par jour. Durée du trajet aller : 1 h 50. 80 F Aller, 97 F AR (enfant : 69 F AR). Se renseigner à la gare de St-Georges-de-Commiers ☎ 04 76 72 57 11.

N

La NORMA
🗎 Maison de la Norma - 73500 - ☎ 04 79 20 31 46

Promenade au Mélezet (télécabine du Mélezet) – En été fonctionne en juillet et août de 9 h 30 à 11 h 30 et de 14 h 30 à 16 h 30. Durée 7 mn. 30 F. ☎ 04 79 20 31 46.

NOTRE-DAME-DE-MÉSAGE

Église – Visite aux heures d'ouverture de la mairie en semaine et le samedi matin jusqu'à 11 h 30. ☎ 04 76 68 07 33.

P

Lac de PALADRU
🗎 le Bourg - 38850 - ☎ 04 76 32 33 55

Visite guidée du lac de Paladru 🅰 – Visite (2 h), selon trois circuits différents, le mardi, le jeudi et le vendredi, en juillet et août ; s'adresser au musée du lac de Paladru à Charavines. ☎ 04 76 55 77 47.

Charavines :

Musée du lac de Paladru – Visite tous les jours de 10 h à 12 h et de 15 h à 19 h en juillet et août ; de 10 h à 12 h et de 14 h à 18 h en juin et en septembre ; de 14 h à 18 h le week-end et les jours fériés en mai, octobre et novembre. 18 F. ☎ 04 76 55 77 47.

Grange dimière de la Silve Bénite – ♿ Visite de 15 h à 19 h en juillet et août, de 14 h à 18 h en septembre ; de 14 h à 18 h le week-end en juin, le dimanche en octobre. 12 F. ☎ 04 76 55 77 47.

La PLAGNE
🗎 73210 - ☎ 04 79 09 79 79

Télécabine de la Grande Rochette – Fonctionne tous les jours (sauf le samedi) de 9 h 15 à 17 h 30 en juillet et août, de 9 h à 16 h de mi-décembre à fin avril. Durée du trajet : 10 mn. Tarif été : 39 F. ☎ 04 79 09 67 00.

Télécabine de Bellecôte – Fonctionne de mi-décembre à fin avril et en juillet et août toute la journée. Durée du trajet : jusqu'à Roche de Mio 30 mn, jusqu'au glacier 40 mn. Prix jusqu'au glacier de la Chiaupe : 70 F. ☎ 04 79 09 67 00.

Gorges du PONT DU DIABLE

Visite accompagnée (3/4 h) du 1er mai au 30 septembre de 9 h à 18 h 30. 22 F. ☎ 04 50 72 10 39.

PRALOGNAN-LA-VANOISE
🗎 73710 - ☎ 04 79 08 71 68

Téléphérique du Mont Bochor – Fonctionne de début juin à mi-septembre et de mi-décembre à début mai. Durée du trajet : 3 mn ; départs toutes les 20 mn en été. Tarif été : Aller 27 F (35 F A-R). Tarif aller, spécial VTT : 37 F. ☎ 04 79 08 70 07.

R

RIPAILLE

Château et chartreuse – Visite accompagnée (1 h) à 10 h 30 et toutes les heures de 14 h 30 à 17 h 30 en juillet et août, à 10 h 30, 14 h 30 et 16 h 30 en avril, mai, juin et septembre, à 15 h et 16 h 30 en février, mars et novembre. Fermé de mi-novembre à mi-février. 25 F. ☎ 04 50 26 64 44.

Arboretum – Visite de 10 h à 19 h de mai à fin septembre, de 10 h à 16 h le reste de l'année. Fermé du 20 novembre au 20 décembre. Durée : circuit fléché rouge 2 h, circuit fléché bleu 1 h. Fermé le lundi (sauf en juillet et août). Tarif du 1er juillet au 15 septembre : 7,50 F, le reste de l'année : 4 F. ☎ 04 50 26 28 22.

ROCHECHINARD

Musée de la mémoire – *Visite accompagnée (1 h 1/2) de juin à septembre le dimanche après-midi ; en juillet et août, tous les jours. Fermé le lundi. 17 F.* ☎ 04 75 48 62 53.

La ROCHE-SUR-FORON
🗎 place Andrevedan - 74800 - ☎ 04 50 03 31 38

Visite guidée de la ville – De mi-juin à mi-septembre, tous les après-midi. S'adresser à l'Office de tourisme.

Tour des comtes de Genève – Visite de 10 h à 12 h et de 14 h à 18 h 30 de mi-juin à mi-septembre. 10 F. ☎ 04 50 25 82 29.

RUMILLY

74152 - ☎ 04 50 64 58 32

Visite guidée – Visite guidée le vendredi en juillet et août, s'adresser à l'Office de tourisme.

Musée régional de l'Albanais – Visite du 1er juillet au 31 août de 10 h à 12 h et de 15 h à 19 h. En juin et du 1er au 15 septembre de 9 h à 11 h et de 14 h à 18 h. Fermé le mardi. Entrée gratuite. ☎ 04 50 64 58 32.

Chapelle N.-D.– de l'Aumône – Visite accompagnée de 14 h à 18 h. S'adresser à l'Office de tourisme. 10 F.

S

ST-GEOIRE-EN-VALDAINE

Château de Longpra – Visite du 15 juin au 15 septembre les samedi et dimanche de 14 h 30 à 18 h. ☎ 04 76 07 63 48.

ST-GERVAIS-LES-BAINS   115, avenue du Mont-Paccard - 74170 - ☎ 04 50 47 76 08

Téléphérique du Bettex au Mont-d'Arbois – *Fonctionne de fin juin à mi-septembre et de mi-décembre à mi-avril. Durée du trajet : 17 mn. Prix été : 43 F AR.* ☎ *04 50 93 17 30.*

Tramway du Mont-Blanc – De St-Gervais au col de Voza (1800 m) : fonctionne toute l'année sauf de mi-avril à début juin. Durée du trajet AR : 2 h. 89 F.

– De St-Gervais au Nid d'Aigle (2400 m) : fonctionne de fin juin à mi-septembre. Durée du trajet AR : 2 h 30. Dernier départ en été pour le retour : 18 h 40. 130 F. Pour les horaires exacts, téléphoner au ☎ 04 50 47 51 83.

ST-HILAIRE-DU-TOUVET

Funiculaire – Départ toutes les heures tous les jours jusqu'à 19 h de juin à mi-septembre. Les samedi, dimanche et jours fériés de 10 h à 18 h d'avril à mi-décembre. Durée du trajet : 20 mn. 61 F AR. (enfant : 36 F). ☎ 04 76 08 00 02.

ST-HUGUES-DE-CHARTREUSE

Église – Pour visiter, s'adresser à l'avance au guide, Mme Michel. ☎ 04 76 88 65 01.

ST-JEAN-DE-MAURIENNE   Ancien Évêché - 73300 - ☎ 04 79 64 03 12

Cathédrale St-Jean-Baptiste – En juillet et août (sauf dimanche et fêtes) visites commentées de la cathédrale, du cloître et de la crypte. S'adresser au Syndicat d'initiative.

Crypte – Visite accompagnée (1 h) à 10 h et 11 h, les samedi et le dimanche à 14 h, 15 h, 16 h et 17 h. Le reste de l'année, s'adresser à l'Office de tourisme.

Musée de l'Opinel – Visite du lundi au samedi de 9 h à 12 h et de 14 h à 19 h. Entrée gratuite. ☎ 04 79 64 04 78.

ST-JEAN-EN-ROYANS

Église – *Ouverte tous les jours sauf le lundi.*

ST-LAURENT-EN-ROYANS

Monastère St-Antoine-le-Grand – *Visite accompagnée tous les jours de 11 h 30 à 12 h 30 et de 14 h à 17 h. 18 F.* ☎ *04 75 47 79 66.*

ST-MARTIN-EN-VERCORS

Caverne de l'ours – Visite de 9 h à 12 h et de 14 h à 19 h ; pendant les vacances scolaires d'hiver, de 14 h à 18 h 30. 28 F. ☎ 04 75 45 53 96.

ST-NAZAIRE-EN-ROYANS

Grotte de Thaïs – Visite accompagnée (3/4 h) tous les jours de 10 h à 12 h et de 14 h à 17 h du 1er juillet au 31 août, le dimanche et les jours fériés en avril, mai et octobre, en semaine de 14 h à 17 h en juin, septembre et octobre. Fermé de novembre à fin mars. 28 F. ☎ 04 78 48 45 76.

Croisières en bateau à roue « Royans-Vercors » – Croisière tous les jours à 10 h 30, 14 h, 15 h 30 et 17 h en juillet et août ; le dimanche et les jours fériés en avril, mai, juin, septembre et octobre. Ne fonctionne pas de la Toussaint à Pâques. 48 F (enfant 32 F). ☎ 04 76 64 43 42.

Jardin des fontaines pétrifiantes – Ouvert de 9 h 30 à 18 h 30 du 1er juin au 31 août, fermeture à 17 h 30 en avril, mai et octobre. Fermé de novembre à fin mars. Entrée interdite aux chiens. 25 F. ☎ 04 76 64 43 42.

ST-NICOLAS-DE-VÉROCE

Trésor de l'église – Visite les mardi, le jeudi, le samedi et le dimanche de 15 h 30 à 18 h du 1er juin au 31 juillet. Entrée gratuite.

Le SALÈVE

Téléphérique du Salève – Fonctionne toute l'année sauf en cas de météo défavorable. Tous les jours de 9 h 30 à 20 h du 1er mai au 30 septembre, de 9 h 30 à 17 h 30 en avril et octobre et uniquement les week-ends de mi-décembre à fin mars. Durée du trajet : 4 mn. 59 F (AR) ; famille (2 adultes et un enfant) : 118 F. ☎ 04 50 39 86 86.

SALLANCHES
🅱 31, quai de l'hôtel de ville - 74700 - ☎ 04 50 58 04 25

Excursions aériennes – La compagnie « AMS - Mont-Blanc Aviation » organise plusieurs types de vols touristiques : Circuit de Warens (10 mn) : 160 F ; Vallée de Chamonix (25 mn) : 290 F ; Massif du Mont Blanc (35 mn) : 440 F ; Coeur du Massif jusqu'à la frontière suisse (50 mn à 1 h) : 590 F. Pour la réservation, à partir de 2 personnes, téléphoner au ☎ 04 50 58 05 99.

Château des Rubins – Visite tous les jours (sauf le dimanche matin et le lundi) de 9 h à 12 h et de 14 h à 18 h. 20 F. ☎ 04 50 58 32 13.

SAMOËNS
🅱 Gare routière - 74340 - ☎ 04 50 34 40 28

Visite guidée de la ville 🅰 – En période de vacances scolaires, les mardi et vendredi. S'adresser à l'Office de tourisme.

Jardin botanique alpin Jaysinia – Visite de 8 h à 12 h et de 13 h 30 à 19 h 30 du 1er mai au 30 septembre, fermeture à 17 h 30 d'octobre à fin avril. Possibilité de visite accompagnée : 23 F. Entrée gratuite. ☎ 04 50 34 49 86.

SASSENAGE

Les cuves – Visite accompagnée (1 h) toutes les heures de 10 h à 18 h du 1er avril au 31 octobre. Fermé le lundi (sauf en juillet et août). 28 F. ☎ 04 76 27 55 37.

Château – La visite du parc est possible toute l'année. Le château se visite tous les jours (sauf le lundi) de 10 h 30 à 18 h du 1er juillet au 15 septembre. ☎ 04 76 27 54 44.

La SCIA

Télécabine des Essarts et télésiège de la Scia – Fonctionne en été du 1er juillet au 15 septembre. Durée du trajet : 25 mn. 38 F. ☎ 04 76 88 64 13.

SÉVRIER
🅱 place de la Mairie - 74320 - ☎ 04 50 52 40 56

Écomusée du costume savoyard – *Visite de début juin à fin septembre de 10 h à 12 h et de 14 h 30 à 18 h 30. En mai, uniquement l'après-midi. Fermé le dimanche et les jours fériés. 20 F.* ☎ 04 50 52 41 05.

Musée de la cloche – Visite de 10 h à 12 h et de 14 h 30 à 17 h 30. Fermé le dimanche matin, le lundi et du 1er décembre au 31 janvier. 24 F. Visite accompagnée (1 h 30) de la fonderie de juin à septembre les après-midis des vendredi, samedi et dimanche. ☎ 04 50 52 47 11.

SEYTHENEX

Cascade et grotte – *Visite accompagnée (40 mn) du 1er juin au 30 septembre de 10 h à 12 h 30 et de 14 h à 17 h 30. En juillet et août, de 9 h 30 à 18 h. Fermé d'octobre à fin avril. 32 F.* ☎ 04 50 44 55 97.

SIXT-FER-À-CHEVAL

Maison de la réserve naturelle – *Ouverte en juillet et août, de 10 h à 12 h et de 14 h à 18 h. Le reste de l'année de 16 h 30 à 18 h. Fermée le lundi, le 1er mai et en novembre. Entrée gratuite.* ☎ 04 50 34 91 90.

T

TALLOIRES
🅱 place de la Mairie - 74290 - ☎ 04 50 60 70 64

Visite guidée de la ville – En juillet et août. S'adresser à l'Office de tourisme.

TAMIÉ

Montagne de la Sambuy (télésiège de Seythenex) – Fonctionne de mi-décembre à mi-avril, tous les jours, de 9 h à 17 h ; en juin et septembre seulement les dimanches et jours fériés, de 10 h 30 à 18 h ; en juillet et août, tous les jours, de 10 h à 18 h (19 h les dimanches et jours fériés à partir du 14 juillet). Durée du trajet : 20 mn. 38 F AR. ☎ 04 50 44 51 94.

TERMIGNON
🔋 73500 - ☎ 04 79 20 51 67

Église - Pour visiter, s'adresser au presbytère. ☎ 04 79 20 50 06.

THÔNES
🔋 place Avet - 74230 - ☎ 04 50 02 00 26

Église - Visite accompagnée en juillet et août, le mardi. S'adresser à l'Office de tourisme.

Musée - Visite tous les jours (sauf les mardi et dimanche) de 9 h à 12 h et de 13 h 30 à 17 h 30. Hors saison, fermé l'après-midi du jeudi et vendredi. En juillet et août, de 10 h à 12 h et de 15 h à 19 h. 13 F. ☎ 04 50 02 96 92.

Écomusée du bois et de la forêt - *Visite accompagnée en juillet et août tous les jours (sauf les mercredi et samedi) à 11h, 15 h et 16 h. trois fois par semaine le matin et l'après-midi. 16 F.* ☎ *04 50 02 00 26.*

THONON-LES-BAINS
🔋 1, place de l'hôtel de ville - 74200 - ☎ 04 50 71 55 55

Funiculaire - Fonctionne de 8 h à 24 h du 1er juillet au 31 août ; en juin et septembre, de 8 h à 22 h. Le reste de l'année, de 8 h à 12 h et de 13 h 30 à 18 h 30. Durée du trajet : 2 mn. 10 F AR. ☎ 04 50 71 21 54.

Musée du Chablais - Visite tous les jours (sauf le 14 juillet) de 10 h à 12 h et de 14 h 30 à 18 h 30 du 1er juillet au 31 août, tous les jours (sauf les lundi et mardi) de 14 h 30 à 18 h 30 le reste de l'année. 10 F. ☎ 04 50 70 69 49.

Basilique St-François-de-Sales - *Fermée le dimanche après-midi.*

Église St-Hippolyte - Ouverte tous les jours du 15 juin au 15 septembre. Le reste de l'année, s'adresser au presbytère. ☎ 04 50 71 03 20.

THORENS-GLIÈRES

Château - Visite accompagnée (3/4 h) de 10 h à 12 h et de 14 h à 18 h du 1er juillet au 10 septembre, de 14 h à 18 h les week-ends en avril, mai et juin et du 11 septembre au 31 octobre. 28 F. ☎ 04 50 22 42 02.

TIGNES
🔋 73320 - ☎ 04 79 06 15 55

Funiculaire de la Grande Motte - Fonctionne toute l'année de 7 h 15 à 16 h 45 (9 h 15 en saison hivernale). Fermé 15 jours entre mi-mai et mi-juin. Durée du trajet : 6 mn. Tarif A.R. été 88 F (enfant moins de 12 ans : gratuit). ☎ 04 79 06 60 12.

Le TOUVET

Château - Visite accompagnée (40 mn) du château de Pâques à la Toussaint de 14 h à 18 h, les dimanches et jours fériés. En juillet et août, tous les jours sauf le samedi. 30 F. ☎ 04 76 08 42 27.

U

UGINE
🔋 15, place d'Arly - 73400 - ☎ 04 79 37 56 33

Musée d'Arts et Traditions populaires du val d'Arly - Visite accompagnée (1 h) tous les jours (sauf le mardi) de 14 h à 18 h de mi-juin à mi-septembre. 20 F. ☎ 04 79 37 56 33.

V

VAL CENIS

Télécabine du Vieux-Moulin - Fonctionne les mercredi et jeudi en juillet et août. 35 F. Aller. ☎ 04 79 05 23 66.

VAL-D'ISÈRE
🔋 73150 - ☎ 04 79 06 10 83

Téléphérique du rocher de Bellevarde - Départ toutes les heures de 9 h 30 à 16 h 30 de décembre à début mai et de fin juin à fin août. Durée du trajet : 6 mn. Forfait piéton 65 F AR. ☎ 04 79 06 00 35.

Funival - Fonctionne de début décembre à mi-mai et pendant la saison du salon du 4 x 4 (en août). Durée du trajet : 4 mn. Tarif estival piéton 55 F. AR. ☎ 04 79 06 00 35.

VAL-D'ISÈRE

Téléphérique de la Tête du Solaise – Départ toutes les heures de 9 h à 16 h de décembre à début mai et de fin juin à fin août. Durée du trajet : 5 mn. Piéton : 65 F AR. ☎ 04 79 06 00 35.

VALFRÉJUS

Télécabine de Punta Bagna – Service estival assuré pour le plateau d'Arrondaz, de début juillet à fin août, du dimanche au jeudi de 9 h à 16 h. Montée seulement 30 F (enfant : 20 F). ☎ 04 79 05 32 71.

VALLOIRE

Église – Visite accompagnée en semaine de 17 h à 18 h, de 9 h 30 à 10 h 30 le dimanche. S'adresser au presbytère. ☎ 04 79 59 03 96.

VAL-THORENS
🅱 immeuble Estival - 73440 - ☎ 04 79 00 08 08

Téléphérique du Caron – Fonctionne en juillet et août, les lundi, mardi, mercredi et jeudi. Durée du trajet : 4 mn. Tarif non communiqué. ☎ 04 79 00 07 08.

Funitel du Péclet – Fonctionne de début juillet à fin août, tous les jours jusqu'à 16 h. Piétons AR : 46 F. ☎ 04 79 00 07 08.

VASSIEUX-EN-VERCORS
🅱 hôtel de ville - 26420 - ☎ 04 75 48 27 40

Musée de la Résistance du Vercors – Visite de 9 h à 12 h et de 14 h à 18 h du 1er avril au 1er novembre. Entrée gratuite. ☎ 04 75 48 28 46.

Musée du site préhistorique (atelier de taille de silex) – Visite tous les jours (sauf le mardi) de 10 h à 18 h du 1er avril au 30 septembre, le reste de l'année fermeture à 17 h. 25 F. ☎ 04 75 48 27 81.

Mémorial de la Résistance (Col de la Chau) – ♿ Visite tous les jours de 10 h à 18 h du 1er avril au 30 septembre, fermeture à 17 h du 1er octobre au 12 novembre et du 24 décembre au 31 mars. Fermeture annuelle du 13 novembre au 23 décembre. 25 F. ☎ 04 75 48 26 00.

VAULX

Jardins secrets – ♿ Visite tous les jours de 13 h 30 à 19 h du 1er juillet à mi-septembre ; uniquement les week-ends et jours fériés de Pâques à fin juin et le dimanche de mi-septembre à début novembre. 33 F. ☎ 04 50 60 53 18.

VILLARD-DE-LANS
🅱 place Mureravaud - 38250 - ☎ 04 76 95 10 38

Télécabine Côte 2000 – Fonctionne de 9 h 30 à 18 h 30 du 5 juillet au 9 septembre. Durée du trajet : 12 mn. 38 F AR. ☎ 04 76 94 50 50.

VIUZ

Musée archéologique – *Visite de 14 h 30 à 16 h 30 du lundi au vendredi ; en juillet et août ouvert tous les jours. 14 F.* ☎ 04 50 32 45 99.

VIZILLE
🅱 38220 - ☎ 04 76 68 15 16

Château – Visite du 1er avril au 30 septembre de 9 h 30 à 12 h et de 14 h à 18 h ; le reste de l'année, de 10 h à 12 h et de 14 h à 17 h. Fermé le mardi toute l'année et d'octobre à mars, également le lundi et tous les jours fériés. 15 F. ☎ 04 76 68 07 35.

VOIRON
🅱 place de la République - 38500 - ☎ 04 76 05 00 38

Caves de la Chartreuse – *Visite accompagnée (3/4 h) tous les jours de 8 h 30 à 11 h 30 et de 14 h à 18 h 30 ; de la Toussaint à Pâques, fermé les samedi, dimanche et jours fériés. Entrée gratuite.* ☎ 04 75 05 81 77.

Y

YENNE

Église – Visite guidée en juillet et août.

YVOIRE
🅱 place de la Mairie - 74140 - ☎ 04 50 72 80 21

Jardin des Cinq-Sens – Visite tous les jours de mi-mai à mi-septembre de 10 h à 19 h, de mi-avril à mi-mai de 11 h à 18 h et de mi-septembre à mi-octobre de 13 h à 17 h. 40 F. ☎ 04 50 72 88 80.

Vivarium – Visite de 10 h à 12 h 30 et de 14 h à 20 h de Pâques à fin septembre ; de 14 h à 17 h 30 le reste de l'année. Fermé le lundi en hiver ainsi que le mois de novembre. 28 F. ☎ 04 50 72 82 28.

Index

D

E

P

R

3615 et 3617 Michelin étudient vos itinéraires en France et en Europe.
Vous obtenez instantanément :
- temps de parcours
- distances
- routes à suivre
- péages
- hôtels, restaurants, terrains de camping
- sites touristiques
- informations sur le pneumatique.

3615* ET 3617 MICHELIN :
VOTRE ITINÉRAIRE
ÉTUDIÉ À L'AVANCE.**

* 3615 Michelin : 1,29 F par minute.
** itinéraires envoyés par fax.
3617 Michelin : 5,57 F par minute.

MANUFACTURE FRANÇAISE DES PNEUMATIQUES MICHELIN

Société en commandite par actions au capital de 2 000 000 000 de francs
Place des Carmes-Déchaux – 63 Clermont-Ferrand (France)

R.C.S. Clermont-Fd B 855 200 507

© Michelin et Cie, Propriétaires-Éditeurs 1996

Dépôt légal décembre 1996 – ISBN 2-06-030104-1– ISSN 0293-9436

Toute reproduction, même partielle et quel qu'en soit le support
est interdite sans autorisation préalable de l'éditeur.

Printed in the EU 02-99/3

Photocomposition : MAURY Imprimeur S.A., Malesherbes
Impression et brochage : CASTERMAN, Tournai (Belgique)

Illustration de la couverture par Nathalie BENAVIDES/Ariel BENNAROCH